Die kartellrechtliche Konkurrentenklage im europäischen Gemeinschaftsrecht

Europäische Hochschulschriften

Publications Universitaires Européennes
European University Studies

Reihe II
Rechtswissenschaft

Série II Series II
Droit
Law

Bd./Vol. 4618

PETER LANG
Frankfurt am Main · Berlin · Bern · Bruxelles · New York · Oxford · Wien

Dorothea Schmude

Die kartellrechtliche Konkurrentenklage im europäischen Gemeinschaftsrecht

PETER LANG
Internationaler Verlag der Wissenschaften

Bibliografische Information der Deutschen Nationalbibliothek
Die Deutsche Nationalbibliothek verzeichnet diese Publikation in der Deutschen Nationalbibliografie; detaillierte bibliografische Daten sind im Internet über <http://www.d-nb.de> abrufbar.

Zugl.: Münster (Westfalen), Univ., Diss., 2007

D 6
ISSN 0531-7312
ISBN 978-3-631-57121-7

www.peterlang.de

Für Anne und Lothar

Vorwort

Die Rechtswissenschaftliche Fakultät der Westfälischen Wilhelms-Universität Münster hat diese Arbeit im Sommersemester 2007 als Dissertation angenommen.

Bedanken möchte ich mich sehr herzlich bei meinem Doktorvater, Herrn Prof. Dr. Dirk Ehlers, nicht nur für die Betreuung der Arbeit und die Erstellung des Erstgutachtens, sondern insbesondere auch für die lehrreiche und angenehme Zeit am Institut für öffentliches Wirtschaftsrecht. Ich habe mich sehr gefreut, dass er die Betreuung der Arbeit übernommen hat. Außerdem bedanke ich mich bei Frau Prof. Dr. Petra Pohlmann, die das Zweitgutachten angefertigt hat.

Zum Gelingen der Arbeit beigetragen hat auch mein Bruder Johannes, der – wenn auch aus dem fernen England – für Gespräche immer zur Verfügung stand, mich in schwierigeren Phasen aufgemuntert und in technischen Fragen beraten hat.

Besonderer Dank gilt meinen Eltern, Anne und Lothar Schmude, die mich immer und so auch während der Promotionszeit umfassend unterstützt und in meinem Vorhaben stets bestärkt haben. Ihnen widme ich diese Arbeit.

Köln, im Juli 2007 Dorothea Schmude

Inhaltsverzeichnis

Einleitung

Was kann ein Wettbewerber gegen einen Kartellrechtsverstoß seines Konkurrenten unternehmen? Ist er auf ein direktes Vorgehen gegen den konkurrierenden Unternehmer auf dem Zivilrechtsweg beschränkt oder kann er gerichtlich ein Einschreiten der Wettbewerbsbehörden verlangen? Hat er schließlich, falls ihm letztere Option offen steht, die Wahl, ob er sich an die Kommission als europäische Kartellbehörde oder an die mitgliedstaatlichen Wettbewerbsbehörden wendet?

Diese Arbeit untersucht die Möglichkeiten der Klageerhebung durch einen Wettbewerber vor dem Europäischen Gerichtshof[1]. Dabei dienen Fallkonstellationen als Ausgangspunkt, in denen ein angeblich kartellrechtswidriges Verhalten eines Konkurrenten vorliegt, das weder von mitgliedstaatlicher noch europäischer Kartellbehörde beanstandet oder durch die jeweilige Behörde sogar gebilligt, gefördert oder unterstützt wird. Da das Instrument einer behördlichen Wettbewerbskontrolle in diesen Fällen aufgrund eines Fehlers in der Verwaltungstätigkeit ausfällt, stellt sich die Frage, ob sich ein in seiner Wettbewerbsstellung beeinträchtigter Unternehmer gegen das fragliche Verhalten zur Wehr setzen kann.

Die bisher vorliegende recht umfangreiche Literatur zur Frage des Rechtsschutzes des Konkurrenten beschäftigt sich vorwiegend mit dem Rechtsschutz im Bereich des Subventionsrechts[2]. Auch wenn dieses nicht zum Hauptthema der Untersuchung gemacht wird, wird es doch häufig jedenfalls zur Bildung von Beispielen herangezogen[3]. Das Subventionsrecht unterscheidet sich strukturell aber schon dadurch vom Kartellrecht, dass die Initiative hier nicht bei den Unternehmen selbst, sondern bei europäischen oder einzelstaatlichen Behörden liegt, die eine Beihilferegelung schaffen[4]. Des weiteren ergeben sich Drittrechte im Bereich von Subventionen hauptsächlich aus dem Gleichheitsgebot, während im Kartellrecht andere Grundrechte – wie Wettbewerbs-, Berufs- oder Eigentumsfreiheit – im Vordergrund stehen. Dies wirkt sich besonders im Rahmen der Untätigkeitssituation aus, bei der im Subventionsrecht regelmäßig[5] eine

---

[1] Unter diesem Begriff werden im Folgenden sowohl der Europäische Gerichtshof i. e. S. (EuGH), als auch das Europäische Gericht erster Instanz (EuG) verstanden.

[2] *Schwarze*, GS Martens, S. 819 ff.; *Rengeling*, GS Klein, 1977, 416 ff.; *Cremer*, Forschungssubventionen im Lichte des EGV, 1995; *Zuleeg*, Subventionskontrolle; *Löw*, Der Rechtsschutz des Konkurrenten gegenüber Subventionen, 1992; *Nordmann*, Die negative Konkurrentenklage im EG-Beihilferecht vor europäischen und deutschen Gerichten, 2002; *Lumma*, EuZW 2004, 457 ff.; *Groeschke*, BB 1995, 2329 ff.; *von Danwitz*, NJW 1993, 1108, 1111; *Ruber*, NJW 1971, 2097 ff.; *Schlichter*, DVBl. 1966, S. 738 ff.; *Rittner/Stephan*, Die Konkurrentenklage im Subventionsrecht, GewArch 1985, S. 177 ff.; *Zuleeg*, DÖV 1984, 733, 738 f. Zu Drittklagen im deutschen Fusionskontrollrecht *Dormann*, Drittklagen, 2000, und im deutschen Beihilfenrecht *Friehe*, JuS 1981, 867 ff. Zum Fusionskontrollrecht *Körber*, Konkurrentenklage; *Karl*, in: Fusionskontrolle, 37 ff.; *von Dietze*, S. 213 ff.; *Körber*, RIW 1998, 910 ff.; *Heidenhain*, EuZW 1991, 590 ff. *Nowak*, Konkurrentenschutz, behandelt unter anderem auch den Schutz des Konkurrenten im Kartellrecht, jedoch unter Geltung der VO Nr. 17/62.

[3] *Burgi*, in: Rengeling/Middeke/Gellermann, 2. Auflage, § 8, Rn. 35; *Sedemund/Heinemann*, DB 1995, 1161.

[4] So ist das in der VO Nr. 659/99 geregelte Beihilfenverfahren für staatliche Beihilfen ein bipolares, kontradiktorisches Verfahren zwischen Mitgliedstaat und Kommission, vgl. *Lumma*, EuZW 2004, 457.

[5] Im Fall der Konkurrentengleichstellungsklage, siehe zur Terminologie unten, Teil 1, 1. Abschnitt, B.

an den Kläger gerichtete Entscheidung verlangt wird, während im Kartellrecht das Erstreben einer an den Konkurrenten gerichteten Entscheidung typisch ist. Schließlich soll die Konkurrentenklage konkret mit Blick auf die verschiedenartigen Maßnahmen, die unter Geltung der Kartellverfahrensverordnung Nr. 1/2003[6] zur Umsetzung des Kartellrechts dienen, und deren Rechtsqualität untersucht werden[7].

Dass im Kartellrecht Unterschiede zu den übrigen Konkurrentenklagen bestehen, hat bereits *Huber* bemerkt: Es bestehe die Besonderheit, dass die Beschwerdeführer befürchteten, durch das inkriminierte Verhalten Privater Nachteile zu erleiden, und dass sie dagegen die Hilfe der öffentlichen Hand zu mobilisieren suchten, statt sich gegen ein für sie nachteiliges Handeln der Kartellbehörden zu wenden[8]. Ein Unternehmer, der auf diese Weise Nachteile zu erleiden fürchtet, hat zunächst die Möglichkeit, eine zivilrechtliche Klage gegen den Konkurrenten anzustrengen und auf diesem Wege einen Anspruch auf Unterlassung bzw. Schadensersatz geltend zu machen. Diese zivilrechtliche Durchsetzung des Wettbewerbsrechts soll zwar nach dem Willen der Europäischen Kommission zu deren Entlastung gefördert werden[9], deren bisherige Wirksamkeit ist jedoch gering[10]. Während zivilrechtliche Klagen in den USA einen Großteil der wettbewerbsrechtlichen Streitigkeiten ausmachen[11], gibt es lediglich eine Handvoll Entscheidungen des BGH[12], in denen sich das Bundesgericht mit Schadens-

---

6 Verordnung (EG) Nr. 1/2003 des Rates vom 16. Dezember 2002 zur Durchführung der in den Artikeln 81 und 82 des Vertrags niedergelegten Wettbewerbsregeln, ABl. Nr. L 1 vom 4. 1. 2003, S. 1.

7 Damit scheidet auch das Fusionskontrollrecht aus der Betrachtung aus.

8 *Huber*, Konkurrentenschutz, S. 28.

9 *Monti*, in: Europäische Kommission, XXIX. Bericht über die Wettbewerbspolitik 1999, http://europa.eu.int/comm/competition/annual_reports/1999/competition_policy/de.pdf, S. 9 f.; Interview mit Mario *Monti*, http://europa.eu.int/comm/competition/publications/special/int-erview_monti.pdf, S. 3; *Stockenhuber*, in: Grabitz/Hilf, Art. 81, Rn. 242; *Bunte*, in: Langen/Bunte, Art. 81, Rn. 221; *Grill*, in: Lenz/Borchardt, Vorbem. Art. 81-86, Rn. 10; *Mestmäcker/Schweitzer*, § 19, Rn. 1; *Odersky*, FS Mestmäcker, S. 699; *Monti*, RDUE 2004, 137, 151; *Mäsch*, EuR 2003, 825, 829; *Wurmnest*, RIW 2003, 896. Laut *Wurmnest*, RIW 2003, 896, Fn. 1, sollen die Rahmenbedingungen für private Klagen mit der neuen Verfahrensverordnung nur marginal verändert worden sein. Es wurden weder ökonomische Anreize gegeben noch Beweislasterleichterungen festgeschrieben. Skeptisch sind auch *Ehlermann/Atanasiu*, ECLR 2002, 72, 78 f. Jedoch arbeitet die Kommission aktuell an einer Vereinfachung der Schadensersatzklage, vgl. das Grünbuch der Europäischen Kommission: Schadensersatzklagen wegen Verletzung des EU-Wettbewerbsrechts (KOM(2005)672endg.). Auch die Informationserlangung durch Private soll durch Kronzeugenregelungen weiter gefördert werden, vgl. die Mitteilung der Kommission über den Erlass und die Ermäßigung von Geldbußen in Kartellsachen, ABl. Nr. C 45 vom 19. 2. 2002, S. 3.

10 Vgl. *Mäsch*, EuR 2003, 825 ff. Auch für die Zukunft wird keine Bedeutungszunahme der Rolle der nationalen Gerichte erwartet, so *Bunte*, in: Langen/Bunte, Art. 81, Rn. 221a; *Koenigs*, DB 2003, 755, 758 und auch *Lenaerts/Gerard*, World Competition – Law and Economics Revue 2004, 313, 315.

11 In den USA, die mit dem *Sherman-Act* von 1890 (Section 1 and 2 sind in etwa das Äquivalent zu Art. 81, 82 EG, Sherman Act, 26 Stat. 209 (1890), 15 U.S.C.A. §§1-7) das „Mutterland des Kartellrechts“ sind, und wo Sec. 4 des *Clayton Act* die Grundlage für private SE-Ansprüche gegen den Urheber eines *Antitrust*-Verstoßes bildet, kommen auf ein staatlicherseits angestoßenes Kartellverfahren neun Zivilrechtsklagen von Konkurrenten, so *Mäsch*, EuR 2003, 825, 827 f. Siehe auch *Monti*, RDUE 2004, 137, 151. In Europa basieren weniger als 10 % der Verfahren auf Schadensersatzklagen Einzelner.

12 BGH, ZIP 1998, 2070 ff. – Depotkosmetik (Anspruch abgelehnt); Urteil vom 12. 5. 1998, Az. KZR

ersatzansprüchen aufgrund der Verletzung gemeinschaftsrechtlicher Wettbewerbsvorschriften befasst[13]. Auch die Existenz eines eigenen, im Gemeinschaftsrecht wurzelnden Schadensersatzanspruches ist noch nicht geklärt[14].

Jedoch könnte aufgrund der nun vollumfänglichen unmittelbaren Anwendbarkeit des gemeinschaftsrechtlichen Kartellverbots und seit dem 1. Mai 2004 auch des Befreiungstatbestandes des Art. 81 Abs. 3 EG[15] das Instrument des nationalen Zivilprozesses zur Rechtsdurchsetzung in Zukunft häufiger in Anspruch genommen werden[16]. Neben der Entlastung der Kommission bringt dies auch Vorteile für die Unternehmer mit sich. Denn nur die nationalen Gerichte sprechen Schadensersatz zu, sind zum schnelleren Erlass einstweiliger Verfügungen imstande und können parallel über auf nationale Vorschriften gestützte Ansprüche entscheiden[17]. Solche Gerichtsentscheidungen sind außerdem in anderen Mitgliedstaaten anzuerkennen, so dass sich keine Nachteile bei der Vollstreckung ergeben[18]. Schließlich gibt die Kommission in der „Bekanntmachung der Kommission über die Zusammenarbeit zwischen der Kommission und den Gerichten der EU-Mitgliedstaaten bei der Anwendung der Artikel 81 und 82 des Vertrags“[19] Hinweise, wie die nationalen Gerichte in solchen Prozessen verfahren können. Auf die zivilrechtlichen Möglichkeiten zur Durchsetzung kartellrechtlicher Ansprüche kann im Folgenden aber nicht näher eingegangen werden.

Daneben kann sich der Unternehmer mit Beschwerden und Stellungnahmen an die jeweils zuständige Wettbewerbsbehörde wenden und das gewünschte Tun oder Unterlassen anregen. Jedoch liegt die Entscheidung dann in der Hand der Behörde, ohne dass der Unternehmer den Schutz eigener Interessen und Rechte erzwingen kann. Dieser informellen Verwaltungspartizipation kann daher neben der Klageerhebung nur eine ergänzende Funktion zukommen[20].

24/96 (Anspruch abgelehnt); ZIP 1988, 397 ff. – Cartier-Uhren (Anspruch möglich); BGH, NJW 1980, 1224 ff. (Zuständigkeitsfragen).

[13] Ursache dafür ist wohl weniger das – mit der VO 1/2003 nun aufgehobene – Freistellungsmonopol der Kommission, sondern eine grundsätzliche Unsicherheit über Basis und Voraussetzungen privater Ansprüche, insbesondere über die Auswirkungen von Art. 81 im horizontalen Verhältnis, so *Mäsch*, EuR 2003, 825, 833. Weitere Begründungsversuche bei *Odersky*, FS Mestmäcker, S. 699 ff.

[14] *Wurmnest*, RIW 2003, 896, 897; *Schröter*, in: GS, Art. 81, Einführung, Rn. 16; befürwortend *Mäsch*, EuR 2003, 825, 842 ff. Anders Rn. 13 der Bekanntmachung über die Behandlung von Beschwerden durch die Kommission gemäß Artikel 81 und 82 EG-Vertrag, ABl. Nr. C 101 vom 27. 4. 2004, S. 65. Siehe auch die Vorlage an den EuGH mit der Frage nach der Ausgestaltung eines gemeinschaftlichen Schadensersatzanspruchs in BGH, GRUR 2002, 554 ff.

[15] EG meint den Vertrag zur Gründung der Europäischen Gemeinschaft in der Fassung des Vertrages von Nizza. Aus Gründen der Vereinfachung werden im Folgenden stets die Vorschriften dieser Fassung zitiert, soweit sie mit denen der Verträge von Maastricht und Amsterdam identisch sind.

[16] *Weitbrecht*, EuZW 2003, 69, 72.

[17] *Grill*, in: Lenz/Borchardt, Vorbem. Art. 81-86, Rn. 10.

[18] EuGVÜ, Übereinkommen über die gerichtliche Zuständigkeit und die Vollstreckung gerichtlicher Entscheidungen in Zivil- und Handelssachen, ABl Nr. L 299 vom 31. 12. 1972, S. 32.

[19] ABl. Nr. C 101 vom 27. 4. 2004, S. 54; zuvor Bekanntmachung über die Zusammenarbeit zwischen der Kommission und den Gerichten der Mitgliedstaaten bei der Anwendung der Art. 85 und 86, ABl. 1993 Nr. C 39 vom 13. 2. 1993, S. 6.

[20] *Huber*, Konkurrentenschutz, S. 78.

Dagegen kann die Erhebung einer Klage auf Einschreiten der Behörde gegen einen Konkurrenten bzw. auf Nichtigerklärung eines den Konkurrenten begünstigenden Aktes für Unternehmen ein wirksames Mittel zum Schutz gegen (drohende) Wettbewerbsstörungen sein. Während der Kläger im Zivilverfahren das Vorliegen der Tatbestandsvoraussetzungen von Art. 81 Abs. 1 oder 82 EG darlegen und beweisen muss, stehen etwa der Kommission umfangreichere Ermittlungs- und Untersuchungsrechte zur Verfügung, die sich ein Unternehmer mittelbar über eine solche Klage möglicherweise zunutze machen kann[21].

Bisher konnte eine Freistellungsentscheidung, die nach vorheriger Anmeldung durch die am Kartell beteiligten Unternehmen von der Kommission erlassen wurde, jedenfalls unter bestimmten Voraussetzungen vom Konkurrenten angefochten und auf diese Weise einer gerichtlichen Überprüfung zugeführt werden[22]. Mit Inkrafttreten der neuen Kartellverfahrensverordnung Nr. 1/2003 ändert sich der Mechanismus von Freistellungsentscheidung und gerichtlicher Angreifbarkeit entscheidend[23], da die Kommissionsentscheidungen nun aufgrund einer unmittelbaren Geltung des Ausnahmetatbestandes vom Kartellverbot nicht mehr Freistellungen und Negativatteste beinhalten werden, sondern vielmehr Verbotsentscheidungen, so dass sich das Interesse des Dritten von einem Interesse an einer Anfechtung zu einem solchen an einem Einschreiten der Behörde wandelt[24]. Letztlich könnte das Reformkonzept der Kommission, nämlich eine Entlastung ihrerseits zugunsten einer dezentralen Anwendung des Wettbewerbsrechts durch die mitgliedstaatlichen Behörden, zu einer vermehrten Beanspruchung des Gerichtshofs führen, vor dem die betroffenen Unternehmen ihre nunmehr insgesamt unmittelbar geltenden Rechte aus den Art. 81, 82 EG geltend machen[25]. Zugleich könnte sich die Position des Konkurrenten, der zuvor eine Freistellungsentscheidung mit der Nichtigkeitsklage angreifen konnte[26], dadurch verschlechtern, dass diese Frei-

---

[21] *Lenaerts/Gerard*, World Competition – Law and Economics Revue 2004, 313, 315, Fn. 12; *Birk*, EWS 2003, 159 f.

[22] Siehe beispielsweise EuGH, Rs. 26/76, Slg. 1977, 1875 ff. – Metro I (Freistellungsentscheidung) und EuGH, Rs. T-138/89, Slg. 1992, II-2181, 2192, Rn. 32 – NBV und NVB (Negativattest) .

[23] *Schmidt*, BB 2003, 1237, spricht davon, dass das *„ausdifferenzierte[...] wie komplizierte[...] Verfahrensgebäude..., in großen Teilen abgerissen und insgesamt umgebaut werden muss"*. Die Fragen des Drittschutzes sieht er als *„lästiges Folgeproblem"* (S. 1239).

[24] In Bezug auf das Weißbuch der Kommission meinte *Deringer*, EuZW 2000, 5, 8, es sei *„völlig unklar... wie sich die Kommission den Rechtsschutz Dritter vorstellt"*. *Ehlermann*, CMLR 2000, 537, 588, stellt diesbezüglich fest, dass sich die Arbeitsbelastung des Gerichtshofes deutlich erhöhen wird, weil einerseits vermehrt Verbotsentscheidungen zu erwarten sein werden, die wiederum eher angefochten werden als Freistellungsentscheidungen, und andererseits Vorlagefragen nationaler Gerichte aufgrund der dezentralen Anwendung des Kartellrechts zunehmen werden.

[25] Auch *Lenaerts/Gerard*, World Competition – Law and Economics Revue 2004, 313, 317, 341, befürchten einen Anstieg der Arbeitsbelastung des Gerichtshofs, jedoch aus den Gründen, dass einerseits die Kommission vermehrt anfechtbare Verbotsentscheidungen erlassen wird, wenn sie sich auf die stärksten Wettbewerbsverstöße konzentriert, und andererseits die Zahl der Vorlageverfahren steigen wird.

[26] Z.B. EuG, Rs. T-88/92, Slg. 1996, II-1961 – Leclerc (Freistellung eines selektiven Vertriebssystem); Verb. Rs. T-528, 542, 543, 546/93, Slg. 1996, II, 649 – Métropole télévision SA (Freistellung einer Satzung einer Vereinigung von Rundfunk- und Fernsehanstalten); *Nowak*, Konkurrentenschutz, S. 84; *Steindorff*, ZHR 150 (1986), 222, 229.

stellung nun aufgrund Gesetzes erfolgt und damit keine angreifbare behördliche Maßnahme vorhanden ist.

Wegen des Nebeneinanders von einzelstaatlichen und europäischen Kartellvorschriften und Kartellbehörden kommen Rechtsbehelfe sowohl vor Gemeinschaftsgerichten als auch vor nationalen Gerichten in Betracht – vorausgesetzt es handelt sich um Sachverhalte mit gemeinschaftsrechtlichem Bezug. Der betroffene Unternehmer kann etwa vor dem Oberlandesgericht einen Akt einer deutschen Kartellbehörde verlangen (§ 63 Abs. 3 GWB[27]) oder vor dem Europäischen Gericht erster Instanz das unterbliebene Einschreiten der Kommission rügen (Art. 232 Abs. 3 i. V. m. Art. 225 Abs. 1 EG[28]).

Vorstellbar ist nicht nur, dass der Kläger vor dem Gerichtshof auf die Verhaltensweise der Kommission als europäische Wettbewerbsbehörde abstellt, sondern auch, dass er einen mitgliedstaatlichen Verstoß gegen europäisches Wettbewerbsrecht rügt und eine Verpflichtung des Mitgliedstaates durch das europäische Gericht erreichen will. Dies könnte zunächst mittelbar über die Erzwingung der Einleitung eines Vertragsverletzungsverfahrens durch die Kommission zu erreichen sein. Zudem ist grundsätzlich denkbar, dass der Gerichtshof eine Entscheidung trifft, an die die mitgliedstaatliche Behörde direkt gebunden ist. Jedoch scheint diese Möglichkeit schon aufgrund der ausführlichen Regelung des Vertragsverletzungsverfahrens in den Art. 226 ff. EG nicht erfolgversprechend zu sein.

Im ersten Teil der Arbeit wird die Konkurrentenklage definiert und das Kartellrecht in seinen Grundlagen dargestellt. Im zweiten Teil soll der Klagegegenstand untersucht werden. Dazu ist die Rechtsqualität der möglichen Maßnahmen, die die Kommission auf der Basis der neuen Kartellverfahrensverordnung Nr. 1/2003 erlassen kann, und deren Tauglichkeit als Klagegegenstand zu überprüfen. Der dritte Teil dient der Untersuchung der Voraussetzungen, die an die Person des Klägers zu stellen sind und konzentriert sich dabei auf die Klagebefugnis. Teil 2 und 3 stehen in engem Zusammenhang, da die Qualifikation der Maßnahme neben der grundsätzlichen Anfechtbarkeit für die jeweiligen an den Kläger zu stellenden Anforderungen ausschlaggebend ist. Teil 4 beschäftigt sich mit den Begründetheitsaussichten für die behandelten Fallkonstellationen. Im fünften Teil schließlich soll auf die Wechselbeziehung zwischen zentralem und dezentralem Rechtsschutz und eine etwaige Vorrangigkeit des letzteren eingegangen werden.

---

[27] *„Die Beschwerde ist auch gegen die Unterlassung einer beantragten Verfügung der Kartellbehörde zulässig, auf deren Vornahme der Antragsteller ein Recht zu haben behauptet."*

[28] *„Jede natürliche oder juristische Person kann ... Beschwerde darüber führen, dass ein Organ der Gemeinschaft es unterlassen hat, einen anderen Akt als eine Empfehlung oder eine Stellungnahme an sie zu richten."*

Teil 1: Grundlagen

1. Abschnitt: Die Konkurrentenklage

In diesem Abschnitt wird die Konkurrentenklage definiert (A.) sowie ihre verschiedenen Erscheinungsarten erläutert (B.), um eine Einordnung der zu untersuchenden Fallgestaltungen unter die herausgearbeiteten Begriffe vornehmen zu können. Anschließend wird das europäische Rechtsschutzsystem überblicksweise dargestellt (C.).

A. Begriff der Konkurrentenklage

Der Begriff der Konkurrentenklage wird nicht übereinstimmend verwendet[29]. Es kristallisieren sich aber zwei Voraussetzungen heraus, die dem Großteil der Definitionsansätze zugrunde liegen. Es sind diese das Bestehen eines Konkurrenzverhältnisses zwischen dem Kläger und einem Dritten (I.) sowie ein dieses Verhältnis in irgendeiner Weise beeinflussendes Verhalten eines Verwaltungsträgers, das den Gegenstand der Konkurrentenklage bildet (II.)[30].

I. Konkurrenzverhältnis

Das Kriterium des Konkurrenzverhältnisses gibt der Konkurrentenklage Kontur und bildet das Unterscheidungsmerkmal gegenüber sonstigen Drittbetroffenenklagen[31]. Generell lässt sich ein Konkurrenzverhältnis definieren als Wechselbeziehung zwischen zwei natürlichen oder juristischen Personen, die den Vorteil, der für den einen erstrebt wird, zwangsläufig zum Nachteil des anderen macht[32]. Da vorliegend die Konkurrentenklage im Bereich des europäischen Kartellrechts behandelt werden soll, kann ein Definitionsansatz verwendet werden, der den wirtschaftlichen Wettbewerb in den Mittelpunkt rückt und auch als Konkurrentenklage im engeren Sinne bezeichnet wird[33]: Ein Konkurrent ist jede natürliche oder juristische Person, die als Anbieter oder Nachfrager von Produkten oder Dienstleistungen auf dem zeitlichen, sachlichen und räumlichen Markt tätig ist, auf dem sich auch ein anderer Marktteilnehmer befindet[34].

---

[29] So *Huber*, Konkurrentenschutz, S. 2, 5; *Park*, S. 15; Ronellenfitsch, VerwArch 82 (1991), 121, 122.

[30] Siehe die Definitionsansätze bei *Erichsen*, Jura 1994, 385; *Nordmann*, S. 18; *Kunig*, GS Martens, 599; *Park*, S. 15; *Remmel*, S. 13; *Skouris*, S. 180; *Allkemper*, S. 88; *Rittner/Stephan*, GewArch 1985, 177; *Huber*, EuR 1991, 31; *Miebach*, JuS 1987, 956; *Rüber*, NJW 1971, 2097. Nach *Horn*, GewArch 1985, 73, 79, scheiden Nachbarklagen aus diesem Grunde – mangels Konkurrenzverhältnisses – aus dem Bereich der Konkurrentenklage aus. *Brohm* hingegen, FS Menger, 235, 248, 253, möchte nur solche Klagen als Konkurrentenklagen bezeichnen, bei denen mehrere miteinander um eine staatliche Begünstigung konkurrieren und diese Fallgruppe aufgrund ihrer strukturellen Unterschiede strikt von den Klagen trennen, mit denen sich der Kläger gegen die Begünstigung eines anderen, des Nachbarn, Wettbewerbers, Anlagenbauers etc., wehrt. Letztere Gruppe bezeichnet er als Drittbetroffenenklagen.

[31] Vgl. auch *Nowak*, Konkurrentenschutz, S. 35.

[32] GA VerLoren van Themaat, Rs. 169/84, Slg. 1986, 391, 403 – Cofaz; *Nowak*, Konkurrentenschutz, S. 35; *Huber*, Konkurrentenschutz, S. 32; *Friehe*, JuS 1981, 867, 871; *Bothe*, JZ 1975, 399, 400.

[33] *Schwarze*, GS Martens, S. 819, 836; *Brohm*, FS Menger, 235; *Friauf*, DVBl. 1969, 368; *Schmidt*, BB 1969, 653.

[34] So *Nordmann*, S. 17; *Nowak* S. 36. Vgl. auch § 2 Abs. 1 Nr. 3 UWG, der den Mitbewerber als „*Unternehmer, der mit einem oder mehreren Unternehmern als Anbieter oder Nachfrager von Waren*

Dem dabei zwischen den Marktteilnehmern entstehenden Wettbewerb liegt immer ein Verteilungsproblem zugrunde[35]. Im Mittelpunkt steht die Verteilung eines knappen Gutes materieller oder immaterieller Art, wobei die Zuteilung an den einen den Nachteil des anderen zur Folge hat[36]. Im Bereich des Kartellrechts ist das zu verteilende Gut schwierig zu bestimmen. Das unternehmerische Ringen um Einkaufs- und Absatzchancen am Markt wird durch hoheitliche Eingriffe mittelbar beeinflusst. Befreit die Wettbewerbsbehörde beispielsweise eine Preisabsprache zwischen Unternehmen derselben Vertriebsstufe vom Kartellverbot, ist Kehrseite des aufgrund erhöhten Preises erzielten Gewinnes der kartellbildenden Unternehmen die erhöhten Kosten der in der Lieferkette nachfolgenden Wettbewerber. Hieran wird deutlich, dass der gewählte Definitionsansatz horizontale ebenso wie vertikale Konkurrenzverhältnisse umfasst[37].

Ein Konkurrenzverhältnis kann auch zwischen privatem Wettbewerber und Staat bestehen. Wird der Staat selbst wirtschaftlich tätig, tritt er dabei möglicherweise gleich einem Privaten zu anderen Unternehmern in Konkurrenz[38]. Der Staat tritt aber dann nicht als Konkurrent auf, wenn er nicht als Anbieter oder Nachfrager von Produkten auf dem Markt tätig wird, sondern das kartellrechtswidrige Verhalten eines Privaten fördert. Dann besteht der mitgliedstaatliche Verstoß in einem hoheitlichen Handeln oder Unterlassen gegenüber einem sich (daher) wettbewerbswidrig verhaltenden privaten Konkurrenten[39]. Das Konkurrenzverhältnis zwischen den privaten Wettbewerbern stellt dann das die Situation der Konkurrentenklage ausmachende Verhältnis dar. Auf den Mitgliedstaat ist der Wettbewerbsverstoß, der sich im privaten Konkurrenzverhältnis auswirkt[40], aber (zumindest auch) zurückzuführen. Klagen, die sich auf ein Einschreiten der europäischen Wettbewerbsbehörde gegen ein solches, mitgliedstaatliches Verhalten richten, können demnach auch als Konkurrentenklagen bezeichnet werden.

---

oder Dienstleistungen in einem konkreten Wettbewerbsverhältnis steht", definiert.

[35] *Huber*, Konkurrentenschutz, S. 52, unterscheidet dementsprechend bei den möglichen Klagegegenständen Verteilungsmaßnahmen, die im Anstalts-, Beamten- und Personenbeförderungsrecht anzutreffen seien, sowie Verteilungslenkungsmaßnahmen, die eher für Information, Subvention, Kartellrecht und Ladenschlussgesetz typisch seien und üblicherweise einen über die Verteilung hinausgehenden Zweck verfolgten.

[36] *Huber*, Konkurrentenschutz, S. 34; *Scholz*, Wirtschaftsaufsicht, S. 47, 76; für das Beamtenrecht *Siegmund-Schulze*, VerwArch 73 (1982), 137, 139 ff.

[37] *Scholz*, Wirtschaftsaufsicht, S. 55 f.; *Schwarze*, EuZW 2000, 613, 616 ff. Anders *Huber*, Konkurrentenschutz, S. 33, der die ambivalente Beziehung allein für das horizontale Wettbewerbsverhältnis typisch ansieht.

[38] *Stober*, in: Wirtschaftliche Betätigung der öffentlichen Hand, S. 1; *Storr*, S. 159, 273 f.; *Roth/Ackermann*, in: Frankfurter Kommentar, Grundfragen Art. 81, Rn. 41; *Schwarze*, EuZW 2000, 613, 614; *Ehlers*, Jura 1999, 212, 214 f. *Erichsen*, Jura 1994, 385, meint, solche Klagen seien vom Begriff der Konkurrentenklage gar nicht erfasst. Nach *Bellamy/Child*, 4. Auflage, 2-010, ist zudem fraglich, ob ein Mitgliedstaat überhaupt als „Unternehmen" i.S.d. Art. 81 EG angesehen werden kann. Ausführlich zur Frage der grundrechtlichen Beschränkung der Teilnahme der öffentlichen Hand am wirtschaftlichen Wettbewerb im deutschen Recht *Ehlers*, Verwaltung in Privatrechtsform, S. 100 ff.; *Diefenbach*, Wirtschaft und Verwaltung 2003, S. 115 ff.

[39] Z.B. EuGH, Rs. C-35/96, Slg. 1998, I-3851, 3900, Rn. 54 – Kommission/Italien.

[40] Vgl. *Scholz*, Wirtschaftsaufsicht, S. 55.

Teilweise wird auch das Vorliegen eines Dreipersonenverhältnisses zur Bestimmung einer Konkurrenzsituation herangezogen[41]. Dies führt nicht weiter, weil unklar bleibt, was konkret ein solches Dreipersonenverhältnis auszeichnen soll.

II. Verhalten des Verwaltungsträgers

Das den Gegenstand der Klage bildende Verhalten des Verwaltungsträgers kann in einem Tun oder auch Unterlassen bestehen, was allerdings vielfach nicht in Betracht gezogen wird[42]. Dass sich jemand aber durch einen Vorteil seines Konkurrenten, der nicht auf einer positiven Handlung der Verwaltung beruht, benachteiligt fühlt und diesen mit Hilfe eines Eingreifens der Verwaltung beseitigen möchte, spielt gerade im Kartellrecht eine ebenso große Rolle[43]. In diesem Fall möchte sich der Kläger die Eingriffsbefugnisse der öffentlichen Hand zunutze machen, um dem anderen ein bestimmtes Verhalten zu untersagen oder aufzuerlegen. Die Konkurrentenklage umfasst daher auch solche Klagen, die auf ein Einschreiten der Verwaltung gerichtet sind[44].

Essentielles Element der Konkurrentenklage ist, dass der in Frage stehende Akt sich gerade nicht an den Kläger richtet, sondern an dessen Konkurrenten. Gerade die nur mittelbare Betroffenheit des Klägers, die sich aus einem an einen anderen adressierten Rechtsakt ergibt, macht die Besonderheiten und Schwierigkeiten einer Konkurrentenklage aus. Verstünde man die Klage gegen eine an den Kläger gerichtete bzw. auf Erlass einer an den Kläger zu richtenden Maßnahme als Konkurrentenklage, käme als einziges die Konkurrentenklage charakterisierendes Merkmal das Vorliegen eines Konkurrenzverhältnisses in Betracht. Damit würde es sich aber letztlich nicht mehr um eine systematische Einordnung eines bestimmten Klagetyps handeln, sondern lediglich um eine thematische Einordnung. Nicht zuletzt wird die Konkurrentenklage auch in die Kategorie der „Nichtadressatenklagen" eingeordnet[45].

Andererseits werden üblicherweise Klagen auf Erteilung einer Subvention, die ein Konkurrent ebenfalls erhalten hat, als typischer Fall der Konkurrentenklage dargestellt[46]. Hier ist aber der begehrte Akt, nämlich die positive Entscheidung über die Subvention, direkt an den Kläger gerichtet. Er ist Adressat und nicht Dritter. Dies könnte doch für eine Ausweitung des Begriffs der Konkurrentenklage auf Klagen (potentieller) Adressaten sprechen.

---

[41] *Scherer*, Jura 1985, 11; *Bothe*, JZ 1975, 399, 400. Auch *Nowak*, Konkurrentenschutz, S. 163 spricht von der Abwehr einer Begünstigung im Rahmen eines verwaltungsgerichtlichen Dreiecksverhältnisses.

[42] *Nordmann*, S. 18, *Friauf*, DVBl. 1969, 368; *Schmidt*, BB 1969, 653; *Erichsen*, Jura 1994, 385, gehen ausschließlich auf Handlungen der öffentlichen Hand ein.

[43] S. auch *Huber*, EuR 1991, 31, 59, Fn. 132.

[44] Auch *Huber*, Konkurrentenschutz, S. 50, hält für möglich, dass die Untätigkeit der öffentlichen Gewalt zum Anknüpfungspunkt für einen Konkurrenzschutzanspruch gemacht wird.

[45] So beispielsweise *Skouris*, S. 169. *Brohm*, FS Menger, 235, sieht als grundlegende Zulässigkeitsfrage, ob auch Nichtadressaten einen Akt anfechten können, wenn sie von seinen Auswirkungen in ihrer Rechtsposition betroffen werden.

[46] *Fehling*, Konkurrentenklage, 265, Fn. 5; *Schwarze*, GS Martens, 819, 836; *Nowak*, Konkurrentenschutz, S. 163; *Park*, S. 18; *Rengeling*, in: Beihilfen im Gemeinsamen Markt, S. 52; *Rengeling*, GS Klein, 1977, 416, 417; *Hösch*, Die Verwaltung 30 (1997), 211, 212; *Schenke*, NVwZ 1993, 718, 719; *Huber*, EuR 1991, 31.

Man könnte im Rahmen der Klage auf Subventionserteilung auf die Subventionsentscheidung zugunsten des Dritten abstellen, die den Kläger faktisch schlechter stellt, und so eine mittelbare Betroffenheit herleiten. Tatsächlich macht der Kläger aber einzig und allein seinen (angeblichen) ureigenen Rechtsanspruch auf Erteilung einer ebensolchen Subvention geltend. Dabei kann er sich insoweit auf die Schlechterstellung gegenüber dem Konkurrenten berufen, als er den Anspruch aus dem Gleichheitsgrundsatz herleitet. Im Kern macht der Kläger aber einen Anspruch auf eine an ihn adressierte Entscheidung geltend; das Abstellen auf die an den Dritten gerichtete Entscheidung wäre konstruiert. Diese Klagen sind somit aus dem Kreis der Konkurrentenklage auszuscheiden.

Anders liegen die Fälle, in denen der Kläger für den Erfolg seiner Klage zunächst den Wettbewerber aus dessen Stellung verdrängen muss, etwa weil die Subvention, die zu besetzende Stelle oder andere staatliche Leistung kontingentiert ist. Hier muss sich der Kläger zunächst gegen die Begünstigungsentscheidung richten. Insoweit besteht auch die für die Konkurrentenklage typische Situation der mittelbaren Betroffenheit des Nichtadressaten. Auch wenn man in einem solchen Fall das alleinige Erheben einer Klage auf Erteilung der Subvention als ausreichend erachten würde[47], so ist das direkt gegen die Position des Konkurrenten gerichtete Begehren doch in der Klage enthalten und als Voraussetzung für den Zuschlag notwendigerweise mit dieser zu entscheiden. Solche Klagen sind daher auch der Kategorie der Konkurrentenklagen zuzuordnen.

Schließlich stellt sich die Frage, ob auch eine gegen oder auf Erlass eines abstrakt-generellen Rechtsakts gerichtete Klage als Konkurrentenklage qualifiziert werden kann. Dies betrifft etwa den Fall, in dem sich der Kläger gegen eine seinem Konkurrenten günstige Verordnung wehrt. Gegen eine Einordnung als Konkurrentenklage spricht, dass ein genereller Rechtsakt an eine Vielzahl von Personen gerichtet ist und nicht an einen bestimmten Konkurrenten. Außerdem ist problematisch, dass sich der Rechtsakt gegebenenfalls auch auf den Kläger selbst erstreckt, so dass dieser nicht als Nichtadressat in Frage kommt. Jedoch muss sich zunächst einmal der anzugreifende Rechtsakt nicht ausschließlich an den Konkurrenten richten. Es reicht aus, wenn die Regelung für ihn Rechtswirkungen erzeugt, die den Kläger im Konkurrenzverhältnis zu ihm beeinträchtigen könnten. So wird üblicherweise auch die Klage auf Aufhebung eines Bebauungsplans als Konkurrentenklage eingestuft[48]. Fällt der Kläger aber selbst unter den Anwendungsbereich der Verordnung, kann eine Klage gegen die Verordnung insoweit nicht als Konkurrentenklage eingeordnet werden, als sich der Kläger gegen einen Regelungsinhalt wendet, der auch ihm selbst gegenüber spezifische Rechtswirkungen vorschreibt. Wenn der Kläger von dem konkret angegriffenen Regelungsinhalt der Verordnung selbst nicht betroffen ist, sollte auch eine Klage auf Aufhebung einer Verordnung als Konkurrentenklage einzuordnen sein.

Abschließend lässt sich festhalten, dass Klagen eines Unternehmers, die gegen oder auf den Erlass von behördlichen Maßnahmen zielen, die an einen Teilnehmer auf dem-

---

[47] So *Schenke*, NVwZ 1993, 718, 721 ff. AA: *Scherer*, Jura 1985, 11, 16; *Erichsen*, Jura 1994, 385, 387 f.

[48] *Brohm*, FS Menger, 235 f.

selben sachlichen und räumlichen Markt gerichtet bzw. zu richten sind, als Konkurrentenklage bezeichnet werden können.

B. Arten der Konkurrentenklage

Durchgesetzt hat sich eine grundsätzliche Unterscheidung zwischen „positiver" und „negativer" (I.) Konkurrentenklage, wobei die „positive" meist in zwei weitere Kategorien unterteilt wird (II. und III.)[49]. Neben dieser herrschenden Unterscheidung gibt es noch einige weitere Kategorisierungsversuche (IV). Anhand dieser Ansätze soll die Einordnung der wettbewerbsrechtlichen Konkurrentenklage erfolgen (V.). Diese im deutschen Recht entwickelten Einordnungen lassen sich auf das europäische Rechtssystem übertragen[50].

I. Negative Konkurrentenklage / Abwehrklage

Bei der negativen Konkurrentenklage oder auch Abwehrklage wendet sich der Kläger gegen die Begünstigung des Begünstigungsempfängers – sei diese durch ein Tun oder Unterlassen der öffentlichen Verwaltung veranlasst, indem er deren Aufhebung erstrebt[51].

Scherer und an ihn anknüpfend *Huber* unterteilen die negative Konkurrentenklage weiter in Konkurrentenabwehr-, und Begünstigungsabwehransprüche[52]. Die erste Kategorie betrifft Fälle, in denen durch die Intervention der Verwaltung ein Konkurrenzverhältnis zu einem Dritten erst entsteht, und somit Fälle der Eröffnung des Marktzugangs. Dies kann bei genehmigungspflichtigen Tätigkeiten der Unternehmen die Erteilung einer behördlichen Genehmigung sein. Die Klage richtet sich in einem solchen Fall also bereits gegen die Entstehung eines Wettbewerbsverhältnisses[53]. Die Begünstigungsabwehrklage hingegen richtet sich gegen eine Verwaltungsintervention, die in ein bereits bestehendes Konkurrenzverhältnis eingreift und der belastende Doppelwirkung beigemessen wird[54].

---

[49] *Brohm*, FS Menger, 235, 236; *Fehling*, Konkurrentenklage, 264 f.; *Schwarze*, GS Martens, S. 819, 836 f.; *Erichsen*, Jura 1994, 385; *Schenke*, NVwZ 1993, 718, 719. *Ronellenfitsch* etwa, VerwArch 82 (1991), 121, 128 ff., unterscheidet nur zwei Arten, nämlich „defensive Konkurrentenklage" und „Mitbewerberklage". Zur Entwicklung der Begrifflichkeiten s. *Huber*, Konkurrentenschutz, S. 79 ff.

[50] So auch *Rengeling*, in: Beihilfen im Gemeinsamen Markt, S. 52 f.; *Nowak*, Konkurrentenschutz, S. 163.

[51] *Nowak*, Konkurrentenschutz, S. 163; *Scherer*, Jura 1985, 11; *Schenke*, NVwZ 1993, 718, 719; *Erichsen*, Jura 1994, 385; *Hösch*, Die Verwaltung 30 (1997), 211, 213; *Schwarze*, GS Martens, S. 819, 836; *Miebach*, JuS 1987, 956. *Brohm*, FS Menger, 235, nennt diese auch „defensive Konkurrentenklage" und beschreibt sie aus der Perspektive des Klagenden, der sich gegen die Beeinträchtigung seiner Wettbewerbschancen durch einen Akt der Verwaltung wendet. Dies macht inhaltlich aber nur insoweit einen Unterschied, als er offenbar das Unterlassen des Verwaltungsträgers außer Acht lässt.

[52] *Scherer*, Jura 1985, 11, 12; *Huber*, Konkurrentenschutz, S. 81 ff.

[53] Zu dieser Kategorie zählt *Scherer*, Jura 1985, 11, 12, auch Klagen gegen die Errichtung von öffentlichen Unternehmen, bei denen es sich nach *Huber*, Konkurrentenschutz, S. 83, um die eigene Klageart der Fiskusabwehrklage handelt. Da sich ein Fiskusabwehranspruch gegen die Konkurrenz durch die öffentliche Hand selbst richte, handle es sich um den Sonderfall eines lediglich bipolaren Konkurrenzverhältnisses. Ähnlich *Brohm*, FS Menger, 235, 236.

[54] *Scherer*, Jura 1985, 11, 12; *Huber*, Konkurrentenschutz, S. 84. Beispielsweise in Form einer Subvention, *Rengeling*, GS Klein, 1977, 416, 417.

Bei der Abwehrklage wird also die Begünstigung des Konkurrenten als rechtswidrig angesehen und angegriffen, ohne dass ein direkter, eigener Vorteil erstrebt wird. Der Vorteil liegt letztlich in den mittelbaren Folgen der Verschlechterung der Konkurrentenposition.

II. Positive Konkurrentenklage in Form der Partizipationsklage

Mittels der positiven Konkurrentenklage wünscht der Kläger eine eigene Begünstigung, in Form eines an ihn gerichteten Aktes, zu erlangen[55]. Im Fall der Partizipationsklage als deren Unterfall erstrebt der Kläger die Begünstigung nicht auf Kosten des Mitbewerbers, sondern neben diesem[56]. Er greift die Stellung des Konkurrenten also nicht an, sondern begehrt die eigene Gleichbehandlung[57], während bei der auch unter die positive Konkurrentenklage zu fassenden ausschließenden Konkurrentenklage die Richtigbehandlung im Vordergrund steht[58]. Nach dem gewählten Definitionsansatz sind Partizipationsklagen nicht als Konkurrentenklagen einzustufen[59].

III. Positive Konkurrentenklage in Form der Verdrängungsklage

Mit der Verdrängungsklage oder auch ausschließenden Konkurrentenklage als Gegenstück zur Partizipationsklage erstrebt der Kläger nicht nur die Begünstigung, die seinem Mitbewerber zugute gekommen ist, sondern greift gleichzeitig die Position des Mitbewerbers an[60]. Die Klage enthält damit Elemente sowohl der Abwehr-, als auch der Partizipationsklage.

Die Rückgängigmachung der Begünstigung des Konkurrenten ist aus dem Grund erforderlich, dass eine begrenzte Leistungsmenge besteht[61]. Genauer betrachtet besteht ein begrenztes Gut aber ohnehin, nämlich bereits als Voraussetzung des Konkurrenzverhältnisses. Als Besonderheit bei der ausschließenden Konkurrentenklage ergibt sich jedoch, dass dieses begrenzte Gut unmittelbar durch die Verwaltung verteilt wird[62]. Der Kläger greift also den dem Konkurrenten gewährten Vorteil zu dem Zweck an, diesen selbst zu erhalten.

---

[55] *Nowak*, Konkurrentenschutz, S. 163; *Remmel*, S. 13; *Scherer*, Jura 1985, 11, 12; *Schwarze*, GS Martens, S. 819, 837.

[56] *Brohm*, FS Menger, 235, 236; *Fehling*, Konkurrentenklage, 268; *Schenke*, NVwZ 1993, 718, 719; *Erichsen*, Jura 1994, 385, 388; *Hösch*, Die Verwaltung 30 (1997), 211, 212.

[57] *Erichsen*, Jura 1994, 385.

[58] *Hösch*, Die Verwaltung 30 (1997), 211, 213.

[59] Auch *Scherer*, Jura 1985, 11, 16, und *Huber*, Konkurrentenschutz, S. 86, die diese Klageart als Konkurrentengleichstellungsklage bezeichnen, fragen, ob diese überhaupt als Konkurrentenklage einzustufen sei oder ob sie gegenüber sonstigen, „normalen" Verpflichtungsklagen gar keine strukturellen Unterschiede aufweise. Ihr fehle die typische „mehrseitige Interessenverflechtung" und sie könne immer nur unter dem Gesichtspunkt des Art. 3 Abs. 1 GG Erfolg haben, vgl. *Scherer*, Jura 1985, 11, 16; *Brohm*, FS Menger, 235, 236; *Huber*, Konkurrentenschutz, S. 86. *Ehlers*, DVBl. 1993, 861, 864, Fn. 40 spricht diese Frage ebenfalls an.

[60] *Scherer*, Jura 1985, 11, 16; *Brohm*, FS Menger, 235, 237; *Huber*, Konkurrentenschutz, S. 94 f.; *Schenke*, NVwZ 1993, 718, 719; *Erichsen*, Jura 1994, 385; *Hösch*, Die Verwaltung 30 (1997), 211, 212 f. *Horn*, GewArch 1985, 73, 79, will nur diese Klageart als „eigentliche" Konkurrentenklage gelten lassen.

[61] *Scherer*, Jura 1985, 11, 16; *Fehling*, Konkurrentenklage, 265.

[62] *Huber*, Konkurrentenschutz, S. 94.

IV. Sonstige Kategorisierungsansätze

Einige Autoren[63] unterscheiden nicht nur zwischen positiver und negativer Konkurrentenklage, sondern parallel dazu zwischen offensiver und defensiver. Während bei der offensiven Konkurrentenklage die Veränderung der Wettbewerbssituation durch eine staatliche Maßnahme erreicht werden soll, steht bei der defensiven die Abwehr einer staatlichen Maßnahme in Verteidigung der bestehenden Wettbewerbslage im Vordergrund. Kombinationen zwischen diesen beiden Kategorien sollen möglich sein.

Bothe[64] hingegen teilt die Konkurrentenklagen in vier Fallgruppen ein: der Adressat bzw. der Dritte wenden sich gegen einen den jeweils anderen begünstigenden Akt oder der Adressat bzw. der Dritte begehren eine Begünstigung, die den jeweils anderen belastet[65]. Nach dem vorliegend vertretenen Ansatz scheiden die zwei Adressatenklagen beinhaltenden Fallgruppen ohnehin aus der Betrachtung aus. Zudem berücksichtigt *Bothe* den Fall der ausschließenden Konkurrentenklage nicht.

V. Einordnung der wettbewerbsrechtlichen Konkurrentenklage

Die hier zu untersuchenden wettbewerbsrechtlichen Konkurrentenklagen betreffen Situationen, in denen ein Unternehmer das Verhalten seines Konkurrenten für kartellrechtswidrig – nämlich gegen Art. 81, 82 EG verstoßend – hält. Entweder ist dieses Verhalten bereits Gegenstand eines gestattenden Aktes der europäischen Wettbewerbsbehörde gewesen, so dass sich das Begehren des Unternehmers auf Aufhebung dieses Aktes richtet, oder die Wettbewerbsbehörde ist untätig geblieben und soll nach dem Willen des Unternehmers nun gegen seinen Konkurrenten Maßnahmen ergreifen. Im ersteren Fall lässt sich die Klage auf Aufhebung des gestattenden Aktes problemlos als Konkurrentenklage in Form der Abwehrklage einordnen. Fraglich ist, ob es sich auch bei den Fällen um Abwehrklagen handelt, in denen der Unternehmer das Einschreiten einer Behörde gegen den Wettbewerber verlangt.

Nach Ansicht von *Huber* soll es auch Konkurrentengleichstellungsansprüche (also Partizipationsklagen) geben, die als „echte" Konkurrentenklagen einzustufen sind. Das seien Ansprüche gegen die Verwaltung auf eine Intervention in ein Konkurrenzverhältnis, durch die bestehende Ungleichgewichte ganz oder teilweise ausgeglichen würden[66]. Diese Konstellation treffe man vor allen Dingen im Kartellverwaltungsrecht an[67].

Tatsächlich könnte man solche Klagen auf Einschreiten der Behörde gegen den Konkurrenten als Partizipationsklage – gerichtet auf eigene Begünstigung durch an

[63] *Pitschas*, GewArch 1981, 216, 217 (unter Berufung auf *Scholz*, Wirtschaftsrecht I (1972), S. 35, 37, 39), *Rittner/Stephan*, GewArch 1985, 177; *Park*, S. 16 f.

[64] *Bothe*, JZ 1975, 399, 400.

[65] Hiergegen wird eingewandt, es handele sich in Wirklichkeit nur um 2 Konstellationen, da Dritter und Hauptbeteiligter funktional austauschbar seien, vgl. *Huber*, Konkurrentenschutz, S. 80.

[66] *Huber*, Konkurrentenschutz, S. 92. *Nowak*, Konkurrentenschutz, S. 164, hingegen schlägt die Konkurrentengleichstellungsklage der negativen Konkurrentenklage zu, obwohl er das Ziel letzterer ebenfalls in der Abwehr einer Begünstigung des Konkurrenten erblickt. Die Konstellation einer positiven Konkurrentenklage im europäischen Kartellrecht lehnt er schlichtweg ab, S. 163 f.

[67] Beispielsweise in der Forderung nach behördlicher Widerspruchserhebung gegen ein Kartell, nach Untersagung des Missbrauchs einer marktbeherrschenden Stellung oder nach der Durchführung eines Untersuchungsverfahrens, vgl. *Huber*, Konkurrentenschutz, S. 92.

den Konkurrenten gerichteten Akt – oder als Abwehrklage – Abwehr der aufgrund Unterlassens bestehenden Begünstigung des Konkurrenten – verstehen.

Die Einordnung einer Verbotsentscheidung als Akt der Gleichstellung wirkt aber sehr konstruiert. Als erreichte Gemeinsamkeit käme allein die hergestellte Rechtmäßigkeit der Handlungsweise des Konkurrenten in Betracht, was aber als sehr allgemeines und keineswegs gesichertes Ziel erscheint. Außerdem ließe der Begriff der „Gleichstellung" vermuten, dass die Klage nur dann erfolgreich sein könnte, wenn sich der Kläger selbst bezüglich der Wettbewerbsvorschriften rechtstreu verhielte. Darauf kommt es im Rahmen der Begründetheit einer solchen Klage aber nicht an.

Das wesentliche Merkmal der Partizipationsklage ist gerade, dass der Kläger eine an sich selbst gerichtete Entscheidung begehrt. In den genannten Sonderfällen geht es zwar um einen Anspruch des Klägers, dieser ist aber nicht auf Erlass einer an ihn adressierten Entscheidung gerichtet. Eine irgendwie geartete Begünstigung erstrebt ein Kläger aber immer. Diese Tatsache macht die hier genannten Ansprüche noch nicht zu solchen der Partizipationsklage zuzuordnenden.

Von der Begrifflichkeit ausgehend scheint bei der Abwehrklage zwar ein positives Tun erforderlich, das der Unternehmer „abzuwehren" wünscht, während ein Untätigbleiben eher im Wege der Partizipationsklage zu rügen sein wird. Diese ist aber deshalb nicht geeignet, weil hier nicht ein direkter Vorteil des Klagenden im Vordergrund steht, sondern ein nur indirekter.

Sieht man – wie oben geschehen – die abzuwehrende „Begünstigung" im Nichteinschreiten der Behörde trotz wettbewerbswidriger Verhaltensweise des Konkurrenten, wird diese Begünstigung angegriffen bzw. „abgewehrt", indem ein Einschreiten gegen den Konkurrenten gefordert wird[68]. Für eine Einordnung als Abwehrklage spricht weiter der strukturelle Gleichlauf mit Fällen des positiven Tuns. Die Fälle des Unterlassens stellen sich als Spiegelbild der Fälle dar, in denen sich der Kläger gegen ein Verwaltungshandeln dem Konkurrenten gegenüber wehrt. Begehrter und angegriffener Akt sind von gleicher Art und beide an den Konkurrenten zu richten bzw. gerichtet.

Es handelt sich bei den zu untersuchenden Fallgruppen folglich um Fälle der Abwehrklage. Folgt man der weiteren, von *Scherer* und *Huber* vorgenommenen Unterteilung der Abwehrklage, so lassen sich diese Fälle als Begünstigungsabwehrklagen einordnen.

Die Klage auf Aufhebung eines abstrakt-generellen Aktes richtet sich ebenfalls mittelbar gegen die dem Konkurrenten aufgrund des Aktes zukommende Stellung und ist daher als Abwehrklage zu qualifizieren.

Möglich ist außerdem, dass das rechtswidrige Verhalten des Konkurrenten nicht auf eine Maßnahme der europäischen Behörde zurückzuführen ist, sondern durch eine mitgliedstaatliche Maßnahme gefördert oder genehmigt wurde. Begehrt der Kläger einen an einen Mitgliedstaat gerichteten Akt, der ein Verhalten des Mitgliedstaates dem Konkurrenten gegenüber rügen soll, so ist es letztlich wieder die Stellung des Konkurrenten, die angegriffen werden soll. Auch dieser Fall ist daher als Abwehrklage einzustufen[69].

---

[68] So für das Beihilfenrecht *Nordmann*, S. 19.

[69] S. o., Abschnitt 1, A.I, S. 7.

Das Erstreben einer Genehmigung – beispielsweise einer Freistellungsentscheidung –, die ein Wettbewerber bereits erhalten hat, scheidet von vornherein aus der Betrachtung aus, weil der Kläger selbst Adressat der begehrten Entscheidung wäre und es sich damit nicht um eine Konkurrentenklage in dem hier zugrunde gelegten Sinn, sondern um den Fall der Partizipationsklage handelt.

Eine der ausschließenden Konkurrentenklage entsprechende Konstellation kommt im Bereich der Kommissionshandlungen zur Umsetzung der Art. 81, 82 EG schon deshalb nicht in Betracht, da im Kartellrecht keine unmittelbare Verteilung einer begrenzt vorhandenen Leistung durch die Verwaltung erfolgt.

Die zu untersuchenden Fallgestaltungen lassen sich folglich als negative Konkurrentenklage in der Form der Begünstigungsabwehrklage einordnen, gleich, ob gegen ein Handeln oder ein Unterlassen der Kommmission angegangen wird.

C. Struktur des europäischen Rechtsschutzsystems

Um die in Betracht kommenden statthaften Klagearten zur Verfolgung der klägerischen Begehren vor dem Europäischen Gerichtshof herausarbeiten zur können, soll im Folgenden die Struktur des europäischen Rechtsschutzsystems skizziert werden.

Dem Europäischen Gerichtshof, der gem. Art. 220 EG die Wahrung des Gemeinschaftsrechts sichert, kommt die Funktion der obersten, letztentscheidenden Instanz zu[70]. Er hat drei wesentliche Aufgaben: er ist zuständig für Organstreitigkeiten oder solche zwischen Organen und Mitgliedstaaten, Rechtsmittelinstanz für Entscheidungen des Gerichts erster Instanz und sichert in Zusammenarbeit mit den Gerichten der Mitgliedstaaten die einheitliche Anwendung und Auslegung des Gemeinschaftsrechts (Art. 234 EG)[71]. Unterstützt wird er seit September 1989 vom Gericht erster Instanz (EuG)[72], das natürlichen und juristischen Personen in erster Instanz Schutz gegen Rechtsverletzungen durch die Gemeinschaftsorgane bietet und als solches zuständig für die vorliegend zu untersuchenden Konkurrentenklagen ist[73].

Als mögliche Rechtsschutzformen sieht der EG-Vertrag das gegen mitgliedstaatliches Handeln gerichtete Vertragsverletzungsverfahren gem. Art. 226 ff. EG (I.), die auf Gemeinschaftsakte bezogenen Nichtigkeits- (II.) und Untätigkeitsklagen (III.) nach Art. 230 bzw. 232 EG, das Vorabentscheidungsverfahren nach Art. 234 EG (IV.) sowie die Erhebung von Amtshaftungsklagen nach Art. 235 i. V. m. Art. 288 Abs. 2 EG (V.) vor. Diese Verfahrensarten lassen sich gem. Art. 243 EG mit dem Antrag auf Erlass einstweiliger Anordnungen verbinden. Nach Darstellung dieser Klagearten erfolgt schließlich eine Untersuchung deren Verhältnisses zueinander (VI.).

---

[70] *Schröter*, in: Schröter/Jakob/Mederer, Institutioneller Rahmen, Rn. 42.

[71] *Lenz*, NJW 1994, 2063, 2064.

[72] Die Grundlage für das EuG wurde mit der Einheitlichen Europäischen Akte vom 28. Februar 1986 geschaffen, die Errichtung erfolgte dann mit dem Ratsbeschluss Nr. 88/591/EGKS, EWG, Euratom vom 24. Oktober 1988, ABl. Nr. L 319 vom 25. 11. 1988, S. 1.

[73] Das Gericht für den öffentlichen Dienst der Europäischen Union, das im April 2006 seine erste mündliche Verhandlung durchführte, ist als Fachgericht für Rechtsstreitigkeiten des öffentlichen Dienstes zuständig, um das EuG diesbezüglich zu entlasten. Eingesetzt durch Ratsbeschluss Nr. 2004/752/EG, Euratom vom 2. November 2004, ABl. Nr. L 333 vom 9. 11. 2004, S. 7.

I. Vertragsverletzungsverfahren, Art. 226-228 EG

Die Kommission leitet ein Vertragsverletzungsverfahren ein, wenn sie der Auffassung ist, dass ein Mitgliedstaat gegen das Gemeinschaftsrecht verstoßen hat.

Sie gibt dem betreffenden Mitgliedstaat zunächst durch Erlass eines Mahnschreibens Gelegenheit zur Äußerung (Gegendarstellung) und erlässt dann eine mit Gründen versehene Stellungnahme. Ändert der Mitgliedstaat sein Verhalten nicht gemäß der Stellungnahme innerhalb einer von der Kommission gesetzten Frist, kann die Kommission den Gerichtshof anrufen. Es ergeht ein Feststellungsurteil, nach dem sich der Mitgliedstaat zu richten hat[74].

Vorgesehen ist auch die Anrufung des Gerichtshofs durch einen Mitgliedstaat, der der Auffassung ist, ein anderer Mitgliedstaat verhalte sich vertragswidrig[75].

Das Vertragsverletzungsverfahren ist das wichtigste Instrument der Kommission, um für die einheitliche Beachtung und Durchsetzung des EG-Rechts durch die Mitgliedstaaten Sorge zu tragen[76]. Dabei können nicht nur Verstöße gegen den EG-Vertrag gerügt werden, sondern auch gegen Verpflichtungen aus Verordnungen, Richtlinien, Entscheidungen sowie dem ungeschriebenen EG-Recht[77]. Die Verletzungshandlung kann in einem Tun oder Unterlassen bestehen und auf jedwede Form staatlichen Handelns zurückgehen[78].

II. Nichtigkeitsklage, Art. 230 EG

Mittels der Nichtigkeitsklage kann die Rechtmäßigkeit von Handlungen der Gemeinschaftsorgane überprüft werden. Für natürliche und juristische Personen als so genannte nicht privilegierte Kläger gilt das gem. Abs. 4 nur für *„gegen die an sie ergangenen Entscheidungen"* und Entscheidungen, die *„obwohl sie als Verordnung oder als eine an eine andere Person gerichtete Entscheidung ergangen sind, sie unmittelbar und individuell betreffen"*. Von Privaten anfechtbar sind danach also nur Entscheidungen bzw. als Verordnung ergangene Entscheidungen, so genannte Scheinverordnungen, während Klagen von Mitgliedstaaten und Gemeinschaftsorganen sich gegen alle Gemeinschaftsakte richten können, die nicht Empfehlung oder Stellungnahme sind.

Bei Erfolg der Nichtigkeitsklage wird die angefochtene Handlung durch den Gerichtshof gem. Art. 231 EG für nichtig erklärt und damit deren Wirkung ex tunc aufgehoben. Die Nichtigkeitsklage ist folglich als Gestaltungsklage einzuordnen[79].

---

[74] Art. 228 Abs. 1 EG. Kommt der Mitgliedstaat seiner Verpflichtung aus dem Urteil nicht nach, ist gem. Art. 228 Abs. 2 EG erneute Klage zur Festsetzung eines Pauschalbetrages oder Zwangsgeldes gegen den Mitgliedstaat möglich, der jedoch als gegen einen Staat gerichteter Titel nicht vollstreckbar ist, Art. 256 Abs. 1 EG.

[75] Nach Art. 227 EG muss jedoch vor Klageerhebung die Kommission damit befasst werden, die dem betreffenden Staat Gelegenheit zur Äußerung gibt und eine mit Gründen versehene Stellungnahme erlässt. Diese Möglichkeit wird in der Praxis jedoch kaum genutzt, *Ehricke*, in: Streinz, Art. 227, Rn. 3; *Borchardt*, in: Lenz/Borchardt, Art. 227, Rn. 1.

[76] *Borchardt*, in: Lenz/Borchardt, Art. 226, Rn. 1.

[77] *Borchardt*, in: Lenz/Borchardt, Art. 226, Rn. 5.

[78] *Borchardt*, in: Lenz/Borchardt, Art. 226, Rn. 6.

[79] EuGH, Rs. 283/82, Slg. 1983, 4219, 4226, Rn. 10 – Schoellershammer (ein Feststellungsbegehren geht darüber hinaus); *Ehricke*, in: Streinz, Art. 230, Rn 3, Art. 231, Rn. 1. *Borchardt*, in: Lenz/Borchardt, Art. 230, Rn. 2, Art. 231, Rn. 2; *Borowski*, EuR 2004, 879, 880.

III. Untätigkeitsklage, Art. 232 EG

Mittels der Untätigkeitsklage kann die Feststellung erreicht werden, dass ein Gemeinschaftsorgan eine bestimmte Handlung unter Verletzung der Regelungen des EG-Vertrages nicht vorgenommen hat. Die Klage kann erst nach einer erfolglosen Aufforderung zum Tätigwerden erhoben werden und darf nach dem Prinzip der Identität des vorgerichtlichen Verfahrensgegenstandes über den gegenüber der Verwaltung geforderten Akt nicht hinausgehen[80].

Nach dem Wortlaut des Abs. 3 können natürliche oder juristische Personen die Unterlassung nur solcher Maßnahmen rügen, die *„an sie zu richten"* sind. In Parallelität zu den Voraussetzungen der Nichtigkeitsklage könnte jedoch eine Ausweitung dieses Elements dahingehend zu befürworten sein, dass nicht privilegierte Kläger auch gegen die Unterlassung von Akten angehen könnten, die zwar an eine andere Person gerichtet sind, sie aber unmittelbar und individuell betreffen[81].

Da der Gemeinschaftsrichter den EG-Organen gegenüber keine Anweisungen erteilen kann oder den begehrten Akt selbst erlassen kann, stellt er im Rahmen der Untätigkeitsklage das rechtswidrige Unterlassen lediglich fest[82], weshalb die Untätigkeitsklage nicht als Gestaltungs-, sondern als Feststellungsklage einzuordnen ist[83]. Gem. Art. 233 Abs. 1 EG hat das jeweilige Organ die sich aus dem Urteil des Gerichtshofes ergebenden Maßnahmen zu ergreifen. Die Durchsetzung des Urteils erzwingen kann der Kläger letztlich nicht, Druck ausüben kann er evt. mit Hilfe eines Amtshaftungsanspruches nach Art. 233 Abs. 2 i. V. m. 288 Abs. 2 EG.

IV. Vorabentscheidungsverfahren, Art. 234 EG

Das Vorabentscheidungsverfahren dient der Sicherung der einheitlichen Anwendung des Gemeinschaftsrechts, dem Rechtsschutz des Einzelnen sowie der Rechtsfortbildung[84]. Seine große praktische Bedeutung zeigt sich in der Tatsache, dass über 50 % der anhängigen Rechtssachen Vorlagefragen einzelstaatlicher Gerichte sind[85].

Ist ein mitgliedstaatliches Gericht über die Auslegung des Gemeinschaftsrechts oder die Gültigkeit einer Gemeinschaftsmaßnahme im Zweifel, so kann es die Frage dem EuGH vorlegen. Während die nicht letztinstanzlichen Gerichte über die Vorlage nach freiem Ermessen entscheiden[86], sind die letztinstanzlichen zur Vorlage verpflichtet[87].

Die Verletzung der Vorlagepflicht durch ein mitgliedstaatliches Gericht, die zugleich eine Verletzung der in Art. 10 Abs. 2 EG verankerten Pflicht zur Gemein-

---

[80] EuGH, Rs. 24 u. 34/58, Slg. 1960, 591, 625 f. – Chambre syndicale; *Booß*, in: Grabitz/Hilf, Art. 232, Rn. 21; *Stotz*, in: Dauses, Hdb. EU-WirtschaftsR, P.I, Rn. 236; *Ehricke*, in: Streinz, Art. 232, Rn. 13.

[81] Siehe zu dieser Frage ausführlich unten, Teil 2, Abschnitt 1, G. I.

[82] *Borchardt* in: Lenz/Borchardt, Art. 232, Rn. 2.

[83] *Ehricke*, in: Streinz, Art. 232, Rn. 1; *Constantinesco*, Recht der EG, S. 879. Nach Auffassung von *Schmidt*, FS Steindorff, S. 1085, 1091, hat dies rein technische Gründe und darüber hinaus keine Bedeutung.

[84] *Ehricke*, in: Streinz, Art. 234, Rn. 3 ff.; *von Danwitz*, NJW 1993, 1108, 1110.

[85] Vgl. die Statistik im Jahresbericht über die Tätigkeit des Gerichtshofs 2004, S. 188, abzurufen auf http://curia.eu.int/de/instit/presentationfr; *Ehricke*, in: Streinz, Art. 234, Rn. 8.

[86] *Lenz*, NJW 1994, 2063, 2065.

[87] *Ehricke*, in: Streinz, Art. 234, Rn. 39.

schaftstreue darstellt, kann zwar im Rahmen des Vertragsverletzungsverfahrens gerügt werden, nach herrschender Meinung kann ein solches Verfahren mangels einer unmittelbaren Individualschutzfunktion von den Parteien des Rechtsstreits aber nicht erzwungen werden[88].

V. Sekundärrechtsschutz: Art. 235 i. V. m. Art. 288 Abs. 2 EG

Der einzelne kann nach den Vorgaben des Art. 288 Abs. 2 EG für in Ausübung der Amtstätigkeit der Organe der Gemeinschaft verursachte Schäden von dieser Ersatz verlangen. Die Voraussetzungen dieser außervertraglichen Haftung richten sich nach den allgemeinen Rechtsgrundsätzen, die den Rechtsordnungen der Mitgliedstaaten gemeinsam sind, und wurden im Einzelnen im Wege wertender Rechtsvergleichung vom Gerichtshof entwickelt[89].

VI. Funktion der Klagearten und deren Zusammenspiel

Der Großteil der außerordentlich umfangreichen Rechtsprechung zum Wettbewerbsrecht[90] hat Nichtigkeitsklagen gegen Entscheidungen der Kommission zum Gegenstand[91].

Wie bereits gezeigt, ermöglicht die Nichtigkeitsklage die objektive richterliche Kontrolle von Handlungen der EG-Organe[92], während die Untätigkeitsklage die Feststellung der rechtswidrigen Untätigkeit eines EG-Organs ermöglicht. Die Nichtigkeitsklage ist Gestaltungsklage, die Untätigkeitsklage hingegen hat Feststellungscharakter[93]. Aufgrund dieses Feststellungscharakters wird vielfach behauptet, im europäischen Rechtsschutzsystem fehle eine Verpflichtungs- und allgemeine Leistungsklage[94]. Im Falle des Erfolges einer Untätigkeitsklage sind die Gemeinschaftsorgane gem. Art. 233 Abs. 1 EG aber verpflichtet, die sich aus dem Urteil des Gerichtshofes ergebenden Maßnahmen zu ergreifen. Der ehemalige Generalanwalt am Gerichtshof *Lenz*[95] stellt zu dieser Frage schlichtweg fest: *„Im übrigen sind die Organe verpflichtet, die*

---

88 *Ehricke*, in: Streinz, Art. 234, Rn. 45; *Ortlepp*, Vertragsverletzungsverfahren, S. 80.

89 *Ehricke*, in: Streinz, Art. 288, Rn. 8; *Ruffert*, in: Calliess/Ruffert, Art. 288, Rn. 5. Z.B. EuGH, Rs. 197-200, 243, 245 u. 247/80, Slg. 1981, 3211, 3246, Rn. 18 – Ludwigshafener Walzmühle; Rs. 59/83, Slg. 1984, 4057, 4075, Rn. 10 – Biovilac; EuG, Rs. T-332/00 und T-350/00, Slg. 2002, II-4755, 4822, Rn. 222 – Rica Foods und Free Trade Foods.

90 Zwischen dem 1.1.1958 und dem 31.12.1998 mehr als 500 Entscheidungen, *Schröter*, in: Schröter/Jakob/Mederer, Institutioneller Rahmen, Fn. 143.

91 *Jakob*, in: GS, Vorbem. zu den Art. 81-89 EG, Rn. 83; *Schröter*, in: Schröter/Jakob/Mederer, Institutioneller Rahmen, Rn. 42.

92 *Borchardt* in: Lenz/Borchardt, Art. 230, Rn. 1.

93 *Czasche*, S. 32.

94 *Burgi*, in: Rengeling/Middeke/Gellermann, 2. Auflage, § 8, Rn. 2; *Rengeling/Middeke*, in: Rengeling/Middeke/Gellermann, 2. Auflage, § 1, Rn. 6; *Czasche*, S. 29, 111; *Dauses*, Gutachten 60. DJT, S. 109; *Ehlers*, Jura 2002, 68, 77; *Ehlers*, DVBl. 1991, 605, 613; *Classen*, NJW 1995, 2457, 2461. Dies wird vor dem Hintergrund der Orientierung am französischen Verwaltungsprozessrecht verständlich, das – um in einer Untätigkeitssituation dennoch einen Rechtsbehelf des Bürgers durch die Nichtigkeitsklage zu erreichen – in Art. 3 des Gesetzes vom 17. Juli 1900 bestimmte, dass das Schweigen der Verwaltung auf einen Antrag hin als anfechtbare Ablehnung zu verstehen sei, dazu *Czasche*, S. 19 ff.; *Fromont*, Gerichtsschutz, 221, 230.

95 *Lenz*, NJW 1994, 2063, 2066.

sich aus dem Urteil ergebenden Maßnahmen zu ergreifen ***und das tun sie auch.***" Wenn sich ein Organ nicht nach dem Urteil richtet, droht zudem ein Schadensersatzanspruch nach Art. 233 Abs. 2 i. V. m. Art. 288 Abs. 2 EG. Auch wenn sie nicht als Gestaltungsklage ausgestattet ist, kommt die Untätigkeitsklage in ihren Rechtswirkungen daher der Verpflichtungs- und allgemeinen Leistungsklage nahe[96].

Die Untätigkeitsklage ist zudem subsidiär zur Nichtigkeitsklage[97]. Erstere ist dann unzulässig, wenn das jeweilige Gemeinschaftsorgan bereits mit einem – nicht unbedingt mit der Nichtigkeitsklage angreifbaren[98] – Rechtsakt reagiert hat[99]. Wenn etwa im zwingend durchzuführenden Vorverfahren nach Art. 232 Abs. 2 EG eine ablehnende Stellungnahme – die im Übrigen nicht der rechtsunverbindlichen Stellungnahme im Sinne von Art. 249 EG entspricht – des Organs ergeht, ist ausschließlich das Erheben der Nichtigkeitsklage möglich. Fraglich ist, ob es überhaupt Sinn hat, mit der Nichtigkeitsklage gegen eine solche Stellungnahme vorzugehen. Im Erfolgsfall würde der Gerichtshof die ablehnende Stellungnahme für nichtig erklären und der Kläger hätte nichts gewonnen. Da sich aus Art. 233 Abs. 1 EG aber auch für die Nichtigkeitsklage ergibt, dass das jeweilige Organ die sich aus dem Urteil ergebenden Maßnahmen zu ergreifen hat, folgt auch bei bloßer Nichtigerklärung der Ablehnungsentscheidung aus Art. 233 EG für das betreffende Organ die positive Pflicht, sich gem. der Rechtsauffassung des Gerichts zu verhalten und gegebenenfalls den begehrten Rechtsakt zu erlassen.

Ein Rechtsschutzproblem könnte sich in Fällen ergeben, in denen die Untätigkeitsklage unzulässig ist, weil das jeweilige Gemeinschaftsorgan zwar zur Aufforderung Stellung genommen hat, diese Stellungnahme aber nicht mittels der Nichtigkeitsklage angreifbar ist[100].

D. Ergebnis zu Abschnitt 1

Richtige Klageart für eine Konkurrentenklage in Form der (Begünstigungs-) Abwehrklage kann sowohl die Nichtigkeits- als auch die Untätigkeitsklage sein. Das Vertragsverletzungsverfahren könnte lediglich im Rahmen einer gegen die Kommission gerichteten Untätigkeitsklage eine Rolle spielen, da eine Privatperson in diesem Verfahren selbst nicht klagebefugt ist. Vorabentscheidungsverfahren und Schadensersatzansprü-

---

96 Siehe dazu ausführlicher Teil 2, Abschnitt 1, G.I. Aus Gründen der Vereinfachung wird daher im Folgenden nicht von einer Klage auf Feststellung des rechtswidrigen Untätigbleibens der Kommission, sondern auf Einschreiten der Kommission gesprochen.

97 *Ehricke*, in: Streinz, Art. 232, Rn. 1; *Borchardt* in: Lenz/Borchardt, Art. 232, Rn. 3; *Burgi*, in: Rengeling/Middeke/Gellermann, 2. Auflage, § 8, Rn. 3. In der Rechtssache 26/67, Slg. 1977, 1875, Rn. 4 – Metro I führte der EuGH aus, die Aufhebung – durch den Gerichtshof – der Weigerung der Kommission, eine Entscheidung aufzuheben, sei gleichbedeutend mit der Aufhebung der Entscheidung und könne deshalb nicht im Wege der Nichtigkeitsklage angegriffen werden. Die Klägerin müsse sich direkt gegen den für sie belastenden Akt richten. Metro wendete sich gleichzeitig gegen die ursprüngliche, an den Konkurrenten gerichtete Freistellungsentscheidung wie auch gegen die Weigerung der Kommission, diese Freistellung aufzuheben.

98 *Booß*, in: Grabitz/Hilf, Art. 232, Rn. 29.

99 EuGH, Rs. 42/71, Slg. 1972, 105, 110, Rn. 4 – Nordgetreide; Rs. 166 u. 220/86, Slg. 1988, 6473, 6503, Rn. 17 – Irish Cement; *Borchardt* in: Lenz/Borchardt, Art. 232, Rn. 3.

100 Siehe dazu Teil 2, Abschnitt 1, G.II.

che spielen nur insofern eine Rolle, als sie Einfluss auf das Rechtsschutzbedürfnis im Rahmen von Nichtigkeits- und Untätigkeitsklage haben können.

2. Abschnitt: Grundlagen des Kartellrechts

In diesem Abschnitt werden Begriff und Zweck des Kartellrechts erläutert (A.), die Tatbestände des Kartell- und des Missbrauchsverbots (B.) sowie das Kartellverfahren (C.) dargestellt und schließlich das Verhältnis des gemeinschaftlichen Kartellrechts zum nationalen Recht untersucht (D.).

A. Begriff und Zweck des Kartellrechts

I. Begriff

Das Kartellrecht der Gemeinschaft umfasst die Wettbewerbsregeln der Art. 81 ff. EG und die dazu ergangenen Verordnungen[101]. Die Art. 81, 82 EG enthalten die Tatbestände des Kartell- und des Missbrauchsverbots und entsprechen sachlich dem deutschen Recht der Wettbewerbsbeschränkungen, das im GWB niedergelegt ist. Als Oberbegriff für das Recht der Wettbewerbsbeschränkungen und Lauterkeitsrecht wird der Begriff des Wettbewerbsrechts verwendet[102], der ursprünglich ausschließlich das Lauterkeitsrecht, wie im deutschen UWG[103] vom 7. Juni 1909 geregelt, bezeichnete. Diese enge Bedeutung war bis zum Inkrafttreten des GWB am 1. Januar 1958 üblich, für dessen Normen speziell sich die Bezeichnung „Kartellrecht“ einbürgerte[104].

II. Zweck

Die Kartellrechtsvorschriften dienen der Verwirklichung der Zielvorgabe des Art. 3 Abs. 1 lit. g EG, der mit zwingender Geltung[105] die Errichtung eines *„Systems, das den Wettbewerb innerhalb des Binnenmarkts vor Verfälschungen schützt“*, fordert[106]. Soweit man den unverfälschten Wettbewerb auch als für den Binnenmarkt konstitutiv

---

[101] *Köhler*, in: Baumbach/Hefermehl, Einl., Rn. 6.1. Eine Auflistung der Verordnungen, Richtlinien und Bekanntmachungen findet sich bei *Gloy*, in: Gloy/Loschelder § 1, Rn. 46.

[102] *Gloy*, in: Gloy/Loschelder § 1, Rn. 2.

[103] Die letzte UWG-Novelle, die am 8. Juli 2004 in Kraft getreten ist, zielte unter anderem auf die Europäisierung des Wettbewerbsrechts, *Köhler*, in: Baumbach/Hefermehl, Einl., Rn. 2.11. Im Bereich des Lauterkeitsrechts relevante Vorschriften des EG-Vertrages sind die Art. 2, 3 Abs. 1 g), 10, 12, 14, 28, 49, 98, *Köhler*, in: Baumbach/Hefermehl, Einl., Rn. 3.2. Nach der Richtlinie 84/450/EWG über irreführende und vergleichende Werbung nun erstmals flächendeckende Richtlinie in diesem Bereich ist die Richtlinie 2005/29/EG über unlautere Geschäftspraktiken vom 11. Mai 2005, ABl. Nr. L 149 vom 11. 6. 2005, S. 22.

[104] *Gloy*, in: Gloy/Loschelder § 1, Rn. 1.

[105] EuGH, Rs. 6/72, Slg. 1973, 215, 246, Rn. 25 – Europemballage Corporation und Continental Can; *Grill*, in: Lenz/Borchardt, Vorbem. Art. 81-86, Rn. 2.

[106] EuGH, Rs. 32/65, Slg. 1966, 457, 483 – Italien/Kommission; Rs. 6 u. 7/73, Slg. 1974, 223, 252, Rn. 25 – Commercial Solvents; Rs. 85/76, Slg. 1979, 461, 552, Rn. 125 – Hoffmann-La Roche; Rs. 229/83, Slg. 1985, 1, 31, Rn. 13 – Édouard Leclerc; *Schröter*, in: Schröter/Jakob/Mederer, Vorbem. zu den Art. 81 bis 89, Rn. 9; *Emmerich*, in: Dauses (Hrsg.), Hdb. EU-WirtschR, H.I § 1, Rn. 314; *Paulweber/Kögel*, AG 1999, 500, 501.

ansieht[107], dienen die Kartellrechtsvorschriften außerdem dem Ziel des Art. 3 Abs. 1 lit. c EG[108].

Der von Art. 3 Abs. 1 lit. g EG geforderte unverfälschte Wettbewerb[109] setzt einen „wirksamen Wettbewerb" voraus[110], ein solcher die möglichst große Freiheit von künstlichen Beeinträchtigungen durch private oder hoheitliche Eingriffe[111]. In dieser Vorschrift ist somit zugleich ein Bekenntnis des Vertrages zur Wettbewerbsfreiheit zu erblicken[112].

Zugleich wird der Wettbewerb als Mittel zur Erreichung der allgemeinen Vertragsziele, wie in Art. 2 EG sowie der Präambel (*„einen redlichen Wettbewerb"*) niedergelegt, in den Dienst der Gemeinschaft gestellt[113]. Ein unverfälschter Wettbewerb gilt als unerlässliche Voraussetzung für das Funktionieren des Gemeinsamen Marktes und soll die nationalen Volkswirtschaften schneller und umfassender vorantreiben als hoheitliche Maßnahmen[114].

Die Wettbewerbsregeln spielen eine wichtige Rolle bei der Errichtung und Sicherung des Binnenmarktes, indem sie verhindern, dass die zwischen den Mitgliedstaaten abgebauten Handelsschranken durch von den Unternehmen geschaffene Hindernisse ersetzt werden[115]. Der Vertrag erklärt bestimmte Kartelle sowie die missbräuchliche Ausnutzung einer marktbeherrschenden Stellung für *„mit dem Gemeinsamen Markt*

---

[107] So *Huber*, EuR 1991, 31, 59; *Bellamy/Child*, 4. Auflage, § 1-071.

[108] *Pijetlovic*, ELCR 2004, 356.

[109] Als natürliches Phänomen ist Wettbewerb schwierig zu definieren, *Köhler*, in: Baumbach/Hefermehl, Einl., Rn. 1.1. Er wird verstanden als Marktzustand (Wahl- und Ausweichmöglichkeiten), als Institution (Selbststeuerung des Marktes, störungsfrei funktionierender Marktmechanismus), *Schröter*, in: GS, Art. 81, Einführung, Rn. 4, als Verhaltensprozess („Verhalten mehrerer Personen, dadurch gekennzeichnet, dass der eine das zu gewinnen strebt, was ein anderer zu gleicher Zeit zu gewinnen strebt"), *Köhler*, in: Baumbach/Hefermehl, Einl., Rn. 1.1; *Nirk*, S. 337; BGH, GRUR 1968, 95, 97 - Büchereinachlass; ähnlich *Huber*, Konkurrentenschutz, S. 30; *Huber*, EuR 1991, 31, oder als soziales Phänomen (evolutionärer Entwicklungsprozess, der die möglichst exakte Verhaltensanpassung an die gestellten, sich möglicherweise ändernden Umwelt- und Lebensbedingungen bewirkt), *Hösch* Die Verwaltung 30 (1997), 211, 225.

[110] EuGH, Rs. 26/76, Slg. 1977, 1875, 1905 – Metro I, Rn. 20; Rs. 85/76, Slg. 1979, 461, 554, Rn. 132 – Hoffmann-La Roche; *Schröter*, in: GS, Art. 81, Einführung, Rn. 5; *Grill*, in: Lenz/Borchardt, Vorbem. Art. 81-86, Rn. 3.

[111] *Schröter*, in: GS, Art. 81, Einführung, Rn. 5; *Köhler*, in: Baumbach/Hefermehl, Einl., Rn. 1.15.

[112] *Schröter*, in: GS, Art. 81, Einführung, Rn. 5. Darin könnte wiederum ein Bekenntnis zum Wirtschaftsmodell der Gemeinschaft, und zwar einem solchen der marktwirtschaftlichen Ordnung einhergehen, da der Leistungswettbewerb eines der Kennzeichen der sozialen Marktwirtschaft ist. Dies vertreten *Grill*, in: Lenz/Borchardt, Vorbem. Art. 81-86, Rn. 2; *Schröter*, in: Schröter/Jakob/Mederer, Vorbem. zu den Art. 81 bis 89, Rn. 9; *Petersmann*, EuZW 1993, 593, 594; mittlerweile durch die Art. 4, 98, 105 Abs. 1, 154 Abs. 2 EG bekräftigt; aA *Kilian*, Rn. 203 ff.

[113] EuGH, Rs. 32/65, Slg. 1966, 457, 483 – Italien/Kommission; Rs. 6/72, Slg. 1973, 215, 245, Rn. 24 – Europemballage Corporation und Continental Can; *Schröter*, in: GS, Art. 81, Einführung, Rn. 4; *Schröter*, in: Schröter/Jakob/Mederer, Vorbem. zu den Art. 81 bis 89, Rn. 9.

[114] Sog. Integrationskraft eines unverfälschten Wettbewerbs, *Schröter*, in: GS, Art. 81, Einführung, Rn. 4; EuGH, Rs. 26/76, Slg. 1977, 1875, 1905 – Metro I, Rn. 20; Rs. 231/83, Slg. 1985, 305, 318, Rn. 10 f. – Cullet.

[115] EuGH, Rs. 32/65, Slg. 1966, 457, 486 – Italien/Kommission; *Bellamy/Child*, 4. Auflage, § 1-072; *Grill*, in: Lenz/Borchardt, Vorbem. Art. 81-86, Rn. 4.

unvereinbar" und daher verboten[116]. Indem der Vertrag Wettbewerbsverfälschungen verbietet, sichert er also zugleich den freien Waren-, Personen-, Dienstleistungs- und Kapitalverkehr[117].

Da auch die anderen in Art. 3 und 4 EG genannten Politiken der Verwirklichung der Ziele des Art. 2 EG dienen[118], sind sie bei der Auslegung und Anwendung der Wettbewerbsregeln ebenso zu beachten[119]. Der Schutz des Wettbewerbs kann in bestimmten Fällen hinter diesen Zielen zurücktreten, die sich beispielsweise im Rahmen der Ausnahmetatbestände der Art. 81 Abs. 3, 86 Abs. 2, 36 EG auswirken[120]. Ein freier, redlicher, unverfälschter und wirksamer Wettbewerb soll also grundsätzlich am besten zur Erreichung der Ziele des Art. 2 EG geeignet sein, denen ausnahmsweise jedoch durch indirekte, fördernde Eingriffe besser gedient werden kann[121]. Diese harmonische Auslegung der Vertragsziele wird im Bereich der Wettbewerbsregeln durch Ausnahmen vom Prinzip der Unvereinbarkeit mit dem Gemeinsamen Markt gewährleistet[122].

Die Grenze bildet dabei die Garantie der Institution Wettbewerb[123]. Es muss immer so viel Wettbewerb vorhanden sein, wie erforderlich ist, um die essentiellen Forderungen des Vertrages zu erfüllen und seine Ziele, insbesondere die Bildung eines einzigen Marktes mit binnenmarktähnlichen Verhältnissen, zu erreichen[124].

Zweck der gemeinschaftsrechtlichen Wettbewerbsbestimmungen ist neben der Sicherung des Wettbewerbssystems des Gemeinsamen Marktes in seiner institutionellen Gesamtheit außerdem die Sicherung der individuellen wirtschaftlichen Freiheit, zu der die Wettbewerbsfreiheit zu zählen ist[125]. Die Gewährleistung individueller Handlungs- und Entscheidungsfreiheit ist überhaupt erst Voraussetzung für die Funktionsfähigkeit der gemeinschaftlichen Wettbewerbsordnung[126].

In Art. 81 EG ist folglich die Handlungs- und Entscheidungsfreiheit aller Marktteilnehmer umfassend verbürgt[127]. Wettbewerbsverfälschungen und wirtschaftliche Nachteile entstehen nicht nur für die an den Absprachen beteiligten Unternehmen, sondern auch für Dritte[128]. Ein freier Marktzugang und ungehinderte Bezugs- und Ab-

---

[116] *Schröter*, in: Schröter/Jakob/Mederer, Vorbem. zu den Art. 81 bis 89, Rn. 10.

[117] *Schröter*, in: Schröter/Jakob/Mederer, Vorbem. zu den Art. 81 bis 89, Rn. 13.

[118] *Schröter*, in: Schröter/Jakob/Mederer, Vorbem. zu den Art. 81 bis 89, Rn. 11.

[119] EuGH, Rs. 32/65, Slg. 1966, 457, 483 – Italien/Kommission; *Grill*, in: Lenz/Borchardt, Vorbem. Art. 81-86, Rn. 5. Siehe auch *Zuleeg*, in: GTE, Art. 2, Rn. 12.

[120] *Grill*, in: Lenz/Borchardt, Vorbem. Art. 81-86, Rn. 6; *Kilian*, Rn. 226.

[121] *Schröter*, in: Schröter/Jakob/Mederer, Vorbem. zu den Art. 81 bis 89, Rn. 12.

[122] *Schröter*, in: Schröter/Jakob/Mederer, Vorbem. zu den Art. 81 bis 89, Rn. 18.

[123] EuGH, Rs. 6/72, Slg. 1973, 215, 245, Rn. 24 – Europemballage Corporation und Continental Can; *Grill*, in: Lenz/Borchardt, Vorbem. Art. 81-86, Rn. 6; *Schröter*, in: Schröter/Jakob/Mederer, Vorbem. zu den Art. 81 bis 89, Rn. 12, 14.

[124] EuGH Rs. 26/67, Slg. 1977, 1875, 1905 – Metro I, Rn. 20; *Schröter*, in: Schröter/Jakob/Mederer, Vorbem. zu den Art. 81 bis 89, Rn. 12.

[125] *Schwarze*, GS Martens, S. 819, 841 f.

[126] *Schwarze*, GS Martens, S. 819, 842. Auch das GWB schützt nicht nur den Wettbewerb als Institution, sondern auch die individuelle Handlungsfreiheit der Marktbeteiligten und schließlich den Verbraucher, *Nirk* S. 338, im einzelnen umstritten.

[127] *Schröter*, in: GS, Art. 81, Einführung, Rn. 7.

[128] EuGH, Rs. 28/77, Slg. 1978, 1391, 1414, Rn. 40/45 – Tepea.

satzmöglichkeiten für Außenseiter zählen zu den vom Kartellverbot unmittelbar geschützten Rechtspositionen, sind also mehr als reine Reflexwirkungen[129].

B. Kartell- und Missbrauchsverbot

Im Folgenden werden die Verbotstatbestände der Kartellbildung, Art. 81 Abs. 1 EG, (I.) und des Missbrauchs einer marktbeherrschenden Stellung, Art. 82 EG, (II.) dargestellt[130].

Die Vorschriften haben repressiven Charakter und entfalten unmittelbare Wirkung[131] für und gegen jedes Unternehmen. Auch die zur Durchführung erlassenen Verordnungen gelten unmittelbar, wie schon Art. 249 Abs. 2 EG bestimmt[132]. Unmittelbare Geltung bedeutet, dass die jeweilige Bestimmung ihre volle Wirkung einheitlich in sämtlichen Mitgliedstaaten vom Zeitpunkt des Inkrafttretens an und während der gesamten Dauer ihrer Gültigkeit entfaltet[133]. Folge ist ihre direkte Anwendbarkeit durch nationale Gerichte und Behörden.

I. Kartellverbot, Art. 81 Abs. 1 EG

Das in Art. 81 EG niedergelegte Kartellverbot untersagt „*Vereinbarungen zwischen Unternehmen, Beschlüsse von Unternehmensvereinigungen und aufeinander abgestimmte Verhaltensweisen, welche den Handel zwischen Mitgliedstaaten zu beeinträchtigen geeignet sind und eine Verhinderung, Einschränkung oder Verfälschung des Wettbewerbs innerhalb des Gemeinsamen Marktes bezwecken oder bewirken*“[134]. Indem Art. 81 Abs. 1 EG generell jede Vereinbarung, die den zwischenstaatlichen Handel beeinträchtigen kann, und damit sowohl horizontale als auch vertikale Vereinbarungen untersagt[135], entfernt er sich vom traditionellen Kartellbegriff, der nur Absprachen zwischen Unternehmen derselben Vertriebsstufe betraf[136].

Art. 81 EG ist angelehnt an Art. 65 §§ 1, 2 und 4 EGKS-Vertrag[137], wobei letzterer wegen des Fehlens einer Zwischenstaatlichkeitsklausel weiter, wegen der ausschließlichen Ausrichtung auf die Montanmärkte dagegen wesentlich enger war[138].

---

[129] EuGH, Rs. 40/70, Slg. 1971, 69, 83, Rn. 11 – Sirena; Rs. 56 u. 58/64, Slg. 1966, 321, 393 f. – Consten und Grundig; *Schröter*, in: GS, Art. 81, Einführung, Rn. 7; *Mestmäcker*, Europäisches Wettbewerbsrecht, 1974, S. 167.

[130] Vor Inkrafttreten des Vertrages von Amsterdam die Art. 85 Abs. 1, 86 EGV.

[131] EuGH, Rs. 127/73, Slg. 1974, 51, 62, Rn. 15/17 – BRT/SABAM; EuGH Rs. C-234/89, Slg. 1991, I-935, Rn. 45 – Delimitis; *Schröter*, in: GS, Vorbem. zu den Art. 81 bis 85, Rn. 11; *Schröter*, in: GS, Art. 81, Einführung, Rn. 12; *Grill*, in: Lenz/Borchardt, Vorbem. Art. 81-86, Rn. 9.

[132] *Schröter*, in: GS, Vorbem. zu den Art. 81 bis 85, Rn. 11.

[133] EuGH, Rs. 106/77, Slg. 1978, 629, 643, Rn. 14/16– Simmenthal; *Mestmäcker*, EuZW 1999, 523, 526.

[134] Im Folgenden wird zur Vereinfachung nur noch von „Vereinbarungen“ die Rede sein, um die drei vom Kartellverbot erfassten Handlungsvarianten zu bezeichnen.

[135] *Kulka*, in: Frankfurter Kommentar, Fallgruppen I Art. 81 I, III, Rn. 1, 4; *Bellamy/Child*, 4. Auflage, § 2-018.

[136] *Kulka*, in: Frankfurter Kommentar, Fallgruppen I Art. 81 I, III, Rn. 2; *Heutz*, WuW 2004, 1255, 1256.

[137] Der EGKS-Vertrag ist am 23. Juli 2002 ausgelaufen. Art. 65 § 1 EGKS lautete: „*Verboten sind alle Vereinbarungen zwischen Unternehmen, alle Beschlüsse von Verbänden von Unternehmen und alle verabredeten Praktiken, die darauf abzielen würden, auf dem gemeinsamen Markt unmittelbar oder*

Während Art. 81 Abs. 1 EG das Verbot von Kartellvereinbarungen enthält und Abs. 2 die zivilrechtliche Nichtigkeit verbotener Vereinbarungen bestimmt, bildet Abs. 3 einen Ausnahmetatbestand, der das Verbot abmildert[139]. Abs. 1 kann demnach für nicht anwendbar erklärt werden, wenn die fraglichen Vereinbarungen „*unter angemessener Beteiligung der Verbraucher an dem entstehenden Gewinn zur Verbesserung der Warenerzeugung oder -verteilung oder zur Förderung des technischen oder wirtschaftlichen Fortschritts beitragen, ohne daß den beteiligten Unternehmen a) Beschränkungen auferlegt werden, die für die Verwirklichung dieser Ziele nicht unerläßlich sind , oder b) Möglichkeiten eröffnet werden, für einen wesentlichen Teil der betreffenden Waren den Wettbewerb auszuschalten*". Eine solche Erklärung der Nichtanwendbarkeit kann ausdrücklich auch für Gruppen von Vereinbarungen ergehen. Hintergrund des Ausnahmetatbestandes ist die Annahme, dass unter den genannten Voraussetzungen die gesamtwirtschaftlichen Vorteile einer Absprache die mit ihr verbundenen Nachteile für den Wettbewerb aufheben können. Nur wenn die Vorteile die Nachteile zumindest ausgleichen, kommt eine Befreiung vom Verbot in Betracht[140].

Das Kartellverbot erstreckt sich ausschließlich auf „*Vereinbarungen [], welche den Handel zwischen Mitgliedstaaten zu beeinträchtigen geeignet sind*". Absprachen, die diese als Zwischenstaatlichkeitsklausel bezeichnete Voraussetzung des Art. 81 Abs. 1 EG nicht erfüllen, weil ihre Auswirkungen nicht über die mitgliedstaatlichen Grenzen hinausreichen, unterliegen ausschließlich den einzelstaatlichen Rechtsvorschriften[141].

Wie der räumliche Anwendungsbereich des gemeinschaftlichen Kartellrechts genau zu bestimmen ist, ist heftig umstritten[142]. Grundsätzlich erstreckt er sich gem. Art. 299 EG auf das Gebiet der Gemeinschaft[143]. Fraglich ist aber, inwieweit er auch außerhalb der Europäischen Gemeinschaft ansässige Unternehmen erfasst, deren Handlungen Wirkungen innerhalb der Gemeinschaft entfalten. Nach dem Territorialitätsprinzip sind drittstaatliche Unternehmen den europäischen Wettbewerbsregeln nur insoweit unterworfen, als sie in der Gemeinschaft wettbewerbsrelevante Handlungen vornehmen[144]. Das von der Kommission angewandte[145] und mittlerweile auch in der Literatur

---

mittelbar den normalen Wettbewerb zu verhindern, einzuschränken oder zu verfälschen".

138 *Schröter*, in: GS, Art. 81, Einführung, Rn. 1; *Schröter*, in: Schröter/Jakob/Mederer, Vorbem. zu den Art. 81 bis 85, Rn. 3; *Fromont*, RTDE 1966, 47, 52.

139 EuGH, Rs. 99/79, Slg. 1980, 2511, 2534, Rn. 15 – Lancôme/Etos; *Schröter*, in: GS, Art. 81, Einführung, Rn. 17.

140 *Weiß*, in: Calliess/Ruffert, Art. 81, Rn. 156; *Schröter*, in: GS, Art. 81, Einführung, Rn. 17; *Heutz*, WuW 2004, 1255, 1256.

141 *Schröter*, in: GS, Art. 81, Einführung, Rn. 14.

142 *Bellamy/Child*, 4. Auflage, § 2-153 ff.; *Emmerich*, in: Dauses (Hrsg.), Hdb. EU-WirtschR, H.I § 1, Rn. 28.

143 *Weiß*, in: Calliess/Ruffert, Art. 81, Rn. 7. Dazu ausführlich *Schröter*, in: Schröter/Jakob/Mederer, Vorbem. zu den Art. 81 bis 85, Rn. 56 ff.

144 *Grill*, in: Lenz/Borchardt, Vorbem. Art. 81-86, Rn. 21; *Schröter*, in: Schröter/Jakob/Mederer, Vorbem. zu den Art. 81 bis 85, Rn. 63; *Weiß*, in: Calliess/Ruffert, Art. 81, Rn. 9; *Schwarze*, WuW 2001, 1190, 1191.

145 Kommissionsentscheidung vom 19. 12. 1984, ABl. Nr. L 92 vom 30. 3. 1985, S. 1, Rn. 14.6 – Aluminiumeinfuhren aus Osteuropa; Kommissionsentscheidung vom 19. 12. 1984, ABl. Nr. L 85 vom 26. 3. 1985, S. 1, Rn. 79 – Zellstoff.

herrschende[146] Auswirkungsprinzip lässt dagegen Auswirkungen des fraglichen Verhaltens auf dem Gemeinsamen Markt zur Anwendung der gemeinschaftsrechtlichen Wettbewerbsregeln genügen[147]. Der EuGH greift auf das Territorialitätsprinzip zurück, nimmt aber eine sehr weite Auslegung[148] vor und kommt damit im Ergebnis dem Auswirkungsprinzip nahe[149].

Art. 81 Abs. 1 EG richtet sich ohne Unterscheidung an alle Unternehmen und untersagt alle Arten bewussten und gewollten Zusammenwirkens von Unternehmen mit wettbewerbsstörendem Charakter, die die Verfälschung des Wettbewerbs bezwecken oder bewirken[150]. Ein Unternehmen ist dabei jede eine wirtschaftliche Tätigkeit ausübende Einrichtung, unabhängig von deren Rechtsform und der Form der Finanzierung[151]. Das wirtschaftliche Tätigsein erfordert das Anbieten von Gütern und Dienstleistungen auf einem bestimmten Markt und ist wesentliche Voraussetzung[152]. Sachlich erstreckt sich der Anwendungsbereich des EG-Wettbewerbsrechts damit auf alle Wirtschaftsbereiche, die nicht ausdrücklich von der Anwendung ausgenommen sind[153].

---

[146] *Weiß*, in: Calliess/Ruffert, Art. 81, Rn. 11; *Brinker*, in: Schwarze, Art. 81 EG, Rn. 21; *Emmerich*, in: Dauses (Hrsg.), Hdb. EU-WirtschR, H.I § 1, Rn. 29 f.; *Meng*, in: GTE, Band 5, Extraterritoriale. Anwendung, Rn. 97, 104; *Rehbinder*, in: Immenga/Mestmäcker, EG-WbR, Bd. I, Einleitung, E, Rn. 60, 74.

[147] *Weiß*, in: Calliess/Ruffert, Art. 81, Rn. 8. Das Auswirkungsprinzip gilt auch im US-Kartellrecht, *Karl*, RIW 1996, 633 f.

[148] *Emmerich*, in: Dauses (Hrsg.), Hdb. EU-WirtschR, H.I § 1, Rn. 32; *Koenigs*, DB 2003, 755, 757.

[149] *Meng*, in: GTE, Band 5, Extraterritoriale. Anwendung, Rn. 97. Durch Zurechnung des Handelns von Tochtergesellschaften, so z.B. EuGH, Rs. 48/69, Slg. 1972, 619, Rn. 132 ff. – ICI; Rs. 6/72, Slg. 1973, 215, 242, Rn. 15 f. – Europemballage und Continental Can; Rs. 6 und 7/73, Slg. 1974, 223, 256, Rn. 41 – Commercial Solvents, oder durch Abstellen auf den Ort, an dem eine Absprache durchgeführt wird, so EuGH, Rs. 89 u.a./85, Slg. 1988, 5193, 5243, Rn. 16 ff. – Ahlström. Auch Abstellen auf Wirkungen: EuGH, Rs. 22/71, Slg. 1971, 949, 959, Rn. 10/12 – Béguelin Import; EuG, Rs. T-102/96, Slg. 1999, II-753, 785, 90 ff. – Gencor. GA Darmon, Slg. 1988, 5193, 5227, Rn. 57 – Ahlström, plädierte für die Anwendung des Auswirkungsprinzips. *Weiß*, in: Calliess/Ruffert, Art. 81, Rn. 12, stellt fest, dass die Territorialitätslehre kaum zu anderen Ergebnissen kommt, wenn sie auf die Betätigung auf dem Gemeinsamen Markt abstellt. Ausführlich *Schwarze*, WuW 2001, 1190 ff.

[150] *Schröter*, in: GS, Art. 81, Einführung, Rn. 2.

[151] EuG Rs. T-319/99, Slg. 2003, II-357, Rn. 35 – FENIN; EuGH, Rs. C-41/90, Slg. 1991, I-1979, 2016, Rn. 21 – Höfner und Elser; *Schröter*, in: Schröter/Jakob/Mederer, Vorbem. zu den Art. 81 bis 85, Rn. 17; *Bellamy/Child*, 4. Auflage, § 2-003; *Grill*, in: Lenz/Borchardt, Vorbem. Art. 81-86, Rn. 34.

[152] EuG Rs. T-319/99, Slg. 2003, II-357, Rn. 36 – FENIN; *Bellamy/Child*, 4. Auflage, § 2-004.

[153] EuGH, Rs. 209-213/84, Slg. 1986, 1425, 1465; Rn. 40 – Asjes; *Weiß*, in: Calliess/Ruffert, Art. 81, Rn. 1 f.; *Schröter*, in: Schröter/Jakob/Mederer, Vorbem. zu den Art. 81 bis 85, Rn. 42; *Grill*, in: Lenz/Borchardt, Vorbem. Art. 81-86, Rn. 27. Bzgl. der Atomkraft stellt der EAGV lex specialis dar, der EGKSV ist am 23. Juli 2002 ausgelaufen. Das Kartellrecht gilt leicht eingeschränkt für die Landwirtschaft, Art. 32 Abs. 2 i.V.m. 36 EG, VO (EWG) Nr. 26/62 des Rates zur Anwendung bestimmter Wettbewerbsregeln auf die Produktion landwirtschaftlicher Erzeugnisse und den Handel mit diesen Erzeugnissen, ABl. Nr. B 030 vom 20. 4. 1962, S. 993. Auch für den Verkehr gelten Besonderheiten, s. *Weiß*, in: Calliess/Ruffert, Art. 81, Rn. 6.

II. Missbrauchsverbot, Art. 82 EG

Art. 82 verbietet *„die mißbräuchliche Ausnutzung einer beherrschenden Stellung auf dem Gemeinsamen Markt oder auf einem wesentlichen Teil desselben durch ein oder mehrere Unternehmen, soweit dies dazu führen kann, den Handel zwischen Mitgliedstaaten zu beeinträchtigen"*. und ist an Art. 66 § 7 EGKSV angelehnt[154].

Art. 82 Satz 1 enthält eine Generalklausel, die durch nicht abschließende und sich möglicherweise überschneidende, in Satz 2 genannte Regelbeispiele konkretisiert wird[155]. Auch hier wird der Anwendungsbereich durch eine Zwischenstaatlichkeitsklausel begrenzt. Anders als beim Verbot wettbewerbsbeschränkender Absprachen des Art. 81 EG ist die Nichtigkeitsfolge nicht im EG-Vertrag selbst geregelt, erwächst im deutschen Recht aber aus § 134 BGB[156]. Auch eine dem Art. 81 Abs. 3 EG entsprechende Freistellungsmöglichkeit gibt es nicht; insbesondere ist dieser nicht auf das Missbrauchsverbot übertragbar[157].

III. Verhältnis von Art. 81 zu Art. 82 EG

Art. 81 und 82 EG verfolgen ein gemeinsames Ziel, nämlich die Entwicklung und Aufrechterhaltung eines freien, redlichen, unverfälschten und wirksamen Wettbewerbs, wirken aber auf unterschiedliche Weise: das Kartellverbot des Art. 81 EG wirkt schon der Konzentration der Marktmacht in der Hand eines Kartells entgegen, sichert so den erforderlichen Freiraum für die wirtschaftliche Betätigung Dritter und ist auf diese Weise schärfer als das Missbrauchsverbot des Art. 82 EG [158], das erst bei Überschreiten der Marktbeherrschungsschwelle zur Anwendung kommt[159]. Außerdem erfassen die Vorschriften unterschiedliche Handlungsweisen, indem das Kartellverbot einer Störung des Wettbewerbs durch Zusammenwirken mehrerer Unternehmen vorbeugt, während sich das Missbrauchsverbot primär gegen einseitige Handlungen richtet[160].

Zwischen den Vorschriften besteht keine Gesetzeskonkurrenz in Form der Subsidiarität oder Spezialität, sondern Idealkonkurrenz, da sie unterschiedliche Regelungsin-

---

[154] *Schröter*, in: Schröter/Jakob/Mederer, Vorbem. zu den Art. 81 bis 85, Rn. 3. Dieser untersagte, *„daß öffentliche oder private Unternehmen, die rechtlich oder tatsächlich auf dem Markt eines ihrer Zuständigkeit unterstehenden Erzeugnisses eine beherrschende Stellung einnehmen oder erwerben, durch die sie einem tatsächlichen Wettbewerb in einem beträchtlichen Teil des gemeinsamen Marktes entzogen werden, diese Stellung zu mit diesem Vertrag im Widerspruch stehenden Zwecken verwenden"*.

[155] *Karl/Reichelt*, in: Gloy/Loschelder § 38, Rn. 26; *Weiß*, in: Calliess/Ruffert, Art. 82, Rn. 1.

[156] *Emmerich*, in: Dauses (Hrsg.), Hdb. EU-WirtschR, H.I § 1, Rn. 410; *Weiß*, in: Calliess/Ruffert, Art. 82, Rn. 73; aA, nämlich Beurteilung nach den §§ 138, 242 BGB: *Dirksen*, in: Langen/Bunte Art. 82, Rn. 208.

[157] *Weiß*, in: Calliess/Ruffert, Art. 82, Rn. 3.

[158] *Schröter*, in: GS, Art. 81, Einführung, Rn. 11.

[159] Auch Zusammenschlüsse nach der Fusionskontrollverordnung VO (EWG) Nr. 4064/89, jetzt VO (EG) Nr. 139/2004, sind unterhalb der Marktbeherrschungsschwelle ohne weiteres zulässig; vgl. *Schröter*, in: GS, Art. 81, Einführung, Rn. 11.

[160] EuGH, Rs. 6/72, Slg. 1973, 215, 245 f., Rn. 25 – Europemballage Corporation und Continental Can; *Schröter*, in: GS, Art. 81, Einführung, Rn. 22; *Weiß*, in: Calliess/Ruffert, Art. 82, Rn. 2.

halte haben[161]. Die parallele Anwendung wird aber zumeist deshalb ausgeschlossen sein, weil sich die Vorschriften gegenseitig ergänzen, ohne dass es zu Überschneidungen kommt[162]. Auf reine Unternehmenszusammenschlüsse ist das Kartellverbot nicht anwendbar[163], weshalb eine Normkollision zwischen Art. 81 EG und der Fusionskontrollverordnung[164] ebenfalls ausscheidet[165]. Insgesamt lässt sich feststellen, dass vom Missbrauchsverbot weitaus weniger Gebrauch gemacht wird als vom Kartellverbot[166].

C. Das Kartellverwaltungsrecht

Zu den verwaltungsrechtlichen Konsequenzen eines Verstoßes gegen die Art. 81, 82 EG trifft der Vertrag selbst – anders als noch Art. 65 §§ 3-5, Art. 66 §§ 4-7 EGKSV[167] – keine Aussage[168]. Art. 83 EG ermächtigt insofern den Rat, alle zweckdienlichen Verordnungen und Richtlinien zu erlassen[169], und zwar insbesondere zur Einführung von Zwangsgeldern und Geldbußen, zur Festlegung der Einzelheiten der Anwendung des Art. 81 Abs. 3, zur näheren Bestimmung des Anwendungsbereichs der Art. 81 Abs. 1, 82 EG für einzelne Wirtschaftszweige, zur Abgrenzung der Aufgaben von Kommission und Gerichtshof in diesem Bereich sowie zur Festlegung des Verhältnisses von nationalem zu gemeinschaftlichem Wettbewerbsrecht.

Damit bildet die Vorschrift die Grundlage für einen direkten Vollzug[170] des Gemeinschaftskartellrechts durch die Gemeinschaftsorgane selbst, der nur in einigen wenigen Bereichen des Gemeinschaftsrechts vorgesehen ist[171]. Grundsatz ist der indirekte Vollzug des Gemeinschaftsrechts durch mitgliedstaatliche Behörden unter Anwendung ihres jeweiligen allgemeinen Verwaltungsrechts[172].

---

161 *Schröter*, in: GS, Art. 81, Einführung, Rn. 23; *Emmerich*, in: Dauses (Hrsg.), Hdb. EU-WirtschR, H.I § 1, Rn. 317.

162 *Schröter*, in: GS, Art. 81, Einführung, Rn. 24. Anders *Weiß*, in: Calliess/Ruffert, Art. 82, Rn. 2, der einen Verstoß gegen Art. 81 und 82 EG in den Fällen nicht ausschließt, in denen ein marktbeherrschendes Unternehmen die Anwendung seiner Preise auch durch die Wettbewerber durchsetzt. Auch *Emmerich*, in: Dauses (Hrsg.), Hdb. EU-WirtschR, H.I § 1, Rn. 187, hält einen gleichzeitigen Verstoß für denkbar.

163 Art. 21 Abs. 1 VO Nr. 139/2004.

164 Verordnung (EG) Nr. 139/2004 des Rates vom 20. Januar 2004 über die Kontrolle von Unternehmenszusammenschlüssen, ABl Nr. L 024 vom 29. 1. 2004 S. 1.

165 *Schröter*, in: GS, Art. 81, Einführung, Rn. 25.

166 *Emmerich*, in: Dauses (Hrsg.), Hdb. EU-WirtschR, H.I § 1, Rn. 313. Im Jahre 2002 sind keine förmlichen Entscheidungen zu Art. 82 EG ergangen, vgl. *Weitbrecht*, EuZW 2003, 357, 360.

167 Dazu *Grill*, in: Schröter/Jakob/Mederer, S. 1777 ff.

168 *Jung*, in: Calliess/Ruffert, Art. 83, Rn. 2.

169 *Jung*, in: Grabitz/Hilf Art. 82, Rn. 272; *Schröter*, in: Schröter/Jakob/Mederer, Vorbem. zu den Art. 81 bis 85, Rn. 5.

170 Zur Differenzierung zwischen direktem und indirektem Vollzug des Gemeinschaftsrechts erstmals *Rengeling*, Verwaltungsvollzug, S. 9. Sodann *Schwarze*, FS Fischer, S. 487, 494; *Vedder*, EuR, Beiheft 1, 1995, 75, 79; *Lindner*, BayVBl 2002, 193, 202; *Hegels*, S. 26.

171 *Von Danwitz*, Verwaltungsrechtliches System, S. 15 f.; *Hegels*, S. 28; *Pieper*, Subsidiarität, S. 186, 188; *Grabitz*, NJW 1989, 1776, 1777.

172 EuGH, Rs. 205-215/82, Slg. 1983, 2633, 2665, Rn. 17 – Deutsche Milchkontor; *Priebe* in: Schmidt-Aßmann / Hoffmann-Riehm, S. 71; *Oppermann*, § 7, Rn. 32; *Ehlers*, DVBl. 1991, 605, 610. Letzteres hat bereits einen deutlichen, unter der Bezeichnung des „Gemeinschaftsverwaltungsrechts" untersuchten Einfluss des europäischen Rechts aufzuweisen. Dazu beispielsweise *Ehlers*,

Auf der Grundlage von Art. 83 EG entscheidet der Rat nach pflichtgemäßem Ermessen unter Berücksichtigung des Subsidiaritätsprinzips, ob die Regelungen in Form der Richtlinie oder der Verordnung ergehen, und trifft damit gleichzeitig die Wahl zwischen einer dezentralen oder zentralistischen Anwendung des europäischen Kartellrechts[173]. Bis jetzt hat er sich durch den Erlass von Verordnungen für letzteres entschieden und außerdem hauptsächlich der Kommission Vollzugskompetenzen eingeräumt.

Das Verwaltungsverfahren wurde durch die neue Ratsverordnung 1/2003 erheblich verändert, weshalb eine getrennte Darstellung der Verfahren vor (I.) und nach (II.) Inkrafttreten der Verordnung am 1. Mai 2004 erfolgt.

I. Das Kartellverfahren nach der VO (EWG) Nr. 17/62

Die das Kommissionsverfahren bis zum 1. Mai 2004 regelnde Verordnung (EWG) Nr. 17/62 wurde am 6. Februar 1962 als „Erste Durchführungsverordnung zu den Artikeln 85 und 86 des Vertrages" erlassen und blieb seitdem im Wesentlichen unverändert[174].

Der Anwendungsbereich der Verordnung erstreckt sich sachlich auf unternehmerisches Verhalten in allen Bereichen mit Ausnahme des Verkehrs[175] und der Unternehmenszusammenschlüsse[176]. Der territoriale Anwendungsbereich deckt sich grundsätzlich mit dem der Art. 81, 82 EG[177].

Im Folgenden soll zunächst auf die durch die VO Nr. 17/62 geschaffene Zuständigkeitsverteilung zwischen Kommission und mitgliedstaatlichen Wettbewerbsbehörden (1.) und anschließend auf das Kartellverfahren (2.) eingegangen werden.

1. Zuständigkeitsverteilung zwischen Kommission und mitgliedstaatlichen Behörden

Bis zum Inkrafttreten der nach Art. 83 EG erlassenen Vorschriften richtete sich die Zuständigkeit von mitgliedstaatlichen Behörden und Kommission nach den Art. 84, 85 EG[178]. Die erste Kartellverfahrensverordnung (EWG) Nr. 17/62 erhielt diese Übergangsregelung[179] der Zuständigkeiten im Wesentlichen aufrecht[180]. So teilte die Kom-

---

DVBl. 1991, 605 ff.

[173] *Jung*, in: Calliess/Ruffert, Art. 83, Rn. 9.

[174] Letzte Änderung durch VO (EG) Nr. 1216/1999, ABl. Nr. L 148 vom 15. 6. 1999, S. 5.

[175] Siehe für die Verkehrswirtschaft die Verordnungen (EWG) Nr. 1017/68 des Rates vom 19. Juli 1968 über die Anwendung von Wettbewerbsregeln auf dem Gebiet des Eisenbahn-, Strassen und Binnenschiffsverkehrs, ABl. Nr. L 175 vom 23. 7. 1968, S. 1; (EWG) Nr. 4056/86 des Rates vom 22. Dezember 1986 über die Einzelheiten der Anwendung der Artikel 85 und 86 des Vertrages auf den Seeverkehr, ABl. Nr. L 378 vom 31. 12. 1986 S. 4 und (EWG) Nr. 3975/87 des Rates vom 14. Dezember 1987 über die Einzelheiten der Anwendung der Wettbewerbsregeln auf Luftfahrtunternehmen, ABl. L 374 vom 31. 12. 1987, S. 1.

[176] Art. 21 Abs. 1 VO Nr. 139/2004.

[177] *de Bronett*, in: Schröter/Jakob/Mederer, VO Nr. 17 Vorbemerkung, Rn. 5.

[178] *Jakob*, in: GS, Vorbem. zu den Art. 81 bis 89 EG, Rn. 65. Nach *Jung*, in: Calliess/Ruffert, Art. 83, Rn. 3, soll dies auch weiterhin außerhalb des Anwendungsbereiches von Durchführungsverordnungen gelten. Kritisch dazu *Pernice*, Grabitz/Hilf, Art. 87, Rn. 5, und *Schröter*, in: GTE, Art. 87 – Erster Teil, Rn. 4.

[179] Art. 84 EG lautet: „*Bis zum Inkrafttreten [] entscheiden die Behörden der Mitgliedstaaten im Einklang mit ihren eigenen Rechtsvorschriften und den Bestimmungen der Artikel 81, insbesondere Absatz 3, und 82 über die Zulässigkeit von Vereinbarungen, Beschlüssen und aufeinander abgestimm-*

mission die Befugnis zur Auslegung von Art. 81 Abs. 1, 82 EG mit den nationalen Behörden[181]. Für Freistellungserklärungen nach Art. 81 Abs. 3 EG, deren Erteilung zuvor ausdrücklich auch durch die nationalen Behörden erfolgte, war die Kommission nun allerdings ausschließlich zuständig. Es bestand also grundsätzlich eine parallele Zuständigkeit[182] mit einer völligen Trennung der Verfahren und gegenseitigen Verwertungsverboten[183], wobei die nationalen Behörden aufgrund des Freistellungsmonopols der Kommission[184] ein Verbot immer nur dann aussprechen konnten, wenn sie vom Nichtvorliegen der Freistellungsvoraussetzungen überzeugt waren[185]. Nur wenn also der Tatbestand des Art. 81 Abs. 1 EG offensichtlich nicht erfüllt war oder offensichtlich eine Freistellung nach Abs. 3 nicht in Frage kam, konnte die mitgliedstaatliche Behörde selbst entscheiden, ohne das Verfahren aussetzen und an den Gerichtshof vorlegen zu müssen[186].

Die Befugnis der nationalen Behörden zur Anwendung der gemeinschaftsrechtlichen Kartellvorschriften entfiel jedoch, sobald die Kommission förmlich ein Verfahren einleitete, das auf den Erlass eines Negativattestes, einer Abstellungsentscheidung oder einer Freistellungserklärung gerichtet war[187].

Um trotz der Vielzahl der zuständigen Behörden die einheitliche Anwendung der gemeinschaftlichen Wettbewerbsvorschriften zu gewährleisten, sah Art. 10 Abs. 2 VO Nr. 17/62 die enge Zusammenarbeit der Behörden vor[188].

Aufgrund der durch Art. 1 VO Nr. 17/62 bestätigten direkten Anwendbarkeit der Art. 81 Abs. 1, 82 EG[189] waren auch die einzelstaatlichen Gerichte im Rahmen von

---

ten Verhaltensweisen sowie über die mißbräuchliche Ausnutzung einer beherrschenden Stellung auf dem Gemeinsamen Markt. " Art. 85 EG bestimmt: „*Unbeschadet des Artikels 84 achtet die Kommission auf die Verwirklichung der in den Artikeln 81 und 82 niedergelegten Grundsätze. ...*"

180 *Baruch*, WuW 1963, 14, 16.

181 Art. 9 Abs. 3 VO Nr. 17/62; EuGH Rs. C-234/89, Slg. 1991, I-935, Rn. 45 – Delimitis; *Jakob*, in: GS, Vorbem. zu den Art. 81 bis 89 EG, Rn. 66.

182 *Kamann/Horstkotte*, WuW 2001, 458, bezeichnen dies als Fall der Rechtsanwendungskonkurrenz im Hinblick auf das Gemeinschaftsrecht, während mit Rechtsnormenkonkurrenz die parallele Anwendung von nationalem und Gemeinschaftskartellrecht gemeint sei.

183 *Emmerich*, in: Dauses (Hrsg.), Hdb. EU-WirtschR, H.I § 1, Rn. 43. S. nun auch Nr. 39 der Bekanntmachung der Kommission über die Zusammenarbeit innerhalb des Netzes der Wettbewerbsbehörden, ABl Nr. C 101 vom 27. 4. 2004, S. 43.

184 Art. 9 Abs. 1 VO Nr. 17/62; EuGH Rs. C-234/89, Slg. 1991, I-935, Rn. 44 – Delimitis; *Jakob*, in: GS, Vorbem. zu den Art. 81 bis 89 EG, Rn. 66; *Emmerich*, in: Dauses (Hrsg.), Hdb. EU-WirtschR, H.I § 1, Rn. 18; *Sauter*, in: Dauses (Hrsg.), Hdb. EU-WirtschR, H.I § 3, Rn. 5; *Kamann/Horstkotte*, WuW 2001, 458, 459; *Gruber*, WRP 1991, 458, 459.

185 EuGH Rs. C-234/89, Slg. 1991, I-935, Rn. 50 – Delimitis; *de Bronett*, in: Schröter/Jakob/Mederer, VO Nr. 17 Vorbemerkung, Rn. 6.

186 EuGH Rs. C-234/89, Slg. 1991, I-935, Rn. 50 – Delimitis; *Grill*, in: Lenz/Borchardt, 3. Auflage, Vorbem. Art. 81-86, Rn. 12.

187 Art. 9 Abs. 3 VO Nr. 17/62; EuGH, Rs. 60/81, Slg. 1981, 2639, 2653, Rn. 18 – IBM.

188 7. Erwägungsgrund der VO Nr. 17/62; *de Bronett*, in: Schröter/Jakob/Mederer, VO Nr. 17 Vorbemerkung, Rn. 7. Detailliertere Regelungen über die Zusammenarbeit finden sich in der Bekanntmachung über die Zusammenarbeit zwischen der Kommission und den Wettbewerbsbehörden der Mitgliedstaaten, ABl Nr. C 313 vom 15. 10. 1997, S. 3.

189 EuGH, Rs. 127/73, Slg. 1974, 51, 62 – BRT/SABAM; *Jung*, in: Grabitz/Hilf Art. 82, Rn. 273; *Weiß*, in: Calliess/Ruffert, Art. 82, Rn. 73; *Jung*, in: Calliess/Ruffert, Art. 83, Rn. 3.

zivil- oder verwaltungsgerichtlichen Verfahren zur Anwendung und Auslegung dieser Vorschriften berufen[190]. Da die Gerichte nicht unter den Begriff der Behörde im Sinne des Art. 9 Abs. 3 VO Nr. 17/62 fielen[191], wurde ihre Zuständigkeit zur Anwendung der Art. 81 Abs. 1, 82 EG auch nicht durch eine Verfahrenseröffnung durch die Kommission tangiert, so dass es hier zu Parallelverfahren im Sinne der Rechtsanwendungskonkurrenz des Gemeinschaftsrechts kommen konnte[192].

Auch die Gerichte konnten selbst keine – konstitutiv wirkende – Freistellungsentscheidung nach Art. 81 Abs. 3 EG erlassen[193]. Daher stellte sich die Frage, wie ein Gericht vorzugehen hatte, wenn es über ein gegen das Kartellverbot verstoßendes Verhalten zu entscheiden hatte, ohne dass die Kommission zuvor zu den Voraussetzungen einer Freistellung Stellung genommen hatte[194]. Inzident konnte das Gericht die Frage nur dann selbständig entscheiden, wenn eine Gruppenfreistellungsverordnung vorlag[195]. Nach Auffassung des Gerichtshofs[196] musste es ansonsten eine Prognose über die Haltung der Kommission erstellen und das Verfahren aussetzen bzw. eine informelle Stellungnahme einholen, wenn eine Einzelfreistellung sowohl verfahrens- als auch materiellrechtlich möglich erschien[197].

Weiter ist fraglich, wie das nationale Gericht verfahren konnte, wenn es eine bereits ergangene Kommissionsentscheidung zu Art. 81 Abs. 1 oder 82 EG für rechtswidrig hielt und dieser zuwider entscheiden wollte. In Bezug auf Gerichtsentscheidungen sah die Verordnung Nr. 17/62 keinen Mechanismus vor, der sich widersprechende Entscheidungen der verschiedenen Institutionen ausschloss[198]. Aus dem in Art. 10 EG verankerten Grundsatz der Gemeinschaftstreue lässt sich zudem ableiten, dass nationale Gerichte keine Entscheidung erlassen dürfen, die einer Kommissionsentscheidung zuwiderläuft[199]. Der EuGH hat diesen Grundsatz dahingehend konkretisiert, dass die nationalen Gerichte Kommissionsentscheidungen widersprechende Urteile vermeiden sollen bzw. dazu sogar verpflichtet sind, wenn eine solche Entscheidung bereits vor-

---

190 EuGH, Rs. 48/72, Slg. 1973, 77, Rn. 3/5 – Haecht; Rs. 127/73, Slg. 1974, 51, 62, Rn. 15/17 – BRT/SABAM; Rs. C-234/89, Slg. 1991, I-935, 992, Rn. 47, 50 – Delimitis; *Mestmäcker/Schweitzer*, § 5, Rn. 40; *Jakob*, in: GS, Vorbem. zu den Art. 81 bis 89 EG, Rn. 69; *Pace*, EuZW 2004, 301; *Koenigs*, DB 2003, 755, 757; *Kamann/Horstkotte*, WuW 2001, 458, 459.

191 *Jakob*, in: GS, Vorbem. zu den Art. 81 bis 89 EG, Rn. 69.

192 *Kamann/Horstkotte*, WuW 2001, 458, 459.

193 Art. 9 Abs. 1 VO Nr. 17/62. *Jakob*, in: GS, Vorbem. zu den Art. 81 bis 89 EG, Rn. 71; *Mäsch*, EuR 2003, 825, 830 f.

194 *Mäsch*, EuR 2003, 825, 831.

195 Eine solche kann das Gericht anwenden, EuGH, Rs. 63/75, Slg. 1976, 111, Rn. 10/11 – Fonderies Roubaix; Rs. C-234/89, Slg. 1991, I-935, Rn. 46 – Delimitis; *Bellamy/Child*, 4. Auflage, § 3-002; *Schmidt*, BB 2003, 1237, 1239.

196 EuGH, Rs. 48/72, Slg. 1973, 77, Rn. 10/13 – Haecht; Rs. C-234/89, Slg. 1991, I-935, Rn. 50 – Delimitis; Rs. C-319/93, C-40 u. 224/94, Slg. 1995, I-4471, 4509, Rn. 30 ff. – Dijkstra.

197 *Jung*, in: Calliess/Ruffert, Art. 83, Rn. 3; *Jakob*, in: GS, Vorbem. zu den Art. 81 bis 89 EG, Rn. 71; *Mäsch*, EuR 2003, 825, 831 f.; *Weyer*, WuW 2000, 842, 843 ff.

198 EuGH Rs. C-234/89, Slg. 1991, I-935, Rn. 47 – Delimitis; *de Bronett*, in: Schröter/Jakob/Mederer, VO Nr. 17 Vorbemerkung, Rn. 9.

199 EuGH Rs. C-344/98, Slg. 2000, I-11369, 11428, Rn. 49, 52 – Masterfoods/HB Ice Cream; *de Bronett*, in: Schröter/Jakob/Mederer, VO Nr. 17 Vorbemerkung, Rn. 9; *Zuber* in: Loewenheim/Meessen/Riesenkampff, VerfVO, Art. 16, Rn. 28.

liegt[200]. Da höchste Instanz für die Auslegung des gemeinschaftlichen Kartellrechts aber der Gerichtshof ist[201], muss auch eine Kommissionsentscheidung durch diesen überprüfbar sein und somit eine Vorlage gem. Art. 234 Satz 1 b) EG bei Zweifeln an der Rechtmäßigkeit einer Entscheidung sogar geboten sein[202]. Generell können sich die einzelstaatlichen Gerichte bei Auslegungsschwierigkeiten im Wege der Vorabentscheidung gem. Art. 234 EG an den EuGH wenden oder Auskünfte und Stellungnahmen von der Kommission[203] erbeten.

2. Kartellverfahren

Das Verfahren unter der Verordnung Nr. 17/62 lässt sich in drei Phasen unterteilen: während die erste das Entschließen zum Tätigwerden, das Durchführen von Ermittlungen, einen informellen Meinungs- und Informationsaustausch mit betroffenen Unternehmen sowie vorläufige informelle Beurteilungen beinhaltete, erfolgte in der zweiten Phase die formelle Verfahrenseröffnung, die Mitteilung an Unternehmen, interessierte Dritte und die Öffentlichkeit zwecks Anhörung nach Art. 19 VO Nr. 17/62 und die Anhörung des Beratenden Ausschusses für Kartell- und Monopolfragen gem. Art. 10 Abs. 3-6 VO Nr. 17/62. In einer dritten Phase schließlich erging die aufgrund der Ermittlungen und Anhörungen getroffene Endentscheidung, die gem. Art. 21 VO Nr. 17/62 veröffentlicht und den beteiligten Unternehmen gem. Art. 254 Abs. 3 EG bekannt gegeben wurde[204]. Es gab keine festgelegten Fristen für den Abschluss des Kommissionsverfahrens, jedoch war allgemeiner Grundsatz, dass Entscheidungen innerhalb eines angemessenen Zeitraumes zu erlassen sind[205].

a) Handlungsinstrumente der Kommission

Kam die Kommission zu dem Schluss, dass eine Zuwiderhandlung gegen Art. 81 oder 82 EG vorliege, konnte sie gem. Art. 3 Abs. 1 VO Nr. 17/62 diese Zuwiderhandlung feststellen und den betreffenden Unternehmen Abstellungsmaßnahmen vorschreiben. Da die Art. 81 Abs. 1 und 82 EG bereits unmittelbar anwendbar waren[206], hatte die Feststellung einer Zuwiderhandlung nur deklaratorische Bedeutung, während die den Unternehmen gegenüber getroffene Anordnung, das wettbewerbswidrige Verhalten abzustellen, konstitutiv wirkte[207]. Die Kommission wurde auf Antrag oder von Amts

---

200 EuGH, Rs. C-344/98, Slg. 2000, I-11369, 11429, Rn. 51 ff. – Masterfoods/HB Ice Cream; Rs. C-234/89, Slg. 1991, I-935, 992, Rn. 47, 50 – Delimitis; *Mestmäcker/Schweitzer*, § 5, Rn. 40; *Kamann/Horstkotte*, WuW 2001, 458, 462 f.

201 Vgl. auch Art. 9 Abs. 1 VO Nr. 17/62.

202 EuGH, Rs. C-344/98, Slg. 2000, I-11369, 11429, Rn. 54 – Masterfoods/HB Ice Cream; *Mestmäcker/Schweitzer*, § 5, Rn. 42. So nun Art. 16 Abs. 1 Satz 4 VO 1/2003.

203 Nr. 32, 37, 38 der Bekanntmachung über die Zusammenarbeit zwischen der Kommission und den Gerichten der Mitgliedstaaten bei der Anwendung der Art. 85 und 86 des EWG-Vertrags, ABl. 1993 Nr. C 39 vom 13. 2. 1993, S. 6.

204 *De Bronett*, in: Schröter/Jakob/Mederer, VO Nr. 17 Vorbemerkung, Rn. 10.

205 EuG Rs. T-213/95 und T-18/96, Slg. 1997, II-1739, Rn. 56 – SCK u. FNK; *Schwarze*, FS Rodriguez Iglesias, 147, 158, Fn. 60.

206 Art. 1 VO Nr. 17/62; *Schröter*, in: GS, Art. 81, Einführung, Rn. 18; *Schmidt*, BB 2003, 1237, 1238.

207 *Jung*, in: Grabitz/Hilf Art. 82, Rn. 274; *Schröter*, in: GS, Art. 81, Einführung, Rn. 15. Nach Ansicht von *Koch*, in: Grabitz/Hilf, 1. Grdlfg. (1983) Art. 85 EWGV, Rn. 2, haben auch Verbotsverfügungen

wegen tätig, wobei gem. Art. 3 Abs. 2 VO Nr. 17/62 alle Mitgliedstaaten sowie diejenigen Personen und Personenvereinigungen, die ein berechtigtes Interesse darlegten, antragsberechtigt waren.

Gem. Art. 2 VO Nr. 17/62 konnten die Unternehmen ein so genanntes Negativattest beantragen. Mittels eines solchen erklärte die Kommission, dass nach den ihr bekannten Tatsachen kein Anlass bestehe, gegen eine Vereinbarung auf Grund von Art. 81 Abs. 1 oder 82 EG einzuschreiten.

Art. 6 VO Nr. 17/62 regelte die Freistellungserklärung durch die Kommission. Eine Einzelfreistellung konnte ausschließlich nach vorheriger Anmeldung[208] der Vereinbarung ergehen[209] und grundsätzlich nicht vor den Zeitpunkt der Anmeldung zurückwirken[210]. Die Beweislast für das Vorliegen der Freistellungsvoraussetzungen traf das Unternehmen, das sich darauf berief[211].

Die Art. 15 und 16 VO Nr. 17/62 ermächtigten die Kommission zur Auferlegung von Geldbußen, um Verstöße gegen Art. 81, 82 EG sowie Verletzungen der Mitwirkungspflichten bei der Aufklärung des Sachverhaltes zu sanktionieren, sowie von Zwangsgeldern, um die Unternehmen zu veranlassen, die genannten Zuwiderhandlungen zu unterlassen[212]. Der Rat hatte den Gerichtshof zur unbeschränkten Überprüfung der Sanktionsentscheidungen ermächtigt, was systematisch eine Durchbrechung des Gewaltenteilungsprinzips bedeutete, da der Gerichtshof sein Ermessen an Stelle des Ermessens der Kommission setzen konnte[213].

b) Verfahrensrechte von beteiligten Unternehmen und Dritten

Bevor die Kommission eine Entscheidung auf Grundlage der Art. 2, 3, 6, 7, 8, 15 oder 16 der Verordnung traf, musste sie die beteiligten Unternehmen gem. Art. 19 Abs. 1 VO Nr. 1/2003 anhören. Die Anhörung anderer Personen war gem. Abs. 2 fakultativ, es sei denn, diese Personen beantragten eine Anhörung und machten ein ausreichendes Interesse glaubhaft. Beabsichtigte die Kommission den Erlass eines Negativattestes oder einer Freistellungsentscheidung, so hatte sie den jeweiligen Antrag bzw. die Anmeldung zu veröffentlichen und betroffene Dritte zur Stellungnahme innerhalb einer bestimmten Frist aufzufordern[214].

---

lediglich deklaratorischen Charakter.

[208] Der EuGH verlangte zur Vereinfachung der Verwaltungskontrolle die Verwendung von Formblättern bei der Anmeldung, EuGH, Rs. 209-215 u. 218/78, Slg. 1980, 3125, 3243, Rn. 62 – FEDETAB.

[209] Art. 4 Abs. 1 VO Nr. 17/62; *Bellamy/Child*, 4. Auflage, § 3-017; *Emmerich*, in: Dauses (Hrsg.), Hdb. EU-WirtschR, H.I § 1, Rn. 186; *Schütz*, WuW 2000, 686, 687.

[210] Art. 6 Abs. 1 Satz 2 VO Nr. 17/62.

[211] EuG, Rs. T-66/89, Slg. 1992, II-1995, 2022, Rn. 69 – Publishers Association; *Weiß*, in: Calliess/Ruffert, Art. 81, Rn. 155. In Art. 2 der Verordnung Nr. 1/2003 ist diese Rechtsprechung nun kodifiziert.

[212] *Jung*, in: Grabitz/Hilf Art. 82, Rn. 274; *Schröter*, in: GS, Art. 81, Einführung, Rn. 15.

[213] Art. 17 der VO Nr. 17/62. *Jung*, in: Calliess/Ruffert, 2. Auflage, Art. 83, Rn. 29.

[214] Art. 19 Abs. 3 VO Nr. 1/2003.

c) Gruppenfreistellungsverordnungen

Art. 81 Abs. 3 EG wurde nicht nur durch Einzelfreistellungsentscheidungen, sondern zusätzlich durch von Rat und Kommission erlassene[215] Gruppenfreistellungsverordnungen konkretisiert[216]. Diese dienten der Arbeitsentlastung der Kommission und der Schaffung von Rechtssicherheit. Sie erfassten Absprachen, die typischerweise die Voraussetzungen für eine Einzelfreistellung erfüllen und führten meist Kataloge generell erlaubter bzw. generell verbotener Vertragsklauseln auf[217]. Da unter eine Gruppenfreistellungsverordnung fallende Absprachen automatisch und mit denselben Wirkungen wie eine Einzelfreistellung vom Kartellverbot freigestellt waren[218], konnten die nationalen Gerichte direkt darunter subsumieren, ohne eine Kommissionsentscheidung abwarten zu müssen oder ein Vorlageverfahren anzustrengen[219].

Rechtsgrundlage für Gruppenfreistellungsverordnungen ist neben Art. 81 Abs. 3 EG auch Art. 83 Abs. 2 c) EG, der dem Rat insbesondere die nähere Bestimmung des Anwendungsbereichs der Art. 81, 82 EG für die einzelnen Wirtschaftszweige auferlegt[220].

---

[215] Erlass in zweistufigem Verfahren: Der Rat bestimmt in einer Durchführungsverordnung zu Art. 81 Abs. 3 EG die Arten und Typen von Absprachen, die generell in Betracht kommen, und ermächtigt zugleich die Kommission, ihrerseits in einer weiteren Verordnung die Voraussetzungen im einzelnen festzulegen, *Jakob*, in: GS, Vorbem. zu den Art. 81 bis 89 EG, Rn. 60; *Fuchs*, ZWeR 2005, 1, 5. Ermächtigungsgrundlagen für Verordnungen der Kommission finden sich in folgenden Vorschriften (Ratsverordnungen): Art. 1 VO Nr. (EWG) 19/65; Art. 3, 4 VO (EWG) Nr. 1017/68; Art. 3, 4 VO (EWG) Nr. 4056/86; Art. 1 VO Nr. (EWG) 2821/71; Art. 1 VO Nr. (EWG) 1534/91; Art. 1 VO Nr. (EWG) 479/92.
Beispiele für Gruppenfreistellungsverordnungen der Kommission: Verordnung (EG) Nr. 2790/1999 vom 22. Dezember 1999 über die Anwendung von Artikel 81 Absatz 3 des Vertrages auf Gruppen von vertikalen Vereinbarungen und aufeinander abgestimmten Verhaltensweisen, ABl. Nr. L 336 vom 29. 12. 1999, S. 21; Verordnung (EG) Nr. 2658/2000 der Kommission vom 29. November 2000 über die Anwendung von Artikel 81 Absatz 3 des Vertrages auf Gruppen von Spezialisierungsvereinbarungen, ABl. Nr. L 304 vom 5. 12. 2000, S. 3; Verordnung (EG) Nr. 2659/2000 der Kommission vom 29. November 2000 über die Anwendung von Artikel 81 Absatz 3 des Vertrages auf Gruppen von Vereinbarungen über Forschung und Entwicklung, ABl. Nr. L 304 vom 5. 12. 2000, S. 7; Verordnung (EG) Nr. 1400/2002 vom 31. Juli 2002 über die Anwendung von Artikel 81 Absatz 3 des Vertrags auf Gruppen von vertikalen Vereinbarungen und aufeinander abgestimmten Verhaltensweisen im Kraftfahrzeugsektor, ABl. Nr. L 203 vom 1. 8. 2002, S. 30; Verordnung (EG) Nr. 772/2004 der Kommission vom 27. April 2004 über die Anwendung von Artikel 81 Absatz 3 EG-Vertrag auf Gruppen von Technologietransfer-Vereinbarungen, ABl. Nr. L 123 vom 27. 4. 2004, S. 11. Eine vollständige Liste der Gruppenfreistellungsverordnungen findet sich unter http://europa.eu.int/comm/competition/antitrust/legislation.

[216] *Bellamy/Child*, 4. Auflage, § 3-002; allgemein zu Gruppenfreistellungsverordnungen *Geers*, Die Gruppenfreistellung im Kartellrecht.

[217] Sog. weiße und schwarze Klauseln, vgl. *Emmerich*, in: Dauses (Hrsg.), Hdb. EU-WirtschR, H.I § 1, Rn. 25. Für bestimmte Bereiche wurde ein Widerspruchsverfahren eingeführt, nach dem eine Freistellung als gewährt gilt, wenn die Kommission nicht innerhalb von sechs Monaten nach Anmeldung der Vereinbarung der Abstellung widerspricht. Z.B. Art. 12 VO (EWG) Nr. 1017/68; Art. 12 VO (EWG) Nr. 4056/86; Art. 5 VO (EWG) 3975/87; *Bellamy/Child*, 4. Auflage, § 3-020; *Weiß*, in: Calliess/Ruffert, 2. Auflage, Art. 81, Rn. 166; *Weyer*, WuW 2000, 842, 843.

[218] *Bunte*, in: Langen/Bunte, Art. 81, Rn. 234.

[219] EuGH, Rs. 63/75, Slg. 1976, 111, Rn. 10/11 – Fonderies Roubaix; Rs. C-234/89, Slg. 1991, I-935, Rn. 46 – Delimitis; *Bellamy/Child*, 4. Auflage, § 3-002; *Schmidt*, BB 2003, 1237, 1239.

[220] *Jung*, in: Calliess/Ruffert, Art. 83, Rn. 23; *Sauter*, in Dauses (Hrsg.), Hdb. EU-WirtschR, H.I § 3,

Das Risiko der Unternehmen, eine fehlerhafte Subsumtion unter eine Gruppenfreistellungsverordnung vorzunehmen[221], konnte durch eine Anmeldung der jeweiligen Absprache bei der Kommission vermieden werden[222]. Gem. Art. 15 Abs. 5 lit. a VO Nr. 17/62 bewirkte dies einen Schutz vor der Auferlegung von Geldbußen.

d) Beratungsschreiben – „Comfort letter"

Aufgrund der langen Verfahrensdauer bei der Einzelfreistellung hat die Kommission Anfang der achtziger Jahre das Instrument des „Comfort letter" eingeführt[223]. Der Comfort letter ist ein informelles Schreiben, das die Kommission anstelle einer förmlichen, nach der VO Nr. 17/62 einzig konstitutiv die Befreiung herbeiführenden Freistellungsentscheidung erließ und in dem sie kundtat, dass nach ihren Informationen eine Absprache entweder nicht gegen Art. 81 Abs. 1 EG verstoße oder aber die Voraussetzungen des Abs. 3 erfüllt seien, und dass sie das Verfahren beenden werde[224]. Daneben gab es einen formalen Comfort letter[225], vor dessen Erlass die Kommission ihr Vorhaben im Amtsblatt ankündigte und Dritte gem. Art. 19 Abs. 3 VO Nr. 17/62 anhörte[226].

II. Die neue Kartellverfahrensverordnung (EG) Nr. 1/2003

Vor der Darstellung der nun geltenden Zuständigkeitsverteilung (2.) sowie der Neuerungen im Kartellverfahren (3.) sollen zunächst die wesentlichen Beweggründe für die Kartellrechtsreform erläutert werden (1.).

1. Zur Reform

a) Defizite des Anmeldesystems und Wechsel zum System der Legalausnahme

Die Reform des Kartellverfahrensrechts[227] wurde aufgrund von Nachteilen der über 40 Jahre geltenden Verordnung Nr. 17/62 vorgenommen, die sich im Wesentlichen auf

---

Rn. 5; VO (EWG) Nr. 19/65, 2. Erwägungsgrund; VO (EWG) Nr. 2821/71, 2. Erwägungsgrund; VO (EWG) Nr. 1534/91, 2. Erwägungsgrund.

[221] *Bunte*, in: Langen/Bunte, Art. 81, Rn. 235.

[222] *Weiß*, in: Calliess/Ruffert, 2. Auflage, Art. 81, Rn. 165.

[223] *Bellamy/Child*, 4. Auflage, § 3-018; *Emmerich*, in: Dauses (Hrsg.), Hdb. EU-WirtschR, H.I § 1, Rn. 185; *Crones*, Selbstbindungen, S. 149; *Schöler*, Die Reform, S. 68 ff.; *Ehlermann/Atanasiu*, ECLR 2002, 72, 73.

[224] *Bellamy/Child*, 4. Auflage, § 3-019, 11-064; *Bunte*, in: Langen/Bunte (2001) Art. 81, Rn. 236.

[225] Auch als qualifiziertes Verwaltungsschreiben bezeichnet, so etwa *Rehbinder*, FS Mestmäcker, S. 711, 714; *Schöler*, Die Reform, S. 38; *Heidenreich*, Anhörungsrechte, S. 85 f. Siehe die Mitteilung der Kommission über die Verfahren bei Anmeldungen nach der Verordnung Nr. 17 des Rates, ABl. Nr. C 295 vom 2. 11. 1983, S. 6: Die Kommission veröffentlicht den wesentlichen Inhalt der Vereinbarung, *„um dadurch beteiligten Dritten Gelegenheit zu geben, sich zu äußern. ... Der Bescheid besagt, daß die Dienststellen der Generaldirektion für Wettbewerb im Einvernehmen mit den beteiligten Unternehmen es nicht für erforderlich halten, das förmliche Verfahren weiter zu verfolgen, bis die Kommission eine Erklärung über die Anwendung von Artikel 85 Absatz 3 gemäß Artikel 6 der Verordnung Nr. 17 abgibt"*; *Emmerich*, in: Dauses (Hrsg.), Hdb. EU-WirtschR, H.I § 1, Rn. 42; *Bellamy/Child*, 4. Auflage, § 3-019; *Schöler*, Die Reform, S. 38.

[226] *Bellamy/Child*, 4. Auflage, § 3-019.

[227] Siehe ausführlich zur Reform des Kartellverfahrensrechts: *Schöler*, Die Reform, S. 59 ff., 89 ff.

die folgenden drei Aspekte konzentrieren: Da nur Art. 81 Abs. 1 und 82 EG, nicht aber der Ausnahmetatbestand des Art. 81 Abs. 3 EG, unmittelbar anwendbar waren, waren Absprachen ohne Freistellungsentscheidung der Kommission zivilrechtlich nichtig sowie bußgeldbewehrt[228]. Zivilrechtliche Wirksamkeit sowie Schutz vor Bußgeldern war nur durch Anmeldung zur Freistellung zu erreichen[229], was insbesondere aufgrund der langen Verfahrensdauer für die Unternehmen zu hoher Rechtsunsicherheit führte[230].

Zudem besaß allein die Kommission die Kompetenz der Freistellung. Die große Zahl der Anmeldungen konnte sie von Anfang an nicht bewältigen[231], während aufgrund der EU-Osterweiterung ein noch weiterer Anstieg der Arbeitsbelastung drohte[232].

Die Anmeldungen der in der Mehrzahl freistellungswürdigen Vereinbarungen blockierten zudem Kapazitäten, die sinnvoller zur Verfolgung schwerwiegender Wettbewerbsverstöße hätten Verwendung finden können[233]. Die Kommission hegte und hegt den Wunsch, sich auf die für Verbraucher und Wirtschaft schädlichsten Fälle konzentrieren zu können[234]. Schließlich bezweckt die Reform eine erhöhte Effizienz der Verwaltungstätigkeit und eine Verringerung der bürokratischen Belastung[235].

Kennzeichen der Reform sind eine Lockerung der Kartellaufsicht und eine Dezentralisierung des Kartellverfahrens[236]. In einigen die Reform vorbereitenden Schritten schaffte die Kommission ab 1997 bereits ein allgemein milderes Regime, um aber gleichzeitig eine Verschärfung der Verfolgung so genannter Kernbeschränkungen zu erreichen: Sie hob in „Bagatellbekanntmachungen“[237] die Marktanteilsschwellen für

---

[228] *Weitbrecht*, EuZW 2003, 69.

[229] *Weitbrecht*, EuZW 2003, 69; *Schütz*, WuW 2000, 686, 687. AA noch *Deringer*, Kommentar, Art. 85 I, Rn. 1.

[230] *Immenga*, EuZW 1999, 605.

[231] Sog. „Massenproblem“, *Emmerich*, in: Dauses (Hrsg.), Hdb. EU-WirtschR, H.I § 1, Rn. 18; *Weitbrecht*, EuZW 2003, 69; *Mestmäcker*, EuZW 1999, 523; *Immenga*, EuZW 1999, 605; *Rittner*, DB 1999, 1485. *Koenigs*, DB 2003, 755, 758, bezweifelt, dass dieses Problem durch die neue Verfahrensordnung gelöst werden kann.

[232] *Monti*, RDUE 2004, 137, 139; *Lenaerts/Gerard*, World Competition – Law and Economics Revue 2004, 313, 314; *Schütz*, WuW 2000, 686, 687 f.; *Geiger*, EuZW 2000, 165, 168; *Paulweber/Kögel*, AG 1999, 500, 501, 502.

[233] *Monti* in: Europäische Kommission, Wettbewerbsbericht 1999, S. 9 f.; Erwägungsgrund 3 der Verordnung; *Bartosch*, EuZW 2001, 101; *Schaub/Dohms*, WuW 1999, 1055, 1056.

[234] Weißbuch der Kommission, ABl Nr. C 132 v. 12. 5. 1999, S. 1, Rn. 40; *Monti*, RDUE 2004, 137, 139, 152 f.; *Lenaerts/Gerard*, World Competition – Law and Economics Revue 2004, 313, 314, 341; *Mestmäcker*, EuZW 1999, 523; *Rittner*, EuZW 2000, 129; *Paulweber/Kögel*, AG 1999, 500, 503.

[235] *Sauter*, in Dauses (Hrsg.), Hdb. EU-WirtschR, H.I § 3, Rn. 2; *Monti*, RDUE 2004, 137, 138; *Lenaerts/Gerard*, World Competition – Law and Economics Revue 2004, 313, 314; *Immenga* RIW 2003, 889; *Weitbrecht*, EuZW 2003, 357; *Paulweber/Kögel*, AG 1999, 500, 504.

[236] *Schröter*, in: GS, Art. 81, Einführung, Rn. 26; *Schröter*, in: Schröter/Jakob/Mederer, Art. 81 Einführung, Rn. 41; *Müller*, WRP 2004, 1472, 1477; *Röhl*ing, GRUR 2003, 1019, 1022; *Ehlermann/Atanasiu*, ECLR 2002, 72, 73.

[237] Erste Bagatellbekanntmachung: Bekanntmachung über Vereinbarungen von geringer Bedeutung, die nicht unter Art. 85 Abs. 1 des Vertrages zur Gründung der Europäischen Gemeinschaft fallen, ABl. 1997 Nr. C 372 vom 9. 12. 1997, S. 13; letzte Änderung durch: Bekanntmachung der Kommission über Vereinbarungen von geringer Bedeutung, die den Wettbewerb gemäß Artikel 81 Absatz 1

vertikale und horizontale Absprachen an und verzichtete auf diese Weise auf eine Kartellaufsicht über kleine und mittlere Unternehmen[238]. Eine Ermutigung der nationalen Behörden zur Anwendung des Gemeinschaftskartellrechts sprach die Kommission bereits 1997 in der „Bekanntmachung zur dezentralen Rechtsanwendung“[239] aus[240].

1999 und 2000 brachte die Kommission durch den Erlass neuartiger Gruppenfreistellungsverordnungen[241], die nur noch schwarze und keine weißen Listen mehr enthielten, sowie von Leitlinien, die Grundsätze zur Behandlung horizontaler und vertikaler Vereinbarungen festlegten[242], den Reformprozess weiter voran[243]. Der Bereich der gesetzlichen Ausnahmen wurde erweitert, und durch Aufklärung über die kartellrechtliche Behandlung bestimmter Fallgruppen durch die Kommission wurde Rechtssicherheit für die Unternehmen geschaffen[244]. Die Erweiterung der Gruppenfreistellungsverordnungen entschärfte das Problem insoweit, als diese Verordnungen unmittelbar Anwendung finden und es einer gesonderten Anmeldung deshalb nicht mehr bedurfte[245].

Die Verordnung Nr. 1216/99 des Rates[246] schließlich entband die Unternehmen von der Anmeldepflicht bei vertikalen Absprachen außerhalb von Gruppenfreistellungen[247]. Damit gab die Gemeinschaft jede präventive Kontrolle im Vertikalbereich auf, woraufhin die Zahl der – freiwilligen – Anmeldungen drastisch sank[248].

---

des Vertrags zur Gründung der Europäischen Gemeinschaft nicht spürbar beschränken (*de minimis*), ABl. 2001 Nr. C 368 vom 22. 12. 2001, S. 13. Darin legt die Kommission etwa dar, dass sie eine Vereinbarungen zwischen Wettbewerbern dann als den Wettbewerb nicht spürbar beeinträchtigend ansieht, wenn der von den Unternehmen gehaltene Marktanteil insgesamt auf keinem der betroffenen Märkte 10 % übersteigt, vgl. II 7 lit. a.

[238] *Schröter*, in: GS, Art. 81, Einführung, Rn. 27; *Schröter*, in: Schröter/Jakob/Mederer, Art. 81 Einführung, Rn. 42. Kleine und mittlere Unternehmen (KMU) sind Unternehmen mit weniger als 250 Mitarbeitern und einem Jahresumsatz bzw. einer Bilanzsumme von höchstens 40 Mio. bzw. 27 Mio. EUR, Bagatellbekanntmachung, aaO, Fn. 237.

[239] Bekanntmachung der Kommission über die Zusammenarbeit zwischen der Kommission und den Wettbewerbsbehörden der Mitgliedstaaten, aaO, Fn. 188.

[240] *Jung*, in: Calliess/Ruffert, Art. 83, Rn. 11.

[241] Verordnung (EG) Nr. 2790/1999 der Kommission vom 22. Dezember 1999 über die Anwendung von Artikel 81 Absatz 3 des Vertrages auf Gruppen von vertikalen Vereinbarungen und aufeinander abgestimmten Verhaltensweisen, ABl Nr. L 336 vom 29. 12. 1999, S. 21; dazu ausführliche *Pukall*, NJW 2000, 1375 ff.; Verordnung (EG) Nr. 2658/2000 der Kommission vom 29. November 2000 über die Anwendung von Artikel 81 Absatz 3 des Vertrages auf Gruppen von Spezialisierungsvereinbarungen, ABl. Nr. L 304 vom 5. 12. 2000, S. 3.

[242] Mitteilung der Kommission – Leitlinien für vertikale Beschränkungen, ABl. Nr. C 291 vom 13. 10. 2000, S. 1; dazu eingehend *Harte-Bavendamm/Kreutzmann*, WRP 2003, 682 ff.; Bekanntmachung der Kommission – Leitlinien zur Anwendbarkeit von Artikel 81 EG-Vertrag auf Vereinbarungen über horizontale Zusammenarbeit, ABl. Nr. C 3 vom 6. 1. 2001, S. 2; vgl. dazu *Polley/Seeliger*, WRP 2001, 494 ff.

[243] *Rittner*, EuZW 2000, 129.

[244] *Schröter*, in: Schröter/Jakob/Mederer, Art. 81 Einführung, Rn. 45.

[245] *Weitbrecht*, EuZW 2003, 69.

[246] Verordnung (EG) Nr. 1216/1999 des Rates vom 10. Juni 1999 zur Änderung der Verordnung Nr. 17: Erste Durchführungsverordnung zu den Artikeln 81 und 82 des Vertrages, ABl Nr. L 148 vom 15. 6. 1999, S. 5.

[247] Art. 4 Abs. 1 Nr. 2 a, b VO Nr. 17/62; Art. 1 VO Nr. 1216/99. *Paulweber/Kögel*, AG 1999, 500.

[248] *Schröter*, in: Schröter/Jakob/Mederer, Art. 81 Einführung, Rn. 46.

Im April 1999 legte die Kommission ihr Weißbuch über die Modernisierung der Vorschriften zur Anwendung der Art. 85 und 86 EGV[249] vor. Die Verordnung (EG) Nr. 1/2003 wurde am 16. Dezember 2002 vom Rat verabschiedet.

Die neue Kartellverfahrensverordnung normiert in Art. 1 Abs. 2, dass Vereinbarungen im Sinne von Art. 81 Abs. 1 EG, die die Voraussetzungen des Abs. 3 erfüllen, *„nicht verboten [sind], ohne dass dies einer vorherigen Entscheidung bedarf"*. Damit ist die unmittelbare Anwendbarkeit auch des Ausnahmetatbestandes und damit der Wechsel zum System der Legalausnahme erreicht[250].

Mit unmittelbarer Geltung des Art. 81 Abs. 3 EG entfallen Anmeldepflicht und Freistellungsentscheidung und somit zugleich das Freistellungsmonopol der Kommission[251]. Anstelle der bisher praktizierten präventiven Überprüfung im Wege von Anmeldung und Freistellung erfolgt künftig nurmehr eine ex-post-Kontrolle[252]. Mit der unmittelbaren Geltung verbunden ist die Anwendung des Art. 81 durch nationale Behörden und Gerichte nun in seiner Gesamtheit[253], so dass dieser zur einheitlichen Rechtsnorm wird[254]. Damit wird die gewünschte Dezentralisierung der Kartellrechtsanwendung erreicht[255].

b) Kritik an der Reform

Insbesondere in Deutschland wurde die Reform stark kritisiert[256]. Die Monopolkommission[257] sprach sich klar gegen den Wechsel zum System der Legalausnahme aus,

---

249 ABl Nr. C 132 v. 12. 5. 1999, S. 1.

250 *Mestmäcker/Schweitzer*, § 1, Rn. 12; *Schröter*, in: Schröter/Jakob/Mederer, Art. 81 Einführung, Rn. 57; *Jakob*, in: GS, Vorbem. zu den Art. 81 bis 89 EG, Rn. 67; *Schröter*, in: GS, Art. 81, Einführung, Rn. 20; *Sauter*, in: Dauses (Hrsg.), Hdb. EU-WirtschR, H.I § 3, Rn. 6; *Schmidt*, BB 2003, 1237, 1238.

251 *Schröter*, in: Schröter/Jakob/Mederer, Art. 81 Einführung, Rn. 57; *Jakob*, in: GS, Vorbem. zu den Art. 81 bis 89 EG, Rn. 67; *Sauter*, in: Dauses (Hrsg.), Hdb. EU-WirtschR, H.I § 3, Rn. 18; *Fuchs*, ZWeR 2005, 1, 2; *Lenaerts/Gerard*, World Competition – Law and Economics Revue 2004, 313; *Immenga* RIW 2003, 889, 890; *Koenigs*, DB 2003, 755; *Ehlermann*, CMLR 2000, 537.

252 *Schröter*, in: Schröter/Jakob/Mederer, Art. 81 Einführung, Rn. 57; *Lenaerts/Gerard*, World Competition – Law and Economics Revue 2004, 313, 341; *Heutz*, WuW 2004, 1255, 1257; *Koenigs*, DB 2003, 755; *Bartosch*, EuZW 2001, 101; *Schütz*, WuW 2000, 686.

253 *Jakob*, in: GS, Vorbem. zu den Art. 81 bis 89 EG, Rn. 71; *Sauter*, in: Dauses (Hrsg.), Hdb. EU-WirtschR, H.I § 3, Rn. 6; *Monti*, RDUE 2004, 137, 140; *Lenaerts/Gerard*, World Competition – Law and Economics Revue 2004, 313, 314 f.; *Koenigs*, DB 2003, 755.

254 *Sauter*, in: Dauses (Hrsg.), Hdb. EU-WirtschR, H.I § 3, Rn. 6.

255 *Mestmäcker*, EuZW 1999, 523; *Weitbrecht* EuZW 2003, 69, 70; *Immenga*, RIW 2003, 889, 890.

256 *Sauter*, in Dauses (Hrsg.), Hdb. EU-WirtschR, H.I § 3, Rn. 3 f., fasst Kritik zusammen; Zur Diskussion: *Fikentscher*, WuW 2001, 446 ff.; *Heutz*, WuW 2004, 1255 ff.; *Pace*, EuZW 2004, 301 ff.; *Hossenfelder/Lutz*, WuW 2003, 118 f.; *Schmidt*, BB 2003, 1237 ff.; *Deringer*, EuR 2001, 306 ff.; *Mestmäcker*, EuZW 1999, 523, 525 ff.; *Immenga*, EuZW 1999, 605; *Deringer*, EuZW 2000, 5 ff.; *Rittner*, EuZW 2000, 129; *Möschel*, JZ 2000, 61 ff. Kritisch auch *Rittner*, DB 1999, 1485 und *Paulweber/Kögel*, AG 1999, 500, 501, 506 ff., die eine Reduktion des Kartellverbotes auf eine bloße Missbrauchskontrolle kritisieren. *Koenigs*, DB 2003, 755, 759, hält die Einwände nur in geringem Umfang für berechtigt. Die Kommissionsvorschläge befürwortend *Pijetlovic*, ELCR 2004, 356 ff.; *Geiger*, EuZW 2000, 165 ff.; *Ehlermann*, CMLR 2000, 537, 589 f.; *Schaub/Dohms*, WuW 1999, 1055, 1065 ff.

257 Monopolkommission, Kartellpolitische Wende in der Europäischen Union?, 28. Sondergutachten

und der wissenschaftliche Beirat beim Bundesministerium für Wirtschaft und Technologie forderte die Bundesregierung sogar zur Erhebung der Nichtigkeitsklage gegen die Verordnung auf[258]. *„Dies ist kein Weg ins 21. Jahrhundert, sondern zurück zu den wirtschaftsrechtlichen Defiziten des 19. Jahrhunderts"*[259].

Zunächst halten es viele für fraglich, ob die Einführung des Legalausnahmesystems durch einfache Verordnung überhaupt mit den primärrechtlichen Vorgaben zu vereinbaren ist oder ob es nicht einer Änderung des Art. 81 Abs. 3 EG bedurft hätte[260]. Gegen die Zulässigkeit des Systemwechsels als solchen wird insbesondere der Wortlaut des Art. 81 Abs. 3 EG herangezogen, der von einer Nichtanwendbarkeits-*Erklärung* spricht[261]. Weiter wird angeführt, der Ausnahmetatbestand eigne sich aufgrund der Fülle der in ihm enthaltenen unbestimmten Rechtsbegriffe nicht für eine unmittelbare Anwendbarkeit[262]. Je unbestimmter eine Norm sei, desto eher bedürfe sie einer konkretisierenden, konstitutiven behördlichen Entscheidung[263]. Es wird aber auch gefragt, warum nicht für den Ausnahmetatbestand dasselbe gelten solle wie für den Verbotstatbestand. Letzteren wende man schon aus dem Grunde direkt an, dass auf diesem Wege eine höhere Effektivität erreicht werde, als wenn erst eine mit aufschiebender Wirkung anfechtbare, behördliche Verbotsentscheidung ergehen müsste[264].

Die Kritiker führen weiter an, es widerspreche der logischen Struktur der Vorschriften, bei unmittelbarer Geltung des Ausnahmetatbestandes die Gruppenfreistellungsverordnung als Instrument beizubehalten[265]. Schließlich beraube man die Vorschrift des Art. 83 Abs. 2 b) EG ihrer Funktion: eine Regelung der „Einzelheiten der Anwendung" der Vorschrift sei bei deren unmittelbarer Geltung nicht mehr erforderlich[266].

---

vom 16. 9. 1999, Rn. 13, 72.

[258] So *Sauter*, in Dauses (Hrsg.), Hdb. EU-WirtschR, H.I § 3, Rn. 3.

[259] Monopolkommission, Kartellpolitische Wende in der Europäischen Union?, 28. Sondergutachten vom 16. 9. 1999, Rn. 82; so auch der Vorsitzende der Monopolkommission *Möschel*, JZ 2000, 61, 67.

[260] *Emmerich*, in: Dauses (Hrsg.), Hdb. EU-WirtschR, H.I § 1, Rn. 185 (Umkehr des Regel-Ausnahme-Verhältnisses contra legem); *Schröter*, in: Schröter/Jakob/Mederer, Art. 83, Rn. 10; *Heutz*, WuW 2004, 1255, 1263, 1266; *Eilmansberger*, JZ 2001, 365 f.; *Deringer*, EuZW 2000, 5, 11; *Möschel*, JZ 2000, 61, 62; *Paulweber/Kögel*, AG 1999, 500, 507 f.; *Mestmäcker*, EuZW 1999, 523, 525 ff. Zusammenfassung der einzelnen Argumente bei *Bartosch*, EuZW 2001, 101, 102. Nach Ansicht von *Quellmalz*, WRP 2004, 461, 469, ist Art. 1 VO Nr. 1/2003 jedenfalls primärrechtskonform dahingehend auszulegen, dass die unmittelbare Anwendbarkeit des Ausnahmetatbestandes nur insoweit angeordnet wird, als eine Ausnahme aus rein wettbewerblichen Gründen und nicht sonstigen Vertragszielen in Frage steht. *Gippini-Fournier*, in: Loewenheim/Meessen/Riesenkampff, Art. 81 Abs. 1, Rn. 23, *Schmidt*, BB 2003, 1237 f., und *Schaub/Dohms*, WuW 1999, 1055, 1065 f., halten die Einführung eines Systems der Legalausnahme für mit Art. 81 Abs. 3 vereinbar.

[261] *Heutz*, WuW 2004, 1255, 1257; *Rittner*, EuZW 2000, 129; *Deringer*, EuZW 2000, 5; *Möschel*, JZ 2000, 61, 62; *Paulweber/Kögel*, AG 1999, 500, 507; *Mestmäcker*, EuZW 1999, 523, 525; aA: *Weitbrecht* EuZW 2003, 69, 70; *Geiger*, EuZW 2000, 165, 166.

[262] *Heutz*, WuW 2004, 1255, 1260 f.; *Möschel*, JZ 2000, 61, 62; *Mestmäcker*, EuZW 1999, 523, 526; aA *Quellmalz*, WRP 2004, 461, 469; *Geiger*, EuZW 2000, 165, 167.

[263] *Schmidt*, BB 2003, 1237, 1240.

[264] *Schmidt*, BB 2003, 1237, 1240.

[265] Zu Fortgeltung sowie Erlass neuer Gruppenfreistellungsverordnungen siehe unten, 3.g).

[266] *Mestmäcker*, EuZW 1999, 523, 525 f.; aA *Geiger*, EuZW 2000, 165, 167.

Neben diesen auf eine Primärrechtswidrigkeit bezogenen Kritikpunkten wird vor allen Dingen eine fehlende Kohärenz in der Anwendung der kartellrechtlichen Vorschriften durch die Vielzahl zuständiger Behörden[267] sowie ein großes Subsumtionsrisiko[268] für Unternehmer befürchtet, denen nun keine Möglichkeit bleibe, selbst ein Verfahren zur Überprüfung der Kartellrechtmäßigkeit ihres Verhaltens einzuleiten[269]. Grundsätzlich schaffen konstitutive Rechtsakte mehr Rechtssicherheit und zwar sowohl für Adressaten und Drittbetroffene als auch für die Gerichte, wobei dieser Vorteil bei den selbst oft auslegungsbedürftigen Gruppenfreistellungsverordnungen bereits verwässert wird[270]. Zur Steigerung der Rechtssicherheit beabsichtigt die Kommission, grundsätzlich neue Auslegungsfragen zum einen durch in einer Bekanntmachung näher zu regelnde Stellungnahmen zu klären, zum anderen in besonderen Ausnahmefällen direkten Kontakt zu Unternehmen aufzunehmen sowie schriftliche Stellungnahmen abzugeben[271].

Während einerseits die Entwicklung zu einer „faktischen Missbrauchsaufsicht"[272] und eine „Verwässerung des Kartellverbots"[273] kritisiert wird, wird die Reform des Kartellverfahrensrechts auch von vielen begrüßt und aufgrund der Erweiterung der Union und dem damit einhergehenden Arbeitsanstieg als alternativlos angesehen[274]. Vor dem Hintergrund, dass die neue Kartellverfahrensverordnung nun bereits seit zwei Jahren geltendes Recht darstellt, ist die praktische Bedeutung der Kritik jedenfalls beschränkt.

2. Zuständigkeitsverteilung zwischen Kommission und mitgliedstaatlichen Behörden

a) Parallele Zuständigkeit der Behörden

Gem. Art. 4, 5 und 6 VO Nr. 1/2003 sind sowohl die Kommission als auch die Wettbewerbsbehörden der Mitgliedstaaten sowie einzelstaatliche Gerichte zur Anwendung

---

267 *Immenga*, EuZW 1999, 605; *Bartosch*, EuZW 2001, 101, 102; *Deringer*, EuR 2001, 306, 315 ff.; *Lenaerts/Gerard*, World Competition – Law and Economics Revue 2004, 313, 316.

268 *Fuchs*, ZWeR 2005, 1, 22; *Weitbrecht* EuZW 2003, 357; *Koenigs*, DB 2003, 755, 759; *Lenaerts/Gerard*, World Competition – Law and Economics Revue 2004, 313, 316; *Müller*, WRP 2004, 1472 ff.; *Deringer*, EuR 2001, 306, 308, 312 f.; *Möschel*, JZ 2000, 61, 64; *Deringer*, EuZW 2000, 5, 8; *Rittner*, DB 1999, 1485. Größere Rechtssicherheit erwartet hingegen *Pijetlovic*, ELCR 2004, 356, 365.

269 *Immenga*, EuZW 1999, 605; *Rittner*, EuZW 2000, 129; *Bartosch*, EuZW 2001, 101, 102, 105; *Polley/Seeliger*, WRP 2001, 494, 495; *Geiger*, EuZW 2000, 165, 168. *Dreher/Stefan*, WuW 2004, 8 ff., befürworten deshalb eine Ausweitung der Möglichkeit, von der Verhängung von Bußgeldern aufgrund von Rechts- und Tatsachenirrtümern der Unternehmen bei der Einschätzung ihrer wettbewerbsbezogenen Handlungen abzusehen.

270 Den Vorteilen konstitutiver Rechtsakte stehen aber Nachteile im Bereich des Drittschutzes im Verwaltungsverfahren gegenüber, *Schmidt*, BB 2003, 1237, 1239 f.

271 Begründung des Verordnungsvorschlages, II.C.3.; *Bartosch*, EuZW 2001, 101, 104 f. Siehe auch bereits die Bekanntmachung der Kommission — Leitlinien zur Anwendung von Artikel 81 Absatz 3 EG-Vertrag, ABl. Nr. C 101 vom 27. 4. 2004, S. 97.

272 *Immenga*, EuZW 1999, 605; *Rittner*, DB 1999, 1485.

273 *Rittner*, EuZW 2000, 129.

274 *Immenga* RIW 2003, 889, 895; *Terhechte*, EuZW 2004, 353.

der Art. 81 und 82 EG berufen[275]. Grundsätzlich liegt also wie zuvor eine parallele Zuständigkeit der Behörden vor[276].

Jeder Sachverhalt soll aber möglichst nur von einer und zwar der dafür am besten geeigneten Behörde bearbeitet werden, weshalb die neue Verordnung eine Zusammenarbeit von Kommission und mitgliedstaatlichen Behörden im Netz der Wettbewerbsbehörden vorsieht[277]. Kriterien für die bestmögliche Arbeitsverteilung bieten die Gemeinsame Erklärung des Rates und der Kommission zur Arbeitsweise des Netzes der Wettbewerbsbehörden[278] sowie die Bekanntmachung der Kommission über die Zusammenarbeit innerhalb des Netzes der Wettbewerbsbehörden[279]. Nach der Bekanntmachung ist eine einzelne nationale Wettbewerbsbehörde gut geeignet, sich mit einem Fall zu befassen, wenn die in Frage stehende Vereinbarung wesentliche Auswirkungen auf das Hoheitsgebiet der Behörde hat, dort umgesetzt wird oder dort ihren Ursprung hat, die Behörde die Zuwiderhandlung wirksam beenden und sie die erforderlichen Beweise erheben kann[280]. Ein paralleles Vorgehen mehrerer Wettbewerbsbehörden soll nur dann in Betracht gezogen werden, wenn das Vorgehen einer einzelnen Behörde zur Abstellung der Zuwiderhandlung nicht ausreichen würde[281]. Die Kommission schließlich ist gemäß der Bekanntmachung dann zur Übernahme eines Falles besonders gut geeignet, wenn die in Frage stehende Vereinbarung Auswirkungen in mehr als drei Mitgliedstaaten hat, wenn der Fall eng mit anderen, effizienter von der Kommission zu verfolgenden Gemeinschaftsbestimmungen verknüpft ist oder wenn es das Gemeinschaftsinteresse erfordert, etwa um eine wirksame Durchsetzung des Wettbewerbsrechts zu erreichen[282]. Weiter stellt die Bekanntmachung Kooperationsmechanismen zur erfolgreichen Fallverteilung zur Verfügung.

Wenn dennoch mehrere Behörden mit demselben Fall befasst werden, so bestimmt Art. 13 Abs. 1 VO Nr. 1/2003 zur Vermeidung von Parallelentscheidungen und zur einheitlichen Rechtsanwendung, dass diese Tatsache für eine Behörde einen hinreichenden Grund darstellt, ihr Verfahren auszusetzen oder im Fall einer Beschwerde eine solche zurückzuweisen[283]. Entsprechendes gilt für das Zurückweisen einer Beschwerde durch die Kommission. Auch wenn die Beschwerde bereits von einer anderen Behörde abschließend behandelt wurde, kann sie abgewiesen werden[284]. Auf diese Weise soll unnötiger Doppelarbeit und etwaig bestehenden Anreizen zu Mehrfachbe-

---

[275] *Sauter*, in: Dauses (Hrsg.), Hdb. EU-WirtschR, H.I § 3, Rn. 22.

[276] *Bartosch*, EuZW 2001, 101, 106.

[277] Erwägungsgrund 15 und 18, Art. 11 VO Nr. 1/2003; *Hossenfelder/Lutz*, WuW 2003, 118, 123; *Immenga* RIW 2003, 889, 890.

[278] Nr. 16-19 der Gemeinsamen Erklärung. Abrufbar auf dem Ratsregister: http://register.consilium.eu.int (Dokument Nr. 15435/02 vom 10. Dezember 2002).

[279] ABl Nr. C 101 vom 27. 4. 2004, S. 43. Diese Bekanntmachung ersetzt die Bekanntmachung über die Zusammenarbeit zwischen der Kommission und den Wettbewerbsbehörden der Mitgliedstaaten von 1997, aaO, Fn. 188.

[280] Nr. 8 der Bekanntmachung, aaO, Fn. 183.

[281] Nr. 12 der Bekanntmachung, aaO, Fn. 183.

[282] Nr. 14 und 15 der Bekanntmachung, aaO, Fn. 183.

[283] Siehe auch Begründungserwägung 18 der VO Nr. 1/2003.

[284] Art. 13 Abs. 2 VO 1/2003.

schwerden vorgebeugt werden[285]. Die Vorschrift stellt allerdings keine Verpflichtung für die Behörde, sondern eine Befugnis dar und steht somit parallelen Verfahren nicht entgegen[286]. Ein gewisses Konfliktpotenzial ergibt sich daraus, dass das jeweils verhängte Bußgeld in den Haushalt desjenigen Verbandes fließt, der das Verfahren führt und das Bußgeld verhängt[287].

b) Evokationsrecht der Kommission

Sobald die Kommission ihrerseits ein Wettbewerbsverfahren einleitet, entfällt – wie schon unter Geltung der VO Nr. 17/62 – die Zuständigkeit der mitgliedstaatlichen Behörden[288]. Das von der Kommission eingeleitete Verfahren muss auf Erlass von Feststellungs- oder Abstellungsentscheidungen nach Art. 7, auf Erlass von einstweiligen Maßnahmen nach Art. 8, auf Verbindlicherklärung einer Verpflichtungszusage nach Art. 9 oder auf Feststellung der Nichtanwendbarkeit nach Art. 10 der Verordnung gerichtet sein[289]. Da die Mitgliedstaaten gem. Art. 11 Abs. 4 VO 1/2003 spätestens 30 Tage vor Erlass einer Entscheidung der Kommission eine Zusammenfassung des Sachverhalts und die in Aussicht genommene Entscheidung bzw. sonstige Unterlagen vorlegen müssen, kann die Kommission rechtzeitig über den Gebrauch ihres Evokationsrechts entscheiden.

c) Parallelverfahren

Parallelverfahren kommen aufgrund der zuständigkeitsbeendenden Wirkung der Verfahrenseröffnung durch die Kommission nur in Betracht, sofern mehrere einzelstaatliche Behörden nebeneinander tätig sind, oder die nationale Wettbewerbsbehörde das jeweilige mitgliedstaatliche Recht anwendet, da Art. 11 Abs. 6 VO Nr. 1/2003 nur die Zuständigkeit der nationalen Behörde zur Anwendung des Gemeinschaftsrechts betrifft[290]. Auch eine Doppelsanktion als Ergebnis von Parallelverfahren ist möglich und ergibt sich aus dem besonderen System der Zuständigkeitsverteilung[291]. Der Grundsatz *„ne bis in idem"* findet keine Anwendung, da es sich um unterschiedliche Rechtssysteme handelt[292]. Jedoch ist eine in einem Fall bereits verhängte Sanktion aufgrund all-

---

285 *Hossenfelder/Lutz*, WuW 2003, 118, 124.

286 *Hossenfelder/Lutz*, WuW 2003, 118, 125.

287 *Weitbrecht* EuZW 2003, 69, 70, Fn. 20.

288 Art. 11 Abs. 6 VO 1/2003, siehe auch Art. 35 Abs. 3, *Lenaerts/Gerard*, World Competition – Law and Economics Revue 2004, 313, 324; *Hossenfelder/Lutz*, WuW 2003, 118, 124; *Koenigs*, DB 2003, 755, 756.

289 Zu den Maßnahmen im Einzelnen unten, 3, S. 54.

290 So in Bezug auf Art. 9 Abs. 3 VO Nr. 17/62: EuGH Rs. 14/68, Slg. 1969, 1, 13, Rn. 3 – Walt Wilhelm; Rs. 253/78 und 1-3/79, Slg. 1980, 2327, 2374, Rn. 15 – Guerlain; *Emmerich*, in: Dauses (Hrsg.), Hdb. EU-WirtschR, H.I § 1, Rn. 43; *Walz*, Vorrang, S. 100.

291 EuGH Rs. 14/68, Slg. 1969, 1, 15, Rn. 11 – Walt Wilhelm; *Schröter*, in: Schröter/Jakob/Mederer, Vorbem. zu den Art. 81 bis 85, Rn. 125; *Mestmäcker*, Vermittlung, S. 137 ff.; *Immenga* RIW 2003, 889, 893.

292 *Schröter*, in: Schröter/Jakob/Mederer, Vorbem. zu den Art. 81 bis 85, Rn. 125; *Immenga* RIW 2003, 889, 893. Bedenken etwa bei *Benisch* zu BGH v. 17.12.70 in WUW/E 1147, 1158.

gemeiner Billigkeitserwägungen bei der Festsetzung einer späteren Sanktion zu berücksichtigen[293].

d) Verhältnis von gemeinschaftlichem zu nationalem Kartellrecht

Die Frage des Verhältnisses zweier Rechtsordnungen zueinander stellt sich nur, wenn die Rechtsordnungen dieselben Lebensbereiche dergestalt regeln, dass es zu Kollisionen zwischen diesen Regelungen kommen kann.

Der EGKS-Vertrag setzte in den Art. 65, 66 keine Beeinträchtigung des Handels zwischen den Mitgliedstaaten voraus und traf auf diese Weise eine abschließende Regelung für den gesamten Markt für Kohle und Stahl, der keinen Raum für nationalstaatliche Regelungen beließ[294]. Dementsprechend schrieb § 101 Nr. 3 GWB a.F.[295] die Unanwendbarkeit staatlichen Rechts im Geltungsbereich des Gemeinschaftsrechts vor[296]. Eine solch vollständige Verdrängung des mitgliedstaatlichen Rechts setzt eine erschöpfende und abschließende Regelung auf europäischer Ebene voraus[297]. Im EG-Vertrag dagegen ist sowohl für die Anwendung des Kartellverbots als auch für die des Missbrauchstatbestandes erforderlich, dass der Handel zwischen den Mitgliedstaaten möglicherweise beeinträchtigt wird. Die Zwischenstaatlichkeitsklausel lässt also Raum für einzelstaatliche kartellrechtliche Regelungen zumindest der Fälle, in denen der zwischenstaatliche Handel nicht gefährdet erscheint[298]. Wenn auch mittlerweile aufgrund der vorangeschrittenen Globalisierung fast der gesamte nennenswerter Handel grenzüberschreitend ist oder sein kann, rechtfertigt dennoch schon die schwierige Auslegung der Zwischenstaatlichkeitsklausel[299] umfassende kartellrechtliche Regelungen

---

293 EuGH, Rs. 14/68, Slg. 1969, 1, 15, Rn. 11 – Walt Wilhelm; Rs. 7/72, Slg. 1972, 1281, 1290, Rn. 3 – Boehringer; *Schröter*, in: Schröter/Jakob/Mederer, Vorbem. zu den Art. 81 bis 85, Rn. 126; *Emmerich*, in: Dauses (Hrsg.), Hdb. EU-WirtschR, H.I § 1, Rn. 43; *Zuleeg*, EuR 1990, 123, 128.

294 *Schröter*, in: GS, Vorbem. zu den Art. 81 bis 85, Rn. 115; *Schröter*, in: Schröter/Jakob/Mederer, Vorbem. zu den Art. 81 bis 85, Rn. 119; *Grill*, in: Schröter/Jakob/Mederer, Vorbem. zu den Art. 65 und 66 EGKSV, Rn. 27, 44; *Waelbroeck/Frignani* Rn. 106; *Mestmäcker*, Vermittlung, S. 123.

295 Aufgehoben 1999 mit der 6. GWB-Novelle.

296 Das italienische Recht bietet immer noch eine ähnliche Lösung, indem es sich nur für Fälle anwendbar erklärt, die nicht in den Anwendungsbereich des Gemeinschaftsrechts fallen; Gesetz n° 287/90, zitiert nach *Waelbroeck/Frignani* Rn. 107. Art. 3 des Verordnungsvorschlages, ABl Nr. C 365 E vom 19. 12. 2000, S. 284, sah noch den generellen Ausschluss des nationalen Wettbewerbsrechts in Fällen der grenzüberschreitenden Auswirkungen vor. Jedoch gab es Bedenken, ob Art. 83 Abs. 2 e) EG zur Abschaffung des nationalen Rechts überhaupt berechtigte oder vielmehr nur zur Festlegung des Verhältnisses der Rechtsordnungen ermächtigte, *Mestmäcker/Schweitzer*, § 5, Rn. 15. Für das Fusionskontrollrecht bestimmt Art. 21 Abs. 3 UA 1 VO Nr. 139/2004 allerdings, dass die Mitgliedstaaten ihr Wettbewerbsrecht nicht auf Zusammenschlüsse gemeinschaftsweiter Bedeutung anwenden. *Walz*, Vorrang, S. 67 ff., 264, bezeichnet eine solche ausdrückliche Vorrangregel als „Anwendbarkeitsvorrang".

297 *Schröter*, in: GS, Vorbem. zu den Art. 81 bis 85, Rn. 115; *Schröter*, in: Schröter/Jakob/Mederer, Vorbem. zu den Art. 81 bis 85, Rn. 119.

298 *Klose*, S. 90 ff. *Walz*, Vorrang, S. 265, spricht in diesem Zusammenhang von der Lückenhaftigkeit des Gemeinschaftskartellrechts als Voraussetzung für den Anwendungsvorrang. *Mestmäcker*, Vermittlung, S. 123, formuliert, die gemeinschaftsrechtliche und nationale Kollisionsnorm schüfen keine Bereiche gegenseitig ausschließlicher Anwendbarkeit der Rechte.

299 *Pischel*, EuZW 2005, 459, 460. Vgl. auch die Bekanntmachung der Kommission vom 27. April 2004, Leitlinien über den Begriff der Beeinträchtigung des zwischenstaatlichen Handels in den Arti-

durch mitgliedstaatliches Recht, um keine Regelungslücken für Grenzfälle entstehen zu lassen.

Es ist somit festzuhalten, dass die Mitgliedstaaten im Bereich des Kartellrechts ihre Hoheitsbefugnisse nicht insgesamt auf die Gemeinschaft übertragen haben[300], sondern dass eine konkurrierende Zuständigkeit zum Erlass von Vorschriften in diesem Bereich besteht, was die Frage nach dem Verhältnis der beiden Rechtsordnungen aufwirft.

Unbestritten genießt das Gemeinschaftsrecht generell Vorrang jedenfalls vor dem einfachen einzelstaatlichen Recht[301]. Die Wirkung dieser Vorranggeltung lässt sich nach mittlerweile herrschender Meinung mit der Theorie des Anwendungsvorranges[302] – im Gegensatz zum Geltungsvorrang[303] – erklären. Die Theorie des Anwendungsvorranges geht davon aus, dass das nachrangige Recht gültig bleibt, aber nicht zur Anwendung gelangt, wenn es dem höherrangigen Recht entgegensteht. Demzufolge gelten die Rechtsordnungen parallel, solange das untergeordnete Recht nicht entgegensteht. Nur dieses Modell kann erklären, wieso der Gerichtshof gleichzeitig vom Vorrang des Gemeinschaftsrechts und von der Parallelität der Wettbewerbsordnungen[304] ausgehen kann[305].

Die Frage, wann genau das nationale Recht dem gemeinschaftsrechtlichen entgegensteht[306], wurde bisher mit Hilfe der Einschrankentheorie[307], der von *Koch*[308] be-

---

keln 81 und 82 des Vertrags, ABl Nr. C 101 vom 27. 4. 2004, S. 81.

[300] *Mestmäcker*, Wirtschaft und Verfassung, S. 442; *Waelbroeck/Frignani* Rn. 109; *Koenigs*, DB 2003, 755, 758.

[301] EuGH, Rs. 6/64, Slg. 1964, 1253, 1270 – Costa / ENEL; Rs. 48/71, Slg. 1972, 529, 534, Rn. 5/10 – Kommission/Italien; Rs. 106/77, Slg. 1978, 629, 644, Rn. 17/18– Simmenthal; Rs. 14/68, Slg. 1969, 1, 14, Rn. 6 – Walt Wilhelm; BVerfGE 31, 145, 173; *Meessen* in: Loewenheim/Meessen/Riesenkampff, Einführung, Rn. 64, 70. *Mestmäcker/Schweitzer*, § 5, Rn. 10; S. auch *Walz*, Vorrang, S. 264 f.; *Klose*, S. 103; *Zuleeg*, EuR 1990, 123, 125.

[302] BVerfGE 75, 223, 232; EuGH Rs. 14/68, Slg. 1969, 1, 14, Rn. 6 – Walt Wilhelm; *Jung*, in: Calliess/Ruffert, Art. 83, Rn. 36; *Schröter*, in: Schröter/Jakob/Mederer, Vorbem. zu den Art. 81 bis 85, Rn. 121; *Mestmäcker/Schweitzer*, § 5, Rn. 6; *Mestmäcker*, Vermittlung, S. 80; *Bellamy/Child* Rn. 10-051; *Rehbinder*, FS Mestmäcker, S. 711, 713; *Zuleeg*, Recht der Gemeinschaften, S. 168 f.; *Walz*, Vorrang, S. 264 f.; *Burgi*, Verwaltungsprozess, S. 21 f.; *Harte-Bavendamm/Kreutzmann*, WRP 2003, 682, 686. *Zuleeg*, EuR 1990, 123, 126 f.; *Ehlers*, DVBl. 1991, 605, 608.

[303] Entgegenstehendes nationales Recht wäre demzufolge nichtig. Dies vertreten *Grabitz*, Gemeinschaftsrecht bricht nationales Recht, S. 103, 110, 113; *Fuß*, GS Sasse, 171, 191 f.; *Spetzler*, RIW 1990, 286, 289 f.; *Sturm*, JR 1971, 453 f.

[304] In der Entscheidung des EuGH Rs. 14/68, Slg. 1969, 1, 14, Rn. 9 – Walt Wilhelm, wird dies besonders deutlich: *„Nach alledem können die nationalen Behörden, solange nicht eine gemäß Artikel 87 Absatz 2 Buchstabe e EWGV ergangene Verordnung etwas anderes bestimmt, auch dann nach staatlichem Recht gegen ein Kartell vorgehen, wenn bei der Kommission ein Verfahren anhängig ist, in dem dieses Kartell auf seine Vereinbarkeit mit dem Gemeinschaftsrecht geprüft wird. Diese Anwendung des nationalen Rechts darf jedoch die uneingeschränkte und einheitliche Anwendung des Gemeinschaftsrechts und die Wirksamkeit der zu seinem Vollzug ergangenen oder zu treffenden Maßnahmen nicht beeinträchtigen.“*.

[305] *Zuleeg*, EuR 1990, 123, 125 f.

[306] *Mestmäcker/Schweitzer*, § 5, Rn. 6, 8, spricht von einem *„den Vorrang des Gemeinschaftsrechts auslösenden Konflikt“*.

[307] *Gruber*, WRP 1991, 458, 461; *Klaue*, FS Steindorff, 979, 985 f.

[308] *Koch*, BB 1959, 241, 247.

gründeten Zweischrankentheorie[309] und der modifizierten Zweischrankentheorie[310] beantwortet. Nun hat der Europäische Rat jedoch erstmals von seiner Befugnis aus Art. 83 Abs. 2 e) Gebrauch gemacht und in Art. 3 der neuen Kartellverfahrensverordnung das Verhältnis zwischen den Art. 81, 82 EG und dem einzelstaatlichen Wettbewerbsrecht geregelt[311]. Er hat damit unter Verfolgung des Ziels, gleiche Wettbewerbsregeln innerhalb des Binnenmarktes zu schaffen[312], das Prinzip des Vorrangs des Gemeinschaftsrechts explizit geregelt und somit gestärkt[313].

Abs. 1 bestimmt, dass einzelstaatliche Wettbewerbsbehörden und Gerichte neben dem nationalen Wettbewerbsrecht auf Vereinbarungen bzw. Missbräuche, die den Handel zwischen Mitgliedstaaten beeinträchtigen können, auch die Art. 81, 82 EG anwenden[314], und legt somit die Parallelität der Rechtsordnungen fest[315]. Demzufolge kann ein Verhalten nicht unbeanstandet bleiben, wenn es nach Gemeinschaftsrecht verboten ist[316].

Abs. 2[317] enthält eine Vorrangregelung zugunsten des Gemeinschaftsrechts, indem er vorschreibt, dass Vereinbarungen dann nicht nach nationalem Recht verboten werden dürfen, wenn sie entweder die Voraussetzungen des Art. 81 Abs. 1 EG nicht erfüllen oder aber nach Art. 81 Abs. 3 EG freigestellt sind[318]. Damit wird den Mitgliedstaaten die zuvor bestehende Möglichkeit versagt, auf Verhaltensweisen, die den Wettbewerb im Sinne des Art. 81 Abs. 1 EG nicht einschränken, strengeres nationales Recht anzuwenden, was vielfach als Ziel der Vorschrift angesehen wird[319].

Die Mitgliedstaaten dürfen aber strengere innerstaatliche Vorschriften auf einseitige Handlungen von Unternehmen – also solche, die nicht als Vereinbarung, Beschluss oder abgestimmte Verhaltensweise im Sinne von Art. 81 Abs. 1 EG anzusehen sind – anwenden, sofern sie ansonsten mit den gemeinschaftsrechtlichen Vorschriften und

---

[309] *Doherty*, ECLR 1994, 315 ff.; *Baruch*, WuW 1963, 14, 26 f.; *Koch*, in: Grabitz/Hilf, 4. Lfg. (1990), vor Art. 85 EWGV, Rn. 31 ff., der an der von ihm begründeten Ansicht weiter festhält.

[310] EuGH Rs. 14/68, Slg. 1969, 1, 14, Rn. 9 – Walt Wilhelm; Rs. 253/78 und 1-3/79, Slg. 1980, 2327, 2374, Rn. 15, 19 – Guerlain; *Mestmäcker*, Vermittlung, S. 144 ff.; *Mestmäcker*, Europäisches Wettbewerbsrecht, 1974, S. 127 ff.; *Rehbinder*, FS Mestmäcker, S. 711 ff.; *Zuleeg*, Recht der Gemeinschaften, S. 146 ff.; *Klose*, S. 114; *Zuleeg*, EuR 1990, 123, 127. Ablehnung der „Einschrankentheorie“: *Wilde*, in: Gloy/Loschelder, § 8, Rn. 38; *Weitbrecht* EuZW 2003, 69, 70.

[311] *Mestmäcker/Schweitzer*, § 5, Rn. 15.

[312] *Sauter*, in: Dauses (Hrsg.), Hdb. EU-WirtschR, H.I § 3, Rn. 17.

[313] *Immenga* RIW 2003, 889, 890; *Hossenfelder/Lutz*, WuW 2003, 118, 129; *Koenigs*, DB 2003, 755; *Mestmäcker*, EuZW 1999, 523, 529.

[314] *Wilde*, in: Gloy/Loschelder § 8, Rn. 38; *Aicher/Schuhmacher*, in: Grabitz/Hilf, Art. 81, Rn. 48; *Sauter*, in: Dauses (Hrsg.), Hdb. EU-WirtschR, H.I § 3, Rn. 17; *Lenaerts/Gerard*, World Competition – Law and Economics Revue 2004, 313, 317, 321; *Weitbrecht*, EuZW 2003, 69, 70.

[315] *Mestmäcker/Schweitzer*, § 5, Rn. 17; *Hossenfelder/Lutz*, WuW 2003, 118, 120.

[316] *Meessen* in: Loewenheim/Meessen/Riesenkampff, Einführung, Rn. 71; *Weitbrecht*, EuZW 2003, 69, 70 f.; *Röhl*ing, GRUR 2003, 1019, 1022.

[317] Nach Auffassung von *Pace*, EuZW 2004, 301, 303 ff., ist diese Vorschrift wegen Verletzung des Verhältnismäßigkeitsprinzips gem. Art. 5 Abs. 3 EG rechtswidrig.

[318] *Aicher/Schuhmacher*, in: Grabitz/Hilf, Art. 81, Rn. 48; *Wilde*, in: Gloy/Loschelder § 8, Rn. 38; *Weitbrecht*, EuZW 2003, 69, 70 f.

[319] *Zuber*, in: Loewenheim/Meessen/Riesenkampff, VerfVO, Art. 3, Rn. 9; *Mestmäcker/Schweitzer*, § 5, Rn. 21; *Hossenfelder/Lutz*, WuW 2003, 118, 120.

Grundsätzen in Einklang stehen[320]. Diese einseitigen Handlungen umfassen auch solche, die den Missbrauchstatbestand erfüllen, weshalb Art. 82 EG von der Verdrängungswirkung des Abs. 2 nicht erfasst wird[321]. Die Unterschiede zwischen nationalem und gemeinschaftlichem Kartellrecht sind aber ohnehin nur noch gering, da die Mitgliedstaaten vielfach ihr eigenes Wettbewerbsrecht bereits mit dem Ziel der Harmonisierung mit dem europäischen Recht reformiert haben[322].

Art. 16 VO Nr. 1/2003 regelt zunächst nur die Pflichten von einzelstaatlichen Behörden und Gerichten bei der Anwendung der Art. 81, 82 EG. Diese dürfen demzufolge keine Entscheidung treffen, die einer bereits ergangenen Kommissionsentscheidung zuwiderläuft; die Gerichte müssen zudem einer künftigen Kommissionsentscheidung potenziell zuwiderlaufende Maßnahmen vermeiden[323]. Mittelbar ergibt sich aus Art. 16 i. V. m. Art. 3 VO Nr. 1/2003 eine Bindungswirkung an die Entscheidungen der Kommission auch bei der Anwendung nationalen Rechts, da Behörden und Gerichte gem. Art. 3 bei dessen Anwendung auch stets Gemeinschaftsrecht anzuwenden haben[324].

e) Zuständigkeit der nationalen Gerichte

Die Zuständigkeit der einzelstaatlichen Gerichte zur Anwendung der Art. 81 und 82 EG in ihrer Gesamtheit[325] ergibt sich nun ausdrücklich aus Art. 6 VO Nr. 1/2003[326]. Um auch in diesem Verhältnis eine kohärente Anwendung des Gemeinschaftsrechts sicherzustellen, können die Gerichte die Kommission um die Übermittlung von Informationen und Stellungnahmen bitten[327]. Im Gegenzug übermitteln die Mitgliedstaaten

---

320 Art. 3 Abs. 2 Satz 2 VO Nr. 1/2003; *Wilde*, in: Gloy/Loschelder § 8, Rn. 38. Zur Bestimmung der „einseitigen Handlung“ siehe *Harte-Bavendamm/Kreutzmann*, WRP 2003, 682, 688.

321 *Meessen* in: Loewenheim/Meessen/Riesenkampff, Einführung, Rn. 73; *Zuber*, in: Loewenheim/Meessen/Riesenkampff, VerfVO, Art. 3, Rn. 7; *Aicher/Schuhmacher*, in: Grabitz/Hilf, Art. 81, Rn. 49; *Lenaerts/Gerard*, World Competition – Law and Economics Revue 2004, 313, 321 f.; *Weitbrecht*, EuZW 2003, 357; *Immenga* RIW 2003, 889, 890. Während der Wortlaut offen ist, geht dies aus dem 8. Erwägungsgrund der Verordnung klar hervor. Aufgrund des höheren Schutzstandards des § 20 GWB, der nur eine marktstarke und keine marktbeherrschende Stellung voraussetzt, hat die Bundesrepublik auf den „Formelkompromiss“ des Art. 3 Abs. 2 gedrängt, *Weitbrecht*, EuZW 2003, 69, 72.

322 *Schröter*, in: GS, Vorbem. zu den Art. 81 bis 85, Rn. 114; *Schröter*, in: GS, Art. 81, Einführung, Rn. 1; *Schröter*, in: Schröter/Jakob/Moderer, Vorbem. zu den Art. 81 bis 85, Rn. 118; *Schmidt*, BB 2003, 1237, 1243. So hat auch der Deutsche Bundestag am 16. Juni 2005 die seit langem erwartete und aufgrund der Rechtsänderungen auf europäischer Ebene erforderlich gewordene 7. GWB-Novelle in der durch den Vermittlungsausschuss vorgelegten Form beschlossen: Gesetz gegen Wettbewerbsbeschränkungen (GWB), BGBl 2005 Teil I, Nr. 44 vom 20. 7. 2005, S. 2114. Siehe dazu etwa *Bechtold/Buntscheck*, NJW 2005, 2966 ff.; *Pischel*, EuZW 2005, 459 ff. Die Novelle ist am 1. Juli 2005 in Kraft getreten.

323 *Mestmäcker/Schweitzer*, § 5, Rn. 42.

324 *Aicher/Schuhmacher*, in: Grabitz/Hilf, Art. 81, Rn. 50.

325 *Sauter*, in: Dauses (Hrsg.), Hdb. EU-WirtschR, H.I § 3, Rn. 24; *Koenigs*, DB 2003, 755, 756.

326 Diese Vorschrift ist nach Auffassung von *Pace*, EuZW 2004, 301 ff., wegen Verletzung des Grundsatzes der unmittelbaren Wirkung sowie Verletzung des Art. 83 Abs. 2 b) EG rechtswidrig.

327 Art. 15 Abs. 1 VO Nr. 1/2003; siehe auch Erwägungsgrund 21 der Verordnung; *Bartosch*, EuZW 2001, 101, 106.

der Kommission unverzüglich nach Zustellung an die Parteien die das Gemeinschaftskartellrecht anwendenden Urteile[328].

Art. 16 VO Nr. 1/2003, der sich an der *Masterfoods*-Entscheidung des EuGH orientiert[329], verbietet einzelstaatlichen Gerichten und Wettbewerbsbehörden Entscheidungen zu treffen, die einer bereits erlassenen bzw. beabsichtigten[330] Kommissionsentscheidung zuwiderlaufen könnten[331]. Außerdem wird eine kohärente Anwendung des Gemeinschaftskartellrechts dadurch gewährleistet, dass nach der Rechtsprechung des EuGH[332] eine Pflicht der nationalen Gerichte besteht, ein Vorlageverfahren nach Art. 234 EG anzustrengen, wenn sie einen Gemeinschaftsrechtsakt nicht anwenden wollen[333].

3. Das neue Kartellverfahren

Mit Inkrafttreten der Verordnung Nr. 1/2003 erfolgt der Übergang zum Prinzip der Legalausnahme, indem Art. 81 Abs. 3 EG nun unmittelbar gilt[334]. Damit sind nationale Kartellbehörden, Gerichte sowie Unternehmen nun ermächtigt und verpflichtet, selbst zu prüfen, ob eine Vereinbarung die Voraussetzungen des Freistellungstatbestandes erfüllt[335]. Das Freistellungsmonopol der Kommission ist also gefallen, was zu einem erheblichen Subsumtionsrisiko führt[336].

a) Feststellungs- und Abstellungsentscheidungen, Art. 7 VO Nr. 1/2003

Art. 7 der Verordnung bringt Klarheit über die möglichen Rechtsfolgen, die die Kommission gegenüber den kartellrechtswidrig handelnden Unternehmen anordnen kann. Anders als unter Geltung von Art. 3 VO Nr. 17/62, der lediglich pauschal den Erlass von Feststellungs- und Abstellungsentscheidungen vorsah[337], werden die Abstellungsentscheidungen der Kommission nun dahingehend konkretisiert, dass sowohl solche verhaltensorientierter, als auch solche struktureller Art ergriffen werden können. Dabei ist der Verhältnismäßigkeitsgrundsatz und der Grundsatz der Erforderlichkeit der Maßnahme zur wirksamen Abstellung der Zuwiderhandlung zu wahren. Außerdem besteht eine Subsidiarität der Maßnahmen struktureller Art gegenüber den Maßnah-

---

328 Art. 15 Abs. 2 VO Nr. 1/2003.

329 *Sauter*, in: Dauses (Hrsg.), Hdb. EU-WirtschR, H.I § 3, Rn. 45; *Lampert/Niejahr*, Art. 16, Rn. 316; *Hossenfelder/Lutz*, WuW 2003, 118, 126; *Montag/Rosenfeld*, ZWeR 2003, 107, 131.

330 Bezüglich der Wettbewerbsbehörden fehlt an dieser Stelle eine Regelung, da sie in dem Fall, in dem die Kommission in der Absicht eine Entscheidung zu treffen ein Verfahren eröffnet hat, nicht mehr zuständig sind.

331 *Röhl*ing, GRUR 2003, 1019, 1023.

332 EuGH, Rs. 314/85, Slg. 1987, 4199, 4231, Rn. 15 ff. – Foto Frost; Rs. C-344/98, Slg. 2000, I-11369, 11429, Rn. 54 – Masterfoods/HB Ice Cream. Siehe bereits oben, I.1.

333 *Weitbrecht*, EuZW 2003, 69, 70; *Bartosch*, EuZW 2001, 101, 106.

334 Art. 1 Abs. 2 VO 1/2003; *Schröter*, in: GS, Art. 81, Einführung, Rn. 20; *Weitbrecht*, EuZW 2003, 69, 70; *Weitbrecht*, EuZW 2003, 357; *Immenga* RIW 2003, 889, 890.

335 *Sauter*, in: Dauses (Hrsg.), Hdb. EU-WirtschR, H.I § 3, Rn. 6; *Weitbrecht*, EuZW 2003, 357; *Immenga* RIW 2003, 889, 890; *Schweda*, WuW 2004, 1133, 1134, Fn. 11; *Schütz*, WuW 2000, 686, 688.

336 Siehe bereits oben, II.1.b).

337 *Weitbrecht*, EuZW 2003, 69, 71.

men verhaltensorientierter Art[338]. Eine Neuerung stellt zudem die Möglichkeit dar, Feststellungsentscheidungen auch bezüglich bereits beendeter Zuwiderhandlungen zu treffen[339].

Die Rechtsgrundlage zum Erlass einstweiliger Maßnahmen, Art. 8 VO Nr. 1/2003, knüpft an die bisherige Rechtsprechung[340] an[341]. *„Die Kommission kann in dringenden Fällen, wenn die Gefahr eines ernsten, nicht wieder gutzumachenden Schadens für den Wettbewerb besteht, von Amts wegen auf der Grundlage einer prima facie festgestellten Zuwiderhandlung durch Entscheidung einstweilige Maßnahmen anordnen"*[342].

b) Verpflichtungszusagen, Art. 9 VO Nr. 1/2003

Art. 9 Abs. 1 VO Nr. 1/2003 ermöglicht es den Unternehmen, der Kommission gegenüber das Eingehen bestimmter Verpflichtungen anzubieten, wenn diese den Erlass einer Abstellungsentscheidung beabsichtigt. Sind die angebotenen Verpflichtungen geeignet, die Bedenken der Kommission hinsichtlich einer wettbewerbsrechtlichen Zuwiderhandlung auszuräumen, so erklärt die Kommission diese Verpflichtungszusagen im Wege der Entscheidung für bindend und stellt zugleich fest, dass für ein Tätigwerden der Kommission daraufhin kein Anlass mehr besteht[343]. Die Nichteinhaltung der verbindlichen Verpflichtungszusagen kann mit Buß- oder Zwangsgeldern geahndet werden[344].

Gem. Art. 9 Abs. 2 VO Nr. 1/2003 kann die Kommission auf Antrag oder von Amts wegen das Verfahren wieder aufnehmen und die Entscheidung abändern, wenn sich die tatsächlichen Verhältnisse wesentlich geändert haben, die Unternehmen die Verpflichtungen nicht einhalten oder die Entscheidung auf unvollständigen, unrichtigen oder irreführenden Angaben der Parteien beruht.

Neu und für die Unternehmen von Vorteil ist, dass Abhilfevorschläge zuvor nur von der Kommission und nicht von den Unternehmen selbst ausgehen konnten[345]. Kritisiert wird die große Flexibilität dieses neuartigen Instruments, dessen Anwendung noch nicht einmal der Feststellung eines Verstoßes gegen die Art. 81, 82 EG bedarf[346]. Zum einen wird eine „Kungelei" zwischen Kommission und Unternehmen befürchtet, zum anderen als problematisch empfunden, dass die sanktionsbewehrten Verpflichtungszu-

---

338 Art. 7 Abs. 1 Satz 3 VO Nr. 1/2003; Erwägungsgrund 12 der Verordnung; *Hossenfelder/Lutz*, WuW 2003, 118, 121; *Koenigs*, DB 2003, 755.

339 *Schmidt*, BB 2003, 1237, 1243. Bisherige Rechtsprechung, vgl. EuG, Rs. T-228/97, Slg. 1999, II-2975, 3082, Rn. 298 – Irish Sugar.

340 EuGH, Rs. 792/79 R, Slg. 1980, 119, Rn. 18 – Camera Care; EuG, Rs. T-44/90, Slg. 1992, II-1, Rn. 27 f. – La Cinq.

341 *Hossenfelder/Lutz*, WuW 2003, 118, 122.

342 Art. 8 VO Nr. 1/2003.

343 Eine erste Entscheidung der Kommission zur Verbindlicherklärung von Verpflichtungszusagen traf die Kommission am 19. 1. 2005 im Fall DG-COMP/C-2/37.214 – Bundesliga-Rechte, ABl. Nr. C 229 vom 14. 9. 2004, S. 13; dazu kritisch *Körber*, WRP 2005, 463 ff.

344 Art. 23 Abs. 2 c), 24 Abs. 1 c) VO Nr. 1/2003; *Hirsbrunner/Rhomberg*, EWS 2005, 61, 65; *Hossenfelder/Lutz*, WuW 2003, 118, 122; *Schmidt*, BB 2003, 1237, 1242.

345 Vgl. Art. 3 Abs. 3 VO Nr. 16/62. *Sauter*, in: Dauses (Hrsg.), Hdb. EU-WirtschR, H.I § 3, Rn. 30; *Bartosch*, EuZW 2001, 101, 102.

346 *Mestmäcker/Schweitzer*, § 20, Rn. 47; *Hirsbrunner/Rhomberg*, EWS 2005, 61, 65; *Schmidt*, BB 2003, 1237, 1242; *Temple Lang*, ECLR 2003, 347, 356.

sagen Verwaltungszwang gegen Unternehmen ohne Rechtsgrundlage ermöglichen[347]. Da die Unternehmen nur einen geringen Vorteil erhielten, während die Kommission mehr oder weniger form- und voraussetzungslos durchsetzungsfähige Verpflichtungen schaffen könnte, sei über Ausstiegsmöglichkeiten für die Unternehmen nachzudenken[348].

c) Feststellung der Nichtanwendbarkeit Art. 10 VO Nr. 1/2003

Als sog. Positiventscheidung sieht Art. 10 VO Nr. 1/2003 für die Kommission die Möglichkeit vor, durch Entscheidung festzustellen, dass Art. 81 oder 82 EG auf eine Vereinbarung keine Anwendung finden bzw. dass der Ausnahmetatbestand des Art. 81 Abs. 3 EG erfüllt ist. Eine solche Entscheidung ergeht ausschließlich von Amts wegen, muss aus Gründen des öffentlichen Interesses erforderlich sein und wird daher nur in Ausnahmefällen ergehen[349]. Nach der 14. Begründungserwägung der Verordnung soll sie insbesondere der Klärung der Rechtslage und Vereinheitlichung der Rechtsanwendung dienen[350]. Ein dem unter der VO Nr. 17/62 geltenden Negativattest vergleichbares Instrument gibt es damit nicht mehr[351]. Ebenso scheidet die Möglichkeit aus, mit Hilfe einer Anmeldung eine negative Kommissionsentscheidung zu erreichen und diese schließlich vor dem Gerichtshof überprüfen zu lassen[352]. Dieses Fehlen eines irgendwie gearteten Rechts, von der Kommission eine Entscheidung darüber zu verlangen, ob die Vereinbarung mit dem Wettbewerbsrecht vereinbar ist, wird als unbefriedigend angesehen[353].

d) Ermittlungsbefugnisse, Art. 17-21 VO Nr. 1/2003

Die Ermittlungsbefugnisse der Kommission wurden in den Art. 17-21 VO Nr. 1/2003 erheblich erweitert[354]. So kann die Kommission gem. Art. 18 Abs. 1 der Verordnung durch einfaches Auskunftsverlangen oder aufgrund einer Entscheidung von Unternehmen die Erteilung aller erforderlichen Auskünfte verlangen. Art. 19 ermöglicht eine Befragung aller Personen, die dieser zustimmen. Art. 20 sieht Nachprüfungen der Kommissionsbediensteten in betrieblichen Räumlichkeiten vor, während Art. 21 diese unter erschwerten Voraussetzungen auch in anderen Räumlichkeiten – und damit sogar in Wohnräumen[355] – erlaubt. Zur Durchsetzung dieser Befugnisse kann die Kommissi-

[347] *Schmidt*, BB 2003, 1237, 1242.

[348] *Klees*, Europäisches Kartellverfahrensrecht, § 6, Rn. 137; *Schmidt*, BB 2003, 1237, 1242.

[349] Erwägungsgrund 14 der Verordnung; *de Bronett*, VO 1/2003, Art. 10, Rn. 2; *Klees*, Europäisches Kartellverfahrensrecht, § 6, Rn. 156 ff.; *Lampert/Niejahr*, Art. 10, Rn. 171; *Koenigs*, DB 2003, 755, 756; *Hossenfelder/Lutz*, WuW 2003, 118, 122; *Deringer*, EuR 2001, 306, 309; *Bartosch*, EuZW 2001, 101, 104.

[350] *Klees*, Europäisches Kartellverfahrensrecht, § 6, Rn. 155.

[351] *Koenigs*, DB 2003, 755, 756.

[352] *Sauter*, in: Dauses (Hrsg.), Hdb. EU-WirtschR, H.I § 3, Rn. 33; *Bartosch*, EuZW 2001, 101, 105.

[353] *Bartosch*, EuZW 2001, 101, 107.

[354] Dazu *Weitbrecht*, EuZW 2003, 69, 71.

[355] Zur Grundrechtsproblematik in diesem Zusammenhang vgl. *Sura*, in: Langen/Bunte, Art. 2 VO Nr. 1/2003, Rn. 2, 12; *Schwarze/Weitbrecht*, § 4, Rn. 26 ff.; *Brei*, ZWeR 2004, 107 ff.; *Meyer/Kuhn*, WuW 2004, 880 ff.

on gem. Art. 23 f. VO Nr. 1/2003 Gelbbußen auferlegen oder ein Zwangsgeld festsetzen.

Die Kommission hat weiterhin die Möglichkeit, zur Sanktionierung von Verstößen gegen die Art. 81, 82 EG bzw. die Mitwirkungspflichten bei Ermittlungen der Kommission Bußgelder und zur Erzwingung eines den genannten Vorschriften konformen Verhaltens Zwangsgelder zu verhängen[356].

e) Anhörung

Vor Erlass einer Feststellungs- oder Abstellungsentscheidung, einer einstweiligen Maßnahme oder der Verhängung von Geldbußen oder Zwangsgeldern hat die Kommission die Unternehmen, gegen die sich das Verfahren richtet, anzuhören[357]. Die Anhörung sonstiger natürlicher oder juristischer Personen steht im Ermessen der Kommission. Bei Nachweis eines ausreichenden Interesses sind sie aber auf Antrag anzuhören[358]. Verteidigungsrechte der Parteien sowie das Recht auf Akteneinsicht sind in Art. 27 Abs. 2 der Verordnung niedergelegt.

Beabsichtigt die Kommission den Erlass einer Verbindlichkeitserklärung von Verpflichtungszusagen oder einer Nichtanwendbarkeitserklärung, so hat sie den wesentlichen Sachverhalt und Inhalt der geplanten Entscheidung zu veröffentlichen und Bemerkungen interessierter Dritter innerhalb einer bestimmten Frist abzuwarten[359].

f) Gruppenfreistellungsverordnungen

Zwar enthält die neue Kartellrechtsverordnung keine generelle Ermächtigung zugunsten der Kommission zum Erlass von Gruppenfreistellungsverordnungen, wie von der Kommission gefordert wurde[360]. Die bestehenden Gruppenfreistellungsverordnungen bleiben aber erhalten und es können weitere aufgrund der fortgeltenden Ermächtigungsgrundlagen erlassen werden[361]. Von Amts wegen oder auf eine Beschwerde hin kann die Kommission den Rechtsvorteil einer solchen Verordnung entziehen, wenn eine Vereinbarung Wirkungen hat, die mit Art. 81 Abs. 3 EG nicht vereinbar sind[362].

---

356 Art. 23, 24 VO Nr. 1/2003.

357 Art. 27 Abs. 1 VO Nr. 1/2003.

358 Art. 27 Abs. 3 VO Nr. 1/2003.

359 Art. 27 Abs. 4 VO Nr. 1/2003. Siehe beispielsweise die Veröffentlichung einer Zusammenfassung der Verpflichtungszusagen unter Aufforderung dritter Unternehmen zur Stellungnahme im Fall Austrian Airlines / SAS, ABl. Nr. C 233 vom 22. 9. 2005, S. 18, oder im Fall BUMA und SABAM , ABl. Nr. C 200 vom 17. 8. 2005, S. 11.

360 *Mestmäcker/Schweitzer*, § 19, Rn. 11; *Sauter*, in: Dauses, Hdb. EU-WirtschR, H.I § 3, Rn. 9; *Brunn*, EG-Kartellverfahrensverordnung, S. 46; *Fuchs*, ZWeR 2005, 1, 5, 7; *Wagner*, WRP 2003, 1369, 1373; *Hossenfelder/Lutz*, WuW 2003, 118, 128; *Hirsch*, ZWeR 2003, 233, 246.

361 Art. 29 VO Nr. 1/2003; 10. Erwägungsgrund der Verordnung; Weißbuch, S. 20, Rn. 71, aaO, Fn. 234; Verordnungsentwurf, S. 12; *Schwarze/Weitbrecht*, § 2, Rn. 25; *Lampert/Niejahr*, Art. 29, Rn. 574; *Fuchs*, ZWeR 2005, 1, 2 f.; *Heutz*, WuW 2004, 1255, 1263; *Pijetlovic*, ELCR 2004, 356, 358; *Schmidt*, BB 2003, 1237, 1241; *Koenigs*, DB 2003, 755, 756.

362 Einen solchen Entzug hat es erst in einem Fall gegeben: EuG, Rs. T-7/93, Slg. 1995, II-1533 ff. – Langnese-Iglo GmbH; *Whish*, S. 172. Unter Geltung der Verordnung Nr. 17/62 wurde Art. 7 VO Nr. 19/65 (ABl. Nr. P 36 vom 6. 3. 1965, S. 533) herangezogen, *Sauter*, in: Dauses (Hrsg.), Hdb. EU-WirtschR, H.I § 3, Rn. 12: *„Stellt die Kommission ... fest, daß im Einzelfall Vereinbarungen oder aufeinander abgestimmte Verhaltensweisen, die unter eine auf Grund des Artikels 1 erlassene Ver-*

Auch mitgliedstaatliche Wettbewerbsbehörden können gem. Art. 29 Abs. 2 VO Nr. 1/2003 nun einen solchen Entzug vornehmen[363].

g) Modernisierungspaket

Mit Inkrafttreten der neuen Kartellverfahrensverordnung hat die Kommission auch ein „Modernisierungspaket" erlassen, das aus einer Durchführungsverordnung sowie sechs Bekanntmachungen[364] besteht, die Kohärenz bei der Anwendung der Kartellvorschriften schaffen sowie den Unternehmen bei der Bewertung ihrer Handlungen klare Vorgaben als Hilfestellung bieten sollen[365].

3. Abschnitt: Mögliche Fallkonstellationen

Die Arbeit fragt nach den Erfolgsaussichten von Konkurrentenklagen im europäischen Kartellrecht vor dem Gerichtshof[366] und damit nach der Möglichkeit der Durchsetzung dieser Wettbewerbsregeln mit Hilfe verwaltungsgerichtlicher Klagen. Im Folgenden werden die einzelnen Fallgruppen aufgezeigt, in denen ein Unternehmer zur Bekämpfung eines vermeintlich wettbewerbswidrigen Verhaltens seines Konkurrenten ein Interesse am Gebrauch der verwaltungsrechtlichen Handlungsinstrumente der Europäischen Kommission haben kann.

Ausgangspunkt ist immer das vermeintlich wettbewerbswidrige Verhalten von Konkurrenten, d.h. entweder ein Verstoß gegen das Verbot kartellrechtswidriger Ab-

---

ordnung fallen, gleichwohl Wirkungen haben, die mit den in Artikel 85 Absatz (3) des Vertrages vorgesehenen Voraussetzungen unvereinbar sind, so kann sie unter Entzug des Vorteils der Anwendung der Verordnung eine Erklärung nach den Artikeln 6 und 8 der Verordnung Nr. 17 abgeben, ohne daß es einer Anmeldung nach Artikel 4 Absatz (1) der Verordnung Nr. 17 bedarf." Ausführlich zur Rechtslage vor Inkrafttreten der VO Nr. 1/2003 *de Bronett*, WuW 1999, 825 ff.

363 Einzelstaatliche Gerichte, denen diese Befugnis nicht zusteht, sind hingegen an die Gruppenfreistellungsverordnung gebunden, vgl. die Bekanntmachung zur Anwendung von Art. 81 III, Rn. 37, aaO, Fn. 364; *Schmidt*, BB 2003, 1237, 1241; *Wagner*, WRP 2003, 1369, 1379. Sie können sich lediglich gem. Art. 15 Abs. 1 VO Nr. 1/2003 an die Kommission wenden und deren Stellungnahme erbitten oder ein Vorlageverfahren nach Art. 234 EG – und gegebenenfalls Art. 16 Abs. 1 Satz 3 VO Nr. 1/2003 analog – anstrengen, *Klees*, Europäisches Kartellverfahrensrecht, § 3, Rn. 20; *Wagner*, WRP 2003, 1369, 1379 f.

364 Verordnung (EG) Nr. 773/2004 der Kommission vom 7. April 2004 über die Durchführung von Verfahren auf der Grundlage der Artikel 81 und 82 EG-Vertrag durch die Kommission, ABl. Nr. L 123 vom 27. 4. 2004, S. 18; Bekanntmachung über die Zusammenarbeit innerhalb des Netzes der Wettbewerbsbehörden, aaO, Fn. 183; Bekanntmachung der Kommission über die Zusammenarbeit zwischen der Kommission und den Gerichten der EU-Mitgliedstaaten bei der Anwendung der Artikel 81 und 82 des Vertrags, aaO, Fn. 19; Bekanntmachung der Kommission über die Behandlung von Beschwerden durch die Kommission gemäß Artikel 81 und 82 EG-Vertrag, aaO, Fn. 14; Bekanntmachung der Kommission über informelle Beratung bei neuartigen Fragen zu den Artikeln 81 und 82 des Vertrages, die in Einzelfällen auftreten (Beratungsschreiben), ABl. Nr. C 101 vom 27. 4. 2004, S. 78; Bekanntmachung der Kommission — Leitlinien über den Begriff der Beeinträchtigung des zwischenstaatlichen Handels in den Artikeln 81 und 82 des Vertrags, aaO, Fn. 364; Bekanntmachung der Kommission — Leitlinien zur Anwendung von Artikel 81 Absatz 3 EG-Vertrag, ABl. Nr. C 101 vom 27. 4. 2004, S. 97.

365 *Schweda*, WuW 2004, 1133, 1135; *Müller*, WRP 2004, 1472, 1473.

366 Der Begriff des Gerichtshofs umfasst sowohl den Europäischen Gerichtshof (EuGH) als auch das Gericht erster Instanz (EuG).

sprachen oder ein Missbrauch einer marktbeherrschenden Stellung. Die konkrete Rüge des Klägers zielt aber auf ein Verhalten der Kommission, das sowohl ein formaler Akt als auch eine sonstige, gegebenenfalls atypische Handlungsweise sein kann. Außerdem kommt das Angreifen eines bereits dem Konkurrenten gegenüber erlassenen Aktes ebenso in Betracht wie die Rüge des Untätigbleibens.

Als formale Akte kommen Feststellungs- und Abstellungsentscheidungen nach Art. 7 (A.), vorläufige Maßnahmen nach Art. 8 (B.), die Verbindlicherklärung von Verpflichtungszusagen nach Art. 9 (C.), die Feststellung der Nichtanwendbarkeit nach Art. 10 (D.), das Verhängen von Geldbußen oder Zwangsgeldern nach Art. 23, 24 (E.), das Wahrnehmen von Ermittlungsbefugnissen nach Art. 17-21 der Verordnung Nr. 1/2003 (F.) und schließlich der Erlass von Gruppenfreistellungsverordnungen (G.) in Betracht. Zu den sonstigen Maßnahmen zählen die Einleitung und die Einstellung des Verfahrens (H.), der Erlass von Bekanntmachungen und Leitlinien (J.), von Beratungsschreiben (K.) sowie von Presseerklärungen und sonstigen Auskünften (L.). Schließlich ist der Sonderfall denkbar, dass das wettbewerbswidrige Verhalten des Konkurrenten durch einen Mitgliedstaat hervorgerufen, verstärkt oder unterstützt wird, gegen den der Kläger die Aufnahme eines Vertragsverletzungsverfahrens nach Art. 226 EG wünscht (M.).

A. Feststellungs- und Abstellungsentscheidung, Art. 7 VO Nr. 1/2003

Hat die Kommission einen Wettbewerbsverstoß bereits festgestellt und den Wettbewerber verpflichtet, bestimmte Abhilfemaßnahmen vorzunehmen, so kann das Interesse seines Konkurrenten sich nur noch darauf richten, diese Abhilfemaßnahmen, die aus seiner Sicht bereits eine zu begrüßende Entscheidung darstellen, zu verändern, beispielsweise weil er sie für nicht effektiv hält.

Aufgrund der Subsidiarität der Untätigkeitsklage ist aber nur das Erheben einer gegen die bereits ergangene Abstellungsentscheidung gerichteten Nichtigkeitsklage denkbar. Unabhängig von der Verpflichtung der Kommission aus Art. 233 Abs. 1 EG, die sich aus einem Urteil des Gerichtshofs ergebenden Maßnahmen zu ergreifen, besteht dann für den Kläger die Gefahr, dass der Gerichtshof die Entscheidung zwar insgesamt aufhebt, im übrigen dem klägerischen Begehren jedoch entweder gar nicht folgt oder einen so großen Spielraum für die Kommission belässt, dass diese nicht zum Erlass eines für den Kläger günstigeren Aktes verpflichtet ist. Da der Kläger die Entscheidung nicht insgesamt, sondern nur in ihrer konkreten Ausgestaltung missbilligt, ist von einer Klage gegen eine bereits ergangene Abstellungsentscheidung daher abzuraten, sofern nicht etwa ein für den Konkurrenten ungünstiger, abtrennbarer Teil isoliert anfechtbar ist[367].

Wenn ein Unternehmer das Verhalten seines Konkurrenten für wettbewerbswidrig hält, die Kommission aber auch auf seinen Antrag hin nicht tätig wird, besteht ein Interesse an der Erhebung einer Untätigkeitsklage, um die Rechtswidrigkeit des Untätig-

[367] Sind Teile voneinander abtrennbar, erklärt der Gerichtshof nur den rechtswidrigen Teil für nichtig – Gesamtnichtigkeit nur, wenn die Teile eines Rechtsaktes eine untrennbare Einheit bilden, EuGH, Rs. 17/74, Slg. 1974, 1063, Rn. 21 – Transocean Marine Paint; Rs. C-68/94 u. C-30/95, Slg. 1998, I-1375, Rn. 256, 258 – Frankreich / Kom; *Booß*, in: Grabitz/Hilf, Art. 231, Rn. 8; *Ehricke*, in: Streinz, Art. 231, Rn. 1.

bleibens festzustellen und so letztendlich den Erlass einer Feststellungs- und Abstellungsentscheidung gegenüber dem Konkurrenten zu erreichen[368]. Neben der unmittelbaren Beendigung des den Unternehmer wirtschaftlich schädigenden oder bedrohenden Verhaltens ist von Vorteil, dass nach Klärung der gemeinschaftlichen Rechtslage auf einfachere Weise Unterlassungs-, Beseitigungs-, Schadensersatz- oder Gewinnabschöpfungsansprüche vor den nationalen Gerichten geltend gemacht werden können. Stellt die angeblich wettbewerbswidrige Vereinbarung ein selektives Vertriebssystem dar, an dem der Kläger teilhaben möchte, so kann er eine Abstellungsentscheidung der Kommission des Inhalts begehren, dass eine Aufnahme des Klägers in das System die Kartellrechtswidrigkeit beseitigen wird[369].

B. Vorläufige Maßnahmen, Art. 8 VO Nr. 1/2003

Wenn die *„Gefahr eines ernsten, nicht wieder gutzumachenden Schadens für den Wettbewerb"* besteht, kann die Kommission gem. Art. 8 VO Nr. 1/2003 durch Entscheidung einstweilige Maßnahmen anordnen. Für den Wettbewerber kann ein sofortiges Handeln der Kommission von höchster Wichtigkeit sein, etwa wenn er sonst in seiner Existenz bedroht ist.

Allerdings sind solche einstweiligen Maßnahmen ausdrücklich nur auf Initiative der Kommission hin vorgesehen. Dies spricht gegen eine Klagemöglichkeit auf Erlass eines solchen Aktes.

C. Entscheidung über Verpflichtungszusagen, Art. 9 VO Nr. 1/2003

Hat die Kommission die Verpflichtungszusage eines Unternehmens, mit deren Hilfe die Bedenken der Kommission ausgeräumt werden sollen, im Wege einer Entscheidung für bindend erklärt, so muss diese Entscheidung gem. Art. 9 Abs. 1 S. 2 VO Nr. 1/2003 auch die Aussage beinhalten, dass für ein Tätigwerden der Kommission kein Anlass mehr besteht.

Wenn ein Konkurrent nun gerade das Einschreiten der Kommission gegen diesen Unternehmer wünscht, hat er ein Interesse, zumindest den Teil der Entscheidung, der besagt, für ein Tätigwerden bestehe kein Anlass, anzufechten. Zudem ist denkbar, dass die Zusageentscheidung dem Dritten nicht weit genug geht, oder dass er in dem zugesagten Verhalten selbst einen eigenen Verstoß gegen das Wettbewerbsrecht erblickt[370]. Auch dann hat er ein Interesse an der Anfechtung der Verbindlicherklärung der Verpflichtungszusagen. Da eine Teilanfechtung generell möglich ist[371], käme somit so-

---

[368] Z. B. in Bezug auf eine Verletzung von Art. 81 EG: EuGH Rs. C-282/95 P., Slg. 1997, I-1503 – Guérin automobiles; Art. 82 EG: EuG Rs. T-127/98, Slg. 1999, II-2633 – UPS ; EuG Rs. T-319/99, Slg. 2003, II-357 - FENIN.

[369] Z. B. EuG, Rs. T-24/90, Slg. 1992, II-2223, Rn. 27: Der Kläger erstrebt die Gestattung des Gebrauchs von BMW-Warenzeichen und außerdem die Belieferung mit BMW-Teilen. Konkret wendet er sich gegen eine ablehnende Entscheidung der Kommission. *Birk*, EWS 2003, 159, 160, hält den Fall der vertikalen Wettbewerbsbeschränkung sogar gerade für einen Ausnahmefall, in dem der klagende Lieferant oder Abnehmer regelmäßig durch die Kommissionsentscheidung in seiner persönlichen rechtlichen Stellung betroffen ist, da er in einer Vertragsbeziehung mit dem gegen Wettbewerbsrecht verstoßenden Unternehmen steht bzw. zu stehen wünscht

[370] *Klees*, Europäisches Kartellverfahrensrecht, § 6, Rn. 151; *Busse/Leopold*, WuW 2005, 146, 154.

[371] EuGH, Rs. 17/74, Slg. 1974, 1063, Rn. 21 – Transocean Marine Paint; Rs. C-68/94 u. C-30/95, Slg. 1998, I-1375, Rn. 256, 258 – Frankreich / Kom; *Booß*, in: Grabitz/Hilf, Art. 231, Rn. 8; *Ehricke*, in:

wohl eine Nichtigkeitsklage gegen die Entscheidung insgesamt, als auch gegen einen abtrennbaren Teil in Betracht.

Anstatt direkt gegen die Entscheidung vorzugehen, bietet sich dem Wettbewerber auch die Möglichkeit, eine Wiederaufnahme des Verfahrens nach Art. 9 Abs. 2 VO Nr. 1/2003 anzustreben[372]. Dies könnte im Wege der Untätigkeitsklage erfolgen und bietet sich vor allen Dingen an, wenn die Entscheidung über die Verpflichtungszusage in Rechtskraft erwachsen ist.

D. Feststellung der Nichtanwendbarkeit, Art. 10 VO Nr. 1/2003

Die Kommission kann zwar weder Negativatteste noch Einzelfreistellungsentscheidungen mehr erlassen, sie kann aber gem. Art. 10 VO Nr. 1/2003 in Ausnahmefällen feststellen, dass Art. 81 oder 82 EG auf eine Vereinbarung keine Anwendung finden.

Fraglich ist, ob der Wettbewerber überhaupt ein Interesse an der Anfechtung einer solchen Feststellung der Nichtanwendbarkeit hat, da dieser nunmehr lediglich deklaratorischer Charakter zukommen könnte[373]. Die Beantwortung dieser Frage hängt davon ab, welche Rechtswirkungen sich aus der Erklärung ergeben und soll anlässlich der Untersuchung des Klagegegenstandes in Teil 2 der Arbeit ausführlich behandelt werden.

Jedenfalls ist denkbar, dass die Feststellung der Nichtanwendbarkeit als Entscheidung die mitgliedstaatlichen Behörden und Gerichte nach Art. 16 der Verordnung bindet. Möchte der Wettbewerber dann im Wege einer Zivilklage vor den mitgliedstaatlichen Gerichten das fragliche Verhalten unterbinden und Schadensersatz verlangen, kann es sein, dass die Gerichte aufgrund der gegebenenfalls bereits in Bestandskraft erwachsenen Kommissionsentscheidung keine für den Wettbewerber positive Entscheidung treffen können. Den einzigen Ausweg bietet das Vorlageverfahren nach Art. 234 EG, Art. 16 Abs. 1 S. 4 VO Nr. 1/2003, dessen Durchführung aber von der Beurteilung des einzelstaatlichen Gerichts abhängt[374]. Ist die Entscheidung über die Feststellung der Nichtanwendbarkeit in Rechtskraft erwachsen, so dürfte darüber hinaus auch eine Bindungswirkung gegenüber dem Gerichtshof bestehen.

Schon aufgrund dieser möglichen Bindungswirkungen hat der Konkurrent ein Interesse an der Anfechtung einer Feststellung der Nichtanwendbarkeit[375]. Aufgrund des

---

Streinz, Art. 231, Rn. 1.

[372] Siehe aus dem Bereich der Fusionskontrolle EuG, Rs. T-83/92, Slg. 1993, II-1169, Rn. 3 ff. – Zunis Holding: hier stellen Dritte aufgrund des Eintritts neuer Tatsachen nach Abschluss des Verfahrens einen Antrag auf Wiederaufnahme nach Art. 6 Abs. 1 lit. a VO Nr. 4064/89. Gegen die ablehnende Entscheidung der Kommission erheben sie Nichtigkeitsklage.

[373] Das EuG, Rs. T-138/89, Slg. 1992, II-2181, Rn. 32 – NBV und NVB, nennt ausdrücklich den ähnlich gelagerten Fall der Anfechtbarkeit eines Negativattestes unter der VO Nr. 17/62 durch Dritte und bewertet ihn im Hinblick auf die dem Dritten eingeräumten Verfahrensrechte als zulässig.

[374] Zudem hält der Gerichtshof eine Vorlagefrage betreffend die Nichtigkeit einer Entscheidung für unzulässig, wenn der Betroffene es versäumt hat, fristgerecht die Nichtigkeitsklage zu erheben, EuGH, Rs. C-188/92, Slg. 1994, I-833, Rn. 24 f. – TWD-Textilwerke Deggendorf; Rs. C-178/95, Slg. 1997, I-585, Rn. 19 ff. – Wiljo NV/Belgien; Rs. C-239/99, Slg. 2001, I-1197, Rn. 36 f. – Nachi Europe; *Borchardt* in: Lenz/Borchardt, Art. 234, Rn. 14.

[375] Nach *Lenaerts/Gerard*, World Competition – Law and Economics Revue 2004, 313, 340, Fn. 124, ist es jedenfalls vorstellbar, dass Wettbewerber eine aufgrund von Art. 10 VO Nr. 1/2003 getroffene Entscheidung angreifen könnten, wie sie vorher die Rechtmäßigkeit von Freistellungsentscheidun-

Ausnahmecharakters dieser Maßnahme wird es sich aber um eine seltene Konstellation handeln.

E. Verhängung von Geldbuße oder Zwangsgeld, Art. 23, 24 VO Nr. 1/2003

Begehrt der Unternehmer die Verhängung von Geldbußen oder Zwangsgeldern gegen seinen wettbewerbswidrig handelnden Konkurrenten wegen Verstoßes gegen Art. 81 oder 82 EG, kommt als Klagegegenstand von vornherein nur die Untätigkeitsklage in Betracht[376].

Fraglich ist die statthafte Klageart, wenn die Kommission bereits eine Geldbuße oder ein Zwangsgeld gegen einen Unternehmer festgesetzt hat, dessen Höhe der Konkurrent für nicht ausreichend erachtet. Denkbar wäre dann sowohl das Erheben einer Untätigkeitsklage, gerichtet auf Erlass einer weiteren, die erstere erhöhenden bzw. die Differenz zum angeblich angemessenen Betrag auferlegenden Sanktionsentscheidung, als auch das Erheben einer Nichtigkeitsklage, gerichtet auf Überprüfung der Rechtmäßigkeit der ergangenen Sanktionsentscheidung.

Das Erheben der Untätigkeitsklage setzt aber voraus, dass das Gemeinschaftsorgan in Bezug auf die begehrte Entscheidung noch nicht tätig geworden ist. Dies ist nicht der Fall, wenn bereits wegen des gerügten Wettbewerbsverstoßes ein Buß- oder Zwangsgeld verhängt wurde. Schon aus diesem Grund scheidet das Erheben einer Untätigkeitsklage – auch etwa in Verbindung mit einer Nichtigkeitsklage – aus. Zwar ist die Urteilswirkung bei Erfolg einer Nichtigkeitsklage grundsätzlich gem. Art. 231 Abs. 1 EG die Nichtigerklärung der angefochtenen Handlung durch den Gerichtshof. Auf Grundlage von Art. 229 EG schafft Art. 31 VO Nr. 1/2003 aber die besondere Situation, dass der Gerichtshof bei Klagen gegen Bußgeld- oder Zwangsgeldentscheidungen eine unbeschränkte Überprüfung der Ermessensentscheidung der Kommission vornimmt und die Sanktionsentscheidung selbst aufheben, herabsetzen oder erhöhen kann. Die bei einer Konkurrentenklage vielleicht auf den ersten Blick verwundernde Tatsache, dass der Wortlaut des Art. 31 ausschließlich von „Klagen gegen Entscheidungen" spricht, erklärt sich aus dem Klagesystem des Vertrages heraus, der bei bereits ergangenen Handlungen ausschließlich das Erheben der Nichtigkeitsklage zulässt.

F. Ermittlungsbefugnisse, Art. 17-21 VO Nr. 1/2003

Dem Unternehmer kann es nützlich erscheinen, die Kommission zur Nutzung ihrer Ermittlungsbefugnisse zu zwingen, wenn er etwa davon ausgeht, dass sie sich bei genauerer Kenntnis des Sachverhalts zum Einschreiten veranlasst sehen würde[377]. Von

---

gen zu überprüfen berechtigt waren.

[376] Beispielsweise hat das Unternehmen Prodifarma unter Geltung der VO Nr. 17/62 auf Feststellung geklagt, dass die Kommission es unterlassen hat, Art. 15 Abs. 6 VO Nr. 17/62 anzuwenden und einer Vereinigung von Unternehmen den Schutz vor Bußgeldern zu entziehen (erfolglos), EuG, Rs. T-3/90, Slg. 1991, II-1 – Prodifarma.

[377] In der Sache EuG, Rs. T-5/93, Slg. 1995, II-185 ff. – Roger Tremblay, begehrten die Kläger etwa die Fortführung der Ermittlungen der Kommission sowie die Mitteilung der Beschwerdepunkte an ihren Konkurrenten, also die Eröffnung des Kartellverfahrens. Lord Bethell hat mittels einer Untätigkeitsklage von der Kommission die Eröffnung eines Untersuchungsverfahrens gegen bestimmte Luftverkehrsgesellschaften mit dem Ziel, gegebenenfalls die Wettbewerbsregeln diesen gegenüber anzuwenden, verlangt (als unzulässig abgewiesen), EuGH Rs. 246/81, Slg. 1982, 2277, Rn. 4, 16 – Lord Bethell.

besonderem Interesse wäre für den Konkurrenten das Einklagen von bestimmten Ermittlungen bei seinem Wettbewerber, wenn er die von der Kommission eingeholten Informationen im Rahmen eines Zivilverfahrens vor den nationalen Gerichten nützen könnte.

G. Gruppenfreistellungsverordnung

Liegt eine Gruppenfreistellungsverordnung der Kommission vor, die die für den Konkurrenten störende Vereinbarung zwischen Wettbewerbern erfasst, so stellt sich bei einer Nichtigkeitsklage gegen die Verordnung das Problem der Anfechtbarkeit von Normativakten[378]. Erfolgversprechender könnte deshalb eine Untätigkeitsklage, gerichtet auf Feststellung des rechtswidrigen Unterlassens des Entzuges des Rechtsvorteils der Gruppenfreistellungsverordnung gem. Art. 29 Abs. 1 VO 1/2003, sein.

H. Einleitung und Einstellung des Verfahrens

Die erstrebte Verfahrenseinleitung durch die Kommission könnte zunächst Gegenstand einer Untätigkeitsklage sein. Hat die Kommission bereits eine Beschwerde auf Einleitung eines Verfahrens gegen das Konkurrenzunternehmen nach Art. 7 Abs. 2 der Durchführungsverordnung Nr. 773/2004 abgelehnt, kommt aufgrund der Subsidiarität der Untätigkeitsklage nur eine gegen diesen ablehnenden Bescheid gerichtete Nichtigkeitsklage in Betracht[379]. Gleiches gilt, wenn die Kommission zwar auf Antrag eines Konkurrenten hin ein Verfahren eingeleitet hat, dies aber später wieder einstellt. Dann könnte der Konkurrent gegen die Verfahrenseinstellung Nichtigkeitsklage erheben[380].

---

[378] Siehe dazu unten, Teil 2, 1. Abschnitt, D. In der Rechtssache, EuG, Rs. T-24/90, Slg. 1992, II-2223 ff. – Automec II, begehrte der Kläger neben der Aufhebung einer Entscheidung auch die Nichtigerklärung verschiedener Vorschriften der Gruppenfreistellungsverordnung (EWG) Nr. 123/85 über die Anwendung von Artikel 85 Absatz 3 des Vertrages auf Gruppen von Vertriebs- und Kundendienstvereinbarungen über Kraftfahrzeuge, ABl. Nr. L 15 vom 18. 1. 1985, S. 16.

[379] Vgl. beispielsweise den der Rs. T-64/89, Slg. 1990, II-367 ff. – Automec I, und dem Nachfolgeverfahren, Rs. T-24/90, Slg. 1992, II-2223 – Automec II, zugrunde liegenden Sachverhalt. Das italienische Unternehmen Automec hält die Verweigerung der Wiederaufnahme in das selektive Vertriebssystem von BMW Italia für gegen Art. 81 EG verstoßend und wendet sich daher mit der Aufforderung an die Kommission, Maßnahmen zur Unterbindung dieses rechtswidrigen Verhaltens gegen BMW Italia zu treffen (Antrag nach Art. 3 Abs. 2 VO Nr. 17/62). Dabei begehrt es insbesondere die Belieferung mit Fahrzeugen und Ersatzteilen sowie die Führung des Warenzeichens BMW. Die Kommission lehnt das Einschreiten mittels eines von einem Direktor der GD Wettbewerb unterzeichneten Schreibens ab, das von Automec mit Erhebung der Nichtigkeitsklage vor dem Gerichtshof angefochten wird. Als weitere Beispiele für eine gegen eine Beschwerdeabweisung gerichtete Nichtigkeitsklage siehe EuG, Rs. T-44/90, Slg. 1992, II-1, 28, Rn. 85 – La Cinq (erfolgreiche Klage gegen Ablehnung des Erlasses von Sicherungsmaßnahmen durch die Kommission); Rs. T-77/95, Slg. 1997, II-1 – SFEI.

[380] Z.B. EuGH, Rs. 298/83, Slg. 1985, 1105 ff. – CICCE: der Kläger beantragte die Eröffnung eines Verfahrens – genauer gesagt das Herbeiführen einer Entscheidung – gegen die drei Fernsehgesellschaften TF 1, A 2 und Fr 3, wegen Verstoßes gegen Art. 82 EG. Die Kommission leitet Untersuchungen ein, stellt das Verfahren aber wieder ein, wogegen sich der Kläger durch Erhebung einer Nichtigkeitsklage zu Wehr zu setzen sucht. Anders gelagert ist der Fall EuGH, Rs. 169/84, Slg. 1986, 391, Rn. 21 ff. – COFAZ, in dem es um die Anfechtung einer an einen Mitgliedstaat gerichteten, ein Beihilfeverfahren beendenden Entscheidung ging.

J. Bekanntmachungen, Mitteilungen und Leitlinien

Erlässt die Kommission Bekanntmachungen, Mitteilungen oder Leitlinien[381], nach denen eine bestimmte Vereinbarung oder ein Verhalten als wettbewerbskonform anzusehen ist[382], hält der Konkurrent das Verhalten aber dennoch für gegen die Art. 81 oder 82 EG verstoßend, hat er ein Interesse daran, diese Akte der Kommission – evt. im Wege der Nichtigkeitsklage – zu beseitigen[383]. Probleme ergeben sich hier in Verbindung mit Rechtsnatur, Rechtswirkungen und damit verbunden vor allen Dingen der Frage der Anfechtbarkeit dieser im EG-Vertrag nicht vorgesehenen Handlungsformen[384].

K. Beratungsschreiben – „Comfort letter“ / „Guidance letter“

Hat die Kommission ein Verfahren mit einem Beratungsschreiben beendet, stellen sich ähnliche Fragen der Rechtsnatur und der Anfechtbarkeit[385]. Neben einer Nichtigkeitsklage kommt auch eine Untätigkeitsklage in Betracht, wenn man diesem durch die Kommissionspraxis geschaffenen Instrument die Rechtsverbindlichkeit abspricht[386].

L. Presseerklärung und sonstige Auskünfte

Es ist denkbar, dass die Kommission sich hinsichtlich eines unternehmerischen Verhaltens in der Weise äußert, dass sie es als nicht wettbewerbswidrig bezeichnet, jedoch keinen formellen Akt dieses Inhalts erlässt. Zum einen kann es sich bei einer solchen Äußerung um eine Entscheidung handeln, wenn sie zwar nicht der Form, wohl aber ihrem Wesen nach eine solche ist[387]. Es könnte sich aber auch um eine gem. Art. 249 Abs. 5 EG unverbindliche Empfehlung oder Stellungnahme oder einen sonstigen, nicht im Vertrag geregelten Kommissionsakt handeln. Dann ist auch zu klären, ob ein solch

---

[381] Aus Gründen der sprachlichen Vereinfachung wird im Folgenden ausschließlich von „Bekanntmachungen“ die Rede sein, da sich inhaltlich keine Unterschiede ergeben.

[382] Hier kommt insbesondere die Bekanntmachung der Kommission — Leitlinien zur Anwendung von Artikel 81 Absatz 3 EG-Vertrag, aaO, Fn. 364, in Betracht. Beispielsweise sieht dessen Rn. 48 vor, dass über den Wortlaut des Art. 81 EG hinaus der Freistellungstatbestand auch bei einer Verbesserung von Dienstleistungen (der Vertrag sieht nur die Verbesserung der „Warenerzeugung oder -verteilung“ vor) erfüllt sein kann. Auch ist vorstellbar, dass ein Konkurrent eine engere Auslegung des Verbraucherbegriffs in Art. 81 Abs. 3 EG für richtig hält, als sie in Rn. 84 als Auffassung der Kommission dargestellt wird.

[383] Denkbar ist beispielsweise, dass ein Konkurrenzunternehmen einen Anspruch auf Herabsetzung oder Nichtverhängung einer Geldbuße aus der Kronzeugenregelung des Abschnitt B der Mitteilung über Nichtfestsetzung oder niedrige Festsetzung von Geldbußen, ABl. Nr. C 207 vom 18. 7. 1996, S. 4, herleitet, wie dies in EuG, Rs. T-31/99, Slg. 2002, II-1881, Rn. 51 – ABB Asea Brown Boveri, der Fall war.

[384] Siehe unten, Teil 2, 2. Abschnitt, D.

[385] Siehe unten, Teil 2, 2. Abschnitt, F.

[386] *Schödermeier/Wagner*, Wuw 1994, 403, 412, stellen ebenfalls die Frage, ob ein Dritter die Aufhebung eines „Comfort letter“ erreichen kann.

[387] Es kommt auf das Wesen der Maßnahme an, nicht auf die äußere Form: so EuGH, Rs. 101/76, Slg. 1977, 797, Rn. 5/7 – Honig, Rs. 60/81, Slg. 1981, 2639, Rn. 9 – IBM; EuG, Rs. T-3/93, Slg. 1994, II-121, Rn. 57 – Air France (Anfechtung einer an die Öffentlichkeit gerichteten Erklärung, aus der sich für den Kläger ergibt, dass die Fusionskontrollverordnung auf einen Zusammenschluss nicht anwendbar ist).

unverbindlicher Akt überhaupt Wirkungen haben kann, an deren Beseitigung der Konkurrent ein Interesse hat.

Hat sich die Kommission in Bezug auf ein unternehmerisches Verhalten bereits geäußert, werden mitgliedstaatliche Behörden oder Gerichte nur bei erheblichen Zweifeln von der Meinung der Kommission abweichen. Aufgabe der Kommission soll ja vor allen Dingen die Wahrung einer einheitlichen Rechtsanwendung sein[388]. Aufgrund dieser faktischen Orientierung der mitgliedstaatlichen Behörden an Aussagen der Kommission hat der Konkurrent zumindest ein Interesse an deren Ausräumung.

M. Einleitung eines Vertragsverletzungsverfahrens, Art. 226 EG

Wendet sich der Unternehmer in erster Linie gegen ein mitgliedstaatliches Verhalten, das eine wettbewerbswidrige Handlung seines Konkurrenten in irgendeiner Form unterstützt oder fördert, kommt das Begehren in Betracht, die Einleitung eines Vertragsverletzungsverfahrens gegen diesen Mitgliedstaat von der Kommission zu verlangen. Der Mitgliedstaat könnte etwa – mittels Gesetz, Rechtsverordnung oder Verwaltungsakt – dadurch gegen das Gemeinschaftsrecht verstoßen, dass er Anreize zur Nichteinhaltung des Wettbewerbsrechts schafft oder Befreiungen erlässt, die dem Gemeinschaftsrecht zuwiderlaufen[389].

Neben der Einleitung des Vertragsverletzungsverfahrens von Amts wegen kann auch der Einzelne bei der Kommission die Einleitung eines solchen Verfahrens durch Beschwerde anregen[390]. Die Möglichkeit, die Einleitung eines Vertragsverletzungsverfahrens gerichtlich zu erzwingen, wird von der herrschenden Meinung jedoch abgelehnt[391].

N. Ergebnis zu Abschnitt 3

Während unter Geltung der Verordnung Nr. 17/62 ein Untätigbleiben der Kommission die Ausnahme war, da möglicherweise unter Art. 81 Abs. 1 EG fallende Absprachen bei fehlender Freistellungsentscheidung und insbesondere dieser vorausgehenden Anmeldung von zivilrechtlicher Nichtigkeit und verwaltungsrechtlichen Sanktionen bedroht waren, wird das Untätigbleiben der Kommission im neuen System der Regelfall. Aufgrund der unmittelbaren Anwendbarkeit des Freistellungstatbestandes wird die Kommission nur noch tätig, wenn sie eine Vereinbarung im Sinne von Art. 81 Abs. 1 EG für nicht freistellungswürdig erachtet. Es wird daher häufiger die Konstellation auftreten, dass das Unternehmen, das ein Verhalten seines Konkurrenten für wettbe-

---

388 Z.B. Erwägungsgründe 21, 22.

389 EuGH, Rs. C-35/96, Slg. 1998, I-3851, 3899, Rn. 53 ff. – Kommission/Italien.

390 *Ehricke*, in: Streinz, Art. 226, Rn. 2; *Lenz*, NJW 1994, 2063, 2067; s. auch das Standardformular für Beschwerden, http://europa.eu.int/comm/secretariat_general/sgb/lexcomm/index_de.htm.

391 EuGH, Rs. 48/65, Slg. 1966, 28, 93 – Lütticke; Rs. C-72/90, Slg. 1990, I-2181, Rn. 11 – Asia Motor France; EuG, Rs. T-191/00, Slg. 2001, II-1961 – Edlinger. Für die Untätigkeitsklage: EuGH, Rs. 247/87, Slg. 1989, 291, Rn. 11 ff. – Star Fruit; Rs. C-371/89, Slg. 1990, I-1555, Rn. 5 ff. - Emrich; EuG, Rs. T-13/94, Slg. 1994, II-431, 438, Rn. 12 ff. – Century Oils Hellas; Rs. T-126/95, Slg. 1995, II-2863, Rn. 44 – Dumez; *Ehricke*, in: Streinz, Art. 226, Rn. 2; *Borchardt*, in: Lenz/Borchardt, Art. 226, Rn. 13; *Karpenstein/Karpenstein*, in: Grabitz/Hilf, Art. 226, Rn. 33; *Stotz/Tonne*, in: Dauses, Hdb. EU-WirtschaftsR, P.I, Rn. 96, 227; *Burgi*, in: Rengeling/Middeke/Gellermann, 2. Auflage, § 8, Rn. 27; *Ehlermann*, FS Kutscher, 135, 138, Fn. 8; *Ortlepp*, Vertragsverletzungsverfahren, S. 90. Siehe dazu unten, Teil 2, Abschnitt 2, G.

werbswidrig hält, ein Einschreiten der Kommission fordert. Weiterer Grund für ein Untätigbleiben könnte sein, dass die Kommission mangels Anmeldepflicht für die Unternehmen häufig von Kartellabsprachen gar keine Kenntnis erlangt. Der Wechsel vom Anmeldesystem zum System der Legalausnahme bringt folglich einen Wechsel von der Situation der Nichtigkeitsklage zu der der Untätigkeitsklage[392] mit sich.

Während sich der Kläger im gerichtlichen Verfahren gegen die Freistellungsentscheidung nach Art. 81 Abs. 3 EG i. V. m. Art. 6 VO Nr. 17/62 wehren konnte[393], ist nun fraglich, ob der Konkurrent die Auferlegung eines Verbotes gegenüber seinem Konkurrenten gerichtlich durchsetzen kann. Das Inkrafttreten der neuen Kartellverfahrensverordnung könnte also mit einer Schlechterstellung der Position des Konkurrenten einhergehen.

Zur Beantwortung dieser Frage soll nun in einem zweiten Teil untersucht werden, welche der genannten Akte der Kommission als taugliche Klagegegenstände überhaupt in Frage kommen.

---

[392] Diese spielte bisher nur eine geringe Rolle, vgl. *von Danwitz*, NJW 1993, 1108, 1109, Fn. 7.

[393] Z.B. EuG, Rs. T-88/92, Slg. 1996, II-1961 – Leclerc; Verb. Rs. T-528, 542, 543, 546/93, Slg. 1996, II, 649 – Métropole télévision SA; *Bellamy/Child*, 4. Auflage, § 3-021.

Teil 2: Der Klagegegenstand – die Anforderungen an die Rechtsqualität der Maßnahme

Im Folgenden soll herausgearbeitet werden, welche Rechtsakte generell als Klagegegenstand einer Nichtigkeits- oder Untätigkeitsklage vor dem Europäischen Gerichtshof in Betracht kommen (1. Abschnitt), um anschließend die Rechtsqualität und Anfechtbarkeit der oben bereits aufgeführten, wettbewerbsrelevanten Maßnahmen der Kommission zu untersuchen (2. Abschnitt).

1. Abschnitt: Generelle Anforderungen an den Klagegegenstand bei Nichtigkeits- und Untätigkeitsklage

Nach einem kurzen Überblick über die grundlegende Unterscheidung der Rechtsakte im Gemeinschaftsrecht (A.) soll für die momentan als unbefriedigend empfundene Auslegung der Art. 230 Abs. 4, 232 Abs. 3 EG ein klarer Lösungsvorschlag gemacht werden (B.), der sodann anhand von Überlegungen zur rechtsschutzeröffnenden Funktion der Handlungsformen im europäischen Recht (C.), zur Frage der Anfechtbarkeit von Normativakten (D.) sowie zur Rechtsschutzgarantie (E.) überprüft werden soll. Schließlich sollen die Anforderungen an die Rechtswirkung konkretisiert (F.) und auf das Verhältnis von Nichtigkeits- zu Untätigkeitsklage eingegangen werden (G.).

A. Grundlegende Unterscheidung der Rechtsakte im Gemeinschaftsrecht

Die rechtliche Qualifizierung einer Maßnahme hängt von Gegenstand und Inhalt, nicht deren äußerer Form ab[394], die lediglich als Indiz herangezogen werden kann[395]. Das Wesen der Maßnahme ist anhand objektiver Kriterien wie Regelungsgegenstand und -inhalt zu beurteilen[396]. Art. 249 EG zählt die wichtigsten Handlungsformen der Gemeinschaftsorgane auf und definiert diese: Verordnung, Richtlinie, Entscheidung, Empfehlung und Stellungnahme.

Gemäß Art. 249 Abs. 2 EG hat die Verordnung allgemeine Geltung, ist in allen ihren Teilen verbindlich und gilt unmittelbar – ohne Umsetzungsakt – in jedem Mitgliedstaat[397]. Es handelt sich um eine abstrakt-generelle Regelung, die damit mit einem mitgliedstaatlichen Gesetz vergleichbar ist[398]. Die Aufzählung der Adressaten ist nicht nur aufgrund deren Vielzahl unmöglich, sondern auch, weil zum Zeitpunkt des Erlasses der Verordnung noch gar nicht feststeht, wer künftig die Tatbestandsvoraussetzungen erfüllen wird[399].

---

[394] EuGH, Rs. 307/81, Slg. 1982, 3463, Rn. 7 – Alusuisse; *Schmidt*, in: GS, Art. 249, Rn. 26; *Borchardt*, in: Lenz/Borchardt, Art. 230, Rn. 9; *Biervert*, Missbrauch, S. 85; *Drewes*, S. 79; *Daig*, FS Riese, 187, 193; *Morand*, CDE 6 (1970), 623, 627; *Fuß*, NJW 1964, 327, 329. *Koch*, Klagebefugnis, S. 188 ff., sieht diesen Rechtsgedanken in Art. 230 Abs. 4 EG verwirklicht, wonach in der Form der Verordnung ergangene Entscheidungen anfechtbar sind.

[395] Z.B. in EuGH, Rs. 42 u. 49/59, Slg. 1961, 111, 154 – SNUPAT.

[396] Rengeling/Middeke/Gellermann, 1. Auflage, Rn. 143.

[397] Zu den einzelnen Eigenschaften *Schmidt*, in: GS, Art. 249, Rn. 28 ff.

[398] *Hetmeier*, in: Lenz/Borchardt, Art. 249, Rn. 7.

[399] EuGH, Rs. 242/81, Slg. 1982, 3213, Rn. 7 – Roquette Frères; Rs. 307/81, Slg. 1982, 3463, Rn. 11 – Alusuisse; Rs. 231/82, Slg. 1983, 2559, Rn. 10 – Spijker Kwasten BV; Rs. 206/87, Slg. 1989, 275, 289, Rn. 18 – Lefebvre; Rs. 168/93, Slg. 1993, I-4009, Rn. 11 – Gibraltar; EuG, Rs. T-122/96, Slg.

Die Richtlinie richtet sich ausschließlich an die Mitgliedstaaten und ist nur hinsichtlich des zu erreichenden Zieles verbindlich. Sie bedarf zur unmittelbaren Geltung der Umsetzung in mitgliedstaatliches Recht, zu der sie eine bestimmte Frist vorsieht. Bei nicht fristgerechter Umsetzung der Richtlinie kommt ausnahmsweise deren Direktwirkung in Betracht[400].

Eine Entscheidung ist gemäß Art. 249 Abs. 4 EG *„in allen ihren Teilen für diejenigen verbindlich, die sie bezeichnet"*. Sie trifft eine verbindliche[401] Regelung für einen Einzelfall[402] und ist damit dem deutschen Verwaltungsakt vergleichbar[403]. Das Erfordernis einer Außenwirkung, das im deutschen Recht der Abgrenzung zum innerdienstlichen Rechtsakt dient, wird von der herrschenden Meinung im Gemeinschaftsrecht abgelehnt[404].

Empfehlungen und Stellungnahmen haben keine verbindliche Wirkung, können aber rechtlich erheblich sein[405]. Empfehlungen legen dem Adressaten ein bestimmtes Verhalten nahe, während Stellungnahmen häufig eine Meinungsäußerung zu fremder Initiative beinhalten[406]. Trotz ihrer rechtlichen Unverbindlichkeit kommt diesen Maßnahmen eine gewisse Bindungswirkung zu, da die Mitgliedstaaten über den Grundsatz der Gemeinschaftstreue (Art. 10 EG) auch verpflichtet sind, ihr Verhalten an Empfehlungen oder Stellungnahmen zu orientieren[407]. So sind die einzelstaatlichen Gerichte zur empfehlungskonformen Auslegung verpflichtet, insbesondere bei der Auslegung von Vorschriften, zu deren Umsetzung solche Empfehlungen oder Stellungnahmen ergangen sind[408].

Die Vorschrift des Art. 249 EG ist nicht abschließend, vielmehr werden die Gemeinschaftsorgane durch den Vertrag sowie Sekundärrecht auch zur Verwendung zahlreicher weiterer Handlungsformen ermächtigt[409]. Während die in Art. 249 EG zu-

---

1997, II-1559, 1579, Rn. 55 – Federolio; *Daig*, FS Riese, 187, 191.

400 EuGH, Rs. 41/74, Slg. 1974, 1337, 1349, Rn. 15 – Van Duyn / Home Office; Rs. 148/78, Slg. 1979, 1629. Rn. 23 – Ratti; Rs. 8/81, Slg. 1982, 53, Rn. 25 – Becker / Finanzamt Münster; Rs. C-221/88, Slg. 1990, I-495, 527, Rn. 30 – Busseni; *Hetmeier*, in: Lenz/Borchardt, Art. 249, Rn. 13; *Fuß*, GS Sasse, 171, 172 ff.; *Snyder*, MLRev. 1993, 19, 41 f.

401 *Schroeder*, in: Streinz, Art. 249, Rn. 135; *Nettesheim*, in: Grabitz/Hilf, Art. 249, Rn. 196 ff.; *Schmidt*, in: GS, Art. 249, Rn. 44.

402 *Schroeder*, in: Streinz, Art. 249, Rn. 133 f.; *Nettesheim*, in: Grabitz/Hilf, Art. 249, Rn. 19; *Schmidt*, in: GS, Art. 249, Rn. 43.

403 *Schmidt*, in: GS, Art. 249, Rn. 43; *Hetmeier*, in: Lenz/Borchardt, Art. 249, Rn. 17; *Biervert*, Missbrauch, S. 79; *Schwarze*, FS Schlochauer, 927, 930; *Allkemper*, S. 61; *Stelkens*, ZEuS 2005, 61, 68; *Mager*, EuR 2001, 661, 662. AA *von Bogdandy/Bast/Arndt*, ZaöRV 2002, 77, 96 ff.

404 EuG, Rs. T-166/99, Slg. 2001, II-1857, 1872, Rn. 34 ff. – de Dios; *Schmidt*, in: GS, Art. 249, Rn. 43 ff. Eine Außenwirkung fordernd *Oppermann*, § 6 Rn. 97; *Ehlers*, DVBl. 1991, 605, 607.

405 *Hetmeier*, in: Lenz/Borchardt, Art. 249, Rn. 21.

406 *Schmidt*, in: GS, Art. 249, Rn. 47; Beutler/Bieber/Pipkorn/Streil, 4. Auflage, S. 199. *Von Bogdandy/Bast/Arndt*, ZaöRV 2002, 77, 118, halten die Abgrenzung zwischen Empfehlung und Stellungnahme hingegen für ungeklärt.

407 *Nettesheim*, in: Grabitz/Hilf, Art. 249, Rn. 214; *Hetmeier*, in: Lenz/Borchardt, Art. 249, Rn. 21.

408 EuGH, Rs. C-322/88, Slg. 1989, 4407, 4421, Rn. 19 – Grimaldi; *Hetmeier*, in: Lenz/Borchardt, Art. 249, Rn. 21; *Kraußer*, Das Prinzip begrenzter Ermächtigung, S. 89; *Von Bogdandy/Bast/Arndt*, ZaöRV 2002, 77, 116; *Snyder*, MLRev. 1993, 19, 32.

409 *Schmidt*, in: GS, Art. 249, Rn. 14 f.; *Hetmeier*, in: Lenz/Borchardt, Art. 249, Rn. 3; *Biervert*, Missbrauch, S. 73; *Bothe*, FS Schlochauer, 761; *von Bogdandy/Bast/Arndt*, ZaöRV 2002, 77, 87 f.; *Karl*,

sammengefassten Akte sich ihrem Wesen nach zumeist an außerhalb des Kreises der unmittelbaren Träger der Gemeinschaftsverfassung stehende Personen richten, treten so genannte „atypische Rechtsakte“ vermehrt auf, wenn die Organe interne Maßnahmen ergreifen[410].

Zu untersuchen ist im Folgenden, wie sich diese Handlungsinstrumentarien in das Rechtsschutzsystem der Gemeinschaft einordnen lassen.

B. Vorschlag zur Auslegung der Art. 230 Abs. 4, 232 Abs. 3 EG

Für die privilegierten Kläger, nämlich Gemeinschaftsorgane und Mitgliedstaaten, gestattet der EG-Vertrag die Erhebung der Nichtigkeitsklage sehr allgemein gegen Handlungen der Organe, soweit es sich nicht um Empfehlungen oder Stellungnahmen handelt, sowie der Untätigkeitsklage, wenn Parlament, Rat oder Kommission eine Beschlussfassung unterlassen. Natürliche und juristische Personen können als „nicht privilegierte“ Kläger die Nichtigkeitsklage nach dem Wortlaut des Art. 230 Abs. 4 EG gegen *„die an sie ergangenen Entscheidungen sowie gegen diejenigen Entscheidungen... erheben, die, obwohl sie als Verordnung oder als eine an eine andere Person gerichtete Entscheidung ergangen sind, sie unmittelbar und individuell betreffen“*. Die Untätigkeitsklage ist hingegen gem. Art. 232 Abs. 3 EG auf Feststellung der rechtswidrigen Unterlassung eines an den Kläger gerichteten, *„anderen Akt*[es] *als eine Empfehlung oder Stellungnahme“* zulässig.

Durch eine Aufteilung dieser Voraussetzungen in solche den Klagegegenstand betreffende und solche die Rechtsbeziehung des Klägers zum Klagegegenstand festlegende soll im Folgenden eine einfache und klare Handhabung der Zulässigkeitsvoraussetzungen erreicht werden, in die sich auch die bisherige Rechtsprechung des Gerichtshofs einordnen lässt[411]. Es wird sich herausstellen, dass die Anforderungen an den Klagegegenstand relativ gering ausfallen; erforderlich soll lediglich der Akt eines Gemeinschaftsorgans mit verbindlicher Außenrechtswirkung sein[412]. Für die im Folgenden als Klagebefugnis benannte Rechtsbeziehung des Klägers zu diesem Akt wird gefordert, dass der Kläger von der angegriffenen oder begehrten Maßnahme unmittelbar und individuell betroffen sein muss. Die Einordnung als konkret-individueller oder abstrakt-genereller Rechtsakt ist dann nur noch für die Frage entscheidend, welche Anforderungen im Einzelnen an die Klagebefugnis zu stellen sind[413].

JZ 1991, 593, 594 f.; *von Maibom*, BB 1959, 127, 128.

410 *Schmidt*, in: GS, Art. 249, Rn. 16; *Hetmeier*, in: Lenz/Borchardt, Art. 249, Rn. 3. Es wird auch vertreten, dass Art. 249 EG abschließend ist für verbindliche Außenrechtsakte; so etwa *Bleckmann*, Europarecht, Rn. 470. Siehe auch unten, Abschnitt 2, D.II.

411 Auch *Cremer*, in: Individualrechtsschutz, S. 28, *Schwarze*, RIW 1996, 893, 894 ff. sowie *Borowski*, EuR 2004, 879 ff. nehmen eine solche Trennung vor. *Schulte*, Individualrechtsschutz gegen Normen, S. 113, kritisiert die Rechtsprechung des Gerichtshofs im Hinblick darauf, dass Art. 230 Abs. 4 EG mit Klagegegenstand und Klagebefugnis kumulative Voraussetzungen aufstelle.

412 Auch *Bebr*, Judicial Control, S. 70 f., hält das Vorliegen eines verbindlichen Rechtsaktes – allerdings ohne weitere Begründung – für ausreichend. Ähnlich *Steindorff*, ZHR 150 (1986), 222, 237. Völlig auf den Prüfungspunkt des Klagegegenstandes verzichten will *Röhl*, ZaöRV 60 (2000), 331, 354.

413 Ähnlich *Röhl*, ZaöRV 60 (2000), 331, 354. Zur Klagebefugnis ausführlich Teil 3.

C. Rechtsschutzeröffnende Funktion der Entscheidung i. S. v. Art. 249 EG?

Die Auslegung des Entscheidungsbegriffs in Art. 230 Abs. 4 EG ist entscheidend für die Gewährung von Rechtsschutz, da die Nichtigkeitsklage für Private die einzige Möglichkeit ist, direkt gegen Maßnahmen von Gemeinschaftsorganen vorzugehen. Fraglich ist, ob dieser Begriff genauso zu verstehen ist wie der der Entscheidung in Art. 249 Abs. 4 EG. Dann käme dieser im EG-Vertrag definierten Handlungsform rechtsschutzeröffnende Funktion zu[414].

Für eine Identität der Begriffsinhalte in Art. 230 Abs. 4 und 249 Abs. 4 EG[415] spricht zunächst der Wortlaut, nämlich die Identität der Begriffe, die in allen Sprachfassungen vorzufinden ist[416]. Auch der Gerichtshof[417] hat die Verordnung in Abgrenzung zur Entscheidung bei der Nichtigkeitsklage unter Heranziehung von Art. 189 Abs. 2 EWG-Vertrag definiert und es als *„undenkbar, dass der Ausdruck ‚Entscheidung' in Artikel 173 [entspricht Art. 230 EG] in einem andern als dem sich aus Artikel 189 [entspricht Art. 249 EG] ergebenden technischen Sinne gebraucht sei"*[418], bezeichnet. Zudem kann man eine solche Betrachtungsweise aufgrund des damit einhergehenden erhöhten Maßes an Rechtssicherheit für den Einzelnen auch als wünschenswert ansehen, da dadurch erreicht wird, dass an eine bestimmte Handlungsform ganz konkrete, für jeden erkennbare Rechtsfolgen geknüpft werden und sich insbesondere der Rechtsschutz an der jeweiligen Handlungsform orientiert. Diese Funktion, die Handlungsformen einnehmen können, wird als Speicher- und Ordnungsfunktion bezeichnet[419].

Andererseits spricht die systematische Stellung der Vorschriften nicht unbedingt für eine Identität der Begriffsinhalte[420]. Die in Art. 249 EG enthaltene Definition befindet

---

414 So *Schmidt*, in: GS, Art. 249, Rn. 26; *Thierfelder*, Die Entscheidung, S. 87. *Stelkens*, ZEuS 2005, 61, 68, schreibt der Entscheidung i. S. v. Art. 249 EG eine Individualisierungs- und Klarstellungsfunktion, eine verfahrensrechtliche, eine Vollstreckungs- oder Titelfunktion und schließlich auch eine prozessrechtliche Funktion zu, die er aus Art. 230 Abs. 4 EG ableitet. Zu den Systemfunktionen der Handlungsformen im Europarecht *von Danwitz*, Verwaltungsrechtliches System, S. 168 ff.

415 So *Koch*, Klagebefugnis, S. 84; *Bleckmann*, Europarecht, Rn. 584; *Erichsen/Weiß*, Jura 1990, 528, 531 (implizit); *Oppermann*, 1. Auflage, 1991, Rn. 645; *Daig*, Nichtigkeits- und Untätigkeitsklagen, S. 33, 69; *Schwarze*, FS Schlochauer, 927, 930; *Hartley*, S. 359; *Nettesheim*, Public Interest Litigation, 225, 226; *Constantinesco*, Recht der EG, S. 854 f.; *Stelkens*, ZEuS 2005, 61, 68 f.; *Borowski*, EuR 2004, 879, 882 f.

416 Vgl. nur die englische (decision), französiche (décision) oder italienische Fassung (la decisione).

417 EuGH, Rs. 16 u. 17/62, Slg. 1962, 963, 978 – Confédération nationale des producteurs de fruits et légumes; Rs. 307/81, Slg. 1982, 3463, Rn. 9 – Alusuisse; Rs. 168/93, Slg. 1993, I-4009, Rn. 11 – Gibraltar; EuG, Rs. T-122/96, Slg. 1997, II-1559, 1578, Rn. 54 – Federolio.

418 EuGH, Rs. 16 u. 17/62, Slg. 1962, 963, 978 – Confédération nationale des producteurs de fruits et légumes. Bestätigt etwa von GA Jacobs, Rs. C-358/89, Slg. 1991, I-2501, 2516, Rn. 39 – Extramet; In der Rs. T-116/94, Slg. 1995, II-1, 12, Rn. 22 – CNPAAP, schwächt das EuG hingegen diese Aussage ab: Der Entscheidungsbegriff des Art. 173 Abs. 4 ist *„im Lichte des Artikels 189 des Vertrages auszulegen"*. Jedoch streng in Berufung auf das Urteil in den Rs. 16 u. 17/62 EuG, Rs. T-166/99, Slg. 2001, II-1857, 1872, Rn. 35 – Andres de Dios.

419 Vgl. etwa zu den typischen Rechtsfolgen eines deutschen Verwaltungsaktes *Krause*, S. 185 ff. *Biervert*, Missbrauch, S. 21 ff., zählt als mögliche Funktionen von Handlungsformen Erkenntnis-, Entlastungs-, Disziplinierungs-, Lenkungs- und Titelfunktion, ferner Legitimationswirkung und Gewaltenteilung auf.

420 Anders *Borowski*, EuR 2004, 879, 882.

sich in einem anderen, überdies dem Kapitel über die Rechtsbehelfe nachfolgenden Kapitel.

Auch wird bereits auf den ersten Blick[421] deutlich, dass der Rechtsschutz des Einzelnen ausschließlich gegen Maßnahmen, die den engen Voraussetzungen des in Art. 249 EG niedergelegten Entscheidungsbegriffs genügen, unzureichend sein kann. Auch Akte, die ihren Adressaten nicht bezeichnen oder nur mittelbare rechtliche Wirkungen zeigen, können den Einzelnen derart in seinen Rechten verletzen, dass Rechtsschutz erforderlich ist. Im Unterschied zum deutschen Recht, in dem die Rechtsschutzgarantie des Art. 19 Abs. 4 GG einerseits durch die Zuweisung grundsätzlich aller öffentlich-rechtlicher Streitigkeiten nicht verfassungsrechtlicher Art an die Verwaltungsgerichte durch § 40 VwGO und andererseits durch die neben der Anfechtungsklage bestehende, die Funktion eines Auffangtatbestandes erfüllende allgemeine Leistungsklage verwirklicht wird[422], bietet sich dem Einzelnen zur Abwehr von Akten der Gemeinschaftsverwaltung im europäischen Rechtsschutzsystem allein die Nichtigkeitsklage[423], deren Voraussetzungen aus diesem Grunde weit ausgelegt werden sollten[424]. Der sich für den Gemeinschaftsbürger aus der Speicherfunktion der Handlungsformen ergebende Vorteil der Rechtsklarheit im Hinblick auf den gegen den jeweiligen Gemeinschaftsakt zur Verfügung stehenden Rechtsweg gleicht keineswegs den Nachteil aus, der sich bei ausschließlicher Anfechtbarkeit von formellen Entscheidungen der Gemeinschaft ergibt. Dementsprechend wird vielfach vertreten, die anfechtbare Entscheidung i. S. d. Art. 230 EG entspreche nicht dem Begriff der Entscheidung in Art. 249 Abs. 4 EG[425]. Auch der Gerichtshof hat sich dahingehend geäußert[426], während das Gericht erster Instanz in einer Entscheidung vom 27. 6. 2001 unter Berufung auf die frühere Rechtsprechung die Entsprechung der beiden Entscheidungsbegriffe festgestellt hat[427].

---

[421] Ausführlich zur Rechtsschutzproblematik unten E, S. 95.

[422] Der Handlungsform des Verwaltungsaktes kommt damit nicht mehr rechtsschutzeröffnende, aber noch klageartbestimmende Funktion zu.

[423] Dies lässt sich als Ausfluss des römisch-rechtlichen *numerus clausus* der Klagearten verstehen.

[424] *Schmidt-Aßmann*, JZ 1994, 832, 835.

[425] *Burgi*, in: Rengeling/Middeke/Gellermann, 2. Auflage, § 7, Rn. 37; § 8, Rn. 25; Rengeling/Middeke/Gellermann, 1. Auflage, Rn. 143; *Krück*, in: GTE, Art. 173, Rn. 42; *Daig*, Nichtigkeits- und Untätigkeitsklagen, S. 36; *Groß*, DÖV 2001, 20, 24 f.; *von Bogdandy/Bast/Arndt*, ZaöRV 2002, 77, 88; *Röhl*, ZaöRV 60 (2000), 331, 334 ff.; 344; 363; *Ehlers*, VerwArch 84 (1993), 139, 150; *von Winterfeld*, NJW 1988, 1409, 1411; *Steindorff*, ZHR 150 (1986), 222, 237. Ähnlich, aber etwas unklar formuliert *König*, JuS 2003, 257 f.: Eine Entscheidung gem. Art. 230 Abs. 4 EG wird nach materiellen Kriterien unter Heranziehung des Art. 249 Abs. 4 EG bestimmt. Sie ist damit ein rechtsverbindlicher Akt zur Regelung eines Einzelfalls mit Außenwirkung.

[426] EuGH, Rs. 60/81, Slg. 1981, 2639, Rn. 8 – IBM: *"Diese Klage [die Rede ist von der Nichtigkeitsklage] soll dazu dienen, gemäß Artikel 164 die Wahrung des Rechts bei der Auslegung und Anwendung des Vertrages zu sichern; eine die Zulässigkeitsvoraussetzungen dahin einschränkende Auslegung, dass die Klage nur gegen die in Artikel 189 genannten Arten von Handlungen gegeben wäre, würde diesem Ziel zuwiderlaufen"*; Rs. C-123/03 P, Slg. 2004, 11647, Rn. 44 – Greencore (Die Weigerung, Zinsen zu zahlen, ist eine anfechtbare Handlung); EuGH, Rs. 68/94 u. 30/95, Slg. 1998, I-1375, Rn. 62 – Frankreich / Kom.

[427] EuG, Rs. T-166/99, Slg. 2001, II-1857, 1872, Rn. 35 – Andres de Dios.

Weiteres Argument für eine von Art. 249 EG unabhängige Interpretation des Entscheidungsbegriffs in Art. 230 EG ist die Tatsache, dass sich die vom Gerichtshof teilweise zugelassene Anfechtbarkeit von Normativakten[428] andernfalls nicht begründen ließe. Anknüpfungspunkt für Verfahrens- und Prozessvoraussetzungen sind nach der Rechtsprechung nicht bestimmte Rechtsformen, sondern materielle Kriterien[429]. Die deutsche Rechtsformenlehre – insbesondere die Speicherfunktion des deutschen Verwaltungsaktes – lässt sich folglich nicht auf die europäische Ebene übertragen[430].

Es werden folgende Ansichten vertreten, um die Tatsache zu erklären, dass der Gerichtshof das Erheben der Nichtigkeitsklage gegen gemeinschaftliche Maßnahmen, die den Einzelnen individuell betreffen, zulässt, ohne konkret auf deren rechtliche Qualifizierung als Verordnung oder Entscheidung einzugehen, und gleichzeitig an der Identität der Entscheidungsbegriffe in Art. 230 sowie 249 EG festhalten zu können:

Der Entscheidungsbegriff des Art. 249 EG wird derart erweitert, dass er auch Maßnahmen erfasst, die den Kläger individuell betreffen[431]. Die auf diese Weise erreichte Identität der Entscheidungsbegriffe resultiert aus einer bloßen Begriffsverschiebung, die keine weiterführende inhaltliche Bedeutung hat. Im Gegenteil: Führt man diesen Gedanken konsequent fort, wäre etwa eine Verordnung, die jemanden individuell betrifft, nunmehr als Entscheidung einzustufen und beispielsweise nicht mehr nach Art. 254 Abs. 2 EG im Amtsblatt zu veröffentlichen[432]. Eine Antidumping-Verordnung müsste als Entscheidung sogar mangels entsprechender Rechtsgrundlage nichtig sein, da Rat und Kommission nicht befugt sind, Antidumping-Zölle durch Entscheidung aufzuerlegen[433].

Nach der von Generalanwalt *Jacobs*[434] in der Rechtssache *Extramet* als „Hybridtheorie“ bezeichneten Ansicht[435] soll ein Akt zugleich gegenüber einer Person Verord-

---

[428] Darunter werden im Folgenden Maßnahmen verstanden, die an einen unbestimmten Kreis von Personen gerichtet sind. Siehe ausführlich dazu unter D.

[429] *Röhl*, ZaöRV 60 (2000), 331, 363.

[430] *Röhl*, ZaöRV 60 (2000), 331, 363 f. Ähnlich auch *von Bogdandy/Bast/Arndt*, ZaöRV 2002, 77, 91, die feststellen, dass etwa 20 % der von Gemeinschaftsorganen erlassenen Akte nicht dem Handlungskatalog des Art. 249 EG zuzuordnen ist.

[431] *Allkemper*, S. 60, 61 f., 99: „*Verordnungen, die jemanden individuell betreffen, [sind] bereits per definitionem als Entscheidungen einzustufen*“. Gesser, Die Nichtigkeitsklage, S. 27, 29.

[432] *Röhl*, ZaöRV 60 (2000), 331, 354.

[433] GA Jacobs, Rs. C-358/89, Slg. 1991, I-2501, 2516, Rn. 37 – Extramet. Gerade Antidumping-Verordnungen betreffen den Einzelnen aber häufig individuell.

[434] GA Jacobs, Rs. C-358/89, Slg. 1991, I-2501, 2517, Rn. 42 – Extramet, der diese Ansicht selbst ablehnt. Siehe auch unten, D.I.3.

[435] GA Warner, Rs. 113/77, Slg. 1979, 1185, 1246 – NTN Toyo Bearing ("Kugellager"); EuG, Rs. T-481 u. 484/93, Slg. 1995, II-2941, 2961, Rn. 50 – Exporteurs in Levende Varkens: Wenn eine Norm (vorliegend allerdings an Mitgliedstaaten gerichtete Entscheidungen) einige Wirtschaftsteilnehmer unmittelbar betrifft, „*kann eine Gemeinschaftshandlung also gleichzeitig eine generelle Norm und in Bezug auf bestimmte betroffene Wirtschaftsteilnehmer eine Entscheidung sein*“; Rs. T-116/94, Slg. 1995, II-1, 13, Rn. 26 – CNPAAP (Nichtigkeitsklage gegen Verordnung); Rs. T-47/95, Slg. 1997, II-481, 494, Rn. 43 – Terres rouges (Nichtigkeitsklage gegen das Zollkontingent aufteilende Verordnung); Rs. T-122/96, Slg. 1997, II-1559, 1579, Rn. 58 – Federolio (Nichtigkeitsklage gegen Verordnung). Zustimmend *Ehricke*, in: Streinz, Art. 230 Rn. 47 f.; *Köngeter*, NJW 2002, 2216, 2217.

nung, gegenüber einer anderen, unmittelbar und individuell betroffenen Person Entscheidung sein können. Einem Akt kann aber schon aus dem Grunde immer nur eine Rechtsnatur zukommen[436], dass eine Begriffsbildung ansonsten ihre Funktion – nämlich das Nachsichziehen konkreter Rechtsfolgen – nicht erfüllen kann[437]. Überdies handelt es sich auch bei diesem Ansatz um eine rein begriffliche Lösung.

Da keine der Ansichten die Handhabe des Gerichtshofs ausreichend erklären kann, sollte der Begriff der Entscheidung in Art. 230 Abs. 4 EG unabhängig von der Aufzählung der Handlungsformen in Art. 249 EG bestimmt werden. Der Entscheidung i. S. d. Art. 249 Abs. 4 EG kommt folglich keine rechtsschutzeröffnende Funktion zu. Es findet eine „Entkoppelung" des Rechtsschutzes von den in Art. 249 EG definierten Handlungsformen statt[438].

D. Anfechtbarkeit von Normativakten und damit verbundene Abgrenzungsprobleme

Dem Problemkreis der Anfechtbarkeit von Normativakten (II.) vorgelagert ist die Grenzziehung zwischen Einzelentscheidung und Normativakt (I.). Es wird sich zeigen, dass klare und eindeutige Kriterien zur Handhabung der jeweiligen Fragestellung weder in Rechtsprechung noch Schrifttum zu finden sind. Diese Tatsache soll als Argument dafür dienen, Rechtsschutz gegen Handlungen der Kommission unabhängig von deren Qualität als Individual- oder Normativakte zu gewähren.

I. Grenzziehung zwischen Verordnung und Entscheidung

Geht man zunächst einmal vom Grundsatz der Nichtanfechtbarkeit von Normativakten aus, so kommt es für die Frage der zulässigen Klageerhebung entscheidend auf die Qualifizierung der angegriffenen Maßnahme als Einzel- oder Normativakt an. Der Gerichtshof zieht als Abgrenzungskriterium die Abgeschlossenheit des von der Maßnahme betroffenen Personenkreises (1.) sowie das Kriterium der individuellen Betroffenheit (2.) heran. Zu entscheiden ist außerdem, ob Maßnahmen stets eine einheitliche Bewertung erfordern oder ob ihnen gleichzeitig – etwa in Bezug auf unterschiedliche Personen – verschiedene Rechtsqualitäten zukommen können (3.).

1. Abschließende Bestimmung des betroffenen Personenkreises

Den Ausgangspunkt der Rechtsprechung bildet die strikte Ablehnung der Anfechtung von Normativakten sowie deren Qualifizierung anhand des Merkmals der Allgemein-

---

[436] EuGH, Rs. 45/81, Slg. 1982, 1129, Rn. 18 – Moksel; GA Jacobs, Rs. C-358/89, Slg. 1991, I-2501, 2517, Rn. 42 – Extramet (Nichtigkeitsklage gegen Antidumping-Verordnung); GA Lenz, Rs. C-309/89, Slg. 1994, I-1853, 1865, Rn. 33 – Codorniú (Nichtigkeitsklage gegen Verordnung, die die Verwendung der Bezeichnung ‚Schaumwein' regelt). Im nächsten Punkt seiner Begründung meint Lenz jedoch, dass eine Maßnahme, die einen Einzelnen unmittelbar und individuell betrifft, *„ihm gegenüber in Wahrheit eine Entscheidung darstellt"* und nähert sich damit doch der Hybridtheorie an! Gegen die Handhabung durch den Gerichtshof auch *Sedemund/Heinemann*, DB 1995, 713, 717; *Fuß*, NJW 1964, 945, 946.

[437] *Cremer*, in: Calliess/Ruffert, Art. 230 Rn. 36; *Fuß*, NJW 1964, 945, 946.

[438] Siehe etwa *Röhl*, ZaöRV 60 (2000), 331, 352; *Burgi*, in: Rengeling/Middeke/Gellermann, 2. Auflage, § 7, Rn. 37.

heit[439]. Verordnungen werden als Maßnahmen definiert, die für objektiv bestimmte Situationen gelten und Rechtswirkungen gegenüber generell und abstrakt bezeichneten Personengruppen entfalten[440]. Dabei kommt es gerade auf die generelle und abstrakte Bezeichnung der Adressaten an. So soll eine Maßnahme nach ständiger Rechtsprechung ihren Verordnungscharakter nicht dadurch verlieren, dass sich diejenigen Personen, auf die sie in einem gegebenen Zeitpunkt anzuwenden ist, der Zahl nach oder sogar namentlich bestimmen lassen, sofern nur feststeht, dass die Maßnahme nach ihrer Zweckbestimmung aufgrund eines objektiven Tatbestandes rechtlicher oder tatsächlicher Art anwendbar ist, den sie bestimmt[441]. Demzufolge handelt es sich um eine Entscheidung, wenn bei Erlass des Rechtsaktes die davon betroffenen Personen abschließend feststehen, und um eine Verordnung, wenn sich der Kreis der Betroffenen – beispielsweise durch Herbeiführen der Betroffenheit durch Aufnahme einer wirtschaftlichen Tätigkeit – noch erweitern kann[442]. In der logischen Konsequenz lässt der Gerichtshof auch eine namentliche Nennung der Adressaten zur Qualifizierung eines Aktes als Entscheidung genügen[443]. Auch Teile des Schrifttums folgen dieser Herangehensweise[444].

Infolge dieses Verständnisses hat der EuGH sogar eine Klage gegen eine „Verordnung" abgelehnt, obwohl es sich bei dem betroffenen Marktteilnehmer um den einzigen auf dem Markt tätigen handelte[445]. An diesem Beispiel wird die Gefahr deutlich,

---

[439] EuGH, Rs. 16 u. 17/62, Slg. 1962, 963, 978 – Confédération nationale des producteurs de fruits et légumes; Rs. 307/81, Slg. 1982, 3463, Rn. 8 – Alusuisse; EuG, Rs. T-116/94, Slg. 1995, II-1, 12, Rn. 22 – CNPAAP; *Schwarze*, FS Schlochauer, 927, 930; *Daig*, Nichtigkeits- und Untätigkeitsklagen, Rn. 107; *Borowski*, EuR 2004, 879, 884; *Röhl*, ZaöRV 60 (2000), 331, 349.

[440] EuGH, Rs. 307/81, Slg. 1982, 3463, Rn. 9 – Alusuisse; EuG, Rs. T-116/94, Slg. 1995, II-1, 12, Rn. 24 – CNPAAP; Rs. T-47/95, Slg. 1997, II-481, 494, Rn. 42 – Terres rouges; Rs. T-370/02, Slg. 2004, II-2097, Rn. 52 – Alpenhain-Camembert-Werk; Rs. T-231/02, Slg. 1051, 1065, Rn. 29 – Piero Gonelli; Rengeling/Middeke/Gellermann, 1. Auflage, Rn. 151; *Bockey*, S. 51.

[441] EuGH, Rs. 242/81, Slg. 1982, 3213, Rn. 7 – Roquette Frères; Rs. 307/81, Slg. 1982, 3463, Rn. 11 – Alusuisse; Rs. 231/82, Slg. 1983, 2559, Rn. 10 – Spijker Kwasten BV; Rs. 206/87, Slg. 1989, 275, 289, Rn. 18 – Lefebvre; Rs. 168/93, Slg. 1993, I-4009, Rn. 11 – Gibraltar; EuG, Rs. T-122/96, Slg. 1997, II-1559, 1579, Rn. 55 – Federolio; Rs. T-109/97, Slg. 1998, II, 3533, 3557, Rn. 52 – Molkerei Großbraunshain.

[442] EuG, Rs. T-370/02, Slg. 2004, II-2097, Rn. 59 – Alpenhain-Camembert-Werk (Ursprungsbezeichnung); *Hetmeier*, in: Lenz/Borchardt, Art. 249, Rn. 7; *Stotz/Tonne*, in: Dauses, Hdb. EU-WirtschaftsR, P.I, Rn. 113; *Moitinho de Almeida*, FS Everling, Bd. I, 849, 850 f.; *Neuwahl*, ELR 21 (1996), 17, 19; *Waelbroeck/Verheyen*, CDE 31 (1995), 399, 400; *von Danwitz*, NJW 1993, 1108, 1109. *Nettesheim*, Public Interest Litigation, S. 225, 226 ff., weist auf die Widersprüchlichkeit dieser Abgrenzung im Hinblick auf Entscheidungen im Bereich des Antidumpingrechts hin. Siehe dazu unten, D.II.2b).

[443] Rs. T-116/94, Slg. 1995, II-1, 14, Rn. 30– CNPAAP.

[444] *Zuleeg*, Subventionskontrolle S. 42; *Koch*, Klagebefugnis, S. 164; *Stelkens*, ZEuS 2005, 61, 69; *Birk*, EWS 2003, 159, 160 f.; *Fuß*, NJW 1964, 945, 947.

[445] EuGH, Rs. 231/82, Slg. 1983, 2559, Rn. 10 – Spijker Kwasten BV (Einfuhr von Bürsten mit Ursprung in China in die Niederlande); EuG, Rs. T-109/97, Slg. 1998, II, 3533, 2557, Rn. 52, 54 – Molkerei Großbraunshain (nur zwei Unternehmen betroffen); GA Lenz, Rs. 97/85, Slg. 1987, 2265, Rn. 42 f. – „Berlin-Butter". Kritik von *Daig*, FS Riese, 187, 210; *von Danwitz*, Verwaltungsrechtliches System, S. 177; *Sedemund/Heinemann*, DB 1995, 1161; *Sedemund/Heinemann*, DB 1995, 713, 714.

die mit der Abgrenzung nach dem Kriterium des abschließend bestimmten Personenkreises einhergeht[446]. Es ist nämlich bedenklich, dass der Gerichtshof auf diese Weise den Gemeinschaftsorganen die Entscheidung über die Anfechtbarkeit einer Maßnahme überlässt, da diese die Adressaten einer Maßnahme entweder nach objektiven Kriterien beschreiben oder sie individuell benennen können. Die Anfechtbarkeit eines Aktes sollte aber nicht von dem erlassenden Organ beeinflussbar sein.

Der wiederholt ausgesprochene Grundsatz, dass es bei der Qualifizierung einer Maßnahme nicht auf die Form, sondern deren Inhalt, nämlich deren Rechtsnatur und Rechtswirkungen[447], ankomme[448], könnte an dieser Stelle weiterhelfen. Dahinter steht nämlich der Gedanke, dass ein Gemeinschaftsorgan die Anfechtbarkeit einer Maßnahme nicht durch die Wahl der Rechtsform bestimmen können soll. Dann wäre zu fragen, ob die theoretische Erweiterbarkeit des Kreises der Betroffenen nur eine formale ist, inhaltlich aber der Kreis der Betroffenen bereits feststeht. Maßgeblich ist dann, ob das handelnde Organ eine generelle Regelung der jeweiligen Fallgestaltung bezweckte oder die Regelung auf einen feststehenden Personenkreis erstrecken wollte. Diese Frage wird vom Gerichtshof jedoch nicht gestellt. Er bleibt bei einer rein formalen Betrachtung.

Es zeigt sich, dass das Kriterium der Allgemeinheit – jedenfalls in der Weise, in der es vom Gerichtshof gehandhabt wird – nicht geeignet ist, eine brauchbare Abgrenzung zwischen Einzel- und Normativakt zu leisten.

2. Doppelfunktion des Kriteriums der individuellen Betroffenheit?

Während das Erfordernis der individuellen Betroffenheit nach dem Wortlaut des EG-Vertrages als im Anschluss an die Qualifizierung des Klagegegenstandes zu prüfende Klagebefugnis einer Person einzuordnen zu sein scheint, zieht die Rechtsprechung das Kriterium neben dem des abschließend bestimmten Personenkreises zur Abgrenzung zwischen Verordnung und Entscheidung heran[449]: *„Es geht aber nicht an, eine Maßnahme, die auf objektiv bestimmte Tatbestände anwendbar ist und in allen Mitgliedstaaten unmittelbare Rechtsfolgen für Personenkreise erzeugt, die sie in allgemeiner und abstrakter Form ins Auge fasst, als Entscheidung zu betrachten, es sei denn, es wäre erwiesen, dass bestimmte Personen von ihr im Sinne von Artikel 173 Abs. 2 individuell betroffen werden"*[450]. An anderer Stelle macht der Gerichtshof deutlich, dass

---

[446] Vgl. zu den Schwierigkeiten der Abgrenzung von „allgemeinem Gesetz" und Einzelfallgesetz vor dem Hintergrund von Gewaltenteilung und Gleichheitsgrundsatz im deutschen Recht nur *Herzog*, in: MD, Art. 19 Abs. 1, Rn. 29 ff.

[447] EuG, Rs. T-122/96, Slg. 1997, II-1559, 1578, Rn. 52 – Federolio; Rs. T-298/94, Slg. 1996, II-1531, Rn. 36 – Roquette Frères II.

[448] EuGH, Rs. 16 u. 17/62, Slg. 1962, 963, 978 – Confédération nationale des producteurs de fruits et légumes; *Stotz/Tonne*, in: Dauses, Hdb. EU-WirtschaftsR, P.I, Rn. 78; *Schwarze*, FS Schlochauer, 927, 931; *Daig*, FS Riese, 187, 193; Gesser, Die Nichtigkeitsklage, S. 26; *Fuß*, NJW 1964, 327, 329.

[449] Laut *Allkemper*, S. 62, dient das Kriterium der individuellen Betroffenheit sowohl der Abgrenzung zwischen Verordnung und Entscheidung als auch der Feststellung der Klagebefugnis. Auch *Lenz*, NJW 1994, 2063, 2066, hält die Tauglichkeit als Klagegegenstand für abhängig von unmittelbarer und individueller Betroffenheit des Klägers.

[450] EuGH, Rs. 16 u. 17/62, Slg. 1962, 963, 979 – Confédération nationale des producteurs de fruits et légumes; Rs. 19-22/62, Slg. 1962, 1003, 1021 – Fédération nationale de la Boucherie en gros.

allein die Bestimmbarkeit der von einer Maßnahme betroffenen Personen nach Zahl oder Identität noch nicht zur Bejahung deren individueller Betroffenheit und damit der Anfechtbarkeit der Verordnung ausreicht[451]. Daraus ergibt sich nicht nur, dass der Gerichtshof die individuelle Betroffenheit als Abgrenzungskriterium zwischen Entscheidung und Verordnung heranzieht, sondern auch, dass er dieses Kriterium als geeignet ansieht, die Frage nach der allgemeinen Geltung zu beantworten[452].

Dieses Vorgehen wird teilweise als systematisch inkorrekt kritisiert. Der EuGH vermische die Frage des individuellen Betroffenseins, die im Rahmen der Klagebefugnis relevant sei, mit der Frage nach dem Vorliegen einer Entscheidung in Abgrenzung zur Verordnung[453]. Systematisch klarer sei es, die fragliche Maßnahme statt als Entscheidung als Verordnung anzusehen und gleichzeitig eine ausnahmsweise Anfechtbarkeit der Verordnung aufgrund deren individueller Wirkung anzunehmen[454].

Weiter wird gefordert, die Rechtsprechung müsse, indem sie die Frage nach der generellen Anfechtbarkeit der Verordnung übergehe und direkt nach dem Vorliegen eines individuellen Betroffenseins frage, konsequenterweise hier dieselben Voraussetzungen an die Klagebefugnis stellen, wie sie bei der Anfechtung von Einzelakten gegeben seien, und beispielsweise die Beteiligung am Verfahren ausreichen lassen[455]. In der Konsequenz sei auch die Verletzung grundrechtlich verbürgter Positionen zur Begründung der Klagebefugnis ausreichend und damit die Direktklage gegen unmittelbar wirkende Normativakte zulässig[456].

Die Kritik übersieht, dass das Kriterium der individuellen Betroffenheit durchaus auch im Rahmen der Bestimmung der Rechtsnatur einer Maßnahme insoweit sinnvoll ist, als es die Auswirkungen einer Maßnahme auf Einzelpersonen oder die Allgemeinheit betrifft[457]. Man könnte daher über eine Doppelfunktion dieses Kriteriums nach-

---

[451] EuGH, Rs. 123/77, Slg. 1978, 845, 852, Rn. 16/19 – UNICME (Klage gegen Verordnung); EuG, Rs. T-183/94, Slg. 1995, II-1941, Rn. 48 – Cantina cooperativa; Rs. T-481 u. 484/93, Slg. 1995, II-2941, 2962, Rn. 53 – Exporteurs in Levende Varkens; Rs. T-47/95, Slg. 1997, II-481, 495, Rn. 44 – Terres rouges.

[452] Auch *Schwarze*, FS Schlochauer, 927, 936 f., geht davon aus, dass individuelle Betroffenheit vorliegt, wenn sich der Kreis der Kläger nicht mehr erweitern kann, und stellt damit allgemeine Geltung und nicht individuelle Betroffenheit gleich.

[453] Gesser, Die Nichtigkeitsklage, S. 26; *Sedemund/Heinemann*, DB 1995, 1161.

[454] So *Daig*, FS Riese, 187, 196, Fn. 20: *„Dogmatisch fragt sich freilich, ob man in solchen Fällen nicht eine (ausnahmsweise anfechtbare) Verordnung annehmen sollte: die Auswirkungen eines Rechtsakts sind zu subtil, als daß sie stets im Rahmen der Würdigung der Natur des Aktes herangezogen werden könnten; ihre Bedeutung sollte vor allem bei der Ermittlung des (individuellen) Betroffenseins eine Rolle spielen."*.

[455] *Sedemund/Heinemann*, DB 1995, 1161, 1166. Dazu unten, Teil 3, Abschnitt 1, C. I. 1, S. 195.

[456] *Sedemund/Heinemann*, DB 1995, 1161, 1166.

[457] Auch *Röhl*, ZaöRV 60 (2000), 331, 348, stellt fest, dass das Kriterium der individuellen Betroffenheit sowohl zur Feststellung der Regelungseigenschaft einer Handlung als auch zur Wirkung auf den jeweiligen Kläger herangezogen wird, und vermutet den Ursprung dieser Handhabung im Anknüpfen der Rechtsprechung an diejenige zum EGKSV ergangene, nach dem die Anfechtung von individuellen Entscheidungen statthaft war: *„les décisions et recommendations individuelles les concernant"* oder *"decisions or recommendations concerning them which are individual in character"* (anders hingegen die deutsche Übersetzung: *„die sie individuell betreffenden Entscheidungen"*). Unter Geltung des EGKSV war also die individuelle Wirkung Merkmal der Entscheidung und somit eindeutig des Klagegegenstandes. So auch *Drewes*, S. 65, 80.

denken und die Voraussetzungen an Klagegegenstand und dessen Beziehung zum Kläger in einer einzigen Zulässigkeitsvoraussetzung zusammenfassen[458]. Vorliegend wird jedoch die Tauglichkeit von verbindlichen Rechtsakten als Klagegegenstand gerade unabhängig davon, ob sie sich an einen einzelnen oder an die Allgemeinheit richten, befürwortet. Im Rahmen der Ermittlung des tauglichen Klagegegenstandes ist es dann gar nicht nötig, eine Einzelfallmaßnahme von einem Normativakt abzugrenzen. Diese Funktion wird in gewisser Weise von der in die Klagebefugnis verschobenen Frage nach der individuellen Betroffenheit des Klägers übernommen.

In der für die Auslegung des Begriffs der „individuellen Betroffenheit" berühmt gewordenen Rechtssache *Plaumann* klärt der Gerichtshof zunächst die Rechtsqualität der angegriffenen Maßnahme *„als eine Entscheidung..., die eine bestimmte Person bezeichnet und nur für diese verbindlich ist"*[459]. Daran anschließend untersucht er die individuelle Betroffenheit des Klägers, die dann vorliege, wenn die Maßnahme *„ihn in ähnlicher Weise individualisiert wie einen Adressaten"*[460]. Hier wird deutlich, dass die Individualisierung des Adressaten, nach der unter dem Begriff der „Einzelfallregelung" gefragt wird, von der Individualisierung, die im Rahmen der Klagebefugnis gefordert wird, zu unterscheiden ist. Letztere ist weiter, indem sie den Adressaten eines Aktes und darüber hinausgehend auch in vergleichbarer Weise betroffene Dritte umfasst. Auch nach dem Verständnis des Gerichtshofs hat die individuelle Betroffenheit damit in Bezug auf die Klagebefugnis eine andere Bedeutung, als ihr hinsichtlich des einzelfallbezogenen Klagegegenstandes zukommen könnte.

Jedenfalls ist festzuhalten, dass der Gerichtshof eine als Verordnung qualifizierte Maßnahme insoweit für als Entscheidung anfechtbar hält, als diese eine bestimmte Person individuell betrifft.

3. Einheitliche Bewertung eines Rechtsaktes

Der EuGH prüft also, falls eine Maßnahme insgesamt Verordnungscharakter aufweist, ob der Kläger durch eine einzelne Vorschrift individuell betroffen ist[461]. Aus der festgestellten individuellen Wirkung einer Maßnahme folgt für den EuGH aber noch nicht, dass der als Verordnung qualifizierte Akt insgesamt eine Entscheidung darstellt[462], obwohl man dies aus den in den Rechtssachen *Confédération nationale des producteurs de fruits et légumes*[463] und *Fédération nationale de la Boucherie en gros*[464] ge-

---

[458] So die Ansicht von GA Slynn, Rs. 250/81, Slg. 1982, 3535, 3541 f. – Greek Canners; *Hartley*, S. 371; *Mager*, EuR 2001, 661, 675.

[459] EuGH, Rs. 25/62, Slg. 1963, 213, 238– Plaumann (Anfechtung einer an die BRD adressierten Entscheidung).

[460] EuGH, Rs. 25/62, Slg. 1963, 213, 238– Plaumann.

[461] EuGH, Rs. 16 u. 17/62, Slg. 1962, 963, 979 – Confédération nationale des producteurs de fruits et légumes. So auch *Schwarze*, FS Schlochauer, 927, 935.

[462] Besonders deutlich EuGH, Rs. C-358/89, Slg. 1991, I-2501, Rn. 14 – Extramet; EuG, Rs. T-2/95, Slg. 1998, II-3939, Rn. 49 – Industrie des Poudres Sphériques: *„Folglich könnten die Handlungen, durch die Antidumpingzölle eingeführt würden, unter bestimmten Umständen bestimmte Wirtschaftsteilnehmer individuell betreffen, ohne ihren normativen Charakter zu verlieren, so daß diese befugt seien, eine Klage auf Nichtigerklärung dieser Handlungen zu erheben"*. Auch EuG, Rs. T-166/99, Slg. 2001, II-1857, 1875, Rn. 45 –Andres de Dios.

[463] EuGH, Rs. 16 u. 17/62, Slg. 1962, 963, 979 – Confédération nationale des producteurs de fruits et

troffenen Aussagen ableiten könnte. Vielmehr betrachtet der Gerichtshof den Rechtsakt nicht in seiner Gesamtheit, sondern qualifiziert einzelne Bestandteile einer Verordnung mit der Folge der Anfechtbarkeit als Entscheidung[465]. Der scheinbare Widerspruch, einerseits die individuelle Betroffenheit als Kriterium der Entscheidung heranzuziehen, andererseits einen Akt mit gerade solch individueller Wirkung aber nicht als Entscheidung zu qualifizieren, soll sich also durch die Betrachtung einer einzelnen Vorschrift der jeweiligen Verordnung auflösen[466].

Ein solches Vorgehen könnte jedoch dem Grundsatz der einheitlichen Rechtsnatur eines Rechtsaktes widersprechen, der besagt, dass eine Willenserklärung nicht verschiedenen Personen gegenüber eine unterschiedliche Rechtsnatur aufweisen kann[467]. Zwar sucht Generalanwalt *Jacobs*[468] diese ständige Rechtsprechung des Gerichtshofs, nach der einzelne Bestimmungen einer Verordnung als Entscheidungen anzusehen sein können, von der „Hybridtheorie", die einem einzigen Rechtsakt verschiedene Qualifikationen zukommen lassen will, zu unterscheiden. Jedoch divergieren die Vorgehensweisen kaum. Auch wenn die Rechsprechung die zusätzliche Qualität als anfechtbare Entscheidung auf einen Teil des Gesamtrechtsakts reduziert, so schreibt sie damit ein und demselben Rechtsbefehl zwei Rechtsnaturen zu[469]. Darüber hinaus hat der Gerichtshof bereits die Nichtigkeit einer angefochtenen Verordnung insgesamt[470] – und nicht nur einer einzelnen Bestimmung – anerkannt. Sollen in diesen Fällen alle Einzelbestimmungen einer Verordnung individuelle Wirkung zeigen und somit einzeln als Entscheidung zu qualifizieren sein, während sie in ihrer Gesamtheit eine Verordnung bilden? Schließlich müsste ein solcher Rechtsakt zugleich die Rechtmäßigkeitsanforderungen von Verordnung und Entscheidung erfüllen[471]. Aufgrund deren Verschiedenheit, etwa schon im Hinblick auf die Wirksamkeitsvoraussetzungen der Veröffentlichung einerseits und der Bekanntgabe andererseits (Art. 254 EG), wird dies aber nicht möglich sein.

Hier werden weitere Abgrenzungsunsicherheiten deutlich, die durch den Vorschlag, Maßnahmen mit verbindlicher Rechtswirkung unabhängig von ihrer konkreten Rechtsnatur als anfechtbar zu behandeln, vermieden werden können.

---

légumes.

464 EuGH, Rs. 19-22/62, Slg. 1962, 1003, 1021 – Fédération nationale de la Boucherie en gros.

465 *Constantinesco*, Recht der EG, S. 857; *Röhl*, ZaöRV 60 (2000), 331, 349; *Waelbroeck/Verheyen*, CDE 31 (1995), 399, 400; *von Danwitz*, NJW 1993, 1108, 1109. *Wölker*, DÖV 2003, 570, 572, hingegen folgert aus der Rechtsprechung die Anfechtbarkeit von Verordnungen in bestimmten Fallkonstellationen.

466 *Daig*, FS Riese, 187, 200, will solche Akte unter den Begriff der „als Verordnung ergangenen Entscheidungen" fassen; er bezeichnet diese als „Mischform" und warnt zum einen vor der Zerreißung zusammengehöriger Elemente, hält zum anderen aber einen Rechtsschutz für erforderlich.

467 EuGH, Rs. 45/81, Slg. 1982, 1129, Rn. 18 – Moksel; GA Jacobs, Rs. C-358/89, Slg. 1991, I-2501, 2517, Rn. 42 – Extramet; *Schmidt*, in: GS, Art. 249, Rn. 26; *Ehlers*, DVBl. 1991, 605, 607; *Fuß*, NJW 1964, 945, 946.

468 GA Jacobs, Rs. C-358/89, Slg. 1991, I-2501, 2517, Rn. 41 – Extramet.

469 Auch nach Auffassung von *Ehricke*, in: Streinz, Art. 230 EG, Rn. 47, ist *„anerkannt, dass eine Gemeinschaftshandlung gleichzeitig eine generelle Norm und ... eine Entscheidung sein kann"*.

470 EuGH, Rs. 53/83, Slg. 1985, 1621 ff. – Allied Corporation.

471 *Cremer*, in: Individualrechtsschutz, S. 32.

4. Ergebnis zu I.

Diese Rechtsprechung, die keine eindeutigen Abgrenzungskriterien zur Unterscheidung zwischen Verordnung und Entscheidung liefert, sondern eher zur Verwirrung beiträgt, wäre systematisch leichter einzuordnen, ginge man von einer generellen Anfechtbarkeit von Akten mit verbindlicher Rechtswirkung aus[472], und setzte die individuelle Betroffenheit lediglich zum Zweck des Ausschlusses von Popularklagen im Rahmen der Klagebefugnis voraus[473].

II. Uneinigkeit über die Anfechtbarkeit von Normativakten

Neben den Schwierigkeiten der rechtlichen Bestimmung von Normativakten stellen sich weitere Probleme der Zulässigkeit ihrer Anfechtbarkeit. Während an Mitgliedstaaten gerichtete Entscheidungen, „Scheinverordnungen" sowie rückwirkende Verordnungen anfechtbar sein sollen (1.), ist die Anfechtbarkeit von „echten" Verordnungen, Allgemeinverfügungen und Richtlinien umstritten (2.).

1. Anfechtbarkeit von Scheinverordnungen, an Mitgliedstaaten gerichteten Entscheidungen, rückwirkenden Verordnungen

Gem. Art. 230 Abs. 4 EG sind als Verordnung ergangene sowie an eine andere Person gerichtete Entscheidungen anfechtbar, wenn sie den Kläger unmittelbar und individuell betreffen. Schon aus dem Wortlaut[474] geht hervor, dass es sich bei beiden Kategorien eigentlich nicht um Normativakte, sondern eben um Entscheidungen handelt. Unter einer *„an eine andere Person gerichtete[n] Entscheidung"* ist aber auch eine an einen Mitgliedstaat gerichtete Entscheidung zu verstehen[475], die der Gerichtshof aufgrund ihrer allgemeinen Wirkung gegenüber den Gemeinschaftsbürgern der Kategorie der normativen Rechtsakte zuordnet[476]. Diese an einen Mitgliedstaat gerichtete Entscheidungen stellen also insoweit einen Sonderfall dar, als der EG-Vertrag die Anfechtung dieser *„an eine andere Person gerichteten Entscheidung"* – bei Vorliegen von unmittelbarer und individueller Betroffenheit des Klägers – explizit gestattet, während

---

[472] Dies befürwortet *Neuwahl*, ELR 21 (1996), 17, 31, de lege ferenda.

[473] S. auch *Ehlers*, VerwArch 84 (1993), 139, 150: *„Unter Entscheidung im Sinne des Art. 173 Abs. 2 EWGV wird man daher jede Rechtshandlung zu verstehen haben, die darauf gerichtet ist, verbindliche materiellrechtliche Wirkungen zu erzeugen"*.

[474] In der französischen Fassung noch deutlicher *„sous l'apparence d'un règlement"*.

[475] EuGH, Rs. 25/62, Slg. 1963, 213, 237– Plaumann; Rs. 206/87, Slg. 1989, 275, 288, Rn. 11 – Lefebvre; *Hartley*, S. 357, *Daig*, FS Riese, 187, 202; *Mager*, EuR 2001, 661, 674.

[476] EuGH, Rs. 206/87, Slg. 1989, 275, 288, Rn. 13 – Lefebvre: *„stellt sich gegenüber sämtlichen Bananenimporteuren als Maßnahme von allgemeiner Geltung dar"*; EuG, Rs. T-398/94, Slg. 1996, II-477, Rn. 39 – Kahn Scheppvaart. Anders noch EuGH, Rs. 25/62, Slg. 1963, 213, 238– Plaumann. *Schwarze*, in: Schwarze, Art. 230 EG, Rn. 40; *Biervert*, Missbrauch, S. 79; *Röhl*, ZaöRV 60 (2000), 331, 352. *Stelkens*, ZEuS 2005, 61, 69 und *von Bogdandy/Bast/Arndt*, ZaöRV 2002, 77, 97 ff., weisen auf die Parallelität von staatengerichteter Entscheidung und Richtlinie hin. *Mager*, EuR 2001, 661, 664 f., bemüht sich um eine Abgrenzung zwischen staatengerichteter Entscheidung und Richtlinie. GS/Gaitanides, Art. 230, Rn. 80, *Booß*, in: Grabitz/Hilf, Art. 230, Rn. 63, sowie *Burgi*, in: Rengeling/Middeke/Gellermann, 2. Auflage, § 7, Rn. 67, sprechen staatengerichteten Entscheidungen eine Doppelnatur zu, da sie gegenüber ihren Adressaten Entscheidungen und gegenüber dem potentiell Betroffenen eine Maßnahme allgemeiner Wirkung darstellten. *Daig*, FS Riese, 187, 192, sieht bei diesen Akten ein Abgrenzungsproblem für gegeben.

der Gerichtshof diese Entscheidungen zunächst als normative Rechtsakte einstuft. Trotz ihrer normativen Wirkung sollen sie dann anfechtbar sein, wenn sie den einzelnen unmittelbar und individuell betreffen[477]. Dies ist der Fall, wenn der Kreis der Betroffenen feststeht[478], etwa wenn die Klägerin sich durch Stellung eines Antrags von den anderen Betroffenen unterscheidet[479], oder wenn die Position der Klägerin als Verhandlungsführerin betroffen ist[480]. Letztlich kommt es also bei an Mitgliedstaaten gerichteten Entscheidungen – wie der Wortlaut der Vertrages ohnehin erwarten lässt – nur auf die unmittelbare und individuelle Betroffenheit des Klägers an. Dies wird teilweise auch in den Formulierungen des Gerichtshofs deutlich, wenn er etwa direkt in eine Prüfung der „Klagebefugnis" einsteigt[481] oder formuliert: *„Ohne dass auf die Rechtsnatur dieser Entscheidung eingegangen zu werden braucht, ist daher zu untersuchen, ob sie die Klägerinnen gleichwohl unmittelbar und individuell betrifft"*[482].

Auch *„als Verordnung"* ergangene Entscheidungen sind gem. Art. 230 Abs. 4 EG anfechtbar. Damit sind so genannte Scheinverordnungen gemeint, die dem Inhalt nach Entscheidungen darstellen, aber fälschlicherweise in Form einer Verordnung erlassen wurden[483]. Durch diese Vorschrift soll ein Formenmissbrauch seitens der Gemeinschaftsorgane und ein damit verbundenes Aushebeln des Rechtsschutzes verhindert werden[484]. Es handelt sich tatsächlich also nicht um Normativakte[485].

---

[477] EuGH, Rs. C-390/95 P, Slg. 1999, I-769, Rn. 28 – Antillean Rice Mills II (Bestätigung von Rs. T-480 u. 483/98); EuG, Rs. T-481 u. 484/93, Slg. 1995, II-2941, 2961, Rn. 50 – Exporteurs in Levende Varkens (Entscheidung an Mitgliedstaat); Rs. T-480 u. 483/93, Slg. 1995, II-2305, Rn. 66 – Antillean Rice Mills (Entscheidung an Mitgliedstaat, zulässig); Rs. T-398/94, Slg. 1996, II-477, Rn. 36 ff. – Kahn Scheppvaart (Entscheidung an Mitgliedstaat über Genehmigung von Beihilfen, unzulässig); Rs. T-86/96, Slg. 1999, II-179, Rn. 39 ff. – Arbeitsgemeinschaft Deutscher Luftfahrt-Unternehmen (Entscheidung an Mitgliedstaat über Beihilfen, unzulässig).

[478] EuGH, Rs. 106 u. 107/63, Slg. 1965, 548, 556 – Töpfer (Klage gegen an Mitgliedstaat gerichtete Entscheidung über Schutzmaßnahmen, zulässig, da betroffene Importeure der Zahl nach bestimmt, begründet); Rs. C-152/88, Slg. 1990, 2477, Rn. 11 – Sofrimport.

[479] EuGH, Rs. 206/87, Slg. 1989, 275, 289, Rn. 16 – Lefebvre (an Frankreich gerichtete Entscheidung, unzulässig). Für eine Verordnung siehe EuGH, Rs. C-354/87, Slg. 1990, I-3847, Rn. 21 – Weddel (zulässig, aber unbegründet).

[480] EuGH, Rs. 67, 68 u. 70/85, Slg. 1988, 219, Rn. 20 ff. – van der Kooy (Entscheidung an Mitgliedstaat, die Beihilfe verbietet; Teilnahme am Verfahren des Art. 88 Abs. 2 EG).

[481] EuG, Rs. T-86/96, Slg. 1999, II-179, Rn. 39 f. – Arbeitsgemeinschaft Deutscher Luftfahrt-Unternehmen.

[482] EuGH, Rs. 11/82, Slg. 1985, 207, Rn. 5 – Piraiki-Patraiki; *Drewes*, S. 78, 118.

[483] EuGH, Rs. 307/81, Slg. 1982, 3463, Rn. 7 – Alusuisse; Rs. C-209/94 P, Slg. 1996, I-615, Rn. 23-25 – Buralux; *Burgi,* in: Rengeling/Middeke/Gellermann, 2. Auflage, § 7, Rn. 46; *Schwarze*, FS Schlochauer, 927, 931; *von Danwitz*, NJW 1993, 1108, 1109; *Daig*, FS Riese, 187, 199.

[484] EuGH, Rs.307/81, Slg. 1982, 3463, Rn. 7 – Alusuisse; EuG, Rs. T-476/93, Slg. 1993, II-1187, Rn. 19 – Fédération Régionale des Syndicats; Rs. T-116/94, Slg. 1995, II-1, 11, Rn. 21 – CNPAAP; Rs. T-47/95, Slg. 1997, II-481, 493, Rn. 39 – Terres rouges; Rs. T-70/94, Slg. 1996, II-1741, Rn. – Dole Fresh Fruit; *Stotz/Tonne,* in: Dauses, Hdb. EU-WirtschaftsR, P.I, Rn. 109; Rengeling/Middeke/Gellermann, 1. Auflage, Rn. 150; *Schwarze*, FS Schlochauer, 927, 931; *von Danwitz*, NJW 1993, 1108, 1109; *König*, JuS 2003, 257, 258; *Röhl*, ZaöRV 60 (2000), 331, 349; *Sedemund/Heinemann*, DB 1995, 713, 716.

[485] Dieser Rechtsgedanke wurde vom Gerichtshof auf „Scheinrichtlinien" ausgeweitet: EuG, Rs. T-135/96, Slg. 1998, II-2335, 2362, Rn. 63 – UEAPME; Rs. T-172, 175-177/98, Slg. 2000, II-2487, 2510, Rn. 52 ff. – Salamander; Rs. T-321/02, Slg. 2003, II-1997, 2008, Rn. 21 ff. – Paul Vannieu-

Unter die Kategorie der Scheinverordnung fallen auch die so genannten „Bündel von Einzelentscheidungen" oder „Sammelentscheidungen", bei denen die Adressaten bei Erlass der Maßnahme bereits eine geschlossene Gruppe bilden[486]. Wenn die von der Maßnahme Betroffenen etwa namentlich festgelegt werden[487] oder aufgrund anderer Umstände genau bestimmt sind, handelt es sich um eine solche Sammelentscheidung mit der Folge der Anfechtbarkeit[488].

Teilweise wird die angebliche Zulassung der Anfechtung „rückwirkender Verordnungen"[489] durch den Gerichtshof als Bruch in der Systematik kritisiert, da eine Maßnahme nicht gleichzeitig Norm und Einzelfallregelung sein könne[490]. Die als Rückwirkung bezeichnete Eigenschaft der beispielhaft angeführten Verordnungen und an Mitgliedstaaten gerichteten Entscheidungen resultiert aber allein aus der Tatsache, dass der Kreis der Betroffenen jeweils aufgrund von in der Vergangenheit liegenden Ereignissen nicht mehr erweiterbar ist[491]. Die Verordnung zeitigt somit keine Rückwirkung in dem Sinne, dass sie in der Vergangenheit liegende Sachverhalte regelt, sondern erstreckt ihre Wirkungen ausschließlich auf Personen, die aufgrund in der Vergangenheit liegender Umstände (Antragstellung, Abschluss von Verträgen etc.) qualifiziert werden. Ist der Kreis der betroffenen Personen auf diese Weise durch ein in der Vergangenheit liegendes Ereignis abschließend bestimmt und wird ein konkreter Lebenssachverhalt geregelt, ist es vielmehr nahe liegend, diese Akte der Gruppe der in Form der Verordnung ergangenen Sammelentscheidungen zuzuschlagen.

---

wenhuyze-Morin; *Schulte*, Individualrechtsschutz gegen Normen, S. 57; *Hartley*, S. 358; *König*, JuS 2003, 257, 259. Eine solche Ausweitung befürworten auch *Burgi*, in: Rengeling/Middeke/Gellermann, 2. Auflage, § 7, Rn. 50; *Daig*, Nichtigkeits- und Untätigkeitsklagen, S. 77 f.; *Daig*, FS Riese, 187, 200 f.; *Borowski*, EuR 2004, 879, 888.

[486] *Schwarze*, FS Schlochauer, 927, 937; *Moitinho de Almeida*, FS Everling, Bd. I, 849, 858; *König*, JuS 2003, 257, 259.

[487] Rs. T-116/94, Slg. 1995, II-1, 14, Rn. 30– CNPAAP.

[488] EuGH, Rs. 113/77, Slg. 1979, 1185, 1205, Rn. 11 – NTN Toyo Bearing; Rs. C-354/87, Slg. 1990, I-3847, Rn. 23 – Weddel (Stellung von Anträgen); EuG, Rs. T-70/94, Slg. 1996, II-1741, Rn. 41 – Dole Fresh Fruit (Betroffene stehen fest, da sie bereits Referenzmengen für die Einfuhr von Bananen zugeteilt bekamen); *Hetmeier*, in: Lenz/Borchardt, Art. 249, Rn. 7.

[489] *Moitinho de Almeida*, FS Everling, Bd. I, 849, 852 ff.

[490] *Röhl*, ZaöRV 60 (2000), 331, 350.

[491] EuGH, Rs. 62/70, Slg. 1971, 897, Rn. 10 – Bock (Entscheidung an Mitgliedstaat, bereits Anträge gestellt); Rs. 11/82, Slg. 1985, 207, Rn. 19, 31 – Piraiki-Patraiki (Entscheidung an Griechenland mit der Ermächtigung, Einfuhren zu beschränken; zulässig, da Klägerinnen vor Erlass der Entscheidung Verträge geschlossen haben, deren Erfüllung aufgrund der Entscheidung unmöglich wird; beschränkter Kreis von Marktteilnehmern, deren Identität die Kommission festgestellt hat oder hätte feststellen können. Begründet); Rs. C-152/88, Slg. 1990, I-2477, Rn. 10 ff. – Sofrimport (Verordnung, Produkte sind bereits unterwegs, Kreis nicht mehr erweiterbar).

2. Anfechtbarkeit der „echten“ Verordnung

Eine „echte“ Verordnung[492] ist nach dem eindeutigen Wortlaut des Art. 230 Abs. 4 EG grundsätzlich von Privaten nicht angreifbar[493]. Das geht auch aus einem systematischen Vergleich mit Art. 241 EG hervor, der die Inzidentrüge von Verordnungen aus eben diesem Grunde ermöglicht[494]. Erst die mitgliedstaatlichen Anwendungsakte können vor den (nationalen) Gerichten angefochten werden. Wird eine Verordnung im mitgliedstaatlichen Verfahren für gemeinschaftsrechtswidrig gehalten, ist ein Vorlageverfahren gem. Art. 234 EG einzuleiten.

Aus historischer Sicht spricht auch ein Vergleich mit der unter engen Grenzen möglichen Anfechtbarkeit von Normativakten unter Art. 33 Abs. 2 EGKS-Vertrag gegen die Anfechtbarkeit[495]. Zum einen war die Klagemöglichkeit dort stark eingeschränkt, was deren Ausnahmecharakter verdeutlicht, zum anderen haben die Mitgliedstaaten in Kenntnis des EGKS-Vertrages offensichtlich bewusst auf das Einräumen einer solchen Klage im EG-Vertrag verzichtet.

a) Diskussion um die Anfechtbarkeit von Normativakten

Die Unanfechtbarkeit von Verordnungen wurde schon früh als übermäßige Beschränkung des Rechtsschutzes angesehen[496]. Aufgrund der Eindeutigkeit des Wortlauts kommt eine Durchbrechung dieses Grundsatzes aber nur in Betracht, wenn sie sich aus den Grundgedanken des Vertrages rechtfertigen lässt[497]. Es könnte sein, dass die vertragsschließenden Mitgliedstaaten eine Rechtsschutzlücke übersehen haben, indem sie damit rechneten, Verordnungen bedürften stets eines (nationalen oder gemeinschaftlichen) Umsetzungsaktes und seien daher im Rahmen der Nichtigkeitsklage gegen die

---

492 Siehe zur Diskussion um deren Anfechtbarkeit *Schulte*, Individualrechtsschutz gegen Normen, 2005; *Ehricke*, in: Streinz, Art. 230 Rn. 45 ff.; *Wegmann*, Die Nichtigkeitsklage Privater gegen Normativakte der Europäischen Gemeinschaften, 1976; *Waelbroeck/Verheyen*, CDE 31 (1995), 399 ff.; *Sedemund/Heinemann*, DB 1995, 1161 f.; *Nettesheim*, Public Interest Litigation, 225 ff.; *Vandersanden*, CDE 31 (1995), 535 ff.; *von Winterfeld*, NJW 1988, 1409 ff.

493 EuGH, Rs. 16 u. 17/62, Slg. 1962, 961, 977 f. – Confédération nationale des producteurs de fruits et légumes; Rs. 257/93, Slg. 1993, I-3335, Rn. 7-13 – Van Parijs; EuG, Rs. T-207/97, Slg. 1998, II-509, 518, Rn. 22 – Berthu; *Cremer*, in: Calliess/Ruffert, Art. 230 Rn. 35; *Hartley*, S. 356; *Daig*, FS Riese, 187, 194; *Koch*, Klagebefugnis, S. 130; *Nettesheim*, Public Interest Litigation, 225; *Röhl*, ZaöRV 60 (2000), 331, 346; *Fuß*, NJW 1964, 327, 331. Nach Art. III-365 des bislang gescheiterten Vertrages über eine Verfassung für Europa können natürliche und juristische Personen u.a. Klage erheben gegen *„Rechtsakte mit Verordnungscharakter, die sie unmittelbar betreffen und keine Durchführungsmaßnahmen nach sich ziehen“*.

494 *Daig*, FS Riese, 187, 195.

495 *Röhl*, ZaöRV 60 (2000), 331, 346. Siehe dazu *Steindorff*, Die Nichtigkeitsklage.

496 So *Bleckmann*, FS Menger, 871, 873; *Bebr*, Judicial Control, S. 54; *Constantinesco*, Rechtsschutz, S. 35 ff., 144 ff.; *Nettesheim*, Public Interest Litigation, 225, 234 ff.; *Riese*, EuR 1966, 24, 35 f., 42 f.; *Ule*, Gutachten 46. DJT, S. 136 f. Siehe auch deutlich die Ergebnisse des 60. Deutschen Juristentages 1994, Beschlüsse, 60. DJT, S. N.58. Die Einführung eines Rechtsbehelfes gegen Rechtsnormen der Union, die in Grundrechte eingreifen, schlägt *Böcker*, Wirksame Rechtsbehelfe, S. 135 ff., vor.

497 Ähnlich *Hartley*, S. 358: *„Though... not consistent with the wording of Article 230 EC, it is hard to believe that the authors of the Treaty would have intended otherwise: it would be wrong if the Commission could deprive an applicant of the right to challenge a decision by the simple expedient of not formally addressing it to anyone.“*

umsetzende Entscheidung inzident gem. Art. 241 EG oder Art. 234 EG überprüfbar[498]. Zumindest in den Fällen fehlenden Rechtsschutzes aufgrund fehlenden Umsetzungsaktes, also bei sog. „self executing"-Verordnungen, könnte dann eine direkte Anfechtbarkeit von Verordnungen angebracht und als Schließen einer ausfüllungsbedürftigen Lücke im Vertragstext auch vertragsgemäß sein[499].

Zudem treffen die Gemeinschaftsorgane immer detailliertere Vorschriften zur Regelung des wirtschaftlichen Lebens der Unionsbürger[500]. Auch diese Tatsache lässt das Entstehen einer Regelungslücke im Rechtsschutzsystem des EG-Vertrages vermuten, da die vertragsschließenden Parteien noch von einer anderen Funktion des EG-Rechts ausgingen. Der Tendenz einer intensiveren Rechtssetzung durch die Gemeinschaft sollte auch eine Tendenz der Ausweitung des Rechtsschutzes gegen Gemeinschaftsakte folgen.

Gegen die Ausweitung der Nichtigkeitsklage auf Verordnungen spricht aber, dass auch in den Mitgliedstaaten die Anfechtung von Normativakten nicht selbstverständlich ist[501]. Die Unanfechtbarkeit von Normativakten dient hier dem Schutz des unmittelbar demokratisch legitimierten Parlaments[502]. Die Anfechtbarkeit von Normativakten kann die Leistungsfähigkeit der Rechtssetzungsorgane stark behindern und den Rechtssetzungsprozess erheblich einschränken[503].

Anders als etwa im deutschen Recht, wo die Anfechtung von Verordnungen durch Private gem. § 47 VwGO ebenfalls beschränkt ist, ergehen im Gemeinschaftsrecht aber nur wenige Akte in Form der Entscheidung[504]. Die geläufigeren gemeinschafts-

---

[498] *Daig*, FS Riese, 187, 195 f. Ähnlich *Calliess*, NJW 2002, 3577, 3580 f.

[499] *Daig*, FS Riese, 187, 196; *Wölker*, DÖV 2003, 570, 571; *Röhl*, ZaöRV 60 (2000), 331, 348; *Sedemund/Heinemann*, DB 1995, 1161, 1162; *von Danwitz*, NJW 1993, 1108, 1112. Ähnlich *Ehlers*, VerwArch 84 (1993), 139, 153. AA: *Böcker*, Wirksame Rechtsbehelfe, S. 54 f.; *Burgi*, in: Rengeling/Middeke/Gellermann, 2. Auflage, § 7, Rn. 12, 49, geht zwar vom Vorliegen einer Rechtsschutzlücke aus, hält eine Erweiterung auf die Anfechtbarkeit dieser Verordnungen jedoch nicht für geboten.

[500] Vgl. *Schwarze*, FS Schlochauer, 927, 927; *Lübbig*, EuZW 2002, 415, 416. Mit einer Ausweitung der Befugnisse sollte eine stärkere gerichtliche Kontrolle einhergehen, *Rasmussen*, ELR 5 (1980), 112, 119 f.

[501] *Koch*, Klagebefugnis, S. 131; *Schwarze*, FS Schlochauer, 927, 932; *Schwarze*, FS Schlochauer, 927, 945 f.; *Böcker*, Wirksame Rechtsbehelfe, S. 207; *Wölker*, DÖV 2003, 570, 573 f.; *Waelbroeck/Verheyen*, CDE 31 (1995), 399, 403. In Deutschland ist die Anfechtbarkeit jedenfalls nicht generell ausgeschlossen, § 47 VwGO, vgl. auch *Schwarze*, FS Schlochauer, 927, 928.

[502] *Schulte*, Individualrechtsschutz gegen Normen, S. 21; *Borowski*, EuR 2004, 879, 894; *von Danwitz*, NJW 1993, 1108, 1112. Dementsprechend sind etwa administrative Verordnungen in Frankreich von Privatpersonen unmittelbar angreifbar, *Drewes*, S. 119; *Börner*, 46. DJT, S. G 32; *Sedemund/Heinemann*, DB 1995, 1161, 1162; *Fromont*, Gerichtsschutz, 221, 231 f.; *von Danwitz*, NJW 1993, 1108, 1112; *Fromont*, RTDE 1966, 47, 49.

[503] *Böcker*, Wirksame Rechtsbehelfe, S. 207.

[504] *Bleckmann*, FS Menger, 871, 873. Nach einer von *von Bogdandy, Bast und Arndt* durchgeführten Studie ergehen 37 % der Handlungen der Kommission in Form der Verordnung und 51 % in Form der Entscheidung, 32 % der Rechtsakte des Rates in Form der Verordnung, 18 % in Form der Richtlinie und 16 % in Form des Beschlusses sowie insgesamt 31 % der Gemeinschaftsakte in Form der Verordnung und 27 % in der der Entscheidung (Allerdings wurden nur die in den „Fundstellennachweis des geltenden Gemeinschaftsrechts" aufgenommenen Akte berücksichtigt.), *von Bogdandy/Bast/Arndt*, ZaöRV 2002, 77, 90 f.

rechtlichen Verordnungen haben inhaltlich oft administrativen Charakter und sind mit den Parlamentsgesetzen der Mitgliedstaaten nicht vergleichbar[505]. Außerdem folgt die strenge Trennung zwischen Einzel- und Normativakt in den Mitgliedstaaten dem Grundsatz der Gewaltenteilung, der aber im Verfassungsrecht der Gemeinschaft nicht in gleicher Weise gilt[506]. Dementsprechend unterscheiden die Ermächtigungsnormen im EG-Vertrag auch nicht nach exekutiven und legislativen Handlungen, sondern umfassen abstrakte und konkrete sowie allgemeine und individuelle Akte[507]. Auch ist das Europäische Parlament immer noch keines „klassischer Prägung", dessen Funktion in der Rechtsetzung besteht[508]. Aufgrund des vielfach beklagten Demokratiedefizits in der Gemeinschaft scheint der Schutz des demokratisch legitimierten Verordnungsgebers als Begründung der Unanfechtbarkeit von Verordnungen unangebracht. Vielmehr lässt sich die mangelhafte demokratische Legitimation für die Begründung eines Bedürfnisses nach einem Ausgleich in Form eines Anfechtungsrechts anführen[509].

Vor diesem Hintergrund ist das rein formale Argument des Vorliegens eines grundsätzlich nicht anfechtbaren Normativaktes wenig überzeugend. Ein Bedürfnis, gegen unmittelbar in subjektive Rechte eingreifende Akte vorzugehen, besteht unabhängig davon, unter welchen Bedingungen ein Rechtsakt zustande gekommen ist[510].

Das Argument, dass Sekundärrechtsakte auf europäischer Ebene oft erst nach zähem Ringen zustande kommen, es sich um schwer erzielbare, politische Kompromisse

---

505 *Böcker*, Wirksame Rechtsbehelfe, S. 209; *Borowski*, EuR 2004, 879, 894; *Sedemund/Heinemann*, DB 1995, 1161, 1162. Allerdings stuft *Hummer*, FS Fischer, 144, Durchführungsverordnungen, die meist von der Kommission erlassen werden, als Akte der Gesetzgebung ein. Auch *Daig*, FS Riese, 187, 195, zufolge ist die Verordnung als Akt unmittelbarer Rechtsetzung anzusehen, der innerstaatlich wohl dem Parlament vorbehalten wäre.

506 *Hegels*, S. 50; *Schmidt-Aßmann*, DVBl. 1993, 924, 925; Beutler/Bieber/Pipkorn/Streil, 5. Auflage, Rn. 84 f.; *Hegels*, S. 50; *Schmidt-Aßmann*, DVBl. 1993, 924, 925; Fuss, NJW 1964, 327, 329. Es gilt der Grundsatz des institutionellen Gleichgewichts: EuGH, Rs. C-70/88, Slg. 1990, I-2041, 2072, Rn. 21 ff.; Leitsatz 1 – Parlament / Rat; Rs. C-65/93, Slg. 1995, 643, 668, Rn. 21 – Parlament / Rat; *Oppermann*, § 5, Rn. 5, 10; *Schweitzer/Hummer*, Europarecht, 5. Auflage, Rn. 923 ff.; *von Danwitz*, Verwaltungsrechtliches System, S. 130 f.

507 *Von Bogdandy/Bast/Arndt*, ZaöRV 2002, 77, 83. Erst der Vertrag über eine Verfassung für Europa sollte eine klarere Abgrenzung der legislativen von den exekutiven Rechtsakten mit sich bringen. Vgl. Art. I-33 des Verfassungsvertrages, der das Europäische Gesetz sowie das Europäische Rahmengesetz ausdrücklich als Gesetzgebungsakt versteht, und die Europäische Verordnung als Rechtsakt ohne Gesetzgebungscharakter deklariert. Damit werden die Funktionen der jetzigen Verordnung teils vom Europäischen Gesetz, teils von der Europäischen Verordnung übernommen. Indem die Kompetenz zum Erlass der Akte einerseits Parlament und Rat, anderseits der Kommission übertragen wird, erfolgt gleichzeitig eine Aufteilung legislativer und exekutiver Gewalt, die der EG-Vertrag nicht kennt. Siehe insbesondere Art. I-20, I-23, I-26.

508 *Sedemund/Heinemann*, DB 1995, 1161, 1162. Zumindest auf mitgliedstaatlicher Ebene ist wesentliches Merkmal des formellen Gesetzes das bestimmende Mitwirken der Volksvertretung an dessen Zustandekommen; solche formellen Gesetze gibt es aber auf europäischer Ebene nicht, *Fuß*, NJW 1964, 327.

509 *Waelbroeck/Verheyen*, CDE 31 (1995), 399, 403.

510 *Sedemund/Heinemann*, DB 1995, 1161, 1162. Ähnlich *Constantinesco*, Recht der EG, S. 855: *„Der Grundsatz muss lauten, daß jeder, der in seinen Interessen durch eine Entscheidung unmittelbar und individuell betroffen ist, auch wenn er von der Entscheidung selbst nicht bezeichnet wird, klagebefugt ist."*

handelt und dass diese daher nicht aufgehoben werden sollten[511], kann zwar aus politischer Sicht sinnvoll erscheinen. Gerade ein solcher Kompromiss sollte aber gerichtlich überprüfbar sein, sobald er möglicherweise in Rechte einzelner eingreift. Zudem wird wiederum deutlich, dass der Urheber solcher politischer Kompromisse keineswegs mit einem klassischen Parlament vergleichbar ist.

Gegen die Anfechtbarkeit von Verordnungen spricht weiter die damit einhergehende Gefahr der Rechtsunsicherheit[512], die unübersehbare Zahl möglicher Kläger[513] sowie die Möglichkeit der Überprüfung der Verordnung über das Vorlageverfahren nach Art. 234 EG, die Inzidentkontrolle gem. Art. 241 EG oder die Erhebung einer Amtshaftungsklage nach Art. 288 Abs. 2 EG[514].

Das Vorlageverfahren gleicht die fehlende direkte Klagemöglichkeit aber aufgrund dessen mangelnder Erzwingbarkeit[515] und der erheblichen Verfahrensdauer[516] nur teilweise aus[517]. Auch auf die Bestimmung des Streitgegenstandes kann die Partei im einzelstaatlichen Verfahren keinen Einfluss nehmen[518]. Rechtspolitisch ist gerade die schnelle und verbindliche Nichtigerklärung von rechtswidrigen Akten wünschenswert, die nur mit Hilfe der Nichtigkeitsklage erreicht werden kann[519]. Zudem scheidet die Rechtmäßigkeitskontrolle eines Aktes im Vorlageverfahren aus, wenn der Betroffene den Akt mittels der Nichtigkeitsklage hätte anfechten können. Mit Ablauf der zweimonatigen Klagefrist nach Art. 230 Abs. 5 EG wird der Akt bestandskräftig mit der Folge, dass ein mitgliedstaatliches Gericht, vor dem sich der Betroffene auf die Rechtswidrigkeit des Gemeinschaftsaktes beruft, dessen Rechtmäßigkeit nicht mehr im Wege der Vorlage an den Gerichtshof in Frage stellen kann[520]. Ließe man ausschließlich die Anfechtung von Einzelakten vor dem Gerichtshof zu, führte dies vor dem Hintergrund der oben angesprochenen Unsicherheiten in Bezug auf die Einordnung einer Maßnahme als Normativ- oder Einzelakt für den Betroffenen zu einer unerträglichen Rechtsunsicherheit, die ihn praktisch zum vorsorglichen Einlegen einer Nichtigkeitsklage nach Art. 230 EG zwingen würde.

---

[511] *Schwarze*, FS Schlochauer, 927, 933 f.

[512] *Schwarze*, FS Schlochauer, 927, 933; aA *Schulte*, Individualrechtsschutz gegen Normen, S. 22.

[513] *Schwarze*, FS Schlochauer, 927, 932; *Röhl*, ZaöRV 60 (2000), 331, 347.

[514] *Schwarze*, FS Schlochauer, 927, 937 ff.; *Wölker*, DÖV 2003, 570, 574; *Röhl*, ZaöRV 60 (2000), 331, 347; *Everling*, DRiZ 1993, 5, 9; *Fuß*, NJW 1964, 327, 331.

[515] *Ortlepp*, Vertragsverletzungsverfahren, S. 80; *Allkemper*, S. 26 f.; *Röhl*, ZaöRV 60 (2000), 331, 347; *von Danwitz*, NJW 1993, 1108, 1112 f.

[516] *Von Danwitz*, NJW 1993, 1108, 1113

[517] *Bleckmann*, FS Menger, 871, 873; *Allkemper*, S. 27; *Sedemund/Heinemann*, DB 1995, 1161, 1162. Dies gestehen auch die Gegner der Anfechtbarkeit von Verordnungen ein, vgl. *Schwarze*, FS Schlochauer, 927, 937 f., 940: *„jedenfalls einen gewissen Ausgleich für die fehlende direkte Klagebefugnis"*.

[518] *Allkemper*, S. 26 f. Sie kann lediglich einen Schriftsatz mit eigener Stellungnahme einreichen, vgl. Art. 23 Abs. 2 Protokoll über die Satzung des Gerichtshofs vom 26. 2. 2001, BGBl. 2001 II, S. 1687.

[519] *Feddersen*, EuZW 2002, 532, 533.

[520] EuGH, Rs. C-188/92, Slg. 1994, I-833, 855, Rn. 26 – TWD Textilwerke Deggendorf; Rs. C-178/95, Slg. 1997, I-585, Rn. 19 ff. – Wiljo NV/Belgien; Rs. C-239/99, Slg. 2001, I-1197, Rn. 36 f. – Nachi Europe; *Borchardt* in: Lenz/Borchardt, Art. 234, Rn. 14; *Nowak*, Konkurrentenschutz, S. 263 f.; *Pache*, EuZW 1994, 615, 619.

Auch eine Amtshaftungsklage gegen die Gemeinschaft wegen Schädigung durch eine rechtswidrige Verordnung wird aus dem Grunde wenig erfolgversprechend sein, dass höherrangige, drittschützende Normen[521] im Gemeinschaftsrecht nach der Rechtsprechung äußerst selten sind[522]. Bei der Untätigkeitsklage sind die Rechtsschutzlücken noch gravierender, da kein mitgliedstaatlicher Umsetzungsakt besteht, der anfechtbar ist[523].

Auch sind die Mitgliedstaaten zwar gem. Art. 10 EG zur Schaffung eines effektiven Rechtsschutzsystems verpflichtet[524]. Kommen sie dieser Verpflichtung jedoch nicht nach, entsteht eine Rechtsschutzlücke[525]. Es wird daher gefordert, dass jedenfalls für einen solchen Fall fehlenden Rechtsschutzes ein Auffangtatbestand geschaffen wird[526].

b) Die Anfechtbarkeit von Normativakten in der Rechtsprechung des Gerichtshofs

Trotz des eindeutigen Wortlauts des Art. 230 Abs. 4 EG hat der EuGH[527] in einigen Entscheidungen Nichtigkeitsklagen, die sich gegen eine Verordnung richteten, für zulässig erachtet[528]. Vor allen Dingen anerkennt der Gerichtshof eine Anfechtbarkeit im

---

[521] EuGH, verb. Rs. 83 u. 94/76, 4, 15 u. 40/77, Slg. 1978, 1209, Rn. 4 – Bayrische HNL Vermehrungsbetrieb; Rs. 143/77, Slg. 1979, 3583, Rn. 10 – Koninklijke Scholten-Honig; *Schwarze*, FS Schlochauer, 927, 941 f.

[522] *Bleckmann*, FS Menger, 871, 874. Erforderlich ist ein qualifizierter Eingriff in eine höherrangige Rechtsnorm, die den Schutz des einzelnen bezweckt, EuGH, Rs. 153/73, Slg. 1974, 675, 694, Rn. 7 – Holtz & Willemsen; Rs. 43/72, Slg. 1973, 1055, 1070, Rn. 8 – Merkur; Rs. 238/78, Slg. 1979, 2955, 2972, Rn. 9 – Ireks-Arkady; *Lenz*, NJW 1994, 2063, 2066.

[523] *Bleckmann*, FS Menger, 871, 874.

[524] *König*, JuS 2003, 257, 260.

[525] *König*, JuS 2003, 257, 260.

[526] *König*, JuS 2003, 257, 260; *Nettesheim*, JZ 2002, 928, 934; *Everling*, DRiZ 1993, 5, 9. Generell für eine Anfechtbarkeit: *Ule*, Gutachten 46. DJT, S. 56; *Vandersanden*, CDE 31 (1995), 535, 545 ff., 552 (allerdings de lege ferenda); *Börner*, 46. DJT, S. G 35 f.; *Sedemund/Heinemann*, DB 1995, 1161, 1166; *von Danwitz*, NJW 1993, 1108, 1114; *von Winterfeld*, NJW 1988, 1409, 1410 ff.; *von Simson*, DVBl. 1966, 653, 656; *Riese*, EuR 1966, 24, 35 f., 42 f.; *von Simson*, DVBl. 1966, 653, 656.
Dagegen *Burgi*, in: Rengeling/Middeke/Gellermann, 2. Auflage, § 7, Rn. 49; *Cremer*, in: Calliess/Ruffert, Art. 230 Rn. 37; *Schwarze*, FS Schlochauer, 927, 930 f.; *Dauses*, Gutachten 60. DJT, S. 108 f.; *Matthies*, 46. DJT, S. G 62 f.; *Fuß*, NJW 1964, 327, 331. Dagegen auch *Allkemper*, S. 59 f., der sich aber nur auf "echte", d.h. den Kläger nicht individuell betreffende Verordnungen bezieht.

[527] Z.B. EuGH, Rs. 152/88, Slg. 1990, I-2477, Rn. 11 – Sofrimport (individuelle Betroffenheit wegen in der Vergangenheit liegender Antragstellung); Rs. C-309/89, Slg. 1994, I-1853, Rn. 17 ff. – Codorniú (Erfolg der Nichtigkeitsklage gegen eine Verordnung zur Regelung der Bezeichnung von Schaumwein); Rs. 50/00 P, Slg. 2002, I-6677, Rn. 36 – Unión de Pequeños Agricultores; EuG, Rs. T-116/94, Slg. 1995, II-1, Rn. 21, 26 – CNPAAP; Rs. T-482/93, Slg. 1996, II-609, 628, Rn. 56 – Weber; Rs. T-158/95, Slg. 1999, II-2219, Rn. 56 – Eridania. Bestätigung des Grundsatzes, aber Unzulässigkeit: EuG, Rs. T-54/98, Slg. 3083, 3097, II-, Rn. 36 – Aruba; Rs. T-370/02, Slg. 2004, II-2097, Rn. 56 – Alpenhain-Camembert-Werk. Eine Zusammenfassung verschiedener Deutungsversuche insbesondere der Entscheidung Codorniú findet sich bei *Böcker*, Wirksame Rechtsbehelfe, S. 53 f.

[528] *Vandersanden*, CDE 31 (1995), 535, 537 f.; *Waelbroeck/Verheyen*, CDE 31 (1995), 399, 401. *Götz*, DVBl. 2002, 1350, meint dazu: *„Damit wurde der Einstieg zur Klagebefugnis Einzelner gegen VOen etwas erweitert, ohne aber den Grundsatz, dass Individualklagen gegen VOen unzulässig sind,*

Bereich des Auferlegens von Antidumpingzöllen[529], wobei im Antidumpingrecht die Besonderheit besteht, dass Antidumpingzölle in Form von Verordnungen auferlegt werden und allgemeine Tragweite haben, da sie alle Importeure einer Produktart betreffen, während sie in der Praxis auf genau bestimmte Unternehmen abzielen[530]. Eine weitere Besonderheit ist die Tatsache, dass Exporteure nicht anderweitig Rechtsschutz in Anspruch nehmen können, da die Zölle den Importeuren auferlegt werden.[531]

Bei genauerer Betrachtung der nicht dem Bereich des Antidumping- oder Antisubventionsrecht zugehörigen Entscheidungen wird jedoch deutlich, dass der Gerichtshof an seiner Aussage festhält, dass Verordnungen nicht anfechtbar sind. Lediglich gegen einzelne, in einer Verordnung enthaltene Bestimmungen kann von Privaten Nichtigkeitsklage erhoben werden, wenn sich diese als Entscheidungen qualifizieren lassen[532]. Soweit er also eine Anfechtbarkeit (einzelner Teile!) einer Verordnung außerhalb des Bereichs der handelsrechtlichen Schutzmaßnahmen bejaht, rechtfertigt er dies dogmatisch, indem er Bestimmungen der Verordnung, die den Kläger individuell betreffen,

---

aufzugeben."

[529] EuGH, Rs. 113/77, Slg. 1979, 1185 ff. – NTN Toyo Bearing ("Kugellager"; erfolgreiche Nichtigkeitsklage führt zur Aufhebung einer Vorschrift der Verordnung); Rs. 53/83, Slg. 1985, 1621 ff. – Allied Corporation (Erfolg der Nichtigkeitsklage, Nichtigkeit der Verordnung insgesamt); Rs. C-358/89, Slg. 1991, I-2501, Rn. 13 f.– Extramet; Rs. 239 u. 275/82, Slg. 1984, 1005 – Allied Corporation II (Importeur klagt gegen Verordnung, zulässig aber unbegründet); EuG, Rs. T-155/94, Slg. 1996, II-873, 890, Rn. 45 – Climax Paper; Rs. T-2/95, Slg. 1998, II-3939, Rn. 49 ff. – Industrie des Poudres Sphériques (Nichtigkeitsklage gegen Verordnung zulässig, aber unbegründet); Rs. T-332/00 und T-350/00, Slg. 2002, II-4755, 4775, Rn. 46 ff. – Rica Foods und Free Trade Foods (Schutzmaßnahmen); Anders: EuGH, Rs. 307/81, Slg. 1982, 3463 – Alusuisse (Anfechtung einer Verordnung, die einen Antidumpingzoll auferlegt, nicht zulässig). *Cremer*, in: Individualrechtsschutz, S. 30; *Arzoz*, JöR 49 (2001), 299, 311.

[530] Z.B. Art. 9 Abs. 4, 5 und Art. 11 Abs. 4 UA 3 und Art. 14 Abs. 1 VO Nr. 384/96; Art. 15 Abs. 1, Art. 24 Abs. 1 VO Nr. 2026/97. *Nehl*, in: Individualrechtsschutz, 135, 146, bezeichnet die betroffenen Personen daher auch als „wirtschaftlich Hauptbetroffene". Siehe auch *Schwarze*, in: Schwarze, Art. 230 EG, Rn. 33; *Everling*, DVBl. 2002, 1297, 1300; *Sedemund/Heinemann*, DB 1995, 713, 717; *Neuwahl*, ELR 21 (1996), 17, 21. Diese Unternehmen genießen sogar eigene Verfahrensrechte im Untersuchungsverfahren der Kommission, Z.B. Art. 6 Abs. 5 VO Nr. 384/96; Art. 11 Abs. 5 VO Nr. 2026/97; *Röhl*, ZaöRV 60 (2000), 331, 351.

[531] *Schulte*, Individualrechtsschutz gegen Normen, S. 95. *Röhl*, ZaöRV 60 (2000), 331, 350, sieht die Antidumpingfälle als offensichtliche Abkehr von einem rechtsformbestimmten Verständnis des Art. 230 EG, da der EuGH hier nicht auf einzelne Bestimmungen der Verordnung abstellt, sondern diese insgesamt zwar als Verordnung einstuft, ihr aber trotzdem individuelle Wirkung beimisst.

[532] EuGH, Rs. C-309/89, Slg. 1994, I-1853, Rn. 17 – Codorniú: „*...Klage auf Nichtigerklärung einer Verordnung durch eine natürliche oder juristische Person davon abhängig..., daß die Vorschriften der Verordnung, auf die sich die Klage bezieht, in Wirklichkeit eine diese Person unmittelbar und individuell betreffende Entscheidung darstellen.*" EuGH, Rs. 50/00 P, Slg. 2002, I-6677, Rn. 36 – Unión de Pequeños Agricultores (hier sogar ausdrückliche Bestätigung der Nichtanfechtbarkeit von Normativakten); EuG, Rs. T-116/94, Slg. 1995, II-1, Rn. 21, 26 – CNPAAP; Rs. T-482/93, Slg. 1996, II-609, 628, Rn. 56 – Weber; EuG, Rs. T-207/97, Slg. 1998, II-509, 518, Rn. 23 – Berthu; Rs. T-158/95, Slg. 1999, II-2219, Rn. 56 – Eridania; Rs. T-114/99, Slg. 1999, II-3331, 3349, Rn. 44 – CSR Pampryl (Ursprungsbezeichnungen); Rs. T-332/00 und T-350/00, Slg. 2002, II-4755, 4775, Rn. 44 – Rica Foods und Free Trade Foods; Rs. T-391/02, Slg. 2004, II-1447, Rn. 43 – Bundesverband der Nahrungsmittel- und Speiseresteverwertung e.V.; Rs. T-78/04, Slg. 2004, II- noch nicht in amtlicher Sammlung, Rn. 27 – Sumitomo Chemical.

als Entscheidungen ansieht[533]. Da der Gerichtshof teilweise selbst die Qualifizierung der angefochtenen Maßnahme offen lässt, weil es darauf gar nicht ankomme[534], lässt der Wortlaut einiger Entscheidungen die Anerkennung der Anfechtung von Verordnungen allgemein vermuten[535]. Auch die zu an Mitgliedstaaten gerichteten Entscheidungen ergangenen Urteile lassen sich als Zulassung der Anfechtbarkeit von Normativakten generell heranziehen: *„Der Rechtssatzcharakter der angefochtenen Handlungen schließt jedoch nicht aus, daß sie bestimmte Unternehmen individuell betreffen können“*[536]. Teilweise wird deshalb das Herauskristallisieren einer neuen Regel vermutet, nach der die Anfechtung einer Maßnahme mit normativem Gehalt nicht schon wegen ihrer Rechtsnatur ausgeschlossen ist[537]. Im Hinblick auf die Anfechtbarkeit „echter“ Verordnungen hat der EuGH seine Rechtsprechung aber im Grundsatz nicht geändert.

III. Ergebnis zu D.

Faktisch ist nach der Rechtsprechung für die Zulässigkeit einer Nichtigkeitsklage unabhängig von der Rechtsqualität des Aktes nur noch die individuelle und unmittelbare Betroffenheit des Klägers maßgeblich. Die dennoch vom Gerichtshof vorgenommene Kategorisierung der angefochtenen Rechtsakte sollte deshalb entfallen[538].

E. Rechtsschutzgarantie

Das Recht auf effektiven gerichtlichen Rechtsschutz ergibt sich auf europäischer Ebene einerseits aus den allgemeinen Rechtsgrundsätzen der Mitgliedstaaten[539], findet an-

---

[533] Siehe schon oben, I. 3.

[534] EuGH, Rs. 72/74, Slg. 1975, 401, 409, Rn. 12/15 – Union syndicale; EuG; Rs. T-70/94, Slg. 1996, II-1741, Rn. 38 ff. – Dole Fresh Fruit (Verordnung betreffend das Zollkontingent für Bananen, zulässig, aber unbegründet); Rs. T-298/94, Slg. 1996, II-1531, Rn. 35 ff. – Roquette Frères II (Verordnung, Marktordnung Kartoffelstärke, unzulässig); Rs. T-125 u. 152/96, Slg. 1999, II-3427, Rn. 163 – Boehringer (Verordnung). Besonders deutlich EuGH, Rs. 123/77, Slg. 1978, 845, Rn. 6/7 – UNICME: *"Es braucht nicht untersucht zu werden, ob die angefochtene Maßnahme als eine Verordnung angesehen werden kann, es genügt festzustellen, ob die Klägerinnen von dieser Handlung tatsächlich unmittelbar und individuell betroffen sind"*. S. auch *Röhl*, ZaöRV 60 (2000), 331, 354; *Ehlers*, VerwArch 84 (1993), 139, 150 f.; *Sedemund/Heinemann*, DB 1995, 1161, 1166.

[535] EuG, Rs. T-2/95, Slg. 1998, II-3939, Rn. 49 – Industrie des Poudres Sphériques : *„Nach dem Urteil Extramet I des Gerichtshofes hängt die Zulässigkeit nur von der unmittelbaren und individuellen Betroffenheit des Klägers ab“*. Ähnlich EuGH, Rs. C-151/01 P, Slg. 2002, I-1179, 1198, Rn. 33 – La Conqueste (Ursprungsbezeichnung); EuG, Rs. T-231/02, Slg. 1051, 1066, Rn. 31 – Piero Gonelli: *„Dass die angefochtene Handlung ein genereller Rechtsakt und keine Entscheidung im Sinne des Artikels 249 EG ist, schließt jedoch für sich genommen noch nicht aus, dass einer Privatperson gegen die Handlung eine Nichtigkeitsklage zusteht.“*

[536] EuG, verb. Rs. T-480, 483/93, Slg. 1995, II-2305, Rn. 66 – Antillean Rice Mills.

[537] So etwa *Nettesheim*, Public Interest Litigation, 225, 230; *Cremer*, in: Individualrechtsschutz, S. 32; *Schweitzer*, FS Klein, S. 85, 100; *Borowski*, EuR 2004, 879, 888; *Röhl*, ZaöRV 60 (2000), 331, 351.

[538] *Hartley*, S. 358, kommt zu dem Ergebnis, dass jeder Akt, der in materieller Hinsicht eine Entscheidung darstellt, von nicht-privilegierten Klägern angefochten werden kann – unter der weiteren Voraussetzung, dass er entweder Adressat dieser Entscheidung ist oder von ihr unmittelbar und individuell betroffen wird.

[539] EuGH, Rs. 50/00 P, Slg. 2002, I-6677. 6734, Rn. 39 – Unión de Pequeños Agricultores; EuG, Rs. T-348/94, Slg. 1998, II-1875, 1901, Rn. 60 – Enso Española (in Bezug auf Entscheidungen, die ei-

dererseits seine Bestätigung in Art. 6 und 13 EMRK sowie Art. 47 der Grundrechtscharta und ist schließlich Bestandteil des in Art. 6 Abs. 1 EU niedergelegten Prinzips der Rechtsstaatlichkeit[540].

I. Rechtsschutzlücken im Direktklagesystem

Der Gerichtshof betrachtet die Art. 220 ff. EG als geschlossenes Rechtsschutzsystem, was sich aus dem Recht des Einzelnen auf Schutz der sich aus der Gemeinschaftsrechtsordnung herzuleitenden Rechte, ergibt[541]. Angesichts des bislang fehlenden Individualrechtsschutzes gegen Normen sowie individueller Normerlass-, Unterlassungs- und Leistungsklagen lässt sich hingegen auch bezweifeln, dass der Vertrag ein umfassendes Rechtsschutzsystem bietet[542]. Dementsprechend wird das EG-Prozessrecht aufgrund verschiedener Rechtsschutzlücken vielfach als unbefriedigend empfunden[543]. Neben der seit langer Zeit in Bezug auf die Anfechtbarkeit von Verordnungen geführten Diskussion um angemessenen Rechtsschutz[544] werden weitere Rechtsschutzlücken etwa im Bereich der Richtlinie gesehen. Weder kann der Einzelne direkt gegen eine rechtswidrige Richtlinie vorgehen[545], noch kann er deren Überprüfung erreichen, wenn das einzelstaatliche Gericht die Frage nicht dem Gerichtshof vorlegt[546]. Jedoch wird auch in diesem Bereich eine Anfechtbarkeit diskutiert[547], wobei es ebenfalls noch keine klare Antwort der Gemeinschaftsgerichte gibt. Aus dem Umstand, dass der Gerichtshof teilweise eine Prüfung der individuellen Betroffenheit vornimmt, lässt sich schließen, dass er zumindest in Ausnahmefällen die Möglichkeit anerkennt, auch

---

nen Wettbewerbsverstoß feststellen); *Rengeling/Middeke,* in: Rengeling/Middeke/Gellermann, 2. Auflage, § 1, Rn. 7; *Gundel,* in: Ehlers, EuGR, § 19, Rn. 2, 22; *Frenz,* Der Staat 34 (1995), 586, 596.

540 EuGH, Rs. 222/84, Slg. 1986, 1651, 1682, Rn. 18 – Johnston; Rs. 222/86, Slg. 1987, 4097, 4117, Rn. 14 – Heylens; Rs. C-97/91, Slg. 1992, 6313, 6334, Rn. 14 – Borelli; *Borchardt,* in: Lenz/Borchardt, Art. 220, Rn. 4; *von Dietze,* S. 127 f.; *Borowski,* EuR 2004, 879, 894; *Wölker,* DÖV 2003, 570, 573; *Calliess,* NJW 2002, 3577; *Waelbroeck/Verheyen,* CDE 31 (1995), 399, 426 f.

541 EuGH, Rs. 302/87, Slg. 1988, 5615, 5642, Rn. 20 – Parlament / Rat: „*...dem System des Vertrages ..., mit dem ein umfassendes System des Rechtsschutzes gegen Handlungen der Gemeinschaftsorgane geschaffen werden sollte, die Rechtswirkungen entfalten können*"; EuGH, Rs. 294/83, Slg. 1986, 1339, 1365, Rn. 23 – Les Verts; *Borchardt,* in: Lenz/Borchardt, Art. 220, Rn. 4; *Everling,* DVBl. 2002, 1297, 1299. *Röhl,* ZaöRV 60 (2000), 331, 339, will aus Art. 220 EG folgern, dass Rechtsschutz auch auf europäischer Ebene unabhängig von der Form der angefochtenen Handlung bei Beeinträchtigung von Rechten zu gewähren ist.

542 *Schneider,* NJW 2002, 2927, 2928; *Ehlers,* DVBl. 1991, 605, 613. Für die Einführung einer "Verfassungsbeschwerde" auf europäischer Ebene plädiert deshalb *Rengeling,* FS Everling, Bd. II, 1187 ff.

543 *Moitinho de Almeida,* FS Everling, Bd. I, 849, 866, 872; *Rasmussen,* ELR 5 (1980), 112 ff.; *Calliess,* NJW 2002, 3577, 3581; *Röhl,* ZaöRV 60 (2000), 331, 364; *Lenz,* NJW 1994, 2063, 2066. Ein in sich stimmiges System ohne Rechtsschutzlücken sehen *Dauses,* Gutachten 60. DJT, S. 108 f.; *Schwarze,* FS Schlochauer, 927, 945.

544 Siehe oben, D.II.2.a).

545 *Koch,* Klagebefugnis, S. 164. Ausführlich *Cremer,* EuZW 2001, 453 ff.

546 *Arnull,* CMLR 1995, 7, 46 ff.; *Lenz,* NJW 1994, 2063, 2066.

547 Eine Anfechtbarkeit befürwortend *Allkemper,* S. 95 ff., 112; *Everling,* DRiZ 1993, 5, 9; *Fuß,* DVBl. 1965, 378, 382 f. Ablehnend *Bleckmann,* Europarecht, Rn. 885.

Richtlinien mit der Nichtigkeitsklage anzugreifen[548]. Soweit er eine solche Anfechtbarkeit zulässt, wird die Klage aber stets am Erfordernis der unmittelbaren Betroffenheit des Einzelnen durch die Richtlinie scheitern, so dass die Einbeziehung von Richtlinien in die Gruppe der tauglichen Klagegegenstände von geringem praktischem Wert ist[549]. Mangels Vorhandenseins von Richtlinien im Bereich des Kartellrechts soll auf deren Tauglichkeit als Klagegegenstand auch nicht weiter eingegangen werden.

Rechtsschutz wird ebenfalls bei einem dem deutschen Jurist als „Allgemeinverfügung" bezeichneten Akt versagt, nämlich wenn ein Bürger zwar unmittelbar von einer Gemeinschaftsmaßnahme betroffen ist, aber als Mitglied einer bestimmten Kategorie von Personen und damit nach Auffassung des Gerichtshofs[550] nicht in individueller Weise[551]. Nach deutschem Verständnis ergeht ein Verwaltungsakt in einem Einzelfall, d.h. zur Regelung eines bestimmten Lebenssachverhaltes, wendet sich an einen bestimmten oder zumindest bestimmbaren Personenkreis und enthält damit eine konkret-individuelle Regelung[552]. Wenn hingegen sowohl die Zahl der Adressaten als auch die der betroffenen Sachverhalte unbestimmt ist, ist die Regelung abstrakt-genereller Natur und damit als Norm einzustufen[553]. Sind Art und Anzahl der betroffenen Personen unbestimmt, aber liegt nur ein räumlich oder zeitlich bestimmter Sachverhalt vor, handelt es sich um eine Allgemeinverfügung als Unterfall des Verwaltungsaktes[554], der ebenso wie letzterer mit der Anfechtungsklage angreifbar ist. Auch abstrakt-individuelle Maßnahmen sind nach deutschem Recht als Verwaltungsakte einzuordnen[555].

Während einige Autoren eine dem deutschen Modell entsprechende Einordnung der gemeinschaftlichen Handlungsformen versuchen[556], kennen weder EG-Vertrag noch

---

548 EuGH, Rs. C-10/95 P, Slg. 1995, I-4149, 4161, Rn. 35 ff. – Asocarne; EuG, Rs. T-135/96, Slg. 1998, II-2335, 2362, Rn. 63 – UEAPME; Rs. T-172, 175-177/98, Slg. 2000, II-2487, 2510, Rn. 52 ff. – Salamander; Rs. T-321/02, Slg. 2003, II-1997, 2008, Rn. 21 ff. – Paul Vannieuwenhuyze-Morin; *Burgi*, in: Rengeling/Middeke/Gellermann, 2. Auflage, § 7, Rn. 50; *König*, JuS 2003, 257, 260; *Röhl*, ZaöRV 60 (2000), 331, 352.

549 *Cremer*, EuZW 2001, 453, 454 f.

550 Z.B. als Hersteller von Margarine: EuGH, Rs. 97/85, Slg. 1987, 2265, Rn. 11 – Union Deutsche Lebensmittelwerke („Berlin-Butter").

551 *Lenz*, NJW 1994, 2063, 2066.

552 *Wolff/Bachof/Stober*, § 45, Rn. 76; *Ruffert*, in Erichsen/Ehlers, § 20, Rn. 32 ff. Ausführliche Darstellung der möglichen Abgrenzungskriterien bei *von Mutius*, FS Wolff, 167, 177 ff.

553 *Ruffert*, in Erichsen/Ehlers, § 20, Rn. 33.

554 § 35 S. 2 VwVfG; *Ruffert*, in Erichsen/Ehlers, § 20, Rn. 35; *Wolff/Bachof/Stober*, § 45, Rn. 78 f. Der Unterschied zur sog. Sammelverfügung ist darin zu erblicken, dass bei dieser die Adressaten bereits im Zeitpunkt des Erlasses der Maßnahme feststehen, *Wolff/Bachof/Stober*, § 45, Rn. 77; *Stelkens*, ZEuS 2005, 61, 69.

555 *Wolff/Bachof/Stober*, § 45, Rn. 79; *Ruffert*, in Erichsen/Ehlers, § 20, Rn. 35.

556 Laut *Koch*, Klagebefugnis, S. 164, sollen konkret-individuelle Akte als Entscheidungen, abstrakt-generelle als Verordnungen und die beiden Zwischenstufen – abstrakt-individuell und konkret-generell – als Entscheidungen einzustufen sein; mit der Begründung, dass die Verwaltung in der Lage sein müsse, derartige Maßnahmen als Entscheidungen zu erlassen. *Allkemper*, S. 63, hingegen bezeichnet abstrakt-individuelle Regelungen als Allgemeinverfügungen und ordnet sie aufgrund ihrer individuellen Wirkung den Entscheidungen zu, während er die konkret-generellen Regelungen der Gruppe der Verordnungen zuschlägt.

Gerichtshof eine der Allgemeinverfügung entsprechende Rechtsform[557], obwohl GA *Roemer* deren Einführung mehrfach gefordert hat[558]. Die Maßnahme, die einen konkreten Sachverhalt regelt, den Einzelnen unmittelbar betrifft, ihn aber nicht individuell bezeichnet, wird ohne weitere Differenzierung der Gruppe der Verordnungen mit der Folge der fehlenden Anfechtbarkeit zugeschlagen[559]. Folglich kommt es auf das Kriterium der konkreten oder generellen Bestimmung des zu regelnden Lebenssachverhalts auf europäischer Ebene gar nicht an[560]. Einzig die Wirkung eines Aktes auf eine Einzelperson oder eine Personengruppe für dessen Anfechtbarkeit entscheidend sein zu lassen birgt aber die Gefahr, bei gleicher Art und Intensität der Betroffenheit Rechtsschutz aus dem Grunde zu versagen, dass neben dem Kläger noch weitere Personen betroffen sind[561]. Dabei ist die durch eine solche Maßnahme bewirkte Rechtsverletzung in der Regel umfangreicher als bei Betroffenheit nur einer einzelnen Person[562].

Die Erforderlichkeit wirksamen Rechtsschutzes des Einzelnen gegen Gemeinschaftsakte wird aus dem Grunde noch verstärkt, dass im europäischen Recht eine Gültigkeitsvermutung von Rechtsakten der Gemeinschaftsorgane besteht, solange diese nicht aufgehoben oder zurückgenommen worden sind[563]. Anders als im deutschen Recht[564] gilt diese Vermutung auch für Normativakte[565]. Nichtigkeit tritt nur ausnahmsweise bei offenkundigen und schwerwiegenden, von der Rechtsordnung nicht mehr tolerablen Fehlern ein[566]. Werden die Verwaltungsorgane selbst nicht tätig, bleibt

---

[557] *Bockey*, S. 50; *von Danwitz*, DÖV 1996, 481, 486. AA *Triantafyllou*, DÖV 1997, 192, 199, demzufolge der Gerichtshof lediglich auf die Bezeichnung als Allgemeinverfügung verzichtet.

[558] GA Roemer, Rs. 6/68, Slg. 1968, 622, 626 f. – Zuckerfabrik Watenstedt; GA Roemer, Rs. 63/69, Slg. 1970, 213, 218 – Compagnie francaise commerciale; GA Roemer, Rs. 41-44/70, Slg. 1971, 429, 433 f. – Fruit Company; *Drewes*, S. 119. Auch *von Danwitz*, NJW 1993, 1108, 1110, sieht den Rechtsschutz gegen „Allgemeinverfügungen" als defizitär an.

[559] *Bockey*, S. 50.

[560] So auch *Daig*, Nichtigkeits- und Untätigkeitsklagen, Rn. 109; *Thierfelder*, Die Entscheidung, S. 95 f.

[561] *Daig*, FS Riese, 187, 210.

[562] GA Jacobs, Rs. 50/00 P, Slg. 2002, I-6681, Rn. 59 – Unión de Pequeños Agricultores.

[563] EuGH, Rs. 7/56 u. 3-7/57, Slg. 1957, 83, 126 – Algera; Rs. 15/85, Slg. 1987, 1005, 1036, Rn. 10 – Consorzio Cooperative d'Abruzzo; Rs. C-137/92 P, Slg. 1994, I-2555, Rn. 48 – Kommission/BASF, Rs. C-344/98, Slg. 2000, I-11369, 11429, Rn. 53 – Masterfoods; Rs. C-475/01, Slg. 2004, I-8923, Rn. 18 – Kommission/Griechenland; *Stotz/Tonne*, in Dauses, Hdb. EU-WirtschaftsR, P.I, Rn. 79; *Schmidt*, in: GS, Art. 249, Rn. 21; *Ruffert*, in: Calliess/Ruffert, Art. 249, Rn. 17; *Borchardt*, in: Lenz/Borchardt, Art. 230, Rn. 9; *Schwarze*, Eur. Verwaltungsrecht, 2. Auflage, S. 945; Köppen, Gruppenfreistellungsverordnungen, S. 211; *Arzoz*, JöR 49 (2001), 299, 301.

[564] Nichtigkeit bei inhaltlichen Fehlern oder evidenten Verfahrensfehlern, BVerfGE 31, 47, 53; 34, 9, 25; 91, 148, 175.

[565] EuGH, Rs. 101/78, Slg. 1979, 623, 636, Rn. 4 – Granaria; Rs. C-310/89, Slg. 1991, 1381, Leitsatz Nr. 2 – Kom / Niederlande; *Nettesheim*, in: Grabitz/Hilf, Art. 249, Rn. 226; *Arzoz*, JöR 49 (2001), 299, 302. AA: *Busse*, JöR 49 (2001), 541, 554 f.

[566] EuGH, Rs. 15/85, Slg. 1987, 1005, 1036, Rn. 10 – Consorzio Cooperative d'Abruzzo; Rs. C-475/01, Slg. 2004, I-8923, Rn. 19 – Kommission/Griechenland; *Ruffert*, in: Calliess/Ruffert, Art. 249, Rn. 17; *Burgi*, in: Rengeling/Middeke/Gellermann, 2. Auflage, § 7, Rn. 34 (dann sog. Nichtakte); *Arzoz*, JöR 49 (2001), 299, 310; *Borchardt*, in: Lenz/Borchardt, Art. 230, Rn. 9: derart schwere und offenkundige Fehler, dass diese ins Auge springen. Dies entspricht dem Prinzip der Wirksamkeit von Verwaltungsakten im deutschen Recht.

dem Gemeinschaftsbürger damit bei selbst vollziehenden Normativakten[567] nur die gerichtliche Anfechtung der Maßnahme, um eine Bestandskraft des rechtswidrigen Aktes zu vermeiden.

II. Berücksichtigung von Rechtsschutzlücken durch den Gerichtshof

In der Rechtsprechung lässt sich eine neue Tendenz beobachten, das Fehlen eines effektiven gerichtlichen Rechtsschutzes und insbesondere die Wechselwirkungen mit Rechtsschutzmöglichkeiten vor einzelstaatlichen Gerichten als Argument für das Zugeständnis eines Klagerechts vor dem Gerichtshof zu nutzen.

So fordert Generalanwalt *Jacobs* in seinen Schlussanträgen zur Rechtssache *Unión de Pequeños Agricultores*[568] eine erweiterte Auslegung des Kriteriums der individuellen Betroffenheit unter anderem mit der Begründung des ansonsten fehlenden Rechtsschutzes. Dazu stellt er dar, warum die nationalen Gerichte nicht geeignet seien, die gemeinschaftsrechtlich eingeräumte Rechtsschutzgarantie zu gewähren, und welche Vorteile die Nichtigkeitsklage gegenüber einer Vorlagefrage biete, wenn die Rechtswidrigkeit eines Gemeinschaftsrechtsaktes in Frage stehe[569]. Das Kriterium der individuellen Betroffenheit solle daher unter Aufgabe der bisherigen Rechtsprechung und damit der Ausräumung einer *„Reihe von Anomalien“*[570] dahingehend verstanden werden, dass ein Einzelner als von einer Gemeinschaftshandlung individuell betroffen anzusehen ist, *„wenn die Handlung aufgrund seiner persönlichen Umstände erhebliche nachteilige Auswirkungen auf seine Interessen hat oder wahrscheinlich haben wird“*[571].

Auf sonstige Anforderungen an den Klagegegenstand geht Generalanwalt Jacobs nicht ein. Er fordert somit die Zulässigkeit der Nichtigkeitsklage unabhängig von der Rechtsnatur der angegriffenen Maßnahme, wenn der Kläger aufgrund persönlicher Umstände in seinen Interessen beeinträchtigt ist.

In der Folge hat das Gericht erster Instanz die Anfechtbarkeit einer Verordnung aus dem Grunde zugelassen, dass dem Kläger ansonsten kein wirksamer Rechtsbehelf zur Verfügung stünde und ein Abwarten der durch den Mitgliedstaat zu verhängenden Sanktion oder die Anstrengung einer Schadensersatzklage unzumutbar sei[572]. Daher sei eine weite Auslegung des Kriteriums der individuellen Betroffenheit im Lichte der

---

[567] Für alle übrigen gilt bei der Anfechtung des Vollzugsaktes die Rechtswidrigkeitseinrede des Art. 241 EG.

[568] GA Jacobs, Rs. 50/00 P, Slg. 2002, I-6681, Rn. 62 – Unión de Pequeños Agricultores: Gefahr eines ‘déni de justice’, d.h. einer Versagung von Rechtsschutz. Zu dieser Entwicklung ausführlich *Braun/Kettner*, DÖV 2003, 58, 60 ff.

[569] GA Jacobs, Rs. 50/00 P, Slg. 2002, I-6681, Rn. 40 ff., 45 ff. – Unión de Pequeños Agricultores.

[570] GA Jacobs, Rs. 50/00 P, Slg. 2002, I-6681, 6698, Rn. 67 – Unión de Pequeños Agricultores.

[571] GA Jacobs, Rs. 50/00 P, Slg. 2002, I-6681, 6698, Rn. 60 – Unión de Pequeños Agricultores.

[572] EuG, Rs. T-177/01, Slg. 2002, II-2365, 2383, Rn. 51 – Jégo-Quéré (Nichtigkeitsklage einer Fischfangreederei gegen eine Verordnung zur Festlegung von bestimmten Maschengrößen). Bereits aufgehoben durch die Rechtsmittelentscheidung des EuGH, Rs. C-263/02 P, Slg. 2004, I-3425, 3459, Rn. 36 ff. – Jégo-Quéré; auf Anraten von GA Jacobs, Rs. C-263/02 P, Slg. 2002, I-3429, 3439, Rn. 46, der dieses Ergebnis nun als *„unvermeidliche Folge der Grenzen, die nach Auffassung des Gerichtshofes durch den gegenwärtigen Wortlaut von Artikel 230 Absatz 4 EG gezogen werden“*.

Art. 6 und 13 EMRK[573] sowie Art. 47 der Grundrechte-Charta[574] vorzunehmen. Die Kläger seien als individuell betroffen anzusehen, *„wenn diese Bestimmung ihre Rechtsposition unzweifelhaft und gegenwärtig beeinträchtig[e], indem sie ihre Rechte einschränk[e] oder ihr Pflichten auferleg[e]"*[575]. Eine Verordnung wäre in der Folge von jedem anfechtbar, der durch sie in seinen Rechten oder Interessen unmittelbar und gegenwärtig betroffen würde[576]. Damit erfolgte nicht nur eine Erweiterung in Bezug auf den Klagegegenstand, sondern auch hinsichtlich der Klagebefugnis.

Der EuGH hingegen ist dieser Beurteilung in der Sache *Unión de Pequeños Agricultores* in einer Plenums-Entscheidung entgegen dem Anraten des Generalanwaltes nicht gefolgt[577]. Zwar anerkennt er ausdrücklich das Recht auf effektiven gerichtlichen Rechtsschutz, das zu den allgemeinen Rechtsgrundsätzen der Mitgliedstaaten gehöre[578], meint aber weiter, der EG-Vertrag bilde ein geschlossenes Rechtsschutzsystem, dessen Vollständigkeit durch die Mitgliedstaaten über die Ausgestaltung der nationalen Verfahren garantiert werden müsse, wozu diese nach Art. 5 EGV (Art. 10 EG) verpflichtet seien[579]. Die Ausweitung der Klagebefugnis allein unter Berufung auf das Grundrecht auf effektiven Rechtsschutz sei nicht möglich. Der Gerichtshof könne sich nicht über die ausdrücklich im Vertrag vorgesehenen Voraussetzungen hinwegsetzen, deren Änderung allein Aufgabe der Mitgliedstaaten sei[580].

---

573 Art. 6 EMRK enthält Verfahrensgarantien, Art. 13 EMRK lautet: *„Jede Person, die in ihren in dieser Konvention anerkannten Rechten ... verletzt worden ist, hat das Recht, bei einer innerstaatlichen Instanz eine wirksame Beschwerde zu erheben, ...".*

574 Art. 47 der Grundrechtscharta: *„Jede Person, deren durch das Recht der Union garantierte Rechte oder Freiheiten verletzt worden sind, hat das Recht, nach Maßgabe der in diesem Artikel vorgesehenen Bedingungen bei einem Gericht einen wirksamen Rechtsbehelf einzulegen."*

575 EuG, Rs. T-177/01, Slg. 2002, II-2365, 2383, Rn. 51 – Jégo-Quéré. Kritisch *Köngeter*, NJW 2002, 2216, 2217 f. Die Entscheidung begrüßend etwa *Schneider*, NJW 2002, 2927 f.; *Lübbig*, EuZW 2002, 415 f.

576 *König*, JuS 2003, 257, 259.

577 EuGH, Rs. 50/00 P, Slg. 2002, I-6677 – Unión de Pequeños Agricultores. Dazu *Götz*, DVBl. 2002, 1350, demzufolge der EuGH dadurch Kontinuität und Konstanz in seiner Entscheidungspraxis bewiesen hat. Im Anschluss auch EuGH, Rs. C-263/02 P, Slg. 2004, I-3425, Rn. 34, 50 – Jégo-Quéré. Zustimmend *Wölker*, DÖV 2003, 570, 575 ff.

578 EuGH, Rs. 50/00 P, Slg. 2002, I-6677. 6734, Rn. 39 – Unión de Pequeños Agricultores.

579 Um den Aussagen des Gerichtshofs zu entsprechen, sucht *Borowski*, EuR 2004, 879, 897, nach Rechtsschutzmöglichkeiten gegen Verordnungen auf nationaler Ebene. Dazu schlägt er vor, eine vorbeugende Feststellungsklage gem. § 43 Abs. 1 VwGO oder die prinzipale Normenkontrolle gem. § 47 VwGO derart auszugestalten, dass dem Einzelnen ein Rechtsbehelf gegen gemeinschaftsrechtliche Normativakte geboten wird. Dabei geht er jedoch nicht auf die Tatsache ein, dass einzelstaatliche Institutionen zur Überprüfung der Gültigkeit und zur Nichtigerklärung von Gemeinschaftsakten nicht befugt sind. Es bliebe nur die Möglichkeit einer Vorlage an den Gerichtshof, was das nationale Gericht zu einer reinen Durchlaufinstanz verkommen ließe.

580 EuGH, Rs. 50/00 P, Slg. 2002, I-6677, 6735, Rn. 44 f. – Unión de Pequeños Agricultores. Bestätigt durch EuGH, Rs. C-258/02 P, Slg. 2003, I-15105, 15130, Rn. 58 – Bactria (mit dem Argument, der Gemeinschaftsrecht müsste sonst in jedem Einzelfall das nationale Verfahrensrecht auslegen); EuG, Rs. T-231/02, Slg. 2004, II-1051, 1072, Rn. 53 f. – Piero Gonelli; Rs. T-370/02, Slg. 2004, II-2097, Rn. 71 f. – Alpenhain-Camembert-Werk; Rs. T-391/02, Slg. 2004, II-1447, Rn. 57 – Bundesverband der Nahrungsmittel- und Speiseresteverwertung e.V. So auch *Oppermann*, § 9, Rn. 50; *Lenz*, NJW 1994, 2063, 2066. *Götz*, DVBl. 2002, 1350, und *König*, JuS 2003, 257, 260, beurteilen als positiv, dass der EuGH an der grundsätzlichen Systematik des EG-Vertrages festhält, indem er die Nichtan-

Diese strenge, am Wortlaut orientierte Auslegung durch den Gerichtshof wird insbesondere mit dem Argument kritisiert, der Gerichtshof überschreite selbst bei der Auslegung des Art. 230 EG die Wortlautgrenze[581]. Dies wird bei der Zulässigkeit der Anfechtung von (Schein-) Richtlinien, ohne dass Richtlinien in Art. 230 Abs. 4 EG auch nur Erwähnung finden, besonders deutlich.

Der EuGH selbst hat schon Direktklagen mit dem Hinweis auf ein mögliches Vorlageverfahren abgewiesen[582] und insofern Wechselwirkungen mit einem dezentralen Rechtsschutz vor den mitgliedstaatlichen Gerichten anerkannt[583]. So hat auch Generalanwalt *Lenz* eine Nichtigkeitsklage von (konkurrierenden) Margarineherstellern gegen eine an die Bundesrepublik gerichtete Entscheidung, die die Förderung des Butterabsatzes durch kostenloses Verteilen von Butter in Berlin vorsah, unter anderem mit dem Hinweis auf das Vorhandensein nationalen Rechtsschutzes und möglicher Schadensersatzansprüche auf europäischer Ebene als unzulässig erachtet[584]. Anerkennt man sol-

---

fechtbarkeit der Verordnung aufrechterhält. Für einen Willen der Mitgliedstaaten zur Erweiterung der Zulässigkeitsvoraussetzungen lässt sich die gegenüber Art. 230 EG leicht veränderte Fassung des bislang gescheiterten Art. III-365 des Verfassungsvertrages anführen, nach der eine natürliche oder juristische Person *„die an sie gerichteten oder sie unmittelbar und individuell betreffenden* ***Handlungen***" angreifen kann. Obwohl der Verfassungsvertrag vorerst nicht in Kraft treten wird, zeigt sich hieran doch eine Tendenz, den Rechtsschutz auf europäischer Ebene zu erweitern.

[581] *Feddersen*, EuZW 2002, 532, 534. GA Jacobs, Rs. 50/00 P, Slg. 2002, I-6681, Rn. 71 – Unión de Pequeños Agricultores: *„Die restriktive Haltung gegenüber Individualklägern ... erscheint angesichts der auf der Grundlage der anderen Absätze von Artikel 173 EWG-Vertrag entschiedenen Fälle als kaum zu rechtfertigen, in denen der Gerichtshof eine großzügige und dynamische Auslegung des Vertrages oder sogar eine Auslegung entgegen dem Wortlaut vorgenommen hat"*. Z.B. EuGH, Rs. 294/83, Slg. 1986, 1339, 1364, Rn. 22 – Les Verts. Auch *Schmidt-Aßmann*, JZ 1994, 832, 836 und *Steindorff*, ZHR 150 (1986), 222, 243, stellen fest, dass der Gerichtshof bei der Auslegung der Art. 230, 232 EG auf ein wortlautgetreues Verständnis verzichtet. AA *Ehricke*, in: Streinz, Art. 230 EG, Rn. 60.

[582] EuGH, Rs. 123/77, Slg. 1978, 845, Rn. 8/13 – UNICME; Rs. 239 u. 275/82, Slg. 1984, 1005, Rn. 15 – Allied Corporation; Rs. 97/85, Slg. 1987, 2265, Rn. 12 – Union Deutsche Lebensmittelwerke („Berlin-Butter"); Rs. C-209/94 P, Slg. 1996, I-615, Rn. 35 f. – Buralux; - EuGH, Rs. C-447/98 P, Slg. 2000, I-9097, Rn. 77 – Molkerei Großbraunshain: *„Im Übrigen haben die Rechtsmittelführerinnen nicht dargetan, dass es für sie ausgeschlossen ist, bei einem nationalen Gericht gegen einen Wettbewerber, der einen Käse unter der Bezeichnung Altenburger Ziegenkäse vertreibt, mit der Begründung Klage zu erheben, dass dieser Käse nicht in dem geografischen Gebiet hergestellt worden sei, das allein den Bestimmungen der Verordnung Nr. 123/97 entspreche. Im Rahmen einer solchen Klage könnten sie die Rechtswidrigkeit der Verordnung Nr. 123/97 geltend machen"*; Rs. C-151/01 P, Slg. 2002, I-1179, 1203, Rn. 49 – La Conqueste. Hinweis auf laufendes Verfahren und mögliche Vorlage innerhalb desselben in EuGH, Rs. C-321/95 P, Slg. 1998, I-1651, 1716, Rn. 33 – Greenpeace; EuG, Rs. T-298/94, Slg. 1996, II-1531, Rn. 45 – Roquette Frères. *Booß*, in: Grabitz/Hilf, Art. 230, Rn. 79; *Schwarze*, FS Schlochauer, 927, 939; *von Danwitz*, NJW 1993, 1108, 1111. Auch der BGH, Beschluss vom 6. 3. 2001, Rn. 8, ZIP 2001, 807 f., zieht einen möglichen Rechtsschutz des Klägers auf europäischer Ebene als Argument dafür heran, dass keine mitgliedstaatliche Pflicht zur Anwendung der Art.81, 82 EG aus Art. 10 EG besteht.

[583] Das Argument, die Zulassung einer Klage sei zur wirksamen Gewähr von Rechtsschutz nicht erforderlich, wird auch im Hinblick auf die Nichtanfechtbarkeit von Zwischenmaßnahmen herangezogen, vgl. EuGH, Rs. 60/81, Slg. 1981, 2639, Rn. 24 – IBM. Zu den Wechselwirkungen zwischen gemeinschaftlichem und mitgliedstaatlichem Rechtsschutz ausführlich *Nowak*, Konkurrentenschutz, S. 253 ff.

[584] GA Lenz, Rs. 97/85, Slg. 1987, 2265, Rn. 46 f. – „Berlin-Butter".

che Wechselwirkungen, so sollte man konsequenterweise auch im umgekehrten Fall Rechtsschutz gewähren, wenn dieser auf nationaler Ebene nicht zu erreichen ist[585].

F. Anforderungen an die Rechtswirkung eines Klagegegenstandes

Nach den Feststellungen, dass Klagegegenstand nicht allein eine Entscheidung im Sinne von Art. 249 EG sein kann, dass die vom Gerichtshof vorgenommene Abgrenzungsmethode zwischen Verordnung und Entscheidung nicht eindeutig ist, dass die Rechtsprechung im Ergebnis teilweise auch die Anfechtung von Normativakten zulässt und dass es schließlich einen allgemeinen Willen zur Erweiterung des Rechtsschutzes auf europäischer Ebene – jedenfalls de lege ferenda – gibt, sollen nun vor diesem Hintergrund handhabbare Anforderungen an einen tauglichen Klagegegenstand entwickelt werden.

Auch bisher bedürfen sowohl Handlungen i. S. v. Art. 230 Abs. 1 als auch Entscheidungen i. S. v. Art. 230 Abs. 4 EG unabhängig von der daneben vorgenommenen Einordnung als Einzel- oder Normativakt der Verbindlichkeit, um vor dem Gerichtshof angegriffen zu werden. Nach ständiger Rechtsprechung sind *„Maßnahmen, die verbindliche Rechtswirkungen erzeugen, welche die Interessen des Klägers durch Eingriff in seine Rechtsstellung beeinträchtigen, Handlungen und Entscheidungen, gegen die die Anfechtungsklage nach Artikel 173 [heute Art. 230 EG] gegeben ist"*[586]. Damit kommt es für die Tauglichkeit als Klagegegenstand darauf an, dass eine Maßnahme verbindliche Rechtswirkung erzeugt[587]. Auch atypische Akte können somit taugliche Klagegegenstände sein, soweit sie Rechtswirkungen erzeugen[588]. Diese Kriterien sol-

---

[585] Dies fordern etwa *Moitinho de Almeida*, FS Everling, Bd. I, 849, 872, und *Calliess*, NJW 2002, 3577, 3582, der diese Problematik im Rechtsschutzbedürfnis lokalisiert.

[586] EuGH, Rs. 8-11/66, Slg. 1967, 100, 122 – AG Cimenteries – „Zementfabriken"; Rs. 60/81, Slg. 1981, 2639, 2651, Rn. 9 – IBM; Rs. 135/84, Slg. 1984, 3577, Rn. 6 – F.B.; Rs. 53/85, Slg. 1986, 1965, Rn. 16 – Akzo Chemie; Rs. 114/86, Slg. 1988, 5289, Rn. 12 – Großbritannien/Kom; EuG, Rs. T-64/89, Slg. 1990, II-367, Rn. 42 – Automec I; Rs. T-3/93, Slg. 1994, II-121, 149, Rn. 43 – Air France; Rs. T-274/97, Slg. 1998, II-2927, 2934, Rn. 24 – Ca'Pasta; Rs. T-158/95, Slg. 1999, II-2219, Rn. 51 – Eridania (zusätzlich wird als „Klagebefugnis" bezeichnete Frage geprüft, ob die Verordnung in Wirklichkeit eine die Klägerin unmittelbar und individuell betreffende Entscheidung darstellt); Rs. T-125 u. 152/96, Slg. 1999, II-3427, Rn. 158 – Boehringer (dies wird unter der Überschrift „Rechtsschutzbedürfnis" geprüft und im Anschluss daran individuelle und unmittelbare Betroffenheit untersucht); Rs. T-125 u. 127/97, Slg. 2000, II-1733, 1762, Rn. 77 – Coca-Cola; ähnlich EuGH, Rs. C-313/90, Slg. 1993, I-1125, 1184, Rn. 24 – CIRFS; *Booß*, in: Grabitz/Hilf, Art. 230, Rn. 16; *Burgi*, in: Rengeling/Middeke/Gellermann, 2. Auflage, § 7, Rn. 37; *Birk*, EWS 2003, 159, 160; *Everling*, DVBl. 2002, 1297, 1300; *Schödermeier/Wagner*, WuW 1994, 403, 406; *Stevens*, ECLR 15 (1994), 81, 84.

[587] EuGH, Rs. C-366/88, Slg. 1990, I-3571, Rn. 8 – Frankreich / Kom; EuG, Rs. T-64/89, Slg. 1990, II-367, Rn. 42 – Automec I; Rs. T-24/90, Slg. 1992, II-2223 – Automec II (während die Klage in der Rs. Automec I aufgrund der vorläufigen Rechtsnatur des angefochtenen Schreibens als unzulässig zurückgewiesen wurde, beschäftigt sich das Gericht in Automec II, in der das endgültige Schreiben Klagegegenstand ist, nur noch mit Fragen der Begründetheit); *Stotz/Tonne*, in: Dauses, Hdb. EU-WirtschaftsR, P.I, Rn. 78; *Burgi*, in: Rengeling/Middeke/Gellermann, 2. Auflage, § 7, Rn. 37; *Nettesheim*, in: Grabitz/Hilf, Art. 249, Rn. 224.

[588] Beutler/Bieber/Pipkorn/Streil, 4. Auflage, S. 200; *Borchardt*, in: Lenz/Borchardt, Art. 230, Rn. 12. Als Beispiele nennt Borchardt Handlungen, mit denen ein Organ sich selbst bindet, Leitlinien oder Entscheidungspraktiken.

len als an den Klagegegenstand zu stellende Anforderungen herangezogen werden. Auf diese Weise erfolgt in Bezug auf den Gegenstand der Klage eine Gleichstellung von privilegierten und nicht privilegierten Klägern. Zusätzliche, von natürlichen und juristischen Personen zu erfüllende Voraussetzung ist allein die Klagebefugnis[589]. Erforderlich für deren Anfechtbarkeit ist damit, dass eine Maßnahme Rechtswirkungen erzeugt (I.), die verbindlich sind (II.) und in die Rechtsstellung des Klägers eingreifen (III.).

I. Rechtswirkung der Maßnahme

Eine Maßnahme erzeugt dann Rechtswirkungen, wenn sie eine bestimmte Person oder Personengruppe berechtigt oder verpflichtet, wobei zu einer solchen inhaltlichen Aussage eine vorangehende, abschließende Willensbildung der Behörde erforderlich ist. Vorbereitende Handlungen[590] und lediglich einen Zwischenstand mitteilende Äußerungen[591] können eine ausreichend verfestigte Aussage nicht enthalten[592]. Liegen also vorbereitende Maßnahmen oder in mehrphasigen Verfahren erlassene Zwischenentscheidungen, wie beispielsweise die Einleitung eines Wettbewerbsverfahrens, die Mitteilung über die Beschwerdepunkte[593], bloße Ankündigungen oder die Auslegung eines Verordnungstextes durch die Kommission vor, sollen diese grundsätzlich nicht anfechtbar sein[594]. Anders ist dies nur, wenn die Zwischenmaßnahme vorläufige Regelungswirkung zeigt oder die fragliche Handlung eine endgültige Beschwer herbeiführt[595].

---

[589] Im Ergebnis ebenso Gesser, Die Nichtigkeitsklage, S. 37 f.

[590] EuGH, Rs. C-313/90, Slg. 1993, I-1125, 1184, Rn. 26 – CIRFS mit der Begründung, ein solcher Akt könne anlässlich einer Klage gegen die verfahrensabschließende Entscheidung inzident überprüft werden, wodurch ausreichend Rechtsschutz geboten würde. Siehe auch *Lumma*, EuZW 2004, 457, 458 für die Eröffnung des förmlichen Beihilfeprüfverfahrens.

[591] Die Maßnahme muss den Abschluss eines internen Verfahrens bilden, in dem das jeweilige Organ seinen Willen abschließend gebildet hat, vgl. EuGH, Rs. 54/65, Slg. 1966, 529, 544 – Compagnie des Forges de Châtillon; Rs. C-282/95, Slg. 1997, I-1503, Rn. 34 – Guérin automobiles; *Schwarze*, Eur. Verwaltungsrecht, 2. Auflage, S. 224.

[592] *Hetmeier*, in: Lenz/Borchardt, Art. 249, Rn. 18; *Körber*, EuZW 1996, 267, 268.

[593] EuGH, Rs. 60/81, Slg. 1981, 2639, Rn. 17 ff. – IBM; EuG, Rs. T-74/92, Slg. 1995, II-115, 142, Rn. 72 – Ladbroke.

[594] EuGH, Rs. 60/81, Slg. 1981, 2639, Rn. 10 – IBM; EuG, Rs. T-64/89, Slg. 1990, II-367, Rn. 42 – Automec I; Rs. T-9/97, Slg. 1997, II-909, 919, Rn. 21 ff. – Elf Atochem; Rs. T-274/97, Slg. 1998, II-2927, 2934, Rn. 25 – Ca'Pasta; *Borchardt*, in: Lenz/Borchardt, Art. 230, Rn. 16 f.; *Stotz/Tonne*, in: Dauses, Hdb. EU-WirtschaftsR, P.I, Rn. 88; *Burgi*, in: Rengeling/Middeke/Gellermann, 2. Auflage, § 7, Rn. 40; *Whish*, S. 277; *Bleckmann*, Europarecht, Rn. 843; *Röhl*, ZaöRV 60 (2000), 331, 341; *Wodz*, ECLR 21 (2000), 159, 163; *Schödermeier/Wagner*, WuW 1994, 403, 406.

[595] EuGH, Rs. 60/81, Slg. 1981, 2639, Rn.11 – IBM; EuG, Rs. T-64/89, Slg. 1990, II-367, Rn. 42 – Automec I; Rs. T-274/97, Slg. 1998, II-2927, 2934, Rn. 25 – Ca'Pasta; *Röhl*, ZaöRV 60 (2000), 331, 342. So hat der Gerichtshof eine Entscheidung über die Weiterleitung von angeblich vertraulichen Informationen als abschließend angesehen, da sie von der Frage des Vorliegens eines Wettbewerbsverstoßes unabhängig sei und die Klage gegen die endgültige Entscheidung, nämlich die Feststellung eines solchen Verstoßes insoweit keinen ausreichenden Rechtsschutz gewähre, EuGH, Rs. 53/85, Slg. 1986, 1965, Rn. 20 – Akzo Chemie.

II. Verbindlichkeit

Liegt ein inhaltlich abschließender Rechtsbefehl seitens der Behörde vor, so ist weiter dessen rechtliche Verbindlichkeit zu prüfen. Eine Maßnahme ist verbindlich, wenn sie dazu bestimmt und geeignet ist, unmittelbare rechtliche Wirkungen hervorzurufen[596]. Die Bestimmung, also der Wille des Organs, solche Wirkungen zu erzeugen, muss aber von außen, d.h. insbesondere vom Adressaten der Maßnahme[597], erkennbar sein[598]. Die Eignung zum Hervorbringen verbindlicher Rechtswirkungen kann etwa dann fehlen, wenn ein Akt außerhalb des Zuständigkeitsbereichs eines Organs ergeht[599].

III. Eingriff in die Rechtsstellung des Klägers

Eine Interessenverletzung durch Eingriff in die Rechtsstellung des Klägers ist im Hinblick auf Individualklagen nur möglich, wenn eine Person – Mitgliedstaat oder Bürger[600] – berechtigt oder verpflichtet wird, die außerhalb der Verwaltung steht. Diese Außenwirkung konkretisiert die als Rechtswirkungen bezeichneten inhaltlichen Anforderungen an die Maßnahme. Neben dem Aspekt der Außenwirkung wird in der Definition des Gerichtshofs zudem die Klagebefugnis angesprochen, auf die später einzugehen ist[601].

Handlungen im rein verwaltungsinternen Bereich – wie beispielsweise Dienstanweisungen – sind daher grundsätzlich nicht angreifbar[602]. Sie können nur in den Fällen anfechtbar sein, in denen sich aus ihnen eine gewollte Rechtsverbindlichkeit (und da-

---

596 *Schroeder*, in: Streinz, Art. 249, Rn. 135. Bloß faktische Auswirkungen und Nachteile, etwa wirtschaftlicher Art, sind nicht ausreichend, *Borchardt*, in: Lenz/Borchardt, Art. 230, Rn. 10. Die Erklärung muss zudem eine allgemeine Regel aufstellen oder einen abschließenden Eingriff in individuelle Interessen bedeuten und nicht nur die bestehende Rechtslage feststellen, EuGH, Rs. 42 u. 49/59, Slg. 1961, 111, 154 – SNUPAT.

597 EuGH, Rs. 54/65, Slg. 1966, 529, 544 – Compagnie des Forges de Châtillon; *Schwarze*, Eur. Verwaltungsrecht, 2. Auflage, S. 224; *Stotz/Tonne*, in: Dauses, Hdb. EU-WirtschaftsR, P.I, Rn. 86. Generell gilt, dass die Auslegung eines Aktes nach dem Empfängerhorizont erfolgt. Es wird also gefragt, wie der Adressat nach Treu und Glauben den Sinngehalt der Maßnahme verstehen konnte, vgl. *Schmidt*, in: GS, Art. 249, Rn. 26.

598 EuGH, Rs. 71/74, Slg. 1975, 563, 582, Rn. 19/20 – Frubo.

599 Es handelt sich dann um eine bloße Meinungsäußerung, vgl. EuGH, Rs. 133/79, Slg. 1980, 1299, Rn. 16 f. Suorimex: "... *Ausfuhrerstattungen unter die Zuständigkeit der hierfür bestellten innerstaatlichen Stellen fällt und dass die Kommission nicht befugt ist, Entscheidungen über ihre Auslegung zu treffen, sondern nur die Möglichkeit hat, ihre Meinung zu äußern... Darüber hinaus geht weder aus dem Wortlaut noch aus dem Inhalt des beanstandeten Fernschreibens hervor, dass es irgendwelche Rechtswirkungen entfalten sollte.*" Auch schon EuGH, Rs. 54/65, Slg. 1966, 529, 544 – Compagnie des Forges de Châtillon. Das Kriterium der Zuständigkeit nennt auch *Schwarze*, Eur. Verwaltungsrecht, 2. Auflage, S. 224.

600 *Kraußer*, Das Prinzip begrenzter Ermächtigung, S. 80.

601 Siehe unten, Teil 3.

602 EuGH, Rs. 190/84, Slg. 1988, 1017, Rn. 8 – Les verts; Rs. C-366/88, Slg. 1990, I-3571, 3598, Rn. 9 – Frankreich / Kom; *Borchardt*, in: Lenz/Borchardt, Art. 230, Rn. 21; *Stotz/Tonne*, in: Dauses, Hdb. EU-WirtschaftsR, P.I, Rn. 87; Rengeling/Middeke/Gellermann, 1. Auflage, Rn. 143; *Bleckmann*, Europarecht, Rn. 843.

mit Rechtswirkung) ergibt, etwa wenn sie die Ausübung der Befugnisse eines Organs gegenüber einem Dritten festlegen[603].

IV. Ergebnis zu F.

Als Gegenstand der Klage ist eine verbindliche Maßnahme mit Außenrechtswirkung erforderlich. Dabei ist die Verbindlichkeit der Maßnahme gemeinsames Kriterium der Entscheidung im Sinne von Art. 230 Abs. 4 EG und der im Sinne von Art. 249 Abs. 4 EG. Während aber eine rechtschutzeröffnende Entscheidung anders als die EG-vertraglich definierte Handlungsform der Entscheidung nicht zwingend einzelfallbezogen sein muss, besteht das gegenüber letzterer Entscheidung zusätzliche Erfordernis der Wirkung nach außen. Das bedeutet, dass nicht nur die Entscheidungsbegriffe nicht übereinstimmen, sondern sogar, dass nicht jede Entscheidung nach Art. 249 EG taugliche Gegenstand einer Individualklage sein kann[604].

G. Verhältnis von Nichtigkeits- zu Untätigkeitsklage

Während bei den bisherigen Untersuchungen nur auf die Voraussetzungen der Nichtigkeitsklage eingegangen wurde, soll nun deren Verhältnis zur Untätigkeitsklage dargestellt werden, um herauszufinden, ob das gefundene Ergebnis auf diese übertragbar ist (I.). Anschließend sollen die Besonderheiten der Untätigkeitsklage, nämlich die Beschaffenheit der Stellungnahme nach Art. 232 Abs. 2 EG (II.), die Möglichkeit, sowohl ablehnende als auch begehrte Entscheidung als Klagegegenstand zu behandeln (III.) sowie das auf Erlass eines Normativaktes gerichtete Klagebegehren (IV.) Gegenstand der Betrachtungen sein.

I. Parallele Struktur von Nichtigkeits- und Untätigkeitsklage

Mittels der Untätigkeitsklage können natürliche oder juristische Personen gem. Art. 232 Abs. 3 EG das Unterlassen eines Gemeinschaftsorgans rügen, einen anderen Aktes als eine Empfehlung oder Stellungnahme an sie zu richten.

Der Begriff des „anderen Aktes als eine Empfehlung oder eine Stellungnahme" ist zunächst weiter als die in Art. 230 Abs. 4 EG vorausgesetzte Entscheidung, denn er lässt aufgrund der Abgrenzung von den unverbindlichen Handlungsformen der Empfehlung und Stellungnahme vermuten, dass jeglicher Akt, von dem verbindliche Rechtswirkungen ausgehen[605], gemeint ist[606].

Andererseits sind die Voraussetzungen an die Untätigkeitsklage insoweit enger, als dieser Akt an den Kläger zu richten sein muss. Bei strengem Verständnis des Wortlauts würde dies bedeuten, dass der Kläger nur den Erlass von an ihn selbst gerichteten Akten verlangen kann[607]. Eine Konkurrentenklage in Form der Untätigkeitsklage wäre

---

[603] EuGH, Rs. C-366/88, Slg. 1990, I-3571, Rn. 10 – Frankreich / Kom; *Borchardt*, in: Lenz/Borchardt, Art. 230, Rn. 22.

[604] So auch *Schütte*, in: Wiedemann, Hdb. Kartellrecht, § 49, Rn. 170.

[605] Diese Beobachtung lässt sich als weiteres Argument dafür heranziehen, die Anforderungen an den Klagegegenstand auch bei der Nichtigkeitsklage auf Akte auszudehnen, die Rechtswirkungen nach außen entfalten.

[606] *Burgi*, in: Rengeling/Middeke/Gellermann, 2. Auflage, § 8, Rn. 26, sieht dies als Einschränkung, da unverbindliche Rechtsakte von der Anfechtbarkeit ausgeschlossen würden.

[607] So EuG, Rs. T-3/90, Slg. 1991, II-1, 13, Rn. 35 – Prodifarma; GA Roemer, Rs. 103/63, Slg. 1964,

dann von vornherein ausgeschlossen[608]. Diese auch als „potentielle Adressatenstellung“ benannte Voraussetzung ließe sich auch in der Weise auslegen, dass der begehrte Akt zwar nicht an den Kläger selbst, aber generell an eine Einzelperson zu richten wäre[609].

Weiterführend ist an dieser Stelle die Betrachtung des bereits oben[610] angesprochenen Verhältnisses von Nichtigkeits- und Untätigkeitsklage. In dieser Hinsicht streng der Idee der Gewaltenteilung folgend gibt es im europäischen Recht keine reine Leistungs- oder Verpflichtungsklage[611]. Deren Funktion wird teilweise von der Nichtigkeits-, teilweise von der Untätigkeitsklage übernommen[612], indem das fragliche Gemeinschaftsorgan gem. Art. 233 EG verpflichtet ist, die sich aus dem Urteil des Gerichtshofs ergebenden Maßnahmen zu ergreifen. Eine gerichtlich ausgesprochene Verpflichtung der Gemeinschaftsorgane, die beantragte Amtshandlung vorzunehmen, ist nicht vorgesehen. Der judikative Eingriff in verwaltungsrechtliche Entscheidungsprozesse fällt damit gering aus[613]. Es überrascht auf den ersten Blick, dass Funktionen der Leistungs- und Verpflichtungsklage auch von der Nichtigkeitsklage übernommen werden, die ja auf Nichtigerklärung der angefochtenen Handlung gerichtet ist. Das erklärt sich aber aus der Besonderheit des europäischen Klagesystems, das die Untätigkeitsklage nur bei einem tatsächlichen Untätigbleiben zulässt und schon die Stellungnahme des Gemeinschaftsorgans zur Aufforderung, in begehrter Weise tätig zu werden, als die Zulässigkeit ausschließend ansieht (Art. 232 Abs. 2 EG). Lehnt das jeweilige Gemeinschaftsorgan gegenüber dem Antragsteller ein bestimmtes Tätigwerden ab, bleibt letzterem höchstens die Möglichkeit, Nichtigkeitsklage gegen die ablehnende Entscheidung zu erheben. Wäre im deutschen Verwaltungsrecht eine Anfechtungsklage gegen eine ablehnende Entscheidung wenig gewinnbringend, da sie lediglich zur Auf-

---

913, 934 – Rhenania; GA Capotorti, Rs. 125/78, Slg. 1979, 3173, 3199 f. – GEMA; GA Slynn, Rs. 246/81, Slg. 1982, 2277, 2295 f. – Lord Bethell; *Bleckmann*, Europarecht, Rn. 909; *Nicolaysen*, Europarecht I, S. 384 f.; *Karl*, in: Fusionskontrolle, 37, 72. *Steindorff*, ZHR 150 (1986), 222, 229, sucht eine Rechtfertigung für diese gegenüber der Nichtigkeitsklage strengeren Voraussetzungen darin, dass positives Tun der Verwaltung üblicherweise stärker in Grundrechtspositionen eingreift als ein Untätigbleiben.

608 So *Ehlers*, VerwArch 84 (1993), 139, 155 f., der sogar nur begünstigende Entscheidungen i. S. v. Art. 249 Abs. 4 EG als Klagegegenstand zulassen will, obwohl er bei der Nichtigkeitsklage ein weites Verständnis des Klagegegenstandes fordert.

609 So offenbar *Gaitanides*, in: GS, Art. 232 EG, Rn. 13; *Burgi*, in: Rengeling/Middeke/Gellermann, 2. Auflage, § 8, Rn. 26, die über dieses Kriterium Verordnungen und Richtlinien als Klagegegenstand ausschließen. Insbesondere die Entscheidung EuGH, Rs. C-371/89, Slg. 1990, I-1555, Rn. 5 – Emrich: *„Akte ..., deren Adressaten sie sein können“*, kann auf diese Weise verstanden werden.

610 Teil 1, Abschnitt 1, C.VI, S. 20.

611 *Burgi*, in: Rengeling/Middeke/Gellermann, 2. Auflage, § 8, Rn. 2; *Dauses*, Gutachten 60. DJT, S. 109; *Classen*, NJW 1995, 2457, 2461.

612 *Stotz*, in: Dauses, Hdb. EU-WirtschaftsR, P.I, Rn. 213; *Dauses*, Gutachten 60. DJT, S. 109; *Sedemund/Heinemann*, DB 1995, 713, 719.

613 Siehe zu den unterschiedlichen Konzeptionen des Verhältnisses von Verwaltung und Verwaltungsgerichtsbarkeit im deutschen und europäischen Recht *Classen*, NJW 1995, 2457, 2460 ff. Ders., S. 2461, meint sogar, die Entscheidungen des EuGH enthielten im Falle einer Untätigkeitsklage lediglich die Feststellung rechtswidriger Untätigkeit, jedoch keinerlei Hinweise auf das vorzunehmende Handeln, und begründet dies mit der ungleich stärkeren Stellung der Administrative im europäischen Verwaltungsrecht.

hebung der Ablehnung führen könnte[614], geht die Nichtigkeitsklage über die Folge der bloßen Nichtigerklärung (Art. 231 Abs. 1 EG) hinaus, indem das jeweilige Gemeinschaftsorgan ausdrücklich auch bei dieser die sich aus dem Urteil des Gerichtshofs ergebenden Maßnahmen zu ergreifen hat (Art. 233 Abs. 1 EG). *„Nach ständiger Rechtsprechung kommt das betroffene Organ einem Nichtigkeitsurteil nur dann nach und führt es nur dann vollständig durch, wenn es nicht nur den Tenor des Urteils beachtet, sondern auch die Gründe, die zu diesem geführt haben und die ihn in dem Sinne tragen, dass sie zur Bestimmung seiner genauen Bedeutung unerlässlich sind. Diese Gründe benennen zum einen exakt die Bestimmung, die als rechtswidrig angesehen wird, und lassen zum anderen die spezifischen Gründe der im Tenor festgestellten Rechtswidrigkeit erkennen, die das betroffene Organ bei der Ersetzung des für nichtig erklärten Aktes zu beachten hat"*[615].

Nichtigkeits- und Untätigkeitsklage sind also in ihrer Struktur identisch – abgesehen von der aus der Untätigkeit zwangsläufig resultierenden, zusätzlichen Zulässigkeitsvoraussetzung der fruchtlosen Aufforderung zum Tätigwerden. Die Untätigkeitsklage zielt nicht auf die Gewährung einer Leistung seitens der Verwaltung, sondern erschöpft sich wie die Nichtigkeitsklage in der Feststellung des rechtswidrigen Verhaltens[616], das in dem Nichtbescheiden in der vom Kläger gewünschten Art besteht. Einige gehen sogar soweit festzustellen, die Vorschriften regelten denselben Rechtsbehelf[617].

Aufgrund dieser Parallelität der Klagearten[618] und dem möglicherweise marginalen Unterschied, dass das Gemeinschaftsorgan gar nicht oder ablehnend auf ein Begehren des potentiellen Klägers reagiert, sollten auch die Anforderungen an die Zulässigkeit weitgehend denen der Nichtigkeitsklage entsprechen[619]. Ein Gemeinschaftsorgan könnte ansonsten in einer Leistungssituation durch sein Verhalten auf die Zulässigkeitsvoraussetzungen einer Klage Einfluss nehmen. Auch wird gerade im Kartellrecht die Beschränkung auf Akte, die an den Kläger selbst gerichtet sind, im Hinblick auf

---

[614] Deshalb sieht § 42 Abs. 1, 2. Var. VwGO auch die Klage auf *„Erlass eines abgelehnten oder unterlassenen Verwaltungsakts"* vor. Es ist daher stets nach dem Kern des klägerischen Begehrens zu fragen.

[615] EuGH, Rs. C-41/00 P, Slg. 2003, I-2125, Rn. 29 – Interporc ; Rs. C-458/98 P, Slg. 2000, I-8147, 8198, Rn. 81 – Industrie des poudres sphériques.

[616] Siehe auch *Stotz*, in: Dauses, Hdb. EU-WirtschaftsR, P.I, Rn. 211, 255, der von der Überprüfung der Rechtmäßigkeit des „Nichthandelns" spricht.

[617] EuGH, Rs. 15/70, Slg. 1970, 975, 979 – Chevalley; Rs. C-68/95, Slg. 1996, I-6065, 6105, Rn. 59 – T. Port; EuG, Rs. T-17/96, Slg. 1999, II-1757, 1770, Rn. 27 – TF1; *Burgi*, in: Rengeling/Middeke/Gellermann, 2. Auflage, § 8, Rn. 30; *Schödermeier/Wagner*, WuW 1994, 403, 414.

[618] *Booß*, in: Grabitz/Hilf, Art. 232, Rn. 2; *Burgi*, in: Rengeling/Middeke/Gellermann, 2. Auflage, § 8, Rn. 3, Rn. 27, 30; *Stotz*, in: Dauses, Hdb. EU-WirtschaftsR, P.I, Rn. 212; *Daig*, Nichtigkeits- und Untätigkeitsklagen, S. 242; *Constantinesco*, Recht der EG, S. 871; *Sedemund/Heinemann*, DB 1995, 1161, 1162; *Schödermeier/Wagner*, WuW 1994, 403, 414. Sehr weitgehend EuGH, Rs. 15/70, Slg. 1970, 975, 979, Rn. 5/7 – Chevalley: *„Der Begriff der anfechtbaren Maßnahme ist in Artikeln 173 und 175 der gleiche; beide Vorschriften regeln nur denselben Rechtsbehelf. ...kann daher dahingestellt bleiben, wie die Klage unter die beiden vom Kläger herangezogenen Vorschriften einzuordnen ist."*

[619] So in Bezug auf den Klagegegenstand auch *Burgi*, in: Rengeling/Middeke/Gellermann, 2. Auflage, § 8, Rn. 27.

eventuelle Ansprüche Dritter auf Erlass von Verbotsentscheidungen gegenüber Wettbewerbern als unbefriedigend empfunden[620].

Während der Gerichtshof anfangs der strengen, eng am Wortlaut orientierten Auslegung der Klagevoraussetzungen zusprach und stets einen an den Kläger zu adressierenden Akt als Gegenstand der Klage forderte[621], hat er mittlerweile anerkannt, dass Art. 232 Abs. 3 EG *„dahin auszulegen ist, daß der Einzelne Untätigkeitsklage gegen ein Organ erheben kann, das es unterlassen hat, einen Rechtsakt zu erlassen, der ihn in gleicher Weise [nämlich wie bei der Nichtigkeitsklage erforderlich, unmittelbar und individuell] betroffen hätte"*[622]. Die Möglichkeit des Klägers, seine Rechte geltend zu machen, dürfe nicht von einem Tätigwerden oder Untätigbleiben des fraglichen Organs abhängen.

Voraussetzung an die Zulässigkeit der Untätigkeitsklage in Bezug auf den Gegenstand der Klage sollte demgemäß entsprechend den Anforderungen an die Nichtigkeitsklage sein, dass die begehrte Handlung verbindliche Außenrechtswirkung erzeugt[623].

II. Anforderungen an die Stellungnahme i. S. v. Art. 232 Abs. 2 EG

Bisher außer Acht gelassen wurde die Frage, ob jede Stellungnahme, die gem. Art. 232 Abs. 2 EG die Untätigkeitsklage ausschließt, mit der Nichtigkeitsklage anfechtbar ist[624]. Wenn dies nicht der Fall ist, entsteht an dieser Stelle eine Rechtsschutzlücke, die zudem vom geschickten Erlass solch einer Stellungnahme durch ein Gemeinschaftsorgan provoziert werden kann[625]. Die Gemeinschaftsorgane könnten sich einer Rechtmäßigkeitskontrolle durch den Erlass einer Stellungnahme entziehen, die den Anforderungen an den Klagegegenstand im Rahmen der Nichtigkeitsklage nicht genügte[626]. Die Zulässigkeitsvoraussetzungen und Funktionsbereiche von Nichtigkeits- und Untätigkeitsklage sollten aber so gegeneinander abgegrenzt werden, dass weder eine Rechtsschutzlücke entsteht, noch der Kläger die Wahl zwischen beiden Rechtsbehelfen hat[627].

---

[620] *Schmidt*, FS Steindorff, S. 1085, 1092.

[621] EuG, Rs. T-3/90, Slg. 1991, II-1, 13, Rn. 35 – Prodifarma; Rs. T-13/94, Slg. 1994, II-431, 438, Rn. 13 – Century Oils Hellas. So auch *Huber*, Konkurrentenschutz, S. 411.

[622] EuGH, Rs. C-68/95, Slg. 1996, I-6065, 6105, Rn. 59 – T.Port; EuG, Rs. T-95/96, Slg. 1998, II-3407, 3426, Rn. 58 – Gestevision Telecinco; Rs. T-17/96, Slg. 1999, II-1757, 1770, Rn. 27 – TF1; Rs. T-79/96, 260/97 u. 117/98, Slg. 2000, II-2193, 2222, Rn. 79 – Camar und Tico; Rs. T-191/00, Slg. 2001, II-1961, 1971, Rn. 20 – Edlinger. So auch *Ehricke*, in: Streinz, Art. 232, Rn. 19; *Booß*, in: Grabitz/Hilf, Art. 230, Rn. 132, Art. 232, Rn. 16; *Daig*, Nichtigkeits- und Untätigkeitsklagen, S. 241 f.; *Matthies*, 46. DJT, S. G 64; *Steindorff*, ZHR 150 (1986), 222, 231, 243; *Sedemund/Heinemann*, DB 1995, 1161, 1167; *Schödermeier/Wagner*, WuW 1994, 403, 414.

[623] So auch *Stotz*, in: Dauses, Hdb. EU-WirtschaftsR, P.I, Rn. 223.

[624] Nach *Burgi*, in: Rengeling/Middeke/Gellermann, 2. Auflage, § 7, Rn. 41, kann eine Ablehnungsentscheidung nur dann Gegenstand der Nichtigkeitsklage sein, wenn Verfahrensvorschriften dem Antragsteller eine verfahrensrechtliche Stellung und damit eine gewisse Rechtsposition einräumen. Nach der hier vertretenen Auffassung bezieht sich eine solche Ansicht aber ausschließlich auf die Frage der Klagebefugnis und blendet die Tauglichkeit des Klagegegenstandes völlig aus.

[625] *Dauses*, Gutachten 60. DJT, S. 110; *Sedemund/Heinemann*, DB 1995, 1161, 1163; *Sedemund/Heinemann*, DB 1995, 713, 719.

[626] *Dauses*, Gutachten 60. DJT, S. 110.

[627] *Dauses*, Gutachten 60. DJT, S. 109 f.

Schon die Beantwortung der Frage, wann ein behördliches Handeln als Stellungnahme im Sinne des Art. 232 Abs. 2 EG zu qualifizieren ist, bereitet Schwierigkeiten[628]. Bloßes Schweigen[629] soll ebenso wenig wie eine hinhaltende Antwort[630] grundsätzlich keine Stellungnahme darstellen, während der Erlass einer anderen als der beantragten Entscheidung[631] ebenso wie deren ausdrückliche Ablehnung[632] die Zulässigkeit der Untätigkeitsklage beseitigen[633]. Zusammenfassend kommt es darauf an, ob sich das handelnde Organ substantiell mit der Aufforderung zum Tätigwerden auseinandergesetzt und diese mit einem förmlichen[634] Akt abgelehnt hat[635].

Uneinigkeit herrscht allerdings hinsichtlich der Frage, ob nur eine abschließende Darlegung des Willens, die begehrte Handlung vorzunehmen oder nicht vorzunehmen, für die Annahme einer Stellungnahme genügt[636]. Dies wird mit der Begründung vertreten, der Kläger könne nur im Falle einer abschließenden, verfahrensbeendenden Entscheidung eine Nichtigkeitsklage erheben, was ihm aber aus Rechtsschutzgesichtspunkten als Ausgleich für die aus dem Vorliegen einer Stellungnahme resultierenden Unzulässigkeit der Untätigkeitsklage möglich sein müsse[637]. Dagegen wird angeführt, dass der Kläger auch vorläufige und Zwischenmaßnahmen „als Stellungnahmen einfordern" könne und diese folglich auch die Untätigkeit des Organs beenden müssten mit dem Resultat, dass nicht alle Stellungnahmen mittels der Nichtigkeitsklage anfechtbar seien[638].

---

[628] *Dauses*, Gutachten 60. DJT, S. 110.

[629] EuGH, Rs. C-123/03 P, Slg. 2004, I-11647, Rn. 45 – Greencore; EuG, Rs. T-74/92, Slg. 1995, II-115, 140, Rn. 63 – Ladbroke; *Booß*, in: Grabitz/Hilf, Art. 232, Rn. 28; *Stotz*, in: Dauses, Hdb. EU-WirtschaftsR, P.I, Rn. 242 ff.; *Dauses*, Gutachten 60. DJT, S. 110.

[630] EuGH, Rs. 42/58, Slg. 1959, 399, 419 – SAFE; Rs. 13/83, Slg. 1985, 1513, 1590, Rn. 25 – Parlament / Rat. *Booß*, in: Grabitz/Hilf, Art. 232, Rn. 32; *Stotz*, in: Dauses, Hdb. EU-WirtschaftsR, P.I, Rn. 242 ff.; GS/Gaitanides, Art. 232, Rn. 24; *Burgi*, in: Rengeling/Middeke/Gellermann, 2. Auflage, § 8, Rn. 40.

[631] EuGH, Rs. 5-7 u. 13/62, Slg. 1962, 917, 941, – San Michele; Rs. 8/71, Slg. 1971, 705, 710, Rn. 2 – Komponistenverband; Rs. 166 u. 220/86, Slg. 1988, 6473, 6503, Rn. 17 – Irish Cement; EuG, Rs. T-3/02, Slg. 2002, II-1473, 1484, Rn. 27 – Schlüsselverlag Moser; *Booß*, in: Grabitz/Hilf, Art. 232, Rn. 30; *Stotz*, in: Dauses, Hdb. EU-WirtschaftsR, P.I, Rn. 242 ff.; GS/Gaitanides, Art. 232, Rn. 23; *Steindorff*, ZHR 150 (1986), 222, 248. Erfolgt die Zurückweisung eines Antrags nach Art. 7 Abs. 2 VO Nr. 1/2003 durch Verbindlicherklärung von Verpflichtungszusagen nach Art. 9 oder Nichtanwendbarkeitsentscheidung nach Art. 10, so kann der Antragsteller dagegen Nichtigkeitsklage erheben. Vgl. EuG, Rs. T-17/93, Slg. 1994, II-595 ff. – Matra (ohne Prüfung der Zulässigkeit); *de Bronett*, VO 1/2003, Art. 7, Rn. 18.

[632] EuGH, Rs. 125/78, Slg. 1979, 3173, 3190, Rn. 19 ff. – GEMA; Rs. 167 u. 212/85, Slg. 1987, 1701, 1727, Rn. 8 – Assider. *Stotz*, in: Dauses, Hdb. EU-WirtschaftsR, P.I, Rn. 242 ff.

[633] Eine von diesen Grundsätzen scheinbar abweichende Entscheidung ist folgende: EuGH, Rs. 302/87, Slg. 1988, 5615, 5641, Rn. 17 – Ausschusswesen: *„Gegenüber einer Weigerung, tätig zu werden, so ausdrücklich sie auch sein mag, kann der Gerichtshof auf der Grundlage von Art. 175 angerufen werden, da sie die Untätigkeit nicht beendet."*

[634] Nach Auffassung von *Booß*, in: Grabitz/Hilf, Art. 232, Rn. 29, ist nicht unbedingt ein förmlicher Rechtsakt erforderlich.

[635] *Stotz*, in: Dauses, Hdb. EU-WirtschaftsR, P.I, Rn. 246.

[636] So GS/Gaitanides, Art. 232, Rn. 21; *Burgi*, in: Rengeling/Middeke/Gellermann, 2. Auflage, § 8, Rn. 39; *Dauses*, Gutachten 60. DJT, S. 110.

[637] GS/Gaitanides, Art. 232, Rn. 22.

[638] *Booß*, in: Grabitz/Hilf, Art. 232, Rn. 29. Um dieses Ergebnis zu verhindern, schlagen *Dauses*, Gut-

Folgt man dem obigen Vorschlag und verlangt im Rahmen von Nichtigkeits- und Untätigkeitsklage für die Tauglichkeit des Klagegegenstandes allein die verbindliche Außenrechtswirkung der fraglichen Handlung, so erübrigt sich auch diese Unklarheit: Wird aus der Stellungnahme selbst nicht schon in unmissverständlicher und abschließender Weise deutlich, dass das fragliche Organ die begehrte Handlung nicht vornehmen will, wird man die Stellungnahme schon inhaltlich als lediglich hinhaltende Handlung interpretieren müssen. Die Erhebung der Untätigkeitsklage ist dadurch dann noch nicht ausgeschlossen. Ist der begehrte Akt hingegen keine abschließende Maßnahme und wäre aus diesem Grunde nicht mit der Nichtigkeitsklage angreifbar, so wäre aufgrund der Parallelität der Klagearten die Untätigkeitsklage ebenso unzulässig, so dass es gar nicht mehr auf das Vorliegen einer Stellungnahme ankommt. Andernfalls schließt die ablehnende Stellungnahme für den Kläger rechtsverbindlich das Erheben der Untätigkeitsklage aus[639] und ist deshalb als Rechtsakt mit Außenwirkung mittels der Nichtigkeitsklage anfechtbar[640].

III. Klagegegenstand bei ablehnender Entscheidung

Wird eine Untätigkeitssituation mit einer ablehnenden Entscheidung beendet, ist einhellige Meinung, dass der Konkurrent gegen diese Entscheidung vorgehen muss, und zwar im Wege der Nichtigkeitsklage[641]. Nicht geklärt bleibt aber, ob im Rahmen der Zulässigkeitsprüfung nun ausschließlich auf die angegriffene Ablehnungsentscheidung abgestellt werden muss oder ob nicht ein Abstellen auf die begehrte Entscheidung angebracht ist.

---

achten Juristentag, S. D 111, 167 f., und *Sedemund/Heinemann*, DB 1995, 1161, 1167, vor, einer Stellungnahme stets Entscheidungscharakter mit der Folge der Anfechtbarkeit zuzusprechen.

639 Nach Ansicht von *Schwarze*, in: Schwarze, Art. 230 EG, Rn. 23; *Burgi,* in: Rengeling/Middeke/Gellermann, 2. Auflage, § 7, Rn. 42; *Booß*, in: Grabitz/Hilf, Art. 230, Rn. 36, ist eine Ablehnung dann ein rechtserheblicher Akt, wenn eine Rechtspflicht zum Handeln besteht. Bei einer Ermessensentscheidung oder wenn das Gemeinschaftsorgan gar nicht zum Erlass der Maßnahme befugt sei, komme der Ablehnung aber keine verbindliche Wirkung zu, *Burgi,* in: Rengeling/Middeke/Gellermann, 2. Auflage, § 7, Rn. 42; *Booß*, in: Grabitz/Hilf, Art. 230, Rn. 36; EuG, Rs. T-277/94, Slg. 1996, II-351, Rn. 66 ff. – AITEC; Rs. T-235/95, Slg. 1998, II-523, 539, Rn. 50 – Goldstein. Die verfahrensrechtlichen Vorschriften des Kartellrechts gewährten einen Anspruch auf Einleitung oder Fortführung eines Verwaltungsverfahrens gegen einen anderen, so dass die Ablehnung eines diesbezüglichen Antrags eine an den Kläger ergangene anfechtbare Entscheidung darstelle, *Burgi,* in: Rengeling/Middeke/Gellermann, 2. Auflage, § 7, Rn. 41. Indem bei der Frage nach der Beschaffenheit eines Klagegegenstandes bereits nach einer Handlungspflicht des Gemeinschaftsorgans gefragt wird, werden Fragen der Begründetheit in die Zulässigkeitsprüfung vorgezogen. Außerdem hat die Verfahrenseinstellung bereits unabhängig von einem Anspruch verbindliche Wirkung, so dass das Vorziehen der Begründetheitsprüfung gar nicht erforderlich ist.

640 An dieser Stelle ist außerdem daran zu erinnern, dass auch Zwischenmaßnahmen als Klagegegenstand tauglich sind, wenn sie vorläufige Regelungswirkungen erzeugen oder eine endgültige Beschwer herbeiführen, s. o. F, S. 102. Bei dem von *Booß*, in: Grabitz/Hilf, Art. 232, Rn. 29 genannten Beispiel, der Anhörung im Kartellverfahren, handelt es sich zwar nicht um eine verfahrensbeendende Maßnahme, dennoch beinhaltet die Ablehnung eines Anspruchs auf Anhörung eine endgültige Beschwer.

641 EuGH, Rs. 191/82, Slg. 1983, 2913, 2931, Rn. 10, 30 – Fediol; *Nowak*, in: Individualrechtsschutz, S. 70; *Steindorff*, ZHR 150 (1986), 222, 239.

So fragt der Gerichtshof im Falle einer ablehnenden Maßnahme, um diese Maßnahme im Rahmen der Nichtigkeitsklage als Entscheidung qualifizieren zu können, ob der begehrte Akt eine Entscheidung dargestellt hätte. Die Ablehnung einer Entscheidung ergehe als Entscheidung, während die Verweigerung eines Tätigwerdens, das selbst nicht Entscheidung wäre, nicht als Entscheidung anzusehen sei[642].

Dagegen wird gefordert, zur Bestimmung der Klagebefugnis nicht auf die ablehnende Entscheidung[643], sondern ausschließlich auf die begehrte Handlung abzustellen[644]. Begründet wird dies mit dem nicht von der Hand zu weisenden Argument, dass der Konkurrent als Adressat der Ablehnungsentscheidung ansonsten immer klagebefugt wäre, während er im Falle der Untätigkeit des jeweiligen Organs eine unmittelbare und individuelle Betroffenheit nachzuweisen hätte. Im Übrigen würde durch eine solche Handhabung der oben angeführte Gedanke abgeschwächt, ein Gemeinschaftsorgan könne durch die Wahl, entweder untätig zu bleiben oder den Antragsteller ablehnend zu bescheiden, die an den Rechtsschutz zu stellenden Voraussetzungen beeinflussen. Bedenklich ist aber, dass das vom Vertrag vorgegebene Klagesystem auf diese Weise verschoben wird. Indem auf einen üblicherweise der Untätigkeitsklage zugrunde liegenden Klagegegenstand abgestellt wird, wird deren Anwendungsbereich auf den eigentlich der Nichtigkeitsklage zukommenden Bereich ausgedehnt, während lediglich die Bezeichnung der Nichtigkeitsklage beibehalten wird[645]. Im Ergebnis erfolgt damit eine unbewusste Angleichung an das deutsche Klagesystem, in dem an die Zulässigkeit der „Weigerungsgegenklage" dieselben Anforderungen gestellt werden wie an die „Untätigkeitsklage" – beide Ausgestaltungen der Verpflichtungsklage.

Dieser Widerspruch scheint nicht auflösbar, denn es wäre andererseits tatsächlich unangebracht, dem Konkurrenten im Falle einer Ablehnungsentscheidung als Adressat ohne weiteres eine Klagemöglichkeit zuzugestehen. Der Widerspruch ist im Klagesystem des Vertrages angelegt.

Eine Lösung ergibt sich jedoch aus einer Verknüpfung von begehrter Entscheidung und ablehnender Stellungnahme, die in den Fällen des Erlasses einer Stellungnahme zu denselben Ergebnissen bezüglich der Anfechtbarkeit führt wie in den Fällen des Untätigbleibens der Behörde: Die Stellungnahme hat nur dann die zur Anfechtbarkeit erforderlichen Rechtswirkungen, wenn der Kläger ursprünglich eine Untätigkeitsklage hätte erheben können, also wenn die begehrte Handlung tauglicher Klagegegenstand und der Kläger von ihr unmittelbar und individuell betroffen gewesen wäre. Die erforderliche verbindliche Rechtswirkung der Stellungnahme liegt in dem Ausschluss der

---

642 EuG, Rs. T-330/94, Slg. 1996, II-1475, 1488, Rn. 32 – Salt Union; EuG, Rs. T-126/95, Slg. 1995, II-2863, Rn. 34 – Dumez; *Hetmeier*, in: Lenz/Borchardt, Art. 249, Rn. 18. Ähnlich hinsichtlich der Ablehnung einer Widerrufsentscheidung EuG, Rs. T-83/92, Slg. 1993, II-1169, Rn. 31 – Zunis Holding SA.

643 So aber *Nowak*, in: Individualrechtsschutz, S. 71.

644 *Borchardt*, in: Lenz/Borchardt, Art. 232, Rn. 9; *Ehlers*, VerwArch 84 (1993), 139, 151. *Burgi*, in: Rengeling/Middeke/Gellermann, 2. Auflage, § 7, Rn. 41, fordert dies zwar nicht ausdrücklich, stellt aber für die gegen eine Ablehnungsentscheidung gerichtete Nichtigkeitsklage zusätzliche Anforderungen.

645 So wird auch darauf hingewiesen, dass der Gerichtshof die Nichtigkeitsklage zu einem Instrument gegen Untätigkeit der Kommission gemacht hat, *Hartley*, S. 388; *Steindorff*, ZHR 150 (1986), 222, 225.

Erhebung einer Untätigkeitsklage. Die hypothetische Klagebefugnis in Bezug auf die begehrte Entscheidung ist dann als Voraussetzung der Tauglichkeit der Ablehnungsentscheidung als Klagegegenstand zu prüfen[646]. Tauglicher Klagegegenstand ist also die an den Kläger adressierte Ablehnung, wenn die begehrte Handlung verbindliche Außenrechtswirkung haben und den Kläger unmittelbar und individuell betreffen würde[647].

IV. Erlass von Normativakten

Fraglich ist weiter, was für die Klage auf Erlass eines Normativaktes gilt. Zunächst ist festzustellen, dass auch ein solcher verbindliche Rechtswirkungen nach außen erzeugt und auch Gegenstand einer Nichtigkeitsklage sein kann, wenn er ausnahmsweise den Kläger unmittelbar und individuell betrifft. Die Erhebung einer Untätigkeitsklage, gerichtet auf Feststellung des rechtswidrigen Unterlassens der Normsetzung in bestimmter Form, scheidet hingegen von vornherein aufgrund des Gestaltungsspielraumes des Normgebers aus[648].

H. Ergebnis zu Abschnitt 1

In Bezug auf die an den Klagegegenstand sowohl der Nichtigkeits- als auch der Untätigkeitsklage zu stellenden Anforderungen ergibt sich, dass die jeweilige Maßnahme verbindliche Außenrechtswirkungen erzeugen muss. Bei der gegen eine ablehnende Entscheidung gerichteten Nichtigkeitsklage ergibt sich als zusätzliche Anforderung, dass die begehrte Handlung den Kläger unmittelbar und individuell betreffen muss.

2. Abschnitt: Die Angreifbarkeit der zu untersuchenden Maßnahmen

In diesem Abschnitt sollen die im Bereich des Kartellrechts unter Geltung der Verordnung Nr. 1/2003 ergehenden Maßnahmen der Kommission unter die in Abschnitt 1 gefundenen Ergebnisse subsumiert werden. Untersucht werden soll die Angreifbarkeit von Einleitung und Einstellung des Verfahrens (A.), der in der neuen Verordnung vorgesehenen Maßnahmen (B.), von Gruppenfreistellungsverordnungen (C.), von Mitteilungen, Bekanntmachungen und Leitlinien (D.), von Empfehlungen und Stellungnahmen (E.), von Auskünften und Beratungsschreiben (F.) und schließlich der Einleitung eines Vertragsverletzungsverfahrens gegen einen Mitgliedstaat (G.).

---

646 Ganz ähnlich *Steindorff*, ZHR 150 (1986), 222, 241 f., der bei einem an den Kläger gerichteten ablehnenden Bescheid zwar auf das Erfordernis der unmittelbaren und individuellen Betroffenheit verzichten will, jedoch einem solchen Bescheid nur dann Entscheidungscharakter zuerkennt, wenn er auf einen Antrag hin ergeht, den zu stellen der Kläger durch spezielle Norm ermächtigt war.

647 Zwar wendet sich der Kläger hier unter rein formaler Betrachtung gegen einen an ihn adressierten Akt; sein Ziel, dass er aufgrund von Art. 233 EG erreichen kann, bleibt aber, die Rechtsbeziehung der Behörde im Verhältnis zu seinem Konkurrenten zu verändern, so dass eine solche Nichtigkeitsklage auch weiter als Konkurrentenklage anzusehen ist.

648 Nach Auffassung von *Ehlers*, VerwArch 84 (1993), 139, 155, ist die Klage gegen den Nichterlass einer Rechtsnorm schon aus dem Grunde nicht möglich, dass eine Norm nicht an den Kläger adressiert sein kann. Ablehnend auch der Gerichtshof: EuGH, Rs. 134/73, Slg. 1974, 1, 10, Rn. 5 – Holtz & Willemsen GmbH (mit der Begründung, dass der Akt nicht an den Kläger gerichtet werden kann); Rs. 90/78, Slg. 1979, 1081, 1092, Rn. 14 – Granaria (ohne besondere Begründung).

A. Angreifbarkeit von Einleitung und Einstellung des Verfahrens

I. Verfahrenseinleitung

Bei der Einleitung des Verfahrens und der Mitteilung der Beschwerdepunkte an die betroffenen Parteien handelt es sich um lediglich vorbereitende Verfahrenshandlungen, die daher keine tauglichen Klagegegenstände bilden[649].

Die Ablehnung der Verfahrenseinleitung durch die Kommission soll nach herrschender Meinung allerdings angreifbar sein, wenn auf eine Beschwerde hin kein Verfahren eingeleitet wird[650]. Dies mag unter den oben[651] aufgestellten Voraussetzungen verwundern, da die Ablehnung nur tauglicher Klagegegenstand sein soll, wenn die begehrte Maßnahme verbindliche Außenrechtswirkung haben und den Kläger zudem unmittelbar und individuell betreffen würde. Dementsprechend verneint *Nowak* auch die Anfechtbarkeit einer solchen ablehnenden Maßnahme[652].

Der herrschenden Meinung ist hingegen zuzustimmen. Da der Dritte die Beschwerde nicht nur mit dem Ziel der Verfahrenseinleitung, sondern gerade dem des Erlasses einer Verbots- oder Sanktionsentscheidung gegenüber seinem Konkurrenten einreicht, und mit der Ablehnung der Verfahrenseinleitung gleichsam der Erlass einer solchen Entscheidung verweigert wird, ist diese Entscheidung als Klagegegenstand anzusehen, und nicht der verfahrenseinleitende Beschluss[653]. Die Abweisung der Beschwerde nach Art. 7 Abs. 2 VO Nr. 773/2004[654] ergeht ohnehin in Form einer Entscheidung[655].

---

[649] EuGH, Rs. 60/81, Slg. 1981, 2639, Rn. 17 ff. – IBM; Rs. C-39/93 P, Slg. 1994, I-2681, 2710, Rn. 28 – SFEI; *Booß*, in: Grabitz/Hilf, Art. 230, Rn. 31; *Stotz/Tonne*, in: Dauses, Hdb. EU-WirtschaftsR, P.I, Rn. 88; *Ritter*, in: Immenga/Mestmäcker, EG-WbR, Bd. II, VO Nr. 17, Vorbemerkungen, Rn. 22, Fn. 37; *Schütte*, in: Wiedemann, Hdb. Kartellrecht, § 49, Rn. 186; *Klees*, Europäisches Kartellverfahrensrecht, § 5, Rn. 13, § 6, Rn. 146.

[650] EuGH, Rs. 26/76, Slg. 1977, 1875, 1902, Rn. 13 – Metro I; Rs. 210/81, Slg. 1983, 3045, 3063, Rn. 12, 14 – Demo-Studio Schmidt; Rs. 142 u. 156/84, Slg. 1987, 4487, Rn. 12 – BAT & Reynolds; Rs. C-39/93 P, Slg. 1994, I-2681, 2710, Rn. 27 ff. – SFEI (mit dem Argument, das Nichtweiterverfolgen einer Beschwerde sei insbesondere nicht als vorbereitende Handlung anzusehen). EuG, Rs. T-64/89, Slg. 1990, II-367, Rn. 47 – Automec I; Rs. T-114/92, Slg. 1995, II-147, 162, Rn. 32 – BEMIM; Rs. T-54/99, Slg. 2002, II-313, Rn. 56, 64 – max.mobil; Rn. 77 der Bekanntmachung über die Behandlung von Beschwerden, aaO, Fn. 14; *de Bronett*, VO 1/2003, Art. 7, Rn. 18; *Whish*, S. 277.

[651] Siehe oben, Teil 2, Abschnitt 1, G.III.

[652] *Nowak*, EuZW 2000, 453, 455, mit der Begründung, die Ablehnung nehme dem Antragsteller nicht das Recht, sein Begehren nationalen Behörden oder Gerichten vorzutragen. Er sieht darin zudem den Vorteil einer kohärenten Anwendung des Gemeinschaftsrechts bei gleichzeitiger Entlastung des Gerichtshofs und Schaffung von Anreizen zur dezentralen Durchsetzung des Gemeinschaftsrechts, S. 458. Dies ist schon vor dem Hintergrund nicht sehr überzeugend, dass er eine Rechtsschutzgewährleistung immer dann fordert, wenn keine adäquate dezentrale Rechtsschutzmöglichkeit gegeben ist.

[653] Vgl. auch die Rechtsprechung des Gerichtshofs, Rs. C-133 u. 150/87, Slg 1990, I-719, 771, Rn. 10 – Nashua Corporation, derzufolge die Ablehnung eines Verpflichtungsangebots im Antidumpingrecht zwar als vorbereitende Maßnahme nicht selbständig angefochten werden kann, deren Rechtswidrigkeit aber im Rahmen der Anfechtung der verfahrensabschließenden Entscheidung gerügt werden kann.

[654] Eine Beschwerde nach Art. 7 Abs. 2 VO Nr. 1/2003 kann entweder nach Art. 13 VO Nr. 1/2003 i. V. m. Art. 9 VO Nr. 773/2004 abgewiesen werden, weil sich bereits eine andere Behörde mit der

Es kommt bei der Anfechtung einer die Verfahrenseinleitung ablehnenden Maßnahme also darauf an, ob die letztlich begehrte verfahrensabschließende Entscheidung als Klagegegenstand tauglich ist und den Kläger unmittelbar und individuell betrifft[656].

II. Verfahrenseinstellung

Hat die Kommission ein Verfahren eröffnet und anschließend keine Zuwiderhandlung festgestellt, kann sie das Verfahren ohne förmliche Entscheidung durch Einstellung beenden, wovon sie die Parteien unterrichtet[657]. Eine solche Einstellung hat keinerlei Rechtswirkung nach außen, weshalb auch nicht gegen sie vorgegangen werden kann. Dem Konkurrenten steht jedoch weiter die Möglichkeit der Beschwerdeeinlegung offen. Wird hingegen auf eine Beschwerde hin ein Verfahren eingeleitet, später aber eingestellt, soll der Beschwerdeführer diese Einstellung ebenso angreifen können, wie er dies auch bezüglich der sofortigen Ablehnung der Verfahrenseinleitung hätte tun können[658].

B. Angreifbarkeit der in VO Nr. 1/2003 vorgesehenen Maßnahmen

Von den in der neuen Kartellverfahrensverordnung vorgesehenen Handlungen der Kommission kommen als Klagegegenstand folgende in Betracht: Feststellungs- und Abstellungsentscheidungen nach Art. 7 (I.), einstweilige Maßnahmen nach Art. 8 (II.), die Verbindlicherklärung von Verpflichtungszusagen nach Art. 9 (III.), die Feststellung der Nichtanwendbarkeit nach Art. 10 (IV.), die in Art. 17 ff. vorgesehenen Ermittlungsbefugnisse zur Aufklärung des Sachverhalts (V.), Geldbußen und Zwangsgeldern (VI.) und schließlich der Entzug des Rechtsvorteils einer Gruppenfreistellungsverordnung nach Art. 29 (VII.).

I. Feststellungs- und Abstellungsentscheidungen gem. Art. 7

Ergehen Maßnahmen in Form der Entscheidung, ist dies Indiz für eine rechtsverbindliche Außenwirkung[659]. Vorgesehen ist die Entscheidungsform nach dem Wortlaut des

---

Sache befasst bzw. befasst hat, oder nach Art. 7 Abs. 2 VO Nr. 773/2004, weil die Kommission der Auffassung ist, die vorgebrachten Angaben rechtfertigten nicht, der Beschwerde nachzugehen. Grund kann sein, dass nach Ansicht der Kommission kein ausreichendes Gemeinschaftsinteresse vorhanden ist oder dass die eingereichten Belege oder vorgetragenen Tatsachen zur Qualifikation eines Wettbewerbsverstoßes nicht ausreichen. Siehe *Klees*, Europäisches Kartellverfahrensrecht, § 6, Rn. 49 f., 57.

[655] *Klees*, Europäisches Kartellverfahrensrecht, § 6, Rn. 52.

[656] *Klees*, Europäisches Kartellverfahrensrecht, § 6, Rn. 63, hält sowohl die Beschwerdeabweisung nach Art. 13 VO Nr. 1/2003 als auch die Abweisung nach Art. 7 VO Nr. 773/2004 als Klagegegenstand für tauglich.

[657] *Klees*, Europäisches Kartellverfahrensrecht, § 5, Rn. 16.

[658] EuGH, Rs. 26/76, Slg. 1977, 1875, 1902, Rn. 13 – Metro I; Rs. 210/81, Slg. 1983, 3045, 3063, Rn. 12, 14 – Demo-Studio Schmidt; Rs. 298/83, Slg. 1985, 1105, 1122, Rn. 15 – CICCE (hier wird die Zulässigkeit der Klage schon gar nicht bestritten); *Burgi*, in: Rengeling/Middeke/Gellermann, 2. Auflage, § 7, Rn. 41; *Schödermeier/Wagner*, WuW 1994, 403, 406; *Steindorff*, ZHR 150 (1986), 222, 240. In EuGH Rs. 125/78, Slg. 1979, 3173, 3189, Rn. 18 – GEMA, ist der Gerichtshof hingegen noch der Auffassung, Art. 3 Abs. 2 VO Nr. 17 enthalte keinen Anspruch auf abschließende Entscheidung.

[659] Das im deutschen Recht bekannte Meistbegünstigungsprinzip findet im Gemeinschaftsrecht keine

Art. 7 Abs. 1 lediglich für die an ein Unternehmen adressierte Abstellungsverpflichtung. Hinsichtlich der Feststellung eines Wettbewerbsverstoßes durch die Kommission ist dagegen keine Willensentäußerung irgendeiner Form vorgesehen, so dass es sich bei dem Vorliegen eines solchen Verstoßes auch um eine einfache Tatbestandsvoraussetzung handeln könnte[660]. Dennoch wird häufig von einer „Entscheidung über die Feststellung" gesprochen[661]. Der EuGH hat festgestellt, dass die Befugnis zum Erlass von Abstellungsentscheidungen *„notwendigerweise die Befugnis zur Feststellung der jeweils in Rede stehenden Zuwiderhandlung"* beinhalte[662]. Daraus geht zunächst hervor, dass es Feststellungsentscheidungen der Kommission gibt, jedoch bezieht sich die Entscheidung des Gerichtshofs auf die Feststellung einer bereits beendeten Zuwiderhandlung. Eine solche Feststellung ist nun in Art. 7 Abs. 1 S. 4 kodifiziert und entsprechend der bisherigen Rechtsprechung vorgesehen, soweit die Kommission ein berechtigtes Interesse daran hat. Dass die Kommission auch außerhalb des Falles einer beendeten Zuwiderhandlung eine feststellende Entscheidung treffen kann, geht hingegen aus dem Wort „auch" in Art. 7 Abs. 1 S. 4 hervor[663].

Die Feststellung, dass eine Zuwiderhandlung gegen Art. 81 oder 82 EG vorliegt, bildet die Voraussetzung für weitere Entscheidungen der Kommission, nämlich über die Verpflichtung der Unternehmen, die Zuwiderhandlung abzustellen, sowie über das Auferlegen von Abhilfemaßnahmen verhaltensorientierter oder struktureller Art. Die letztgenannten Maßnahmen verpflichten die kartellrechtswidrig handelnden Unternehmen unmittelbar, binden sowohl Kommission als auch mitgliedstaatliche Behörden und Gerichte über Art. 16 VO Nr. 1/2003 und haben daher rechtliche Außenwirkung. Die feststellende Entscheidung der Kommission berechtigt hingegen lediglich die Kommission zu weiterem Vorgehen[664]. Selbst wenn man eine Verpflichtung der Kommission zum Einschreiten gegen wettbewerbswidrig handelnde Personen im Falle der Feststellung eines solchen Verhaltens annähme, was einen Anspruch – etwa des Konkurrenten – auf Einschreiten nach sich ziehen könnte, so stellt die Feststellung dennoch nur einen die endgültige Entscheidung vorbereitenden Schritt dar. Stellt man sich eine Konkurrentenklage auf Erlass einer Abstellungsentscheidung gegen einen Wettbewerber vor, so ist die Frage des Vorliegens einer Zuwiderhandlung gegen Art. 81 oder 82 EG als einfache Tatbestandsvoraussetzung zu prüfen.

Entsprechung.

660 So auch *de Bronett*, WuW 1997, 865, 867 f.

661 So *Mestmäcker/Schweitzer*, § 20, Rn. 32; *Hossenfelder/Lutz*, WuW 2003, 118, 121. *Schöler*, Die Reform, S. 128, Fn. 572, stellt fest, dass Art. 3 VO Nr. 17/62 eine isolierte Feststellungsentscheidung im Gegensatz zur neuen Verordnung nicht vorsah, bezieht sich dabei aber auf die Feststellung bereits beendeter Wettbewerbsverstöße. Hingegen stellt *Börner*, EuR 1984, 181, hinsichtlich des Antragsrechts nach VO Nr. 17/62 ohne nähere Begründung fest, dass dieses sich lediglich auf die Feststellung eines Wettbewerbsverstoßes richtete.

662 EuGH, Rs. 7/82, Slg. 1983, 483, 502, Rn. 23 – GVL/Kom; *Mestmäcker/Schweitzer*, § 20, Rn. 32.

663 Nach *de Bronett*, VO 1/2003, Art. 7, Rn. 11, ist eine isolierte feststellende Entscheidung jedoch nur in den Fällen möglich, in denen die Zuwiderhandlung bereits beendet ist – andernfalls bestehe aus der Feststellung der Zuwiderhandlung eine Verpflichtung zum Erlass einer Abstellungsentscheidung.

664 Vgl. bezüglich des bloßen Feststellens einer marktbeherrschenden Stellung im Bereich der Fusionskontrolle EuG, Rs. T-125 u. 127/97, Slg. 2000, II-1733, 1767, Rn. 92 – Coca-Cola.

Hat die Kommission hingegen eine lediglich feststellende Entscheidung an die betroffenen Unternehmen gerichtet, so muss diese ausnahmsweise auch selbständig anfechtbar sein, da sich ansonsten eine Bindungswirkung im Hinblick auf erst später folgende Abstellungsentscheidungen ergeben könnte[665]. Es handelt sich um den Ausnahmefall der vorläufigen Regelungswirkung einer vorbereitenden Maßnahme[666].

Feststellungsentscheidungen nach Art. 7 Abs. 1 S. 4 VO Nr. 1/2003 entfalten Rechtswirkungen, indem sie einen in der Vergangenheit liegenden Wettbewerbsverstoß feststellen und in dieser Hinsicht über Art. 16 der Verordnung nationale Behörden und Gerichte binden[667].

Eine einen Wettbewerbsverstoß feststellende Erklärung der Kommission ist also nur dann tauglicher Klagegegenstand, wenn sie isoliert von einer Verpflichtungsentscheidung ergeht – andernfalls handelt es sich um eine lediglich vorbereitende Maßnahme. Abstellungsentscheidungen und Entscheidungen über Abhilfemaßnahmen hingegen entfalten stets rechtliche Außenwirkung und sind damit als Klagegegenstand tauglich[668].

II. Einstweilige Maßnahmen gem. Art. 8

Auch einstweilige Maßnahmen, die gem. Art. 8 als Entscheidung ergehen, entfalten verbindliche Rechtswirkungen nach außen, indem sie Verpflichtungen beinhalten, die deren Adressaten zu einem die jeweilige Gefahr für den Wettbewerb ausschließenden Verhalten anhalten. Sie sind somit als Gegenstand einer Direktklage tauglich[669].

III. Verpflichtungszusagen gem. Art. 9

1. Verbindlicherklärung von Verpflichtungszusagen gem. Art. 9 Abs. 1

Die Erklärung einer Verpflichtungszusage für bindend erfolgt gem. Art. 9 in Form einer Entscheidung. Die im Vordergrund stehende Rechtswirkung ist die Verbindlichkeit der Verpflichtungszusagen für die sie anbietenden Unternehmen[670]. Bei Missachtung der Pflicht zur Einhaltung der Verpflichtungszusagen droht diesen die Verhängung von Zwangs- oder Bußgeldern.

---

[665] Anders für das Fusionskontrollrecht EuG, Rs. T-125 u. 127/97, Slg. 2000, II-1733, 1764, Rn. 84 f. – Coca-Cola, mit der Begründung, nationale Behörden und Gerichte seien nicht an diese Entscheidung gebunden. Hierzu ist zu bemerken, dass im Fusionsrecht keine Art. 16 VO Nr. 1/2003 entsprechende Bindung nationaler Stellen vorgesehen ist.

[666] S.o., Abschnitt 1, F.I, S. 103.

[667] *Klees*, Europäisches Kartellverfahrensrecht, § 6, Rn. 94.

[668] In Bezug auf Nichtigkeitsklagen auch *Klees*, Europäisches Kartellverfahrensrecht, § 6, Rn. 94.

[669] *Mestmäcker/Schweitzer*, § 20, Rn. 43, zufolge steht den „betroffenen Unternehmen" die Nichtigkeitsklage offen.

[670] In der Sache „Zellstoff II", EuGH, Rs. C-89/85, C-104/85, C-114/85, C-116/85, C-117/85 und C-125/85 bis C-129/85, Slg. 1993, I-1307 – Ahlström Osakeyhtiö u. a./Kommission, klagten mehrere Unternehmen auf Aufhebung der sie noch unter der VO Nr. 17/62 bindenden Verpflichtungserklärungen. Der Gerichtshof entschied in Rn. 181, dass solche Verpflichtungserklärungen mit Anordnungen zur Abstellung von Zuwiderhandlung i. S. v. Art. 3 VO Nr. 17/62 gleichzusetzen seien und hob sie teilweise auf.

Fraglich ist, wie es sich mit der obligatorisch in der Entscheidung enthaltenen Aussage der Kommission verhält, für ein weiteres Tätigwerden bestehe kein Anlass. Diese erzeugt nur dann Rechtswirkungen nach außen, wenn sie die Kommission oder die einzelstaatlichen Behörden in der Weise bindet, dass diesen ein Einschreiten gegen die betroffenen Unternehmen wegen der den Ausgangspunkt bildenden Zuwiderhandlung versagt wäre. Gegen eine solche Bindungswirkung spricht, dass die Entscheidung keine Feststellung über das Vorliegen eines Wettbewerbsverstoßes bzw. die Erfüllung des Ausnahmetatbestandes enthält[671]. Aus der detaillierten Regelung der Wiederaufnahmegründe in Art. 9 Abs. 2 lässt sich jedoch schließen, dass der Kommission ein weiteres Einschreiten versagt sein muss, wenn nicht einer dieser Gründe vorliegt[672]. Dies entspricht auch dem Zweck der Regelung, den betroffenen Unternehmen Rechtssicherheit und Schutz vor zivilrechtlicher Nichtigkeit und Sanktionsentscheidungen zu ermöglichen.

Daneben können sich Rechtswirkungen in Bezug auf einzelstaatliche Behörden und Gerichte ergeben, und zwar in Bezug auf die für verbindlich erklärten Verpflichtungszusagen (a) sowie in Bezug auf die Aussage, es bestehe kein Anlass für ein weiteres Tätigwerden (b).

a) Inhalt der Verpflichtungszusage

In Weißbuch[673] und Verordnungsvorschlag[674] war vorgesehen, dass sich Dritte auf den Inhalt der Verpflichtungszusagen vor nationalen Gerichten berufen können sollten[675]. Im Hinblick auf die sich aus der Verpflichtungszusage ergebenden Rechte und Pflichten sollten die nationalen Gerichte somit gebunden sein. Zu dieser Frage der zivilrechtlichen Durchsetzbarkeit von Verpflichtungszusagen schweigt die aktuelle Verordnung. Es tritt sogar eine gewisse Unsicherheit hinsichtlich der Wirkungen von Entscheidungen und Verfahren der Kommission auf mitgliedstaatliche Gerichte und Wettbewerbsbehörden zutage, wenn die Kommission in Erwägungsgrund Nr. 22 erklärt, diese Fragen müssten *„im Einklang mit der Rechtsprechung des Gerichtshofs geklärt werden"*. Eine Bindung gem. Art. 16 der Verordnung kommt nicht in Betracht, da es nicht um die Anwendung der Wettbewerbsvorschriften durch nationale Gerichte geht, sondern um die Beachtung einer Verpflichtungserklärung durch einen Privatmann. Hat die Kommission aber einem Unternehmen durch Entscheidung bestimmte Pflichten auferlegt, so sind diese Pflichten als durch sekundäres Gemeinschaftsrecht geschaffene schon aus diesem Grund von einzelstaatlichen Behörden und Gerichten zu beachten.

---

671 So *Lampert/Niejahr*, Art. 9, Rn. 165, 167; *Bartosch*, EuZW 2001, 101, 102; *Hossenfelder/Lutz*, WuW 2003, 118, 122; *Schmidt*, BB 2003, 1237, 1242; *Koenigs*, DB 2003, 755, 756.

672 Ähnlich *Klees*, Europäisches Kartellverfahrensrecht, § 6, Rn. 131. *Lampert/Niejahr*, Art. 9, Rn. 165, bezeichnet diese Bindung ohne weitere Erläuterung als Selbstbindung der Kommission.

673 Weißbuch, S. 23, Rn. 90, aaO, Fn. 234: *„den Beteiligten und Dritten die Möglichkeit gegeben wird, sich gegebenenfalls vor einer staatlichen Instanz auf diese Zusagen zu berufen"*.

674 Verordnungsvorschlag, KOM (2000)582 endg., Erwägungsgrund 12: *„damit sich Dritte vor einzelstaatlichen Gerichten darauf berufen können"*; Begründung zum Verordnungsvorschlag, KOM (2000)582 endg., zu Artikel 9, S. 20 *„Dritte können vor einem nationalen Gericht die Einhaltung der Verpflichtungszusagen einklagen"*.

675 *Klees*, Europäisches Kartellverfahrensrecht, § 6, Rn. 132; *Busse/Leopold*, WuW 2005, 146, 151; *Hossenfelder/Lutz*, WuW 2003, 118, 122.

Demzufolge kann sich ein Dritter im Zivilrechtsstreit auf die in einer Verpflichtungszusage enthaltenen Pflichten berufen, auch wenn sich dies nicht ausdrücklich aus der Verordnung ergibt.

b) Feststellung über weiteres Tätigwerden

Davon zu trennen ist die Frage, ob nationale Behörden und Gerichte trotz der Kommissionsentscheidung, die die Aussage beinhaltet, es bestehe kein Anlass für ein weiteres Tätigwerden, eine Kartellrechtsverletzung feststellen und gegen die besagten Unternehmen vorgehen können. Es ist streitig, ob diese obligatorisch mit der Verbindlicherklärung verbundene Aussage der Kommission auch nationale Stellen bindet[676].

Verschiedene Argumente gegen eine Bindungswirkung werden bereits im Wortlaut der Vorschrift gesehen: Die Kommission erkläre die Verpflichtungszusagen lediglich für *„bindend für die Unternehmen"*, nicht jedoch für andere Personen[677], und als Folge bestehe *„für ein Tätigwerden der Kommission kein Anlass"*, woraus sich im Gegenzug ergebe, dass sich nationale Behörden und Gerichte durchaus noch mit der Sache befassen könnten[678].

Noch im Kommissionsvorschlag[679] zur neuen Kartellverordnung war ausdrücklich vorgesehen, dass die Erklärung keine Feststellung über das Bestehen eines Wettbewerbsverstoßes vor oder nach Verbindlicherklärung der Zusage beinhalte. Dies ist im Hinblick auf die nun geltende Fassung der Verordnung aber deshalb nicht sehr aussagekräftig, da im Vorschlag zugleich die Vorgabe fehlte, eine Entscheidung müsse stets besagen, dass für ein Tätigwerden der Kommission kein Anlass bestehe.

Außerdem bestimmt der 13. Erwägungsgrund der geltenden Verordnung, dass die Erklärung der Kommission, es bestehe kein Anlass zu weiterem Vorgehen, nicht die Sachfrage beantworte, ob eine Zuwiderhandlung vorlag oder noch vorliegt. Im Gleichlauf mit dem 22. Erwägungsgrund heißt es weiter, dass Verpflichtungszusagen nicht die Befugnis der mitgliedstaatlichen Gerichte und Behörden berühren, Art. 81 und 82 EG anzuwenden. Demzufolge berühren Entscheidungen über Verpflichtungszusagen nicht die Befugnisse der nationalen Behörden und Gerichte[680].

Dieses Ergebnis führt aber insofern zu einem Ungleichgewicht, als die sich verpflichtenden Unternehmen einerseits auf Einhaltung der Verpflichtungszusagen verklagt werden können, gleichzeitig aber einer völlig neuen Bewertung des Sachverhalts

---

676 Für eine Bindungswirkung: *Mestmäcker/Schweitzer*, § 20, Rn. 47; *Montag/Rosenfeld*, ZWeR 2003, 107, 132. Dagegen *Sauter*, in: Dauses, Hdb. EU-WirtschR, H.I § 3, Rn. 31; *Klees*, Europäisches Kartellverfahrensrecht, § 6, Rn. 131; *Mestmäcker/Schweitzer*, § 19, Rn. 10; *Lampert/Niejahr*, Art. 9, Rn. 165; *Hirsbrunner/Rhomberg*, EWS 2005, 61, 64 (der die fehlende Bindungswirkung als rechtspolitisch verfehlt kritisiert); *Busse/Leopold*, WuW 2005, 146, 149 ff.; *Körber*, WRP 2005, 463, 466; *Hossenfelder/Lutz*, WuW 2003, 118, 122; *Schmidt*, BB 2003, 1237, 1242. *Schütz*, in: Gemeinschaftskommentar Kartellrecht, Art. 9, Rn. 8. Differenzierend *de Bronett*, VO 1/2003, Art. 9, Rn. 8, dessen Ansicht nach die nationalen Behörden und Gerichte zwar eine Zuwiderhandlung gegen Art. 81, 82 EG feststellen können, nicht jedoch das Fortdauern einer Zuwiderhandlung.

677 *Busse/Leopold*, WuW 2005, 146, 151.

678 *Temple Lang*, ECLR 2003, 347, 349.

679 Verordnungsvorschlag, KOM (2000)582 endg., ABl. Nr. C 365 E vom 19. 12. 2000, S. 284, 288, Art. 9 Abs. 2, Erwägungsgrund 12.

680 *Lampert/Niejahr*, Art. 16, Rn. 318.

durch nationale Stellen ausgesetzt sind. Die Verpflichtungszusagen bieten ihnen damit nicht die erhoffte Rechtssicherheit.

Eine Bindungswirkung wird weiter sowohl mit der allgemeinen Loyalitätspflicht der Mitgliedstaaten aus Art. 10 EG begründet[681], als auch aus dem in Art. 16 der Verordnung niedergelegtem Grundsatz, dass Kommissionsentscheidungen nationale Stellen binden, abgeleitet[682]. Die Kommissionserklärung kann die mitgliedstaatlichen Stellen aber nur hinsichtlich des Vorliegens eines Verstoßes gegen die Art. 81 oder 82 EG binden, wenn sie auch eine Aussage diesbezüglich enthält[683].

Die Erklärung, es bestehe kein Anlass für ein weiteres Tätigwerden, kann bedeuten, dass bei Einhaltung der angebotenen Verpflichtungen kein wettbewerbswidriges Handeln vorliegen wird[684], oder lediglich, dass die Kommission unabhängig von einem Wettbewerbsverstoß dem Fall keine Priorität beimisst[685]. Wieder wird aus dem Wortlaut[686], die Kommission erlasse ihre Entscheidung *„nach ihrer vorläufigen Beurteilung"*, geschlossen, es könne keine abschließende Sachentscheidung, sondern lediglich eine erste Einschätzung vorliegen[687]. Die Kommission habe den Sachverhalt noch nicht abschließend gewürdigt[688], weshalb auch eine Bindung über Art. 16 der Verordnung nicht in Frage käme[689]. Wie bereits gesehen, bestimmt zudem Erwägungsgrund 13 der Verordnung, dass die Entscheidung nicht die Frage beantwortet, *„ob eine Zuwiderhandlung vorgelegen hat oder noch vorliegt"*[690].

Temple Lang[691] geht von den praktischen Vorteile einer endgültigen Entscheidung der Kommission über das Vorliegen eines wettbewerbswidrigen Handelns aus, nämlich den größeren Anreiz für Unternehmen, Verpflichtungszusagen anzubieten, den ansonsten fehlenden Schutz der Unternehmen vor Einschreiten der nationalen Stellen sowie die Gefahr widersprüchlicher Entscheidungen. Er schlägt daher vor, die Kommission solle soweit wie möglich über das Vorliegen eines Wettbewerbsverstoßes ent-

---

681 *Körber*, WRP 2005, 463, 466.

682 *Mestmäcker/Schweitzer*, § 20, Rn. 47; *Körber*, WRP 2005, 463, 466.

683 Dies übersieht *Schöler*, Die Reform, S. 140, wenn er erklärt, aus Art. 16 ergebe sich eine gewisse „faktische Bindungswirkung", die dazu führe, dass sich Dritte an nationale Gerichte wenden könnten, die in einer Analogie zu Art. 9 Abs. 2 der Verordnung die fragliche Vereinbarung anhand der Art. 81, 82 EG überprüfen könnten.

684 *Busse/Leopold*, WuW 2005, 146, 149 ff. unterscheiden zwischen der Feststellung eines in der Vergangenheit liegenden oder gegenwärtigen Wettbewerbsverstoßes und eines künftigen, gelangen aber nicht zu unterschiedlichen Ergebnissen.

685 *Temple Lang*, ECLR 2003, 347, 348.

686 *Hirsbrunner/Rhomberg*, EWS 2005, 61, 63.

687 *Körber*, WRP 2005, 463, 466; *Hossenfelder/Lutz*, WuW 2003, 118, 122; *Schmidt*, BB 2003, 1237, 1242; *Koenigs*, DB 2003, 755, 756; *Bartosch*, EuZW 2001, 101, 102.

688 *Busse/Leopold*, WuW 2005, 146, 150.

689 13. Erwägungsgrund der VO, Satz 3; 22. Erwägungsgrund der VO, Satz 3; *Lampert/Niejahr*, Art. 9, Rn. 165; *Hossenfelder/Lutz*, WuW 2003, 118, 122; *Schmidt*, BB 2003, 1237, 1242.

690 *Schöler*, Die Reform, S. 140; *Hirsbrunner/Rhomberg*, EWS 2005, 61, 64; *Busse/Leopold*, WuW 2005, 146, 151; *Körber*, WRP 2005, 463, 466; *Temple Lang*, ECLR 2003, 347, 349. Wish, S. 257, wundert sich über den Widerspruch zwischen Erwägungsgrund 13 und Art. 16 der Verordnung. Nach Ansicht von *Temple Lang*, ECLR 2003, 347, 348 f., ließe sich daraus aber auch schließen, dass für zukünftige Verstöße anderes gelte.

691 *Temple Lang*, ECLR 2003, 347, 348 f.

scheiden; sei dies nicht möglich, könne der Entscheidung nur entnommen werden, dass der Fall keine Priorität genieße[692]. Während er auf diesem Wege Rechtssicherheit für die Unternehmen zu erreichen wünscht, verkennt er aber, dass er gerade Rechtsunsicherheit schafft. Nach seiner Lösung müsste für jeden Fall einer Verpflichtungszusage gesondert untersucht werden, inwieweit sich die Kommission ein abschließendes Bild auch über mögliche künftige Wettbewerbsverstöße gemacht hat. Aufgrund dieser Impraktikabilität ist in jedem Fall eine einheitliche Lösung wünschenswert[693]. Da die Kommission nicht immer eine abschließende Bewertung eines in der Zukunft liegenden Verhaltens vornehmen kann und dies auch nicht der Art. 9 zugrunde liegenden Idee eines gegenseitigen Entgegenkommens – Verhaltensänderung seitens der Unternehmen und Absehen von einer förmlichen Abstellungsentscheidung seitens der Kommission – entspricht, kann die Entscheidung nicht als endgültige Entscheidung in der Sache angesehen werden, mit der Folge, dass diesbezüglich auch keine Bindung gegenüber nationalen Stellen eintritt[694].

Zwar ist die Forderung nach einer Gleichbehandlung der Situation, in der die Kommission einem Unternehmen nach Art. 7 Verhaltensmaßnahmen auferlegt, mit der der Verbindlicherklärung solcher von den Unternehmen selbst angebotener Maßnahmen[695], nachvollziehbar. Es handelt sich dabei aber um eine grundlegende Kritik an der Ausgestaltung der Verpflichtungszusagen und damit um einen rechtspolitischen Wunsch. In der Praxis werden sich nationale Behörden und Gerichte außerdem an Entscheidungen der Kommission über Verpflichtungszusagen orientieren und nur in Ausnahmefällen davon abweichen, so dass sich hier ein gewisser Schutz der betroffenen Unternehmen ergibt. Andernfalls müssen diese vom freiwilligen Anbieten von Verpflichtungszusagen absehen.

Im Ergebnis haben Entscheidungen über Verpflichtungserklärungen einerseits insoweit Rechtswirkungen gegenüber den Adressaten, als sie diesen unmittelbar Verpflichtungen auferlegen, und andererseits, als sie der Kommission diesen gegenüber ein Abweichen von der vorläufigen Einschätzung außerhalb der Wiederaufnahmegründe des Abs. 2 versagen[696]. Rechtswirkungen in Bezug auf die Befugnis der nationalen Behörden und Gerichte, selbstständig Art. 81 und 82 EG auf ein Verhalten anzuwenden, gibt es hingegen nicht.

2. Wiederaufnahme des Verfahrens gem. Art. 9 Abs. 2

Wenn sich die tatsächlichen Umstände in einem wesentlichen Punkt ändern, die Unternehmen ihre Verpflichtungszusagen nicht einhalten oder die Entscheidung zu deren

---

692 *Temple Lang*, ECLR 2003, 347, 349.

693 *Busse/Leopold*, WuW 2005, 146, 151.

694 Da die Zusageentscheidung über die Verpflichtungszusagen keine Sachentscheidung enthält, macht sie für Dritte auch nicht den Beweis eines Wettbewerbsverstoßes im Schadensersatz- oder Unterlassungsprozess entbehrlich, vgl. *Temple Lang*, ECLR 2003, 347, 350.

695 *Hirsbrunner/Rhomberg*, EWS 2005, 61, 65.

696 Nach *Klees*, Europäisches Kartellverfahrensrecht, § 6, Rn. 151, ist eine Zusageentscheidung der Kommission *„unter den weiteren Voraussetzungen des Art. 230 Abs. 4 EG"* vor dem Gerichtshof anfechtbar. Nach Ansicht von *Temple Lang*, ECLR 2003, 347, 350, kann sie von jedem angefochten werden, der von ihr unmittelbar und individuell betroffen ist.

Verbindlicherklärung auf unvollständigen, unrichtigen oder irreführenden Angaben beruht, kann die Kommission das ursprüngliche Verfahren wieder aufnehmen. Die Wiederaufnahme bewirkt die Fortsetzung des ursprünglichen Verfahrens, dessen Abschluss mittels Abstellungsentscheidung die Kommission beabsichtigte. Insbesondere ein Konkurrent, der die Einleitung des ursprünglichen Verfahrens mit einem Antrag nach Art. 7 der Verordnung angeregt hat, kann ein Interesse daran haben, von der Kommission die Wiederaufnahme des Verfahrens zu verlangen.

Die Wiederaufnahme könnte insoweit verbindliche Rechtswirkungen erzeugen, als sie die Verpflichtung der Kommission gegenüber dem Unternehmer, in einer bestimmten Sache nicht gegen ihn tätig zu werden, aufhebt[697]. Diese Verpflichtung wird jedoch bei genauerer Betrachtung bereits durch die Kartellverordnung selbst aufgehoben. Diese begrenzt die Wirkung des Nichteinschreiteversprechens auf die in Art. 9 Abs. 2 abschließend aufgezählten Gründe. Tritt ein Wiederaufnahmegrund ein oder lag dieser von Anfang an vor, so ist die Kommission schon ab diesem Zeitpunkt nicht mehr an ihre Erklärung gebunden. Die Erklärung der Wiederaufnahme enthält dann lediglich die Ausübung des Ermessens der Kommission (sie „kann" das Verfahren wieder aufnehmen), in diesem Fall doch eine anders lautende verfahrensbeendende Maßnahme erlassen zu wollen. Es ist daher nicht die Wiederaufnahmeentschließung der Kommission, die zum Verlust des Rechtsvorteils des Nichteinschreitens führt, sondern bereits das Vorliegen eines Wiederaufnahmegrundes.

Mit der Wiederaufnahme könnte weiter die Pflicht des Unternehmers erlöschen, sich entsprechend der von ihm gemachten Zusagen zu verhalten. Streng genommen geschieht dies jedoch erst mit Erlass der endgültigen Entscheidung bzw. mit Einstellung des Verfahrens[698], damit der Sachverhalt einer lückenlosen Regelung unterworfen werden kann. Die Wiederaufnahme ist lediglich eine vorbereitende Maßnahme[699], die mangels Rechtswirkung gegenüber dem Adressaten diesem auch nicht mitgeteilt werden muss. Weder findet eine Anhörung nach Art. 27 Abs. 1 oder 4, noch eine Veröffentlichung nach Art. 30 Abs. 1 der Verordnung statt. Erstere ist nur bei Entscheidungen nach den Art. 7, 8, 23 oder 24 oder nach Art. 9 und 10 in Bezug auf Dritte vorgesehen, und eine Veröffentlichung hat nur bei Vorliegen einer „Entscheidung" zu erfolgen. Anders als die anderen Maßnahmen der Art. 7 bis 10 erfolgt die Wiederaufnahme nach dem Wortlaut der Verordnung aber nicht in Form einer Entscheidung.

Es ist also zunächst festzuhalten, dass es sich bei der Wiederaufnahme des Verfahrens nur um einen Zwischenschritt handelt, während die endgültige Entscheidung, die mit einer abschließenden Willensbildung der Behörde einhergeht, eine solche nach den Art. 7 bis 10 oder eine Einstellung des Verfahrens sein kann. Die Wiederaufnahme zielt auf die Änderung oder den Widerruf der Entscheidung nach Art. 9 ab und stellt selbst lediglich ein Zwischenziel dar.

---

[697] Entfallen des Rechtsvorteils des Nichteinschreitens der Kommission, vgl. *Klees*, Europäisches Kartellverfahrensrecht, § 6, Rn. 149.

[698] *Klees*, Europäisches Kartellverfahrensrecht, § 6, Rn. 130, 149. Dies soll je nachdem, welcher Wiederaufnahmegrund einschlägig ist, mit Wirkung ex nunc oder ex tunc erfolgen, *de Bronett*, VO 1/2003, Art. 9, Rn. 12.

[699] Ähnlich *Klees*, Europäisches Kartellverfahrensrecht, § 6, Rn. 146.

Anderes soll sich bei der Ablehnung eines Antrags auf Wiederaufnahme ergeben. Personen, die ein berechtigtes Interesse darlegen, könnten analog Art. 7 Abs. 2 i. V. m. Art. 9 Abs. 2 mit dem Ziel die Wiederaufnahme des Verfahrens beantragen, die Verpflichtungszusage durch eine wirksame Abstellungsverfügung auf Grund von Art. 7 Abs. 1 zu ersetzen[700]. Ein solcher Antrag sei durch Entscheidung abzuwenden und diese folglich nach Art. 230 EG – allerdings ausschließlich vom Antragssteller – anfechtbar[701]. Eine ablehnende Entscheidung ist aber nach der hier vertretenen Auffassung nur dann anfechtbar, wenn die begehrte Entscheidung als Klagegegenstand tauglich wäre. Dies ist bei der Wiederaufnahme nicht der Fall. Ebenso wie im bereits behandelten Fall der Ablehnung einer Verfahrenseinleitung ist auch die Wiederaufnahme nicht das endgültige Ziel des Antragstellers[702]. Sein Antrag auf Wiederaufnahme enthält konkludent die Aufforderung, eine bestimmte, abschließende Entscheidung – sei es eine Verbots- oder Sanktionsentscheidung – zu erlassen. Eine solche stellt einen tauglichen Klagegegenstand dar, weshalb dann auch deren Verweigerung anfechtbar ist, soweit auch die weiteren Zulässigkeitsvoraussetzungen erfüllt sind.

Ein Unterschied zum Antrag auf Verfahrenseinleitung ergibt sich dann in der Prüfung der Begründetheit der Klage: die mit der Verbindlicherklärung verbundene Aussage der Kommission, für ein Tätigwerden bestehe kein Anlass, steht einer Pflicht der Kommission, nach Art. 7 oder 8 der Verordnung einzuschreiten, entgegen, soweit nicht einer der Wiederaufnahmegründe gegeben ist.

Teilweise wird auch argumentiert, die Ablehnung des Antrags auf Wiederaufnahme stelle dann einen Akt mit Rechtswirkungen dar, wenn die Kommission ihre ursprüngliche Entscheidung nicht lediglich bestätige, sondern wenn sie eine neue Entscheidung erlasse, indem sie auf Grundlage der veränderten Tatsachenlage oder neu hinzugetretener Kenntnisse ihre Ansicht über den Fortgang des Verfahrens neu überdenke[703]. Als Beispiel wird eine Entscheidung aus dem Fusionskontrollrecht angeführt: das Gericht lehnt darin eine Nichtigkeitsklage gegen die Ablehnung eines Wiederaufnahmeantrags als unzulässig ab, weil nur *„Maßnahmen, die bindende, die Interessen des Klägers beeinträchtigende Rechtsfolgen hervorbringen, indem sie dessen Rechtslage erheblich verändern"*[704], Gegenstand einer Nichtigkeitsklage sein können. Mangels eines Art. 9 Abs. 2 entsprechenden Antragsrechts in der Fusionskontrollverordnung soll hinsichtlich der Klagebefugnis genügen, dass der Kläger als Dritter die Entscheidung nach

[700] *De Bronett*, VO 1/2003, Art. 7, Rn. 17; Art. 9, Rn. 15.

[701] *De Bronett*, VO 1/2003, Art. 9, Rn. 15

[702] Vgl. auch die Aussage des Gerichts in der fusionskontrollrechtlichen Entscheidung EuG, Rs. T-83/92, Slg. 1993, II-1169, Rn. 33 – Zunis Holding SA: *„Die Klägerinnen zielten mit ihrem Antrag auf Wiedereröffnung des Verfahrens in Wirklichkeit darauf ab, von der Kommission erstens den Erlaß einer Entscheidung, mit der die frühere Entscheidung ... widerrufen worden wäre ... und zweitens den Erlaß einer neuen Entscheidung... zu erwirken."*

[703] So *Klees*, Europäisches Kartellverfahrensrecht, § 6, Rn. 147 unter Hinweis auf *Immenga*, in: Immenga/Mestmäcker, EG-WbR, Bd. I, FKVO, G, III., Rn. 19, der die Problematik im Bereich des Fusionskontrollrechts untersucht. Im Ergebnis schließt *Klees* eine Klagemöglichkeit allerdings aus dem Grunde aus, dass die Wiederaufnahme regelmäßig im Ermessen der Kommission stehe und deren Ablehnung daher keine verbindliche Rechtswirkung entfalte, § 6, Rn. 134, 148, Fn. 407.

[704] EuG, Rs. T-83/92, Slg. 1993, II-1169, Rn. 30 – Zunis Holding SA (Konkurrentenklage im Fusionskontrollrecht).

Art. 6 Abs. 1 lit. a VO Nr. 4064/89 – Entscheidung, die einen Zusammenschluss als mit dem Gemeinsamen Markt vereinbar erklärt – hätte anfechten können[705]. Damit wird jedenfalls im Hinblick auf die Klagebefugnis auf die konkludent enthaltene Aufforderung, eine Vereinbarkeitsentscheidung aufzuheben, abgestellt[706]. Würde man die Ablehnung der Wiederaufnahme unmittelbar als Ablehnung in Bezug auf den Erlass einer Verbotsentscheidung betrachten, müsste man den Regelungscharakter der Ablehnung nicht über eine erneute Sachprüfung seitens der Kommission konstruieren. Hier wird nämlich zudem übersehen, dass die Kommission ursprünglich in Bezug auf die Sache gar keine Entscheidung getroffen hat.

Ohne vertieft auf die Problematik der Klagefristen einzugehen[707], sei angemerkt, dass die gegen eine den Widerruf eines Aktes ablehnende Entscheidung gerichtete Nichtigkeitsklage selbstverständlich nicht dazu missbraucht werden darf, die Klagefristen einer gegen die Ursprungsentscheidung gerichteten Nichtigkeitsklage zu umgehen. Die Zulässigkeit wird daher im Rahmen der Klagefrist von der Veränderung der Umstände und insbesondere vom Eintritt eines Wiederaufnahmegrundes abhängig zu machen sein.

3. Ergebnis zu III.

Entscheidungen der Kommission, die Verpflichtungszusagen für verbindlich erklären, haben insoweit Rechtswirkungen, als sie den Unternehmen Pflichten auferlegen und die Kommission hinsichtlich der Anwendung von Art. 81 bzw. 82 EG binden.

Da die Wiederaufnahme des Verfahrens lediglich eine vorbereitende Handlung darstellt, ist sie als solche nicht geeignet, den Gegenstand einer Klage zu bilden. Hingegen kann die Ablehnung eines Wiederaufnahmeantrags gleich der Ablehnung eines Antrags auf Verfahrenseinleitung angegriffen werden.

IV. Feststellung der Nichtanwendbarkeit gem. Art. 10

Die Kommission kann gem. Art. 10 VO Nr. 1/2003 feststellen, dass Art. 81 oder 82 EG auf ein bestimmtes Verhalten keine Anwendung finden, weil entweder die Voraussetzungen dieser Vorschrift nicht erfüllt sind oder weil bezüglich des Kartellverbotes der Tatbestand des Art. 81 Abs. 3 erfüllt ist. Inhaltlich entspricht dies einerseits dem Negativattest nach Art. 2 VO Nr. 17/62 und andererseits – soweit die Kommission den Freistellungstatbestand für erfüllt ansieht – der Freistellungsentscheidung nach Art. 6 VO Nr. 17/62.

Während die Freistellungsentscheidung unter Geltung der Verordnung Nr. 17/62 noch konstitutiv wirkte[708], erfolgt die Freistellung aufgrund der unmittelbaren An-

[705] *Immenga*, in: Immenga/Mestmäcker, EG-WbR, Bd. I, FKVO, G, III., Rn. 19; *Klees*, Europäisches Kartellverfahrensrecht, § 6, Rn. 147.

[706] *Immenga*, in: Immenga/Mestmäcker, EG-WbR, Bd. I, FKVO, G, III., Rn. 19.

[707] Dazu *Happe*, EuZW 1992, 297 ff.

[708] Eine Freistellungsentscheidung konnte außerdem vom Wettbewerber, der sich dadurch in seiner Wettbewerbsposition beeinträchtigt sah, mit der Nichtigkeitsklage angegangen werden, vgl. EuGH Rs. 26/67, Slg. 1977, 1875 – Metro I; EuGH Rs. 75/84, Slg. 1986, 3021 – Metro II; EuGH Rs. C-70/97 P., Slg. 1998, I-7183 – Kruidvat, Rechtsmittel gegen EuG Rs. T-87/92, Slg. 1996, II-1931 – Kruidvat; *Börner*, EuR 1984, 181, 183.

wendbarkeit des Art. 81 Abs. 3 EG nun bereits direkt aufgrund gesetzlicher Anordnung, so dass die Entscheidung der Kommission nur noch eine deklaratorische sein kann[709]. Im System der Legalausnahme ist zumindest kein Platz für behördliche Einzelfallentscheidungen mit konstitutivem Charakter, solche Positiventscheidungen sind systemfremd[710]. Aus dem deklaratorischen Charakter der Entscheidung folgt jedoch nicht, dass dieser keine rechtliche Bindungswirkung zukommen kann[711]. Auch ein lediglich feststellender Rechtsakt kann – und das, auch wenn er rechtswidrig ist – in Rechtskraft erwachsen und Bindungswirkung entfalten. Für Nichtanwendbarkeitsentscheidungen nach Art. 10 ist also zu untersuchen, ob sie die Kommission, und anschließend, ob sie mitgliedstaatliche Gerichte und Behörden binden.

1. Bindung der Kommission

Die Feststellung der Nichtanwendbarkeit erfolgt nach dem Wortlaut des Art. 10 in Form der Entscheidung, was als Indiz für eine verbindliche Rechtswirkung des Inhalts herangezogen werden kann, dass ein bestimmtes Verhalten der Adressaten der Entscheidung nicht als gegen europäisches Wettbewerbsrecht verstoßend angesehen werden kann. Im Unterschied zur Verbindlicherklärung von Verpflichtungszusagen beinhaltet die Entscheidung nicht lediglich die Aussage, dass für ein Tätigwerden kein Anlass mehr besteht, sondern trifft die sachliche Feststellung, dass Art. 81 oder 82 EG auf eine Vereinbarung keine Anwendung findet[712]. Aus Sicht des Adressaten trifft die Kommission die verbindliche Entscheidung, dass die in Frage stehende Vereinbarung keinen Verstoß gegen das europäische Wettbewerbsrecht darstellt[713]. Diesem gegenüber ist sie daher verpflichtet, keine anders lautende Entscheidung zu treffen und beispielsweise Abhilfemaßnahmen zu treffen oder eine Geldbuße aufzuerlegen[714].

---

709 Begründungserwägung 14; Begründung zum Verordnungsvorschlag, KOM (2000)582 endg., zu Artikel 10, S. 21; *Schröter*, in: GS, Art. 81, Einführung, Rn. 11; *Sauter*, in: Dauses, Hdb. EU-WirtschR, H.I § 3, Rn. 35; *Schöler*, Die Reform, S. 134; *Klees*, Europäisches Kartellverfahrensrecht, § 6, Rn. 161; *Lampert/Niejahr*, Art. 10, Rn. 172; *Schmidt*, BB 2003, 1237, 1241; *Deringer*, EuZW 2000, 5, 7; *Ehlermann*, CMLR 2000, 537, 564; *Schütz*, WuW 2000, 686, 688.

710 Monopolkommission, Kartellpolitische Wende in der Europäischen Union?, 28. Sondergutachten vom 16. 9. 1999, Rn. 79; Weißbuch der Kommission, ABl. Nr. C 132 vom 12. 5. 1999, S. 1, 16, Rn. 48 f.; *Sauter*, in: Dauses, Hdb. EU-WirtschR, H.I § 3, Rn. 7, 35.

711 So aber *Sauter*, in: Dauses, Hdb. EU-WirtschR, H.I § 3, Rn. 35: „*deklaratorischen, also nicht bindenden Charakter*"; *Deringer*, EuR 2001, 306, 308. *Bornkamm*, Neuere Entwicklungen, S. 47, 48, schließt aus der deklaratorischen Wirkung des früheren Negativattestes, dass diesem keine unmittelbare Rechtswirkung zukommen kann. Wie hier auch ausführlich *Brunn*, EG-Kartellverfahrensverordnung, S. 37 f., und *Ehlermann*, CMLR 2000, 537, 567.

712 *Schmidt*, BB 2003, 1237, 1241 f.

713 Aus Gründen der Rechtssicherheit und des Vertrauensschutzes kann die Kommission eine aus der Sicht des Adressaten verbindliche Entscheidung nur unter engen Voraussetzungen aufheben, vgl. zur Aufhebung von Rechtsakten im Gemeinschaftsrecht allgemein EuGH, Rs. 7/56 u. 3-7/57, Slg. 1957, 83, 118 f. – Algera; Rs. 42 u. 49/59, Slg. 1961, 109, 115, 161 f. – SNUPAT; Rs. 14/61, Slg. 1962, 511, 543 – Hoogovens; Rs. 14/81, Slg. 1982, 749, 764, Rn. 10 – Alpha Steel; Lübbig, EuZW 2003, S. 233 ff.; Haratsch, EuR 1998, 387 ff.; *Gornig/Trüe*, JZ 1993, 884, 891.

714 Nach Auffassung von *Crones*, Selbstbindungen, S. 148, bindet sich die Kommission im Wege der Selbstbindung. Nach *Klees*, Europäisches Kartellverfahrensrecht, § 6, Rn. 161, hat die Nichtanwendbarkeitsentscheidung aufgrund ihres deklaratorischen Charakters keine Wirkung für die Zukunft, falls sich die tatsächlichen Umstände ändern, so dass die fragliche Verhaltensweise ohne wei-

Sauter[715] hingegen meint, es bleibe offen, wer Adressat der Entscheidung sei. Er betrachtet die Nichtanwendbarkeitsentscheidung nur von ihrer Funktion her, die Rechtslage für alle betroffenen Unternehmen bezüglich einer neuartigen Fragestellung zu klären, was er in der Tatsache bekräftigt sieht, dass sie ausschließlich von Amts wegen und im öffentlichen Interesse erlassen wird. Die Entscheidung sei deshalb an alle zu richten, die es angehe. Dagegen ist anzuführen, dass *Sauter* die Entscheidung wie eine normauslegende Verwaltungsvorschrift versteht[716], während die Verordnung ausdrücklich von einer Entscheidung spricht, deren Eigenschaft – jedenfalls wenn es sich um eine Entscheidung im Sinne von Art. 249 EG handelt – unter anderem darin besteht, dass sie an einen bestimmten Adressaten gerichtet ist. Dass die Kommission die Nichtanwendbarkeitserklärung als Einzelfallentscheidung und nicht bloß generelle Auslegung des Gemeinschaftsrechts versteht, zeigt sich auch im Verordnungsvorschlag[717], in dem ein Vergleich zu den früheren Freistellungsentscheidungen und nicht etwa zu Gruppenfreistellungsverordnungen vorgenommen wird[718]. Zudem wird das Recht der Kommission, informelle Beratung zu leisten, wozu ein solch rechtsauslegender Akt zu zählen wäre, im Erwägungsgrund 38 als von der Verordnung unberührt bleibend bezeichnet. Es ist also entgegen *Sauter* davon auszugehen, dass es sich bei einer Handlung nach Art. 10 um eine konkret-individuelle Entscheidung handelt, wie dies auch der Wortlaut vermuten lässt.

2. Bindung einzelstaatlicher Behörden und Gerichte

Schwieriger ist zu beantworten, welche Wirkung gegenüber nationalen Behörden und Gerichten besteht.

Soweit die Kommission feststellt, dass Art. 81 Abs. 1 bzw. Art. 82 EG nicht verletzt sind, ist die Entscheidung mit dem früheren Negativattest nach Art. 2 VO Nr. 17/62 vergleichbar. Während unter Geltung der Verordnung Nr. 17/62 individuelle Entscheidungen der Kommission, wie die Gewährung, Einschränkung oder der Widerruf von Befreiungen, rechtliche Bindungswirkung gegenüber den Gerichten der Mitgliedstaaten entfalteten[719], wurde eine solche im Hinblick auf Negativatteste von der herrschenden Meinung abgelehnt[720]. Im Unterschied zu Art. 10 VO Nr. 1/2003 enthielt ein Negativattest nach Art. 2 VO Nr. 17/62 auch lediglich die Feststellung, dass kein Anlass bestehe einzuschreiten, was der in der Verbindlicherklärung von Verpflichtungszusagen enthaltenen Aussage entspricht und insofern auch die dazu vertretene Ansicht un-

---

teres verboten werden kann. Zugleich soll aber eine Selbstbindung der Kommission eintreten.

715 *Sauter*, in: Dauses, Hdb. EU-WirtschR, H.I § 3, Rn. 35.

716 Ebenso *Gröning*, WRP 2001, 83, 86 („wesensverwandt mit der GVO").

717 Begründung zum Verordnungsvorschlag, KOM (2000)582 endg., zu Artikel 10, S. 21.

718 *Schmidt*, BB 2003, 1237, 1242, hingegen hält es für denkbar, dass sich aus Art. 10 auch eine Art „deklaratorische Gruppenfreistellungsentscheidung ohne Verordnungscharakter" entwickelt.

719 EuGH, Rs. 31/80, Slg. 1980, 3775, Rn. 8 – L'Oréal; *Jakob*, in: GS, Vorbem. zu den Art. 81 bis 89 EG, Rn. 72; *Grill* in: Lenz/Borchardt, 3. Auflage, Vorbem. zu Art. 81-86, Rn. 44; Art. 83, Rn. 41; *Odersky*, FS Mestmäcker, S. 699, 705.

720 *Jakob*, in: GS, Vorbem. zu den Art. 81 bis 89 EG, Rn. 72; *Bornkamm*, Neuere Entwicklungen, S. 47, 48; *Schöler*, Die Reform, S. 55; *Odersky*, FS Mestmäcker, S. 699, 705; *Crones*, Selbstbindungen, S. 148; *Steindorff*, ZHR 150 (1986), 222, 247; *Deringer*, EuR 2001, 306, 308. AA: *Grill* in: Lenz/Borchardt, 3. Auflage, Art. 81, Rn. 35; Art. 83, Rn. 40.

terstützt. Aufgrund der Verschiedenartigkeit der Inhalte ist die Wirkung des früheren Negativattestes für die Beurteilung der Nichtanwendbarkeitserklärung nicht aussagekräftig.

Eine Verbindung schafft aber das der neuen Verordnung vorangegangene Weißbuch, indem es vorsieht, dass diese Nichtanwendbarkeitserklärungen für nationale Behörden und Gerichte die gleichen Rechtswirkungen haben sollten wie früher Negativatteste[721], also keine rechtliche Bindungswirkung[722]. In der Folge könnten Vereinbarungen als wettbewerbswidrig verboten werden, ohne dass ein Widerruf der Nichtanwendbarkeitserklärung erforderlich wäre. Dies sieht *Deringer*[723] als wesentlichen Unterschied zum Genehmigungssystem an, in dem die Unternehmen durch die konstitutive Wirkung einer Freistellungsentscheidung bis zu deren Widerruf geschützt waren.

In der Begründung zum Verordnungsvorschlag vom 27. September 2000 tritt allerdings eine andere Auffassung der Kommission zutage[724]. Die Nichtanwendbarkeitserklärung unterscheide sich zwar wesentlich von der früheren Freistellungsentscheidung, durch die gegenüber jedermann wirkende Rechte geschaffen würden, sie habe jedoch die Wirkung eines Rechtsaktes der Gemeinschaft, weshalb nationale Gerichte und Wettbewerbsbehörden bestrebt sein müssten, keine mit ihr in Widerspruch stehenden Akte zu erlassen[725]. Nach der Verordnungsbegründung sollten Positiventscheidungen also solche im Sinne des Art. 16 der geplanten Verordnung sein[726].

Während der Wortlaut des jetzigen Art. 10 VO Nr. 1/2003 im Vergleich zum Verordnungsvorschlag nahezu unverändert ist, ist Art. 16 des Vorschlags noch wesentlich weiter[727], indem er anordnet, dass einzelstaatliche Behörden und Gerichte lediglich *„bestrebt sein"* müssen, keine den Entscheidungen der Kommission widersprechende Rechtsakte zu erlassen, während sie nach der endgültigen Fassung keine solchen Rechtsakte erlassen *„dürfen"*. Die Aussage, eine Rechtspflicht werde durch diese Vorschrift nicht begründet[728], lässt sich daher nicht ohne weiteres auf den aktuell gültigen Art. 16 der Verordnung übertragen.

---

[721] Laut *Schöler*, Die Reform, S. 135, war der ursprüngliche Vergleich mit Negativentscheidungen der Kommission ein Fehler, den die Kommission aber korrigiert hat.

[722] Weißbuch über die Modernisierung der Vorschriften zur Anwendung der Art. 81 und 82 EG-Vertrag, KOM (1999) 101 endg./2 vom 12. 5. 1999, S. 35; Rn. 89; *Schöler*, Die Reform, S. 134; *Hossenfelder/Lutz*, WuW 2003, 118, 122 f.; *Deringer*, EuZW 2000, 5, 7; *Mestmäcker*, EuZW 1999, 523, 527; *Ritter*, in: Immenga/Mestmäcker, EG-WbR, Bd. II, Art. 2 VO Nr. 17, Rn. 25 ff. Dies widerspricht nicht der bisherigen Anfechtbarkeit von Negativattesten, vgl. EuGH, Rs. 138/89, Slg. 1992, II-2181, 2192, Rn. 32 – NBV und NVB; EuG, Rs. T-116/89, Slg. 1990, II-843, 862, Rn. 70 – Prodifarma (resultiert aus der Bindung der Kommission, soweit sich die zugrunde gelegten Tatsachen nicht ändern).

[723] *Deringer*, EuZW 2000, 5, 7.

[724] *Klees*, Europäisches Kartellverfahrensrecht, § 6, Rn. 162.

[725] Begründung zum Verordnungsvorschlag, KOM (2000)582 endg., zu Artikel 10, S. 21.

[726] So auch ausdrücklich die Begründung zum Verordnungsvorschlag, KOM (2000)582 endg., zu Artikel 16, S. 26; *Schöler*, Die Reform, S. 134; *Deringer*, EuR 2001, 306, 309.

[727] *Schöler*, Die Reform, S. 134.

[728] *Bartosch*, EuZW 2001, 101, 106.

Generell kann eine Bindungswirkung über das Vertrauensschutzprinzip[729] oder aber für die Mitgliedstaaten über Art. 10 EG begründet werden[730]. Art. 16 der Verordnung stellt eine Konkretisierung dieses Gebotes der Gemeinschaftstreue dar[731]. Sollte es sich bei Nichtanwendbarkeitserklärungen um Entscheidungen im Sinne des Art. 16 VO Nr. 1/2003 handeln, sind nationale Gerichte über dessen Abs. 1, nationale Behörden über Abs. 2 gebunden[732]. Der Wortlaut sowie die Überschrift des 3. Kapitels – „Entscheidungen der Kommission" – sprechen für eine solche Lesart. Außerdem stellen Entscheidungen nach Art. 10 VO Nr. 1/2003 anders als solche nach Art. 9 Sachentscheidungen dar[733]. Da die Regelung des Art. 16 für Verbotsentscheidungen selbstverständlich ist – nationale Behörden können nicht von einem Gemeinschaftsorgan Verbotenes als zulässig erachten[734], erhält sie erst für andere Entscheidungsinhalte – etwa gestattender Art – Bedeutung. Zudem besagt der deklaratorische Charakter der Erklärung – wie bereits gesehen und anders als von einigen Autoren festgestellt – nichts über die von ihr ausgehende Bindungswirkung. Auch die Entstehungsgeschichte der Vorschrift ist aufgrund der zahlreichen Änderungen nicht sehr ergiebig[735]. Dies spricht zunächst für eine Einbeziehung der Negativentscheidung in den Anwendungsbereich des Art. 16 VO Nr. 1/2003.

Der Zweck der Negativentscheidung ergibt sich aus dem 14. Erwägungsgrund der Kartellverordnung, nach dem eine Nichtanwendbarkeitserklärung ergeht, *„um die Rechtslage zu klären und eine einheitliche Rechtsanwendung in der Gemeinschaft sicherzustellen"*. Anders als das bisherige Negativattest ergeht die Erklärung ausschließlich im öffentlichen Interesse, was sich aus dem Tätigwerden von Amts wegen und dem Ausnahmecharakter der Norm ergibt[736]. Durch Erlass von Nichtanwendbarkeitserklärungen soll die Kommission ihre Aufgabe als Hüterin der Verträge wahrnehmen,

---

729 EuGH, Rs. 81/72, Slg. 1973, 575, Rn. 10 – Kom / Rat, EuG, Rs. T-236/01, Slg. 2004, II-1181, 1247, Rn. 152 ff. – Tokai Carbon.

730 *Biervert*, Missbrauch, S. 86.

731 Eine Bindung nach Art. 16 VO Nr. 1/2003 befürwortend *Klees*, Europäisches Kartellverfahrensrecht, § 6, Rn. 162; *Schütz*, in: Gemeinschaftskommentar Kartellrecht, Art. 10, Rn. 9; Art. 16, Rn. 1; *Lampert/Niejahr*, Art. 10, Rn. 172; Art. 16, Rn. 318; *Fuchs*, ZWeR 2005, 1, 23, Fn. 123; *Eilmansberger*, JZ 2001, 365, 373. Dagegen *Röhl*ing, GRUR 2003, 1019, 1023. *Schmidt*, BB 2003, 1237, 1242, hält diese Frage für noch nicht geklärt.

732 Dies vertreten *de Bronett*, VO 1/2003, Art. 10, Rn. 1; *Lampert/Niejahr*, Art. 10, Rn. 174; *Hossenfelder/Lutz*, WuW 2003, 118, 123; *Montag/Rosenfeld*, ZWeR 2003, 107, 131. *Schmidt*, BB 2003, 1237, 1242, erwägt eine solche Bindungswirkung, hält diese Frage aber noch für ungewiss. Bereits unter Geltung der VO Nr. 17/62 entfaltete ein Negativattest insoweit eine faktische Ausstrahlungswirkung, als es die Sichtweise der Kommission zum Ausdruck brachte und die nationalen Gerichte gem. Art. 10 Abs. 2 EG verpflichtet waren, solche Positionen zu berücksichtigen, vgl. EuGH, Rs. 253/78 und 1-3/79, Slg. 1980, 2327, 2374, Rn. 13 – Guerlain; Rs. 99/79, Slg. 1980, 2511, 2533, Rn. 11 – Lancôme/Etos; Rs. 31/80, Slg. 1980, 3775, Rn. 10-12 – L'Oréal; *Schöler*, Die Reform, S. 55.

733 *Klees*, Europäisches Kartellverfahrensrecht, § 6, Rn. 162; *Lampert/Niejahr*, Art. 10, Rn. 172.

734 *Deringer*, EuR 2001, 306, 309.

735 *Klees*, Europäisches Kartellverfahrensrecht, § 6, Rn. 162, führt die Entstehungsgeschichte gerade als Argument für eine Bindung gegenüber nationalen Behörden und Gerichten an.

736 Keinesfalls soll es deshalb einen Anspruch der Unternehmen auf Erlass einer solchen Art. 10-Entscheidung geben, *Bartosch*, EuZW 2001, 101.

indem sie eine kohärente Anwendung der Art. 81, 82 EG sicherstellt und Auslegungshilfe gewährt[737]. Wäre dies alleiniger Zweck[738], ließe dieser sich aber in ausreichender Weise durch Leitlinien der Kommission zur Auslegung und Anwendung der Wettbewerbsvorschriften sowie durch die im 38. Erwägungsgrund genannte *„informelle Beratung"* von Unternehmen erreichen. Eine Feststellung nach Art. 10 ergeht aber in Bezug auf *„eine Vereinbarung, einen Beschluss einer Unternehmensvereinigung oder eine abgestimmte Verhaltensweise"*[739]. Auch wenn der Nichtanwendbarkeitserklärung also eine das gemeinschaftliche Wettbewerbsrecht interpretierende Funktion innewohnt, muss diese zusätzlich eine darüber hinausgehende Bedeutung für den sie veranlassenden Einzelfall besitzen. Neben dem Instrument der Leitlinien, die im Kartellrecht nun auf Grundlage des Art. 33 VO Nr. 1/2003 ergehen[740], hätte sie sonst keine eigenständige Bedeutung[741].

Im Ergebnis sind nationale Gerichte und Behörden bezüglich des konkreten Einzelfalls daher über Art. 16 VO Nr. 1/2003 an eine Negativentscheidung der Kommission gebunden[742].

Soweit eine rechtliche Bindung der Gerichte durch Nichtanwendbarkeitsentscheidungen abgelehnt wird, wird teilweise in der Erwartung, dass die Gerichte sich in der Regel nach den Aussagen der Kommission richten werden, eine jedenfalls faktische Bindungswirkung angenommen[743]. Mit dieser Begründung ließe sich eine faktische Bindungswirkung aber ohnehin für jegliche Erklärung der Kommission feststellen.

3. Ergebnis zu IV.

Da Nichtanwendbarkeitsentscheidungen nach Art. 10 die Kommission selbst sowie nationale Behörden und Gerichte in Bezug auf den sie veranlassenden Fall binden,

---

737 VO Nr. 1/2003, Erwägungsgrund 14; *Sauter*, in: Dauses, Hdb. EU-WirtschR, H.I § 3, Rn. 34; *Schöler*, Die Reform, S. 134.

738 So *Gröning*, WRP 2001, 83, 86.

739 Auch *Lampert/Niejahr*, Art. 10, Rn. 173, Fn. 245, unterstreicht, dass sich die Entscheidung nach Art. 10 VO Nr. 1/2003 an ein bestimmtes Unternehmen richtet und sich auf eine konkrete Vereinbarung bezieht.

740 *Groß*, DÖV 2004, 20, 21.

741 Deutlich wird der etwas widersprüchliche Charakter dieser Maßnahme bei *de Bronett*, VO 1/2003, Art. 10, Rn. 3: *„Hauptanliegen darf jedoch nicht die Einzelfallgerechtigkeit sein. Die Kommission darf auf dieser Grundlage einen Einzelfall nur aufgreifen und entscheiden, um eine allgemeine Klärung der Rechtsfragen herbeizuführen, die sich im Rahmen des betreffenden Einzelfalls stellen."*

742 *Schöler*, Die Reform, S. 135 (wohl auch *Mestmäcker/Schweitzer*, § 19, Rn. 10), zieht zur Begründung einer Bindungswirkung die *Walt-Wilhelm*-Rechtsprechung heran. Dieser zufolge müsste die Nichtanwendbarkeitsentscheidung Ausdruck einer positiv gestaltenden Politik der Gemeinschaft sein, um mitgliedstaatliche Gerichte und Behörden zu binden. Dies sei der Fall, da die Kommission durch die Positiventscheidung lenkend auf die Wettbewerbspolitik einwirken wolle. Diese Rechtsprechung, die zunächst ausschließlich das Verhältnis zwischen gemeinschaftlichem und nationalem Wettbewerbsrecht betrifft, wurde jedoch durch Art. 3 der neuen Verordnung abgelöst und lässt sich daher nicht mehr zur Begründung der Bindungswirkung anführen. Art. 3 Abs. 2 VO Nr. 1/2003 untersagt aber lediglich das Verbot von Vereinbarungen nach nationalem Recht, die nicht unter den Tatbestand des Art. 81 Abs. 1 EG fallen oder die Voraussetzungen von Art. 81 Abs. 3 EG oder einer Gruppenfreistellungsverordnung erfüllen. Auf sonstige positive Eingriffe der Kommission geht er nicht ein, hier gilt allein Art. 16 VO Nr. 1/2003.

743 *Schmidt*, BB 2003, 1237, 1242.

kommen sie als Akte mit rechtsverbindlicher Außenwirkung als Klagegegenstand in Betracht.

V. Ermittlungsbefugnisse gem. Art. 17 ff.

Die Kartellverfahrensverordnung sieht in Kapitel V als förmliche Ermittlungsbefugnisse das Auskunftsverlangen nach Art. 18 (1.), die Befragung nach Art. 19 (2.) und die Nachprüfung nach Art. 20 und 21 (3.) vor[744].

1. Auskunftsverlangen, Art. 18

Die Kommission kann die Erteilung von Auskünften durch einfaches Auskunftsverlangen oder durch Entscheidung fordern. In der Rechtsfolge ergibt sich der Unterschied, dass das Unternehmen auf eine durch Entscheidung ergehende Aufforderung zur Antwort verpflichtet ist, während es beim einfachen Auskunftsverlangen nicht antworten muss. Entschließt es sich aber zur Auskunftserteilung, darf es keine unrichtigen oder irreführenden Angaben machen[745].

Gem. Art. 18 Abs. 3 S. 3 muss das durch Entscheidung vorgenommene Auskunftsverlangen von dem Hinweis auf das Recht, gegen diese Entscheidung vor dem Gerichtshof Klage zu erheben, begleitet sein. Aus dieser Pflicht zur Rechtsmittelbelehrung ergibt sich, dass jedenfalls das Auskunftsverlangen durch Entscheidung angreifbar ist. Die Entscheidung ist auch im Hinblick auf eine bei Verletzung der Auskunftspflicht gegebenenfalls ergehende Bußgeld- oder Zwangsgeldentscheidung der Kommission keine nur vorbereitende Handlung. Sie zielt nämlich keinesfalls auf den Erlass einer Sanktion ab, letztere ergeht vielmehr im Wege der Durchsetzung der Ermittlungsbefugnisse.

Aus dem schlichten Auskunftsverlangen ergibt sich zunächst keine Verpflichtung für den Adressaten. Eine Rechtspflicht zu wahrheitsgemäßer Darstellung folgt erst aus dem freien Entschluss zur Erteilung von Auskünften durch das Unternehmen. Auch beim einfachen Auskunftsverlangen muss die Kommission aber gem. Art. 18 Abs. 2 den Zweck der Anfrage darlegen, deren Rechtsgrundlage nennen sowie auf drohende Sanktionen hinweisen, was dem Adressaten die Möglichkeit der Inanspruchnahme von Rechtsschutz gewähren soll[746]. Dennoch kann das einfache Auskunftsverlangen nicht als tauglicher Klagegegenstand angesehen werden. Dies ergibt sich schon aus einem Rückschluss der sich eindeutig nur auf die förmliche Entscheidung beziehenden Rechtsmittelbelehrung. Hinsichtlich der Nennung des Zwecks des Auskunftsverlangens lässt sich nämlich auch vertreten, dass diese lediglich den Umfang der Mitwirkungs- und Duldungspflichten des Adressaten bestimmt und den Untersuchungsgegenstand begrenzt[747].

---

[744] *De Bronett*, VO 1/2003, Art. 17-22, Rn. 1.

[745] Art. 23 Abs. I lit. a und b VO Nr. 1/2003; *de Bronett*, VO 1/2003, Art. 18, Rn. 1.

[746] *De Bronett*, VO 1/2003, Art. 18, Rn. 5.

[747] So in Bezug auf die Nachprüfung nach Art. 20 *Lampert/Niejahr*, Art. 20, Rn. 387.

2. Befragung, Art. 19

Ähnlich verhält es sich bei dem Recht zur Befragung nach Art. 19. Die Kommission kann alle Personen befragen, die der Befragung zustimmen. Da die Personen also über die Erteilung einer Antwort frei entscheiden können, erwächst aus dem Umstand der Befragung keine Rechtswirkung. Sie kommt daher als rein tatsächliche Handlung als Klagegegenstand nicht in Betracht.

3. Nachprüfung, Art. 20 f.

Wie beim Auskunftsverlangen kann die Kommission auch bei den Nachprüfungen nach Art. 20 entscheiden, ob sie diese schlicht unter Vorlage eines schriftlichen Auftrages durchführt, Abs. 3, oder durch Entscheidung anordnet, Abs. 4. Den Nachprüfungen in anderen Räumlichkeiten nach Art. 21 muss stets eine Entscheidung zugrunde liegen.

Wiederum besteht nur bei durch Entscheidung angeordneten Nachprüfungen eine Duldungspflicht bzw. Pflicht zur aktiven Mitarbeit der betroffenen Unternehmen. Ansonsten sind sie lediglich – sofern sie die Nachprüfung dulden – verpflichtet, die angeforderten Unterlagen vollständig vorzulegen und keine unrichtigen oder irreführenden Angaben zu machen[748].

Gem. Art. 20 Abs. 4, Art. 21 Abs. 2 S. 1 sind die Entscheidungen ebenfalls mit einer Belehrung über deren Anfechtbarkeit vor dem Gerichtshof zu versehen. Entsprechend dem für das Auskunftsverlangen gefundenen Ergebnis gilt deshalb auch hinsichtlich der Nachprüfungen, dass nur eine diese anordnende Entscheidung als Klagegegenstand tauglich ist.

4. Ergebnis zu V.

Die Ermittlungen durch die Kommission sind somit nur dann taugliche Klagegegenstände, wenn sie in Form einer Entscheidung ergehen. Dieses Ergebnis stimmt auch mit dem Zweck der Entscheidungsform überein: Dieser ist in einer verbesserten Rechtsstellung für den Kläger zu sehen, was anhand von Art. 21 besonders deutlich wird, da dort besonders hohe Rechtsgüter – nämlich der Schutz der Intimsphäre und von Wohnungen – betroffen sind und die Kommission stets die Form der Entscheidung wählen muss.

VI. Geldbußen und Zwangsgelder gem. Art. 23 f.

Geldbußen und Zwangsgelder gem. Art. 23 f. werden jeweils durch Entscheidung auferlegt. Diese Entscheidungen stellen, da sie einem Privaten eine Zahlungspflicht auferlegen, gem. Art. 256 EG vollstreckbare Titel dar. Auf deren Grundlage kann die Kommission die Zwangsvollstreckung nach den Vorschriften des Zivilprozessrechts des jeweiligen Mitgliedstaats betreiben. Entscheidungen, die Buß- oder Zwangsgelder auferlegen, sind aufgrund dieser Rechtswirkungen als Klagegegenstand in einem Verfahren vor dem Europäischen Gerichtshof tauglich.

---

[748] Art. 23 Abs. 1 lit. c und d VO Nr. 1/2003; *Mestmäcker/Schweitzer*, § 19, Rn. 15; *de Bronett*, VO 1/2003, Art. 20, Rn. 1; *Lampert/Niejahr*, Art. 20, Rn. 385; *Schwarze/Weitbrecht*, § 4, Rn. 18.

VII. Entzug des Rechtsvorteils einer Gruppenfreistellungsverordnung gem. Art. 29

Art. 29 VO Nr. 1/2003 sieht vor, dass die Kommission den Rechtsvorteil einer Gruppenfreistellungsverordnung entziehen kann, wenn sie bei einer Vereinbarung Wirkungen feststellt, die mit Art. 81 Abs. 3 EG unvereinbar sind.

Da die Rechtsnatur der Entzugsmaßnahme von der rechtlichen Einordnung der Gruppenfreistellungsverordnung abhängt, werden diese unten zusammen behandelt[749].

C. Angreifbarkeit von Gruppenfreistellungsverordnungen

Der Rat hat die Kommission mittels verschiedener Verordnungen ermächtigt, Gruppen von Vereinbarungen, die typischerweise die Voraussetzungen des Art. 81 Abs. 3 EG erfüllen, mittels Verordnung von dem Verbot des Art. 81 Abs. 1 EG freizustellen.

Unter Geltung der VO Nr. 17/62[750] boten die aus Gründen der Verwaltungsvereinfachung eingeführten Gruppenfreistellungsverordnungen neben der Einzelfreistellungsentscheidung die einzige Möglichkeit einer Freistellung vom Kartellverbot nach Art. 81 Abs. 3 EG. Da der Ausnahmetatbestand nicht unmittelbar galt, war stets ein konstitutiver[751] Befreiungsakt erforderlich, der zudem nur von Gemeinschaftsorganen erteilt werden konnte. Die Verordnungen waren gem. Art. 249 Abs. 2 EG unmittelbar anwendbares Recht, an das auch nationale Gerichte gebunden waren[752]. Die Parteien konnten sich gegenüber jedermann auf die zivilrechtliche Wirksamkeit ihrer Vereinbarung berufen und waren vor Bußgeldentscheidungen geschützt[753]. Die Gruppenfreistellungsverordnungen bewirkten somit aus sich selbst heraus die Rechtswirkung der Nichtanwendbarkeit des Kartellverbots.

Mit Inkrafttreten der neuen Kartellverfahrensverordnung bestehen nicht nur die zum 1. Mai 2004 bereits in Kraft befindlichen Gruppenfreistellungsverordnungen fort, sondern Rat und Kommission bleiben zum Erlass weiterer Verordnungen dieser Art ermächtigt[754]. Da der Ausnahmetatbestand des Art. 81 Abs. 3 EG nun aber unmittelbar gilt, also keines Umsetzungsaktes mehr bedarf, um seine volle Wirksamkeit zu entfalten, wird vielfach bezweifelt, dass das Instrument der Gruppenfreistellungsverordnung überhaupt noch Sinn hat[755]. Zu den umstrittensten Fragen der Kartellrechtsreform gehört deshalb die nach Rechtsnatur und Rechtswirkung einer Gruppenfreistellungsver-

---

749 S.u., D.VI, S. 154.

750 Siehe ausführlich zu Gruppenfreistellungsverordnungen unter der Verordnung Nr. 17/62 Köppen, Gruppenfreistellungsverordnungen.

751 *Klees*, Europäisches Kartellverfahrensrecht, § 3, Rn. 10; *Brunn*, EG-Kartellverfahrensverordnung, S. 35; *Fuchs*, ZWeR 2005, 1, 8; *Wagner*, WRP 2003, 1369, 1372.

752 *Klees*, Europäisches Kartellverfahrensrecht, § 3, Rn. 10; *Deringer*, EuR 2001, 306, 311.

753 *Klees*, Europäisches Kartellverfahrensrecht, § 3, Rn. 10; Köppen, Gruppenfreistellungsverordnungen, S. 34; *Fuchs*, ZWeR 2005, 1, 8.

754 Art. 29 VO Nr. 1/2003; 10. Erwägungsgrund der VO Nr. 1/2003; Weißbuch, aaO, Fn. 234, S. 22, Rn. 84 f.; *Lampert/Niejahr*, Art. 29, Rn. 574; *Fuchs*, ZWeR 2005, 1, 2 f.; *Heutz*, WuW 2004, 1255, 1263; *Schmidt*, BB 2003, 1237, 1241; *Koenigs*, DB 2003, 755, 756.

755 *Bechtold*, EWS 2001, 49, 54; *Pukall*, NJW 2000, 1375, 1379 (Zweck soll nur noch die Erleichterung der Selbsteinschätzung durch die betroffenen Unternehmen sein.). *Sauter*, in: Dauses, Hdb. EU-WirtschR, H.I § 3, Rn. 8, meint sogar, der Erlass von lediglich deklaratorisch wirkenden Gruppenfreistellungsverordnungen halte einer Verhältnismäßigkeitsprüfung im Hinblick auf die Möglichkeit, mittels Leitlinien und Bekanntmachungen dieselben Ziele zu erreichen, nicht stand.

ordnung. Auch über die zukünftige praktische Bedeutung der Gruppenfreistellungsverordnungen besteht Uneinigkeit[756].

Gestritten wird, ob es sich bei Gruppenfreistellungsverordnungen überhaupt um Verordnungen im materiellen Sinn handelt oder eher um „Gruppennegativatteste“[757] oder „amtliche Leitlinien“, ob inhaltlich lediglich das Erfüllen der Ausnahmevoraussetzungen festgestellt wird[758], aus den Akten konstitutiv eine Freistellung für bestimmte Abreden erfolgt[759] oder die Akte je nach Inhalt teils konstitutive, teils deklaratorische Wirkung haben, und ob ihnen eine unwiderlegliche Vermutungswirkung bezüglich des Vorliegens der Voraussetzungen des Art. 81 Abs. 3 EG zukommt.

Als Ausgangspunkt dient vielfach die Feststellung, im System der Legalausnahme erfolge die Freistellung automatisch aufgrund des Vertrages, weshalb einer Gruppenfreistellungsverordnung nur diese Freistellung feststellende Bedeutung zukommen könne[760]. Aus dieser Annahme folgt aber nicht zwingend deren rechtliche Unverbindlichkeit, wie es von einigen Autoren vertreten wird[761]. Vielmehr können Behörden und Gerichte auch an eine deklaratorische Entscheidung gebunden sein. Dass Gruppenfreistellungsverordnungen aber auch weiterhin wie unter Geltung der VO Nr. 17/62 konstitutive Wirkung entfalten, ist ebenfalls nicht ausgeschlossen.

Im Folgenden sollen Rechtsnatur und -wirkungen von Gruppenfreistellungsverordnungen unter der neuen Kartellverordnung unter Zugrundelegung der klassischen Auslegungsmethoden – Wortlaut (I.), Systematik (II.), Entstehungsgeschichte (III.), Zweck (IV.) – betrachtet werden, um anschließend auf die sich ergebenden Einzelfragen – Widerspruch der doppelten Freistellung (V.), Nichtübereinstimmung von Gruppenfrei-

---

756 Während *Schütz* in: Gemeinschaftskommentar Kartellrecht, Einführung, Rn. 54, meint, dass es letztlich auf die Einzelsubsumtion unter Art. 81 Abs. 3 EG ankommt, sieht *Fuchs*, ZWeR 2005, 1, 29, sogar noch einen Bedeutungszuwachs der Gruppenfreistellungsverordnungen. Nach dem Verordnungsvorschlag, KOM (2000)582 endg., S. 12, verpflichtet sich die Kommission zu noch größeren Anstrengungen in diesem Bereich.

757 *Deringer*, EuZW 2000, 5, 7; *Bien*, DB 2000, 2309, 2310, Fn. 20; *Möschel*, JZ 2000, 61, 65. Dagegen: *Schütz*, in: Gemeinschaftskommentar Kartellrecht, Art. 29, Rn. 13. *Emmerich*, in: Dauses, Hdb. EU-WirtschR, H.I § 1, Rn. 26 f., vertritt die Auffassung, Gruppenfreistellungsverordnungen seien eine besondere Form der Nichtanwendbarkeitserklärung, schreibt ihnen aber dennoch als Gesetze im materiellen Sinne Bindungswirkung gegenüber Behörden und Gerichten der Mitgliedstaaten zu. *Bornkamm*, Neuere Entwicklungen, S. 47, 48 bezeichnet die Bekanntmachungen der Kommission als Gruppennegativatteste.

758 *Jakob*, in: GS, Vorbem. zu den Art. 81 bis 89 EG, Rn. 67; *Schröter*, in: Schröter/Jakob/Mederer, Art. 83, Rn. 10; *Sauter*, in: Dauses, Hdb. EU-WirtschR, H.I § 3, Rn. 7 f.; *Schütz* in: Gemeinschaftskommentar Kartellrecht, Einführung, Rn. 53; *Koenigs*, DB 2003, 755, 756, 759; *Ehlermann*, CMLR 2000, 537, 567; *Schütz*, WuW 2000, 686, 688.

759 *Weiß*, in: Calliess/Ruffert, Art. 81, Rn. 168.

760 *Schütz* in: Gemeinschaftskommentar Kartellrecht, Einführung, Rn. 55; *Schöler*, Die Reform, S. 122 f.; *Heutz*, WuW 2004, 1255, 1263; *Hirsch*, ZWeR 2003, 233, 246; *Harte-Bavendamm/Kreutzmann*, WRP 2003, 682, 687; *Bechtold*, EWS 2001, 49, 54; *Gröning*, WRP 2001, 83, 85; *Deringer*, EuR 2001, 306, 311; *Deringer*, EuZW 2000, 5, 7; *Geiger*, EuZW 2000, 165, 166. *Schöler*, Die Reform, S. 124, vertritt eine Bindungswirkung gegenüber nationalen Stellen trotz Annahme eines feststellenden Charakters.

761 *Pukall*, NJW 2000, 1375, 1379. Wie hier auch *Schöler*, Die Reform, S. 124. Anders etwa *Wagner*, WRP 2003, 1369, 1375: *„nur deklaratorischer – und damit rechtlich nicht bindender – Wirkung“*; *Deringer*, EuZW 2000, 5, 7; *Deringer*, EuR 2001, 306, 311.

stellungsverordnung und Art. 81 Abs. 3 EG (VI.), Verbindlichkeit der Gruppenfreistellungsverordnung (VII.) – eingehen zu können.

I. Wortlaut des Art. 1 Abs. 2 VO Nr. 1/2003

Nach Art. 1 Abs. 2 VO Nr. 1/2003 sind Vereinbarungen im Sinne von Art. 81 Abs. 1 EG, die die Voraussetzungen des Art. 81 Abs. 3 EG erfüllen, nicht verboten, *„ohne dass dies einer vorherigen Entscheidung bedarf"*. Damit schreibt die Norm die unmittelbare Anwendbarkeit des Ausnahmetatbestandes vor und erklärt zugleich, dass kein Bedürfnis mehr an einer Freistellungsentscheidung besteht. Man könnte argumentieren, der Verordnungsgeber habe bewusst nur von Freistellungen durch „Entscheidung" gesprochen, da die Freistellung durch Gruppenfreistellungsverordnung unangetastet bleiben solle[762]. In diesem Sinne wird vertreten, es sei streng zwischen der Legalisierung durch administrativen und der durch legislativen Akt zu unterscheiden, und nur erstere Möglichkeit sei entfallen[763]. Diese Auslegung ist aber nicht zwingend. Aus der Vorschrift kann nämlich nicht abgeleitet werden, dass es zwingend einer „legislativen"[764] Maßnahme zur Freistellung bedarf.

II. Systematischer Vergleich

1. Art. 3 Abs. 2 Satz 1 VO Nr. 1/2003

Art. 3 Abs. 2 Satz 1 VO Nr. 1/2003 ordnet an, dass die Anwendung des einzelstaatlichen Wettbewerbsrechts nicht zum Verbot von in den gemeinschaftlichen Anwendungsbereich fallenden Vereinbarungen führen darf, die die Bedingungen des Art. 81 Abs. 3 EG oder einer Gruppenfreistellungsverordnung erfüllen. Daraus folgt, dass der Inhalt von Gruppenfreistellungsverordnungen nicht immer mit dem des Art. 81 Abs. 3 EG übereinstimmen muss, sondern dass es zu Diskrepanzen kommen kann. Zumindest in dem über Art. 81 Abs. 3 EG hinausgehenden Teil muss einer Gruppenfreistellungsverordnung folglich konstitutive Wirkung zukommen. Ansonsten wäre die Vorschrift überflüssig[765].

2. Art. 29 Abs. 1 VO Nr. 1/2003

Art. 29 Abs. 1 VO Nr. 1/2003 regelt den Entzug des durch eine Gruppenfreistellungsverordnung gewährten Rechtsvorteils, wenn eine davon erfasste Vereinbarung im Einzelfall Wirkungen hat, die mit Art. 81 Abs. 3 EG unvereinbar sind. Daraus geht wiederum hervor, dass die von Art. 81 Abs. 3 EG und von einer Gruppenfreistellungsverordnung gesteckten Bereiche nicht zwangsläufig völlig deckungsgleich sein müssen, sondern dass es Abweichungen geben kann. Aus der Tatsache, dass die Kommission zum Entzug nicht verpflichtet ist, folgt zudem, dass eine Vereinbarung, die nicht unter Abs. 3 fällt, dennoch aufgrund einer Gruppenfreistellungsverordnung freigestellt ist und diese daher konstitutive Wirkung haben muss[766].

---

762 So *Fuchs*, ZWeR 2005, 1, 10, im Anschluss an *Wagner*, WRP 2003, 1369, 1374.
763 *Wagner*, WRP 2003, 1369, 1376. AA *Sauter*, in: Dauses, Hdb. EU-WirtschR, H.I § 3, Rn. 8.
764 Bei Gruppenfreistellungsverordnungen handelt es sich ohnehin um administrative Normativakte.
765 *Fuchs*, ZWeR 2005, 1, 11 f.
766 *Heutz*, WuW 2004, 1255, 1264; *Schmidt*, BB 2003, 1237, 1241.

Ferner wäre bei einer rein deklaratorisch wirkenden Freistellungsverordnung fraglich, welcher Rechtsvorteil entzogen werden soll[767]. Die Vertreter der Ansicht, Gruppenfreistellungsverordnungen hätten weiter konstitutive Wirkung, sehen den dadurch erteilten Rechtsvorteil teilweise im Abschirmeffekt der Gruppenfreistellungsverordnung gegenüber einer direkten Prüfung des Freistellungstatbestandes[768]. Die Verfechter der Gegenansicht gestehen ein, dass die rechtliche Einordnung der Entscheidungen über einen Entzug des Rechtsvorteils einer Gruppenfreistellungsverordnung Schwierigkeiten bereitet, wenn man den durch die Gruppenfreistellungsverordnungen geschaffenen Vorteil ausschließlich als solchen interpretatorischer Art auffasst, der Unternehmen dazu dient, Fehlinterpretationen zu vermeiden[769].

Die Systematik der VO Nr. 1/2003 spricht folglich für die Annahme einer konstitutiven Wirkung[770].

III. Entstehungsgeschichte

Explizit findet sich zu der Problematik eines eventuellen Funktionenwandels der Gruppenfreistellungsverordnungen keine Äußerung in Weißbuch und Verordnungsentwurf[771]. Die Kommission spricht allerdings von einem „neuen Verordnungstyp"[772] und unterstreicht immer wieder die größere Bedeutung für die Einheitlichkeit der Kartellrechtsanwendung und größere Rechtssicherheit, die auf diese Weise angestrebt wird[773]. Im Weißbuch äußert sich die Kommission unter Bezugnahme auf Gruppenfreistellungsverordnungen dahingehend, dass die Rechtssicherheit der Unternehmen erfordere, dass eine freigestellte Vereinbarung nicht aufgrund nationalen Rechts verboten werden könnte[774]. Daraus lässt sich zumindest eine Vorrangwirkung der Gruppenfreistellungsverordnung gegenüber dem nationalen Recht ableiten. Gegen eine konstitutive Wirkung lässt sich hingegen die Äußerung im Verordnungsvorschlag heranziehen, die Gruppenfreistellungsverordnungen schüfen trotz der allgemeinen Bestimmungen, die sie enthielten, kein neues Recht für Unternehmen, sondern kodifizierten und erläuterten die Auslegung von Art. 81 Abs. 3[775].

Die Entstehungsgeschichte ist somit für die Frage nach der Einordnung von Gruppenfreistellungsverordnungen nicht sehr ergiebig.

---

[767] Nach Auffassung von *Klees*, Europäisches Kartellverfahrensrecht, § 3, Rn. 19, und *Wagner*, WRP 2003, 1369, 1375, kann dieser Rechtsvorteil deshalb nur konstitutiver Art sein.

[768] *Fuchs*, ZWeR 2005, 1, 12 f.; *Wagner*, WRP 2003, 1369, 1378.

[769] *Sauter*, In: Dauses, Hdb. EU WirtschR, H.I § 3, Rn. 11 f.

[770] Dass die Systematik der VO Nr. 1/2003 nur die Annahme einer konstitutiven Wirkung erlaubt, erkennen selbst einige Verfechter einer deklaratorischen Wirkung an, um aber lediglich zu dem Schluss zu gelangen, dass die wahre Rechtsnatur der Gruppenfreistellungsverordnungen weiter unklar bleibe; so etwa *Heutz*, WuW 2004, 1255, 1263 f.

[771] So auch *Klees*, Europäisches Kartellverfahrensrecht, § 3, Rn. 18. Lediglich die Bekanntmachung der Kommission zur Anwendung von Art. 81 III, Rn. 2, aaO, Fn. 364, geht davon aus, VO Nr. 1/2003 berühre nicht die Wirksamkeit oder Rechtsnatur von Gruppenfreistellungsverordnungen.

[772] Weißbuch, S. 20, Rn. 71 aaO, Fn. 234.

[773] Weißbuch, S. 20, Rn. 71, S. 22, Rn. 84 f., aaO, Fn. 234; Begründung zum Verordnungsvorschlag, KOM (2000)582 endg., zu Artikel 4, S. 18; Verordnungsvorschlag, KOM (2000)582 endg., S. 10: die Gruppenfreistellungsverordnungen bilden einen „sicheren Hafen" für Unternehmen.

[774] Weißbuch, S. 22, Rn. 85, aaO, Fn. 234.

[775] Begründung zum Verordnungsvorschlag, KOM (2000)582 endg., zu Artikel 4, S. 18.

IV. Zweck der Gruppenfreistellungsverordnung

Hauptgrund für die Einführung von Gruppenfreistellungsverordnungen durch die Kommission war die Arbeitsentlastung der Kommission, die der Masse der Anmeldungen nicht Herr werden konnte. Mit unmittelbarer Geltung des Ausnahmetatbestandes fällt dieser Zweck jedoch fort.

Daneben dienten die Verordnungen von Anfang an auch der Rechtssicherheit der Unternehmen, indem sie die sehr generellen Voraussetzungen des Vertrages konkretisieren und auf diese Weise Hilfestellung bei der Gestaltung von Vereinbarungen bieten. Dieser Zweck wird als das nunmehr primäre Ziel von Gruppenfreistellungsverordnungen angesehen[776]. Sieht man Gruppenfreistellungsverordnungen nun als lediglich feststellend und dazu ohne verbindliche Wirkung an, ist dieses Ziel von ihnen nicht mehr erreichbar[777].

Weiter sollen Gruppenfreistellungsverordnungen auch als politisches Instrument zur Ausrichtung der Wettbewerbspolitik dienen[778]. Hier herrscht Uneinigkeit, ob der Kommission bei deren Erlass noch ein Gestaltungsspielraum zukommen kann[779] oder ob die Gruppenfreistellungsverordnungen den primärrechtlichen Rahmen von Art. 81 Abs. 3 EG weder überschreiten noch einschränken dürfen und der Kommission daher gar kein Spielraum mehr zusteht[780]. Jedenfalls wird man annehmen müssen, dass die Kommission zur Konkretisierung innerhalb der Grenzen des Ausnahmetatbestandes befugt ist, also dessen Anwendungsbereich nicht vollständig ausschöpfen muss. Dass ein Überschreiten der Grenzen des Art. 81 Abs. 3 EG aber zumindest in Kauf genommen werden muss, geht aus dem oben vorgenommenen systematischen Vergleich hervor. Zudem war die Kommission selbstverständlich auch unter Geltung der VO Nr. 17/62 zur Einhaltung der primärrechtlichen Grenzen verpflichtet.

Es ist daher auch weiterhin ein Beurteilungs- und Gestaltungsspielraum der Kommission beim Erlass von Gruppenfreistellungsverordnungen anzunehmen. Der damit weiterhin mögliche Zweck der politischen Gestaltung ist aber nicht realisierbar, wenn die nationalen Gerichte nicht an die Gruppenfreistellungsverordnungen gebunden sind[781].

V. Widerspruch der doppelten Freistellung

Den scheinbaren Widerspruch, dass eine Vereinbarung zugleich aufgrund Gesetzes sowie durch behördlichen Akt, nämlich Verordnung freigestellt wird, erklären die Anhänger einer konstitutiven Freistellungswirkung mit einem Hinweis auf die Lehre von

[776] *Klees*, Europäisches Kartellverfahrensrecht, § 3, Rn. 16; *Fuchs*, ZWeR 2005, 1, 3, 7; *Schmidt*, BB 2003, 1237, 1241; *Harte-Bavendamm/Kreutzmann*, WRP 2003, 682, 687.

[777] *Klees*, Europäisches Kartellverfahrensrecht, § 3, Rn. 16; *Fuchs*, ZWeR 2005, 1, 10.

[778] *Klees*, Europäisches Kartellverfahrensrecht, § 3, Rn. 17; *Fuchs*, ZWeR 2005, 1, 29.

[779] So *Brunn*, EG-Kartellverfahrensverordnung, S. 69 ff., 82; *Klees*, Europäisches Kartellverfahrensrecht, § 3, Rn. 17; *Fuchs*, ZWeR 2005, 1, 24 f., 29; *Schmidt*, BB 2003, 1237, 1241, sieht Effekt und Nutzen des Beibehaltens des Instruments der Gruppenfreistellungsverordnungen sogar im partiellen Wiederherstellen des Entscheidungsmonopols der Kommission.

[780] So *Schütz* in: Gemeinschaftskommentar Kartellrecht, Einführung, Rn. 53; *Bechtold*, EWS 2001, 49, 54.

[781] *Schütz* in: Gemeinschaftskommentar Kartellrecht, Einführung, Rn. 54; *Klees*, Europäisches Kartellverfahrensrecht, § 3, Rn. 17.

der Doppelwirkung[782] im Recht[783]. Diese besagt, dass ein Sachverhalt, für den bereits eine bestimmte Rechtsfolge gilt, durchaus in Anwendung einer weiteren Norm derselben Rechtsfolge unterworfen werden kann[784]. Demzufolge bedeutet die doppelte Freistellung einer von einer Gruppenfreistellungsverordnung erfassten Vereinbarung durch Normativ- und Administrativakt keinen Widerspruch.

Andere suchen diese Problematik zu umgehen: soweit eine Gruppenfreistellungsverordnung mit Art. 81 Abs. 3 EG deckungsgleich sei, komme ihr lediglich deklaratorische Wirkung zu; soweit sie dessen Grenzen überschreite[785], sei die Wirkung konstitutiv[786]. Diese theoretisch nachvollziehbare Lösung ist aber nur schwer handhabbar. Eine einzige Gruppenfreistellungsverordnung könnte auf diese Weise verschiedene Wirkungsweisen haben, wobei sie nur in dem Fall konstitutiv wirkte, in dem sie gegen Primärrecht verstoßen würde. Die Lehre von der Doppelwirkung im Recht vermag dagegen zu überzeugen, so dass eine Gruppenfreistellungsverordnung auch in dem Bereich als konstitutiv angesehen werden kann, in dem sich Überschneidungen mit Art. 81 Abs. 3 EG ergeben.

VI. Nichtübereinstimmung von Gruppenfreistellungsverordnung und Art. 81 Abs. 3 EG

Insbesondere zur Beantwortung der Frage, ob eine Gruppenfreistellungsverordnung neben Art. 81 Abs. 3 EG weiter eigenständige Bedeutung haben kann, sind die Folgen des Nichtübereinstimmens von Gruppenfreistellungsverordnung und Freistellungstatbestand zu untersuchen. Dabei sind zwei Fallgestaltungen von besonderem Interesse: Das Überschreiten des primärrechtlichen Rahmens durch die Gruppenfreistellungsverordnung selbst (1.) sowie die im Einzelfall Art. 81 Abs. 3 EG widersprechenden Wirkungen einer der Gruppenfreistellungsverordnung unterfallenden Abrede (2.).

1. Die Gruppenfreistellungsverordnung selbst geht über Art. 81 Abs. 3 EG hinaus.

Es besteht Einigkeit, dass eine Gruppenfreistellungsverordnung, die den primärrechtlichen Rahmen insofern überschreitet, als sie Abreden freistellt, die von Art. 81 Abs. 3 EG nicht mehr erfasst wären, und bei der auch eine primärrechtskonforme Auslegung nicht möglich ist, insoweit rechtswidrig ist[787]. Jedoch gilt bis zur Feststellung des dazu allein zuständigen Gerichtshofs die Vermutung der Gültigkeit dieses Rechtsaktes[788], so dass sie bis dahin von allen Stellen zu beachten und anzuwenden ist[789].

---

[782] Begründet von *Kipp*, FS von Martitz, S. 211 ff.

[783] *Fuchs*, ZWeR 2005, 1, 13; *Wagner*, WRP 2003, 1369, 1377; *Schmidt*, BB 2003, 1237, 1241.

[784] Konkret soll die Antechtung bereits nichtiger Rechtsgeschäfte möglich sein

[785] Zur Zulässigkeit siehe sogleich, VI.

[786] *Brunn*, EG-Kartellverfahrensverordnung, S. 83.

[787] *Schütz* in: Gemeinschaftskommentar Kartellrecht, Einführung, Rn. 55; *Brunn*, EG-Kartellverfahrensverordnung, S. 53 f.; *Heutz*, WuW 2004, 1255, 1264; *Wagner*, WRP 2003, 1369, 1379.

[788] EuGH, Rs. 7/56 u. 3-7/57, Slg. 1957, 83, 126 – Algera; Rs. 15/85, Slg. 1987, 1005, 1036, Rn. 10 – Consorzio Cooperative d'Abruzzo; Rs. C-137/92 P, Slg. 1994, I-2555, Rn. 48 – Kommission/BASF, Rs. C-344/98, Slg. 2000, I-11369, 11429, Rn. 53 – Masterfoods. *Stotz/Tonne*, in Dauses, Hdb. EU-WirtschaftsR, P.I, Rn. 79. *Schwarze*, Europäisches Verwaltungsrecht, S. 945; *Borchardt*, in: Lenz/Borchardt, Art. 230, Rn. 9; Art. 231, Rn. 2; *Brunn*, EG-Kartellverfahrensverordnung, S. 39 ff.; *Fuchs*, ZWeR 2005, 1, 14; *Arzoz*, JöR 49 (2001), 299, 301; Haratsch, EuR 1998, 387, 393 f. AA:

Eine Gruppenfreistellungsverordnung kann aber auch über den Rahmen des Art. 81 Abs. 3 EG hinausgehen, indem sie Abreden freistellt, die schon gar nicht vom Kartellverbot des Abs. 1 erfasst sind[790]. Solche so genannten „deklaratorischen Freistellungen" haben Vorrang vor nationalem Recht[791].

2. Eine Abrede im Einzelfall widerspricht Art. 81 Abs. 3 EG

Zunächst ist zweifelhaft, ob es überhaupt denkbar ist, dass eine Gruppenfreistellungsverordnung den Anforderungen des Art. 81 Abs. 3 EG entspricht, eine ihr unterfallende Vereinbarung aber dem entgegenstehende Wirkungen hat. Man könnte argumentieren, dass auch die Gruppenfreistellungsverordnung selbst dann nicht von Art. 81 Abs. 3 EG gedeckt sein kann. Andererseits sind immer Sachverhalte vorstellbar, die zwar objektiv bestimmte Tatbestandsvoraussetzungen erfüllen, dem Sinn und Zweck der Vorschrift insgesamt aber zuwiderlaufen. Art. 29 VO Nr. 1/2003[792] sieht überdies genau diesen Fall vor[793].

3. Ergebnis zu VI.

Somit ist festzustellen, dass Gruppenfreistellungsverordnungen auch neben Art. 81 Abs. 3 EG eigenständige Bedeutung haben können. Gleichgültig, ob die Gruppenfreistellungsverordnung selbst oder ein unter sie subsumierbarer Einzelfall Art. 81 Abs. 3 EG zuwiderläuft – ist stets ein behördliches oder gerichtliches Einschreiten erforderlich, um die Rechtswirkung einer Gruppenfreistellungsverordnung zu beseitigen.

VII. Verordnungscharakter

Die Qualifizierung des auch formell als Verordnung ergehenden Rechtsaktes als „echte" Verordnung ist in widerspruchsfreier Weise möglich. An der Rechtsgrundlage zur Weiterleitung der Befugnis des Rates aus Art. 83 Abs. 1, 2, lit. b EG an die Kommission, die Einzelheiten der Anwendung des Art. 81 Abs. 3 EG festzulegen, hat sich ebenso wenig geändert wie an der Rechtsgrundlage für den Erlass einer Gruppenfreistellungsverordnung, die in Art. 81 Abs. 3 EG in Verbindung mit der erstgenannten Ratsverordnung zu sehen ist[794]. Art. 81 Abs. 3 EG erhält auf diese Weise eine Doppel-

---

Schilling, S. 574 f.

789 *Brunn*, EG-Kartellverfahrensverordnung, S. 44, 50; *Fuchs*, ZWeR 2005, 1, 29; *Wagner*, WRP 2003, 1369, 1379. Im Übrigen war dies auch unter Geltung der VO Nr. 17/62 der Fall, jedoch kam es wegen des weiten Beurteilungsspielraums nur selten zu einer gerichtlichen Überprüfung, *Klees*, Europäisches Kartellverfahrensrecht, § 3, Rn. 26. Vgl. auch EuG, Rs. T-51/89, Slg. 1990, II-309, 360, Rn. 29 – Tetra Pak I (Eine GFVO gilt unabhängig vom Vorliegen der Voraussetzungen des Art. 81 Abs. 3 EG.); Rs. T-66/89, Slg. 1992, II-1995, 2011, Rn. 42 – Publishers Association (Eine individuelle Freistellung kann, anders als eine generelle – nur für Vereinbarungen gewährt werden, die unter Art. 81 Abs. 1 EG fallen.).

790 EuGH, Rs. 32/65 , Slg. 1966, 457, 483 – Italien / Kommission.

791 Köppen, Gruppenfreistellungsverordnungen, S. 40 ff., 54,

792 *„wenn sie [die Kommission] in einem bestimmten Fall feststellt, dass eine Vereinbarung Wirkungen hat, ...".*

793 *Schröter*, in: Schröter/Jakob/Mederer, Art. 83, Rn. 10; *Brunn*, EG-Kartellverfahrensverordnung, S. 54.

794 *Brunn*, EG-Kartellverfahrensverordnung, S. 44 ff., 69 ff., 82; *Wagner*, WRP 2003, 1369, 1374.

funktion, die im Selbstvollzug und der Konkretisierung durch Legislativakt liegt[795]. Die Kommission war und ist weiterhin befugt, Gruppenfreistellungsverordnungen in der Rechtsform der Verordnung zu erlassen und hat diese Befugnis in der Vergangenheit auch in Anspruch genommen. Da Verordnungen schon nach Art. 249 Abs. 2 EG verbindlich sind[796], muss den Gruppenfreistellungsverordnungen schon aufgrund ihres Verordnungscharakters verbindliche und unmittelbare Wirkung zukommen[797].

Einige der Autoren, die eine konstitutive Freistellung im System der Legalausnahme für nicht möglich halten, wollen Gruppenfreistellungsverordnungen zukünftig die Qualität von unverbindlichen „Gruppennegativattesten" zukommen lassen[798]. Diese Autoren verkennen bereits, dass eine Negativentscheidung heute – im Gegensatz zum früheren Negativattest – eine Entscheidung in der Sache beinhaltet und Kommission sowie nationale Stellen bindet[799]. Schon aus diesem Grunde ist die Qualifizierung der Gruppenfreistellungsverordnung als Gruppennegativattest nicht weiterführend, will man auf diese Weise den unverbindlichen Charakter der Maßnahme erklären. Nicht erklärbar bleibt zudem, warum die Anhänger dieser Ansicht eine Bindung der nationalen Stellen über Art. 16 und den Vorrang des Gemeinschaftsrechts annehmen[800].

Einige der Autoren, die in den Gruppenfreistellungsverordnungen lediglich eine Feststellung des Eingreifens der Freistellungsvoraussetzungen sehen, halten dies selbst für unbefriedigend im Hinblick auf das Bedürfnis der Unternehmen nach Rechtssicherheit[801]. Um eine gewisse Rechtssicherheit zu erreichen, ohne von ihrem dogmatischen Standpunkt abzuweichen, wollen sie in der Gruppenfreistellungsverordnung eine unwiderlegbare Vermutung dafür sehen, dass die Voraussetzungen des Art. 81 Abs. 3 EG erfüllt sind[802].

Abgesehen von der Tatsache, dass es für die Annahme einer unwiderlegbaren Vermutung keine Anhaltspunkte außer dem Wunsch einer Vereinbarkeit von theoretischem Ansatz und praktisch erwünschtem Ergebnis gibt, kommt auch diese These hinsichtlich der Bindungswirkung letztlich zu dem gleichen Ergebnis wie die Annahme einer konstitutiven, verbindlichen Befreiungswirkung[803].

---

795 *Fuchs*, ZWeR 2005, 1, 10 f.; *Wagner*, WRP 2003, 1369, 1374.
796 *Brunn*, EG-Kartellverfahrensverordnung, S. 39; *Schöler*, Die Reform, S. 124.
797 *Fuchs*, ZWeR 2005, 1, 11; *Wagner*, WRP 2003, 1369, 1374 f.
798 *Deringer*, EuZW 2000, 5, 7; *Deringer*, EuR 2001, 306, 311.
799 S. o. B.IV, S. 128.
800 *Deringer*, EuR 2001, 306, 311.
801 *Schütz* in: Gemeinschaftskommentar Kartellrecht, Einführung, Rn. 55; *Bechtold*, EWS 2001, 49, 54.
802 *Schütz* in: Gemeinschaftskommentar Kartellrecht, Einführung, Rn. 55; *Bechtold*, EWS 2001, 49, 54. Hinsichtlich der einfachen Befreiung von der Beweislast des Art. 2 VO Nr. 1/2003 besteht ohnehin Einigkeit. Vgl. Bekanntmachung zu Art. 81 III, Rn. 35, aaO, Fn. 364; Bekanntmachung über die Behandlung von Beschwerden, Rn. 51, aaO, Fn. 14; *Klees*, Europäisches Kartellverfahrensrecht, § 3, Rn. 12.
803 *Fuchs*, ZWeR 2005, 1, 12, Fn. 65.

VIII. Ergebnis zu C.

Gruppenfreistellungsverordnungen haben konstitutive Wirkung und sind für einzelstaatliche Gerichten und Behörden verbindlich. Im Ergebnis handelt es sich damit um angreifbare Akte.

IX. Entzug des Rechtsvorteils einer Gruppenfreistellungsverordnung

Die Beurteilung der Angreifbarkeit von Entscheidungen über den Entzug des Rechtsvorteils einer Gruppenfreistellungsverordnung nach Art. 29 der Kartellverordnung ist unmittelbar abhängig von der Auffassung zur Rechtsnatur der Gruppenfreistellungsverordnungen. Schreibt man der Gruppenfreistellungsverordnung deklaratorische Wirkung zu, kann auch der „Entzug des Rechtsvorteils" nur eine Feststellung eines Verstoßes gegen Art. 81 EG, der nicht von Abs. 3 gedeckt ist, sein[804], wobei – wie gesehen – offen bleibt, was in diesem Fall den „Rechtsvorteil" ausmacht[805].

Erblickt man aber in der Gruppenfreistellungsverordnung einen konstitutiven Akt, so ist die Entzugsentscheidung – schon als *actus contrarius*[806] – ebenfalls mit konstitutiver Wirkung ausgestattet[807]. Obwohl die Kartellverordnung zur Rechtsform schweigt, hat die Beseitigung verbindlicher Rechtswirkungen durch einen ebenso verbindlichen Akt zu erfolgen[808]. Die Entzugsentscheidung enthält die Aussage, dass der Ausnahmetatbestand auf eine bestimmte Vereinbarung nicht mehr anwendbar ist, weil dessen Voraussetzungen entweder nie vorlagen oder aber später weggefallen sind, und beseitigt damit den „Abschirmeffekt" der Gruppenfreistellungsverordnung. In der Folge können nationale Behörden und Gerichte, die nun gem. Art. 16 VO Nr. 1/2003 an die Entzugsentscheidung gebunden sind[809], d.h. insoweit keine Freistellung feststellen können, Art. 81 EG wieder direkt anwenden. Die Entzugsentscheidung wirkt zudem ex nunc[810], da sich die Unternehmen auf das Vorliegen der Voraussetzungen der Gruppenfreistellungsverordnung verlassen müssen.

Aufgrund der beschriebenen Rechtswirkungen erfolgt der Entzug des Rechtsvorteils einer Gruppenfreistellungsverordnung also durch anfechtbare Entscheidung[811].

---

804 So *Schütz* in: Gemeinschaftskommentar Kartellrecht, Einführung, Rn. 58; *de Bronett*, VO 1/2003, Art. 29, Rn. 1; *Deringer*, EuZW 2000, 5, 7.

805 Nach Ansicht von *de Bronett*, VO 1/2003, Art. 29, Rn. 2, besteht der Rechtsvorteil in der Nichtanwendung von Art. 81 Abs. 1 EG auf bestimmte Vereinbarungen. Damit hat er aber den darin liegenden rechtlichen Vorteil noch nicht aufgezeigt.

806 *Klees*, Europäisches Kartellverfahrensrecht, § 3, Rn. 19, 42.

807 *Fuchs*, ZWeR 2005, 1, 12, 29; *Wagner*, WRP 2003, 1369, 1380.

808 Auch *Lampert/Niejahr*, Art. 29, Rn. 582, befürworten die Rechtsform der Entscheidung für den Entzug des Rechtsvorteils. Siehe ausführlich zu den Anforderungen an die Rechtsnatur eines Aufhebungsaktes Haratsch, EuR 1998, 387, 404 ff., demzufolge eine Verordnung jedoch nicht durch Entscheidung, sondern aufgrund deren allgemeiner Tragweite nur durch Verordnung zurückgenommen werden kann. Vorliegend handelt es sich jedoch nicht um den Fall der Rücknahme der Verordnung insgesamt, sondern um die Einschränkung deren Rechtswirkungen für einen bestimmten Fall.

809 *Lampert/Niejahr*, Art. 16, Rn. 318; *Klees*, Europäisches Kartellverfahrensrecht, § 3, Rn. 42.

810 Mitteilung der Kommission - Leitlinien für vertikale Beschränkungen, ABl. Nr. C 291 vom 13. 10. 2000, S. 1, Rn. 75; Bekanntmachung zur Anwendung von 81 III, Rn. 2, aaO, Fn. 364; *Lampert/Niejahr*, Art. 29, Rn. 582; *Klees*, Europäisches Kartellverfahrensrecht, § 3, Rn. 19, 43; *Brunn*, EG-Kartellverfahrensverordnung, S. 88; *Fuchs*, ZWeR 2005, 1, 28.

811 So auch *Veelken*, in: Immenga/Mestmäcker, WbR, Bd. I, GFVO, Rn. 55 (in Bezug auf die Rechts-

D. Angreifbarkeit von Bekanntmachungen

Die Tauglichkeit von Bekanntmachungen[812] als Gegenstand von Nichtigkeits- oder Untätigkeitsklage vor dem Gerichtshof hängt davon ab, ob diese Akte verbindliche Außenrechtswirkungen entfalten. Um diese Frage zu beantworten, sollen zunächst die möglichen Funktionen und Arten von Bekanntmachungen im Wettbewerbsrecht dargestellt (I.) und eine Einordnung in die Kategorie der irregulären Handlungsformen vorgenommen werden (II.). Anschließend werden als Anknüpfungspunkte für eine verbindliche Außenwirkung die Qualität als Innenrechtsakt (III.), das Überschreiten des durch das Gemeinschaftsrecht gesteckten Rahmens (IV.), der Quasi-Normcharakter (V.), die Grundsätze der verwaltungsrechtlichen Selbstbindung (VI.), die Qualifizierung als originäres Administrativrecht (VII.) sowie der Grundsatz der Gemeinschaftstreue aus Art. 10 EG (VIII.) untersucht.

I. Funktion und Arten von Bekanntmachungen im Wettbewerbsrecht

Der Erlass von Bekanntmachungen und Mitteilungen durch die Kommission dient der Konkretisierung der Gemeinschaftspolitik[813], der Information von mitgliedstaatlichen Behörden und Privatpersonen über die Auslegung und Anwendung des Gemeinschaftsrechts[814] sowie der Sicherung der einheitlichen Anwendung des Gemeinschaftsrechts, auch durch die Mitgliedstaaten[815]. Adressaten können je nach Funktion Mitgliedstaaten, nationale Behörden oder sogar einzelne Wirtschaftsteilnehmer sein[816].

Vorgeschlagen wird eine funktionelle Unterteilung der Mitteilungen in Leitlinien-Mitteilungen und Informations-Mitteilungen[817], Auslegungs- und Programm-

---

lage vor der Reform); *Klees*, Kartellverfahrensrecht, § 3, Rn. 44.

[812] Im Bereich des Wettbewerbsrechts von Interesse sind die Mitteilungen des sog. „Modernisierungspaketes“: Bekanntmachung über die Zusammenarbeit innerhalb des Netzes der Wettbewerbsbehörden, aaO, Fn. 183; Bekanntmachung der Kommission über die Zusammenarbeit zwischen der Kommission und den Gerichten der EU-Mitgliedstaaten bei der Anwendung der Artikel 81 und 82 des Vertrags, aaO, Fn. 19; Bekanntmachung der Kommission über die Behandlung von Beschwerden durch die Kommission gemäß Artikel 81 und 82 EG-Vertrag, aaO, Fn. 14; Bekanntmachung der Kommission über informelle Beratung bei neuartigen Fragen zu den Artikeln 81 und 82 des Vertrages, die in Einzelfällen auftreten (Beratungsschreiben), aaO, Fn. 364; Bekanntmachung der Kommission — Leitlinien über den Begriff der Beeinträchtigung des zwischenstaatlichen Handels in den Artikeln 81 und 82 des Vertrags, aaO, Fn. 364; Bekanntmachung der Kommission — Leitlinien zur Anwendung von Artikel 81 Absatz 3 EG-Vertrag, aaO, Fn. 364.

[813] *Schmidt*, in: GS, Art. 249, Rn. 18; *Bauer/de Bronett*, Rn 242; *Meier*, FS Steindorff, 1303 f.; *Snyder*, FS Noël, 197, 217; *Adam*, Mitteilungen, S. 69. Art. 128 Abs. 2 EG enthält eine Rechtsgrundlage für Leitlinien des Rates zur Koordinierung der Beschäftigungspolitik der Mitgliedstaaten; Art. 155 Abs. 1 EG eine Grundlage für Leitlinien der Gemeinschaft zum Vorgehen im Bereich der transeuropäischen Netze.

[814] *Meier*, FS Steindorff, 1303, 1306 f.; *Adam*, Mitteilungen, S. 72 f.; *Klösters*, S. 38; Hellmann, WuW 2002, 944; *Polley/Seeliger*, WRP 2001, 494, 495.

[815] *Adam*, Mitteilungen, S. 71; *Pohlmann*, WuW 2005, 1005; *Müller*, WRP 2004, 1472, 1473; *Schweda*, WuW 2004, 1133, 1135; Hellmann, WuW 2002, 944.

[816] *Adam*, Mitteilungen, S. 10, 46 f., 64 ff.; *Meier*, FS Steindorff, 1303, 1306 f., 1310.

[817] *Meier*, FS Steindorff, 1303, 1306 f. Die Leitlinien-Mitteilungen beinhalten der Rechtsprechung des Gerichtshofs entnommene allgemeine Grundsätze, die Informations-Mitteilungen richten sich an Privatpersonen und präzisieren Grundsätze, Verfahrensgarantien oder Richtlinien-Inhalte.

Mitteilungen[818] oder erläuternde Mitteilungen, Mitteilungen mit Informationscharakter und Mitteilungen mit Entscheidungscharakter[819]. Bei näherer Betrachtung fällt sofort auf, dass die vorgeschlagenen Kategorien unterschiedliche Bereiche abdecken und damit jeweils nicht abschließend sind. Wahrscheinlich hatte der Betrachter jeweils eine bestimmte Art von Bekanntmachungen im Blick, die er beschrieben hat. Abschließend ist hingegen die Unterscheidung nach Adressaten- und Wirkungskreis der Bekanntmachungen. Sie unterscheidet zwischen rein internen Regelungen, internen Regelungen mit Außenbezug und Regelungen, die im Außenverhältnis ergehen[820].

Die Bekanntmachungen im Bereich des Wettbewerbsrechts, die im Folgenden als Klagegegenstand untersucht werden sollen, sind die Leitlinien über den Begriff der Beeinträchtigung des zwischenstaatlichen Handels[821], die Leitlinien zur Anwendung von Art. 81 Abs. 3 EG[822], die Bagatellbekanntmachung[823] sowie die zu den Gruppenfreistellungsverordnungen ergangenen Leitlinien[824]. Die Bekanntmachungen über die Zusammenarbeit innerhalb des Netzes der Wettbewerbsbehörden[825], über die Zusammenarbeit zwischen der Kommission und den Gerichten der Mitgliedstaaten[826], über die Behandlung von Beschwerden durch die Kommission gemäß Artikel 81 und 82 EG[827] sowie die Bekanntmachung über informelle Beratung bei neuartigen Fragen zu den Artikeln 81 und 82 des Vertrages, die in Einzelfällen auftreten[828], sollen nicht Gegenstand der folgenden Betrachtungen sein, da sie im Schwerpunkt verfahrensrechtliche Fragen sowie Zuständigkeitsregelungen betreffen und daher für Dritte von geringerem Interesse sind.

Die zu untersuchenden Bekanntmachungen konkretisieren in erster Linie die Art. 81 und 82 EG, indem sie darlegen, wie die Kommission die Wettbewerbsvorschriften anzuwenden gedenkt, und sollen auf diese Weise sowohl den mitgliedstaatlichen Gerichten und Behörden Anleitung bei der Anwendung der europäischen Wettbewerbsvorschriften geben[829], als auch Unternehmen als Auslegungshilfe bei der oft schwierigen

---

818 Auslegungs-Mitteilungen präzisieren die sich aus der Rechtsprechung des EuGH ergebenden Rechte und Pflichten von Mitgliedstaaten und Wirtschaftsunternehmen, während Programm-Mitteilungen politische Bedeutung für die künftige Gemeinschaftsarbeit hätten.

819 So GA Tesauro in seinen Schlussanträgen zur Rs. C-57/95, Slg. 1997, I-1627, Rn. 17 – Frankreich / Kom. Nach dem Generalanwalt *„haben die Mitteilungen mit Entscheidungscharakter in Bereichen, in denen die Kommission über ein Ermessen verfügt, grosse Bedeutung"*. Ähnlich *Snyder*, MLRev. 1993, 19, 33, der „informative, declaratory and interpretative" Bekanntmachungen unterscheidet.

820 Diese Unterteilung unternimmt *Adam*, Mitteilungen, S. 64 ff., wobei sie das Kartellrecht als Beispiel für interne Regelungen mit Außenbezug anführt.

821 ABl. Nr. C 101 vom 27. 4. 2004, S. 81.

822 ABl. Nr. C 101 vom 27. 4. 2004, S. 97.

823 ABl. Nr. C 368 vom 22. 12. 2001, S. 13.

824 Leitlinien zur Anwendung von Art. 81 EG auf Technologietransfer-Vereinbarungen, ABl. Nr. C 101 vom 27. 4. 2004, S. 2; Leitlinien über vertikale Beschränkungen, ABl. Nr. C 291 vom 13. 10. 2000, S. 1; Leitlinien zur Anwendbarkeit von Art. 81 auf Vereinbarungen über horizontale Zusammenarbeit, ABl. Nr. C 3 vom 6. 1. 2001, S. 2.

825 ABl. Nr. C 101 vom 27. 4. 2004, S. 43.

826 ABl. Nr. C 101 vom 27. 4. 2004, S. 54.

827 ABl. Nr. C 101 vom 27. 4. 2004, S. 65.

828 ABl. Nr. C 101 vom 27. 4. 2004, S. 78.

829 *Müller*, WRP 2004, 1472, 1473.

Selbstbeurteilung von Vereinbarungen und Verhaltensweisen dienen. Damit lässt sich bereits feststellen, dass sich diese jedenfalls nicht in die Kategorie der eine politische Absicht ausdrückenden „Programm-Mitteilungen" einordnen lassen. Ob sie aber rein informative, erläuternde oder entscheidende Elemente enthalten, hängt davon ab, inwieweit sie schlichtweg das geltende Primär- oder Sekundärrecht wiedergeben oder neue, eigenständige Verpflichtungen schaffen.

Sofern Bekanntmachungen die Rechtsprechung des Gerichtshofs wiedergeben[830], überwiegt ein rein informatives Element[831]. Bewegen sich die Aussagen der Kommission innerhalb des geltenden Gemeinschaftsrechts, lässt sich weiter unterscheiden, ob das Gemeinschaftsrecht der Kommission einen gewissen Spielraum – sei es auf Tatbestands- oder auf Rechtsfolgenseite – einräumt oder nicht. Besteht ein solcher Spielraum, lassen sich die Bekanntmachungen als Absichtserklärung der Kommission verstehen, auf welche Art sie diesen auszuüben gedenkt. Andernfalls handelt es sich um die bloße Darlegung ihrer Rechtsauffassung. In beiden Fällen steht ein erläuterndes Element im Vordergrund. Entscheidungscharakter kommt den Bekanntmachungen nur dann zu, wenn die Kommission außerhalb des Gemeinschaftsrechts neue Verpflichtungen schafft.

II. Die Kategorie der irregulären Handlungsformen

Bekanntmachungen werden insgesamt zur Gruppe der irregulären Handlungsformen gezählt[832]. Damit sind die nicht in Art. 249 EG aufgezählten Handlungsformen gemeint, die auch als atypische Rechtsakte, Akte sui generis oder „Soft law"[833] der Gemeinschaft bezeichnet werden. Es handelt sich um Rechtshandlungen, die meist nicht im Gemeinschaftsrecht vorgesehen sind[834] und denen nicht per se Rechtsverbindlichkeit zukommt, die also keine unmittelbare Begründung von Rechten und Pflichten Dritter herbeiführen[835]. Nach nahezu einhelliger Ansicht[836] bilden die Bekanntma-

---

830 So als erste die Mitteilung über die Auswirkung des Urteils des Europäischen Gerichtshofs vom 20. 2. 1979 in der Rs. 120/78 – Cassis de Dijon, ABl. Nr. C 256 vom 3. 10. 1980, S. 2, *Meier*, FS Steindorff, 1303 f., 1306.

831 „Leitlinien-Mitteilungen" bzw. „Mitteilungen mit Informationscharakter".

832 *Meier*, FS Steindorff, 1303; *Adam*, Mitteilungen, S. 2, 10; *Pampel*, S. 33; *Pampel*, EuZW 2005, 11, 12; *Müller*, WRP 2004, 1472, 1477; *Wellens/Borchardt*, ELRev. 14 (1998), 267, 285, 312 f.

833 Nach Ansicht von *Wellens/Borchardt*, ELRev. 14 (1998), 267, 285, 287, handelt es sich bei „Soft Law" generell um nicht-verbindliche (d.h. nicht durchsetzbare und nicht sanktionsbewährte) Verhaltensvorschriften, die jedoch nach dem Willen des Autors an eine Person oder Institution gerichtet sind und gewissen Einfluss auf das Verhalten dieser Personen oder Institutionen haben. Entscheidend für die Einstufung als Rechtsakt sei die Frage, ob ein Gericht die Verhaltensvorschrift als fallentscheidend ansehen könnte.

834 Allerdings sehen Art. 128 Abs. 2, 155 Abs. 1 EG den Erlass von Leitlinien vor. Art. 33 VO Nr. 1/2003 und Art. 24 VO Nr. 17/62 ermächtigen die Kommission zum Erlass von „Durchführungsvorschriften" bzw. „Ausführungsbestimmungen", wobei deren genaue Rechtsform offen bleibt.

835 *Kraußer*, Das Prinzip begrenzter Ermächtigung, S. 82; *Karl*, JZ 1991, 593, 594.

836 OLG München, 1. 8. 2002, WuW/E DE-R 991, 992 – Tankstelle Germering; LG Frankfurt/Main, 15. 11. 2002, WuW/E DE-R 1200, 1201 f. – Autovermietungsagenturen (Die Gerichte zieht die Bekanntmachung jedoch als wichtiges Kriterium zur Feststellung der Spürbarkeit heran.); *Kulka*, in: Frankfurter Kommentar, 81 I, III, Fallgruppe II.1, Rn. 21; *Bunte*, in: Langen/Bunte, Einführung zum EG-Kartellrecht, Rn. 24; *Meessen* in: Loewenheim/Meessen/Riesenkampff, Einführung, Rn. 59;

chungen kein sekundäres Gemeinschaftsrecht und besitzen folglich keine Rechtssatzqualität, weshalb sie als nicht verbindlich angesehen werden[837].

Vielfach wird der vermehrte Erlass solch atypischer Rechtsakte durch die Gemeinschaftsorgane kritisiert, da er die vom EG-Vertrag festgelegten Grundsätze der Rechtsetzung umgehe und zu Kompetenzüberschreitungen führe[838]. Zudem sei diese in internationalen Beziehungen verbreitete Handlungsform im EG-Recht verfehlt, da sie von der auf europäischer Ebene erreichten Supranationalität einen Schritt zurück zur Internationalität darstelle[839]. Gleichermaßen wird auch an der Verwendung des Begriffes Kritik geübt: die eigentlichen Probleme werden durch die Begrifflichkeit des „Quasi-Rechts" übergangen, aber nicht gelöst, da die Kategorie keine spezifischen Rechtsfolgen beinhalte, sondern beliebig sei[840]. Die Unterscheidung zwischen den Kategorien verbindlicher und unverbindlicher Rechtsakte verwässere zudem durch die Schaffung einer solchen Zwischenform[841].

Ohne auf diese generelle Kritik näher einzugehen, ist festzustellen, dass für die Zulässigkeit einer Klage maßgeblich ist, dass die jeweilige Handlung unabhängig von ihrer Form oder Rechtsnatur dazu bestimmt ist, Rechtswirkungen zu erzeugen[842], und dass auch atypische Rechtsakte unabhängig von ihrer Form oder Natur Gegenstand einer Nichtigkeitsklage sein können, sobald sie Rechtswirkungen gegenüber Dritten erzeugen sollen[843]. Auf die Bezeichnung der Maßnahme als Bekanntmachung kommt es nicht an[844]. Damit liefert die Zugehörigkeit zur Gruppe der Akte sui generis keine Aussage bezüglich der Rechtswirkungen[845].

Schweda, WuW 2004, 1133, 1135.

[837] *Schröter*, in: GS, Vorbem. zu den Art. 81 bis 85, Rn. 14; *Schröter*, in: Schröter/Jakob/Mederer, Vorbem. zu den Art. 81 bis 85, Rn. 6; *Pampel*, S. 88.

[838] *Snyder*, FS Noël, 197, 219 f.

[839] *Bothe*, FS Schlochauer, 761, 775; *Karl*, JZ 1991, 593, 598.

[840] *Kraußer*, Das Prinzip begrenzter Ermächtigung, S. 83 ff.

[841] *Kraußer*, Das Prinzip begrenzter Ermächtigung, S. 83 ff.

[842] St. Rsp., etwa EuGH, Rs. 22/70, Slg. 1971, 263, Rn. 38/42 – Kom / Rat; Rs. C-366/88, Slg. 1990, I-3571, Rn. 8 – Frankreich / Kom; *Borchardt*, in: Lenz/Borchardt, Art. 230, Rn. 5; *Pampel*, S. 117.

[843] EuGH, Rs. 135/84, Slg. 1984, 3577, 3579, Rn. 6 – F. B.; Rs. C-50/90, Slg. 1991, I-2917, 2922, Rn. 12 – Sunzest; *Jestaedt/Schweda* in: Heidenhain, Hdb., § 14, Rn. 42; Rengeling/Middeke/Gellermann, 1. Auflage, Rn. 140; *Bleckmann*, Europarecht, Rn. 840; *Daig*, Nichtigkeits- und Untätigkeitsklagen, S. 33; *Wellens/Borchardt*, ELRev. 14 (1998), 267, 285, 316.

[844] Nach Ansicht von *Pampel*, S. 130, steht der formal unverbindliche Charakter der Mitteilung der Eigenschaft als Klagegegenstand trotz Art. 230 Abs. 1 EG, der die rechtliche unverbindliche Empfehlung und Stellungnahme explizit aus dem Kreis der Klagegegenstände ausschließt, nicht entgegen, da der EuGH allein auf den Inhalt einer Maßnahme abstelle. Jedoch tut der Gerichtshof dies im Rahmen der Qualifizierung eines Aktes. Hier stellt sich aber die Frage, welche Rechtswirkungen einer als Mitteilung qualifizierten Maßnahme zukommen. Wäre diese dem Inhalt nach eine Entscheidung, ergäbe sich bei der Frage der Anfechtbarkeit gar kein Problem.

[845] *Snyder*, MLRev. 1993, 19, 35, weist darauf hin, dass „Soft law" durch spezifische Verfahren, Formen und Veröffentlichung verbindliche Wirkung erfahren kann, in diesem Fall aber sogleich auch vor dem Gerichtshof anfechtbar wird und meist für nichtig erklärt werden wird. Sobald „Soft law" also die Grenze zum „Hard law" überschreitet, spielt es gleichsam – im Falle der Anfechtung – keine Rolle mehr.

III. Qualität als Innenrechtsakt

Die Bekanntmachungen der Kommission sind mit deutschen Verwaltungsvorschriften vergleichbar[846], soweit sie Anweisungen an die nachgeordneten Dienststellen zur Auslegung und Anwendung des Gemeinschaftsrechts enthalten, sich also ausschließlich an innerhalb der Verwaltung stehende Subjekte richten[847]. Vielfach werden sie demzufolge pauschal als nicht anfechtbare Innenrechtsakte dargestellt[848]. Diese Argumentation greift jedoch zu kurz. Abgesehen davon, dass die Unterscheidung zwischen Innen- und Außenrechtsakten nicht immer eindeutig und praktikabel ist[849], wird völlig außer Acht gelassen, dass sich die Bekanntmachungen des Gemeinschaftsrechts nicht ausschließlich an die Kommissionsdienststellen wenden, sondern auch direkt an Mitgliedstaaten und Unternehmen, also auch außengerichtet sein können[850]. Selbst wenn sie nur die Kommissionsdienststellen zu einem bestimmten, einheitlichen Verhalten anleiten wollen, erwächst daraus zumindest eine hohe praktische Relevanz, wenn nicht sogar rechtliche Bindung[851] für die betroffenen Unternehmen.

Demnach ist die Einordnung als Innenrechtsakt allein noch nicht aussagekräftig für die Beurteilung der Tauglichkeit eines Aktes als Klagegegenstand.

IV. Hinausgehen über das geltende Gemeinschaftsrecht

Ausgehend von der Annahme, dass jede Handlung eines Gemeinschaftsorgans anfechtbar sein soll, wenn sie dazu bestimmt ist, Rechtswirkungen zu erzeugen, hat der Europäische Gerichtshof – anfangs noch gegen die Auffassung des zuständigen Generalanwalts *Giuseppe Tesauro*[852] – in mehreren Fällen entschieden, dass eine Handlung dann Rechtswirkungen entfalten soll, wenn sie über den Rahmen bestehenden Gemeinschaftsrechts hinausgeht[853]. Er stellte jeweils fest, dass die angefochtene Bekanntmachung[854] in ihren Rechtswirkungen über die Bestimmungen der zugrunde liegenden Richtlinie oder Verordnung hinausgehe, damit eine Handlung darstelle, die eigene Rechtswirkungen erzeugen solle, und folglich Gegenstand einer Nichtigkeitsklage sein könne[855].

---

[846] *Klösters*, S. 44; *Weitbrecht*, EuZW 2003, 69, 72. *Adam*, Mitteilungen, S. 135, will die nach außen gerichteten Bekanntmachungen allerdings als „Quasi-Verwaltungsvorschriften" bezeichnen.

[847] Im deutschen Recht werden Verwaltungsvorschriften definiert als *„abstrakte Regelungen zur Vereinheitlichung des Gesetzesvollzugs, die als allgemeine Weisungen von der Exekutivspitze erlassen werden, jedoch unter einem Abweichungsvorbehalt stehen"*, *Groß*, DÖV 2004, 20.

[848] *Bleckmann*, Europarecht, Rn. 474, 843; *Koch*, Klagebefugnis, S. 130.

[849] S. *Ruffert*, in: Erichsen/Ehlers, § 20, Rn. 46 zu Anordnungen im Beamtenverhältnis.

[850] *Crones*, Selbstbindungen, S. 18.

[851] S. dazu unten.

[852] GA Tesauro, Rs. C-366/88, Slg. 1990, I-3571, Rn. 14 – Frankreich / Kom: keine Anfechtbarkeit eines unverbindlichen Aktes (Nichteinhaltung der für die Verbindlichkeit erforderlichen Form sowie Zuständigkeit).

[853] S. dazu *Booß*, in: Grabitz/Hilf, Art. 230, Rn. 20 f.; *Gundel*, EuR 1998, 90 ff.; *Snyder*, MLRev. 1993, 19, 34 f. *Adam*, Mitteilungen, S. 143 ff., verallgemeinert diese Rechtsprechung ohne nähere Begründung auf den Rechtsschutz gegen Mitteilungen im Wege der Nichtigkeitsklage allgemein.

[854] Eine „interne Dienstanweisung", ein „Verhaltenskodex", eine Mitteilung über die Anwendung der Transparenzrichtlinie sowie eine Mitteilung zur Lage der Pensionsfonds im Binnenmarkt.

[855] EuGH, Rs. C-366/88, Slg. 1990, I-3571, Rn. 23 – Frankreich / Kom: Rs. C-303/90, Slg. 1991, I-5315, 5346, Rn. 24 f. – Frankreich / Kom; EuGH, Rs. C-325/91, Slg. 1993, I-3283, 3311, Rn. 22 f. –

Zumeist ist die Klage in diesem Fall auch mangels Zuständigkeit oder Rechtsgrundlage oder wegen Verstoßes gegen den Grundsatz der Rechtssicherheit[856] begründet. Denn aus dem Grundsatz der begrenzten Ermächtigung folgt, dass kein verbindliches Handeln ohne Rechtsgrundlage zulässig ist. Art. 211, 2. Spiegelstrich EG i. V. m. den jeweiligen Zielbestimmungen enthält nur die Befugnis der Kommission zum Erlass nicht verbindlicher Empfehlungen und Stellungnahmen, nicht aber das Auferlegen von über die Verordnung hinausgehenden Verpflichtungen[857].

Da die Feststellung der Anfechtbarkeit damit bereits eine inhaltliche Untersuchung der fraglichen Handlung voraussetzt, fasst der Gerichtshof Zulässigkeits- und Begründetheitsprüfung zusammen[858, 859].

Im Ergebnis scheint der Gerichtshof also in den Fällen von einer Außenwirkung und daraus folgender Anfechtbarkeit auszugehen, in denen der Rechtsakt gegen Gemeinschaftsrecht verstößt. Im Umkehrschluss wären Bekanntmachungen so lange unverbindlich, wie sie lediglich geltendes Gemeinschaftsrecht wiedergeben. Es gibt aber keine Anhaltspunkte dafür, dass der Gerichtshof einen solchen Gegenschluss vornehmen würde. Folglich könnten auch sich im Rahmen des Gemeinschaftsrecht haltende Bekanntmachungen aus anderen Gründen verbindliche Wirkungen zeigen.

Frankreich / Kom; EuGH, Rs. C-57/95, Slg. 1997, I-1627, 1651, Rn. 23 – Frankreich / Kom. Entsprechend *de Bronett*, VO 1/2003, Art. 23, Rn. 41, für die Leitlinien für das Verfahren zur Festsetzung von Geldbußen, die gemäß Artikel 15 Absatz 2 der Verordnung Nr. 17 und gemäß Artikel 65 Absatz 5 EGKS-Vertrag festgesetzt werden, ABl. Nr. C 9 vom 14. 1. 1998, S. 3. Ähnlich *Gundel*, EuR 1998, 90, 95.

856 Verstoß gegen den Grundsatz der Rechtssicherheit dadurch, dass die Kommission eine Handlung erlassen hat, die Rechtswirkungen erzeugen soll, ohne ausdrücklich die Vorschrift des Gemeinschaftsrechts zu benennen, aus der sich die Bindungswirkung dieser Handlung ergibt. So EuGH, Rs. C-325/91, Slg. 1993, I-3283, 3312, Rn. 30 – Frankreich / Kom.

857 EuGH, Rs. 303/90, Slg. 1991, I-5315, 5348, Rn. 30 – Frankreich / Kom; *Snyder*, MLRev. 1993, 19, 33, Fn 80.

858 EuGH, Rs. C-366/88, Slg. 1990, I-3571, Rn. 12 – Frankreich / Kom; EuGH, Rs. 303/90, Slg. 1991, I-5315, 5344, Rn. 11 – Frankreich / Kom; EuGH, Rs. C-325/91, Slg. 1993, I-3283, 3309, Rn. 11 – Frankreich / Kom; EuGH, Rs. C-57/95, Slg. 1997, I-1627, 1647, Rn. 10 – Frankreich / Kom.

859 Diese Vorgehensweise irritiert zunächst, lässt sich jedoch vor dem Hintergrund des französischen Verwaltungsrechts verstehen – immerhin fällt auf, dass alle vier zitierten Entscheidungen Klagen der Französischen Republik betreffen. Hier scheint sich der Gerichtshof am französischen Rechtssystem zu orientieren, das *circulaires interprétatives*, nämlich das Verwaltungsrecht lediglich auslegende Verwaltungsrundschreiben, und *circulaires réglementaires*, Rechtsakte mit Verordnungscharakter, unterscheidet und nur gegen letztere eine Nichtigkeitsklage (*recours pour excès de pouvoir*) zulässt, die dann entsprechend dem Vorgehen des Europäischen Gerichtshofes zumeist auch begründet ist, *Gundel*, EuR 1998, 90, 96 ff. Außerdem ist das Problem der Vorwegnahme der Begründetheitsprüfung in der Zulässigkeit dem Klagesystem immanent, da die Zulässigkeit zumindest auch eine Filterfunktion erfüllt. Um aber die Systematik des Klagesystems zu wahren, sollte darüber nachgedacht werden, die Möglichkeit des Vorliegens rechtlicher Verbindlichkeit als Anforderung an den Klagegegenstand ausreichen zu lassen. Ein solches Vorgehen würde auch keine Mehrbelastung des Gerichtshofes mit sich bringen, sondern vielmehr zu dessen Entlastung führen, da er nach der jetzigen Rechtsprechung bei jeder gegen eine Mitteilung gerichteten Nichtigkeitsklage in die verbundene Zulässigkeits- und Begründetheitsprüfung eintreten müsste. Überließe man dem Kläger jedenfalls das Glaubhaftmachen der Möglichkeit der rechtlichen Verbindlichkeit einer Maßnahme, könnte die Zulässigkeitsprüfung wieder ihre Filterfunktion erfüllen.

Auch wenn dem Gemeinschaftsrecht konforme Bekanntmachungen verbindliche Rechtswirkungen erzeugen können, so ist zweifelhaft, ob – mangels Erfolgsaussichten bei Klage gegen einen rechtmäßigen Akt, die ja vom Gerichtshof bereits in der Zulässigkeit berücksichtigt werden – überhaupt ein Bedürfnis für deren Anfechtung bestehen kann. Hier ist zu beachten, dass der Gerichtshof nur die Vereinbarkeit mit der jeweils zugrunde liegenden Norm und damit Fälle der Ermessensüberschreitung (nach deutscher Terminologie) untersucht. Soweit sich die Bekanntmachungen im Rahmen des Gemeinschaftsrechts bewegen, können sie dennoch rechtswidrig sein, wenn die Sekundärrechtsakte, die sie ausgestalten, ihrerseits gegen höherrangiges Recht verstoßen oder wenn sie der Kommission zukommende Spielräume in einer gegen allgemeine Rechtsgrundsätze oder Gemeinschaftsgrundrechte verstoßenden Weise ausgestalten – Fälle des Ermessensmissbrauchs (nach deutschem Verständnis)[860].

Fraglich ist, ob diese Rechtsprechung auf das Kartellrecht übertragbar ist. Die der genannten Rechtsprechung zugrunde liegenden Bekanntmachungen sollen sich von den im Wettbewerbsrecht ergehenden dadurch unterscheiden, dass die Kommission in diesem Bereich häufig einen weiten Ermessensspielraum hat, den sie legitimerweise durch Aufstellung von Leitlinien konkretisiert[861]. Es ist jedoch vorstellbar, dass auch die Bekanntmachungen im Bereich des Wettbewerbsrechts über diesen Spielraum und damit über geltendes Gemeinschaftsrecht hinausgehen. In diesem Fall sollen sie dann nach den oben benannten Grundsätzen Rechtswirkungen erzeugen und damit anfechtbar sein[862]. Im Ergebnis stellt das Wettbewerbsrecht demzufolge keinen Sonderfall dar, sondern ist genauso zu behandeln wie die übrigen Rechtsgebiete, auf denen die Kommission Bekanntmachungen erlässt.

V. Quasi-Normcharakter

Teilweise wird den Bekanntmachungen insoweit verbindliche Rechtswirkung zugesprochen, als sie durch den Gerichtshof entwickelte Grundsätze „kodifizieren". So möchte *Meier*[863] den Mitteilungen, die die Rechtsprechung des Gerichtshofs wiedergeben, zusammenfassen und verallgemeinern, „Quasi-Normcharakter" zukommen lassen, weil die Kommission auf diese Weise Richterrecht kodifiziere, das damit die eigentliche Rechtsquelle darstelle[864]. Mit dem Ausdruck des „Quasi-Normcharakters" meint er also eine den gerichtlichen Entscheidungen gleichkommende Rechtsqualität, die er als objektives Recht, das auch von nationalen Gerichten von Amts wegen zu beachten sei, ansieht[865]. Die Bekanntmachungen im Bereich des Wettbewerbsrechts geben zum großen Teil die Rechtsprechung des Gerichtshofs wieder[866].

[860] Denkbar ist etwa ein Verstoß gegen den Gleichheitssatz: „Der Sanktionsrahmen wird nur gegenüber Unternehmen in der Rechtsform einer Aktiengesellschaft voll ausgeschöpft."
[861] *Gundel*, EuR 1998, 90, 95.
[862] *Gundel*, EuR 1998, 90, 95, Fn. 34.
[863] *Meier*, FS Steindorff, 1303, 1307 f.
[864] Parallel argumentiert Köppen, Gruppenfreistellungsverordnungen, S. 47, für die Wirkung „deklaratorischer Freistellungen" in Gruppenfreistellungsverordnungen.
[865] *Meier*, FS Steindorff, 1303, 1308 f.
[866] Nach Rn. 7 der Bekanntmachung zu Art. 81 Abs. 3 EG, aaO, Fn. 364, geben die Leitlinien den gegenwärtigen Stand der Rechtsprechung des Gerichtshofs wieder, gehen aber auch auf noch ungeklärte Fragen ein.

Die Ansicht *Meiers* ist zum einen dann unzutreffend, wenn der Inhalt der Mitteilungen über die Rechtsprechung des Gerichtshofs hinausgeht[867]. Des weiteren besitzen die Mitteilungen nach diesem Ansatz keinen über die Rechtsprechung hinausgehenden Wert[868] – abgesehen von dem der Verallgemeinerung, auf den *Meier* jedoch nicht eingeht –, weshalb man genauso gut direkt auf die durch den Gerichtshof herausgearbeiteten Grundsätze abstellen könnte. Einer auf komplizierte Weise hergeleiteten rechtlichen Wirkung von Mitteilungen bedürfte es gar nicht. Soweit Bekanntmachungen Rechtsprechung kodifizieren, erzeugen sie selbst keine verbindliche Rechtswirkung nach außen und sind insofern nicht angreifbar.

VI. Die Grundsätze der verwaltungsrechtlichen Selbstbindung

Eine rechtliche Verbindlichkeit der Bekanntmachungen könnte aus den Grundsätzen verwaltungsrechtlicher Selbstbindung[869] erwachsen.

Das Institut der Selbstbindung der Verwaltung wurzelt im Gleichheitssatz, bzw. gegenüber dem Adressaten einer Maßnahme im Grundsatz des Vertrauensschutzes[870], und ist mittlerweile – die frühere Rechtsprechung war noch ablehnend[871] – auch im europäischen Verwaltungsrecht anerkannt[872]. Entwickelt hat der Europäische Gerichtshof diesen Grundsatz im Bereich des verwaltungsinternen Vollzuges von Gemeinschaftsrecht, genauer im Bereich des Dienstrechts[873]. Entgegen der Annahme von *Crones*[874] ist er mittlerweile auch explizit im gemeinschaftsexternen Verwaltungsrecht anerkannt, so im Bereich der Beihilfenaufsicht[875], der gemeinschaftseigenen Subventionsgewährung[876] und auch des Wettbewerbsrechts[877].

---

[867] *Bechtold*, EWS 2001, 49, 53, stellt ein solches Abweichen von der Rechtsprechung für den Bereich von Handelsvertretervereinbarungen fest.

[868] Ähnlich *Klösters*, S. 39.

[869] Französisches und englisches Verwaltungsrecht kennen das Rechtsinstitut nicht in derart verfestigter Weise wie das deutsche Verwaltungsrecht, vgl. *Crones*, Selbstbindungen, S. 30 ff.

[870] *Schwarze*, Eur. Verwaltungsrecht, 2. Auflage, 1045; *Crones*, Selbstbindungen, S. 131. Die verpflichtende Wirkung aus dem Grundsatz des Vertrauensschutzes begründend EuGH, Rs. 81/72, Slg. 1973, 575, Rn. 10 – Kom / Rat (Dienstrecht).

[871] EuGH, Rs. 17 u. 20/61, Slg. 1962, 655, 689 – Klöckner; Rs. 1252/79, Slg. 1980, 3753, 3763, Rn. 9 f. – Lucchini. Rechtliche Unverbindlichkeit der Bekanntmachung de minimis vom 27. 5. 1970: GA Dutheillet de Lamothe, Rs. 1/71, Slg. 1971, 358, 361 – Cadillon / Höss; GA Dutheillet de Lamothe, Rs. 22/71, Slg. 1971, 964, 969 – Béguelin Import; GA Warner, Rs. 19/77, Slg. 1978, 153, 157 – Miller.

[872] *Schwarze*, Eur. Verwaltungsrecht, 2. Auflage, 66, 1044; *Nicolaysen*, Europarecht I, S. 342, 346; *Pampel*, S. 56; *della Cananea*, Guidelines, 61, 70 ff.; *Schwarze*, FS Rodríguez Iglesias, 147, 151 ff.; *Groß*, DÖV 2004, 20, 23; *Wellens/Borchardt*, ELRev. 14 (1998), 267, 285, 313 f.; *Gornig/Trüe*, JZ 1993, 884, 889.

[873] EuGH, Rs. 81/72, Slg. 1973, 575, Rn. 10 – Kom / Rat; Rs. 148/73, Slg. 1974, 81, Rn. 11/18 – Louwage; Rs. 25/83, Slg. 1984, 1773, Rn. 15 – Buick; *Schwarze*, Eur. Verwaltungsrecht, 2. Auflage, S. 297 ff.; *Crones*, Selbstbindungen, S. 85.

[874] *Crones*, Selbstbindungen, S. 101. Zunächst wurde die Ausdehnung abgelehnt: vgl. GA Warner, Rs. 19/77, Slg. 1978, 131, 157 f. – Miller International Schallplatten; GA Jacobs, Rs. C-301/87, Slg. 1990, I-307, 348, Rn. 71.

[875] EuGH, Rs. C-288/96, Slg. 2000, I-8237, Rn. 62 – Deutschland / Kom; Rs. C-310/99, Slg. 2002, I-2289, Rn. 52 – Italien / Kom; Rs. C-382/99, Slg. 2002, I-5163, Rn. 24 – Niederlande / Kom; EuG, Rs. T-380/94, Slg. 1996, II-2169, Rn. 57 – AIUFFASS und AKT; Rs. T-149/95, Slg. 1997, II-2031,

Die Annahme, dass die Verwaltung gleiche Sachverhalte auch gleich behandeln muss und nur aus sachlichen Gründen von dieser Gleichbehandlung abweichen darf, lässt im Falle einer regelmäßigen Verwaltungspraxis für den Bürger einen Anspruch auf gleichmäßige Ausübung des Verwaltungsermessens entstehen[878].

1. Selbstbindung im System der Legalausnahme

Fraglich ist, ob für eine Selbstbindung der Kommission auch im System der Legalausnahme weiterhin Raum bleibt. Die Kommission kann sich nur dann in der Ausübung ihres Ermessens binden, wenn ihr auch ein Ermessensspielraum zukommt[879]. Unter Geltung der VO Nr. 17/62 kam der Kommission ein Freistellungsmonopol zu. Ihr allein war die Konkretisierung des weit gefassten Art. 81 Abs. 3 EG vorbehalten.

Hinsichtlich der Einzelfreistellungsentscheidungen ist auf die Besonderheit hinzuweisen, dass das europäische im Vergleich zum deutschen Verwaltungsrecht nicht zwischen Ermessen und Beurteilungsspielraum unterscheidet. Bei der Freistellung nach Art. 81 Abs. 3 EG hat die Kommission auch vor Inkrafttreten der neuen Kartellverordnung nach deutscher Terminologie keinen Ermessens-, sondern lediglich einen Beurteilungsspielraum gehabt[880]. Ihr kam aufgrund der Weite der Tatbestandsvoraussetzungen und der Komplexität der dabei zu beantwortenden wirtschaftlichen Fragestellungen bei der Subsumtion ein gewisser Spielraum zu, der nicht vom Gerichtshof überprüft wurde. Dass die Grundsätze der Selbstbindung der Verwaltung aufgrund des Gleichheitssatzes auch für das Ausfüllen eines solchen Spielraumes auf Tatbestandsseite gelten, leuchtet ein.

Die Kommission wird im System der Legalausnahme zwar keine Einzelfreistellungsentscheidungen mehr, dafür aber vermehrt Verbots-, Sanktions- und das Verfahren einstellende Entscheidungen erlassen. Ermessen kommt ihr dabei zumindest bezüglich der Einleitung eines Verfahrens[881], bei der Festsetzung der Höhe von Geldbußen und Zwangsgeldern sowie bei der Auswahl der Abstellungsmaßnahmen zu. Zudem liegt den Entscheidungen ebenfalls eine Prüfung der Voraussetzungen von Kartellverbot und Ausnahmetatbestand zugrunde[882]. Da Art. 81 EG inhaltlich selbst nicht

---

Rn. 61 – Ducros; Rs. T-214/95, Slg. 1998, II-717, Rn. 89 – Vlaamse Gewest; Rs. T-176/01, Urteil vom 18. 11. 2004 (noch nicht in amtlicher Sammlung), Rn. 134 – Ferriere Nord.

[876] *Schwarze*, FS Rodríguez Iglesias, 147, 151 ff.

[877] EuGH, Rs. C-310/93 P, Slg. 1995, I-865, 904, Rn. 14 – BPB Industries; EuG, Rs. T-7/89, Slg. 1991, II-1711, Rn. 53 – SA Hercules („*Von Regeln, die sie sich auf diese Weise selbst gegeben hat, kann die Kommission nicht abweichen*") und die bestätigende Rechtsmittelentscheidung EuGH, Rs. C-51/92 P, Slg. 1999, 4325, Rn. 16, 115– SA Hercules; EuG, T-10/89, Slg. 1992, II-629, 655, Rn. 53 – Hoechst; Rs. T-119/02, Slg. 2003, II-1433, Rn. 242 – Royal Philipps: „... *nicht frei von verbindlichen Rechtswirkungen ist. Die Kommission ist nämlich durch ihre Mitteilungen im Bereich der Fusionskontrolle gebunden, soweit diese Mitteilungen nicht von den Vorschriften des Vertrages und der Verordnung Nr. 4064/89 abweichen*"; EuG, Rs. T-220/00, Slg. 2003, II-2473, Rn. 77 – Cheil Jedang Corp.

[878] *Schwarze*, Eur. Verwaltungsrecht, 2. Auflage, 1044.

[879] *Pampel*, S. 57.

[880] So auch *Schweda*, WuW 2004, 1133, 1137.

[881] *Sauter*, in: Dauses, Hdb. EU-WirtschR, H.I § 3, Rn. 46; *de Bronett*, VO 1/2003, Art. 7, Rn. 2; *Emmerich*, Kartellrecht, § 39, 1, S. 469; 3, S. 471.

[882] So geht die Kommission selbst davon aus, dass Art. 81 Abs. 3 EG auch weiter auf Einzelfälle an-

verändert wurde, gibt es keinen Grund, der Kommission zukünftig einen Beurteilungsspielraum zu versagen[883].

Pampel[884], demzufolge kein Ermessens- bzw. Beurteilungsspielraum mehr besteht, möchte aus der Notwendigkeit einer Konkretisierung von Art. 81, 82 EG eine faktische Bindung der Kommission an ihre Verwaltungspraxis ableiten und weiter von einer Selbstbindung sprechen[885]. Aus dem rein tatsächlichen Bedürfnis nach Konkretisierung lässt sich aber keine rechtliche Verbindlichkeit nicht primär- oder sekundärrechtlich vorgesehener Vorschriften ableiten. Es ist vielmehr von einem auch in Zukunft bestehenden Spielraum der Kommission bei der Anwendung der Wettbewerbsvorschriften und einer daraus folgenden Möglichkeit der Selbstbindung auszugehen.

2. Konkretisierung des Ermessens- und Beurteilungsspielraums durch Bekanntmachungen

In den Bekanntmachungen bringt die Kommission ihren Willen zum Ausdruck, in allen Fällen regelmäßig nach den dort niedergelegten Grundsätzen zu entscheiden. Die Kommission selbst sieht den Zweck etwa der Bekanntmachung zur Auslegung von Art. 81 Abs. 3 EG in der Erläuterung der von ihr vorgenommenen Auslegung dieser Ausnahmevorschrift sowie einer Anleitung, wie sie diese auf Einzelfälle anzuwenden gedenkt[886]. In der Einführung zu den Leitlinien zu Technologietransfer-Vereinbarungen äußert die Kommission, die Leitlinien sollten Orientierungshilfe bei der Anwendung von Gruppenfreistellungsverordnung und Art. 81 EG bieten[887]. Bezüglich der Auslegung des Begriffs der Beeinträchtigung des zwischenstaatlichen Handels soll Ziel der Leitlinien sein, eine Anleitung für dessen Anwendung in häufig wiederkehrenden Fällen zu bieten[888]. Eine besonders deutliche, an die Kommissionsdienststellen gerichtete Anweisung ist in der Bagatellbekanntmachung enthalten: Die Kommission werde in Fällen des Anwendungsbereiches der Bekanntmachung weder auf Antrag noch von Amts wegen ein Verfahren eröffnen und bei gutgläubigem Ausgehen vom Erfüllen der gestellten Anforderung auch keine Geldbuße verhängen[889].

Die Bekanntmachungen enthalten jeweils eine ausführliche Auslegung der jeweils behandelten Normen unter Nennung von Beispielen sowie zahlreiche Verweise auf die Rechtsprechung des Gerichtshofs.

---

zuwenden ist, vgl. die Bekanntmachung zu Art. 81 Abs. 3 EG, Rn. 4, 35, aaO, Fn. 364.

883 So auch die Kommission, Begründung VO- Entwurf 1/2003, KOM(2000)582 endg., S. 5; *Schweda*, WuW 2004, 1133, 1137. AA: *Weitbrecht*, EuZW 2003, 69, 70, mit dem Argument, eine einheitliche, gerichtliche Überprüfung sei erforderlich, da Art. 81 EG auch von allen nationalen Behörden und Gerichten einheitlich anzuwenden sei.

884 *Pampel*, S. 72 ff.

885 Im Falle der Annahme eines Beurteilungsspielraums der Kommission käme *Pampel*, S. 73, allerdings zu dem weiteren, überraschenden Schluss, dass die Leitlinien für alle Instanzen, die das europäische Wettbewerbsrecht anzuwenden hätten, denen aber kein eigener Beurteilungsspielraum zukäme, verbindlich wären.

886 Bekanntmachung zu Art. 81 Abs. 3 EG, Rn. 4, aaO, Fn. 364.

887 Bekanntmachung zu Technologietransfer-Vereinbarungen, Rn. 2, ABl. Nr. C 101 vom 27. 4. 2004, S. 2.

888 Bekanntmachung zur Auslegung der Zwischenstaatlichkeitsklausel, Rn. 3, aaO, Fn. 364.

889 Bagatellbekanntmachung, Rn. 4, aaO, Fn. 237.

Unabhängig von der Frage, ob sich die Mitteilungen damit als den deutschen Verwaltungsvorschriften vergleichbare Regeln einordnen lassen[890], bindet sich die Kommission durch Festlegung ihrer Verwaltungspraxis, das ihr zukommende Ermessen immer in einer bestimmten Weise auszuüben[891] bzw. die ihr eröffneten Beurteilungsspielräume unter Anlegung des gleichen Maßstabes auszufüllen. Entgegenstehende Verlautbarungen der Kommission verhindern dies nicht, sondern sind als *protestatio facto contraria* unerheblich[892].

Weicht die Kommission punktuell und ohne sachliche Begründung von den aufgestellten Leitlinien ab, ist diese Abweichung als Verletzung des Gleichheitssatzes angreifbar[893]. Eine generelle Änderung der Vorschriften soll hingegen jederzeit zulässig sein[894]. Deshalb hat der Einzelne auch kein Recht auf Aufrechterhaltung einer in der Vergangenheit für ihn günstigen Bekanntmachung[895].

3. Umfang der Bindung

Unterschiedlich wird weiter die Frage des Umfangs der Bindungswirkung beurteilt. Während die Kommission selbst[896], der Gerichtshof[897] und ein Teil des Schrifttums[898] davon ausgehen, dass sich der Grad der Bindungswirkung dadurch von dem der Verordnung unterscheidet, dass die Kommission in atypischen Fällen immer von den Grundsätzen der Mitteilung abweichen kann (sog. Sonderfallvorbehalt), meinen andere[899], die Kommission müsse die gesamte Mitteilung ändern, wenn sie einen Fall abweichend beurteilen wolle.

---

[890] So *Müller*, WRP 2004, 1472, 1477; *Weitbrecht*, EuZW 2003, 69, 72. Vor einer Einordnung als Verwaltungsvorschriften wegen dem deutschen Verständnis nicht entsprechenden Wirkungen warnt *Pampel*, S. 90 ff.

[891] *Kulka*, in: Frankfurter Kommentar, Fallgruppen II, I Art. 81 I, III, Rn. 21; *Bunte*, in: Langen/Bunte, Einführung zum EG-Kartellrecht, Rn. 25; *Meessen* in: Loewenheim/Meessen/Riesenkampff, Einführung, Rn. 59; *Schröter*, in: GS, Vorbem. zu den Art. 81 bis 85, Rn. 14; *Adam*, Mitteilungen, 120 f.; *Bauer/de Bronett*, Rn. 244 f.; *Schwarze*, FS Rodríguez Iglesias, 147, 151; *Pohlmann*, WuW 2005, 1005; *Schweda*, WuW 2004, 1133, 1139; *Pampel*, EuZW 2005, 11, 12; *Müller*, WRP 2004, 1472, 1477; *Geiger*, EuZW 2000, 325, 328. Für Bekanntmachungen im Bereich des Beihilfenrechts *Jestaedt/Schweda* in: Heidenhain, Hdb., § 14, Rn. 33.

[892] *Schweda*, WuW 2004, 1133, 1143.

[893] *Meessen* in: Loewenheim/Meessen/Riesenkampff, Einführung, Rn. 59; *Adam*, Mitteilungen, S. 120; *Schweda*, WuW 2004, 1133, 1139.

[894] EuGH, Rs. 100-103/80, Slg. 1983, 1825, Rn. 109 – Musique Diffustion Française (Pioneer); EuG, Rs. T-214/95, Slg. 1998, II-717, Rn. 89 – Vlaamse Gewest; Rs. T-220/00, Slg. 2003, II-2473, Rn. 35 – Cheil Jedang Corp.; GA Trabucchi, Rs. 47/75, Slg. 1976, 582, 589 – Deutschland / Kom; *Meessen* in: Loewenheim/Meessen/Riesenkampff, Einführung, Rn. 59; *Schwarze*, Eur. Verwaltungsrecht, 2. Auflage, 1047; Hellmann, WuW 2002, 944, 948. Für das Beihilfenrecht *Jestaedt/Schweda* in: Heidenhain, Hdb., § 14, Rn. 35.

[895] EuGH, Rs. C-69/89, Slg. 1991, I-2069, Rn. 118 f. – Nakajima (Antidumping).

[896] Flexible Anwendung, Würdigung je nach Sachverhaltslage, vgl. Bekanntmachung zu Art. 81 Abs. 3 EG, Rn. 6, aaO, Fn. 364.

[897] EuGH, Rs. 81/72, Slg. 1973, 575, Rn. 11 – Kom / Rat; Rs. 100-103/80, Slg. 1983, 1825, Rn. 109 – Musique Diffustion Française (Pioneer, Kartellverfahren).

[898] *Schwarze*, Eur. Verwaltungsrecht, 2. Auflage, 66; *Adam*, Mitteilungen, S. 121; *Groß*, DÖV 2004, 20, 23. Für das Beihilfenrecht *Jestaedt/Schweda* in: Heidenhain, Hdb., § 14, Rn. 34.

[899] *Pampel*, S. 61 f.

Letzterer Auffassung ist zu widersprechen: So wie der Gleichheitssatz gebietet, gleiches nicht willkürlich ungleich zu behandeln, erlauben sachliche Gründe auch bei der Selbstbindung, einen (dann auch ungleichen) Sachverhalt abweichend von den übrigen zu behandeln. Entsprechendes gilt im Hinblick auf den Vertrauensschutzgrundsatz. Der Sonderfallvorbehalt ist dem Grundsatz der Selbstbindung damit immanent.

4. Außenwirkung aufgrund der Bekanntmachung selbst?

Fraglich ist, ob die Selbstbindung der Kommission bereits eine für die Tauglichkeit als Klagegegenstand ausreichende verbindliche Außenwirkung bedeutet.

Leitet man die Selbstbindung aus der Verpflichtung der Verwaltung her, alle Bürger in gleicher Weise zu behandeln, ergibt sich die Bindungswirkung aus dem Gleichheitssatz in Verbindung mit einer gleichmäßigen Verwaltungspraxis, die streng genommen erst bei mehrmaligem Tätigwerden in bestimmter Weise vorliegt und feststellbar ist[900]. Eine Vorschrift, die eine Anleitung zum Tätigwerden für die nachgeordneten Dienststellen enthält, lässt aufgrund des hierarchischen Behördenaufbaus vermuten, dass die Verwaltungspraxis sich dieser Vorschrift entsprechend verhält[901]. Eine Bekanntmachung wäre demnach lediglich als Indiz für das Vorliegen der Verwaltungspraxis anzusehen[902] und würde somit auch keine eigene Bindungswirkung entfalten[903].

Schwierigkeiten ergeben sich bei dieser Sichtweise für die Erklärung der Bindungswirkung aufgrund Erlasses einer Verwaltungsvorschrift bereits in Bezug auf den ersten zu behandelnden Fall[904]. Hier wird im deutschen Recht teilweise die Konstruktion der „antizipierten Verwaltungspraxis"[905] bemüht, bei der ein Verstoß gegen den Gleichheitssatz in Bezug auf zukünftige Fälle angenommen wird[906]. Vorzugswürdig und weniger konstruiert erscheint allerdings eine Rechtfertigung aufgrund des Grundsatzes des Vertrauensschutzes. Dementsprechend meint *Schweda*[907] bezogen auf das europäische Rechtssystem, dass die Bekanntmachungen die Kommission bereits mit dem Zeitpunkt ihrer Veröffentlichung im Amtsblatt binden.

Eine aus den Grundsätzen der Selbstbindung der Verwaltung abgeleitete Bindungswirkung folgt also nur mittelbar aus der Bekanntmachung selbst, sie findet ihren

---

900 In dieser Weise scheint sich die Kommission auch selbst an ihre Verwaltungspraxis gebunden zu fühlen. Vgl. die Entscheidung der Kommission, ABl. Nr. L 60 vom 7. 3. 1991, S. 19, Rn. 17 – SIPPA: „*Die Kommission hat mehrfach erklärt ..., daß sie bei Ausstellungen und Messen in der Weise vorgeht, daß sie Vereinbarungen und Absprachen zulässt, die zu einer Rationalisierung und Kosteneinsparung führen und gleichzeitig dem Verbraucher Vorteile bringen, die die Wettbewerbsbeschränkungen objektiv ausgleichen*".

901 *Klösters*, S. 144. In Bezug auf das deutsche Recht *Maurer*, § 24, Rn. 21; *Sauerland*, Verwaltungsvorschrift, S. 193.

902 EuGH, Rs. 148/73, Slg. 1974, 81, Rn. 11/18 – Louwage: „*Hinweis auf die zu befolgende Verwaltungspraxis*". EuG, Rs. T-56/89, Slg. 1990, II-597, Rn. 43 – Bataille. In Bezug auf das deutsche Recht *Sauerland*, Verwaltungsvorschrift, S. 193.

903 So auch *Klösters*, S. 144.

904 Hierzu im Hinblick auf das deutsche Recht *Sauerland*, Verwaltungsvorschrift, S. 195 ff.

905 BVerwG, DÖV 1971, 748; BVerwG, DVBl. 1982, 195, 197; BVerwGE 52, 193, 199.

906 Für das deutsche Recht *Maurer*, § 24, Rn. 22.

907 *Schweda*, WuW 2004, 1133, 1139.

Grund vielmehr in der tatsächlichen Verwaltungspraxis der Behörde in Verbindung mit dem Gleichheitssatz bzw. dem Vertrauensschutzgrundsatz.

Soweit eine ausreichende rechtliche Verbindlichkeit der Bekanntmachungen aufgrund der Vorschriften der Selbstbindung dennoch anerkannt wird[908], soll der oben bereits erläuterte Sonderfallvorbehalt der hinreichenden Bestimmtheit und abschließenden Bindung entgegenstehen. Aufgrund der Möglichkeit der Verwaltung, in besonderen Fällen von den selbst gesetzten Vorschriften abzuweichen, könnten diese nur als vorläufige Akte angesehen werden[909]. Für eine Anfechtbarkeit, und zwar sowohl durch nicht privilegierte als auch privilegierte Kläger, sei dies nicht ausreichend.

Auch unter Außerachtlassung des Sonderfallvorbehalts lassen sich die Bekanntmachungen als Zwischenmaßnahmen, die eine künftige Einzelfallentscheidung vorbereiten sollen, qualifizieren. Indem sie die spätere Ermessensentscheidung lediglich vorbereiten, kommen sie als Klagegegenstand schon aufgrund ihrer fehlenden Endgültigkeit nicht in Betracht[910].

5. Ergebnis zu VI.

Aus den Grundsätzen der Selbstbindung lässt sich keine verbindliche Außenwirkung von Bekanntmachungen ableiten.

VII. Originäres Administrativrecht

Eine unmittelbare rechtliche Außenwirkung der Bekanntmachungen könnte sich auch über die Rechtsfigur des originären Administrativrechts erklären lassen[911]. Die Bindungswirkung folgt dann nicht mehr aus Gleichheitssatz oder Vertrauensgrundsatz, sondern direkt aus der Verwaltungsvorschrift als originärem Rechtssetzungsakt der Verwaltung[912]. Als Bezeichnung wird der Begriff des „Tertiärrechts" vorgeschlagen[913]. Die Veröffentlichung der Bekanntmachungen in Teil C des Amtsblatts[914] kann jedenfalls als Indiz dafür angesehen werden, dass die Kommission eine solche Außenwirkung intendiert[915]. Vor dem Hintergrund der starken Rolle, die Bekanntma-

---

[908] *Jestaedt/Schweda* in: Heidenhain, Hdb., § 14, Rn. 42.

[909] *Jestaedt/Schweda* in: Heidenhain, Hdb., § 14, Rn. 43.

[910] So *Gundel*, EuR 1998, 90, 95. Für das Beihilfenrecht *Jestaedt/Schweda* in: Heidenhain, Hdb., § 14, Rn. 37.

[911] *Klösters*, S. 115, 118. Damit setzt er sich in Widerspruch zu seiner Aussage auf S. 28, die Gemeinschaft dürfe sich nur der in Art. 249 EG aufgeführten Rechtshandlungsformen bedienen.

[912] Mit diesem Modell ließe sich die Rechtsprechung des Gerichtshofs begründen, nach der etwa eine rechtlich der Bekanntmachung gleichkommende „Beihilfedisziplin" als zwingendes Recht anerkannt wird: EuGH, Rs. C-313/90, Slg. 1993, I-1125, 1186, Rn. 35 f., deutlich Leitsatz 4 – CIRFS.

[913] So *Groß*, DÖV 2004, 20, 24. Den Begriff verwendet auch *Jestaedt/Schweda* in: Heidenhain, Hdb., § 14, Rn. 36; *Schweda*, WuW 2004, 1133, 1143. *Groß*, DÖV 2004, 20, 24 f., spricht sich zugleich gegen die Annahme verbindlicher Rechtswirkungen durch Tertiärrecht aus.

[914] Das C leitet sich vom lateinischen „communicatio" ab und steht im Gegensatz zum Teil L – „legislatio". Hier werden Informationen, Vorarbeiten zu Gesetzgebungsakten und Mitteilungen veröffentlicht.

[915] GA Tesauro, Rs. C-366/88, Slg. 1990, I-3571, Rn. 22 – Frankreich / Kom. Bezüglich der Bekanntmachungen besteht nämlich keine Veröffentlichungspflicht, vgl. *Groß*, DÖV 2004, 20, 21. Ist gibt jedoch auch den Bekanntmachungen inhaltlich vergleichbare Druckerzeugnisse der Kommission, die ebenfalls eine Auslegung des Gemeinschaftsrechts zur besseren Verständlichkeit für Unterneh-

chungen heute spielen[916], erscheint eine solche verbindliche Rechtswirkung zumindest auf den ersten Blick auch aus Gründen des Rechtsschutzes angemessen.

Jedoch besteht die Gefahr, nicht konkret primär- oder sekundärrechtlich vorgesehenen und keinen bestimmten formellen Regelungen unterworfenen Akten Rechtswirkungen zukommen zu lassen. Allein die Tatsache einer starken faktischen Wirkung und eines Willens der Verwaltung, Verbindlichkeit zu erzeugen, kann eine solche nicht begründen. Auch erfordert der Rechtsschutz eine solche Verbindlichkeit nicht, da die Bekanntmachungen stets Grundlage für weitere konkrete Maßnahmen sind, gegen die der Kläger vorgehen kann. Es bietet sich dann eine inzidente Überprüfung der Vorschriften an. Dies entspricht dem lediglich vorbereitenden Charakter der Bekanntmachungen.

Zweifelhaft ist außerdem, dass der Verwaltung überhaupt eine Kompetenz zur originären Rechtssetzung zusteht[917]. Aus dem Prinzip der begrenzten Ermächtigung folgt, dass zum Erlass rechtlich verbindlicher Regelungen mit Außenwirkung stets eine Ermächtigungsgrundlage erforderlich ist[918]. Während diesbezüglich weitgehend Einigkeit besteht, sind die Anforderungen, die an eine solche Ermächtigungsgrundlage zu stellen sind, umstritten.

Eine Auffassung erachtet Art. 249 EG als abschließend für rechtlich bindende Akte mit der Konsequenz, dass andere Handlungsformen, soweit sie Verbindlichkeit beanspruchen, unzulässig sind[919]. Den Gemeinschaftsorganen sei die Regelung der Rechtsbeziehungen zwischen Union und Unionsbürgern nur unter Rückgriff auf die Handlungsformen des Art. 249 EG möglich, da der Grundsatz der Rechtssicherheit die Kenntnis des Adressaten einer Maßnahme darüber gebiete, welche Art von Rechtshandlung vorliege, welche Verpflichtungen sich für ihn daraus ergeben und wie er dagegen vorgehen könne[920]. Überzeugender ist hingegen die Ansicht, die eine primär- oder sekundärrechtliche Grundlage unabhängig von der zu ergreifenden Form der Handlung als Rechtsgrundlage für verbindliches Handeln der Gemeinschaftsorgane ausreichen lässt. Zunächst ist Art. 249 EG auch für unverbindliche Akte nicht abschließend, wie sich bereits aus Regelungen des Primärrechts, die andere Handlungsformen vorsehen, ableiten lässt. Dem lässt sich erwidern, dass sich für solch unver-

---

men, Anwälte und Privatpersonen anstreben, aber nicht im Amtsblatt veröffentlicht sind. Siehe beispielsweise die Broschüre „Wettbewerbspolitik in Europa – Wettbewerbsregeln für Liefer- und Vertriebsvereinbarungen“ der EG, Luxemburg 2002.

[916] Siehe etwa *Snyder*, MLRev. 1993, 19, 33, der die Vorteile der Bekanntmachung aus Sicht der Kommission aufzählt: „*They are under the control of the Commission, thus in effect bypassing the Council. They are also proactive rather than reactive, enabling the Commission, without waiting for the Council or the Court of Justice, to present its interpretation and stake out its position concerning entire economic sectors.*"

[917] Für das deutsche Recht bezweifelnd *Maurer*, § 24, Rn. 25a. *Sauerland*, Verwaltungsvorschrift, S. 275 ff., geht entgegen der herrschenden Meinung im deutschen Recht von einer originären Rechtssetzungsfunktion der Verwaltung aus.

[918] *Adam*, Mitteilungen, S. 90; *Groß*, DÖV 2004, 20, 24. S. auch schon oben C, S. 137. *Adam*, Mitteilungen, S. 92 f., fordert eine solche Rechtsgrundlage darüber hinaus auch für unverbindliche Mitteilungen im Außenverhältnis.

[919] *Nettesheim*, in: Grabitz/Hilf, Art. 249, Rn. 75; *Klösters*, S. 28. AA *Groß*, DÖV 2004, 20, 23.

[920] *Nettesheim*, in: Grabitz/Hilf, Art. 249, Rn. 75.

bindliche Maßnahmen das bereits benannte Problem der Kenntnis des möglichen Rechtsschutzes nicht stellt. Wie jedoch bereits festgestellt wurde[921], ist der gemeinschaftliche Rechtsschutz nicht von dem Vorliegen einer der in Art. 249 EG bezeichneten Handlungsformen abhängig. Das Wissen des Adressaten, ob eine solche Maßnahme vorliegt, enthält jedenfalls im Falle des Nichtvorliegens von Verordnung, Richtlinie oder Entscheidung keine weiterführende Information in Bezug auf den zu ergreifenden Rechtsschutz. Ist wie gefordert eine Rechtsgrundlage im Primär- oder Sekundärrecht enthalten, kann der Unionsbürger auch daraus Informationen über Eigenschaften einer Maßnahme ableiten[922].

Eine originäre, ungeschriebene Rechtssetzungskompetenz soll der Verwaltung in ihrem Funktionsbereich zukommen. Diese Kompetenz, auch Organisationsgewalt genannt, die interne Regelungen über Aufbau und Organisation von Verwaltungsstellen, das Ausschusswesen, die dienstliche Tätigkeit sowie die Auslegung von Sekundärrecht in den Bereichen umfasst, in der der Gemeinschaft die Verwaltungskompetenzen zustehen[923], lässt sich aber nur für interne Regelungen heranziehen[924].

Art. 211 UA 1 i. V. m. UA 3 EG könnte als Rechtsgrundlage für den Erlass rechtsverbindlicher Maßnahmen durch die Kommission herangezogen werden[925]. Die Kommission ist als „Hüterin der Verträge" nicht auf eine nachträgliche Kontrolle durch Einleitung eines Vertragsverletzungsverfahrens beschränkt, sondern kann bereits präventiv Maßnahmen verwaltungsgerichtlicher Art ergreifen, die die einheitliche und effektive Anwendung des Gemeinschaftsrechts gewährleisten[926]. Hingegen folgt aus der Feststellung, dass die Überwachungsaufgabe der Kommission sich nicht in der Verfolgung von Vertragsverletzungen erschöpfen kann[927], noch keine Befugnis zum Erlass von Rechtsakten. Diese bedürfen vielmehr einer konkreten Rechtsgrundlage. Im Übrigen halten Primär- und Sekundärrecht eine Vielzahl von konkreten Kontrollbefugnissen der Kommission bereit – bestes Beispiel stellen schon die Befugnisse im Bereich des Kartellrechts dar. Diese Ermächtigungsgrundlage wäre außerdem nicht hinreichend konkret, um auch verbindlich Rechtsbeziehungen zu Mitgliedstaaten oder Unionsbürgern zu regeln[928].

Eine generelle Ermächtigungsgrundlage für verbindliche Bekanntmachungen im Außenverhältnis gibt es somit nicht[929].

---

921 S.o., Abschnitt 1, H, S. 114.

922 Verbindliche Vorgaben der Kommission an die Mitgliedstaaten sind nur möglich, wenn in Vertrag oder Sekundärrecht eine dahingehende Ermächtigungsvorschrift enthalten ist, EuGH, Rs. 229/86, Slg. 1987, 3757, 3763 – Brother Industries; *Pampel*, EuZW 2005, 11, 12.

923 *Adam*, Mitteilungen, S. 87 f.

924 *Klösters*, S. 44; *Groß*, DÖV 2004, 20, 23.

925 Befürwortend *Klösters*, S. 98; ablehnend *Groß*, DÖV 2004, 20, 23.

926 *Klösters*, S. 94, 98.

927 *Klösters*, S. 96.

928 *Groß*, DÖV 2004, 20, 23.

929 Siehe *Adam*, Mitteilungen, S. 107, die eine Kompetenz der Kommission zum Erlass unverbindlicher Bekanntmachungen im Außenverhältnis aus Art. 211 UA 1 i. V. m. dem implied-powers-Grundsatz herleitet. Für das Beihilfenaufsichtsrecht stellt Art. 88 Abs. 1 EG eine primärrechtliche Ausnahme dar. Außerdem gibt es in neuerer Zeit vielfach Rechtsgrundlagen zum Erlass solcher Durchführungsvorschriften, vgl. *Groß*, DÖV 2004, 20, 23. Als Beispiel einer Rechtsgrundlage für

Als spezifische, geschriebene Rechtsgrundlage für Bekanntmachungen im Bereich des Kartellrechts ließe sich Art. 33 Abs. 2 VO Nr. 1/2003 heranziehen[930], wobei fraglich ist, ob unter *„alle[n] sachdienlichen Vorschriften“* auch Bekanntmachungen zu verstehen sind. Zudem sieht Abs. 2 der Vorschrift ein spezielles Verfahren vor Erlass einer solchen Maßnahme vor: die Anhörung des Beratenden Ausschusses für Kartell- und Monopolfragen sowie die Veröffentlichung des Entwurfs unter Aufforderung der Beteiligten zur Stellungnahme. Meist lässt sich den Bekanntmachungen das Verfahren, in dem sie ergangen sind, nicht entnehmen, vielmehr herrscht Intransparenz[931]. Im Kartellrecht werden Entwürfe der Bekanntmachungen jedoch häufig unter Aufforderung interessierter Dritter, Stellung zu nehmen, im Amtsblatt C veröffentlicht[932], bevor sie einseitig von der Kommission erlassen werden[933].

Sofern Art. 33 der Verordnung eine mögliche Rechtsgrundlage für Bekanntmachungen darstellt, kann er als solche aber nur für die nach Inkrafttreten der Verordnung am 1. Mai 2004 ergangenen Bekanntmachungen herangezogen werden. Die zuletzt ergangenen Bekanntmachungen der Kommission, nämlich die des Modernisierungspaketes, wurden alle am 27. 4. 2004 im Amtsblatt der EG veröffentlicht. Fehlen hier nur wenige Tage zum Inkrafttreten der Verordnung Nr. 1/2003, so ist aber festzustellen, dass das Erlassverfahren schon längere Zeit in Anspruch nahm – eine „Einladung zur Stellungnahme“ wurde bereits am 10. 10. 2003 im Amtsblatt veröffentlicht. Art. 33 VO Nr. 1/2003 kann daher nicht als Rechtsgrundlage für die bestehenden Kommissionsbekanntmachungen im Wettbewerbsrecht dienen.

Die fehlende Ermächtigungsgrundlage spricht entscheidend gegen die Annahme einer originären Rechtssetzung durch die Kommission[934].

VIII. Grundsatz der Gemeinschaftstreue aus Art. 10 EG

Eine Bindungswirkung von Bekanntmachungen wird gegenüber nationalen Behörden und Gerichten auch auf Grund des in Art. 10 EG niedergelegten Grundsatzes der Gemeinschaftstreue diskutiert. Sollten nationale Stellen rechtlich an Bekanntmachungen der Kommission gebunden sein, könnte sich daraus auch eine Außenwirkung gegenüber den Wettbewerbsteilnehmern ergeben. Zunächst ist daher zu klären, ob nationale Behörden und Gerichte in ihren Entscheidungen von den Bekanntmachungen der Kommission abweichen dürfen oder ob sie eine eigenständige Ermessensentscheidung treffen bzw. den Beurteilungsspielraum ausfüllen können. Eine Bindung würde den

---

Leitlinien siehe Art. 8 Abs.1 Verordnung (EG) Nr. 1228/2003 des Europäischen Parlaments und Rates vom 26. Juni 2003 über die Netzzugangsbedingungen für den grenzüberschreitenden Stromhandel, ABl. Nr. L 176 vom 15. 7. 2003, S. 1.

[930] So *Groß*, DÖV 2004, 20, 21.

[931] *Adam*, Mitteilungen, S. 73.

[932] Siehe für die sechs Bekanntmachungen des Modernisierungspaketes die „Einladung zur Abgabe von Stellungnahmen“, ABl. Nr. C 243 vom 10. 10. 2003, S. 10.

[933] *Adam*, Mitteilungen, S. 76.

[934] Ferner lassen sich laut *Maurer*, § 24, Rn. 26, im deutschen Recht den Vertretern dieser Ansicht verschiedene Inkonsequenzen vorwerfen: so wendeten sie dennoch im Konfliktfall die Verwaltungspraxis anstelle der Verwaltungsvorschrift an und gehen von einem Sonderfallvorbehalt aus, der sich aus dem Gleichheitsgrundsatz heraus erklärt.

nationalen Behörden die Rolle von der Kommission in einer strengen Hierarchie nachgeordneten Stellen zukommen lassen. Sollte etwa ein nationales Gericht die durch die Kommission vorgeschriebene Auslegung zwar für rechtmäßig, nicht aber zweckmäßig halten, bliebe ihm noch nicht einmal die Möglichkeit eines Vorlageverfahrens zum Europäischen Gerichtshof[935]. In dieser Konstellation wird der für den einzelnen Marktteilnehmer wichtigste Fall der Anfechtung von Bekanntmachungen deutlich.

Überwiegend wird die Bindungswirkung von Mitteilungen gegenüber mitgliedstaatlichen Stellen abgelehnt[936]. So erklärt die Kommission selbst in den Bekanntmachungen: „*unberührt bleiben auch mögliche Auslegungen des Gerichts erster Instanz und des Gerichtshofs*“[937] oder: „*Sie sollen auch den Gerichten und Behörden der Mitgliedstaaten Anleitung bei der Anwendung von Artikel 81 Absätze 1 und 3 EG-Vertrag geben, binden diese aber nicht.*“[938]. In der Bekanntmachung über die Zusammenarbeit innerhalb des Netzes der Wettbewerbsbehörden fordert die Kommission die einzelstaatlichen Wettbewerbsbehörden sogar auf, eine im Anhang abgedruckte Erklärung abzugeben, in der sich die Behörde bereit erklärt, nach den Grundsätzen der Kommissionsbekanntmachung zu verfahren[939]. Auch das Bundeswirtschaftsministeriums führt aus, dass sich die „*Auslegung der gesetzlichen Regelungen des europäischen Wettbewerbsrechts nach den gleichen Maßstäben richtet, wie sie im europäischen Wettbewerbsrecht durch ... die Beschlusspraxis der Kommission einschließlich Mitteilungen und Bekanntmachungen verbindlich sind. § 23 schreibt dabei* ***keine unmittelbare normative Bindung*** *an die Entscheidungspraxis der europäischen Institutionen vor.*“[940].

Teilweise wird dennoch von einer rechtlichen Bindung nationaler Behörden und Gerichte durch Bekanntmachungen ausgegangen[941]. Als „Handlungen der Organe der

---

935 Der Gerichtshof entscheidet über die „*Gültigkeit... der Handlungen der Organe der Gemeinschaft*“, nicht über deren Zweckmäßigkeit.

936 *Rehbinder*, in: Immenga/Mestmäcker, WbR, Bd. I, Einleitung, F, Rn. 31 („*eine Art Negativattest für Gruppen von Vereinbarungen*“, in Bezug auf die Rechtslage vor der Reform); *Bunte*, in: Langen/Bunte, Einführung zum EG-Kartellrecht, Rn. 25; *Bornkamm*, Neuere Entwicklungen, S. 47, 48; *Schöler*, Die Reform, S. 127; *Pohlmann*, WuW 2005, 1005 ff.; *Pampel*, EuZW 2005, 11, 12; *Müller*, WRP 2004, 1472, 1473, 1477; *Geiger*, EuZW 2000, 325; *Snyder*, MLRev. 1993, 19, 33.

937 Leitlinien zur Anwendbarkeit von Artikel 81 EG-Vertrag auf Vereinbarungen über horizontale Zusammenarbeit (Horizontalleitlinien), ABl. Nr. C 3 vom 6. 1. 2001, S. 2, Rn. 16. Ähnlich Leitlinien für vertikale Beschränkungen (Vertikalleitlinien), ABl. Nr. C 291 vom 13. 10. 2000, S. 1, Rn. 4.

938 Bekanntmachung zu Art. 81 Abs. 3 EG, Rn. 4, aaO, Fn. 364; entsprechend auch: Bekanntmachung der Kommission über Vereinbarungen von geringer Bedeutung, die den Wettbewerb gemäß Artikel 81 Absatz 1 des Vertrags zur Gründung der Europäischen Gemeinschaft nicht spürbar beschränken (*de minimis*), Rn. 4, aaO, Fn. 237; Bekanntmachung zur Zusammenarbeit zwischen der Kommission und den Gerichten, Rn. 8, aaO, Fn. 19: Bekanntmachungen stellen „*gewisse Orientierungshilfen*“ dar.

939 Rn. 72 sowie Anhang der Bekanntmachung über die Zusammenarbeit innerhalb des Netzes der Wettbewerbsbehörden, aaO, Fn. 183.

940 Begründung zum Regierungsentwurf der 7. GWB-Novelle vom 26. 5. 2004, S. 19 (Hervorhebung im Original).

941 *Schweda*, WuW 2004, 1133, 1135, 1143, der allerdings auch den nationalen Stellen einen Sonderfallvorbehalt für atypische Fälle zugestehen will. Ohne weitere Begründung auch *Weitbrecht* EuZW 2003, 69, 72; *Geiger*, EuZW 2000, 325.

Gemeinschaft" im Sinne von Art. 10 EG seien die Bekanntmachungen nach dem dort verankerten Grundsatz der Gemeinschaftstreue auch gegenüber nationalen Behörden und Gerichten verbindlich[942]. Einige Autoren formulieren etwas vorsichtiger, nationale Gerichte und Behörden müssten die Leitlinien „akzeptieren" bzw. aufgrund von Art. 10 EG einen Widerspruch zu Akten der Gemeinschaftsorgane vermeiden[943]. Dies sei im Interesse der Rechtssicherheit und Einheitlichkeit der Wettbewerbsordnung erforderlich[944].

Zwar bestehe kein Rechtsanwendungsbefehl aus Art. 16 VO Nr. 1/2003, der die einheitliche Anwendung des Wettbewerbsrechts durch Kommission und nationale Behörden sicherstellen soll, da dieser lediglich widersprüchliche Entscheidungen in derselben Sache verhindern wolle[945]. Aber aus Art. 10 EG sei eine Pflicht der Mitgliedstaaten abzuleiten, die einheitliche Geltung und Anwendung des Gemeinschaftsrechts in den Mitgliedstaaten zu sichern[946]. Eine einheitliche Anwendung sei nur dann gewährleistet, wenn auch die mitgliedstaatlichen Behörden gebunden wären[947]. Zwar könne die Kommission ein Verfahren nach Art. 11 Abs. 6 VO Nr. 1/2003 auch an sich ziehen, um die eigenen Verwaltungsmaßstäbe zu Grunde zu legen, eine solche Dauerüberwachung könne aber nicht gewollt sein[948]. Schließlich ergebe sich auch ein Widerspruch im Hinblick auf Art. 16 VO Nr. 1/2003, wenn zwar Entscheidungen der Kommission in Einzelfällen Vorrang genössen, eine generelle Auslegung des Kartellrechts hingegen unberücksichtigt bleiben könne[949].

Dieses Argument überzeugt nicht. Im Hinblick auf einen Einzelfall ist das Bedürfnis nach widerspruchsfreien Entscheidungen der beiden Verwaltungsebenen ungleich höher als bei generellen Leitlinien. Außerdem stellt Art. 16 eindeutig nur auf solche Entscheidungen ab und bildet zusammen mit anderen Vorschriften der Kartellverfahrensverordnung über Rechte zur Stellungnahme oder Pflichten zur Kenntnisnahme bereits eine Konkretisierung der Loyalitätspflicht der Mitgliedstaaten im Kartellrecht. Art. 10 EG soll im Fall einer solchen sekundärrechtlichen Konkretisierung als subsidiär zurücktreten[950]. Ihm kommt die Funktion einer ergänzenden Vorschrift, nicht aber eines Auffangtatbestandes zu[951]. Eine Ausnahme besteht, wenn die konkretisierende sekundärrechtliche Norm unvollständig ist, was bei der Verordnung Nr. 1/2003 aber nicht der Fall ist[952].

---

942 *Schweda*, WuW 2004, 1133, 1135, 1143.
943 Bahr/Loest, EWS 2002, 263, 271.
944 Bahr/Loest, EWS 2002, 263, 271.
945 *Schweda*, WuW 2004, 1133, 1140. So auch *Pohlmann*, WuW 2005, 1005, 1006.
946 *Pampel*, S. 96.
947 *Schweda*, WuW 2004, 1133, 1141. Im Ansatz ebenso *Schröter*, in: GS, Vorbem. zu den Art. 81 bis 85, Rn. 15; *Schröter*, in: Schröter/Jakob/Mederer, Vorbem. zu den Art. 81 bis 85, Rn. 15.
948 *Schweda*, WuW 2004, 1133, 1141.
949 *Schweda*, WuW 2004, 1133, 1141.
950 *Kahl*, in: Calliess/Ruffert, Art. 10, Rn. 20; *Streinz*, in: Streinz, Art. 10 EG, Rn. 12; *Zuleeg*, in: GS, Art. 10 EG, Rn. 4; *Pohlmann*, WuW 2005, 1005, 1006.
951 EuG, Rs. T-116/89, Slg. 1990, II-843, 865, Rn. 79 – Prodifarma; GA Tesauro, Rs. C-303/90, Slg. 1991, I-5315, 5337, Rn. 21 – Frankreich / Kom; *Pampel*, S. 98 f.; *Pampel*, EuZW 2005, 11, 12; *della Cananea*, Guidelines, 61, 69 (kein „catch-all article").
952 Dazu ausführlich *Pohlmann*, WuW 2005, 1005, 1006 f.

Außerdem war im Entstehungsprozess der VO Nr. 1/2003 eine Generalermächtigung der Kommission zum Erlass von Gruppenfreistellungsverordnungen in Rede, die der Rat der Kommission aber letztlich versagt hat[953]. Würde man nun Bekanntmachungen über die Loyalitätspflicht aus Art. 10 EG eine verbindliche Wirkung für die Mitgliedstaaten beimessen, könnte die Kommission auf diese Weise die Wirkung einer Gruppenfreistellungsverordnung herbeiführen, womit das Handlungsformengefüge des Art. 249 EG umgangen und die Entscheidung des Rates konterkariert werden würde[954]. Obwohl also eine Bindungswirkung vielfach als wünschenswert angesehen wird[955], wird sie doch in der Mehrheit richtigerweise abgelehnt[956].

Jedoch ist eine faktische Bindung von Bekanntmachungen und anderen atypischen Akten der Gemeinschaftsorgane anzuerkennen[957]. In Behördenpraxis sowie Literatur entsteht eine starke faktische Wirkung aufgrund der Orientierung an den Bekanntmachungen, die wie selbstverständlich zur Interpretation der Art. 81 und 82 EG herangezogen werden[958]. Auch sei trotz der fehlenden unmittelbaren rechtlichen Verbindlichkeit nicht zu erwarten, dass sich die nationalen Stellen über die aus Art. 10 Abs. 2 EG ergebende Verpflichtung für die Mitgliedstaaten vor dem Hintergrund eines drohenden Vertragsverletzungsverfahrens gegen den Heimatstaat tatsächlich hinwegsetzten[959]. Die rein faktische Wirkung eines Aktes ist aber für die Tauglichkeit als Klagegegenstand nicht ausreichend.

IX. Ergebnis zu D.

Es muss unterschieden werden, ob die Bekanntmachung über das geltende Gemeinschaftsrecht hinausgehende, neue Verpflichtungen und Rechte schafft, ob der Kommission ein Ermessens- oder Beurteilungsspielraum zukommt oder ob es sich um eine Wiedergabe der Rechtsprechung des Gerichtshofs oder eine bloße Darstellung der Rechtsauffassung der Kommission handelt.

Soweit die Kommission lediglich ihre Rechtsauffassung mitteilt, ist die Bekanntmachung rechtlich unbeachtlich und damit auch nicht anfechtbar. Auch wenn sie die Rechtsprechung des Gerichtshofes wiedergibt, ergeben sich die in der Bekanntmachung benannten Rechtsfolgen allein aus dem durch den Gerichtshof ausgelegten Ge-

---

[953] *Mestmäcker/Schweitzer*, § 19, Rn. 11; *Hossenfelder/Lutz*, WuW 2003, 118, 128; Art. 28 VO-Vorschlag vom 27. 9. 2000.

[954] *Pampel*, S. 99; *Pampel*, EuZW 2005, 11, 13; *Pohlmann*, WuW 2005, 1005, 1008.

[955] *Geiger*, EuZW 2000, 325, 328. *Pampel*, EuZW 2005, 11, 13, schlägt vor, dass der Rat die Kommission zum Erlass verbindlich wirkender Mitteilungen ermächtigen sollte, um eine einheitliche Rechtsanwendung zu gewährleisten.

[956] *Klösters*, S. 125; *Pampel*, S. 104, 113; *Pohlmann*, WuW 2005, 1005 ff.; aA, jedoch in Bezug auf Protokollerklärungen *Karl*, JZ 1991, 593, 595 ff.

[957] *Bornkamm*, Neuere Entwicklungen, S. 47, 48; *Polley/Seeliger*, WRP 2001, 494, 506; *Pohlmann*, WuW 2005, 1005, 1008 f.; *Geiger*, EuZW 2000, 325. *Pampel*, EuZW 2005, 11, 13, fragt, ob die Kommission aufgrund des Widerspruchs zwischen faktischer Bindungswirkung und rechtlicher Unverbindlichkeit nicht durch Erlass von Mitteilungen ihre Kompetenzen überschreitet.

[958] *Adam*, Mitteilungen, S. 41; *Pampel*, S. 113; *Bechtold*, EWS 2001, 49, 53 f.; *della Cananea*, Guidelines, S. 68.

[959] *Geiger*, EuZW 2000, 325; *Geiger*, EuZW 2000, 165, 169. Nach dieser Aussage müsste Geiger allerdings eine rechtsverbindliche Wirkung über Art. 10 EG gerade befürworten.

meinschaftsrecht. Konkretisiert die Kommission einen ihr zukommenden Ermessens- bzw. Beurteilungsspielraum in zulässiger Weise, kann sich daraus eine Selbstbindung der Kommission und damit auch Ansprüche natürlicher oder juristischer Personen auf ein dieser Bindungswirkung entsprechendes Handeln ergeben, der Anspruch beruht aber nicht auf der Bekanntmachung, sondern der von dieser lediglich indizierten Verwaltungspraxis in Verbindung mit dem Gleichbehandlungs- und Vertrauensschutzgrundsatz. Schließlich sind Bekanntmachungen der Kommission dann als taugliche Klagegegenstände einer Nichtigkeitsklage anzusehen, wenn sie über das Gemeinschaftsrecht hinausgehende Verpflichtungen beinhalten.

E. Angreifbarkeit von Empfehlung und Stellungnahme i. S. v. Art. 249 Abs. 5 EG

Die Kommission kann gem. Art. 211 2. Spiegelstrich EG auf den im Vertrag bezeichneten Gebieten Empfehlungen und Stellungnahmen erlassen, *„soweit sie es für notwendig erachtet"*. Solche Akte ergehen im Wettbewerbsrecht eher selten und richten sich außerdem meist an die Mitgliedstaaten[960]. Rein theoretisch ist die Kommission aber in der Lage, auf Grundlage von Art. 211 EG gegenüber Unternehmen bestimmte Empfehlungen zu deren Verhalten im Wettbewerb auszusprechen. Fraglich ist, ob diese Akte justiziabel sind.

Gem. Art. 249 Abs. 5 EG sind Empfehlungen und Stellungnahmen nicht verbindlich[961]. Der rechtlichen Unverbindlichkeit entspricht es, dass die Kommission zu deren Erlass keiner spezifischen Ermächtigung bedarf[962]. Soweit besteht Einigkeit.

Gänzlich unerheblich sollen diese Äußerungen der Kommission hingegen auch nicht sein. So sind sie von den Mitgliedstaaten aufgrund des Grundsatzes der Gemeinschaftstreue zumindest zu berücksichtigen[963]. Außerdem können sie bei Mitgliedstaaten sowie natürlichen und juristischen Personen schutzwürdiges Vertrauen erzeugen[964]. Handelt es sich bei dem fraglichen Akt um eine Empfehlung, ist dieses stärker, da die Empfehlung eine Handlungsvorgabe für den Adressaten beinhaltet, während es sich bei der Stellungnahme um eine bloße Meinungsäußerung handelt[965]. Aus dem Ansatz des schutzwürdigen Vertrauens wird sogar eine mögliche Selbstbindung diskutiert, die sich auf die Beibehaltung der Position seitens der Kommission bei gleich bleibender Sach- und Rechtslage erstrecken könnte[966]. *Morand*[967] erklärt die Rechtswirkung von Empfehlungen über die aufgrund der mangelnden Entschlussfreiheit des

---

960 *Nettesheim*, in: Grabitz/Hilf, Art. 249, Rn. 212; Beutlier/Bieber/Pipkorn/Streil, 4. Auflage, S. 199.

961 Beutler/Bieber/Pipkorn/Streil, 4. Auflage, S. 199; *Bleckmann*, Europarecht, Rn. 465; *Crones*, Selbstbindungen, S. 153; *von Bogdandy/Bast/Arndt*, ZaöRV 2002, 77, 116, 118.

962 *Breier*, in: Lenz/Borchardt, Art. 211, Rn. 6.

963 EuGH, Rs. C-322/88, Slg. 1989, 4407, 4421, Rn. 18 – Grimaldi (empfehlungskonforme Auslegung); *Nettesheim*, in: Grabitz/Hilf, Art. 249, Rn. 214; *Hetmeier*, in: Lenz/Borchardt, Art. 249, Rn. 21; *von Bogdandy/Bast/Arndt*, ZaöRV 2002, 77, 116.

964 EuGH, Rs. 63 u. 147/84, Slg. 1985, 2857, 2881, Rn. 21 – Finsider; Beutler/Bieber/Pipkorn/Streil, 4. Auflage, S. 199; *Bleckmann*, Europarecht, Rn. 466; *Crones*, Selbstbindungen, S. 154. Nach Ansicht von *Bleckmann*, Europarecht, Rn. 466, sollen jedenfalls Schadensersatzansprüche denkbar sein.

965 *Bleckmann*, Europarecht, Rn. 467.

966 So *Crones*, Selbstbindungen, S. 155.

967 *Morand*, CDE 6 (1970), 623, 628 f.

Gemeinschaftsbürgers eher fragwürdige Konstruktion eines stillschweigend von Mitgliedstaat oder Individuum angenommenen Vertrages.

Aus dem Grundsatz des Vertrauensschutzes[968] kann sich ein Anspruch des Einzelnen darauf ergeben, dass sich seine begründeten Erwartungen realisieren[969]. Voraussetzung dafür ist ein vertrauensbegründendes Verhalten eines Gemeinschaftsorgans als objektiver Vertrauenstatbestand, die Schutzwürdigkeit des Einzelnen, die sich als subjektiver Vertrauenstatbestand im erkennbaren Betätigen seines Vertrauens nach außen zeigt, Kausalität zwischen den beiden Vertrauenstatbeständen und schließlich eine Abwägung, die das Vertrauensschutzinteresse als dem Gemeinwohlinteresse überlegend ansieht[970].

Hat die Kommission beispielsweise in einer Stellungnahme ein bestimmtes Verhalten für nicht unter das Missbrauchsverbot des Art. 82 EG fallend angesehen, so kann sie einem Unternehmen, das sich hinsichtlich seines Verhaltens auf diese Aussage verlässt, im Hinblick auf die beschriebene Verhaltensweise für die Vergangenheit kein Bußgeld auferlegen. Für eine weitergehende verwaltungsrechtliche Selbstbindung der Art, dass die Kommission für die Zukunft von ihrer Auffassung nicht abweichen kann, ist aber kein Raum. Insoweit begründet das Verhalten der Kommission schon aus dem Grunde kein Vertrauen, weil die Kommission ihre Rechtsauffassung jederzeit – auch ohne Änderung von Sach- oder Rechtslage – ändern kann. Dem Adressaten ist außerdem bewusst, dass es sich um eine grundsätzlich unverbindliche Meinungsäußerung – oft mit nur vorbereitendem Charakter[971] – handelt. Daher würde auch das Interesse an einem Schutz seines Vertrauens das Gemeinwohlinteresse, das auch in evt. verletzten Rechten und Interessen dritter Konkurrenten zu sehen ist, nicht überwiegen. Der Schutz Dritter würde andernfalls noch stärker eingeschränkt, da diese von solch formlosen Akten, die keiner Pflicht zur Veröffentlichung unterliegen, gar keine Kenntnis erlangen können. Schon der Schutz vor einer Auferlegung von Bußgeldern in der Vergangenheit nimmt dem Konkurrenten die Möglichkeit, auf Verhängung einer solchen Sanktion erfolgreich Klage zu erheben.

---

[968] EuGH, Rs. 7/56 u. 3-7/57, Slg. 1957, 83, 118 – Algera; Rs. 42 u. 49/59, Slg. 1961, 109, 172 – SNUPAT; Rs. 111/63, Slg. 1965, 893, 911 – Lemmerz-Werke; Rs. 1/73, Slg. 1973, 723, 729, Rn. 5 – Westzucker; Rs. 112/77, Slg. 1978, 1019, 1032, Rn. 19 – Töpfer; Rs. 125/77, Slg. 1978, 1991, 2004, Rn. 34/36, 37/41 – Scholten Honig; Rs. 265/78, Slg. 1980, 617, 630, Rn. 15 – Ferwerda; Rs. 14/81, Slg. 1982, 749, 768, Rn. 30 – Alpha Steel; Rs. 205-215/82, Slg. 1983, 2633, 2669, Rn. 30 – Deutsche Milchkontor; Rs. 146/77, Slg. 1978, 1347, 1355, Rn. 13/16 – British Beef Company; Rs. 265/85, Slg. 1987, 1155, 1181, Rn. 44 – van den Bergh; Rs. C-5/89, Slg. 1990, I-3437, 3456, Rn. 13 – Staatliche Beihilfen (Aluminium); *Schwarze*, FS Rodréguez Iglesias, 147, 155 f.; *Gornig/Trüe*, JZ 1993, 884, 891.

[969] EuG, Rs. T-290/97, Slg. 2000, II-15, Rn. 59 – Mehibas Dordtselaan: „*Auf den Grundsatz des Vertrauensschutzes kann sich jeder berufen, bei dem die Gemeinschaftsverwaltung begründete Erwartungen geweckt hat*"; Rs. T-266/97, Slg. 1999, II-2329, Rn. 71 – Vlaamse Televisie; EuGH, Rs. C-152/88, Slg. 1990, I-2477, 2511, Rn. 26 – Sofrimport; *Schwarze*, Eur. Verwaltungsrecht, 2. Auflage, S. LXXVII.

[970] *Schwarze*, Eur. Verwaltungsrecht, 2. Auflage, S. LXXVII f.; *Schwarze*, FS Rodríguez Iglesias, 147, 156.

[971] *Von Bogdandy/Bast/Arndt*, ZaöRV 2002, 77, 119.

Empfehlungen und Stellungnahmen sind daher keine tauglichen Gegenstände der Nichtigkeitsklage[972].

F. Angreifbarkeit von Auskünften und Beratungsschreiben

Die Kommission bedient sich auch vielfach irregulärer Handlungsformen, die anders als die Bekanntmachungen einzelfallbezogen ergehen. Im Wettbewerbsrecht gibt sie beispielsweise Auskünfte oder Stellungnahmen (im weiteren Sinne) ab, deren Auswirkungen nicht durch das Gemeinschaftsrecht geregelt sind[973]. Der Erlass von Beratungsschreiben ist zwar als Recht der Kommission, „informelle Beratung" zu leisten, in Erwägungsgrund 38 der VO Nr. 1/2003 angelegt und in der Bekanntmachung der Kommission über informelle Beratung bei neuartigen Fragen zu den Artikeln 81 und 82 des Vertrages[974] konkretisiert, jedoch sind diese Regelungen kein verbindliches, sekundäres Gemeinschaftsrecht, da in der Verordnung Nr. 1/2003 selbst jede Aussage dazu fehlt.

I. Auskünfte – „written opinions" – und Presseerklärungen

Auskünfte der Kommission sind unverbindlich[975] und damit grundsätzlich nicht geeignet, die Verwaltung in ihrem zukünftigen Verhalten – insbesondere im Hinblick auf den Erlass oder Nichterlass einer Entscheidung – zu binden[976].

Zwar kann es auf Seiten des Bürgers wiederum zur Entstehung schutzwürdigen Vertrauens kommen, der Gerichtshof scheint jedoch bei diesen nicht in Art. 249 EG niedergelegten Akten noch zurückhaltender als im Rahmen von Empfehlung und Stellungnahme[977]. Allerdings wird schon wegen der „faktischen Autorität administrativer Auskünfte" eine höhere Bindung der gemeinschaftlichen Behörden gefordert[978]. Außerdem sei kein Grund für eine unterschiedliche Behandlung von Empfehlungen, Stellungnahmen und sonstigen Auskünften ersichtlich[979]. Dem ist im Grundsatz zuzustimmen. Eine differenzierende Behandlung von Empfehlungen und Stellungnahmen einerseits und Auskünften andererseits sollte vermieden werden, da der Kommission die freie Wahl der Handlungsform zukommt und sie damit über den Grad der rechtlichen Verbindlichkeit entscheiden könnte, ohne dass es für die unterschiedliche Behandlung einen sachlichen Grund gebe.

Jedoch führen die oben genannten Voraussetzungen einer aus dem Grundsatz des Vertrauensschutzes resultierenden Bindungswirkung ebenfalls nicht zur Verpflichtung der Kommission, aufgrund einer zuvor erteilten Auskunft einen bestimmten Akt zu

---

972 *Schmidt*, in: GS, Art. 249, Rn. 27, 51; *Borchardt*, in: Lenz/Borchardt, Art. 230, Rn. 18.

973 *Crones*, Selbstbindungen, S. 19.

974 ABl. Nr. C 101 vom 27. 4. 2004, S. 78.

975 EuGH, Rs. 133/79, Slg. 1980, 1299, 1309, Rn. 15 ff. – Sucrimex; EuG, Rs. T-113/89, Slg. 1990, II-797, 816, Rn. 68 – Nefarma; Rs. C-66/91 u C-66/91 R, Slg. 1991, I-1143, 1151, Rn. 28 – Emerald Meats Ltd.; *Whish*, S. 277; *Lenaerts/Gerard*, World Competition – Law and Economics Revue 2004, 313, 335; *Hossenfelder/Lutz*, WuW 2003, 118, 123, Fn. 37; *Gundel*, EuR 1998, 90, 94.

976 *Schwarze*, Eur. Verwaltungsrecht, 2. Auflage, S. 1050.

977 *Crones*, Selbstbindungen, S. 155 f. EuGH, Rs. 19, 20, 25 u. 30/69, Slg. 1970, 325, 337, Rn. 19/22 – Richez-Parise; Rs. 23/69, Slg. 1970, 547, 559, Rn. 11 –Fiehn: „nur zur Information erteilt".

978 *Crones*, Selbstbindungen, S. 156.

979 *Crones*, Selbstbindungen, S. 155.

erlassen oder zu unterlassen[980]. Wiederum ist allen Beteiligten klar, dass die Kommission eine geäußerte Rechtsauffassung jederzeit ändern kann. Zum Schutz des enttäuscht Vertrauenden kommt lediglich ein Schutz vor Bußgeldern in der Vergangenheit – denn ein Verschulden wird man ihm nicht vorwerfen können – sowie die Zahlung von Schadensersatz in Betracht[981]. Die Lösung über Schadensersatzansprüche ist auch im Hinblick auf betroffene Dritte vorzugswürdig[982].

Die davon abweichende Behandlung von Bekanntmachungen, die einen Ermessens- oder Beurteilungsspielraum konkretisieren, erklärt sich aus der Tatsache, dass diese die Praxis der Kommission für eine Vielzahl von Fällen vorgeben wollen, damit über den Einzelfall hinausgehende Autorität begründen und zudem im Amtsblatt veröffentlicht werden[983]. Bloß einzelfallbezogene Auskünfte der Kommission sind dagegen nicht anfechtbar[984].

Eine Anfechtbarkeit ergibt sich ausnahmsweise dann, wenn eine Auskunft die Regelungsintensität einer Entscheidung erreicht[985]. Jedoch handelt es sich dann entsprechend dem Grundsatz, dass es bei der Qualifizierung einer Maßnahme auf deren wahren Inhalt und nicht deren Form ankommt, um eine Entscheidung „im Gewand" einer bloßen Auskunft.

Dementsprechend ist der Fall *Air France*[986] gelagert, in dem eine Presseerklärung vom Gerichtshof als anfechtbar eingestuft wurde. Der Gerichtshof sah darin eine Entscheidung, die der nach Art. 6 Abs. 1 lit. a der Fusionskontrollverordnung Nr. 4064/89 entspreche, mit der Folge der Anfechtbarkeit[987]. Ansonsten wird einer Presseerklärung die verbindliche Rechtswirkung abzusprechen sein. Weder ist davon auszugehen, dass die Kommission sich durch eine solche Erklärung binden will, noch kann dies aus Sicht eines verständigen Adressaten angenommen werden. Presseerklärungen sind daher im Grundsatz wie sonstige bloße Auskünfte der Kommission nicht anfechtbar.

II. Beratungsschreiben: Comfort letter und Guidance letter

Unter Geltung der Verordnung Nr. 17/62 wurden die Beratungsschreiben „Comfort letter" genannt (1.), während sie nun als „Guidance letter" bezeichnet werden (2.).

---

[980] So auch *Schwarze*, Eur. Verwaltungsrecht, 2. Auflage, S. 1050 ff. EuGH, Rs. 16-18/59, Slg. 1960, 45, 64 – Geitling; Rs. 19, 20, 25 u. 30/69, Slg. 1970, 325, 337, Rn. 19/22 – Richez-Parise; Rs. 23/69, Slg. 1970, 547, 559, Rn. 11 – Fiehn; Rs. 289/81, Slg. 1983, 1731, 1745, Rn. 25 – Mavridis (stattdessen kann Schadensersatz gezahlt werden).

[981] *Schwarze*, Eur. Verwaltungsrecht, 2. Auflage, S. 1050 ff.

[982] *Schwarze*, Eur. Verwaltungsrecht, 2. Auflage, S. 1053.

[983] Ähnlich *Gundel*, EuR 1998, 90, 95.

[984] So auch EuGH, Rs. 15/70, Slg. 1970, 975, 980, Rn. 11/14 – Chevalley; *Gundel*, EuR 1998, 90, 94. Laut *Stotz/Tonne*, in: Dauses, Hdb. EU-WirtschaftsR, P.I, Rn. 88, fällt eine bloße Ankündigung, bestimmte Maßnahmen zu treffen, nicht unter die Kategorie der Handlungen mit Rechtswirkung gegenüber Dritten.

[985] EuG, Rs. T-353/94, Slg. 1996, II-921, 937, Rn. 35 – Postbank; *Schwarze*, Eur. Verwaltungsrecht, 2. Auflage, S. 1050.

[986] EuG, Rs. T-3/93, Slg. 1994, II-121 – Air France.

[987] EuG, Rs. T-3/93, Slg. 1994, II-121, Rn. 44 ff., 58 – Air France ; *Körber*, EuZW 1996, 267, 268 f.

1. Comfort letter unter Geltung der VO Nr. 17/62

a) Der Erlass von Beratungsschreiben

Der Comfort letter ist ein informelles Schreiben, das die Kommission anstelle einer förmlichen Freistellungsentscheidung erlässt und in dem sie erklärt, dass es für sie im Hinblick auf eine konkrete Verhaltensweise keinen Grund zum Einschreiten gibt und dass sie das Verfahren beenden wird[988]. Grund für diese Erklärung kann sein, dass die Vereinbarung nach Auffassung der Kommission nicht unter Art. 81 Abs. 1 EG fällt („negative clearance"), dass sie die Voraussetzungen des Art. 81 Abs. 3 EG erfüllt oder dass sie unter eine Gruppenfreistellungsverordnung fällt („exempting comfort letters")[989].

Von der einfachen Auskunft unterscheidet sich ein Comfort letter dadurch, dass er durch die ständige Verwaltungspraxis der Kommission sowie einige Mitteilungen[990] einen gewissen Grad an Formalisierung erreicht hat. Obwohl aufgrund der informellen Natur eigentlich keine Veröffentlichung vorgesehen ist, veröffentlicht die Kommission beispielsweise die Einstellung des Verfahrens in einer Presseerklärung, im Amtsblatt oder im jährlichen Wettbewerbsbericht[991].

Während die Kommission die Veröffentlichung von Fällen vor Erlass eines Comfort letter zunächst nur in besonders bedeutenden Fällen vornahm, hat sie später den Verlauf eines sog. „vereinfachten Verfahrens" in einer Mitteilung festgehalten[992]. Vorgesehen ist, dass die Kommission analog Art. 19 Abs. 3, 21 VO Nr. 17/62 zunächst eine Zusammenfassung des Falles im Amtsblatt veröffentlicht und zu Stellungnahmen dritter Parteien einlädt, bevor sie den dann „formalen" oder „qualifizierten" Comfort letter erlässt[993]. Dieses Verfahren wurde aber ebenfalls nur selten angewandt[994], so dass Beratungsschreiben in aller Regel ohne Kenntnis der Öffentlichkeit und Möglichkeit Dritter zur Mitteilung von Bemerkungen ergingen.

Kritisiert wurde die Praxis der Comfort letter einerseits im Hinblick auf die mangelnde Rechtssicherheit[995], deren Fehlen auch durch den in gewissem Umfang gewährten Vertrauensschutz nicht ausgeglichen werden kann[996]. Andererseits wurde die Tat-

---

[988] Siehe auch schon oben, Teil 1, Abschnitt 2, C. I. 2.d). *Bellamy/Child*, 4. Auflage, § 3-019, 11-064; *Kamann/Horstkotte*, WuW 2001, 458, 461.

[989] *Bellamy/Child*, 4. Auflage, § 11-064; *Schödermeier/Wagner*, WuW 1994, 403 f. Die Kommission hat auch sog. „discomfort letters" erlassen, die besagen, dass eine Vereinbarung dem Kartellverbot zuwiderläuft und nicht freistellungswürdig ist, dass die Kommission aber keine Ressourcen hat, vgl. etwa *Wodz*, ECLR 21 (2000), 159.

[990] S. die Mitteilung der Kommission über die Verfahren bei Anmeldungen nach der Verordnung Nr. 17 des Rates, ABl. Nr. C 295 vom 2. 11. 1983, S. 6.

[991] *Bellamy/Child*, 4. Auflage, § 11-063.

[992] Mitteilung der Kommission über die Verfahren bei Anmeldungen nach der Verordnung Nr. 17 des Rates, ABl. Nr. C 295 vom 2. 11. 1983, S. 6 f. (Einführung des „vereinfachten Verfahrens").

[993] *Grill* in: Lenz/Borchardt, 3. Auflage, Art. 83, Rn. 43; *Bellamy/Child*, 4. Auflage, § 3-019, § 11-065; *Emmerich*, in: Dauses (Hrsg.), Hdb. EU-WirtschR, H.I § 1, Rn. 42; *Schöler*, Die Reform, S. 38.

[994] *Wodz*, ECLR 21 (2000), 159, 166; *Schödermeier/Wagner*, WuW 1994, 403, 404.

[995] *Grill* in: Lenz/Borchardt, 3. Auflage, Art. 83, Rn. 43; *Schöler*, Die Reform, S. 79; *Wodz*, ECLR 21 (2000), 159, 168; *Stevens*, ECLR 15 (1994), 81, 84, 88.

[996] *Schöler*, Die Reform, S. 38 f. Die Rechtswirkung bleibe auf das Verhältnis zwischen Kommission

sache, dass die Kommission ein Verfahren außerhalb des von der VO Nr. 17/62 vorgegebenen Rahmens durchführte, gerügt[997] und als gegen die Verordnung verstoßend angesehen[998]. Nachteile ergeben sich hier insbesondere für Dritte, die unter Umständen mangels Publizität gar keine Kenntnis von dem Beratungsschreiben erlangen[999], und denen, soweit sie doch von dem geplanten Erlass eines Beratungsschreibens erfahren, anders als im förmlichen Verfahren keine Verfahrensrechte zukommen[1000].

b) Wirkung von Beratungsschreiben

Da es sich bei einem Beratungsschreiben nicht um eine „Entscheidung der Kommission nach Artikel 85 Absatz (3)" im Sinne von Art. 15 Abs. 5 lit. a VO Nr. 17/62 handelt, darf die Kommission bei – regelmäßig zuvor erfolgender – Anmeldung einer Absprache vor Erlass einer solchen förmlichen Entscheidung keine Geldbuße wegen Zuwiderhandelns gegen die Art. 81 Abs. 1, 82 EG verhängen. Der mit der Anmeldung einhergehende Schutz vor Bußgeldern blieb damit auch im Falle des Erlasses eines Beratungsschreibens bestehen[1001]. Aufgrund der fehlenden Freistellungswirkung bleibt ein Verhalten, das Gegenstand eines solchen Verwaltungsschreibens ist, im Verhältnis zu Dritten aber rechtswidrig mit der Folge, dass diese daraus Ansprüche herleiten können[1002].

Eine rechtliche Bindung von nationalen Behörden und Gerichten an den Inhalt eines Beratungsschreibens sollte nicht stattfinden, so dass hier Raum für die Anwendung des nationalen Kartellrechts blieb[1003]. Beratungsschreiben wurden nämlich entsprechend der Behandlung im Rahmen von Art. 15 VO Nr. 17/62 nicht als positiv gestaltende Entscheidung im Sinne der *Walt Wilhelm*-Rechtsprechung[1004], sondern als schlichte Meinungsäußerung der Kommission angesehen. Die innerstaatlichen Gerichte waren daher grundsätzlich nicht an einer eigenständigen, von der Kommissionsauffassung abweichenden Beurteilung aufgrund der ihnen vorliegenden Tatsachen gehindert[1005].

---

und Adressat des Comfort letter beschränkt, *Bunte*, in: Langen/Bunte (2001) Art. 81, Rn. 236.

[997] *Wodz*, ECLR 21 (2000), 159. Das gesamte Verwaltungsverfahren verkomme zur Formlosigkeit, Intransparenz und damit Mangel an öffentlicher Kontrolle, *Wodz*, ECLR 21 (2000), 159, 167. Anders *Ehricke*, Journal of International Banking Law 9 (1994), 339, 344, der daran erinnert, dass nur relative unwichtige Verfahren mit einem informellen Beratungsschreiben beendet werden.

[998] *Schöler*, Die Reform, S. 78.

[999] *Schöler*, Die Reform, S. 79. Dies gilt aber nur für einfache Comfort letter, da qualifizierte Comfort letter im Amtsblatt veröffentlicht werden.

[1000] *Wodz*, ECLR 21 (2000), 159.

[1001] *Bellamy/Child*, 4. Auflage, § 11-066; *Schöler*, Die Reform, S. 79; *Wodz*, ECLR 21 (2000), 159, 160.

[1002] *Bunte*, in: Langen/Bunte (2001) Art. 81, Rn. 236; *Bornkamm*, Neuere Entwicklungen, S. 47, 50.

[1003] *Weiß*, in: Calliess/Ruffert, 2. Auflage, Art. 81, Rn. 25; *Grill* in: Lenz/Borchardt, 3. Auflage, Vorbem. Art. 81-86, Rn. 44; *Bunte*, in: Langen/Bunte (2001) Art. 81, Rn. 236; *Wiedemann*, in: Wiedemann, Hdb. Kartellrecht, § 6, Rn. 8; *Nowak*, Konkurrentenschutz, S. 189; *Schödermeier/Wagner*, WuW 1994, 403, 404 f.; *Ehlermann*, CMLR 2000, 537, 564. AA *Fikentscher*, Wirtschaftsrecht I, S. 466, Fn. 103; *Ehricke*, Journal of International Banking Law 9 (1994), 339, 342 f. (für qualifizierte Comfort letter).

[1004] EuGH Rs. 14/68, Slg. 1969, 1 ff. – Walt Wilhelm.

[1005] EuGH, Rs. 253/78 und 1-3/79, Slg. 1980, 2327, 2374, Rn. 13 – Guerlain; *Crones*, Selbstbindungen, S. 150, Fn. 673; *Deringer*, EuR 2001, 306, 308. So auch *Whish*, S. 167, der jedoch von einer

Gänzlich unberücksichtigt sollten solche Verwaltungsschreiben aber dennoch nicht bleiben. So hat der Europäische Gerichtshof[1006] entschieden, dass nationale Gerichte zwar nicht an ein Beratungsschreiben gebunden sind, dass dieses aber einen tatsächlichen Umstand darstellt, den der Richter bei der Entscheidungsfindung berücksichtigen kann[1007]. Dem einzelstaatlichen Richter wird auch nahe gelegt, das Verfahren auszusetzen und eine formelle Entscheidung der Kommission abzuwarten, wenn er mit dem Inhalt des Beratungsschreibens nicht übereinstimmt[1008], oder ein Vorlageverfahren anzustrengen, wenn eine Partei in einem Rechtsstreit einen Comfort letter vorbringt[1009].

Einige Autoren sehen den Inhalt eines Comfort letter hingegen als Sachentscheidung über die Anwendbarkeit und Auslegung von Art. 81 EG in einem Einzelfall, und fordern daher den Vorrang solcher Beratungsschreiben vor einzelstaatlichem Recht, um die einheitliche Geltung des Gemeinschaftsrechts sicherzustellen[1010]. Dies verhalte sich bei bloßen Verwaltungsschreiben aus dem Grunde anders, dass die Kommission darin lediglich mitteile, es bestehe kein Anlass zum Tätigwerden[1011].

In Bezug auf eine Bindung der Kommission selbst spricht die Tatsache, dass Dritte im formlosen Verfahren mangels Information über den Verfahrensverlauf und Ein-

---

starken faktischen Bindung ausgeht.

1006 EuGH, Rs. 253/78 und 1-3/79, Slg. 1980, 2327, 2374, Rn. 13 – Guerlain; Rs. 99/79, Slg. 1980, 2511, 2533, Rn. 11 – Lancôme/Etos; Rs. 31/80, Slg. 1980, 3775, Rn. 10-12 – L'Oréal: „*Es ist offensichtlich, dass ein Schreiben wie das von der Generaldirektion Wettbewerb an die Gesellschaft L'Oréal gerichtete, das abgesandt worden ist, ohne dass die Veröffentlichungsvorschriften des Artikels 19 Absatz 3 der Verordnung Nr. 17 beachtet wurden, und das auch nicht nach Artikel 21 Absatz 1 dieser Verordnung veröffentlicht worden ist, weder ein Negativattest noch eine Erklärung nach Artikel 85 Absatz 3 im Sinne der Artikel 2 und 6 der Verordnung Nr. 17 darstellt. Wie die Kommission selbst hervorhebt, handelt es sich lediglich um ein Verwaltungsschreiben, durch das dem Beteiligten Unternehmen die Ansicht der Kommission mitgeteilt wird, dass für sie kein Anlass besteht, gegen die fraglichen Verträge aufgrund von Artikel 85 Absatz 1 des Vertrages einzuschreiten, und dass das Verfahren somit eingestellt werden kann. 12 ... gegenüber Dritten nicht wirksam ist und die innerstaatlichen Gerichte nicht bindet. Es stellt nur einen tatsächlichen Umstand dar, den die innerstaatlichen Gerichte bei ihrer Prüfung der Vereinbarkeit des betreffenden Systems mit dem Gemeinschaftsrecht berücksichtigen können.*" EuG, Rs. T-3/93, Slg. 1994, II-121, Rn. 50 – Air France.

1007 So auch *Grill* in: Lenz/Borchardt, 3. Auflage, Art. 83, Rn. 43; *Schöler*, Die Reform, S. 38, 55; *Wodz*, ECLR 21 (2000), 159, 166; Nr. 20 der Bekanntmachung über die Zusammenarbeit zwischen der Kommission und den Gerichten der MS, aaO, Fn. 19. Laut *Whish*, S. 340 f., hat das britische Kartellamt (Office of Fair Trading) Comfort letter zu berücksichtigen, die gem. Art. 19 Abs. 3 VO Nr. 17/62 im Amtsblatt veröffentlicht wurden, und zwar schon aufgrund von section 60(3) des Competition Act 1998.

1008 *Bellamy/Child*, 4. Auflage, § 11-066; *Bunte*, in: Langen/Bunte (2001) Art. 81, Rn. 236.

1009 *Grill* in: Lenz/Borchardt, 3. Auflage, Art. 83, Rn. 43; *Schöler*, Die Reform, S. 38, 55. Laut *Whish*, S. 340 f., hat das britische Kartellamt (Office of Fair Trading) Comfort letter zu berücksichtigen, die gem. Art. 19 Abs. 3 VO Nr. 17/62 im Amtsblatt veröffentlicht wurden, und zwar schon aufgrund von section 60(3) des Competition Act 1998. Zur problematischen Stellung des deutschen Richters zwischen Freistellungsmonopol der Kommission und der im Comfort letter getroffenen Aussage, eine Vereinbarung sei freistellungsfähig *Bornkamm*, Neuere Entwicklungen, S. 47, 49 ff.

1010 *Emmerich*, in: Dauses, Hdb. EU-WirtschR, H.I § 1, Rn. 42; *Emmerich*, Kartellrecht, § 36, 6, S. 403; *Rehbinder*, in: Immenga/Mestmäcker, EG-WbR, Bd. I, Einleitung, F, Rn. 33 (allerdings nur für qualifizierte Verwaltungsschreiben).

1011 *Emmerich*, Kartellrecht, § 36, 6, S. 403.

räumung von Beteiligungsrechten schutzlos gestellt sind, gegen eine strenge Bindung an ein Beratungsschreiben[1012]. Andererseits soll die Kommission aber auch nicht durch die Wahl eines formlosen Verfahrens die ihr normalerweise auferlegten Bindungen umgehen können[1013].

Es soll sich aber eine gewisse Selbstbindung der Kommission über den Grundsatz des Vertrauensschutzes ergeben[1014]. Dabei besteht Vertrauen der Adressaten dahingehend, *„daß die Kommission von sich aus normalerweise das Verfahren nicht wieder aufgreifen wird"*[1015]. Nicht verlassen kann sich ein Unternehmer hingegen ebenso wenig darauf, dass die Kommission alle zum Zeitpunkt der Entscheidung vorliegenden Tatsachen gekannt hat, wie auf das Nichteintreten neuer Umstände, die die Bewertung der Rechtslage durch die Kommission verändern. Die Kommission kann von der im Comfort letter bezogenen Position daher später abweichen, wenn sich entscheidungserhebliche Umstände verändern oder ihr zum Erlasszeitpunkt solche Umstände nicht bekannt waren[1016].

Fraglich ist, ob sich mit der Einführung des „vereinfachten Verfahrens", also dem Erlass qualifizierter Comfort letter, eine andere rechtliche Beurteilung ergibt. Insbesondere die Veröffentlichung im Amtsblatt unter Aufforderung Dritter zur Stellungnahme könnte im Hinblick auf den dadurch gestärkten Schutz der Interessen Dritter Auswirkungen auf die Rechtsnatur des Comfort letter haben[1017]. Ausschlaggebend ist aber auch der Bindungswille der Kommission, der dem Comfort letter – jedenfalls in seiner einfachen Gestalt[1018] – abgesprochen wird[1019]. Sollte das „vereinfachte Verfahren" darauf abzielen, neben dem Schutz Dritter eine stärkere Bindungswirkung zu schaffen, wäre es neben den durch die Verfahrensverordnung vorgesehenen Instrumenten überflüssig. An den Wirkungen eines Beratungsschreibens ändert sich daher durch eine Publikation und Drittbeteiligung nichts[1020].

c) Anfechtbarkeit des Beratungsschreibens

Trotz Anerkennung der unverbindlichen Wirkung gegenüber nationalen Behörden und Gerichten und der inhaltlich nur beschränkten Selbstbindung der Kommission will

---

[1012] *Crones*, Selbstbindungen, S. 150 ff.

[1013] *Crones*, Selbstbindungen, S. 150 ff. Dies stellt sich bei qualifizierten Beratungsschreiben anders dar, vgl. *Ehricke*, Journal of International Banking Law 9 (1994), 339, 343.

[1014] *Sura*, in: Langen/Bunte, Art. 10 VO Nr. 1/2003, Rn. 23; *De Bronett*, VO 1/2003, Art. 10, Rn. 10, 12; *Lampert/Niejahr*, Art. 10, Rn. 177; *Crones*, Selbstbindungen, S. 150 ff.; *Deringer*, EuR 2001, 306, 308.

[1015] *Crones*, Selbstbindungen, S. 152.

[1016] EuGH, Rs. C-179/95, Slg. 1998, I-5609, 5637, Rn. 22 – Lagnese-Iglo; EuG, Rs. T-7/93, Slg. 1995, II-1533, 1553, Rn. 36 ff. – Langnese-Iglo; Rs. T-9/93, Slg. 1995, II-1611, 1654, Rn. 112 – Schöller. *Grill* in: Lenz/Borchardt, Art. 83, 3. Auflage, Rn. 43; *Bunte*, in: Langen/Bunte (2001) Art. 81, Rn. 236; *Bellamy/Child*, 4. Auflage, § 11-066; *Kamann/Horstkotte*, WuW 2001, 458, 461; *Wodz*, ECLR 21 (2000), 159, 160; *Schödermeier/Wagner*, WuW 1994, 403, 407.

[1017] *Bellamy/Child*, 4. Auflage, § 11-066.

[1018] Keine Veröffentlichung nach Art. 19, 20 VO Nr. 17/62.

[1019] EuGH, Rs. 253/78 und 1-3/79, Slg. 1980, 2327, Rn. 10 f. – Guerlain; Rs. 99/79, Slg. 1980, 2511 Rn. 12 – Lancôme/Etos.

[1020] *Schödermeier/Wagner*, WuW 1994, 403, 405. AA *Ehricke*, Journal of International Banking Law 9 (1994), 339, 343.

eine vor Inkrafttreten der neuen Kartellverordnung im Vordringen befindliche Ansicht[1021] Beratungsschreiben als taugliche Klagegegenstände von Individualklagen vor dem Europäischen Gerichtshof anerkennen[1022].

Während es sich nach Auffassung der Kommission[1023] dabei nicht um anfechtbare Entscheidungen, sondern lediglich um Zwischenbescheide handelt[1024], da das Verfahren nur so lange nicht weiter verfolgt werde, bis eine Erklärung nach Art. 81 Abs. 3 EG ergehe, sehen die Vertreter der Gegenansicht den Comfort letter zumindest als das Verfahren einstellenden Akt an, da das durch Anmeldung oder Antragstellung in Gang gekommene Verfahren dadurch abgeschlossen werde[1025]. Eine Verfahrenseinstellung durch Comfort letter könne nicht anders behandelt werden als jede andere Einstellung, da die Rechtsfolge ansonsten von der Wahl der von der Kommission durchgeführten Verfahrensart abhänge[1026].

2. Guidance letter unter Geltung der VO Nr. 1/2003

a) Erlass von Beratungsschreiben

Unter Geltung der neuen Kartellverfahrensordnung gibt es weiterhin Beratungsschreiben[1027], deren Funktion sich aber aufgrund des Legalausnahmesystems stark verändert hat. Dienten sie früher hauptsächlich der Entlastung der Kommission, die im System der Anmeldepflicht eine Flut an Anmeldungen zu bewältigen hatte, können sie heute –

[1021] *Wenig*, in: Grabitz/Hilf, 2. Grdlfg. (1986), Art. 173 EWGV, Rn. 12; Rengeling/Middeke/Gellermann, 1. Auflage, Rn. 146; *Wodz*, ECLR 21 (2000), 159, 165 (unter der Voraussetzung, dass die Akte veröffentlicht und endgültig sind und eindeutig von der Kommission ausgehen); *Schödermeier/Wagner*, WuW 1994, 403, 407, 414; *Stevens*, ECLR 15 (1994), 81, 83, 88 (jedenfalls für qualifizierte Comfort letter).

[1022] *Schödermeier/Wagner*, WuW 1994, 403, 415, bejahen insgesamt die Zulässigkeit einer Klage des Konkurrenten auf Aufhebung eines Comfort letter, insbesondere dann, wenn vor dessen Erlass eine Veröffentlichung nach Art. 19 Abs. 3 VO Nr. 17/62 stattgefunden, der Konkurrent daraufhin Bemerkungen mitgeteilt hat und außerdem in seiner Marktstellung spürbar beeinträchtigt ist.

[1023] Mitteilung der Kommission über die Verfahren bei Anmeldungen nach der Verordnung Nr. 17 des Rates, ABl. Nr. C 295 vom 2. 11. 1983, S. 6 f.; Ergänzender Vermerk zum Formblatt A/B in Appendix 1 zur VO Nr. 3666/93, ABl. Nr. L 336 vom 31. 12. 1993, S. 1, Rn. VIII.

[1024] Nach der Gegenansicht stellt das Beratungsschreiben schon aus dem Grunde keinen Zwischenbescheid dar, dass die mittlerweile von der herrschenden Meinung anerkannte Selbstbindung der Kommission diese an der freien Wiederaufnahme des Verfahrens hindere. Nur bei Veränderung der tatsächlichen Umstände oder falls die Kommission ihrer Beurteilung falsche oder unvollständige Angaben zugrunde gelegt hat, kann sie das Verfahren wiederaufnehmen, *Schödermeier/Wagner*, WuW 1994, 403, 407.

[1025] EuGH, Rs. 253/78 und 1-3/79, Slg. 1980, 2327, 2375, Rn. 18 – Guerlain; *Walz*, Vorrang, S. 96; *Schödermeier/Wagner*, WuW 1994, 403, 406; *Stevens*, ECLR 15 (1994), 81, 88.

[1026] *Wenig*, in: Grabitz/Hilf, 2. Grdlfg. (1986), Art. 173 EWGV, Rn. 12; *Schödermeier/Wagner*, WuW 1994, 403, 406. Jedenfalls wenn dem Antragsteller eigene verfahrensmäßige Rechte eingeräumt werden, stelle die Einstellung des Verfahrens – auch durch Comfort letter – unter möglicher Verletzung dieser Rechtspositionen einen anfechtbaren Akt dar, Rengeling/Middeke/Gellermann, 1. Auflage, Rn. 146; *Schödermeier/Wagner*, WuW 1994, 403, 406.

[1027] 38. Erwägungsgrund VO Nr. 1/2003; Bekanntmachung der Kommission über informelle Beratung bei neuartigen Fragen zu den Artikeln 81 und 82 des Vertrages, die in Einzelfällen auftreten (Beratungsschreiben), Rn. 11, aaO, Fn. 364.

ähnlich den Gruppenfreistellungsverordnungen – jedenfalls nicht mehr den Zweck verfolgen, das Masseproblem der Kommission zu beheben. Vielmehr sollen sie die Unternehmen beraten, wenn ernsthafte Rechtsunsicherheit aufgrund neuer oder ungelöster Fragen besteht und auf diese Weise dem Risiko uneinheitlicher Anwendung des Gemeinschaftsrechts begegnen[1028]. Ergingen Comfort letter früher anstelle einer Freistellungs- oder Nichtanwendbarkeitsentscheidung oder sogar mit dem Inhalt, es liege zwar ein nicht gerechtfertigter Verstoß gegen Art. 81 Abs. 1 EG vor, die Kommission habe aber keine Ressourcen zum Einschreiten, wohnt ihnen heute kein verfahrensbeendendes Element mehr inne. Teilweise wird der Gebrauch informeller Schreiben in einem System direkter Anwendbarkeit des Ausnahmetatbestandes sogar als passender angesehen als in einem Anmeldesystem[1029]. Es ist aber Vorsicht geboten, damit auf diesem Wege nicht das Anmeldesystem „durch die Hintertür" wieder eingeführt wird[1030].

b) Wirkung von Beratungsschreiben

Wie bereits angedeutet, haben die Beratungsschreiben nunmehr keine verfahrensbeendende Wirkung mehr, sondern können in jeder Phase des Verfahrens ergehen. Dem entspricht auch die Auffassung der Kommission, der Erlass eines Beratungsschreibens lasse die Befugnis der Kommission unberührt, ein Verfahren nach der Verordnung Nr. 1/2003 einzuleiten[1031]. Damit entfällt bereits die starke frühere Argumentation, ein Beratungsschreiben müsse wegen der verfahrensbeendenden Wirkung und der damit einhergehenden Verkürzung der Verfahrensrechte anfechtbar sein. Eine solche Rechtswirkung kommt dem Guidance letter nicht zu.

Fraglich ist, ob sich ausreichende Rechtswirkungen aus dem Grundsatz des Vertrauensschutzes ergeben[1032]. Ein Unternehmen könnte in die von der Kommission geäußerte Rechtsauffassung vertrauen. Bereits aus der dem Guidance letter zugrunde liegenden Bekanntmachung über Beratungsschreiben geht hervor, dass die Kommission solchen Akten lediglich eine Hilfsfunktion bei der Selbstveranlagung durch die Unternehmen zuerkennt[1033]. Ein Beratungsschreiben hindere die Kommission nicht daran, später bezüglich desselben Sachverhalts ein Verfahren nach VO Nr. 1/2003 einzuleiten, wobei sich die Kommission neben der Änderung des Sachverhalts und der Berücksichtigung bislang unbekannter Umstände auch *„allgemeine Änderungen in der Politik der Kommission"* vorbehält[1034]. Diese Aussage ist nicht als *protestatio facto contraria* einzustufen, da die Kommission sich nicht widersprüchlich verhält. Sie gibt

---

[1028] So die Bekanntmachung über Beratungsschreiben, 2004, Rn. 2, 5, aaO, Fn. 364. *Schwarze/Weitbrecht*, § 6, Rn. 134.

[1029] *Ehlermann*, CMLR 2000, 537, 573.

[1030] *Ehlermann*, CMLR 2000, 537, 574. Diese Sorge kommt auch in Rn. 7 ff. der Bekanntmachung über Beratungsschreiben, aaO, Fn. 364, zum Ausdruck, die festlegen, in welchen Fällen die Kommission einen ‚Guidance letter' erlassen soll: es muss sich um eine ungeklärte Rechtsfrage handeln, deren Beantwortung im Hinblick auf die wirtschaftliche Bedeutung der Sache zweckmäßig ist, und es darf keine weitere Tatsachenfeststellung erforderlich sein.

[1031] Bekanntmachung über Beratungsschreiben, aaO, Fn. 364, Rn. 24.

[1032] Dies scheint *Whish*, S. 167, anzunehmen.

[1033] Bekanntmachung über Beratungsschreiben, aaO, Fn. 364, Rn. 22.

[1034] Bekanntmachung über Beratungsschreiben, aaO, Fn. 364, Rn. 24.

ausdrücklich nur rechtliche Hilfestellung. Vielmehr beseitigt sie die Schutzwürdigkeit des Vertrauens, das sich auf über die gemeinschaftsvertraglichen Vorgaben hinausgehenden Ansichten der Kommission erstreckt. Geschützt wird der vertrauende Unternehmer lediglich insoweit, als ihn im Rahmen von Schadensersatzansprüchen und Geldbußen kein Verschulden trifft, soweit er sich auf die Aussage der Kommission verlassen hat. Das fehlende Verschulden spielt auch bei zivilrechtlichen Ansprüchen eine Rolle, die sich aus der Nichtigkeit einer Abrede nach Art. 81 Abs. 2 EG ergeben können.

Eine Anfechtbarkeit ist auch nicht etwa im Hinblick auf den Schutz Dritter geboten. Es ergibt sich schon deshalb kein Konflikt zwischen der Umgehung der in der Verordnung vorgesehenen Handlungsformen und der Aushebelung des Drittschutzes, weil keine endgültige Entscheidung in der Sache ergeht und die Kommission in keiner Weise an ihre frühere Aussage gebunden ist.

Ein Guidance letter wird gegebenenfalls aufgrund dessen Veröffentlichung auf den Internetseiten der Kommission[1035] eine größere faktische Wirkung gegenüber nationalen Stellen haben[1036], diese werden aber ebenso wenig rechtlich gebunden wie die Kommission[1037]. Mangels verbindlicher rechtlicher Außenwirkung ist ein solches Beratungsschreiben auch nicht anfechtbar[1038].

3. Ergebnis zu F.

Der rechtlich unverbindliche Guidance letter ist kein tauglicher Klagegegenstand. Hier besteht auch kein Bedürfnis zur Anfechtung, da der Konkurrent mangels Bindungswirkung des Comfort letter ebenso die Untätigkeitsklage auf Erlass einer Verbotsentscheidung erheben kann.

G. Angreifbarkeit der Eröffnung eines Vertragsverletzungsverfahrens

Zwar richten sich Art. 81 f. EG nur an Unternehmen und Unternehmensvereinigungen, nicht aber direkt an die Mitgliedstaaten, jedoch sind letztere durch Art. 3 Abs. 1 g), 10 EG zur Achtung des Kartellrechts und damit indirekt auch der Art. 81 f. EG verpflichtet[1039]. Der Mitgliedstaat darf keine Maßnahmen treffen, die die praktische Wirksamkeit des Kartellrechts aufheben, etwa indem er Kartellabsprachen vorschreibt, erleichtert, durch Genehmigungen verstärkt oder die staatliche Verantwortung auf die Wirtschaft überträgt[1040]. Ein solcher Verstoß des Mitgliedstaates ist akzessorisch zum wettbewerbswidrigen Verhalten eines Unternehmens[1041].

In diesen Fällen des mitgliedstaatlichen Verstoßes gegen die Vorschriften des Kartellrechts kann die Kommission ein Vertragsverletzungsverfahren gegen den Mitglied-

[1035] Bekanntmachung zu Beratungsschreiben, aaO, Fn. 364, Rn. 21.

[1036] *Lampert/Niejahr*, Art. 10, Rn. 177; *Whish*, S. 167; *Ehlermann*, CMLR 2000, 537, 574.

[1037] *Grill* in: Lenz/Borchardt, 3. Auflage, Art. 81, Rn. 35; *de Bronett*, VO 1/2003, Art. 10, Rn. 12; *Lampert/Niejahr*, Art. 10, Rn. 177; *Fuchs*, ZWeR 2005, 1, 8.

[1038] *De Bronett*, VO 1/2003, Art. 10, Rn. 12.

[1039] *Weiß*, in: Calliess/Ruffert, Art. 81, Rn. 13 f.

[1040] EuGH, Rs. 66/86, Slg. 1989, 803, 852, Rn. 49 – Ahmed Saeed Flugreisen; Rs. C-35/96, Slg. 1998, I-3851, 3899, Rn. 53 ff. – Kommission/Italien; *Weiß*, in: Calliess/Ruffert, Art. 81, Rn. 14; *Schwarze*, EuZW 2000, 613, 621.

[1041] *Weiß*, in: Calliess/Ruffert, Art. 81, Rn. 14.

staat durchführen. Dazu fordert sie den betreffenden Mitgliedstaat in einem Mahnschreiben zur Gegendarstellung auf und erlässt daraufhin eine mit Gründen versehene Stellungnahme. Wenn der Mitgliedstaat sein Verhalten nicht entsprechend der Stellungnahme innerhalb einer von der Kommission gesetzten Frist ändert, kann die Kommission schließlich Klage beim Gerichtshof erheben[1042]. Der Gerichtshof fällt ein feststellendes Urteil über das Vorliegen eines Gemeinschaftsrechtsverstoßes[1043].

Die erste Schwierigkeit besteht in der Bestimmung des Klagegegenstandes. Das liegt daran, dass es sich um ein mehraktiges Verfahren handelt, dessen einzelne Teile das Begehren des Klägers nicht in jedem Fall befriedigen. Möglich ist, dass der Mitgliedstaat schon auf das erste Mahnschreiben der Kommission reagiert und das gerügte Verhalten abstellt, denkbar aber auch, dass es bis zur Klageerhebung kommt. Da schon das Mahnschreiben dem Kläger zum Erfolg verhelfen kann und außerdem den weiteren Schritten notwendigerweise vorangeht, müsste Untätigkeitsklage auf Feststellung der rechtswidrigen Unterlassung dieses Schreibens erhoben werden.

Nach ganz herrschender Meinung[1044] ist eine solche Klage nicht zulässig. Nach Auffassung der europäischen Gerichtsbarkeit ist diese Frage sogar so eindeutig abzulehnen, dass das Gericht Erster Instanz im Fall *Dumez* noch nicht einmal die Eröffnung der mündlichen Verhandlung zu dieser Frage für erforderlich gehalten hat[1045].

Tatsächlich stellen weder das Mahnschreiben noch die begründete Stellungnahme Akte dar, die nach Art. 230, 232 EG von Privatpersonen angefochten werden können bzw. deren Unterlassen gerügt werden kann[1046]. Es handelt sich lediglich um Zwischenmaßnahmen, die eine eventuelle spätere Klageerhebung vorbereiten. Einzige Rechtswirkung ist das Erfüllen der Zulässigkeitsanforderung an eine spätere Klage. Im Verfahren *Dumez* argumentierte die Klägerin, es handle sich bei einem Mahnschreiben schon aus dem Grunde um eine endgültige Rechtswirkungen erzeugende Maßnahme, da die Kommission ihre Ansicht abschließend bilden müsse und ihre Untersuchungen damit endgültig abschlösse[1047]. Die Untersuchungen und die Meinungsbildung der Kommission muss aber keineswegs abschließend sein, da sie in jedem Abschnitt des Verfahrens erneut ihr Ermessen ausübt[1048].

[1042] Ausführlich *Ortlepp*, Vertragsverletzungsverfahren, S. 66 ff. zum vorgerichtlichen Verfahren und S. 75 ff. zum gerichtlichen Verfahren.

[1043] *Ortlepp*, Vertragsverletzungsverfahren, S. 107.

[1044] EuGH, Rs. 48/65, Slg. 1966, 28, 39 – Lütticke; Rs. C-72/90, Slg. 1990, I-2181, Rn. 11 – Asia Motor France; EuG Rs. T-191/00, Slg. 2001, II-1961 – Edlinger. Für die Untätigkeitsklage: EuGH, Rs. 247/87, Slg. 1989, 291, Rn. 11 ff. – Star Fruit; Rs. C-371/89, Slg. 1990, I-1555, Rn. 5 ff. - Emrich; EuG, Rs. T-5/94, Slg. 1994, II-391, 398, Rn. 15 – J/Kommission; Rs. T-13/94, Slg. 1994, II-431, 438, Rn. 12 ff. – Century Oils Hellas; Rs. T-126/95, Slg. 1995, II-2863, Rn. 44 – Dumez; Rs. T-277/94, Slg. 1996, II-351, Rn. 66 ff. – AITEC; *Ehricke*, in: Streinz, Art. 226, Rn. 2; *Borchardt*, in: Lenz/Borchardt, Art. 226, Rn. 13, Art. 232, Rn. 6; *Karpenstein/Karpenstein*, in: Grabitz/Hilf, Art. 226, Rn. 33; *Stotz/Tonne*, in: Dauses, Hdb. EU-WirtschaftsR, P.I, Rn. 96, 227; *Burgi*, in: Rengeling/Middeke/Gellermann, 2. Auflage, § 8, Rn. 27; *Ehlermann*, FS Kutscher, 135, 138, Fn. 8; *Ortlepp*, Vertragsverletzungsverfahren, S. 90; Streinz Rn. 297; *Nowak*, EuZW 2000, 453, 456.

[1045] vgl. Art. 114 § 3 VerfOrdnung. EuG, Rs. T-126/95, Slg. 1995, II-2863, Rn. 19 – Dumez.

[1046] *Karpenstein/Karpenstein*, in: Grabitz/Hilf, Art. 226, Rn. 33; *Ortlepp*, Vertragsverletzungsverfahren, S. 82. Zweifelnd *Nowak*, Konkurrentenschutz, S. 388.

[1047] Argumentation der Klägerin in EuG, Rs. T-126/95, Slg. 1995, II-2863, Rn. 25 – Dumez.

[1048] *Ortlepp*, Vertragsverletzungsverfahren, S. 75 ff.

Auch ein systematisches Argument spricht eindeutig gegen die Zulässigkeit einer solchen Untätigkeitsklage: Art. 227 EG regelt das Initiieren eines Vertragsverletzungsverfahrens durch einen Mitgliedstaat. Dieser kann den Gerichtshof anrufen, nachdem er die Kommission in der Weise damit befasst hat, dass er sie zu Erlass von Mahnschreiben und mit Gründen versehener Stellungnahme auffordert. Diese Vorschrift wäre überflüssig, wenn ein Mitgliedstaat dasselbe Ziel mit Hilfe der Untätigkeitsklage erreichen könnte. Kann aber schon der zu den privilegiert Klageberechtigten zählende Mitgliedstaat dies nicht, so muss dies erst recht für den privaten Unternehmer gelten.

Weitere Argumente gegen die Zulässigkeit einer Klage auf Einschreiten gegen einen Mitgliedstaat betreffen nicht die Frage des Klagegegenstands und sollen hier nur kurze Erwähnung finden: Zum einen ist das Mahnschreiben kein Akt, der den Einzelnen unmittelbar und individuell betrifft[1049] und das Vertragsverletzungsverfahren erfüllt die Funktion einer von subjektiven Rechten unabhängigen Überprüfung objektiven Rechts[1050]. Außerdem liegt das Tätigwerden im Rahmen des Art. 226 EG allein im pflichtgemäßen Ermessen der Kommission[1051]. Sie kann auch aus politischen Erwägungen auf die Einleitung eines Verfahrens oder dessen vollständige Durchführung verzichten[1052].

Der ähnlich gelagerte Fall *max.mobil*[1053], in dem das EuG die Ablehnung einer Beschwerde auf Erlass einer an einen Mitgliedstaat gerichteten Entscheidung nach Art. 86 Abs. 3 EG als „Entscheidung" qualifizierte[1054], ist – abgesehen von deren Kassation durch den EuGH – nicht auf den Fall des Vertragsverletzungsverfahrens übertragbar, da Art. 226 EG weder der Kommission die Befugnis verleiht, eine Zuwiderhandlung festzustellen, noch Dritten das Recht zugesteht, sich am Verwaltungsverfahren zu beteiligen [1055].

Die Einleitung eines Vertragsverletzungsverfahrens durch die Kommission bildet folglich keinen tauglichen Klagegegenstand.

H. Ergebnis zu Abschnitt 2

Geeignete Klagegegenstände sind die Abweisung einer Beschwerde nach Art. 7 Abs. 2 VO Nr. 773/2004 oder nach Art. 13 VO Nr. 1/2003, Abstellungsentscheidungen nach Art. 7 Abs. 1 VO Nr. 1/2003, einstweilige Maßnahmen nach Art. 8, die Verbindlicher-

---

[1049] EuGH, Rs. 247/87, Slg. 1989, 291, Rn. 13 – Star Fruit; EuG, Rs. T-13/94, Slg. 1994, II-431, 438, Rn. 14 – Century Oils Hellas; *Ehricke*, in: Streinz, Art. 226, Rn. 2; *Borchardt*, in: Lenz/Borchardt, Art. 226, Rn. 13, Art. 232, Rn. 6; *Stotz*, in: Dauses, Hdb. EU-WirtschaftsR, P.I, Rn. 227; *Ortlepp*, Vertragsverletzungsverfahren, S. 82.

[1050] *Ehricke*, in: Streinz, Art. 226, Rn. 1; *Borchardt*, in: Lenz/Borchardt, Art. 226, Rn. 13.

[1051] Argumentation der Kommission in EuG, Rs. T-126/95, Slg. 1995, II-2863, Rn. 21 – Dumez; Rs. 247/87, Slg. 1989, 291, Rn. 11 – Star Fruit; EuG, Rs. T-13/94, Slg. 1994, II-431, 438, Rn. 12 – Century Oils Hellas; *Ehricke*, in: Streinz, Art. 226, Rn. 2; *Stotz/Tonne*, in: Dauses, Hdb. EU-WirtschaftsR, P.I, Rn. 96; *Burgi*, in: Rengeling/Middeke/Gellermann, 2. Auflage, § 8, Rn. 27; *Borchardt* in: Lenz/Borchardt, Art. 232, Rn. 6; Beutler/Bieber/Pipkorn/Streil, 4. Auflage, S. 262.

[1052] Beutler/Bieber/Pipkorn/Streil, 4. Auflage, S. 263.

[1053] EuG, Rs. T-54/99, Slg. 2002, II-313 – max.mobil/Kommission (nicht rechtskräftig); Rechtsmittelentscheidung: EuGH, Rs. C-141/02 vom 22. 2. 2005, NJW 2005, 1177 f. – Kommission/max.mobil.

[1054] EuG, Rs. T-54/99, Slg. 2002, II-313, Rn. 64-68 – max.mobil/Kommission.

[1055] So die Argumente der Kommission in EuG, Rs. T-126/95, Slg. 1995, II-2863, Rn. 22 – Dumez.

klärung von Verpflichtungszusagen nach Art. 9 Abs. 1, Nichtanwendbarkeitsentscheidungen nach Art. 10, Ermittlungen der Kommission nach Art. 18 ff., sofern sie in Form der Entscheidung ergehen, Buß- oder Zwangsgeldsentscheidungen nach Art. 23 f., Gruppenfreistellungsverordnungen, der Entzug des Rechtsvorteils einer Gruppenfreistellungsverordnung nach Art. 29 Abs. 1 sowie Bekanntmachungen der Kommission, wenn sie über das Gemeinschaftsrecht hinausgehende Verpflichtungen enthalten.

Soweit sie isoliert ergehen, sind auch rein feststellende Entscheidungen nach Art. 7 Maßnahmen, gegen die die Nichtigkeitsklage erhoben werden kann.

Klagen, die auf Einleitung eines Verfahrens oder dessen Wiederaufnahme gerichtet sind, sind als Klagen auf Erlass einer bestimmten, das Verfahren beendenden Entscheidung anzusehen. Deren Zulässigkeit richtet sich hinsichtlich des Klagegegenstandes nach den Rechtswirkungen dieser letztlich angestrebten Maßnahme. Ebenso verhält es sich mit Klagen, die eine das Verfahren einstellende Maßnahme angreifen. Klagegegenstand ist die Ablehnung, eine Sachentscheidung herbeizuführen.

Teil 3: Der Kläger – seine Rechtsbeziehung zur Maßnahme

Der Adressat einer Maßnahme bedarf keiner besonderen Klagebefugnis. Seine Klage ist – abgesehen von den übrigen Zulässigkeitsvoraussetzungen – zulässig[1056], da er stets unmittelbar und individuell betroffen ist. Bei der Konkurrentenklage besteht aber gerade die Besonderheit, dass die anzugreifende Maßnahme nicht an den Kläger gerichtet ist bzw. dass der begehrte Akt nicht an diesen zu richten wäre, so dass sich die zwischen Kläger und Klagegegenstand erforderliche Rechtsbeziehung nicht aus der Adressateneigenschaft ergeben kann. Zu untersuchen ist deshalb im Folgenden, welche Anforderungen an die Klagebefugnis eines Nichtadressaten generell zu stellen sind (1. Abschnitt) und in welchen konkreten Fällen im Bereich des Kartellrechts diese Anforderungen erfüllt sein können (2. Abschnitt).

1. Abschnitt: Allgemeine Anforderungen an die Klagebefugnis des Nichtadressaten

Art. 230 Abs. 4, 3.Var. EG bestimmt für die Nichtigkeitsklage, dass solche Entscheidungen anfechtbar sind, die, obwohl sie *„als eine an eine andere Person gerichtete Entscheidung ergangen sind, sie unmittelbar und individuell betreffen"*. Obwohl der EG-Vertrag nach seinem Wortlaut unterschiedliche Anforderungen an die Klagebefugnis hinsichtlich von Nichtigkeits- und Untätigkeitsklage stellt, sind aus den oben erörterten Gründen nach mittlerweile herrschender Ansicht die zur Nichtigkeitsklage entwickelten Grundsätze auch im Rahmen der Untätigkeitsklage heranzuziehen[1057].

Der Ausdruck *„als an eine andere Person gerichtete Entscheidung ergangene"* Entscheidung kann nicht so verstanden werden, dass der Akt zwangsläufig irrtümlich oder arglistig an den falschen Adressaten gerichtet worden sein muss[1058]. Vor allem sind Fälle gemeint, in denen die Reflexwirkungen – etwa „Duldungspflichten" – einer Entscheidung einen Dritten treffen[1059], mithin typische Fälle einer Konkurrentenklage.

Bei Nichtadressaten muss also sowohl bei Nichtigkeits- als auch bei Untätigkeitsklage eine Prüfung erfolgen, ob sie vom Klagegegenstand in unmittelbarer und individueller Weise betroffen sind[1060]. Nach der hier vertretenen Auffassung handelt es sich dabei um die Voraussetzung der Klagebefugnis. Andere halten die Prüfung der Klagebefugnis für entbehrlich, da sie die Frage der Betroffenheit bereits im Rahmen des Klagegegenstandes beantworten[1061].

Eine Besonderheit ergibt sich für die Nichtigkeitsklage gegen eine ablehnende Entscheidung, bei der der Kläger als Adressat der Ablehnungserklärung zwar klagebefugt

---

[1056] *Burgi*, in: Rengeling/Middeke/Gellermann, 2. Auflage, § 7, Rn. 55; *Ehricke*, in: Streinz, Art. 230 EG, Rn. 56; *Nicolaysen*, Europarecht I, S. 362, 384; *König*, JuS 2003, 257; *Lenz*, NJW 1994, 2063, 2066; *Schwarze*, RIW 1996, 893, 895; *Erichsen/Weiß*, Jura 1990, 528, 531.

[1057] *Stotz*, in Dauses, Hdb. EU-WirtschaftsR, P.I, Rn. 229. Siehe auch oben Teil 2, Abschnitt 1.

[1058] *Daig*, FS Riese, 187, 201.

[1059] *Daig*, FS Riese, 187, 202.

[1060] Meist wird diese Voraussetzung als für die Zulässigkeit ausreichend erachtet, ohne sie aber als Klagebefugnis einzuordnen: so *Sedemund/Heinemann*, DB 1995, 1161, 1167.In Bezug auf die Untätigkeitsklage *Burgi*, in: Rengeling/Middeke/Gellermann, 2. Auflage, § 8, Rn. 30, 34.

[1061] Etwa *Cremer*, in: Calliess/Ruffert, Art. 232, Rn. 12; *Koenig/Sander*, EG-Prozessrecht, 1997, Rn. 366; *Schwarze*, in: Schwarze, Art. 232 EG, Rn. 18.

ist, im Rahmen des Klagegegenstandes aber zu prüfen ist, ob er von der begehrten Maßnahme unmittelbar und individuell betroffen ist[1062]. Da dies inhaltlich der Klagebefugnis des Nichtadressaten entspricht, soll diese Frage ebenfalls in diesem Teil der Arbeit behandelt werden.

Kern der Fragestellung, welche Beziehung zwischen Kläger und Klagegegenstand bestehen muss, ist somit, ob ersterer vom Gegenstand unmittelbar (B.) und individuell (C.) betroffen (A.) ist. Der Gerichtshof konzentriert seine Prüfung der Klagebefugnis meist nur auf eines dieser Merkmale[1063].

A. Betroffenheit

Anders als im deutschen Recht erfordert die Betroffenheit des Klägers nicht etwa eine mögliche Verletzung in subjektiven Rechten[1064], sondern lässt eine gegenwärtige Beeinträchtigung von Interessen durch die beschwerende Maßnahme bzw. das Untätigbleiben der Behörde ausreichen[1065]. Dieses weite Verständnis resultiert aus einer Anlehnung an das im französischen Verwaltungsprozessrecht geltende Modell der Interessenklage, das ebenso wenig eine Rechtsverletzung erfordert, sondern jedwede Beeinträchtigung der eigenen Angelegenheiten ausreichen lässt[1066]. Mit Ausnahme von Deutschland basieren die Rechtsschutzsysteme in den meisten Mitgliedstaaten der Gemeinschaft auf dem Grundmodell der Interessenklage[1067].

Gestritten wird darüber, welche Beschaffenheit die verletzten Interessen aufweisen müssen, ob sie wirtschaftlicher oder sozialer[1068] oder rein tatsächlicher Art[1069] zu sein haben oder jedenfalls nicht im Widerspruch zur Rechts- oder Sittenordnung stehen

---

[1062] Siehe oben, Teil 2, Abschnitt 1.

[1063] *Booß*, in: Grabitz/Hilf, Art. 230 EG, Rn. 49; *Ehricke*, in: Streinz, Art. 230 EG, Rn. 52; *Burgi*, in: Rengeling/Middeke/Gellermann, 2. Auflage, § 7, Rn. 57.

[1064] Dazu ausführlich *Ehlers*, VerwArch 84 (1993), 139 ff., der betont, dass § 42 Abs. 2 VwGO nicht nur die Popularklage, sondern ebenso jede Interessentenklage auszuschließen bezweckt. Befürwortung der Beschränkung des Einsatzes der Verwaltungsgerichte auf den Schutz subjektiver öffentlicher Rechte bei *Bühler*, Die subjektiven öffentlichen Rechte, S. 522. *Triantafyllou*, DÖV 1997, 192, 200, will hingegen sogar eine weitgehende Übereinstimmung zwischen den Anforderungen an die Klagebefugnis im deutschen und im Gemeinschaftsrecht erkennen.

[1065] *Ehricke*, in: Streinz, Art. 230 EG, Rn. 52; *Booß*, in: Grabitz/Hilf, Art. 230 EG, Rn. 49; *Bleckmann*, Europarecht, Rn. 889; *Bebr*, Judicial Control, S. 69, 71; *Daig*, FS Riese, 187, 203; *Daig*, Nichtigkeits- und Untätigkeitsklagen, Rn. 122; *Borowski*, EuR 2004, 879, 889; *Everling*, DVBl. 2002, 1297, 1301; *Körber*, EuZW 1996, 267, 269; *Classen*, NJW 1995, 2457, 2461.

[1066] Jedenfalls im Amtsüberschreitungsverfahren (*recours pour excès de pouvoir*). *Ehricke*, in: Streinz, Art. 230 EG, Rn. 52; *Burgi*, in: Rengeling/Middeke/Gellermann, 2. Auflage, § 7, Rn. 57; *Bleckmann*, Europarecht, Rn. 889; *Calliess*, NJW 2002, 3577, 3578; *Sedemund/Heinemann*, DB 1995, 1161; *Frenz*, Der Staat 34 (1995), 586, 595; *Everling*, NVwZ 1993, 209, 214; *Fromont*, RTDE 1966, 47, 55 f. Siehe ausführlicher zur Klagebefugnis im französischen Recht *Tonne*, Effektiver Rechtsschutz, S. 81 f.; *Bleckmann*, Gerichtsschutz gegen die Exekutive, Bd. III; *Fromont*, Gerichtsschutz, 221, 249 ff.; *Epiney*, VVDStRL 61 (2002), 362, 370 ff.

[1067] *Bebr*, Judicial Control, S. 69.

[1068] *Ahlt*, S. 53; *Oppermann*, 2. Auflage, 1999, Rn. 754.

[1069] *Ehricke*, in: Streinz, Art. 230 EG, Rn. 52; *Burgi*, in: Rengeling/Middeke/Gellermann, 2. Auflage, § 7, Rn. 57; *Koenig/Pechstein/Sander*, EG-Prozessrecht, Rn. 391 f.; *Daig*, FS Riese, 187, 204; *Daig*, Nichtigkeits- und Untätigkeitsklagen, Rn. 122; *Erichsen/Weiß*, Jura 1990, 528, 532; *Ehlers*, VerwArch 84 (1993), 139, 151; *Rüber*, NJW 1971, 2097, 2101.

dürfen[1070]. Der Wortlaut der Art. 230, 232 EG ist diesbezüglich unbestimmt und daher zugunsten des Rechtsschutzes möglichst weit auszulegen[1071]. Da es keine gerichtliche Generalklausel gibt, sondern der Gemeinschaftsbürger vielmehr auf den durch Nichtigkeits- und Untätigkeitsklage zu erreichenden Rechtsschutz beschränkt und angewiesen ist, können diese nicht als Spezialrechtsbehelfe für Interessenverletzungen bestimmter Art angesehen werden. Schließlich stellt das Kriterium der tatsächlichen Betroffenheit eine ausreichende Hürde dar, um Personen von einer Klageerhebung auszuschließen, für die der Akt rechtlich oder tatsächlich neutral ist,[1072] und wird zudem durch die Erfordernisse der Unmittelbarkeit und der Individualisierung weiter eingeschränkt. Auch der Gerichtshof fragt nicht nach einem bestimmten Interesse, es muss lediglich bereits entstanden sein und weiter fortbestehen[1073].

B. Unmittelbare Betroffenheit

Das Kriterium der unmittelbaren Betroffenheit erfüllt die Funktion, sicherzustellen, dass die Interessenbeeinträchtigung des Klägers auch ohne weiteres aus dem Klagegegenstand resultiert und damit gewiss und gegenwärtig ist[1074]. Rein hypothetische, potentielle Interessenschädigungen sollen ausgeschlossen werden[1075]. Es hängt daher mit der Verbindlichkeit der Maßnahme zusammen und weist eine Parallele zum Rechtsschutzinteresse auf, das bei fehlender Unmittelbarkeit ebenfalls entfällt[1076]. Seinen Ursprung hat es in der Struktur der Gemeinschaft, die häufig zweistufige Verfahren zum Erlass eines Rechtsaktes vorsieht[1077]. Erfolgt die Umsetzung auf der zweiten Stufe durch die mitgliedstaatlichen Behörden, so soll der erst durch den Umsetzungsakt unmittelbar Betroffene zunächst auf mitgliedstaatlicher Ebene Rechtsschutz suchen[1078].

Nach ständiger Rechtsprechung ist der einzelne unmittelbar von einer Maßnahme betroffen, „*wenn die beanstandete Maßnahme der Gemeinschaft sich auf seine Rechtsstellung unmittelbar auswirkt und ihren Adressaten, die mit der Durchführung betraut sind, keinerlei Ermessensspielraum lässt, diese Durchführung vielmehr rein automatisch erfolgt und sich allein aus der Gemeinschaftsregelung ergibt, ohne dass dabei weitere Vorschriften angewandt werden*“[1079]. Zu beantworten ist also die Frage, ob zur Entfaltung der Rechtswirkungen eines Aktes weitere, nationale oder andere Durchführungsmaßnahmen[1080] erforderlich sind[1081].

1070 *Daig*, FS Riese, 187, 204.
1071 *Daig*, FS Riese, 187, 203; *Koch*, Klagebefugnis, S. 237 ff.
1072 *Ehricke*, in: Streinz, Art. 230 EG, Rn. 52.
1073 EuG, Rs. T-138/89, Slg. 1992, II-2181, 2192, Rn. 33 – NBV u. NVB.
1074 *Borchardt* in: Lenz/Borchardt, Art. 230, Rn. 28.
1075 *Daig*, FS Riese, 187, 205; *Cremer*, in: Individualrechtsschutz, S. 39; *Ehlers*, VerwArch 84 (1993), 139, 151.
1076 *Booß*, in: Grabitz/Hilf, Art. 230 EG, Rn. 50; *Daig*, Nichtigkeits- und Untätigkeitsklagen, Rn. 125; *Allkemper*, S. 81.
1077 GA Roemer, Rs. 25/62, Slg. 1963, 211, 254 f. – Plaumann. Zur unmittelbaren Betroffenheit bei staatengerichteten Entscheidungen siehe ausführlich *Mager*, EuR 2001, 661, 674 ff.
1078 *Burgi*, in: Rengeling/Middeke/Gellermann, 2. Auflage, § 7, Rn. 58.
1079 EuGH, Rs. C-386/96 P, Slg. 1998, I-2309, 2370, Rn. 43 – Dreyfus (st. Rsp.). *Booß*, in: Grabitz/Hilf, Art. 230 EG, Rn. 50; *Burgi*, in: Rengeling/Middeke/Gellermann, 2. Auflage, § 7, Rn. 76.
1080 Merkwürdigerweise verlangte der gescheiterte Verfassungsvertrag für Rechtsakte mit Verordnungscharakter in Art. III-365 Abs. 4, dass sie den Kläger „*unmittelbar betreffen und keine Durch-*

Fraglich ist, ob die zu fordernde Unmittelbarkeit eine solche „formeller" oder „materieller"[1082] Art ist. Während im ersten Fall rein formal gefragt würde, ob es einer weiteren Rechtshandlung bedürfe, kommt es bei der materiellen Unmittelbarkeit darauf an, ob die Erstentscheidung jedenfalls mit großer Wahrscheinlichkeit voraussagen lässt, dass der Umsetzungsakt die Interessen des Klägers berühren wird[1083]. Dies ist bei einem zweistufigen Verfahren zum einen der Fall, wenn der Vollzugsakt nicht im Ermessen der durchführenden Behörde steht, sondern für diese zwingend vorgesehen ist[1084], und darüber hinaus auch dann, wenn die Behörde bereits zweifelsfrei ihren Willen zur Umsetzung gebildet hat[1085]. Außerdem wird man dem Kläger nicht zumuten können, die Verhängung von Straf- oder Bußgeldern abzuwarten. Es ist also die Frage entscheidend, ob der Vollzugsakt für den Interesseneingriff rechtsnotwendig ist oder auslösender Faktor bereits die aus der Rechtsnorm selbst fließenden Belastungen sind[1086].

Wenn ein Privater Adressat der Maßnahme ist, wie etwa im Fall einer gestattenden, behördlichen Maßnahme, gelten grundsätzlich die gleichen Anforderungen wie bei staatengerichteten Entscheidungen oder sonstigen, konkretisierungsbedürftigen Akten[1087]. Jedoch sind tatsächliche Auswirkungen, die erst durch Handlungen der Privaten eintreten, in Bezug auf die Unmittelbarkeit unbeachtlich[1088]. Hier gilt eine wirt-

---

führungsmaßnahmen nach sich ziehen".

1081 *Schwarze*, in: Schwarze, Art. 230 EG, Rn. 41; *Daig*, Nichtigkeits- und Untätigkeitsklagen, Rn. 130; *König*, JuS 2003, 257, 259; *Everling*, DVBl. 2002, 1297, 1301; *Rüber*, NJW 1971, 2097, 2102.

1082 So EuGH, Rs. 11/82, Slg. 1985, 207, 242, Rn. 8 – Piraiki-Patraiki; Rs. 169/84, Slg. 1986, 391, 416, Rn. 30 – Cofaz; EuG, Rs. T-435/93, Slg. 1995, II-1281, Rn. 60 – ASPEC (Beihilfen); *Burgi*, in: Rengeling/Middeke/Gellermann, 2. Auflage, § 7, Rn. 79; *Wegmann*, S. 132; *Daig*, Nichtigkeits- und Untätigkeitsklagen, Rn. 132; *Allkemper*, S. 77; *Löw*, Rechtsschutz, S. 162 f.

1083 Erstmals *Daig*, FS Riese, 187, 204 f.; *Thierfelder*, Die Entscheidung, S. 135 ff.; *Allkemper*, S. 95.

1084 EuGH, Rs. 152/88, Slg. 1990, I-2477, Rn. 9 – Sofrimport; Rs. C-386/96 P, Slg. 1998, I-2309, 2370, Rn. 43 – Dreyfus; EuG, verb. Rs. T-480, 483/93, Slg. 1995, II-2305, Rn. 63 – Antillean Rice Mills; Rs. T-54/98, Slg. 2003, II-3083, Rn. 37 – Aruba; Rs. T-332/00 und T-350/00, Slg. 2002, II-4755, 4775, Rn. 45 – Rica Foods und Free Trade Foods; *Schwarze*, in: Schwarze, Art. 230 EG, Rn. 41; *Booß*, in: Grabitz/Hilf, Art. 230 EG, Rn. 51; *Ehricke*, in: Streinz, Art. 230 EG, Rn. 53; *Borchardt* in: Lenz/Borchardt, Art. 230, Rn. 28; *Burgi*, in: Rengeling/Middeke/Gellermann, 2. Auflage, § 7, Rn. 77; *Constantinesco*, Recht der EG, S. 862.

1085 *Schwarze*, in: Schwarze, Art. 230 EG, Rn. 41; *Cremer*, in: Calliess/Ruffert, Art. 230 EG, Rn. 46; *Cremer*, in: Individualrechtsschutz, S. 39; *Röhl*, ZaöRV 60 (2000), 331, 357; *Ehlers*, VerwArch 84 (1993), 139, 152. In Bezug auf staatengerichtete Entscheidungen *Burgi*, in: Rengeling/Middeke/Gellermann, 2. Auflage, § 7, Rn. 78; *Daig*, Nichtigkeits- und Untätigkeitsklagen, S. 103, Fn. 352; *Borowski*, EuR 2004, 879, 889 f. Auch bestätigt durch die Rechtsprechung: EuGH, Rs. 11/82, Slg. 1985, 207, Rn. 9 – Piraiki-Patraiki; Rs. C-386/96 P, Slg. 1998, I-2309, 2371, Rn. 44 – Dreyfus: *„Das gleiche gilt, wenn für die Adressaten nur eine rein theoretische Möglichkeit besteht, dem Gemeinschaftsakt nicht nachzukommen, weil ihr Wille, diesem Akt nachzukommen, keinem Zweifel unterliegt".* *Booß*, in: Grabitz/Hilf, Art. 230 EG, Rn. 50.

1086 *Sedemund/Heinemann*, DB 1995, 1161, 1166.

1087 *Daig*, Nichtigkeits- und Untätigkeitsklagen, Rn. 135.

1088 EuG, Rs. T-3/93, Slg. 1994, II-121, Rn. 80 – Air France I; Rs. T-114/02, Slg. 2003, II, 1279, Rn. 89 – BaByliss SA; *Ehricke*, in: Streinz, Art. 230 EG, Rn. 55; *Daig*, Nichtigkeits- und Untätigkeitsklagen, Rn. 135.

schaftliche Betrachtungsweise, so dass ausführende Maßnahmen der begünstigten Unternehmen nicht abzuwarten sind.

Im Bereich der Fusionskontrolle hat der Gerichtshof für die Unmittelbarkeit der Betroffenheit auch ausreichen lassen, dass zwischen der Maßnahme und der Interessenbeeinträchtigung ein unmittelbarer Kausalzusammenhang besteht[1089]. Unmittelbarkeit liegt demzufolge dann vor, wenn der Kläger bei Erfolg der Klage ohne weiteres den erstrebten Vorteil erhält[1090].

Teilweise wird die unmittelbare Betroffenheit des Klägers sogar aus der individuellen Betroffenheit abgeleitet[1091]. Dies geht – zwar unausgesprochen, aber zwangsläufig – mit der Forderung einher, auf das Kriterium der Unmittelbarkeit ganz zu verzichten[1092], da der unmittelbaren Betroffenheit dann kein eigener Wert zukäme. Es ist aber vorstellbar, dass eine Maßnahme jemanden zwar bereits individualisiert, aber noch nicht unmittelbar betrifft, weil dazu etwa noch eine im Ermessen der durchführenden Behörde stehende Entscheidung aussteht. Da in diesem Fall der noch ungewissen Beeinträchtigung Rechtsschutz noch nicht erforderlich ist, kann auf die Voraussetzung der unmittelbaren Betroffenheit nicht verzichtet werden.

C. Individuelle Betroffenheit

Die Individualisierung des Klägers bezweckt den Ausschluss der Popularklage[1093]. Der Gerichtshof lässt allerdings immer noch ein klares Konzept zu deren Verständnis vermissen. Er entscheidet im Einzelfall und unterscheidet insbesondere nicht nach den verschiedenen Kategorien Drittbetroffener[1094]. Da Dritte aber in unterschiedlichen Sachbereichen in unterschiedlicher Weise betroffen sein können, muss bei der folgenden Analyse der Gemeinschaftsrechtsprechung darauf Wert gelegt werden, auf welchen Sachbereich sich die Aussagen des Gerichtshofs beziehen und ob sie verallgemeinerungsfähig oder zumindest auf das Kartellrecht übertragbar sind[1095]. Etwa im Beihilfen- und Antidumpingrecht besteht die Besonderheit, dass die „wirtschaftlich Hauptbetroffenen“[1096] nicht Adressaten der Maßnahmen sind. Es ist daher anzuneh-

---

[1089] EuG, Rs. T-96/92, Slg. 1995, II-1213, 1236, Rn. 45 – Comité central d'entreprise de la Société générale des grandes sources; *Koenig/Pechstein/Sander*, EG-Prozessrecht, Rn. 395; *Schwarze*, in: Schwarze, Art. 230 EG, Rn. 41; *Ehricke*, in: Streinz, Art. 230 EG, Rn. 55. So auch *Zuleeg*, Subventionskontrolle S. 42, für die Beihilfenaufsicht.

[1090] EuGH, Rs. 69/69, Slg 1970, 385, 394, Rn 13/16 – ALCAN (Zollrecht); *Booß*, in: Grabitz/Hilf, Art. 230 EG, Rn. 50 ; *Burgi*, in: Rengeling/Middeke/Gellermann, 2. Auflage, § 7, Rn. 76.

[1091] *Borchardt* in: Lenz/Borchardt, Art. 230, Rn. 47; *Birk*, EWS 2003, 159, 160.

[1092] In diese Richtung *Sedemund/Heinemann*, DB 1995, 1161, 1166.

[1093] EuGH, Rs. 16 u. 17/62, Slg. 1962, 961, 980 – Confédération nationale des producteurs de fruits et légumes; *Booß*, in: Grabitz/Hilf, Art. 230 EG, Rn. 49; *Borchardt* in: Lenz/Borchardt, Art. 230, Rn. 28; *Burgi*, in: Rengeling/Middeke/Gellermann, 2. Auflage, § 7, Rn. 58; *Daig*, Nichtigkeits- und Untätigkeitsklagen, Rn. 125; *Löw*, Rechtsschutz, S. 153; *Allkemper*, S. 28; *Birk*, EWS 2003, 159, 160; *Schwarze*, RIW 1996, 893, 895.

[1094] *Nehl*, in: Individualrechtsschutz, 135, 147.

[1095] Nach Auffassung von *Nowak*, EuZW 2000, 453, 457, können die Aussagen des Gerichtshofs zur Zulässigkeit von Direktklagen keine bereichsübergreifende Gültigkeit beanspruchen, was dieser kritisiert, S. 458. Ähnlich *Karl*, in: Fusionskontrolle, 37, 74.

[1096] Begriff bei *Nehl*, in: Individualrechtsschutz, 135.

men, dass der Gerichtshof diesen in großzügigerer Weise ein Klagerecht zukommen lässt als er das bei einem Konkurrenten im Kartellrecht tun würde.

I. Auslegung durch die Rechtsprechung

1963 definierte der EuGH in der Rechtssache *Plaumann* erstmals das Kriterium der individuellen Betroffenheit: „*Wer nicht selbst Adressat einer Entscheidung ist, kann nur dann geltend machen, von ihr individuell betroffen zu sein, wenn die Entscheidung ihn wegen bestimmter persönlicher Eigenschaften oder besonderer, ihn aus dem Kreis aller übrigen Personen heraushebender Umstände berührt und ihn daher in ähnlicher Weise individualisiert wie den Adressaten.*“[1097] Unbeantwortet bleibt in dieser Definition, welche persönlichen Eigenschaften oder besonderen Umstände konkret gemeint sind. Bei der Analyse der bisherigen Rechtsprechung zur „Plaumann-Formel“ ergeben sich noch zahlreiche Unklarheiten, weshalb die Rechtsprechung auch als unbefriedigend angesehen wird[1098]. Es lassen sich aber die folgenden drei Fallgruppen feststellen, bei denen der Gerichtshof regelmäßig von einer Individualisierung ausgeht[1099].

1. Formalisierung durch Verfahrensbeteiligung

Der Gerichtshof hat das Kriterium der individuellen Betroffenheit formalisiert, indem er eine Beteiligung des Klägers am Verwaltungsverfahren in bestimmter Weise genügen lässt[1100].

a) Völliges oder teilweises Ablehnen eines Antrags

In der Rechtssache *Metro I*[1101] erhob die Metro Nichtigkeitsklage gegen eine Entscheidung der Kommission, die ein selektives Vertriebssystem von SABA, zu dem Metro nicht zugelassen wurde, teilweise freistellte, teilweise mit einem Negativattest versah und teilweise als wettbewerbswidrig einstufte. Zuvor hatte sowohl SABA die streitige Vereinbarung angemeldet, als auch Metro eine Beschwerde nach Art. 3 VO Nr. 17/62

[1097] EuGH, Rs. 25/62, Slg. 1963, 213, 238– Plaumann; bestätigt in EuGH, Rs. 169/84, Slg. 1986, 391, 414, Rn. 22 – Cofaz (Beihilfen); Rs. C-225/91, Slg. 1993, I-3203, Rn. 14 – Matra; EuG, Rs. T-481 u. 484/93, Slg. 1995, II-2941, 2961, Rn. 51 – Exporteurs in Levende Varkens; Rs. C-270/95, Slg. I 1996, 1987 – Christina Kik, Rn. 12; EuG, Rs. T-88/92, Slg. 1996, II-1961, Rn. 44 – Leclerc (selektives Vertriebssystem); Rs. T-114/02, Slg. 2003, II, 1279, Rn. 91 – BaByliss SA. *Booß*, in: Grabitz/Hilf, Art. 230, Rn. 53; *Ehricke*, in: Streinz, Art. 230 EG, Rn. 56.

[1098] *Borowski*, EuR 2004, 879, 890; *Birk*, EWS 2003, 159, 165; *Schwarze*, RIW 1996, 893, 895; *Sedemund/Heinemann*, DB 1995, 1161; *Steindorff*, ZHR 150 (1986), 222, 253.

[1099] So *König*, JuS 2003, 257, 258; *Cremer*, in: Calliess/Ruffert, Art. 230, Rn. 50 ff.

[1100] EuGH, Rs. C-15 u. 108/91, Slg. 1992, I-6061, 6100, Rn. 29 – Buckl; *Gaitanides*, in: GS, Art. 230 EG, Rn. 75; *Booß*, in: Grabitz/Hilf, Art. 230, Rn. 58; *Schwarze*, in: Schwarze, Art. 230 EG, Rn. 38, 43; *Schwarze*, GS Martens, S. 819, 846; *Schmidt*, FS Steindorff, S. 1085, 1095 ff.; *Moitinho de Almeida*, FS Everling, Bd. I, 849, 860; *Cremer*, Forschungssubventionen, S. 229; *Cremer*, in: Individualrechtsschutz, S. 41 f.; *Dormann*, Drittklagen, S. 203; *Birk*, EWS 2003, 159, 161; *Körber*, RIW 1998, 910, 913; *Körber*, EuZW 1996, 267, 270; *Sedemund/Heinemann*, DB 1995, 1161; *Sedemund/Heinemann*, DB 1995, 713, 714 f.; *Kirchhoff*, BB 1990, Beilage 14, S. 1, 14; *Ehlers*, VerwArch 84 (1993), 139, 153; *Heidenhain*, EuZW 1991, 590, 593; *Nicolaysen*, EuR 1986, 261, 263. *Karl*, in: Fusionskontrolle, 37, 79, fordert für das Fusionskontrollrecht das Hinzutreten der möglichen Entstehung einer marktbeherrschenden Stellung als zusätzliches Kriterium.

[1101] EuGH, Rs. 26/76, Slg. 1977, 1875 ff. – Metro I.

eingelegt. Der EuGH hält Metro aus dem Grunde für individuell betroffen, dass die streitige Entscheidung auch auf eine Beschwerde ihrerseits ergangen ist. Personen, die nach Art. 3 Abs. 2 lit. b VO Nr. 17 einen Antrag zu stellen berechtigt sind, verfügten bei völliger oder teilweiser Ablehnung dieses Antrags über eine Klagemöglichkeit zum Schutz ihrer berechtigten Interessen[1102].

In der Sache *Ladbroke*[1103] wollte die Ladbroke GmbH Übertragungsrechte für französische Pferderennen von der DSV kaufen, welche dies jedoch unter Berufung auf ihren mit der PMI geschlossenen Lizenzvertrag ablehnte. Auf eine Beschwerde bei der Kommission nach Art. 3 VO Nr. 17 wegen Verletzung der Art. 85, 86 EWGV teilte diese den Parteien die Beschwerdepunkte im Hinblick auf eine Verletzung des Art. 85 EWGV mit. Im Hinblick auf Art. 86 EWGV erkennt das Gericht erster Instanz die Klage von *Ladbroke* für zulässig und begründet, ohne jedoch unmittelbare und individuelle Betroffenheit explizit zu prüfen. Es ist anzunehmen, dass hier die Rechtsprechung der aus der Ablehnung eines Antrags resultierenden Klagebefugnis bereits in der Weise als selbstverständlich angesehen wird, dass das Gericht auf eine Erwähnung derselben verzichtet.

Der Gerichtshof erkennt also eine Klagebefugnis an, wenn ein Antragsrecht besteht, dies ausgeübt wurde und der Antrag daraufhin abgelehnt wird[1104]. Der Kläger wird im Hinblick auf die letztlich begehrte Handlung, nämlich das Einschreiten der Kommission, dadurch individualisiert, dass ihm das Gemeinschaftsrecht ein Antragsrecht zuerkennt.

b) Beteiligung am Verfahren

Im Fall *Métropole télévision*[1105] klagten verschiedene Fernsehsender gegen eine Freistellungsentscheidung der Kommission, die die Satzung einer Vereinigung von Rundfunk- und Fernsehanstalten unter Auflagen vom Kartellverbot befreite. Das Gericht entschied, dass Personen, die als „betroffene Dritte" im Sinne von Art. 19 Abs. 3 VO Nr. 17 berechtigt sind, der Kommission Bemerkungen mitzuteilen, als solche Anspruch auf Einbeziehung in das Verwaltungsverfahren hätten und als von der das Verfahren abschließenden Entscheidung individuell betroffen anzusehen seien[1106]. Als unmittelbare Wettbewerber des Adressaten einer Entscheidung, durch die sie von ei-

---

1102 EuGH, Rs. 26/76, Slg. 1977, 1875, 1902, Rn. 13 – Metro I. Bestätigt in EuGH, Rs. 210/81, Slg. 1983, 3045, 3063, Rn. 14 – Demo-Studio Schmidt; Rs. 142 u. 156/84, Slg. 1987, 4487, Rn. 12 – BAT Reynolds; EuG, Rs. T-114/92, Slg. 1995, II-147, 160, Rn. 26 – BEMIM. Ähnlich gelagert ist die Rechtssache EuGH, Rs. 210/81, Slg. 1983, 3045 ff. – Demo-Studio Schmidt, in der Herr Schmidt als Facheinzelhändler der Firma Revox zugelassen werden möchte und Nichtigkeitsklage gegen die Zurückweisung seiner Beschwerde nach Art. 3 VO Nr. 17 durch die Kommission erhebt. Als Beispiel für eine gegen eine Beihilfegenehmigung gerichtete Klage: EuG, T-49/93, Slg. 1995, II-2501, 2516, Rn. 35 – SIDE.

1103 EuG, Rs. T-74/92, Slg. 1995, II-115 ff. – Ladbroke.

1104 *Steindorff*, ZHR 150 (1986), 222, 240 f.; *Due*, EuR 1988, 33, 40. In EuG, Rs. T-17/93, Slg. 1994, II-595 ff. – Matra, geht das Gericht noch nichtmal mehr auf Zulässigkeitsfragen ein.

1105 EuG, Verb. Rs. T-528, 542, 543, 546/93, Slg. 1996, II, 649 ff. – Métropole télévision SA.

1106 EuG, Verb. Rs. T-528, 542, 543, 546/93, Slg. 1996, II, 649, 674, Rn. 61, 75 – Métropole télévision SA.

nem Wettbewerbsvorteil ausgeschlossen werden können, seien sie „betroffene Dritte“[1107].

Auch im Rahmen von selektiven Vertriebssystemen greift der Gerichtshof auf das Kriterium der Verfahrensbeteiligung zurück. Es genüge zur Individualisierung, dass der Antrag des Klägers auf Aufnahme in das Vertriebssystem abgelehnt worden sei und der Kläger gem. Art. 19 Abs. 3 VO 17/62 im Verwaltungsverfahren Stellung genommen habe[1108]. Während also die tatsächliche Mitwirkung im Verwaltungsverfahren kraft eines förmlichen, sekundärrechtlich abgesicherten Rechts zur Individualisierung des Klägers führen kann, bleibt zu fragen, ob einerseits die bloß tatsächliche Mitwirkung im Verfahren ausreicht, wenn dem Kläger kein Verfahrensrecht zukommt, und ob andererseits das Innehalten eines Verfahrensrechts als solches genügt.

Zur ersten Frage hat der Gerichtshof ausgeführt, dass zwar kein beliebiger Eingriff in das Verfahren ausreiche[1109], aber letztlich die tatsächliche Beteiligung und die Rolle des Klägers im Verwaltungsverfahren ausschlaggebend seien[1110]. Hierzu genüge etwa, dass das klägerische Unternehmen das Verfahren veranlasst habe, es angehört wurde und das Verfahren von ihm wesentlich beeinflusst wurde.

Hinsichtlich der zweiten Überlegung wird vertreten, dass der Kläger zuvor jedenfalls einen Antrag auf Verfahrensbeteiligung gestellt haben bzw. das ihm zustehende Verfahrensrecht geltend gemacht haben müsse[1111]. Da die Kommission vor Erlass einer Entscheidung stets ein Verfahren nach Art. 19 VO Nr. 17/62 durchzuführen habe, habe der Kläger dort ausreichend Gelegenheit zur Äußerung. Nehme er diese nicht wahr, verwirke er – jedenfalls bei schuldhaftem Nichtgebrauch[1112] – zugleich sein Recht auf Berücksichtigung seines Standpunktes und damit sein Klagerecht[1113].

[1107] EuG, Verb. Rs. T-528, 542, 543, 546/93, Slg. 1996, II, 649, 674, Rn. 61, 75 – Métropole télévision SA. Vgl. auch die Auffassung von *Cremer*, in: Individualrechtsschutz, S. 27, 45; *Cremer*, in: Calliess/Ruffert, Art. 230 EG, Rn. 63, nach der alle direkten Konkurrenten individuell betroffen sind. Ähnlich *Allkemper*, S. 95; *Rittner/Stephan*, GewArch 1985, 177, 185.

[1108] EuGH, Rs. 75/84, Slg. 1986, 3021, Rn. 21 ff. – Metro II; EuG, Rs. T-88/92, Slg. 1996, II-1961, Rn. 51 – Leclerc (Der Kläger begehrt jeweils die Aufnahme in ein selektives Vertriebssystem). Ähnlich EuG Rs. T-231/99, Slg. 2002, II-2085, Rn. 26 f. – Joynson.

[1109] EuG, Rs. T-481 u. 484/93, Slg. 1995, II-2941, 2963, Rn. 59 – Exporteurs in Levende Varkens (Zusendung von Briefen); Rs. T-60/96, Slg. 1997, II-849, 875, Rn. 73 – Merck; *Schwarze*, in: Schwarze, Art. 230 EG, Rn. 43; *Burgi*, in: Rengeling/Middeke/Gellermann, 2. Auflage, § 7, Rn. 72.

[1110] EuGH, Rs. C-68/94, C-30/95, Slg. 1998, I-1375, 1471, Rn. 54 – Kali und Salz; *Ehricke*, in: Streinz, Art. 230 EG, Rn. 55; *Gaitanides*, in: GS, Art. 230 EG, Rn. 75; *Schwarze*, in: Schwarze, Art. 230 EG, Rn. 38, 43.

[1111] EuGH, Rs. C-70/97 P, Slg. 1998, I-7183, Rn. 46 – Kruidvat; GA Fenelly, Rs. C-70/97 P, Slg. 1998, I-7183, 7209, Rn. 67 – Kruidvat; *Löw*, Rechtsschutz, S. 157 f. (für das Subventionsrecht); *Cremer*, Forschungssubventionen, S. 262; *Steindorff*, ZHR 150 (1986), 222, 241, Fn. 49, 244. Nach Auffassung von *Moitinho de Almeida*, FS Everling, Bd. I, 849, 860, muss der Kläger zwar keinen Antrag nach Art. 3 VO Nr. 17/62 gestellt haben, hingegen tatsächlich am Verfahren beteiligt gewesen sein.

[1112] *Burgi*, in: Rengeling/Middeke/Gellermann, 2. Auflage, § 7, Rn. 72.

[1113] *Gaitanides*, in: GS, Art. 230 EG, Rn. 75; *Steindorff*, ZHR 150 (1986), 222, 241, Fn. 49, 247; *Körber*, RIW 1998, 910, 914.

Der Gerichtshof hingegen befürchtet bei einer solchen Sichtweise die Einführung eines zwingenden Vorverfahrens[1114]. Dementsprechend lässt er es nicht mehr darauf ankommen, dass der Kläger die ihm zustehenden Verfahrensrechte auch geltend gemacht hat[1115]. Dem ist zuzustimmen. Selbst im Fall des verschuldeten Nichtgebrauchs der Rechte kann mit dem Argument einer ansonsten trotz fehlender Anhaltspunkte im Vertrag eingeführten weiteren Zulässigkeitsvoraussetzung keine Verwirkung angenommen werden. Dies hat zur Folge, dass es letztlich allein darauf ankommt, ob der Kläger ein Recht auf Beteiligung am Verfahren gehabt hätte, und damit, ob er ein „berechtigtes" oder „ausreichendes" Interesse geltend machen kann[1116].

c) Zusammenfassung

Der Gerichtshof sieht eine Klagebefugnis dann als gegeben an, wenn der Kläger ein Antragsrecht genutzt hat und sein Antrag abgelehnt wurde, wenn seine Erklärungen den Verfahrensablauf weitgehend bestimmt haben oder wenn ihm ein Verfahrensrecht zukommt[1117]. Soweit kein förmliches Verfahrensrecht vorliegt, sondern eine freiwillige Verfahrenseinbeziehung des Klägers durch die Kommission[1118], ist die Klage aber nur insoweit zulässig, als die Reaktion sich auf die geäußerten Ansichten des Klägers bezieht[1119].

2. Spürbare Beeinträchtigung der Marktposition

Als zweite Fallgruppe der Individualisierung des Klägers neben der wesentlichen Verfahrensbeteiligung wird als materielles Kriterium die spürbare Beeinträchtigung in seiner Marktposition angeführt[1120]. Bei genauerer Betrachtung wird aber deutlich, dass es sich gar nicht um eine eigene Fallgruppe handelt. Zwar prüft der Gerichtshof die

---

[1114] EuG, Verb. Rs. T-528, 542, 543, 546/93, Slg. 1996, II, 649, 675, Rn. 62 – Métropole télévision SA.

[1115] EuG, Verb. Rs. T-528, 542, 543, 546/93, Slg. 1996, II, 649, 675, Rn. 62 – Métropole télévision SA; Rs. T-96/92, Slg. 1995, II-1213, 1231, Rn. 35 f. – Comité central d'entreprise de la Société générale des grandes sources; Rs. T-12/93, Slg. 1995, II-1247, 1269, Rn. 46 f. – Vittel. Im Fusionskontrollrecht hingegen werden erhöhte Anforderungen an die Verfahrensbeteiligung gestellt, insbesondere, wenn die Prüfung des Zusammenschlusses Kontakte mit zahlreichen Unternehmen mit sich bringt, vgl. EuG, Rs. T-114/02, Slg. 2003, II, 1279, Rn. 95, 106, 115 – BaByliss SA. Siehe auch *Ritter*, in: Immenga/Mestmäcker, EG-WbR, Bd. II, Verfahren, Rn. 23; *Nowak*, Konkurrentenschutz, S. 512; *Birk*, EWS 2003, 159, 161.

[1116] Ähnlich *Birk*, EWS 2003, 159, 162.

[1117] EuGH, Rs. C-68/94, C-30/95, Slg. 1998, I-1375, 1471, Rn. 54 ff. – Kali und Salz; EuG, Rs. T-447-449/93, Slg. 1995, II-1971, 1988, Rn. 36 – Aitec; Rs. T-114/00, Slg. 2002, II-5126, 5152, Rn. 65. Siehe auch *Ehricke*, in: Streinz, Art. 230 EG, Rn. 57; *Booß*, in: Grabitz/Hilf, Art. 230 EG, Rn. 70; *Burgi*, in: Rengeling/Middeke/Gellermann, 2. Auflage, § 7, Rn. 72; *Röhl*, ZaöRV 60 (2000), 331, 355.

[1118] *Ehricke*, in: Streinz, Art. 230 EG, Rn. 55.

[1119] EuG, Rs. T-16/91, Slg. 1992 II-2417, Rn. 73 ff. – Rendo; *Booß*, in: Grabitz/Hilf, Art. 230 EG, Rn. 70.

[1120] *Burgi*, in: Rengeling/Middeke/Gellermann, 2. Auflage, § 7, Rn. 69; *Cremer*, in: Individualrechtsschutz, S. 42; *Nehl*, in: Individualrechtsschutz, 135, 148; *Karl*, in: Fusionskontrolle, 37, 74; *Dormann*, Drittklagen, S. 205; *Calliess*, NJW 2002, 3577, 3579; *Kirchhoff*, BB 1990, Beilage 14, S. 1, 15.

„spürbare Beeinträchtigung der Marktposition“ als hinreichende Voraussetzung der Individualisierung des Klägers[1121], jedoch hat dies seinen Grund in der Tatsache, dass das im Beihilferecht zur Verfügung stehende Verfahrensrecht des Art. 88 Abs. 2 EG keine besonderen Voraussetzungen vorsieht, sondern ganz allgemein von „Beteiligten“ spricht[1122]. Die spürbare Beeinträchtigung der Marktstellung durch die Beihilfe muss deshalb zusätzlich vorliegen, um das Verfahrensrecht nicht jedermann zuzugestehen.

Im Kartellrecht könnte das Abstellen auf eine Beeinträchtigung der Marktposition ebenfalls in dem Fall erforderlich sein, wenn die Voraussetzungen für das Vorliegen von Antrags- und Verfahrensrechten weit gefasst sind. Dort, wo diese Personen offen stehen, die ein „berechtigtes“ oder „ausreichendes Interesse“ darlegen, ist eine pauschale Übertragung der Rechtsprechung zum Beihilferecht hingegen ausgeschlossen.

Ausnahmsweise lässt der Gerichtshof die Beeinträchtigung der Wettbewerbsposition unabhängig von einem Verfahrensrecht genügen, wenn der Kläger in ganz besonderer Weise betroffen ist, etwa, weil er einer der wichtigsten Hersteller eines Erzeugnisses ist und die Auswirkungen einer Beihilfe auf den Markt als besonders stark eingestuft werden[1123]. Auch hat er eine Klagebefugnis bereits mit der Begründung anerkannt, der Kläger sei in einem besonderen, wohlerworbenen Recht beeinträchtigt und deshalb aus dem Kreis der übrigen Betroffenen herausgehoben[1124]. Dies wird teilweise dahingehend ausgelegt, der Gerichtshof akzeptiere ein Abstellen auf Grundrechtspositionen zur Feststellung der Klagebefugnis[1125], obwohl dieser solch wohlerworbene Rechte bisher kein zweites Mal anerkannt[1126] und zudem an anderer Stelle ausdrücklich festgestellt hat, die Verletzung von Eigentumsrechten der Klägerin genüge allein noch nicht zu deren Individualisierung[1127]. Ebenso reichen weder der Umstand, dass der Kläger einen großen Marktanteil innehat, noch dessen starke wirtschaftliche Be-

---

[1121] EuGH, Rs. 169/84, Slg. 1986, 391, 415, Rn. 24-28 – Cofaz (Beihilfen). So auch EuGH, Rs. C-106/98 P, Slg. 2000, I-3659, 3694, Rn. 41 – Comité d'entreprise de la Société francaise de production (Beihilfen); EuG, Rs. T-435/93, Slg. 1995, II-1281, Rn. 63 – ASPEC (Beihilfen); Rs. T-442/93, Slg. 1995, II-1329, Rn. 48 – AAC (Beihilfen); Rs. T-447-449/93, Slg. 1995, II-1971, 1989, Rn. 39 – Aitec (Beihilfen); *Lumma*, EuZW 2004, 457, 459; *Nicolaysen*, EuR 1986, 261. Dazu prüft der Gerichtshof die stichhaltige Darlegung der Wettbewerbssituation zwischen Klägerin und Beihilfeempfängern, EuGH, Rs. 169/84, Slg. 1986, 391, 415, Rn. 27, 28 – Cofaz; EuG, Rs. T-69/96, Slg. 2001, II-1037, 1051, Rn. 41 – HHLA.

[1122] EuGH, Rs. 169/84, Slg. 1986, 391, 415, Rn. 25 – Cofaz; *Körber*, RIW 1998, 910, 913; *Nicolaysen*, EuR 1986, 261, 263.

[1123] EuG, Rs. T-435/93, Slg. 1995, II-1281, Rn. 63 f. – ASPEC (Beihilfen); Rs. T-442/93, Slg. 1995, II-1329, Rn. 49 ff. – AAC (Beihilfe). Im Fall BP Chemicals hingegen lässt das Gericht die Konkurrentenstellung allein nicht genügen, EuG, Rs. T-184/97, Slg. 2000, II-3149, Rn. 34 – BP Chemicals (Beihilfen).

[1124] EuGH, Rs. C-309/89, Slg. 1994, I-1853, 1886, Rn. 21 – Codorniú; *Booß*, in: Grabitz/Hilf, Art. 230, Rn. 61; *Burgi*, in: Rengeling/Middeke/Gellermann, 2. Auflage, § 7, Rn. 63.

[1125] *Cremer*, in: Individualrechtsschutz, S. 43.

[1126] Grundsatz aus der Entscheidung Codorniú angewandt, aber nie bejaht: EuGH, Rs. C-10/95 P, Slg. 1995, I-4149, 4163, Rn. 43 – Asocarne; Rs. C-87/95 P, 1996 Seite I-2003, 2016, Rn. 36 – CNPAAP; EuG, Rs. T-482/93, Slg. 1996, II-609, 631, Rn. 67 ff. – Weber; Rs. T-109/97, Slg. 1998, II, 3533, 3558, Rn. 57 ff. – Molkerei Großbraunshain; Rs. T-12/96, Slg. 1999, II-2301, 2322, Rn. 66 f. – Area Cova; Rs. T-370/02, Slg. 2004, II-2097, Rn. 65 – Alpenhain-Camembert-Werk.

[1127] EuG, Rs. T-339/00, Slg. 2002, II-2287, 2306, Rn. 53 – Bactria, bestätigt in EuGH, Rs. C-258/02 P, Slg. 2003, I-15105, 15128, Rn. 51 – Bactria.

troffenheit aus anderen Gründen aus,[1128] wenn sie aufgrund objektiver Umstände eintritt und andere Unternehmen, die sich gegenwärtig oder potentiell in der gleichen Situation befinden, ebenso betroffen sind[1129]. Zwar hat der Gerichtshof auch im Bereich des Außenwirtschaftsrechts die Klagebefugnis schon allein wegen der wirtschaftlichen Auswirkungen einer Maßnahme bejaht[1130]. Jedoch lassen sich die hierzu gemachten Aussagen nicht auf den Bereich des Kartellrechts übertragen, da hier schon typischerweise die Hauptbetroffenen der Maßnahme Nichtadressaten sind und sich u. a. über die wirtschaftliche Betroffenheit definieren.

Die genannten Fälle sind somit als Ausnahmefälle anzusehen und nicht geeignet, eine allgemeine Regel herauszubilden[1131], nach der der Gerichtshof zur Feststellung der Individualisierung des Klägers regelmäßig auf materielle Rechtspositionen abstellt.

3. Durchsetzen von Verfahrensrechten

Nicht verwechselt werden darf die soeben behandelte Fallgruppe mit der der Durchsetzung von Verfahrensrechten selbst. Der Gerichtshof erklärt eine Klage auch dann für zulässig, wenn durch die Klageerhebung der Schutz der Verfahrensgarantien aus Art 88 Abs. 2 EG durchgesetzt werden soll[1132]. Wenn die Kommission beispielsweise, anstelle in die Hauptprüfungsphase einer Beihilfe einzutreten, das Verfahren beendet, können die Betroffenen ihre Verfahrensrechte nur dann ausüben, wenn sie berechtigt sind, die verfahrensbeendende Maßnahme vor dem Gerichtshof anzugreifen. Dann prüft dieser das materielle Kriterium der spürbaren Beeinträchtigung der Marktstellung lediglich als Voraussetzung für die formale Verfahrensstellung als „Beteiligter" i. S. d. Art. 88 Abs. 2 EG[1133].

Die gleiche Argumentation verfolgt der Gerichtshof im Bereich der Fusionskontrolle und des Antidumping- und Antisubventionsrechts. Nachdem er in den Fällen *Perrier*[1134] und *Vittel*[1135] festgestellt hat, dass die Kläger von den angegriffenen Maßnahmen zwar individuell, nicht aber unmittelbar betroffen sind, erklärt er die Klage allein

[1128] *Moitinho de Almeida*, FS Everling, Bd. I, 849, 863, weist zudem auf die aus einer solchen Handhabung folgende ungerechtfertigte Besserstellung großer Unternehmen hin.

[1129] EuG, Rs. T-370/02, Slg. 2004, II-2097, Rn. 58, 60 f. – Alpenhain-Camembert-Werk.

[1130] EuGH, Rs. C-133 u. 150/87, Slg 1990, I-719, 772, Rn. 14 f. – Nashua Corporation; Rs. C-358/89, Slg. 1991, I-2501, Rn. 17– Extramet; EuG, Rs. T-161/94, Slg. 1996, II-695, 714, Rn. 46 – Sinochem Heilongjiang; Rs. T-47/95, Slg. 1997, II-481, 496, Rn. 48 – Terres rouges; Rs. T-2/95, Slg. 1998, II-3939, Rn. 52 – Industrie des Poudres Sphériques.

[1131] So auch *Moitinho de Almeida*, FS Everling, Bd. I, 849, 863. Vgl. etwa EuGH, Rs. 26/86, Slg. 1987, 941, 952, Rn. 9 ff. – Deutz und Geldermann („méthode champagnoise").

[1132] EuGH, Rs. C-198/91, Slg. 1993, I-2487, Rn. 20 ff. – Cook (Beihilfen); Rs. C-225/91, Slg. 1993, I-3203, Rn. 17 ff. – Matra (Beihilfen); Rs. C-367/95 P, Slg. 1998, I-1719, 1766, Rn. 47 – Sytraval; EuG, Rs. T-188/95, Slg. 1998, II-3713, 3730, Rn. 53 – Waterleiding Maatschappij; *Lumma*, EuZW 2004, 457, 459. Ähnlich EuG, Rs. T-3/93, Slg. 1994, II-121, Rn. 81 – Air France I (Fusionskontrolle); hier schließt der Gerichtshof allerdings aus der Tatsache der Nichtgewährung von Verfahrensrechten auf die Unmittelbarkeit der Betroffenheit. S. auch *Nehl*, in: Individualrechtsschutz, 135, 148, Fn. 60; *Nordmann*, S. 32.

[1133] EuG, Rs. T-69/96, Slg. 2001, II-1037, Rn. 39-41 – HHLA u.a. (Beihilfen).

[1134] EuG, Rs. T-96/92, Slg. 1995, II-1213 ff. – Comité central d'entreprise de la Société générale des grandes sources.

[1135] EuG, Rs. T-12/93, Slg. 1995, II-1247 ff. – Vittel.

aus dem Grunde für zulässig, um zu überprüfen, ob eine Verletzung der Verfahrensrechte vorliegt.

Aus der Entscheidung *Fediol*[1136] geht erstmals hervor, dass im Bereich des Antidumping- und Antisubventionsrechts durch Gemeinschaftsrecht zuerkannte Verfahrensrechte mittels der Nichtigkeitsklage durchgesetzt werden können[1137]. In deren Rahmen ist dann die ablehnende Kommissionsentscheidung insgesamt zu überprüfen, soweit dies nicht die Ermessensspielräume der Kommission betrifft[1138].

In diesen Fällen ist auf materielle Kriterien abzustellen, um zu überprüfen, ob dem Kläger das jeweilige Verfahrensrecht zukommt. Im Beihilferecht käme es letztlich nur auf die spürbare Beeinträchtigung der Marktposition an, die der Gerichtshof zur Eingrenzung des Beteiligungsrechts fordert. Dennoch richtet sich die Klagebefugnis damit nicht an materiellen Rechten aus, sondern ausschließlich an Verfahrensgarantien. Das Verfahrensrecht dient hier – anders als in der zuvor behandelten Fallgruppe – nicht nur als Hilfskriterium für die Individualisierung, sondern dessen angebliche Verletzung bildet den eigentlichen Grund der Klage. Stellt sich in der Begründetheit heraus, dass formelle Rechte des Klägers tatsächlich missachtet wurden, ist die das fehlerhafte Verfahren beendende Entscheidung wegen Verletzung wesentlicher Verfahrens- oder Formvorschriften für nichtig zu erklären[1139].

Fraglich ist, ob sich diese Rechtsprechung auf das Kartellrecht übertragen lässt. Auch die Kartellverfahrensverordnung enthält Rechte Dritter auf eine Beteiligung am Verwaltungsverfahren, die von der Kommission zu beachten sind[1140]. Werden diese Rechte nicht gewährt, so gibt es keinen Grund, den Betroffenen anders zu behandeln als in den genannten übrigen Rechtsbereichen und ihm diesbezüglich kein Klagerecht einzugestehen. Auch im Bereich des Kartellrechts kann eine Person, deren Teilnahmerechte an einem Verwaltungsverfahren verletzt wurden, aus diesem Grund Nichtigkeitsklage gegen die das Verfahren beendende Maßnahmen erheben.

Es ist damit festzustellen, dass sich keineswegs eine Tendenz der Verlagerung hin zu materiellen Rechten als Voraussetzung eines Klagerechts erkennen lässt[1141]. Soweit es auf deren Vorliegen ankommt, so nur zur Beantwortung der Frage, ob ein Verfahrensrecht gegeben ist.

4. Zugehörigkeit zu einer besonders geschützten Gruppe

Der Gerichtshof hat den Kläger als von einer Entscheidung individuell betroffen angesehen, wenn er zu einer Gruppe von Wirtschaftsteilnehmern gehört, deren Interessen

---

[1136] EuGH, Rs. 191/82, Slg. 1983, 2913, Rn. 28 – Fediol (Nichtigkeitsklage gegen Mitteilung, dass auf einen Antrag Fediols hin kein Antisubventionsverfahren durchgeführt wird; Rn. 25: EuGH stellt fest, dass den Erzeugern in der Gemeinschaft aufgrund der Verordnung bestimmte Verfahrensrechte eingeräumt werden. Rn. 29 f.: Außerdem Recht, Beurteilung des Sachverhalts und Erlass von Maßnahmen gerichtlich überprüfen zu lassen.).

[1137] *Steindorff*, ZHR 150 (1986), 222, 247.

[1138] *Steindorff*, ZHR 150 (1986), 222, 239.

[1139] EuG, Rs. T-96/92, Slg. 1995, II-1213, 1237, Rn. 46 – Comité central d'entreprise de la Société générale des grandes sources ; Rs. T-12/93, Slg. 1995, II-1247, 1276, Rn. 59 – Vittel.

[1140] Z. B. Art. 27 Abs. 3 S. 2 VO Nr. 1/2003: *„Dem Antrag ..., angehört zu werden, ist stattzugeben, wenn sie ein ausreichendes Interesse nachweisen."* Siehe dazu unten, Abschnitt 2.

[1141] So aber *Dormann*, Drittklagen, S. 203.

das zuständige Gemeinschaftsorgan auf Grund einer Rechtsnorm des Gemeinschaftsrechts besonders zu berücksichtigen hat[1142]. Ein solches Verständnis erinnert an die in der deutschen Dogmatik angewandte Schutznormtheorie[1143].

Bei den fraglichen Entscheidungen handelt es sich aber jeweils um Normativakte bzw. um an Mitgliedstaaten ergangene Akte, die Verordnungen gleichkommende Wirkung haben[1144]. Da die vorliegende Untersuchung keine an Mitgliedstaaten zu richtende Entscheidungen betrifft – mit Ausnahme des Sonderfalles des Vertragsverletzungsverfahrens, das aus der Betrachtung aber bereits ausgeschlossen wurde –, kann diese dritte Fallgruppe nur für die Anfechtung von Gruppenfreistellungsverordnungen und Bekanntmachungen eine Rolle spielen.

5. Ergebnis zu I.

Nach der Rechtsprechung des Gerichtshofes ergibt sich in Bezug auf das Kartellrecht eine Klagebefugnis des Nichtadressaten, wenn dieser das Verwaltungsverfahren vor der Kommission durch Antragstellung oder sonstige Teilnahme am Verfahren beeinflusst hat oder ihm durch sekundäres Gemeinschaftsrecht ein Verfahrensrecht zusteht, das er nicht ausgeübt hat. Davon zu unterscheiden ist der Fall, in dem der Kläger eine Verletzung der ihm im Verwaltungsverfahren zukommenden Rechte geltend macht. Eine solche Klage erachtet der Gerichtshof ebenfalls für zulässig. Im Fall der Anfechtung eines Normativaktes kommt außerdem in Betracht, dass eine Rechtsnorm die Kommission zur Berücksichtigung der Interessen einer bestimmten Personengruppe, zu der der Kläger gehört, verpflichtet.

II. Beurteilung der Rechtsprechung anhand des gemeinschaftlichen Klagesystems

Die Rechtsprechung des Gerichtshofs hat starke Kritik erfahren[1145]. Da der Gerichtshof das Kriterium der individuellen Betroffenheit auch zur Abgrenzung der Verordnung von der ihm zufolge allein anfechtbaren Entscheidung heranzieht, wurde auf diese Kritik bereits bei der Bestimmung der tauglichen Klagegegenstände eingegangen[1146]. Es soll daher an dieser Stelle nur dann auf die Kritik zurückgekommen werden, wenn sie sich auf ausschließlich zur Individualisierung des Klägers gemachte Aussagen des Gerichtshofs bezieht.

[1142] EuGH, Rs. 11/82, Slg. 1985, 207, Rn. 24-31 – Piraiki-Patraiki (Entscheidung an Mitgliedstaat betreffend Importschutzmaßnahmen); Rs. 152/88, Slg. 1990, I-2477, Rn. 10-13 – Sofrimport (Nichtigkeitsklage gegen Verordnung); EuG, Rs. T-480 u. 483/93, Slg. 1995, II-2305, Rn. 67 – Antillean Rice Mills (Nichtigkeitsklage gegen an Mitgliedstaat gerichtete Entscheidung, mit denen Schutzmaßnahmen eingeführt werden); Rs. T-339/00, Slg. 2002, II-2287, 2306, Rn. 52 – Bactria; *Cremer*, in: Individualrechtsschutz, S. 43.

[1143] *Cremer*, in: Individualrechtsschutz, S. 44.

[1144] S. auch EuG, Rs. T-480, 483/93, Slg. 1995, II-2305, Rn. 65 – Antillean Rice Mills: Die angefochtenen Handlungen sind an die Mitgliedstaaten gerichtete „Entscheidungen“. Sie sind gleichwohl Rechtssätze, da sie für die Gesamtheit der betroffenen Unternehmen gelten. Siehe auch schon oben, Teil 2.

[1145] *Bleckmann*, FS Menger, 871, 872; *Calliess*, NJW 2002, 3577 ff.; *Arnull*, CMLR 1995, 7 ff.; *Rasmussen*, ELR 5 (1980), 112 ff.

[1146] S. o. Teil 2, Abschnitt 1, E, S. 95.

Um die Rechtsprechung systematisch einordnen und bewerten zu können, muss untersucht werden, wie sie sich in das europäische Klagesystem einfügt. Dazu ist von Bedeutung, ob der EG-Vertrag ein subjektiv oder objektiv ausgerichtetes Rechtsbeanstandungsverfahren vorsieht (1.) und ob das System die Möglichkeit der Erhebung von Popular-, Interessen- oder Verletztenklagen gebietet (2.). Weiter ist zu untersuchen, auf welche Weise ein effektiver Schutz der klägerischen Rechte zu erreichen ist (3.). Schließlich spielen auch das Interesse an Rechtssicherheit und praktische Auswirkungen wie die Arbeitsbelastung der Gerichtsbarkeit für die Gewährung eines Klagerechts eine Rolle (4.).

1. Objektives oder subjektives Rechtsschutzsystem

Entstehungsgeschichtlich erfolgte eine Anlehnung des europäischen Rechtsschutzsystems an das französische Verwaltungsprozessrecht[1147], das ein objektives Rechtsbeanstandungsverfahren und eine damit einhergehende weite Auslegung der Klagebefugnis kennt[1148], während sich im deutschen Recht eine eher subjektiv-rechtliche Ausgestaltung findet[1149]. Als Konsequenz der historischen Anlehnung an das französische Recht könnte eine weite Auslegung der Klagebefugnis zu befürworten sein, die gegebenenfalls, um eine Interessenklage auszuschließen, auf das deutsche Kriterium der möglichen Verletzung eines subjektiven Rechts zu begrenzen wäre[1150]. Da sich das gemeinschaftliche Klagesystem jedoch weiterentwickelt hat – aufgrund der zahlreichen Unterschiede zwischen Art. 33 EGKSV[1151] und Art. 230 EG kann ersterer beispielsweise nicht zur Auslegung des aktuellen Rechtsschutzsystems herangezogen werden[1152] –, ist auch eine mittlerweile eingetretene Abwendung vom französischen System vorstellbar[1153]. Ausgangspunkt für die jetzige Natur des gemeinschaftsrechtlichen Rechtsschutzverständnisses muss daher der EG-Vertrag in seiner aktuellen Gestalt sein.

[1147] *Becker*, S. 77, 116; *Constantinesco*, Rechtsschutz, S. 32; *Czasche*, S. 29, 114; *Borowski*, EuR 2004, 879, 880; *Bailey*, CMLR 2004, 1327, 1331; *von Danwitz*, DÖV 1996, 481, 484 (im Grundsatz, für 230 IV EG sieht er aber eine Anlehnung an das deutsche Recht, S. 486); *Everling*, DVBl. 2002, 1297, 1298.

[1148] *Huber*, Konkurrentenschutz, S. 406 f.; *Drewes*, S. 115; *Classen*, NJW 1995, 2457, 2463; *Fromont*, RTDE 1966, 47, 48. Eingehend, auch zur neueren Entwicklung des französischen sowie deutschen Systems, in denen nun jeweils der Schutz der klägerischen Rechte im Mittelpunkt steht, *Fromont*, in: 50 Jahre Bundesverwaltungsgericht, S. 93 ff. Ausführlich zum „schutzwürdigen Interesse" im französischen System *Bleckmann*, VerwArch 49 (1958), 213 ff.; *Fromont*, Gerichtsschutz, 221, 249 ff.

[1149] *Drewes*, S. 115; *Borowski*, EuR 2004, 879, 880; *Schoch*, NVwZ 1999, 457; *von Danwitz*, DÖV 1996, 481, 482; *Schmidt-Aßmann*, JZ 1994, 832, 834; *Fromont*, RTDE 1966, 47, 48. Das deutsche Modell ist geprägt von dem preußischen und französischen Muster objektiver Verwaltungsrechtspflege einerseits und dem süddeutschen System subjektiver Art andererseits. Der Schwerpunkt liegt eindeutig auf der Betonung des subjektiven Elements. Vgl. *von Danwitz*, in: Verwaltung in der EU, S. 121, 128; *von Danwitz*, Verwaltungsrechtliches System, S. 75 f.

[1150] *Von Danwitz*, NJW 1993, 1108, 1115; *Sedemund/Heinemann*, DB 1995, 1161.

[1151] Art. 33 Abs. 2 EGKSV: *„decisions or recommendations concerning them which are individual in character"*.

[1152] GA Lagrange, Rs. 16 u. 17/62, Slg. 1962, 983, 987 f. – Confédération nationale des producteurs de fruits et légumes.

[1153] *Drewes*, S. 116. In der Entwicklung des Klagerechts des EGKS-Vertrages zu dem des EWG-

Im objektiven Rechtsbeanstandungsverfahren dient die Klage der Wahrung der Gesetzmäßigkeit der Verwaltung und nur sekundär dem Rechtsschutz des Einzelnen[1154]. Liegt ein rein objektives Verfahren vor, ist eine Klage sogar nur noch Anstoß für ein Tätigwerden der gerichtlichen Kontrollinstanz[1155]. Der Kläger wird in gewisser Weise instrumentalisiert, indem er zum Wächter über die Gesetzmäßigkeit der Verwaltung gemacht wird[1156].

Die Klagegründe des Art. 230 EG beziehen sich allesamt nicht auf den Kläger, sondern umfassen die Unzuständigkeit des handelnden Organs, die Verletzung wesentlicher Formvorschriften, des Vertrags oder einer Durchführungsnorm sowie Ermessensmissbrauch. Daraus lässt sich ableiten, dass die Direktklagen des Gemeinschaftsrechts im Grundsatz objektiv-rechtlicher Natur sind[1157].

Huber sieht dementsprechend den einzelnen Marktbürger als „Organ" des Gemeinsamen Marktes, das durch den individuellen Rechtsschutz die objektiv-rechtliche Vollendung des Binnenmarktes fördert[1158]. Dieser Gedanke weist eine Parallelität zu dem bereits angesprochenen Wunsch der Kommission auf, die private Durchsetzung des Wettbewerbsrechts zu stärken, wobei sie allerdings allein von einer privaten Rechtsdurchsetzung im Wege des Zivilverfahrens ausgegangen sein wird.

2. Popular-, Interessen- oder Verletztenklage

Mit der Bestimmung der Natur des Rechtsschutzsystems ist aber noch nicht die Frage beantwortet, ob der Vertrag eine Popular-, Interessen- oder Verletztenklage gebietet.

Obwohl das Modell der Popularklage, d. h. die Gewährung des Klagerechts für jedermann (*quivis ex populo*), die optimale Lösung im Hinblick auf eine Rechtmäßigkeitskontrolle der Verwaltung darstellt[1159], wird es weitgehend abgelehnt – aus Gründen der Überlastung der Gerichte einerseits sowie der Furcht vor einer kompletten Lähmung der Verwaltung angesichts der aufschiebenden Wirkung eines Rechtsbehelfs[1160] und damit einhergehender Rechtsunsicherheit andererseits[1161]. Eine Bewe-

---

Vertrages wird teilweise eine Hinwendung zum deutschen Ansatz der Schutznormtheorie gesehen, *von Danwitz*, DÖV 1996, 841, 485 f. Ebenfalls eine Annäherung an das deutsche System sieht *Huber*, Konkurrentenschutz, S. 407.

1154 Siehe *Everling*, DVBl. 2002, 1297, 1298, demzufolge Art. 220 EG eine objektiv-rechtliche Ausgestaltung des europäischen Rechtsschutzsystems vorsieht, indem er von der „*Wahrung des Rechts bei der Auslegung und Anwendung dieses Vertrages*" spricht.

1155 *Bleckmann*, Gerichtsschutz gegen die Exekutive, Bd. III, S. 21, 22.

1156 Vgl. auch *Schoch*, NVwZ 1999, 457, 459; *Frenz*, Der Staat 34 (1995), 586, 595 („Hilfsaufseher zur Einhaltung des Gemeinschaftsrechts"); *Zuleeg*, DÖV 1984, 733, 739.

1157 So auch *von Dietze*, S. 199 f. AA *Drewes*, S. 116. *Schmidt-Aßmann*, JZ 1994, 832, 834, geht von einem Gleichrang beider Rechtsschutzzwecke im Gemeinschaftsrecht aus.

1158 *Huber*, EuR 1991, 31, 34. *Von Dietze*, S. 199, betrachtet den Kläger als „Anwalt des öffentlichen Interesses". Im Bereich des Subventionsrechts wird ein Funktionswandel der Konkurrentenklage dahingehend beobachtet, dass der Kläger nicht mehr nur seine subjektiven Interessen verteidigt, sondern zu einer im öffentlichen Interesse liegenden Rechtmäßigkeitskontrolle verhilft, *Schwarze*, GS Martens, S. 819, 848.

1159 *Skouris*, S. 10; Uprimny in der Kolloquiumsdiskussion, zusammengefasst bei *Bleckmann*, Gerichtsschutz gegen die Exekutive, Bd. III, S. 173, 180 f.; *Arnull*, CMLR 1995, 7.

1160 Hier ist anzumerken, dass den Rechtsbehelfen vor der europäischen Gerichtsbarkeit grundsätzlich keine aufschiebende Wirkung zukommt, diese aber angeordnet werden kann, Art. 242 EG.

gung in Richtung Popularklage findet sich aber vor allen Dingen im Umweltrecht[1162], wo sie mittlerweile in Form der Verbandsklage Gestalt angekommen hat[1163].

Die Kritik *Bleckmanns* an der Rechtsprechung des Gerichtshofs, bei Klagen der Mitgliedstaaten und der Gemeinschaftsorgane komplett auf das Erfordernis der Klagebefugnis zu verzichten und sie bei den Individualklagen sehr eng auszulegen[1164], lässt sich als Forderung nach der Einführung der Popularklage verstehen. Die Forderung nach Gleichbehandlung von privilegierten und nichtprivilegierten Klägern ist aber schon deshalb unbegründet, weil die Privilegierung der obersten Organe der Staats- bzw. Gemeinschaftsgewalt im Vertrag ausdrücklich angelegt und auch in den mitgliedstaatlichen Rechtsordnungen üblich ist und sich schon aus der ausschließlichen Gemeinwohlverpflichtung öffentlicher Organe erklärt. Das EG-vertraglich geforderte Kriterium der individuellen Betroffenheit dient nach allgemeiner Ansicht überdies gerade dem Ausschluss der Popularklage[1165].

Mit der Entscheidung gegen die Popularklage ist aber noch nicht geklärt, ob den Direktklagen das Modell der Interessen- oder das der Verletztenklage zugrunde liegt[1166]. Eine irgendwie geartete Sonderbeziehung zwischen Kläger und Klagegegenstand ist in den allermeisten Rechtsordnungen Klagevoraussetzung[1167].

Die Verletztenklage fordert eine besonders starke Beziehung zwischen Kläger und Klagegegenstand in Form des zumindest möglichen Eingriffs in subjektive Rechte des Klägers[1168]. Die Interessenklage hingegen steht zwischen Popular- und Verletztenklage, indem sie die Betroffenheit in gegebenenfalls näher zu bestimmenden Interessen des Klägers für das Klagerecht voraussetzt[1169]. Bei der Interessenklage steht die Kontrolle der objektiven Rechtmäßigkeit des Verwaltungshandelns im Vordergrund, während die Verletztenklage dem Schutz subjektiver Rechte dient[1170]. Eine Verletztenklage geht also häufig mit einem subjektiven Rechtsbeanstandungssystem einher, kann aber auch eine die Klagebefugnis weiter begrenzende Systementscheidung in einem objektiven Beanstandungsverfahren bilden[1171]. Andersherum ist es jedoch wenig sinn-

---

[1161] *Daig*, FS Riese, 187, 189.

[1162] So schon *Skouris*, S. 8.

[1163] Z.B. Richtlinie 2003/35/EG des Europäischen Parlaments und des Rates vom 26. Mai 2003 über die Beteiligung der Öffentlichkeit bei der Ausarbeitung bestimmter umweltbezogener Pläne und Programme, ABl. Nr. L 156 vom 25.06.2003 S. 17; für das nationale Recht siehe § 39 lit. b NatSchGBln.; § 65 BbgNatschG; § 44 BremNatSchG; § 41 Hmb-NatSchG.

[1164] *Bleckmann*, FS Menger, 871, 872 f.

[1165] S.o. C, S. 194.

[1166] *Bleckmann*, Gerichtsschutz gegen die Exekutive, Bd. III, S. 21. S. auch *Booß*, in: Grabitz/Hilf, Art. 230 EG, Rn. 49.

[1167] *Bleckmann*, Gerichtsschutz gegen die Exekutive, Bd. III, S. 21, 31. Rechtsschutz kann aus den genannten Gründen nicht perfekt sein, *Lenz*, NJW 1994, 2063, 2065. Vielmehr ist es Aufgabe jeder verwaltungsgerichtlichen Ordnung, den angemessenen Mittelweg zwischen „Popularklage" und Rechtsschutzlosigkeit zu finden, *Daig*, FS Riese, 187, 188.

[1168] *Skouris*, S. 10.

[1169] *Skouris*, S. 11. Interessenklagen gibt es in Frankreich, Luxemburg, Portugal und in der Schweiz, Verletztenklagen etwa in Deutschland, Japan und Schweden, s. *Bleckmann*, Gerichtsschutz gegen die Exekutive, Bd. III, S. 21, Fn. 4, 5.

[1170] *Calliess*, NJW 2002, 3577, 3578.

[1171] So auch *Rupp*, Grundfragen, S. 158. So erhob das einer objektiv-rechtlichen Kontrollfunktion unvoll, die Berufung des Klägers auf eine bloße Beeinträchtigung seiner Interessen zur Zulässigkeit einer Klage genügen zu lassen, wenn Ziel hauptsächlich der Schutz von Rechten und spezifischen Interessen des Klägers ist. Die Betroffenheit auf Zulässigkeitsebene einzuschränken, bietet sich damit an, wenn man auch auf Begründetheitsebene eine irgendwie geartete Beeinträchtigung der Klägerposition fordert.

Der Wortlaut der Art. 230 Abs. 4, 232 Abs. 3 EG ist für die Frage nach dem vorgesehenen Verständnis der Klagebefugnis nicht sehr ergiebig, gerade angesichts der Tatsache, dass der Gerichtshof ihn bereits vielfach erweitert hat. Allenfalls lässt sich feststellen, dass das Erfordernis einer möglichen Verletzung in subjektiven Rechten enger ist als das unmittelbare und individuelle Betroffensein des Klägers und dass auf der anderen Seite auch eine ganz weite Auslegung, das heißt eine bloße, irgendwie geartete Betroffenheit, jedenfalls durch den Wortlaut nicht gedeckt wird. Die Grenze zwischen Verletzten- und Interessenklage ist ohnehin fließend.

Da der EG-Vertrag an dieser Stelle bezüglich der konkreten Anforderungen an die Betroffenheit des Klägers offen ist, hängt die Beurteilung des Vorgehens der Rechtsprechung weiter davon ab, ob es die klägerischen Rechte in ausreichender Weise zu schützen geeignet ist.

3. Effektiver Schutz der klägerischen Rechte

Das Gewicht des klägerischen Schutzinteresses hängt nicht nur vom Bestehen einer grundrechtlich verbürgten Rechtsschutzgarantie ab (a), sondern zunächst auch davon, auf welche Weise und mit welchen Erfolgschancen der Kläger anderweitig Rechtsschutz erlangen kann (b). Anlässlich der Forderung einiger Autoren nach einem Abstellen auf subjektive Rechte bei der Bestimmung der Klagebefugnis ist auf deren Verhältnis zur Rechtsschutzgarantie (c) einzugehen und zu untersuchen, ob ein vereinfachendes Abstellen auf Verfahrenspositionen zum Schutz subjektiver Rechte ausreichend ist (d).

a) Recht auf effektiven Rechtsschutz

Das Recht auf effektiven Rechtsschutz[1172] gründet in den allgemeinen Rechtsgrundsätzen der gemeinsamen Verfassungsüberlieferungen sowie den Art. 6 und 13 der EMRK[1173]. Es ist nunmehr in Art. 47 der Grundrechtscharta verankert[1174], war aber

---

terworfene preußische Verwaltungsrecht in § 127 Abs. 3 LVG für das Polizeirecht eine Verletzung in subjektiv-öffentlichen Rechten zur Voraussetzung einer Klage, vgl. *von Danwitz*, Verwaltungsrechtliches System, S. 78; *Bühler*, Die subjektiven öffentlichen Rechte, S. 290. *Cremer*, in: Individualrechtsschutz, S. 27, 45, meint etwa, dass die gemeinschaftsrechtlichen Direktklagen trotz objektiv-rechtlichen Prüfungsmaßstabs der Durchsetzung individueller Rechte und Interessen dienten.

1172 EuGH, Rs. 294/83, Slg. 1986, 1339, 1365, Rn. 23 – Les Verts; Rs. 222/84, Slg. 1986, 1651, 1682, Rn. 18 – Johnston; Rs. 222/86, Slg. 1987, 4097, 4117, Rn. 14 – Heylens; Rs. C-97/91, Slg. 1992, 6313, 6334, Rn. 14 – Borelli; Rs. 50/00 P, Slg. 2002, I-6677. 6734, Rn. 39 – Unión de Pequeños Agricultores; EuG, Rs. T-348/94, Slg. 1998, II-1875, 1901, Rn. 60 – Enso Española; *Borchardt*, in: Lenz/Borchardt, Art. 220, Rn. 4; *Tonne*, Effektiver Rechtsschutz, S. 200 ff.; *Huber*, Konkurrentenschutz, S. 407 f.; *Gundel*, in: Ehlers, EuGR, § 19, Rn. 22; *Schwarze*, FS Rodriguez Iglesias, 147, 160 f.; *Borowski*, EuR 2004, 879, 894; *Calliess*, NJW 2002, 3577; *Classen*, NJW 1995, 2457, 2461 f.

1173 EuGH, Rs. C-50/00 P, Slg. 2002, I-6677, 6734, Rn. 39 – Unión de Pequeños Agricultores; Rs. Cschon zuvor als Grundrecht anerkannt[1175]. Die Rechtsschutzgarantie bietet dem Bürger einen Anspruch auf Zugang zu Gericht, wenn er in einem ihm durch das Gemeinschaftsrecht verliehenen Recht verletzt wird[1176].

b) Alternative Rechtsschutzmöglichkeiten

Ob es einer Realisierung dieser Rechtsschutzgarantie voll und ganz auf Ebene der Direktklagen vor dem Gerichtshof bedarf, hängt davon ab, wie die Rechtsschutzmöglichkeiten des Klägers ansonsten ausgestaltet sind. Kann er im Wege des Sekundärrechtsschutzes oder durch Klage vor den mitgliedstaatlichen Gerichten – etwa auch im Wege zivilrechtlicher Verfahren – seine Rechte in ausreichender Weise verteidigen, sind Rechtsschutzlücken im Direktklageverfahren hinnehmbar.

An dieser Stelle ist darauf hinzuweisen, dass der Gerichtshof zwar unter Hinweis auf in Anspruch zu nehmende mitgliedstaatliche Rechtsbehelfe gemeinschaftlichen Rechtsschutz versagt hat[1177], andersherum jedoch das Argument fehlender Rechtsbehelfe auf nationaler Ebene nicht zur Ausweitung der Klagebefugnis genügen lässt[1178].

Als alternative Rechtsschutzmöglichkeiten sollen nun Rechtsbehelfe vor nationalen (hier deutschen) Gerichten (aa), das gemeinschaftliche Vorlageverfahren (bb) sowie der sekundäre Rechtsschutz (cc) betrachtet werden.

aa) Rechtsbehelfe vor deutschen Gerichten

Verwaltungsakte der Kartellbehörden sind gem. § 63 Abs. 1 und 4 GWB im Beschwerdeverfahren vor den Kartellsenaten der Oberlandesgerichte angreifbar[1179]. Auf diesem Wege kann auch ein Unterlassen der jeweiligen Kartellbehörde gerügt werden[1180]. Hat die Kommission in der Sache bereits einen Akt erlassen, kann vor dem Oberlandesgericht nicht dieser, sondern nur ein mitgliedstaatlicher Umsetzungsakt angegriffen werden. Soweit der Kläger die Rechtswidrigkeit der Kommissionsentscheidung rügt, kann darüber nur der EuGH auf eine Vorlagefrage des nationalen Ge-

---

263/02 P, Slg. 2004, I-3425, 3457, Rn. 29 – Jégo-Quéré; EuG, Rs. T-177/01, Slg. 2002, II-2365, 2380, Rn. 41 – Jégo-Quéré.

1174 *Borchardt*, in: Lenz/Borchardt, Art. 220, Rn. 4; *Allkemper*, S. 41 ff.; *Calliess*, NJW 2002, 3577. Auch in Art. II-107 Abs. 1 des Vorschlags eines Verfassungsvertrages war dessen Kodifizierung als Gemeinschaftsgrundrecht vorgesehen: *„Jede Person, deren durch das Recht der Union garantierte Rechte oder Freiheiten verletzt worden sind, hat das Recht, nach Maßgabe der in diesem Artikel vorgesehenen Bedingungen bei einem Gericht einen wirksamen Rechtsbehelf einzulegen."*

1175 EuGH, Rs. 222/86, Slg. 1987, 4097, 4117, Rn. 14 – Heylens; *Sedemund/Heinemann*, DB 1995, 1161.

1176 *Allkemper*, S. 42; *Calliess*, NJW 2002, 3577.

1177 EuGH, Rs. C-321/95 P, Slg. 1998, I-1651, 1716, Rn. 33 – Greenpeace; *Calliess*, NJW 2002, 3577, 3579. Siehe auch oben, Teil 2, Abschnitt 1, E.II.

1178 Allerdings verneint das EuG die Zulässigkeit in der Rs. T-47/95, Slg. 1997, II-481, 499, Rn. 59 – Terres rouges, unter anderem mit dem Argument, die Klägerinnen hätten nicht nachgewiesen, dass es ihnen unmöglich war, die Verordnung vor einem nationalen Gericht anzufechten. Eine solche Wechselwirkung befürwortend *Borowski*, EuR 2004, 879, 900 f.; *Nowak*, EuZW 2000, 453, 455, 458. Siehe auch schon oben, Teil 2, Abschnitt 1, E. II.

1179 *Melullis*, in: Gloy/Loschelder § 26, Rn. 24.

1180 § 63 Abs. 3 GWB. Zum Charakter dieser „Beschwerde" als verwaltungsgerichtliche Klage siehe *Schmidt*, FS Steindorff, S. 1085, 1089 f.; *Schmidt*, Gerichtsschutz, S. 3 ff.

richts nach Art. 234 EG hin entscheiden. Ist die Kommission hingegen noch nicht tätig geworden, könnte der Kläger die begehrte Untersagungsverfügung gegebenenfalls auch von der mitgliedstaatlichen Behörde verlangen, die zur vollumfänglichen Anwendung der Art. 81 und 82 EG befugt ist. Unabhängig von der Frage nach dem Verhältnis der Untätigkeitsklage auf europäischer Ebene zur Unterlassungsklage auf nationaler Ebene[1181] ist festzuhalten, dass der Kläger das Rechtsschutzziel des Erlasses einer Kommissionsentscheidung auf diesem Wege nicht erreichen kann.

Will sich der Kläger gegen das angeblich wettbewerbswidrige Verhalten seines Konkurrenten zur Wehr setzen, so eröffnet sich ihm ebenfalls die Möglichkeit einer zivilrechtlichen Klage auf Unterlassung des fraglichen Verhaltens sowie auf Zahlung von Schadensersatz[1182]. Hier besteht allerdings die Schwierigkeit, dass er hinsichtlich des wettbewerbswidrigen Verhaltens, seiner Schädigung, des Kausalzusammenhanges sowie gegebenenfalls des gegnerischen Verschuldens nach dem Beibringungsgrundsatz allein die Beweislast trägt[1183]. Soweit die Kommission in dem konkreten Fall bereits Verpflichtungszusagen angenommen oder eine Nichtanwendbarkeitsentscheidung getroffen hat, wird dies zudem zumindest große faktische Auswirkungen auf die Erfolgsaussichten der Klage haben.

bb) Das Vorlageverfahren

Das Vorlageverfahren vor dem EuGH könnte einen effektiveren Ausgleich für Rechtsschutzdefizite bei Nichtigkeits- und Untätigkeitsklage bilden[1184]. Eine erste Schwierigkeit besteht jedoch in der Tatsache, dass immer ein mitgliedstaatlicher Umsetzungsakt erforderlich ist, der vor den mitgliedstaatlichen Gerichten angegriffen werden kann. Fehlt ein solcher Umsetzungsakt, weil die gemeinschaftliche Norm entweder selbstvollziehend ist, oder müsste der Bürger ihn erst durch einen Normverstoß provozieren, was ihm nicht zumutbar ist, entstehen Rechtsschutzlücken[1185].

Weiter sind nur letztinstanzliche Gerichte zur Vorlage an den EuGH verpflichtet[1186], aber selbst bei Missachtung dieser Vorlageverpflichtung steht dem Kläger kein Rechtsmittel zu[1187]. Zwar ist eine Verfassungsbeschwerde wegen Verletzung des Art. 101 Abs. 2 S. 2 GG anerkannt[1188], deren Voraussetzungen werden jedoch sehr

---

[1181] Siehe hierzu Teil 5.

[1182] *Börner*, EuR 1984, 181, 182, erachtet diesen Schutz des Konkurrenten als ausreichend.

[1183] *Klees*, Europäisches Kartellverfahrensrecht, § 6, Rn. 21; *Odersky*, FS Mestmäcker, S. 699, 700. *Birk*, EWS 2003, 159.

[1184] So etwa EuGH, Rs. 123/77, Slg. 1978, 845, 851, Rn. 8/13 – UNICME; Rs. 307/81, Slg. 1982, 3463, 3473, Rn. 13 – Alusuisse; *Ehricke*, in: Streinz, Art. 230 EG, Rn. 60.

[1185] *Borowski*, EuR 2004, 879, 896; *Sedemund/Heinemann*, DB 1995, 1161, 1163. Siehe bereits oben, Teil 2, Abschnitt 1, E.I.

[1186] *Borowski*, EuR 2004, 879, 897.

[1187] Über dessen Einführung wird allerdings diskutiert: Ablehnend unter Berufung auf die richterliche Unabhängigkeit *Ehlermann*, FS Kutscher, 135, 153. Bei systematischer Missachtung des Vorlagegebots Vertragsverletzungsverfahren: *Lenz*, NJW 1994, 2063, 2065.

[1188] BVerfGE 75, 223, 233 f.; *Gundel*, in: Ehlers, EuGR, § 19, Rn. 23, Fn. 64; *Pieroth/Schlink*, Rn. 1057 ff., Fall 24; *Sedemund/Heinemann*, DB 1995, 1161, 1163; *Lenz*, NJW 1994, 2063, 2065.

restriktiv interpretiert[1189]. Der Kläger im mitgliedstaatlichen Verfahren kann die Vorlage letztlich nicht erzwingen[1190], sie liegt allein in der Hand des Gerichts.

Außerdem wird die durchschnittliche Verfahrensdauer eines Vorlageverfahrens von zwei Jahren sowie die Dauer des Durchlaufens des mitgliedstaatlichen Instanzenzuges als nicht mit der Garantie effektiven Rechtsschutzes vereinbar angesehen[1191]. Hinsichtlich der Ausgestaltung des Verfahrens ist zu kritisieren, dass der Gerichtshof nur über eine ausgewählte, abstrakte Rechtsfrage und nur in dem Umfang entscheidet, den das nationale Gericht für erforderlich erachtet. Er entscheidet nicht den konkreten Fall, sondern legt lediglich das Gemeinschaftsrecht aus[1192]. Im Verfahren stehen sich die Parteien des Ursprungsrechtsstreits auch nicht in kontradiktorischer Weise gegenüber, sondern dürfen lediglich Stellungnahmen einreichen[1193]. Ein kontradiktorisches Verfahren stellt aber die beste Gewähr für die Entscheidungsfindung dar[1194].

Überdies besteht die Gefahr für den Kläger, dass die Geltendmachung der Ungültigkeit der Gemeinschaftsmaßnahme im Vorlageverfahren präkludiert ist. Dies ist der Fall, wenn die Klagefrist des Art. 230 Abs. 5 EG abgelaufen ist, ohne dass der Kläger eine Direktklage gegen die Maßnahme angestrengt hat[1195]. Die Zulässigkeit einer Direktklage ist aber aufgrund der inkonsistenten Rechtsprechung des EuGH wenig voraussehbar[1196]. So bliebe für den Kläger nur die Möglichkeit, parallele Verfahren vor der europäischen und der nationalen Gerichtsbarkeit anzustrengen.

Schließlich wird auf die unterschiedliche Rechtsfolge in den Verfahren hingewiesen[1197]: während der Gerichtshof beim Vorlageverfahren schlicht die Ungültigkeit des Gemeinschaftsaktes feststellt, ergibt sich bei Erfolg der Nichtigkeitsklage aus Art. 233 EG für das Gemeinschaftsorgan die Pflicht, die sich aus dem Urteil des Gerichtshofs ergebenden Maßnahmen zu ergreifen. Insgesamt wird der Rechtsschutz durch das Vorlageverfahren als unbefriedigend bewertet[1198].

1189 *Sedemund/Heinemann*, DB 1995, 1161, 1163. BVerfG, RIW 1994, 519 f.: Art. 101 Abs. 2 S. 2 GG nur dann verletzt, *„wenn das letztinstanzliche Hauptsachegericht den ihm... zukommenden Beurteilungsrahmen in unvertretbarer Weise überschritten hat."*.

1190 *Gundel*, in: Ehlers, EuGR, § 19, Rn. 23; *Allkemper*, S. 26 f.

1191 *Borowski*, EuR 2004, 879, 898; *Schwarze*, RIW 1996, 893, 894; *Sedemund/Heinemann*, DB 1995, 1161, 1163.

1192 *Odersky*, FS Mestmäcker, S. 699, 701 f.; *Sedemund/Heinemann*, DB 1995, 1161, 1164.

1193 *Allkemper*, S. 26 f.

1194 *Sedemund/Heinemann*, DB 1995, 1161, 1164.

1195 EuGH, Rs. C-188/92, Slg. 1994, I-833, 853, Rn. 17 f, - TWD Textilwerke Deggendorf; Rs. C-239/99, Slg. 2001, I-1197, 1232, Rn. 37 – Nachi Europe; *Borowski*, EuR 2004, 879, 899 f.; *Wölker*, DÖV 2003, 570, 574; *Sedemund/Heinemann*, DB 1995, 1161, 1164; *Pache*, EuZW 1994, 615, 619 f. (Dieser begrüßt die Handhabung durch den Gerichtshof und sieht die Direktklage als den vorrangig heranzuziehenden Rechtsbehelf an.); anders aber: EuGH, Rs. 216/82, Slg. 1983, 2771, 2788, Rn. 12 – Universität Hamburg.

1196 *Sedemund/Heinemann*, DB 1995, 1161, 1164.

1197 *Arzoz*, JöR 49 (2001), 299, 314 f.

1198 GA Jacobs, Rs. 50/00 P, Slg. 2002, I-6677, 6693, Rn. 40 ff., 45 ff. – Unión de Pequeños Agricultores; *Jakob*, in: GS, Vorbem. zu den Art. 81-89 EG, Rn. 84; *Allkemper*, S. 27; *Börner*, 46. DJT, S. G 36; *Borowski*, EuR 2004, 879, 902; *Arzoz*, JöR 49 (2001), 299, 317 ff.; *Sedemund/Heinemann*, DB 1995, 713, 720.

cc) Sekundärrechtsschutz

Schließlich kommen Schadensersatzansprüche gegen die Gemeinschaft nach Art. 235 i. V. m. 288 Abs. 2 EG in Betracht. Ein Ausgleich einer Rechtsverletzung auf Sekundärebene nach dem Vorbild „dulde und liquidiere" ist aber weniger rechtsschutzintensiv und mit einem Ausräumen der rechtswidrigen Handlung auf Primärebene nicht vergleichbar[1199]. Hinzu kommt, dass sich hier, wie bei der Zivilklage gegen den Wettbewerber, für den die Beweislast tragenden Kläger die Schwierigkeit stellt, die Erfüllung der Tatbestandsvoraussetzungen nachzuweisen. Insbesondere bei der Verletzung durch Normativakte sind die Anforderungen an den Haftungstatbestand streng[1200]. Der Kläger muss neben seinem Schaden auch den qualifizierten Eingriff in eine höherrangige Rechtsnorm, die den Schutz eines einzelnen bezweckt, nachweisen können[1201]. Eine solche Rechtsverletzung scheidet aber meist aus, wenn das Gemeinschaftsorgan im Rahmen des ihm zustehenden Ermessens gehandelt hat. Dieses ist bei wirtschaftspolitischen Entscheidungen sehr weit.

dd) Ergebnis zu b)

Da effektiver Rechtsschutz nicht vollumfänglich durch sonstige Verfahrensarten zu erreichen ist, hat sich die Ausgestaltung von Nichtigkeits- und Untätigkeitsklage an der Rechtsschutzgarantie zu orientieren[1202].

c) Abstellen auf ein subjektives Recht

Vor diesem Hintergrund wird die Behandlung von Direktklagen durch den Gerichtshof als zu zurückhaltend und restriktiv bezeichnet[1203], wobei die restriktive Haltung angesichts der Tatsache verwundert, dass der EuGH selbst schon früh eine enge Interpretation des Klagerechts ausgeschlossen hat[1204]. Zudem wird kritisiert, dass die Bereitschaft des Gerichtshofs, über den Grundsatz des effektiven Rechtsschutzes in nationale Verfahrens- und Prozessrechte einzubrechen[1205], in auffälligem Gegensatz zur Zurückhaltung steht, die er bei der Verwirklichung der Rechtsschutzgarantie auf Gemein-

---

[1199] *Borowski*, EuR 2004, 879, 902; aA GA Gulmann, Rs. C-15 und 108/91, Slg. 1992, I-6061, 6090, Rn. 27 – Buckl. Ein Schadensersatzanspruch ist insgesamt nicht zur Schließung von Rechtsschutzlücken geeignet, *Nettesheim*, JZ 2002, 928, 934.

[1200] *Sedemund/Heinemann*, DB 1995, 1161, 1164.

[1201] EuGH, Rs. 153/73, Slg. 1974, 675, 694, Rn. 7 – Holtz & Willemsen; Rs. 43/72, Slg. 1973, 1055, 1070, Rn. 8 – Merkur; Rs. 238/78, Slg. 1979, 2955, 2972, Rn. 9 – Ireks-Arkady; *Lenz*, NJW 1994, 2063, 2066.

[1202] Eine Rechtsschutzlücke ist im Bereich des Wettbewerbsrechts in besonderem Maße bedenklich, da es sich bei den geltend gemachten Rechten um Grundrechte wie die Berufsfreiheit und das Recht auf effektiven Rechtsschutz handelt, *König*, JuS 2003, 257, 258.

[1203] *Burgi*, in: Rengeling/Middeke/Gellermann, 2. Auflage, § 7, Rn. 64; *Calliess*, NJW 2002, 3577, 3579; *von Danwitz*, DÖV 1996, 481, 485.

[1204] EuGH, Rs. 25/62, Slg. 1963, 211, 237 – Plaumann: *„Im übrigen dürfen die Bestimmungen des Vertrages über das Klagerecht nicht restriktiv interpretiert werden."*

[1205] Siehe zur mitgliedstaatlichen Pflicht zur Einführung der Interessenklage *Calliess*, NJW 2002, 3577, 3578 f.; *von Danwitz*, in: Verwaltung in der EU, S. 121, 130 ff. Demzufolge muss der Einzelne bereits dann zur Erhebung einer Klage befugt sein, wenn er infolge der Missachtung einer Rechtsnorm tatsächliche Nachteile in seinen geschützten Individualinteressen hinnehmen muss.

schaftsebene an den Tag legt[1206]. Gefordert wird eine „Ausweitung" der Klagebefugnis auf die Verletzung von durch das Gemeinschaftsrecht zugestandenen subjektiven Rechten oder jedenfalls von Gemeinschaftsgrundrechten[1207]. Anlässlich der Diskussionen zum Vertrag von Amsterdam wurde ebenfalls bereits diskutiert, ob man das Kriterium der individuellen Betroffenheit durch das Erfordernis einer Beeinträchtigung in Gemeinschaftsgrundrechten oder grundrechtsähnlichen Rechtspositionen ersetzen sollte[1208].

Der Gerichtshof habe mehrfach entschieden, dass die Art. 81 und 82 EG subjektive Rechte zugunsten von Personen schüfen, die unter einer Wettbewerbsbeschränkung litten[1209]. Wenn der Betroffene aber sogar eine subjektive Rechtsposition innehabe, die verletzt sei, dann sollte ihm auch ein Rechtsschutzanspruch gewährt werden, da das Vorhandensein eines subjektiven Rechts auch die Anerkennung der Schutzwürdigkeit seiner Interessen bedeute[1210]. Die Herleitung allein aus der Verfahrensbeteiligung sei für einen effektiven Rechtsschutz hingegen nicht ausreichend, sondern führe zu Ungleichbehandlung und Rechtsschutzlücken[1211]. Der Grund dafür liege schon in der Tatsache, dass ein Verwaltungsverfahren nicht in allen Bereichen gemeinschaftlicher Verwaltungstätigkeit vorgesehen sei[1212]. Daher sei auf eine materielle Betroffenheit abzustellen[1213].

Auch *GA Jacobs* und das Gericht erster Instanz befürworteten in den Rechtssachen *Unión de Pequeños Agricultores*[1214] und *Jégo-Quéré*[1215] eine Erweiterung der Klagebefugnis, insbesondere unter Hinweis auf fehlende anderweitige Rechtsschutzmöglichkeiten. Der Generalanwalt sprach sich sogar für eine Annahme individueller Betroffenheit schon bei erheblicher nachteiliger Auswirkung auf die Interessen des Klägers aus, während das Gericht immerhin eine unzweifelhafte und gegenwärtige Beein-

---

1206 *Von Danwitz*, Verwaltungsrechtliches System, S. 177; *Moitinho de Almeida*, FS Everling, Bd. I, 849, 872; *Rengeling*, FS Everling, Bd. II, 1187, 1202; *Calliess*, NJW 2002, 3577, 3579, 3581; *von Danwitz*, DÖV 1996, 481, 486; *Sedemund/Heinemann*, DB 1995, 1161, 1165. AA *Triantafyllou*, DÖV 1997, 192, 199.

1207 *Burgi*, in: Rengeling/Middeke/Gellermann, 2. Auflage, § 7, Rn. 72; *Cremer*, in: Individualrechtsschutz, S. 27, 45: *Nowak*, Konkurrentenschutz, S. 504; *Löw*, Rechtsschutz, S. 155; *Allkemper*, S. 90, 94; *Steindorff*, ZHR 150 (1986), 222, 230 f.; Beschlüsse 60. DJT, S. N.58; *Ule*, Gutachten 46. DJT, S. 19 ff.; *Neuwahl*, ELR 21 (1996), 17, 31; *Petersmann*, EuZW 1993, 593, 594, 595. AA *von Dietze*, S. 116 ff., 137 (mangels entsprechender Grundrechte, auf die sich der Kläger berufen könnte); *Rüber*, NJW 1971, 2097, 2101. Die in Betracht kommenden Gemeinschaftsgrundrechte untersuchen eingehend *Nowak*, Konkurrentenschutz, S. 474 ff. und *Löw*, Rechtsschutz, S. 73 ff.

1208 Die Frage nach der individuellen Betroffenheit ähnelt jedenfalls der nach der Verletzung eines subjektiv-öffentlichen Rechts, *Schmidt*, FS Steindorff, S. 1085, 1095.

1209 EuGH, Rs. 127/73, Slg. 1974, 51, Leitsatz 2 – BRT / SABAM; Rs. 37/79, Slg. 1980, 2481, 2500, Rn. 13 – Marty / Lauder; *Steindorff*, ZHR 150 (1986), 222, 230.

1210 *Steindorff*, ZHR 150 (1986), 222, 231.

1211 *Burgi*, in: Rengeling/Middeke/Gellermann, 2. Auflage, § 7, Rn. 72; *Sedemund/Heinemann*, DB 1995, 1161, 1166.

1212 *Cremer*, in: Individualrechtsschutz, S. 45.

1213 *Röhl*, ZaöRV 60 (2000), 331, 355 f.; *Schwarze*, RIW 1996, 893, 897.

1214 GA Jacobs, Rs. 50/00 P, Slg. 2002, I-6681, Rn. 62 – Unión de Pequeños Agricultores.

1215 EuG, Rs. T-177/01, Slg. 2002, II-2365, 2383, Rn. 51 – Jégo-Quéré.

trächtigung einer Rechtsposition des Klägers verlangte[1216]. Der EuGH ist in einer Plenumsentscheidung dem Anraten des Generalanwaltes hingegen nicht gefolgt[1217] und auch das in der Rechtssache *Jégo-Quéré* eingelegte Rechtsmittel der Kommission war erfolgreich und führte zur Aufhebung des erstinstanzlichen Urteils und zur Unzulässigkeitserklärung der Nichtigkeitsklage[1218].

aa) Verhältnis von subjektivem öffentlichem Recht und Recht auf effektiven Rechtsschutz

Notwendigerweise ist die Rechtsschutzgarantie von dem Bestehen gefährdeter materieller Rechtspositionen abhängig. Das Recht Klage zu erheben ist kein Recht an sich, sondern setzt das Vorhandensein sowie das Bedrohtsein anderer, inhaltlicher Interessen voraus, die die Rechtsordnung als schützenswert anerkennt. Formelles und materielles Recht greifen an dieser Stelle ineinander, indem das eine zur Verwirklichung des anderen dient und zugleich vom Bestehen desselben abhängt. Diese Abhängigkeit lässt sich aus der Perspektive des materiellen Rechts auch auf folgende Weise beschreiben: das subjektive Recht beinhaltet als positiven Status die Rechtsmacht, vom Staat ein bestimmtes Tun zu verlangen, während der korrespondierende negative Status den Schutz dieses primären, subjektiven Rechts gegen Eingriffe der Hoheitsgewalt garantiert[1219]. Während Gegenstand des Rechtsschutzes das verletzte, primäre subjektive Recht ist, ist das Mittel des Rechtsschutzes das sekundäre, geltend gemachte subjektive Recht[1220].

Voraussetzung für eine Beeinträchtigung der Rechtsschutzgarantie ist also das Vorliegen materieller Rechte. Es stellt sich weiter die Frage, wie solche Rechte auf gemeinschaftsrechtlicher Ebene zu ermitteln sind.

bb) Ansätze zur Ermittlung des subjektiven öffentlichen Rechts

Subjektive Rechte im Bereich des Kartellrechts können sich aus Grundrechten wie der Wettbewerbsfreiheit, Wettbewerbsgleichheit, Berufsfreiheit oder Eigentumsfreiheit ergeben, zudem aus den Grundfreiheiten, aus dem Primärrecht – etwa Art. 81, 82 oder 3 Abs. 1 lit. g EG[1221] – oder Sekundärrecht – etwa der Verordnung Nr. 1/2003. Im

---

[1216] Befürwortend *Calliess*, NJW 2002, 3577, 3582, der auch einen Vergleich von EuG und GA Jacobs gefundenen Formeln vornimmt. *Borowski*, EuR 2004, 879, 905 f., hält die Formeln im Ergebnis für äquivalent. Kritik von *Ehricke*, in: Streinz, Art. 230 EG, Rn. 60 f.; *Koenig/Pechstein/Sander*, EG-Prozessrecht, Rn. 411, *Braun/Kettner*, DÖV 2003, 58, 65 f. Die Formel wird teilweise als Aufgabe der die individuelle Betroffenheit bis dahin bestimmenden Plaumann-Formel angesehen, *Feddersen*, EuZW 2002, 532, 533; *König*, JuS 2003, 257, 259.

[1217] EuGH, Rs. 50/00 P, Slg. 2002, I-6677 – Unión de Pequeños Agricultores.

[1218] EuGH, Rs. C-263/02 P, Slg. 2004, I-3425, Rn. 34, 50 – Jégo-Quéré. Siehe zum Ganzen bereits oben, Teil 2, Abschnitt 1, E.II.

[1219] *Schmidt*, Kartellverfahrensrecht, S. 419. *Birk*, EWS 2003, 159, 166, bezeichnet die Gewährleistung effektiven Rechtsschutzes dementsprechend als „Annexrecht“.

[1220] *Schmidt*, Kartellverfahrensrecht, S. 421.

[1221] Ein Abstellen auf ein in Art. 3 Abs. 1 lit. g EG verankertes Grundrecht auf Wettbewerbsfreiheit befürwortet *Birk*, EWS 2003, 159, 166 f.; ähnlich *Petersmann*, EuZW 1993, 593, 594. Auch *Löw*, Rechtsschutz, S. 79 f., spricht der Vorschrift individualschützenden Charakter zu, während es sich nach Auffassung von *Nowak*, Konkurrentenschutz, S. 497, und *von Dietze*, S. 133, lediglich um einen allgemeinen Grundsatz des Gemeinschaftsrechts, nicht aber eine subjektivrechtlich ausgestaltete

Einzelfall ist es aber schwierig zu bestimmen, wann ein solches subjektives öffentliches Recht vorliegt.

Nach der in der deutschen Dogmatik grundlegenden Theorie *Bühlers*[1222] entsteht ein solches, wenn eine Rechtsnorm oder eine rechtsgeschäftliche Erklärung einem anderen eine Verhaltenspflicht auferlegt, diese Pflicht zumindest auch den Schutz des Begünstigten bezweckt und dem Begünstigten die Rechtsmacht eingeräumt ist, die geschützten Interessen gegenüber dem Verpflichteten durchzusetzen[1223]. Problematisch erscheint die dritte Vorraussetzung dieser so genannten Schutznormtheorie. Da die Rechtsmacht der Durchsetzung gerade den *status negativus* des subjektiven Rechts darstellt, kann sie schwerlich Bestandteil deren Definition sein[1224].

Teilweise wird in Verkürzung der Theorie *Bühlers* gefordert, dass der jeweilige zwingende Rechtssatz des öffentlichen Rechts nicht nur öffentlichen, sondern auch Individualinteressen Dritter zu dienen bestimmt sein muss und diese Dritten einen abgeschlossenen Personenkreis bilden, der sich von der Allgemeinheit unterscheidet[1225]. Ein weiterer Ansatz rückt die interessenausgleichende Funktion einer drittschützenden Norm in den Vordergrund und fragt danach, ob eine Vorschrift nach ihrem objektiven Regelungsgehalt, insbesondere infolge ihres Schutzzwecks, dem normativen Ausgleich widerstreitender Interessen im mehrpoligen Rechtsverhältnis dient[1226].

Bisher fehlt eine entsprechende allgemeine Theorie des subjektiv-öffentlichen Rechts im Gemeinschaftsrecht[1227]. Der Gerichtshof lässt zur Entstehung subjektiver Rechte aus gemeinschaftsrechtlichen Vorschriften – wie etwa Richtlinien – genügen, dass diese inhaltlich unbedingt und hinreichend klar sind und unterscheidet somit nicht zwischen subjektiven und objektiven Rechten[1228]. Als Begründung dient allein die nicht anders zu erreichende praktische Wirksamkeit einer Gemeinschaftsrechts-

---

Position handelt. Darauf deutet auch die Rechtsprechung hin, etwa EuGH, Rs. 85/76, Slg. 1979, 461, 520, Rn. 38 – Hoffmann-La Roche; EuG, Rs. T-77/95, Slg. 1997, II-1, Rn. 56 – SFEI.

1222 *Bühler*, Die subjektiven öffentlichen Rechte, S. 224.

1223 *Bachof*, GS Jellinek, 287, 294; *Zuleeg*, Subventionskontrolle S. 62; *Schwarze*, GS Martens, S. 819, 840; *von Danwitz*, in: Verwaltung in der EU, S. 121, 129; *Schoch*, NVwZ 1999, 457, 458; *Ruffert*, DVBl.1998, 69; *Erichsen*, Jura 1994, 385, 386; *Ehlers*, VerwArch 84 (1993), 139, 145; *Friauf*, DVBl.1969, 368, 370. Zur Entwicklung der Lehre des subjektiven öffentlichen Rechts *Huber*, Konkurrenzschutz, S. 100 ff.

1224 So auch *Schmidt*, Kartellverfahrensrecht, S. 430, 432 f.

1225 BVerwGE 81, 329, 334; BVerwGE 101, 157, 163; *Schmidt-Aßmann*, in: Maunz/Dürig, GG, Art. 19 IV, Rn. 118; *Sauerland*, Verwaltungsvorschrift, S. 407; *Dormann*, Drittklagen, S. 131; Dörffler, NJW 1963, 14, 15.

1226 *Calliess*, NJW 2002, 3577, 3579. Das Element der Konfliktentscheidung, die durch die Norm getroffen wird, beobachtet auch *Huber*, Konkurrentenschutz, S. 172, 222.

1227 *Von Danwitz*, DÖV 1996, 481, 482. Auch die oben angesprochenen Entscheidungen des EuGH begnügen sich mit der Feststellung, die Kartellvorschriften des Vertrages seien *„ihrer Natur nach geeignet, in den Beziehungen zwischen Einzelnen unmittelbare Wirkungen zu erzeugen, und [ließen] unmittelbar in deren Person Rechte entstehen"*, EuGH, Rs. 127/73, Slg. 1974, 51, Leitsatz 2 – BRT / SABAM.

1228 EuGH, Rs. 26/62, Slg. 1963, 1, 25 – Van Gend & Loos; Slg. 6/64, Slg. 1964, 1251, 1270 – Costa - ENEL; Rs. C-6 u. 9/90, Slg. 1991, 5357, 5413, Rn. 31 – Francovich; *Ruffert*, DVBl.1998, 69, 70; *von Danwitz*, DÖV 1996, 481, 482.

norm[1229]. Diese Rechtsprechung bezieht sich jedoch nur auf solche Gemeinschaftsrechte, die einem Mitgliedstaat gegenüber geltend gemacht werden[1230]. Soweit es um vor der Gemeinschaftsgerichtsbarkeit gegenüber den EG-Organen durchsetzbare Rechte geht, ist der Gerichtshof – wie bereits gesehen – weitaus zurückhaltender. Ein Klagerecht wird zugestanden, wenn der Kläger am vorangegangenen Verwaltungsverfahren beteiligt war oder ihm ein solches Recht zustand. Auf materielle Rechtspositionen geht der Gerichtshof damit – abgesehen von einer gegebenenfalls ausschlaggebenden tatsächlichen Betroffenheit – nicht ein.

Es stellt sich jedoch die Frage, ob formelle Verfahrensgarantien nicht zur Bestimmung von rechtsschutzerfordernden Situationen geeignet sind.

d) Abstellen auf Verfahrenspositionen zum Schutz subjektiver Rechte

aa) Starke Bedeutung von Verfahrensrechten

Die immer stärker werdende Bedeutung von Verfahrensrechten im Gemeinschaftsrecht[1231] könnte dem Einfluss des *Common Law* zu verdanken sein, in dem Verfahrensrechte seit jeher eine größere Rolle spielen[1232]. Im deutschen Verwaltungsrecht hingegen wird Verfahrensrechten kaum eine Rechtsschutzfunktion zuerkannt. Aufgrund zahlreicher Heilungsmöglichkeiten und Unbeachtlichkeitsvorschriften in Bezug auf Verfahrens- und Formfehler werden sie derart unterbewertet, dass sich mittlerweile verstärkt Kritik an dieser Handhabung regt[1233]. Jedoch ist anzumerken, dass im deutschen Wettbewerbsrecht die Anfechtungs- und Verpflichtungsklage ersetzende Beschwerde gem. § 63 Abs. 2 GWB unter der Zulässigkeitsvoraussetzung der Verfahrensbeteiligung des Klägers steht[1234], wobei gilt, dass derjenige, der nicht am Verfahren beteiligt war, aber eine subjektive Rechtsverletzung darlegt, ebenfalls zur Erhebung der Klage befugt ist[1235].

Die Tatsache der eher zurückhaltenden Bewertung und eingeschränkten Bedeutung von Verfahrensrechten in der deutschen Rechtsordnung könnte ein Grund dafür sein, dass die Koppelung der Klagebefugnis an Verfahrensrechte zunächst befremdlich erscheint. Im Folgenden soll daher untersucht werden, ob diese Methode zur Rechtsschutzgewährleistung geeignet ist.

[1229] EuGH, Rs. 148/78, Slg. 1979, 1629, 1642, Rn. 21 – Ratti; Rs. 8/81, Slg. 1982, 53, 70, Rn. 23 – Becker; *von Danwitz*, DÖV 1996, 481, 483.

[1230] *Triantafyllou*, DÖV 1997, 192, 193. Dieser erblickt in der Rechtsprechung des EuGH zur Umsetzung von Richtlinien ein deutliches Bekenntnis zur Schutznormlehre, S. 196.

[1231] *Heidenreich*, Anhörungsrechte, S. 27; *De Bronett*, WuW 1997, 383, 392.

[1232] *Nehl*, in: Individualrechtsschutz, 135, 144; *Schwarze*, Eur. Verwaltungsrecht, 2. Auflage, S. 1142, 1157; *Schwarze*, Der funktionale Zusammenhang, S. 28 f. Vgl. auch die Aussage Christopher Bellamys: „*While Continental lawyers tend to think in terms of substantive rights, common lawyers clearly focus on procedure, remedies and due process.*" Zitiert nach *Heidenreich*, Anhörungsrechte, S. 28.

[1233] *Schwarze*, Der funktionale Zusammenhang, S. 17; *Nehl*, in: Individualrechtsschutz, 135 f. m.w.N.

[1234] *Huber*, Konkurrentenschutz, S. 138; *Schmidt*, Kartellverfahrensrecht, S. 457; *Rittner/Stephan*, GewArch 1985, 177, 186. *Skouris*, S. 184, führt dies als Argument für die Zurückhaltung bei der Erhebung von Konkurrentenklagen im deutschen Kartellrecht an.

[1235] *Schmidt*, FS Steindorff, S. 1085, 1095.

bb) Vorteile des Abstellens auf Verfahrenspositionen

Vorteil des Abstellens auf Verfahrenspositionen zur Ermittlung der Klagebefugnis ist eine damit einhergehende Vereinfachung der Zulässigkeitsprüfung. An die Stelle einer gegebenenfalls komplizierten Prüfung des Vorliegens schutzeröffnender subjektiver Rechte tritt die bloße Feststellung der Verfahrenspartizipation oder eines Verfahrensrechts[1236]. Weder muss der Gerichtshof sich in aufwendige Untersuchungen der Drittschutzfunktion einer Norm begeben, noch besteht für die Unternehmen Unsicherheit über die Zulässigkeitsaussichten einer Klage. Beim Schutz von Marktbeteiligen bietet sich diese Methode in besonderer Weise an, da hier eine Verletzung in subjektiven Rechten nur schwer feststellbar ist[1237]. Dem Wortlaut des Vertrages widerspricht eine solche Handhabung nicht, da das Kriterium der Individualisierung nicht ersetzt, sondern eine Vermutungswirkung für dessen Vorliegen geschaffen wird.

Teilweise wird die Entwicklung im US-Recht, das eine solche Formalisierung der Klagebefugnis seit langem erreicht hat[1238] und in dem *„schon ein geringerer Grad der Betroffenheit wirtschaftlicher Interessen aus[reicht], um einen Anspruch auf Verfahrenspartizipation auszulösen. Diesem Anspruch ist ein Klagerecht zur Seite gestellt"*, als nachahmenswert empfunden[1239]. Diese Sichtweise überzeugt jedoch nicht, da nicht schon bei jeder auch nur geringen Betroffenheit eine Klage möglich sein soll. Dies würde Verwaltungs- sowie Gerichtsverfahren lähmen.

cc)Funktion von Verfahrensrechten

In funktionaler Hinsicht ist denkbar, dass Verfahrensgarantie und Klagerecht denselben Zweck verfolgen. Damit ließe sich die Herstellung eines Gleichlaufs der beiden Institute begründen.

Verfahrensrechte haben zunächst „dienende Funktion". Sie unterstützen die Verwaltung bei der Rechtsumsetzung und tragen dadurch, dass sie den Kenntnisstand und das Sichtfeld der Kommission im Hinblick auf Sachverhaltsinformationen, Rechtsansichten und Interessenlagen erweitern[1240], dazu bei, das materielle Recht möglichst richtig umzusetzen[1241]. Daneben kommt ihnen aber auch eine individualschützende Funktion

---

1236 *Dormann*, Drittklagen, S. 100 f., sieht hingegen für den Bereich der deutschen Fusionskontrolle das Abstellen auf subjektive Rechte nach „traditioneller" Prüfung als sinnvoller an. Auch *Moitinho de Almeida*, FS Everling, Bd. I, 849, 861, hält ein Abstellen auf Verfahrenspositionen für verfehlt, da diese mit der letztlich aufgrund objektiver Kriterien zu treffenden Entscheidung nichts zu tun hätten.

1237 *Schmidt*, FS Steindorff, S. 1085, 1094; *Schmidt*, Gerichtsschutz, S. 42 f., 56 (für das deutsche Kartellrecht, für das er auch im Bereich der Verpflichtungsbeschwerde eine Formalisierung der Beschwerdebefugnis für wünschenswert hält, S. 56 ff.). Zugleich wird ein Schutz von Wettbewerbern aber als besonders erforderlich angesehen, *Cremer*, in: Individualrechtsschutz, S. 27, 45; *Allkemper*, S. 89; *Rittner/Stephan*, GewArch 1985, 177, 185

1238 Siehe schon *Stewart*, HarvLR 1975, 1667, 1725, 1751.

1239 *Nehl*, in: Individualrechtsschutz, 135, 152.

1240 Siehe z.B. Erwägungsgrund 5 VO Nr. 773/2004: *„Beschwerden stellen eine wesentliche Informationsquelle zur Aufdeckung von Zuwiderhandlungen gegen das Wettbewerbsrecht dar."* oder Rn. 7 der Bekanntmachung über die Behandlung von Beschwerden, aaO, Fn. 14.

1241 *Schmidt*, Kartellverfahrensrecht, S. 445; *Nehl*, in: Individualrechtsschutz, 135, 138 ff.; *Schwarze*, Der funktionale Zusammenhang, S. 65.

zu[1242]. Indem sie die Umsetzung materiellen Rechts bezwecken, dienen sie auch der Verwirklichung materieller subjektiver Rechte[1243]. Deren Schutz ist nicht bloßer Reflex, sondern eigenständiges Ziel. Die Kommission selbst sieht den Schutz individueller Rechte zwar als Aufgabe der Zivilgerichte, während sie ihr eigenes Handeln als ausschließlich im öffentlichen Interesse liegend einstuft[1244]. Diese Aussage ist aber mit Vorsicht zu behandeln und relativiert sich vor dem Hintergrund, dass die Kommission sich mit dieser Argumentation die freie Entscheidung über die Verteilung von Prioritäten vorbehalten will, ohne auf Individualinteressen eingehen zu müssen. Wie sie ausdrücklich sagt, ist sie am Innehaben eines Ermessensspielraums hinsichtlich der Eröffnung eines Verfahrens interessiert. Die Kommission kann aber durch Erlass einer Bekanntmachung nicht die ihr per Ratsverordnung übertragenen Aufgaben eingrenzen. Nichtsdestotrotz will sie außerdem dem Beschwerdeführer einen Anspruch auf Bescheidung zugestehen[1245].

Verfahrensgarantie und Klagerecht[1246] dienen – letzteres schon aufgrund der Rechtsschutzgarantie – jedenfalls auch dem Schutz von Rechten Einzelner. Drittschutz verwirklicht sich nicht nur im gerichtlichen, sondern auch im Verwaltungsverfahren[1247]. Es ist daher nicht einzusehen, warum das Recht, Klage zu erheben, nicht parallel laufen sollte mit dem Recht der Verfahrenspartizipation.

dd) Erfüllung der Rechtsschutzgarantie durch Abstellen auf Verfahrenspositionen

Die starke Bedeutung von Verfahrensrechten im objektiven Rechtsbeanstandungssystem der Gemeinschaft wird auch daran deutlich, dass eine Entscheidung, die unter Missachtung eines solchen, wesentlichen Rechts ergangen ist, schon aufgrund dessen aufzuheben ist[1248]. Aufgrund der schwierigen materiellen Beurteilung und damit einhergehender abnehmender gerichtlicher Kontrolldichte[1249] wird effektiver Rechts-

---

[1242] In Bezug auf das in Art. 27 Abs. 2 VO Nr. 1/2003 kodifizierte Akteneinsichtsrecht *Nowak*, DVBl. 2004, 272, 276.

[1243] *Schwarze*, Der funktionale Zusammenhang, S. 66 ff.; *Schmidt*, Kartellverfahrensrecht, S. 445, 447; *Birk*, EWS 2003, 159, 166. Nach Auffassung von *Nehl*, in: Individualrechtsschutz, 135, 140 ff., besitzen sie darüber hinaus einen sich aus der Menschenwürde ableitenden Selbstzweck, indem sie gewähren, dass eine irgendwie betroffene Person von der Verwaltung als Persönlichkeit wahrgenommen und respektiert wird. *Von Dietze*, S. 199, 212, schreibt Verfahrensrechten eine das Gemeinschaftsinteresse schützende Funktion zu.

[1244] Rn. 27 Bekanntmachung über die Behandlung von Beschwerden, aaO, Fn. 14.

[1245] Rn. 28 Bekanntmachung über die Behandlung von Beschwerden, aaO, Fn. 14.

[1246] Siehe dazu in Bezug auf das deutsche Recht sehr deutlich *Rupp*, Grundfragen, S. 159 f.

[1247] *Schmidt*, FS Steindorff, S. 1085, 1088, 1104 ff.

[1248] Art. 230 Abs. 2 EG. Siehe auch EuGH, Rs. C-466/93, Slg. 1995, I-3799, 3810, Rn. 18 – Atlanta Fruchthandelsgesellschaft; Rs. C-329/93, C-62 u. 63/95, Slg. 1996, I-5151, 5217, Rn. 48 – Deutschland / Kommission; EuG, Rs. T-96/92, Slg. 1995, II-1213, 1237, Rn. 46 – Comité central d'entreprise de la Société générale des grandes sources ; Rs. T-12/93, Slg. 1995, II-1247, 1276, Rn. 59 – Vittel; *Kuntze*, in: Deutsches Verwaltungsrecht unter europäischem Einfluss, S. 133, Rn. 35. Eine Heilung von Verfahrensfehlern bleibt die Ausnahme, EuGH, Rs. 85/76, Slg. 1979, 461, 513, Rn. 15 ff. – Hoffmann-La Roche. Ablehnend etwa EuGH, Rs. 17/74, Slg. 1974, 1063, 1082, Rn. 20 ff. – Transocean Marine Paint Association; EuG, Rs. T-32/91, Slg. 1995, II-1825, 1845, Rn. 53 – Solvay.

[1249] In Verwaltungsverfahren mit komplexen technischen Beurteilungen kommt der Kommission ein

schutz mittels der gerichtlichen Durchsetzung von Verfahrensgarantien gewährleistet[1250]. Demzufolge richtet sich der Umfang von Verfahrensrechten auch nach der Größe des kommissarischen Beurteilungsspielraums[1251].

Will man in der Rechtsprechung eine Ähnlichkeit zur Schutznormtheorie erkennen, wie es einige Autoren tun[1252], so könnte die schwierige Frage nach der Rechtsmacht zur Durchsetzung der geschützten Interessen mit dem Vorhandensein einer Verfahrensposition beantwortet werden. Die dahinter stehende Annahme ist, dass dort, wo Verfahrensrechte gewährt werden, die Entscheidung des Gesetz- bzw. Verordnungsgebers für das Bestehen eines derart wichtigen Interesses gefallen ist, das von der Verwaltung unbedingt zur Kenntnis genommen und in die Sachentscheidung aufgenommen werden muss. Wenn aber die Verwaltung verpflichtet ist, eine bestimmte Position in dieser Weise in ihrem Entscheidungsprozess zu berücksichtigen, dann hat der die Position innehaltende Bürger auch das Recht, eine Überprüfung der Entscheidung vor Gericht durchzusetzen. Das Verfahrensrecht enthält damit eine Funktion der Vereinfachung bei der Feststellung eines subjektiv-öffentlichen Rechts, insbesondere indem es die Frage nach der Durchsetzbarkeit implizit beantwortet.

Auf den ersten Blick scheint ein Wertungswiderspruch zu bestehen, wenn sekundärrechtlich verbriefte Verfahrensrechte eine Klagebefugnis begründen, wohingegen Grundrechtsverstöße nicht als Element individuellen Betroffenseins anerkannt werden. Es wird daher auch eine Verkürzung des Klagerechts befürchtet, gerade da nicht alle materiellrechtlichen Positionen eine verfahrensrechtliche Entsprechung haben[1253]. Wenn aber schon kein Verfahrensrecht gegeben sei, bestehe erst recht ein Bedürfnis nach einer gerichtlichen Überprüfung der Entscheidung, an deren Zustandekommen der Betroffene keinerlei Beteiligung haben konnte[1254].

Wie aber gesehen, dient der Rückgriff auf die Verfahrensrechte gerade der vereinfachten Geltendmachung von materiellen Rechtspositionen, so dass kein Widerspruch und keine Sorge bezüglich der Verkürzung des Klagerechts bestehen. Die Grundrechte wirken durch die Verfahrenspositionen. Was die Befürchtung angeht, es könne mate-

---

Beurteilungsspielraum zu, EuGH, Rs. C-269/90, Slg. 1991, I-5495, 5499, Rn. 13 – HZA München-Mitte / TU München; EuG, Rs. T-44/90, Slg. 1992, II-1, 28, Rn. 85 – La Cinq; Rs. T-342/99, Slg. 2002, II-2585, 2615, Rn. 64 – Airtours.

[1250] *Nehl*, in: Individualrechtsschutz, 135, 159; *Everling*, FS Deringer, S. 40, 42. Siehe auch EuGH, Rs. C-269/90, Slg. 1991, I-5469, 5499, Rn. 14 – TU München/HZA München-Mitte: „*Soweit jedoch die Organe der Gemeinschaft über einen solchen Beurteilungsspielraum verfügen, kommt eine um so größere Bedeutung der Beachtung der Garantien zu, die die Gemeinschaftsrechtsordnung in Verwaltungsverfahren gewährt.*"

[1251] EuGH, Rs. 17/74, Slg. 1974, 1063, 1080, Rn. 15 – Transocean Marine Paint Association; Rs. C-269/90, Slg. 1991, I-5495, 5499, Rn. 14 – HZA München-Mitte / TU München; EuG, Rs. T-50/96, Slg. 1998, II-3773, 3792, Rn. 60 – Primex Produkte. Auch *Schwarze*, FS Rodriguez Iglesias, 147, 160, Fn. 72, 163, betrachtet die Verfahrensgarantien als Ausgleich für weite Beurteilungsspielräume der Verwaltung.

[1252] *Fromont*, RTDE 1966, 47, 63(« L'expression de droit public subjectif n'est pas utilisée, mais sa substance a été reprise par la Cour de Justice »); *Ruffert*, DVBl. 1998, 69, 72; *von Danwitz*, DÖV 1996, 481, 486.

[1253] *Cremer*, in: Calliess/Ruffert, Art. 230, Rn. 63.

[1254] *Cremer*, in: Individualrechtsschutz, S. 27, 45.

riell schutzwürdige Interessen ohne verfahrensrechtliche Entsprechung geben[1255], ist auf die Entwicklung der Rechtsprechung zu den Verfahrensgarantien[1256] zu verweisen, die anerkennt, dass jedenfalls wichtige Interessen und Rechte den Anwendungsbereich ungeschriebener Verfahrensgarantien eröffnen[1257].

Die Forderung, eine zusätzliche Herleitung der Klagebefugnis aufgrund materieller Kriterien einzuführen[1258], ist damit zurückzuweisen. Eine solche ist überflüssig und würde die Anforderungen an die Klagebefugnis unnötig verkomplizieren, indem sie die errungenen Vorteile durch eine Eröffnung der Diskussion über eine Verletzung weiterer Rechte wieder einschränkte.

Aus den genannten Gründen sollte ein Gleichlauf von Verfahrensgarantien und Klagerecht hergestellt werden[1259]. Das gefundene Ergebnis korrespondiert mit der in Bezug auf das deutsche Kartellrecht gemachten Aussage *Karsten Schmidts*, dass im Kartellrecht eine unüberschaubare Vielzahl von Personen in prinzipiell gleicher Weise betroffen und eine Drittschutzabgrenzung mittels primärer subjektiver Rechte daher zur Erfolglosigkeit verurteilt sei[1260].

e) Ergebnis zu 3.

Unter der Prämisse, dass im gemeinschaftlichen Kartellrecht ungeschriebene Verfahrensrechte für die Fälle der Verletzung wesentlicher Rechte oder Interessen anerkannt werden, werden die klägerischen Rechtspositionen in ausreichender Weise geschützt, wenn die Befugnis zur Klageerhebung vom Vorhandensein von Verfahrensrechten oder der effektiven Einflussnahme auf das Verfahren abhängig gemacht wir. Dies bietet insbesondere den Vorteil einer erleichterten Feststellbarkeit der Klagebefugnis im Gegensatz zur gemeinschaftsrechtlich noch weitgehend ungesicherten Herleitung subjektiv-öffentlicher Rechte. Die Handhabung des Gerichtshofs ist in dieser Hinsicht also zu unterstützen.

4. Arbeitsbelastung von Kommission und Gerichten

Es wird befürchtet, dass als Folge der Formalisierung der Klagebefugnis Unternehmen vermehrt versuchen werden, sich durch Beschwerden und Stellungnahmen am Verwaltungsverfahren zu beteiligen, um sich ein Klagerecht zu sichern, und sich auf diese Weise die Arbeitslast der Kommission vergrößern wird[1261]. Dieser Furcht kann entgegengehalten werden, dass eine Beteiligung am Verfahren gleichsam eines Vorverfahrens nicht zwingend notwendig ist, sondern sich der Kläger auch über das bloße Innehalten eines Partizipationsrechts als klagebefugt ausweisen kann. Zudem sollte die Ar-

---

[1255] *Nowak*, Konkurrentenschutz, S. 460 ff.

[1256] Siehe dazu unten, Abschnitt 2, A.IV.

[1257] *Nehl*, in: Individualrechtsschutz, 135, 149, Fn. 65. *Schmidt*, FS Steindorff, S. 1085, 1106, meint, wer subjektivrechtlich betroffen sei, sei zur Klage befugt (ohne Begründung) und müsse auch ein Recht zur Verfahrensbeteiligung erhalten.

[1258] *Nehl*, in: Individualrechtsschutz, 135, 149; *Birk*, EWS 2003, 159, 166.

[1259] So auch *Nehl*, in: Individualrechtsschutz, 135, 149; *von Dietze*, S. 200. *Schmidt*, FS Steindorff, S. 1085, 1093, hält eine solche Formalisierung jedenfalls für möglich.

[1260] *Schmidt*, Kartellverfahrensrecht, S. 424, 429.

[1261] *Schwarze*, GS Martens, S. 819, 847.

beitsbelastung der Kommission mit Einführung des Systems der Legalausnahme zunächst einmal abnehmen, da sie sich nicht mehr mit den früheren, obligatorischen Anmeldungen zu befassen hat.

Was die Sorge vor einer Überlastung der Gemeinschaftsgerichte angeht, ist festzustellen, dass diese bei Vorhandensein klarer Zulässigkeitskriterien schon durch den Wegfall der Kläger entlastet werden, die eine Klage bei verworrener Rechtslage „auf gut Glück" versucht hätten[1262]. Außerdem besteht im Fall der Versagung direkten, gemeinschaftlichen Rechtsschutzes die Möglichkeit, dass der Fall im Rahmen eines Vorlageverfahrens vor den EuGH gebracht wird[1263], was eine entsprechende Arbeitslast bedeutet. Eine möglicherweise befürchtete Kompetenzüberschreitung der Gerichte wird schon dadurch verhindert, dass der Kommission großzügig Ermessens- und Beurteilungsspielräume zugestanden werden[1264].

D. Ergebnis zu Abschnitt 1

Als Ergebnis ist festzuhalten, dass sich die Frage nach der Individualisierung des Klägers über das Vorhandensein von – auch ungeschriebenen – Verfahrensbeteiligungsrechten oder einer tatsächlichen, effektiven Beeinflussung des Verwaltungsverfahrens seitens des Klägers beantworten lässt.

2. Abschnitt: Die Klagebefugnis in Bezug auf die als Klagegegenstand tauglichen Handlungen der Kommission unter Geltung der VO Nr. 1/2003

Im 1. Abschnitt wurde festgestellt, dass sich die Klagebefugnis nach der Rechtsprechung des Gerichtshofs im Bereich des Kartellrechts an Beteiligungs- und Antragsrechten bzw. an einer tatsächlichen und erheblichen Verfahrensbeteiligung des Klägers orientiert und dass diese Orientierung an Verfahrensrechten geeignet ist, dem Recht auf effektiven Rechtsschutz genüge zu tun. Um herauszustellen, in welchen konkreten Fällen sich in Bezug auf die denkbaren und als Klagegegenstand tauglichen Handlungen der Kommission unter Geltung der VO Nr. 1/2003 solche Verfahrensrechte ergeben, werden im Folgenden die denkbaren Verfahrensrechte dargestellt (A.) und den im 2. Teil der Arbeit herausgearbeiteten tauglichen Klagegegenständen zugeordnet (B.).

A. Bestand der Verfahrensrechte

Die Verfahrensrechte lassen sich in Beschwerde- und Antragsrechte (I.), Rechte auf Stellungnahme und Anhörung (II.), Akteneinsichts- und sonstige Informationsrechte (III.) sowie ungeschriebene Verfahrensgarantien (IV.) unterteilen.

[1262] *Calliess*, NJW 2002, 3577, 3580.

[1263] *Borowski*, EuR 2004, 879, 903.

[1264] *Zuleeg*, Subventionskontrolle S. 69. Siehe auch Teil 4.

1. Art. 7 Abs. 2 VO Nr. 1/2003

a) Formale Voraussetzungen

Nach Art. 7 Abs. 1 VO Nr. 1/2002 kann die Kommission auf eine Beschwerde hin oder von Amts wegen eine Zuwiderhandlung gegen Art. 81 oder 82 EG feststellen, was ihr die Möglichkeit zum Erlass von Abstellungsentscheidungen eröffnet. Abs. 2 bestimmt, dass zur Einreichung einer Beschwerde natürliche oder juristische Personen befugt sind, die ein berechtigtes Interesse darlegen. Konkretisiert werden die an eine Beschwerde zu stellenden Anforderungen in der Durchführungsverordnung Nr. 773/2004[1265]. Deren Art. 5 Abs. 1 bestimmt, dass der Beschwerdeführer ein berechtigtes Interesse darlegen sowie die in Formblatt C verlangten Angaben machen muss. Das Formblatt C, das sich im Anhang der Verordnung befindet, ist unterteilt in Angaben zum Beschwerdeführer und den den Anlass der Beschwerde bildenden Unternehmen, in Angaben zu mutmaßlichen Zuwiderhandlungen und Beweismitteln, zu den Zielen der Beschwerde und dem berechtigten Interesse sowie gegebenenfalls zu einem parallelen Verfahren vor nationalen Behörden und Gerichten. Das Ausfüllen des Formblattes C stellt einen rein formalen Vorgang dar, aus dem sich keine zusätzlichen materiellen Voraussetzungen ergeben. Es kommt zur Beschwerdeberechtigung allein darauf an, ob eine natürliche oder juristische Person ein „berechtigtes Interesse" darlegen kann.

b) Das „berechtigte Interesse"

Ein berechtigtes Interesse soll vor allen Dingen den Unternehmern zukommen, die durch eine Wettbewerbsbeschränkung tatsächlich beschwert sind[1266]. Da sich ein Konkurrenzverhältnis durch eine Wechselbeziehung dergestalt konstituiert, dass dem Vorteil der einen Seite spiegelbildlich ein Nachteil der anderen Seite entspricht[1267], ist der Konkurrent eines Unternehmers, der sich durch sein Verhalten einen Wettbewerbsvorteil verschafft, in der Regel davon beschwert[1268]. Es stellt eine Besonderheit des Wettbewerbsrechts dar, dass die Begünstigung eines Unternehmers zugleich die Belastung seines Konkurrenten darstellt[1269]. Die begehrte, gegenüber dem angeblich wettbe-

---

[1265] Verordnung (EG) Nr. 773/2004 der Kommission vom 7. April 2004 über die Durchführung von Verfahren auf der Grundlage der Artikel 81 und 82 EG-Vertrag durch die Kommission, ABl. Nr. L 123 vom 27. 4. 2004, S. 18.

[1266] *Steindorff*, ZHR 150 (1986), 222, 245.

[1267] Siehe oben, Teil 1, Abschnitt 1, A.I.

[1268] *Sura*, in: Langen/Bunte, Art. 7 VO Nr. 1/2003, Rn. 12; *Ritter*, in: Immenga/Mestmäcker, EG-WbR, Bd. II, Verfahren, Rn. 23; *Heidenreich*, Anhörungsrechte, S. 102; *Kirchhoff*, BB 1990, Beilage 14, S. 1, 15. Siehe für das im Fusionskontrollrecht erforderliche „hinreichende Interesse" *Körber*, Konkurrentenklage, S. 85 f. Vgl. auch EuG, Rs. T-178/94, Slg. 1997, II-2529, 2549, Rn. 63 – ATM/Kommission, in der der Gerichtshof das Rechtsschutzinteresse des Klägers mit der Begründung verneint, dieser befinde sich im Verhältnis zum Beihilfeempfänger nicht in einem Wettbewerbsverhältnis.

[1269] *Ehricke*, in: Streinz, Art. 230 EG, Rn. 58; *Burgi*, in: Rengeling/Middeke/Gellermann, 2. Auflage, § 7, Rn. 71.

werbswidrig handelnden Unternehmer zu erlassende Abstellungsentscheidung bewirkt eine Beeinträchtigung dieses Unternehmers, aus der sich das berechtigte Interesse des Konkurrenten ableiten lässt[1270].

Die Tatsache allein, dass eine behördliche Maßnahme geeignet ist, Wettbewerbsverhältnisse zu beeinflussen, und dass der Kläger in einer Wettbewerbsbeziehung zum Adressaten der Maßnahme steht, rechtfertigt aber noch keine Klagemöglichkeit[1271]. Vielmehr muss ein Unternehmen derart in seiner Wettbewerbsstellung betroffen sein, dass es sich von anderen unterscheidet[1272]. Dieses zusätzliche Unterscheidungskriterium liefert das Beschwerderecht, in dem die Beurteilung des Gemeinschaftsgesetzgebers zum Ausdruck kommt, dass bestimmte Personen in einer besonderen Stellung zu einer Gemeinschaftsmaßnahme stehen und deren Interessen daher in bestimmter Weise zu berücksichtigen sind. Demzufolge kommt Unternehmen, die zu dem Unternehmer, dem das wettbewerbswidrige Verhalten zu Last gelegt wird, in einem Konkurrenzverhältnis stehen, ein berechtigtes Interesse und damit ein Klagerecht zu[1273].

Dieses Ergebnis stimmt auch mit der Auffassung der Kommission überein, die sie in der Bekanntmachung über die Behandlung von Beschwerden darlegt[1274]: Die Voraussetzung des berechtigten Interesses habe nur selten Anlass zu Zweifeln gegeben und sei beispielsweise erfüllt, wenn ein Unternehmen auf dem relevanten Markt tätig sei, wenn es an der streitigen Vereinbarung oder Verhaltensweise beteiligt sei, wenn es die Stellung eines Wettbewerbers einnehme oder wenn es von dem in Frage stehenden Vertriebssystem ausgeschlossen sei[1275].

c) Zielrichtung der Beschwerde

Fraglich ist, ob die Beschwerde auf die Eröffnung eines Verfahrens, auf die Feststellung eines Wettbewerbsverstoßes oder auf den Erlass von Abstellungsmaßnahmen gerichtet sein muss.

Während der Wortlaut des Art. 7 VO Nr. 1/2003 an dieser Stelle offen ist, sieht das Formblatt C in Nr. 7 vor, dass der Wettbewerber unter anderem erläutert, wie die

---

[1270] Vgl. auch EuGH, Rs. 169/84, Slg. 1986, 391, 416, Rn. 28 – Cofaz; EuG, Rs. T-3/93, Slg. 1994, II-121, Rn. 82 – Air France I; *Ehricke*, in: Streinz, Art. 230 EG, Rn. 58.

[1271] EuGH, Rs. 10 u. 18/68, Slg. 1969, 459, Rn. 7/8 – Eridania (Beihilfen); Rs. C-106/98 P, Slg. 2000, I-3659, 3694, Rn. 41 – Comité d'entreprise de la Société française de production ; EuG, Rs. T-184/97, Slg. 2000, II-3149, Rn. 34 – BP Chemicals; *Dormann*, Drittklagen, S. 205; *Kirchhoff*, BB 1990, Beilage 14, S. 1, 14; *Rüber*, NJW 1971, 2097, 2100 f.

[1272] *Burgi*, in: Rengeling/Middeke/Gellermann, 2. Auflage, § 7, Rn. 71.

[1273] Für VO Nr. 17/62: EuG, Rs. T-114/92, Slg. 1995, II-147, 161, Rn. 28 – BEMIM; *Ritter*, in: Immenga/Mestmäcker, EG-WbR, Bd. II, Verfahren, Rn. 23. Für VO Nr. 1/2003: *de Bronett*, VO 1/2003, Art. 7, Rn. 15; *Schwarze/Weitbrecht*, § 5, Rn. 41. Damit ist im Ergebnis auch der Forderung genüge getan, im Falle wirtschaftlicher Benachteiligung bei Bestehen eines Wettbewerbsverhältnisses stets eine individuelle Betroffenheit anzunehmen. So etwa *Zuleeg*, Subventionskontrolle S. 43 f., *Zuleeg*, DÖV 1984, 733, 739.

[1274] *De Bronett*, WuW 1997, 865, 867, meint sogar, die Kommission hätte diese Voraussetzung bisher keinerlei Beschränkungen unterworfen.

[1275] Rn. 34, 36 Bekanntmachung über die Behandlung von Beschwerden, aaO, Fn. 14. Siehe auch *Heidenreich*, Anhörungsrechte, S. 101 f. Nach Ansicht von *Klees*, Europäisches Kartellverfahrensrecht, § 6, Rn. 28, ist eine nennenswerte Einschränkung des Kreises der beschwerdeberechtigten Personen dadurch nicht erfolgt.

Kommission den behaupteten Missstand beseitigen kann. Damit geht die Beschwerde inhaltlich über das bloße Feststellen eines Missstandes hinaus. Auch die Kommission geht in ihrer Bekanntmachung über die Behandlung von Beschwerden davon aus, dass die Beschwerde *„darauf abzielt, dass die Kommission ... eine Zuwiderhandlung... feststellt und ihre Abstellung anordnet“*[1276].

Die Eröffnung eines Verfahrens gegen den angeblich wettbewerbswidrig handelnden Unternehmer sowie die Feststellung eines Kartellrechtsverstoßes gehen dem Erlass einer Abstellungsmaßnahme notwendigerweise voraus. An der reinen Verfahrenseröffnung hat der Kläger ohnehin kein Interesse. Eine bloß feststellende Entscheidung könnte für den Kläger hinsichtlich des Eintritts einer Bindungswirkung in einem späteren nationalen Verfahren von Nutzen sein. Da diese Feststellung aber ebenso im nationalen Verfahren getroffen werden kann, besteht für eine solche Beschwerde kein Rechtsschutzbedürfnis[1277].

Ziel der Beschwerde muss somit der Erlass einer Abstellungsentscheidung sein[1278].

d) Erforderlichkeit des tatsächlichen Erhebens der Beschwerde

Wie bereits festgestellt[1279], ist das Innehaben eines Beschwerderechts zur Klageerhebung ausreichend. Das tatsächliche Erheben einer Beschwerde ist nicht erforderlich. Zum einen soll die Einführung eines EG-vertraglich nicht vorgesehenen Vorverfahrens verhindert werden, zum anderen hat sich die Interessenlage unter der neuen durch die Verordnung Nr. 1/2003 geschaffenen Rechtslage stark verändert, so dass dem Beschwerderechts nach Art. 7 Abs. 2 künftig eine erhöhte Bedeutung zukommen wird. Da unter der neuen Kartellverfahrensverordnung weder die Erteilung individueller Freistellungsentscheidungen noch von Negativattesten vorgesehen ist, wird es in parallel gelagerten Fällen bei erfolgreicher, das heißt zur Verfahrenseröffnung und -durchführung führenden Beschwerde meist einen der Beschwerde entsprechenden Abschluss des Verfahrens geben. Ein Verfahren kann nicht mehr auf Erlass einer Freistellungsentscheidung oder eines Negativattestes gerichtet sein, so dass überwiegend kein Interesse an der Anfechtung einer Kommissionsentscheidung bestehen wird. Da eine Freistellung nur noch aufgrund des Vertrages (oder einer Gruppenfreistellungsverordnung) erfolgt, gibt es auch kein der Freistellung vorgelagertes Verwaltungsverfahren mehr, von dem der Kläger Beteiligungsrechte ableiten könnte. Insbesondere ist in diesen Fällen kaum mehr möglich, die Klagebefugnis aus einer tatsächlichen Verfahrensbeteiligung abzuleiten. Die Anhörung Dritter wird gem. Art. 27 Abs. 3 VO 1/2003 noch für Fälle von Verbotsentscheidungen und Auferlegung von Sanktionen vorgesehen, in denen der Konkurrent naturgemäß ein geringeres Bedürfnis der Anfechtung

---

[1276] Rn. 26, auch Rn. 29, der Bekanntmachung über die Behandlung von Beschwerden, aaO, Fn. 14.

[1277] Der Gerichtshof anerkennt auch dann keine Klagemöglichkeit, wenn die Feststellung für eine laufendes nationales Verfahren von Bedeutung ist, EuGH, Rs. C-70/97 P, Slg.1998, I-7183, Rn. 32 – Kruidvat; *Booß*, in: Grabitz/Hilf, Art. 230 EG, Rn. 70. Genauso würde er wohl die Individualisierung des Klägers wegen zivilrechtlicher Folgen aufgrund von Art. 81 Abs. 2 EG ablehnen, s. dazu *Skouris*, S. 191.

[1278] Ebenso, ohne Begründung *de Bronett*, VO 1/2003, Art. 7, Rn. 16.

[1279] S.o. Abschnitt 1, C. I. 1. b), S. 198.

hat. Demzufolge muss der Kläger von einem Beschwerderecht nicht tatsächlich Gebrauch gemacht haben, um als individuelles betroffen angesehen zu werden.

2. Art. 9 Abs. 2 VO Nr. 1/2003

Die Wiederaufnahme des Verfahrens nach Art. 9 Abs. 2 kann auf Antrag hin geschehen, wobei die Verordnung keine Voraussetzungen für die Antragsbefugnis nennt. In Teil 2 der Untersuchung wurde bereits festgestellt, dass die Entscheidung über die Wiederaufnahme an sich keinen tauglichen Klagegegenstand darstellt, sondern ein diesbezügliches Begehren eines Konkurrenten sich letztlich auf den Erlass von Abstellungsentscheidungen nach Art. 7 Abs. 1 der Verordnung richtet[1280]. Daher kann offen bleiben, ob etwa die Voraussetzungen des Beschwerderechts nach Art. 7 Abs. 2 analog heranzuziehen sind[1281].

3. Art. 29 Abs. 1 VO Nr. 1/2003

Art. 29 Abs. 1 sieht den Entzug des Rechtsvorteils einer Gruppenfreistellungsverordnung von Amts wegen oder auf eine Beschwerde hin vor, ohne konkrete Voraussetzungen hinsichtlich des Beschwerderechts aufzustellen. Damit ein Ausufern der Beschwerde und eine Bewegung hin zur Popularbeschwerde verhindert wird, kann das Beschwerderecht aber nicht jedermann zukommen, sondern muss an bestimmte Voraussetzungen geknüpft sein.

Mangels ausdrücklicher Regelung sowie fehlender sonstiger Anhaltspunkte bietet sich eine Analogie zum Beschwerderecht nach Art. 7 Abs. 2 an. Die Lage eines Unternehmers, der das Einschreiten der Kommission gegen seinen Konkurrenten auf Grundlage des Art. 7 Abs. 1 VO Nr. 1/2003 begehrt, gleicht der des Unternehmers, dessen Konkurrent sich im Hinblick auf sein Verhalten im Wettbewerb auf eine Gruppenfreistellungsverordnung berufen kann. Der Entzug des Rechtsvorteils bildet für letzteren nur einen Zwischenschritt. Das dahinter stehende Ziel ist ebenfalls das Einschreiten und Unterbinden des unerwünschten Verhaltens durch die Kommission. In beiden Fällen ist die Kommission im Einzelfall noch nicht tätig geworden, so dass sich das Begehren des jeweiligen Beschwerdeführers darauf richtet, die Verfahrensaufnahme durch die Kommission zu initiieren. Es ist daher richtig, die Beschwerdeführer nach Art. 7 Abs. 2 und die nach Art. 29 Abs. 1 hinsichtlich ihrer Beziehung zur erstrebten Maßnahme denselben Anforderungen zu unterwerfen. Damit können natürliche und juristische Personen, die ein berechtigtes Interesse geltend machen, und somit gerade Konkurrenten des durch die Gruppenfreistellungsverordnung begünstigten Unternehmens, den Entzug des Rechtsvorteils einer Gruppenfreistellungsverordnung beantragen.

[1280] Siehe oben Teil 2, Abschnitt 2, B.III.2.

[1281] Dies vertritt *de Bronett*, VO 1/2003, Art. 7, Rn. 17; Art. 9, Rn. 15.

1. Art. 17 Abs. 1 UA 3 VO Nr. 1/2003

Gem. Art. 17 Abs. 1 UA 3 VO Nr. 1/2003 kann die Kommission einen Bericht über die Untersuchungsergebnisse, die sie anlässlich von vermuteten Störungen im Gemeinsamen Markt in Bezug auf einen Wirtschaftszweig oder sachbereichsübergreifend zusammengestellt hat, veröffentlichen und interessierte Parteien zur Stellungnahme auffordern. Abgesehen davon, dass es sich schon dem Wortlaut nach um ein Recht der Kommission und nicht der interessierten Parteien handelt, ist ein solches Mitwirkungsrecht für ein Unternehmen aus dem Grunde nicht von Interesse, dass es auf eine bloße Informationsgewinnung durch die Kommission gerichtet ist und nicht anlässlich eines Verfahrens erfolgt, das auf den Erlass einer konkreten Maßnahme gerichtet ist. Es geht um Ermittlungen der Kommission im Vorfeld der Verfahrenseröffnung. Hier kann es für Unternehmen von Interesse sein, der Kommission ihre Beobachtungen mitzuteilen, eine Verfahrenseinleitung müssten sie aber nach Art. 7 Abs. 2 anregen.

2. Art. 27 Abs. 1 VO Nr. 1/2003

Art. 27 Abs. 1 VO Nr. 1/2003 begründet zunächst eine Pflicht der Anhörung von Unternehmen, gegen die sich das Kommissionsverfahren richtet, bevor eine Entscheidung nach den Art. 7, 8, 23 oder 24 Abs. 2 der Verordnung erlassen wird[1282]. Den Beschwerdeführern wird hier eine besondere Stellung eingeräumt[1283], indem Art. 27 Abs. 1 vorschreibt, dass diese *„eng in das Verfahren einbezogen"* werden. Nach dem 8. Erwägungsgrund der VO Nr. 773/2004 bedeutet dies, dass sie Gelegenheit zur Mitwirkung an dem Verfahren haben sollten. Konkret wird diese Einbindung erst durch Art. 6 VO Nr. 773/2004. Dessen Abs. 1 sieht die Information des Beschwerdeführers anlässlich der Mitteilung der Beschwerdepunkte an die Parteien und ein Recht auf Stellungnahme vor. Abs. 2 ermöglicht das Vorbringen der Argumente durch den Beschwerdeführer anlässlich der Anhörung der Parteien auf schriftlichen Antrag hin. Die Rechte des Beschwerdeführers entsprechen aber nicht denen eines Beteiligten – beispielsweise kommt ihm kein Recht auf Akteneinsicht zu[1284].

Wie bereits festgestellt, ist die Inanspruchnahme der Verfahrensrechte zur Individualisierung nicht erforderlich. Da die genannten Rechte aber nur dem Beschwerdeführer zustehen, ist wiederum fraglich, ob denn wenigstens die Beschwerde nach Art. 7 Abs. 2 VO Nr. 1/2003 erhoben sein muss.

Nach dem Wortlaut der Vorschrift ist dies bereits Entstehungsvoraussetzung der Rechte, weshalb sich eine abweichende Problemlage ergibt. Weiterführend ist an dieser Stelle die Tatsache, dass dem Beschwerdeführer im Kartellverfahren eine besondere Position zugestanden wird. Diese Position kommt ihm aber nur zu, wenn er auch tatsächlich durch seine Beschwerde das Verfahren initiiert hat. Ist das Verfahren be-

---

[1282] Konkretisiert in Art. 10, 11 und 12 VO Nr. 773/2004.

[1283] *De Bronett*, VO 1/2003, Art. 7, Rn. 17; *Klees*, Europäisches Kartellverfahrensrecht, § 5, Rn. 70. Siehe auch Rn. 64 ff. der Bekanntmachung über die Behandlung von Beschwerden, aaO, Fn. 14, zu den einzelnen, von der Kommission zuerkannten Verfahrensrechten des Beschwerdeführers.

[1284] *De Bronett*, VO 1/2003, Art. 7, Rn. 17.

reits eröffnet, kann ein Unternehmer sich nicht nachträglich durch Einlegen einer Beschwerde die Position des Beschwerdeführers aneignen[1285]. Zum „berechtigten Interesse“ als Voraussetzung des Beschwerderechts tritt also für die Sonderstellung des Beschwerdeführers nach Art. 27 Abs. 1 als weiteres Element noch die tatsächliche Erhebung der Beschwerde hinzu.

Dies schränkt die Klagemöglichkeiten des Unternehmers auch nicht weiter ein, da dieser schon aufgrund des bestehenden Beschwerderechts aus Art. 7 Abs. 2 klagebefugt ist, so dass diesen Mitwirkungsrechten daneben in Bezug auf die individuelle Betroffenheit keine eigenständige Bedeutung zukäme.

3. Art. 27 Abs. 3 VO Nr. 1/2003

Sonstige Dritte können gem. Art. 27 Abs. 3 VO Nr. 1/2003 ebenfalls angehört werden. Ihrem Antrag auf Anhörung ist stattzugeben, wenn sie ein „ausreichendes Interesse“ nachweisen[1286]. Art. 13 Abs. 1 VO Nr. 773/2004 konkretisiert dieses Anhörungsrecht Dritter dahingehend, dass sie bei ausreichendem Interesse auf Antrag über Art und Gegenstand des Verfahrens informiert werden und schriftlich Stellung nehmen können. Gem. Art. 13 Abs. 2 kann die Kommission ihnen ebenfalls auf Antrag auch die (mündliche) Darlegung ihres Standpunktes anlässlich der förmlichen Anhörung der Parteien ermöglichen. Hier kommt der Kommission ein weiter Ermessensspielraum zu[1287].

Überdies kann jede andere Person auf Veranlassung der Kommission durch schriftliche Äußerung sowie Teilnahme an der Anhörung der Parteien in das Verfahren mit einbezogen werden, Art. 13 Abs. 3 VO Nr. 773/2004. Art. 13 bezieht sich auf *„andere als die in den Artikeln 5 und 11 genannten natürlichen und juristischen Personen“* und damit auf solche Dritte, die nicht Beschwerdeführer sind. Letztere können nach Art. 6 VO Nr. 773/2004 am Verfahren teilhaben. Die Voraussetzungen der jeweiligen Verfahrensrechte entsprechen sich damit bis auf die Voraussetzung des ausreichenden Interesses einerseits und der Qualität als Beschwerdeführer andererseits. Letztere setzt ihrerseits zwar ein berechtigtes Interesse voraus, was aber nicht zu prüfen ist, wenn die Kommission auf die Beschwerde hin das Verfahren tatsächlich eröffnet hat[1288].

Ein Anspruch auf Einbeziehung in das Verfahren kommt damit sonstigen Dritten nur zu, wenn sie ein ausreichendes Interesse am Ausgang des Verfahrens darlegen können. Die sonstigen Dritten, die nur auf Veranlassung der Kommission zur schriftlichen Äußerung und Teilnahme an der förmlichen Anhörung befugt sind, sind nur dann als individualisiert anzusehen, wenn die Kommission sie auch tatsächlich einbezogen hat. Hier wird eine Einschätzung über den Grad der Interessenbeeinträchtigung also von der Kommission vorgenommen.

1285 *Klees*, Europäisches Kartellverfahrensrecht, § 6, Rn. 31.

1286 So auch Erwägungsgrund 32 der VO Nr. 1/2003; *Mestmäcker/Schweitzer*, § 19, Rn. 28.

1287 *Klees*, Europäisches Kartellverfahrensrecht, § 5, Rn. 74. In Bezug auf Art. 19 Abs. 2 VO Nr. 17/62: EuGH, Rs. 209-215, 218/78, Slg. 1980, 3125, 3232, Rn. 18 – FEDETAB; Rs. 43 u. 63/82, Slg. 1984, 19, 57, Rn. 18 – VBVB und VBBB.

1288 EuGH, Rs. 32 u. 36/78, Slg. 1979, 2435, 2474, Rn. 18 – BMW; *Sura*, in: Langen/Bunte, Art. 7 VO Nr. 1/2003, Rn. 13; *Klees*, Europäisches Kartellverfahrensrecht, § 6, Rn. 30.

Zu klären bleibt für die stärker betroffenen Dritten, was unter einem „ausreichenden Interesse" zu verstehen ist. Eine Hilfe zur Auslegung dieser Voraussetzung könnte Erwägungsgrund 11 der VO Nr. 773/2004 bieten. Dieser nennt als Beispiel für ausreichend interessierte Personen Verbraucherverbände, bei denen ein ausreichendes Interesse dann unterstellt werden soll, wenn das Verfahren Produkte oder Dienstleistungen betrifft, die für Endverbraucher hergestellt werden oder direkt in solche einfließen. Bei Verbraucherverbänden handelt es sich aber um einen Spezialfall, der mit Konkurrenzunternehmen nicht verglichen werden kann.

Im Rahmen von Art. 19 Abs. 2 S. 2 VO Nr. 17/62, der als Parallelvorschrift zu Art. 27 Abs. 3 VO Nr. 1/2003 gesehen werden kann[1289], wurde das ausreichende Interesse bisher von der Kommission großzügig ausgelegt[1290]. Es soll jedenfalls dann gegeben sein, wenn der Dritte von der beabsichtigten Entscheidung im Sinne des Art. 230 Abs. 4 EG individuell und unmittelbar betroffen wäre[1291]. Diese Aussage führt zwar für die Bestimmung der individuellen Betroffenheit nicht unmittelbar weiter, unterstützt aber die These, berechtigtes und ausreichendes Interesse gleichzusetzen, da ein berechtigtes Interesse im Rahmen von Art. 7 Abs. 2 zur Individualisierung genügt[1292]. Fraglich ist, warum der Verordnungsgeber hier überhaupt verschiedene Begriffe gebraucht hat. Ein redaktionelles Versehen ist auszuschließen, da die gleiche Unterscheidung auch in den anderen Sprachfassungen vorgenommen wird[1293]. Vom Wortverständnis her scheint ein berechtigtes Interesse etwas enger als ein ausreichendes, da es auf ein Recht hinweist, während das Erfordernis des Ausreichens ohne Bezugspunkt, wofür etwas ausreichen soll, wenig aussagekräftig und sehr weit ist. Wenngleich auch für eine völlige Entsprechung der Anforderungen zu wenige Anhaltspunkte vorliegen, so kann jedenfalls angenommen werden, dass ein ausreichendes Interesse ein berechtigtes umfasst[1294]. Die Konkurrentenstellung genügt somit, um einen Anspruch auf Anhörung gem. Art. 27 Abs. 3 geltend machen zu können.

4. Art. 7 Abs. 1 VO Nr. 773/2004

Beabsichtigt die Kommission, einer Beschwerde nicht nachzugehen, so teilt sie dies gem. Art. 7 Abs. 1 VO Nr. 773/2004 dem Beschwerdeführer mit und setzt ihm eine Frist zur schriftlichen Stellungnahme. Dies gilt für die Zurückweisung aus dem Grunde, dass die vorgebrachten Angaben ein Eingreifen nicht rechtfertigen, nicht aber für ein Abweisen gem. Art. 13 VO Nr. 1/2003 aus dem Grund, dass schon andere Behörden mit der Sache beschäftigt sind bzw. waren[1295]. Bei der Anhörung muss die Kom-

---

[1289] *Sura*, in: Langen/Bunte, Art. 27 VO Nr. 1/2003, Rn. 1; *Klees*, Europäisches Kartellverfahrensrecht, § 5, Rn. 72; *Heidenreich*, Anhörungsrechte, S. 100.

[1290] *Ritter*, in: Immenga/Mestmäcker, EG-WbR, Bd. II, VO 17, Art. 19, Rn. 26; *Klees*, Europäisches Kartellverfahrensrecht, § 5, Rn. 73; *Heidenreich*, Anhörungsrechte, S. 105 f.

[1291] *Klees*, Europäisches Kartellverfahrensrecht, § 5, Rn. 73.

[1292] Nach Ansicht von *Mestmäcker/Schweitzer*, § 19, Rn. 28, ist jedes wirtschaftliche oder rechtliche Interesse an dem Gegenstand des Verfahrens ausreichend.

[1293] Legitimate interest and sufficient interest in der englischen, intérêt légitime und intérêt suffisant in der französischen Fassung.

[1294] Nach Ansicht von *Heidenreich*, Anhörungsrechte, S. 105 f., entsprechen sich berechtigtes und ausreichendes Interesse „weitgehend".

[1295] *De Bronett*, VO 1/2003, Art. 7, Rn. 18; *Klees*, Europäisches Kartellverfahrensrecht, § 6, Rn. 66.

mission dem Beschwerdeführer die wesentlichen Tatsachen und rechtlichen Erwägungen in klarer und verständlicher Weise verdeutlichen, damit der Beschwerdeführer sachdienliche Bemerkungen dazu abgeben kann[1296]. Für dieses Anhörungsrecht gilt das zu den Beteiligungsrechten von Beschwerdeführern bereits gesagte[1297].

5. Art. 27 Abs. 4 VO Nr. 1/2003

Beabsichtigt die Kommission, Verpflichtungszusagen für verbindlich zu erklären oder eine Nichtanwendbarkeitserklärung zu erlassen, so veröffentlicht sie zuvor gem. Art. 27 Abs. 4 VO Nr. 1/2003 eine Zusammenfassung des Falls und den wesentlichen Inhalt der Verpflichtungszusage oder der geplanten Vorgehensweise, woraufhin interessierte Dritte innerhalb einer zu bestimmenden Frist ihre Bemerkungen abgeben können.

Da das Interesse der jeweiligen Dritten nicht näher ausgestaltet sein muss, ist dieses Mitwirkungsrecht sehr weit und erfasst jeden, der ein irgendwie geartetes Interesse an der Abgabe von Bemerkungen haben könnte. Mangels spezifischer Anforderungen steht es jedermann zu. Dementsprechend erstreckt sich auch die Kundgabe des Vorhabens der Kommission nicht nur auf bestimmte Personen, sondern richtet sich an die Allgemeinheit, indem es veröffentlicht wird. Als Grund für die sehr weit formulierte Voraussetzung wird vermutet, dass die Kommission vor Erlass ihrer Entscheidung ein besonders breites Stimmungsbild einfangen will[1298]. Das legt wiederum nahe, dass der Zweck dieses Äußerungsrechts nicht so sehr im Individualschutz der interessierten Dritten liegt, sondern dass das Gemeinschaftsinteresse an einer optimierten Umsetzung des gemeinschaftlichen Kartellrechts im Vordergrund steht.

Die Vorschrift ist an Art. 19 Abs. 3 VO Nr. 17/62 angelehnt, der eine solche Beteiligungsmöglichkeit Dritter bei Erlass von Freistellungsentscheidungen und Negativattesten vorsah[1299]. Wie schon im Rahmen jener Vorschrift erlangen Dritte durch die Äußerung keine besondere verfahrensrechtliche Stellung und insbesondere keinen Anspruch auf Antwort durch die Kommission[1300]. Jedoch wird Dritten geraten, das Äußerungsrecht in Anspruch zu nehmen, um eine Individualisierung im Hinblick auf eine spätere Klage herbeizuführen[1301]. Die Berufung auf ein bestehendes, aber nicht wahrgenommenes Verfahrensrecht reiche nicht aus[1302].

Obwohl vorliegend die Ansicht vertreten wird, dass ein Verfahrensrecht nicht wahrgenommen werden muss, um ein daraus resultierendes Klagerecht zu sichern, ist zuzugeben, dass es hinsichtlich eines so weit gefassten Äußerungsrechts zweifelhaft

---

[1296] *De Bronett*, VO 1/2003, Art. 7, Rn. 18.

[1297] Siehe oben, 2.

[1298] *Klees*, Europäisches Kartellverfahrensrecht, § 5, Rn. 75, Rn. 252.

[1299] *Klees*, Europäisches Kartellverfahrensrecht, § 5, Rn. 71.

[1300] *De Bronett*, in: Schröter/Jakob/Mederer, VO 17, Art. 19, Rn. 27; *Klees*, Europäisches Kartellverfahrensrecht, § 5, Rn. 75; aA *Schütz*, Gemeinschaftskommentar Kartellrecht, Art. 10, Rn. 15.

[1301] *De Bronett*, in: Schröter/Jakob/Mederer, VO 17, Art. 19, Rn. 27; *Klees*, Europäisches Kartellverfahrensrecht, § 5, Rn. 75. In der Entscheidung EuGH, Rs. C-70/97 P, Slg. 1998, I-7183, Rn. 43 – Kruidvat, hat der Gerichtshof die individuelle Betroffenheit des Klägers gerade aus dem Grund abgelehnt, dass dieser auf eine Aufforderung zur Stellungnahme nicht reagiert hat. Anders *Ritter*, in: Immenga/Mestmäcker, EG-WbR, Bd. II, Verfahren, Rn. 23.

[1302] *Klees*, Europäisches Kartellverfahrensrecht, § 5, Rn. 75.

erscheint, das bloße Innehalten dieses Rechts oder auch dessen Ausübung zur Herbeiführung der Vermutungswirkung einer individuellen Betroffenheit ausreichen zu lassen. Verzichtete man auf die tatsächliche Inanspruchnahme des Verfahrensrechts, stünde das Klagerecht im Ergebnis jedermann zu, der irgendwie „interessiert“ wäre. Ließe man andersherum eine Beteiligung genügen, regte man die Unternehmen dazu an, bei jedem Verfahren, das sie in irgendeiner Weise interessieren könnte, provisorisch Äußerungen abzugeben. Dies würde zu einer erhöhten Arbeitsbelastung der Kommission führen und kann kein sinnvolles Kriterium zur Überprüfung der Klagebefugnis bieten[1303].

An dieser Stelle ist die bereits im Beihilferecht ergangene Rechtsprechung weiterführend, nach der in einem solchen Fall eines jedermann zustehenden Verfahrensrechts zusätzlich die „spürbare Beeinträchtigung der Marktposition“ des Klägers zu fordern ist[1304]. Auf diese Weise lässt sich der Kreis der Klageberechtigten auf die stärker Betroffenen reduzieren, ohne dieses Ergebnis auf dem im Hinblick auf vermehrt vorsorglich wahrgenommene Äußerungsrechte problematischen Weg des Erfordernisses einer tatsächlichen Verfahrensbeteiligung erreichen zu müssen.

6. Art. 5 VO Nr. 19/65

Gem. Art. 5 VO Nr. 19/65 veröffentlicht die Kommission vor Erlass einer Gruppenfreistellungsverordnung den Verordnungsentwurf mit der Aufforderung an alle „Betroffenen“, ihr innerhalb einer festzusetzenden Frist Bemerkungen mitzuteilen. Da sich dieses Verfahrensrecht auf den besonderen Fall des Erlassverfahrens einer Verordnung bezieht, ist zunächst zu untersuchen, ob eine Formalisierung der Klagebefugnis in Bezug auf Verordnungen überhaupt denkbar ist oder ob dieses Instrument nur zur Bestimmung eines individuellen Bezuges von Einzelakten taugt.

Bei summarischer Prüfung hielt das Gericht erster Instanz es jedenfalls für möglich, dass der Kläger durch Verfahrensgarantien aus bestimmten Richtlinien und Verordnungen im Bereich der Produktsicherheit unmittelbar und individuell betroffen ist[1305]. Auch in den Bereichen der Beihilfenaufsicht, der Marktorganisation und der Lebensmittelsicherheit bejahte der Gerichtshof die Möglichkeit der Formalisierung der Klagebefugnis durch Verfahrensbeteiligung für Normativakte im Grundsatz[1306]. Für Verordnungen, die Ursprungsbezeichnungen festlegen, verneinte er zwar eine Übertragung der Rechtsprechung zur Formalisierung der Verfahrensbeteiligung aus Antidumping-, Wettbewerbs- und Beihilferecht, da dem einzelnen bei Erlass derselben keine besonderen Verfahrensgarantien eingeräumt werden[1307]. Dies spricht jedoch dafür,

---

[1303] Ähnlich auch *Klees*, Europäisches Kartellverfahrensrecht, § 5, Rn. 75.

[1304] Art. 88 Abs. 2 EG; siehe oben, Abschnitt 1, C.I.2.

[1305] EuG, Rs. T-78/04, Slg. 2004, II-2049, Rn. 37, 39 – Sumitomo Chemical (Produktsicherheit, Anfechtung verschiedener Artikel der VO Nr. 2032/2003. Da Verfahren der einstweiligen Anordnung, wird nur das Glaubhaftmachen der Zulässigkeit geprüft.).

[1306] EuGH, Rs. C-313/90, Slg. 1993, I-1125, 1185, Rn. 29 f. – CIRFS; EuG, Rs. T-231/02, Slg. 2004, II-1051, Rn. 49 – Piero Gonelli (Nichtigkeitsklage gegen die VO Nr. 1019/2002, Vermarktungsvorschriften für Olivenöl. Unzulässig); Rs. T-391/02, Slg. 2004, II-1447, Rn. 44 – Bundesverband der Nahrungsmittel- und Speiseresteverwertung e.V. (Nichtigkeitsklage gegen Art. 32 Absatz 2 der Verordnung Nr. 1774/2002, Lebensmittelsicherheit. Unzulässig).

[1307] EuG, Rs. T-370/02, Slg. 2004, II-2097, Rn. 67 – Alpenhain-Camembert-Werk.

dass jedenfalls im Wettbewerbsrecht die durch die Einräumung von Verfahrensrechten entstehende Vermutungswirkung Anwendung findet.

Ist die Formalisierung der Klagebefugnis durch Verfahrensrechte also generell anzuerkennen, so ergeben sich bei Klagen gegen Verordnungen dennoch Besonderheiten. Daraus erklärt sich auch die seltene Zulässigkeit solcher Klagen.

Anders als beim Erlass von Einzelakten genügt etwa eine tatsächliche Beteiligung am Verfahren selbst dann nicht, wenn die Kommission auf die vorgebrachten Argumente eingegangen ist[1308]. *„Eine Person wird nicht bereits dadurch im Hinblick auf einen Gemeinschaftsrechtsakt individualisiert, dass sie sich in der einen oder anderen Weise an dem Verfahren, das zum Erlass dieses Rechtsakts führt, beteiligt, sondern nur dann, wenn die anwendbaren Gemeinschaftsvorschriften ihm bestimmte Verfahrensgarantien gewähren[1309]"*. Erforderlich sind also klar umschriebene, kodifizierte Verfahrensrechte[1310]. Die einfache Anordnung einer „engen Zusammenarbeit" bei Erlass von Durchführungsmaßnahmen in einer Begründungserwägung reicht nicht aus[1311].

Der Begriff der „Betroffenen" in Art. 5 VO Nr. 19/65 ist damit als nicht konkret genug anzusehen. Die bloße Möglichkeit, Bemerkungen mitzuteilen stellt kein klar umrissenes Beteiligungsrecht dar. Vielmehr dient die Vorschrift der Informationsgewinnung der Kommission über bisher möglicherweise unbeachtet gebliebene Interessenimplikationen durch Anhörung sachkundiger Personen und Vereinigungen[1312].

Art. 5 VO Nr. 19/65 scheidet damit als der Formalisierung der Klagebefugnis des Klägers dienende Vorschrift aus.

III. Akteneinsichtsrechte und sonstige Informationsrechte

1. Art. 27 Abs. 2 VO Nr. 1/2003

Während das Recht auf Akteneinsicht unter Geltung der VO Nr. 17/62 noch nicht kodifiziertes Richterrecht darstellte, findet es nun in Art. 27 Abs. 2 für die Parteien seine sekundärrechtliche Ausformung[1313]. Da schon aus der Überschrift der Vorschrift[1314] deutlich wird, dass mit „Parteien" nicht der Beschwerdeführer gemeint ist, sondern

---

[1308] EuG, Rs. T-109/97, Slg. 1998, II-3533, 3561, Rn. 67 – Molkerei Großbraunshain (Die Stellungnahmen der Kläger wurden sogar von der Kommission beantwortet.); Rs. T-339/00, Slg. 2002, II-2287, 2305, Rn. 51 – Bactria (VO Nr. 1896/2000, Biozid-Produkte).

[1309] EuG, Rs. T-54/98, Slg. 2003, II-3083, Rn. 42 – Aruba (Nichtigkeitsklage gegen VO Nr. 2553/97 mit den Modalitäten für die Erteilung von Einfuhrlizenzen. Unzulässig); Sinngemäß auch EuG, Rs. T-12/96, Slg. 1999, II-2301, 2321, Rn. 59 – Area Cova; Rs. T-47/00, Slg. 2002, II-113, 131, Rn. 55 – Rica Foods; Rs. T-391/02, Slg. 2004, II-1447, Rn. 49 – Bundesverband der Nahrungsmittel- und Speiseresteverwertung e.V. (gegen Verordnung, Lebensmittelsicherheit).

[1310] EuG, Rs. T-109/97, Slg. 1998, II-3533, 3559, Rn. 61, 67 – Molkerei Großbraunshain (Nichtigkeitsklage gegen VO Nr. 123/97, Ursprungsbezeichnungen); Rs. T-339/00, Slg. 2002, II-2287, 2305, Rn. 51 – Bactria.

[1311] EuG, Rs. T-339/00, Slg. 2002, II-2287, 2305, Rn. 51 – Bactria, bestätigt in EuGH, Rs. C-258/02 P, Slg. 2003, I-15105, 15126, Rn. 44 – Bactria.

[1312] *Ritter*, in: Immenga/Mestmäcker, EG-WbR, VO 17, Art. 19, Rn. 44.

[1313] *Schwarze/Weitbrecht*, § 5, Rn. 17; *Nowak*, DVBl. 2004, 272, 275. Konkretisiert wird es in Art. 15 Abs. 1 VO Nr. 773/2004.

[1314] Diese lautet: *„Anhörung der Parteien, der Beschwerdeführer und sonstiger Dritter."*

vielmehr die Unternehmen, gegen die sich das Verfahren richtet, steht ersterem aus der Kartellverfahrensverordnung kein allgemeines Akteneinsichtsrecht zu[1315].

2. Art. 8 VO Nr. 773/2004

Ein weiteres Akteneinsichtsrecht könnte Art. 8 VO Nr. 773/2004 beinhalten. Beabsichtigt die Kommission die Abweisung der Beschwerde, so kann der Beschwerdeführer die Einsicht in die Unterlagen – mit Ausnahme von vertraulichen Informationen – verlangen, die der vorläufigen Beurteilung der Kommission zugrunde liegen. Dieses Verfahrensrecht ist zur Individualisierung im Rahmen von Nichtigkeits- und Untätigkeitsklage geeignet, gilt aber nur für den bezüglich dieses Aktes ohnehin schon klagebefugten Beschwerdeführer im Falle der tatsächlichen Beschwerdeerhebung und entsteht erst nach Unterrichtung durch die Kommission von der Absicht der Verfahrenseinstellung.

3. Art. 2 Abs. 2 VO Nr. 773/2004

Gem. Art. 2 Abs. 2 VO Nr. 773/2004 kann die Kommission die Einleitung des Verfahrens bekannt machen. Der Sinn dieser Vorschrift besteht gem. Erwägungsgrund 2 VO Nr. 773/2004 darin, die mitgliedstaatlichen Behörden von der Verfahrenseinleitung in Kenntnis zu setzen, da deren Zuständigkeit gem. Art. 6 Abs. 11 VO Nr. 1/2003 daraufhin entfällt. Diese Vorschrift lässt somit weder ihres Wortlauts noch ihres Zwecks zufolge besondere Verfahrensrechte bei einem abgrenzbaren Personenkreis entstehen und scheidet deshalb als individualisierend aus.

4. Art. 2 VO Nr. 1049/2001

Schließlich kommt als Informationsrecht das allgemeine Recht auf Zugang zu Dokumenten aus Art. 2 VO Nr. 1049/2001[1316] in Betracht. Danach hat *„jeder Unionsbürger sowie jede natürliche oder juristische Person mit Wohnsitz oder Sitz in einem Mitgliedstaat ... ein Recht auf Zugang zu Dokumenten der Organe"*.

Nachdem die Kommission bisher angenommen hat, dass dieses Informationsrecht vom spezielleren Kartellverfahrensrecht verdrängt wird[1317], hat sie es in einer neueren Mitteilung als ein *aliud* bezeichnet[1318], was die Annahme einer Spezialität ausschließt. Damit entspricht sie der Auffassung des Gerichtshofs[1319], der dem Bürger das Recht

---

1315 *Nowak*, DVBl. 2004, 272, 275.

1316 Verordnung (EG) Nr. 1049/2001 des Europäischen Parlaments und des Rates vom 30. Mai 2001 über den Zugang der Öffentlichkeit zu Dokumenten des Europäischen Parlaments, des Rates und der Kommission, ABl. Nr. L 145 vom 31. 5. 2001, S. 43. Im Verfassungsvertrags sollte dieses Recht sogar Grundrechtsrang erhalten: Art. II-102 Vertrag über eine Verfassung für Europa.

1317 Demzufolge findet es keine Erwähnung in der Mitteilung der Kommission über interne Verfahrensvorschriften für die Behandlung von Anträgen auf Akteneinsicht in Fällen einer Anwendung der Artikel 85 und 86 EG-Vertrag, der Artikel 65 und 66 EGKS-Vertrag und der Verordnung (EWG) Nr. 4064/89 des Rates, ABl. Nr. C 23 vom 23. 1. 1997, S. 3; *Nowak*, DVBl. 2004, 272, 277; *De Bronett*, WuW 1997, 383.

1318 Mitteilung der Kommission über die Neufassung der Mitteilung von 1997 über interne Verfahrensvorschriften für die Behandlung von Anträgen auf Akteneinsicht, ABl. Nr. C 259 vom 21. 10. 2004, S. 8, Rn. 2.

1319 EuG, Rs. T-92/98, Slg. 1999, II-3521, Rn. 44 – Interporc (Der Bürger kann parallel zu sonstigen

auf Zugang zu Dokumenten parallel zu den übrigen Verfahrensgarantien zukommen lassen will[1320]. Für eine solche Handhabung spricht vor allen Dingen der Zweck, der in der Schaffung eines umfassenden Rechts für alle Bürger und bezüglich aller Dokumente zu sehen ist und der sich damit von dem Zweck verfahrensakzessorischer Akteneinsichtsrechte[1321] unterscheidet. Während Akteneinsichtsrechte im Kartellverfahren die Rechtspositionen der Beteiligten in einem konkreten Verfahren schützen sollen, wirken die Zugangsrechte erst verfahrensbegründend und dienen auf diese Weise der Transparenz der europäischen Verwaltung im allgemeinen. Die Regelungen sind aufgrund ihrer unterschiedlichen Zielrichtung somit schon gar nicht fähig, sich gegenseitig zu verdrängen.

Da das allgemeine Recht auf Zugang zu Dokumenten jedoch jedermann zusteht und sich auf kein bestimmtes Kommissionsverfahren bezieht, ist es nicht spezifisch genug, um zur Individualisierung des Rechtsträgers zu genügen und scheidet damit als geeignetes Verfahrensrecht aus.

IV. Ungeschriebene Verfahrensgarantien

„Verteidigungsrechte" allgemein sind gem. Art. 27 Abs. 2 VO Nr. 1/2003 nur im Hinblick auf die Parteien zu gewähren, unter denen jedenfalls Art. 27 ausschließlich Personen versteht, gegen die sich das Verfahren richtet.

Jedoch anerkennt der Gerichtshof als allgemeinen Grundsatz des Gemeinschaftsrechts[1322], dass betroffene Personen die Möglichkeit haben müssen, schriftlich und mündlich zu von der Kommission vorgebrachten Beschwerdepunkten Stellung zu nehmen, auch wenn dies nicht sekundärrechtlich verbrieft ist[1323]. Voraussetzung ist lediglich, dass ihre Interessen durch die Entscheidung spürbar berührt werden[1324]. Diese allgemeine Verbriefung von Verteidigungsrechten muss auch Dritten zugute kommen, wenn eine Entscheidung sie spürbar zu beeinträchtigen droht. Dies hat auch der Gerichtshof bestätigt, wobei er den Umfang einer Berücksichtigung von verschiedenen

---

Verfahrensrechten das allgemeine Recht auf Zugang zu Dokumenten geltend machen. Nichtigkeitsklage gegen Ablehnung eines Antrags auf Zugang zu Dokumenten; Rechtsgrundlage war damals der Beschluss 94/90/EGKS, EG, Euratom über den Zugang der Öffentlichkeit zu den der Kommission vorliegenden Dokumenten, ABl. Nr. L 46 vom 18. 2. 1994, S. 58); EuGH, Rs. C-41/00 P, Slg. 2003, I-2125, Rn. 38 f. – Interporc.

[1320] Abwartend *Klees*, Europäisches Kartellverfahrensrecht, § 5, Rn. 77.

[1321] Die Unterscheidung verfahrensakzessorischer und verfahrenskonstituierender Akteneinsichtsrechte schafft *Gassner*, DVBl. 1995, 16, 20.

[1322] Siehe auch Art. II-101 Abs. 2 lit. a Verfassungsvertrag: *„Recht jeder Person, gehört zu werden, bevor ihr gegenüber eine für sie nachteilige individuelle Maßnahme getroffen wird"*.

[1323] EuGH, Rs. 32/62, Slg. 1963, 107, 123 – Alvis; Rs. 41/69, Slg. 1970, 661, 690, Rn. 56/57 – ACF Chemiefarma; Rs. 35/67, Slg. 1968, 489, 511 – van Eick; Rs. 17/74, Slg. 1974, 1063, 1080, Rn. 15 – Transocean Marine Paint Association; Rs. 85/76, Slg. 1979, 461, 511, Rn. 9, 11 – Hoffmann-La Roche; Rs. 25/80, Slg. 1981, 637, 646, Rn. 9 – de Briey; Rs. C-32/95 P, Slg. 1996, I-5373, 5396, Rn. 21 – Lisrestal; EuG, Rs. T-50/96, Slg. 1998, II-3773, 3792, Rn. 59 – Primex Produkte; Rs. T-199/99, Slg. 2002, II-3731, 3755, Rn. 55 – Sgaravatti Mediterranea; GA Warner, Rs. 17/74, Slg. 1974, 1063, 1090; *Gundel*, in: Ehlers, EuGR, § 19, Rn. 10; *Sedemund*, in: Verwaltungsrecht im Werden, 45, 48; *Gornig/Trüe*, JZ 1993, 884, 886, 893.

[1324] EuGH, Rs. 17/74, Slg. 1974, 1063, 1081, Rn. 15 – Transocean Marine Paint Association.

Faktoren, darunter dem Grad der Betroffenheit, abhängig macht[1325] und etwa dem Beschwerdeführer daher nicht die gleichen Verteidigungsrechte zugesteht wie dem Unternehmen, gegen das sich eine Entscheidung richten soll[1326].

Im Hinblick auf das Kartellverfahrensrecht ist allerdings festzustellen, dass die Kartellverordnung zusammen mit der Durchführungsverordnung ein detailliertes und umfassendes Verfahren regelt, in dem Rechte Dritter Berücksichtigung finden. Ob dies auch in ausreichendem Maße der Fall ist, wird sich anlässlich der nun folgenden Untersuchung der Verfahrensrechte in Bezug auf die als Klagegegenstand tauglichen Handlungen zeigen.

B. Verfahrensrechte bei Erlass der als Klagegegenstand tauglichen Handlungen

Nachdem die Verfahrens- und Antragsrechte im Kartellverfahren vor der Kommission dargestellt wurden, soll nun eine Zuordnung der Verfahrensrechte zu den einzelnen, denkbaren Klagegegenständen stattfinden. Aufgrund des Ergebnisses aus Teil 2 der Arbeit kommen in Betracht: die Abweisung von Beschwerden nach Art. 7 Abs. 2 VO Nr. 773/2004 oder nach Art. 13 VO Nr. 1/2003 (I.), Abstellungsentscheidungen nach Art. 7 VO Nr. 1/2003 (II.), einstweilige Maßnahmen nach Art. 8 (III.), die Verbindlicherklärung von Verpflichtungszusagen nach Art. 9 Abs. 1 (IV.), Nichtanwendbarkeitsentscheidungen nach Art. 10 (V.), Ermittlungen der Kommission nach Art. 18 ff., sofern sie in Form der Entscheidung ergehen (VI.), Entscheidungen nach Art. 23 f., die Buß- oder Zwangsgelder auferlegen (VII.), Gruppenfreistellungsverordnungen (VIII.), der Entzug des Rechtsvorteils einer Gruppenfreistellungsverordnung nach Art. 29 Abs. 1 (IX.) sowie Bekanntmachungen der Kommission, wenn sie über das Gemeinschaftsrecht hinausgehende Verpflichtungen beinhalten (X.).

I. Beschwerdeabweisung nach Art. 7 Abs. 2 VO Nr. 773/2004 oder Art. 13 VO Nr. 1/2003

Die Abweisung einer Beschwerde nach Art. 7 Abs. 2 VO Nr. 773/2004 oder nach Art. 13 VO Nr. 1/2003 betrifft den Beschwerdeführer schon als deren Adressaten immer unmittelbar und individuell[1327]. Der Beschwerdeführer kann also entweder eine beschwerdeabweisende Entscheidung anfechten[1328], oder im Fall der Untätigkeit auf Bescheidung seiner Beschwerde durch die Kommission klagen[1329], wenn er, was der

---

[1325] *Gassner*, DVBl. 1995, 16, 18. EuGH, Rs. 17/74, Slg. 1974, 1063, 1080, Rn. 15 – Transocean Marine Paint Association; Rs. C-269/90, Slg. 1991, I-5495, 5499, Rn. 14 HZA München-Mitte / TU München (je größer der Beurteilungsspielraum, umso wichtiger sind die Verfahrensrechte); EuG, Rs. T-50/96, Slg. 1998, II-3773, 3792, Rn. 60 – Primex Produkte (ebenfalls in Bezug auf den Beurteilungsspielraum).

[1326] EuGH, Rs. 142 u. 156/84, Slg. 1987, 4487, Rn. 20 – BAT Reynolds; EuG, Rs. T-17/93, Slg. 1994, II-595, 609, Rn. 34 f. – Matra (für die Akteneinsicht); *Heidenreich*, Anhörungsrechte, S. 55; *Nowak*, DVBl. 2004, 272, 276; *Haibach*, NVwZ 1998, 456, 457; *Due*, EuR 1988, 33, 41, 43.

[1327] Vgl. für das Beihilfenrecht EuG, Rs. T-54/99, Slg. 2002, II-313, 341, Rn. 70 f. – max.mobil.

[1328] *De Bronett*, VO 1/2003, Art. 7, Rn. 18. So schon die frühere Rechtsprechung: EuGH, Rs. 26/67, Slg. 1977, 1875, 1902, Rn. 13 – Metro I; EuG, Rs. T-387/94, Slg. 1996, II-961, 984, Rn. 46 – Asia Motor France.

[1329] EuG, Rs. T-28/90, Slg. 1992, II-2285, Rn. 29 – Asia Motor France.

Frage des tauglichen Klagegegenstandes zuzuordnen ist, auch bezüglich der letztlich begehrten Maßnahme unmittelbar und individuell betroffen wäre.

Auch wenn die Zurückweisung einer Beschwerde durch Verbindlicherklärung von Verpflichtungszusagen nach Art. 9 oder Nichtanwendbarkeitsentscheidung nach Art. 10 erfolgt, kann der Antragsteller dagegen Nichtigkeitsklage erheben[1330]. Eine Klage, die sich auf Nichtigerklärung einer solchen Verbindlicherklärung oder Nichtanwendbarkeitserklärung richtet, kann umgedeutet werden in eine Klage auf Nichtigerklärung der in der jeweiligen Entscheidung enthaltenen Weigerung der Kommission, eine das angeblich wettbewerbswidrige Verhalten unterbindende Entscheidung zu treffen[1331].

Sonstige Dritte genießen diesbezüglich keine Verfahrensrechte und sind daher auch nicht zur Anfechtung einer Beschwerdeabweisung befugt. Vorausgesetzt ihnen kommt ein berechtigtes Interesse an einer Abstellungs- oder Abhilfeentscheidung zu, bleibt ihnen aber unbenommen, selbst eine Beschwerde anzustrengen.

II. Feststellungs- und Abstellungsentscheidungen gem. Art. 7

1. Die Kommission ist tätig geworden

Denkbar ist zunächst, dass die Kommission dem Konkurrenzunternehmen bereits Abhilfemaßnahmen auferlegt hat, die nach Ansicht des Klägers aber zur Abstellung des festgestellten Wettbewerbsverstoßes nicht ausreichend sind. Der Kläger könnte in diesem Fall zur Klageerhebung befugt sein, wenn er das Verfahren durch Erheben einer Beschwerde tatsächlich initiiert hat oder wenn er aufgrund berechtigten Interesses jedenfalls zum Erheben einer Beschwerde befugt war. Ob er darüber hinaus als Beschwerdeführer nach Art. 6 VO Nr. 773/2004 auch am Verfahren beteiligt war, ist dann unerheblich.

Hat er nicht die begünstigte Position des (potentiellen) Beschwerdeführers inne, kommt neben der Beschwerdebefugnis eine individualisierende Verfahrensbeteiligung nach Art. 27 Abs. 3 VO Nr. 1/2003 i. V. m. Art. 13 VO Nr. 773/2004 in Betracht, wenn er entweder – sei es in schriftlicher oder mündlicher Form – tatsächlich angehört wurde oder ihm ein Anhörungsrecht zusteht, weil er ein ausreichendes Interesse an der ergangenen Entscheidung nachweisen kann. Die Tatsache, dass ein Unternehmer seine Klagebefugnis sowohl aus der Beschwerdebefugnis nach Art. 7 Abs. 2 VO Nr. 1/2003 als auch aus dem Recht auf Verfahrensbeteiligung aus Art. 27 Abs. 3 VO Nr. 1/2003 herleiten kann, spricht auch für die inhaltliche Identität von „berechtigtem" und „ausreichendem" Interesse. Als Konkurrent des Adressaten gelingt der Nachweis dieses Interesses.

Hat die Kommission eine Beschwerde in ablehnender Weise beschieden, scheidet das Erheben einer Untätigkeitsklage, gerichtet auf die Feststellung des vertragswidri-

---

[1330] EuG, Rs. T-17/93, Slg. 1994, II-595 ff. – Matra (ohne Zulässigkeitsprüfung); *de Bronett*, VO 1/2003, Art. 7, Rn. 18.

[1331] In der Entscheidung EuGH, Rs. C-313/90, Slg. 1993, I-1125, 1182, Rn. 17 f. – CIRFS, verstand der Gerichtshof eine Klage, die sich gegen die Entscheidung der Kommission richtete, bezüglich einer bestimmten Beihilfe bestehe keine Pflicht zur Anmeldung, als Klage auf Nichtigerklärung der darin enthaltenen Weigerung der Kommission, ein Verfahren nach Art. 88 Abs. 2 EG zu eröffnen.

gen Nichteinschreitens, aufgrund deren Subsidiarität aus. Die Ablehnung ist als Stellungnahme im Sinne von Art. 232 Abs. 2 EG anzusehen[1332]. Gegen die ablehnende Entscheidung ist das Erheben der Nichtigkeitsklage zulässig und zwar sowohl mit der Rüge der Verletzung eines Verfahrensrechts durch die Ablehnung[1333], als auch der Rüge des rechtswidrigen Nichteröffnens des Verfahrens. Zur Klagebefugnis gilt das soeben Erörterte.

2. Die Kommission bleibt untätig

Ist die Kommission in einer Sache noch nicht tätig geworden, könnte ein Konkurrenzunternehmen auf deren Einschreiten gegenüber einem Wettbewerber klagen wollen. Da nach der Rechtsprechung des Gerichtshofs Verfahrens- und Beschwerderechte nicht ausgeschöpft werden müssen, um kein Vorverfahren einzuführen, müsste der Kläger die Kommission lediglich vor Erheben der Untätigkeitsklage fruchtlos zur Stellungnahme nach Art. 232 Abs. 2 EG aufgefordert haben. Lediglich aus dem Gedanken des Rechtsschutzbedürfnisses wird man dem Kläger eine vorherige Beschwerdeerhebung zumuten müssen, da dies ein einfacheres Mittel ist, auf dem er möglicherweise sein Ziel erreichen kann. Eine solche Beschwerde ist aber zugleich als Aufforderung zur Stellungnahme nach Art. 232 Abs. 2 EG anzusehen. Es erhöhen sich damit lediglich die Anforderungen an die Form der Beschwerde, die in Art. 5 VO Nr. 773/2004 und insbesondere dem Formblatt C enthalten sind.

Besteht ein berechtigtes bzw. ausreichendes Interesse an der erstrebten Entscheidung und hätte der Kläger damit in einem hypothetischen Verfahren ein Recht auf Beschwerdeeinlegung sowie Verfahrensbeteiligung, ist zu vermuten, dass der Kläger von der begehrten Entscheidung individuell betroffen wäre.

Rügen kann der Kläger zum einen die Verletzung eines Verfahrensrechts, wie etwa das Nichtbescheiden seines Antrags. Dann wäre der bescheidende Akt Gegenstand der Klage. Zum andern kann er das vertragswidrige Nichteinschreiten gegenüber dem Konkurrenzunternehmen rügen, womit die Abstellungsentscheidung zum Klagegegenstand wird.

3. Unmittelbare Betroffenheit

Eine unmittelbare Betroffenheit des Klägers ist bei einer an einen anderen gerichteten Entscheidung dann gegeben, wenn sie eine endgültige und erschöpfende Regelung enthält, unter Geltung der VO Nr. 17/62 beispielsweise bei einer Freistellungsentscheidung[1334]. Eine Abstellungs- oder Abhilfeentscheidung verpflichtet die kartellrechtswidrig handelnden Unternehmen unmittelbar und bedarf keiner weiteren Umsetzungsmaßnahme.

[1332] So für die Mitteilung gem. Art. 6 der nicht mehr gültigen VO Nr. 99/63 EuGH, Rs. C-282/95, Slg. 1997, I-1503, Rn. 30 – Guérin automobiles sowie EuG, Rs. T-186/94, Slg. 1995, II-1753, Rn. 32 – Guérin automobiles.

[1333] Beispielsweise der unterlassenen Aufforderung zur Stellungnahme nach Art. 7 Abs. 1 VO Nr. 773/2004.

[1334] *Burgi*, in: Rengeling/Middeke/Gellermann, 2. Auflage, § 7, Rn. 76.

III. Einstweilige Maßnahmen gem. Art. 8

Der Erlass von einstweiligen Maßnahmen ist nur von Amts wegen und zur Abwendung eines ernsten, nicht wieder gutzumachenden Schadens für den Wettbewerb vorgesehen[1335]. Da es sich um einen Schaden für den Wettbewerb und nicht für ein Einzelunternehmen handeln muss, kann die Kommission nur im öffentlichen Interesse tätig werden[1336]. Obwohl der Erlass einstweiliger Maßnahmen nur noch von Amts wegen erfolgt[1337], wird vermutet, dass weiterhin informelle Anträge auf Erlass solcher Maßnahmen im Rahmen formeller Beschwerden auf Grund von Art. 7 Abs. 2 gestellt werden[1338]. Eine solche informelle Beschwerde genügt den Anforderungen an eine formalisierte Klagebefugnis aber nicht.

Beim Erlass einstweiliger Maßnahmen sind trotz der gebotenen Eile Beteiligungsrechte Dritter nach Art. 27 Abs. 3 vorgesehen, wenn diese ein ausreichendes Interesse geltend machen. Konkurrenten können somit auch einstweilige Maßnahmen mit der Nichtigkeitsklage angreifen bzw. deren Nichterlass mittels der Untätigkeitsklage rügen[1339]. Letzteres mag angesichts der Tatsache überraschen, dass eine Beschwerde in diesem Fall ausgeschlossen ist. Da es für den Kläger aber ohnehin günstiger sein wird, eine endgültige Maßnahme zu erstreben, bleibt die Untätigkeitsklage, auf Feststellung des Nichterlasses einer einstweiligen Maßnahme gerichtet, ein theoretisches Problem.

IV. Verbindlicherklärung von Verpflichtungszusagen gem. Art. 9

Die Verbindlicherklärung von Verpflichtungszusagen setzt gem. Art. 9 Abs. 1 voraus, dass die Kommission bereits beabsichtigt, eine Entscheidung zur Abstellung einer Zuwiderhandlung zu erlassen. Das Verfahren ist in diesem Fall also bereits eröffnet, was auf eine Beschwerde nach Art. 7 Abs. 2 hin geschehen sein kann. Neben dem Beschwerdeführer ist auch derjenige durch die Entscheidung über die Verpflichtungszusage individualisiert, dem ein Verfahrensrecht in dem ursprünglich eröffneten Verfahren, also nach Art. 27 Abs. 3 EG zustand. Damit sind jedenfalls Konkurrenten, denen ein berechtigtes bzw. ausreichendes Interesse zukommt, zur Klage gegen die Annahme von Verpflichtungszusagen befugt[1340].

Die Tatsache, dass die Kommission in dem konkreten Fall keine Sachentscheidung getroffen hat, macht einen Drittschutz nicht entbehrlich[1341]. Die Verbindlicherklärung

---

[1335] In Rn. 80 Bekanntmachung über die Behandlung von Beschwerden, aaO, Fn. 14, bringt die Kommission daher auch zum Ausdruck, dass diesbezüglich keine Beschwerden bei der Kommission gestellt werden können, sondern vielmehr einstweiliger Rechtsschutz allein über die mitgliedstaatlichen Gerichte zu erreichen ist.

[1336] *Sauter*, in: Dauses (Hrsg.), Hdb. EU-WirtschR, H.I § 3, Rn. 28.

[1337] *Klees*, Europäisches Kartellverfahrensrecht, § 6, Rn. 99.

[1338] *De Bronett*, VO 1/2003, Art. 8, Rn. 3. Art. 3 VO Nr. 17/62 wurde analog auf einstweilige Maßnahmen angewandt, *de Bronett*, WuW 1997, 865, 867.

[1339] Anders die Kommission in der Bekanntmachung über die Behandlung von Beschwerden, Rn. 80, aaO, Fn. 14, die dafür die einzelstaatlichen Gerichte oder Behörden als besser geeignet ansieht.

[1340] Nach Ansicht von *Temple Lang*, ECLR 2003, 347, 351, können Dritte gegen die Annahme einer Zusageentscheidung einwenden, dass diese eine Feststellung der Kommission eines Verstoßes, aufgrund dessen sie Schadensersatz fordern könnten, nicht umfasst; sie könnten außerdem einwenden, dass die Zusageentscheidung unvollständig oder unangemessen sei.

[1341] So aber *Schmidt*, BB 2003, 1237, 1242.

bewirkt nicht nur eine Bindung der Adressaten an die von ihnen gemachten Zusagen, sondern versperrt der Kommission ebenfalls die Möglichkeit, außerhalb der Wiederaufnahmegründe des Abs. 2 eine andere verfahrensbeendende Entscheidung zu treffen[1342]. In der Beseitigung dieser Sperrwirkung, die allerdings nicht für nationale Stellen gilt, liegt die Bedeutung der Anfechtung einer Zusageentscheidung durch Dritte.

Fraglich ist, ob die Verfahrensrechte aus Art. 27 Abs. 4 der Verordnung den Kreis der Klagebefugten zu erweitern geeignet sind. Nach Auffassung *de Bronetts* müssen Dritte dazu Bemerkungen nach Art. 27 Abs. 4 bei der Kommission eingereicht haben[1343]. Nach der hier vertretenen Ansicht ist die tatsächliche Inanspruchnahme eines Verfahrensrechts aber unerheblich und würde nur das vorsorgliche Einreichen von Stellungnahmen fördern. Es ist daher zu fragen, ob der Kläger durch die Verbindlicherklärung spürbar in seiner Marktstellung beeinträchtigt ist. Ist dies der Fall, kommt ihm zusätzlich auch ein ausreichendes Interesse im Sinne des Art. 27 Abs. 3 zu, so dass er seine Klagebefugnis auf mehrere Verfahrenspositionen stützen kann.

Die genannten Rechtswirkungen treffen den Kläger auch unmittelbar, ohne dass weitere Maßnahmen von Kommission oder einzelstaatlicher Behörde erforderlich wären. Ein Konkurrent kann somit gegen die Zusageentscheidung über Verpflichtungszusagen Nichtigkeitsklage erheben[1344].

V. Feststellung der Nichtanwendbarkeit gem. Art. 10

Die Feststellung der Nichtanwendbarkeit nach Art. 10 erfolgt wiederum ausschließlich von Amts wegen, was damit zusammenhängt, dass es sich um einen nur im öffentlichen Interesse und ausnahmsweise anzuwendenden Tatbestand handelt. Eine Herleitung der Klagebefugnis aus einem Beschwerderecht kommt daher nur dann in Betracht, wenn die Nichtanwendbarkeitserklärung ein Kommissionsverfahren abschließt.

Falls sie aber nicht als Abschluss eines Verfahrens erfolgt, das der Kläger initiiert hat oder an dem er beteiligt war bzw. nach Art. 27 Abs. 3 hätte beteiligt werden können, kommt lediglich Art. 27 Abs. 4 der Verordnung als Verfahrensposition in Betracht. Die Klagebefugnis hängt dann wiederum von der spürbaren Beeinträchtigung seiner Marktposition ab[1345].

Die Rechtsstellung eines Konkurrenten wird durch die Entscheidung regelmäßig schon deshalb unmittelbar beeinträchtigt, da er sich aufgrund der Bindungswirkung nach Art. 16 VO Nr. 1/2003 nicht mehr vor nationalen Behörden und Gerichten auf die Verletzung von Art. 81 und 82 EG berufen kann[1346].

[1342] Siehe oben, Teil 2, Abschnitt 2, B.III.2.

[1343] *De Bronett*, VO 1/2003, Art. 9, Rn. 10.

[1344] Nach Auffassung von *de Bronett*, VO 1/2003, Art. 9, Rn. 10, können Dritte sogar gem. Art. 7 Abs. 2 VO Nr. 1/2003 die Kommission zur Durchsetzung von Verpflichtungszusagen mittels Zwangsgeld auffordern (ohne nähere Begründung).

[1345] Bisher waren Negativatteste von Dritten anfechtbar, die ein hinreichendes und berechtigtes Interesse nachweisen konnten, was sich auch aus Art. 19 Abs. 1, 3 VO 17/62 ergab, EuGH, Rs. T-138/89, Slg. 1992, II-2181, 2192, Rn. 32 – NBV und NVB.

[1346] *Lampert/Niejahr*, Art. 10, Rn. 174.

VI. Wahrnehmung der Ermittlungsbefugnisse gem. Art. 18 ff.

Die Regelungen über die Wahrnehmung von Ermittlungsbefugnissen sehen keine Beteiligung Dritter vor. Daher können ausschließlich Adressaten gegen Ermittlungsmaßnahmen, die in Form einer Entscheidung angeordnet werden, vorgehen, was gem. Art. 20 Abs. 4 und Art. 21 Abs. 2 der Verordnung im Fall der Nachprüfungen und gem. Art. 18 Abs. 3 S. 3 im Fall des Auskunftsverlangens durch Entscheidung sogar in einer Rechtsbehelfsbelehrung mitgeteilt werden muss. Konkurrenten können zwar ein tatsächliches Interesse an der Durchführung von Ermittlungen haben, etwa weil sie einen Verdacht des wettbewerbswidrigen Verhaltens gegen bestimmte Unternehmen hegen, die bloßen Ermittlungen tangieren sie selbst aber nicht, sondern erst die daraufhin erfolgenden Maßnahmen. Es scheint daher auch gerechtfertigt, Konkurrenten nicht zur Klage auf Feststellung des rechtswidrigen Nichtgebrauchs von Ermittlungsbefugnissen zuzulassen.

VII. Geldbußen und Zwangsgelder gem. Art. 23 f.

Der Erlass von Geldbußen und Zwangsgeldern ist auf Initiative der Kommission hin vorgesehen. Antragsrechte Dritter bestehen nicht. Es ist aber denkbar, dass ein Verfahren auf eine Beschwerde nach Art. 7 Abs. 2 hin eröffnet wurde, der Beschwerdeführer gegebenenfalls nach Art. 6 VO Nr. 773/2004 an diesem Verfahren beteiligt war und an dessen Ende auch Geldbußen oder Zwangsgelder verhängt werden. Dies verdeutlicht, dass das Beschwerderecht – obwohl es ausschließlich auf den Erlass von Abstellungs- und Abhilfeentscheidungen gerichtet ist – Anstoß eines Verfahrens sein kann, in dem über Sanktionen entschieden wird und an dem der Beschwerdeführer beteiligt ist. Das Bestehen eines Beschwerderechts nach Art. 7 Abs. 2 könnte daher auch eine Vermutungswirkung der individuellen Betroffenheit durch Sanktionsmaßnahmen bilden. Letztlich würde dies für jegliche verfahrensbeendende Entscheidung gelten. Dafür spricht, dass der Beschwerdeführer bei jeglicher Zurückweisung seiner Beschwerde, also auch durch die Annahme von Verpflichtungszusagen oder eine Nichtanwendbarkeitserklärung, gegen diese klagen können soll[1347]. Der Erlass von Sanktionsentscheidungen lässt sich zwar nicht unbedingt als ablehnende, aber doch als Bescheidung der Beschwerde ansehen, wenn sie auch nicht an den Beschwerdeführer adressiert ist. Außerdem geht aus Art. 27 Abs. 1 hervor, dass die Beschwerdeführer eng in das Verfahren einbezogen werden, und zwar ausdrücklich auch in solche, die auf Erlass einer Sanktionsentscheidung nach Art. 23 oder 24 Abs. 2 der Verordnung gerichtet sind. Eine Klagebefugnis besteht lediglich in Bezug auf die Auferlegung von Zwangsgeldern nach Art. 24 Abs. 1 nicht.

Ein weiteres Verfahrensrecht für sonstige Dritte enthält Art. 27 Abs. 3 bei ausreichendem Interesse. Aufgrund der systematischen Stellung ist davon auszugehen, dass sich Art. 27 Abs. 3 auf die in Art. 27 Abs. 1 genannten Entscheidungen erstreckt.

Unmittelbarkeit ist ebenfalls gegeben, da Sanktionsentscheidungen abschließend sind und keiner weiteren Umsetzung bedürfen[1348]. Folglich sind Personen, die ein aus-

[1347] EuGH, Rs. 26/67, Slg. 1977, 1875, 1902, Rn. 13 – Metro I; *de Bronett*, VO 1/2003, Art. 7, Rn. 18.

[1348] Als Entscheidungen, die eine Zahlungspflicht auferlegen, sind sie gem. Art. 256 Abs. 1 EG vollstreckbar.

reichendes bzw. berechtigtes Interesse geltend machen können, zur Klageerhebung in Bezug auf Sanktionsentscheidungen nach Art. 23 oder 24 Abs. 2 VO Nr. 1/2003 befugt.

Das Ergebnis verwundert im Hinblick darauf, dass ein reines Interesse an der Schädigung des Konkurrenten nicht als schützenswert empfunden wird. Deshalb sollen die möglichen Sanktionsentscheidungen der Kommission genauer betrachtet werden: Voraussetzung der Auferlegung einer Geldbuße zur Durchsetzung der Ermittlungsbefugnisse der Kommission nach Art. 23 Abs. 1 der Kartellverordnung ist, dass ein Unternehmen seinen Auskunftspflichten nach Art. 17 oder 18 der Verordnung nicht nachkommt, gem. Art. 20 angeforderte Geschäftsunterlagen nicht vollständig vorlegt, eine nach Art. 20 Abs. 2 d) gestellte Frage nicht ordnungsgemäß beantwortet oder nach Art. 20 Abs. 2 e) angebrachte Siegel bricht.

Das Interesse des Konkurrenten an der Erhöhung einer solchen Geldbuße ist, soweit es lediglich in der Schädigung des Wettbewerbers liegt, nicht schützenswert. Als weiteres Interesse könnte angesehen werden, einen reibungslosen Verfahrensablauf sicherzustellen, um möglichst schnell die begehrte, abschließende Kommissionsentscheidung herbeizuführen. Dieses Interesse ist aber nur sehr mittelbar und vage, insbesondere in Anbetracht der Tatsache, dass der Ausfall der Kommissionsentscheidung keineswegs feststeht, erscheint dem Konkurrenten die Lage noch so klar und eindeutig.

Verhängt die Kommission eine Geldbuße nach Art. 23 Abs. 2 VO Nr. 1/2003, nämlich als Sanktion für einen Verstoß gegen Art. 81, 82 EG, gegen eine Anordnung einer einstweiligen Maßnahme oder gegen eine Verpflichtungszusage, so ist ein schützenswertes Interesse des Konkurrenten in der Weise denkbar, dass ein solches Bußgeld abschreckende Wirkung zeigen und so auch die Konkurrenz vor weiteren Wettbewerbsverstößen schützen soll.

Um ein Unternehmen zum Abstellen von Zuwiderhandlungen u.a. gegen Art. 81, 82 EG zu zwingen, kann die Kommission gem. Art. 24 VO 1/2003 für jeden Tag des Verzuges ein Zwangsgeld festsetzen. Hier liegt ein Interesse des Konkurrenten in der Wirkung des Zwangsgeldes, die Beendigung des wettbewerbs- und den Konkurrenten schädigenden Verhaltens zu beschleunigen. Dies ist sein unmittelbarstes und erstes Interesse.

Obwohl das klägerische Interesse an einer Sanktionsentscheidung teilweise nur sehr indirekt ist, hat der Verordnungsgeber, indem er in Art. 27 Abs. 1 S. 3 die enge Einbeziehung des Beschwerdeführers in ein Verfahren festgeschrieben hat, das auf den Erlass von Sanktionsentscheidungen gerichtet ist, eine Entscheidung dahingehend getroffen, dass diese Personen auch als in individueller Weise von den das Verfahren abschließenden Maßnahmen betroffen anzusehen sind.

VIII. Gruppenfreistellungsverordnungen

Ein ausreichend konkretes Beteiligungs- oder Antragsrecht gibt es im Bereich von Gruppenfreistellungsverordnungen nicht. Auch bestehen im Unterschied zum Erlass von Einzelakten im Erlassverfahren von normativen Rechtsakten keine ungeschriebenen Verfahrensrechte, da davon ausgegangen wird, dass deren Funktionen von politischen Instanzen wahrgenommen werden[1349].

Es ist daher festzuhalten, dass es beim Erlass von Gruppenfreistellungsverordnungen keine Verfahrensrechte gibt, die geeignet sind, den Kläger in ausreichender Weise als von einer Verordnung individualisiert ansehen zu können[1350]. Es ist zu erwarten, dass der Gerichtshof eine diesbezügliche Klagebefugnis nur in besonderen Ausnahmefällen anerkennen wird.

IX. Entzug des Rechtsvorteils einer Gruppenfreistellungsverordnung

Der Entzug des Rechtsvorteils einer Gruppenfreistellungsverordnung kann auf eine Beschwerde hin erfolgen, wobei deren Voraussetzungen von der Kartellverordnung unbenannt bleiben. Hier bietet es sich an, Art. 7 Abs. 2 VO Nr. 1/2003 analog heranzuziehen, und damit den natürlichen und juristischen Personen ein Beschwerderecht zuzugestehen, die ein berechtigtes Interesse darlegen[1351]. Dies rechtfertigt sich vor dem Hintergrund, dass sich das Begehren der Beschwerdeführer nicht im Entzug der Freistellung erschöpft, sondern regelmäßig darüber hinaus auf den Erlass von Abstellungsmaßnahmen gegenüber dem Konkurrenten gerichtet sein wird. Dementsprechend muss die Entzugsentscheidung nach den Leitlinien der Kommission über vertikale Beschränkungen auch mit einer Entscheidung nach Art. 7 Abs. 1 oder Art. 9 Abs. 1 VO Nr. 1/2003 verbunden sein[1352]. Auf die Beschwerde können dann auch Art. 5 ff. VO Nr. 773/2004 und die Bekanntmachung über die Behandlung von Beschwerden angewandt werden[1353]. Der Beschwerdeführer ist folglich berechtigt, in besonderer Weise am Verfahren teilzunehmen, Art. 6 VO Nr. 773/2004.

Fraglich ist, ob Dritten neben dem Beschwerderecht aus Art. 29 i. V. m. Art. 7 Abs. 2 VO Nr. 1/2003 analog auch ein Anhörungsrecht aus Art. 27 Abs. 3 VO Nr. 1/2003 zukommt. Geht man davon aus, dass der Entzugsentscheidung ein Verfahren vorgeschaltet ist, dass auf Erlass von Abstellungsentscheidung oder Annahme einer Verpflichtungszusage gerichtet ist, so ist dies zu bejahen[1354]. Personen, die ein ausreichendes Interesse geltend machen, sind in diesem Verfahren anzuhören.

Es findet folglich eine Individualisierung von Konkurrenten mit berechtigtem bzw. ausreichendem Interesse statt.

[1349] EuG, Rs. T-122/96, Slg. 1997, II-1559, 1585, Rn. 75 – Federolio; Rs. T-109/97, Slg. 1998, II-3533, 3559, Rn. 60 – Molkerei Großbraunshain.

[1350] Ebenso Köppen, Gruppenfreistellungsverordnungen, S. 217 f. Eine Anfechtbarkeit durch nichtprivilegierte Kläger ebenfalls ablehnend *Brunn*, EG-Kartellverfahrensverordnung, S. 42.

[1351] *Veelken*, in: Immenga/Mestmäcker, EG-WbR, Bd. I, GFVO, A., Rn. 54; *Klees*, Europäisches Kartellverfahrensrecht, § 3, Rn. 33.

[1352] Mitteilung der Kommission - Leitlinien für vertikale Beschränkungen, ABl. Nr. C 291 vom 13. 10. 2000, S. 1, Rn. 81. So auch *Lampert/Niejahr*, Art. 29, Rn. 582; *De Bronett*, VO 1/2003, Art. 29, Rn. 4; *Klees*, Europäisches Kartellverfahrensrecht, § 3, Rn. 34, 41; *Fuchs*, ZWeR 2005, 1, 27; *Wagner*, WRP 2003, 1369, 1380.

[1353] *Klees*, Europäisches Kartellverfahrensrecht, § 3, Rn. 34.

[1354] So in Bezug auf Art. 19 VO Nr. 17/62 auch EuG, Rs. T-64/89, Slg. 1990, II-367, Rn. 44 – Automec I.

Bei Zurückweisung seiner Beschwerde nach Art. 29 i. V. m. Art. 7 Abs. 2 VO Nr. 1/2003 kann der Beschwerdeführer, wie bereits gesehen, gegen diese Entscheidung Klage erheben[1355].

X. Bekanntmachungen

Da Bekanntmachungen generell-abstrakte Akte darstellen, liegt es nahe, die bezüglich der Gruppenfreistellungsverordnungen herausgearbeiteten, leicht modifizierten Anforderungen an individualisierende Verfahrens- und Antragsrechte auf Bekanntmachungen zu übertragen.

Da für die „atypischen“ Bekanntmachungen aber keine Erlassverfahren und dementsprechend auch keine Beteiligungsrechte kodifiziert sind, kommen diesbezüglich nur ungeschriebene Verfahrensrechte in Betracht, die bei Normativakten Einzelpersonen aber grundsätzlich nicht zustehen.

Der Gerichtshof hat zwar bereits die Beteiligung einer Vereinigung als Gesprächspartner beim Erlass einer „Beihilfendisziplin“, mit deren Hilfe die Kommission ihre Politik im Beihilfensektor darlegt und die qualitativ einer Bekanntmachung entspricht, als individualisierend im Sinne von Art. 230 Abs. 2 EG angesehen[1356]. Allerdings ging es in diesem Fall nicht um die Anfechtung der Beihilfendisziplin selbst, sondern um eine Einzelmaßnahme, im Vorfeld deren Erlasses sich die Vereinigung durch Teilnahme an Verhandlungen und engen Kontakt zu den Dienststellen der Kommission in besonderer Weise hervortat. Die Einflussnahme auf die Ausarbeitung der Disziplin stellte nur einen Teil des individualisierungsbegründenden Verhaltens dar. Da sich die Anforderungen, die an die Individualisierung hinsichtlich generell-abstrakter Akte zu stellen sind, aber von denen in Bezug auf Individualakte unterscheiden, lässt sich die zitierte Rechtsprechung nicht übertragen.

Aus diesem Grunde kann die Überprüfung der Rechtmäßigkeit einer Bekanntmachung ausschließlich von den privilegierten Klägern – Mitgliedstaaten und Gemeinschaftsorganen – im Wege der Nichtigkeitsklage herbeigeführt werden[1357].

C. Ergebnis zu Abschnitt 2.

Die Abweisung einer Beschwerde nach Art. 7 Abs. 2 VO Nr. 1/2003 kann vom Beschwerdeführer angegriffen werden, und zwar auch dann, wenn sie zunächst auf den Entzug des Rechtsvorteils einer Gruppenfreistellungsverordnung gerichtet ist. Zudem kann derjenige, der mit seiner Beschwerde das Verfahren initiiert hat oder dem ein berechtigtes bzw. ausreichendes Interesse an dieser Entscheidung zukommt, eine bereits ergangene Abstellungs- oder Abhilfeentscheidung mit der Nichtigkeitsklage angreifen. Im Fall der Untätigkeit der Kommission kann derjenige, der ein solches Interesse an dem begehrten Akt der Kommission geltend machen kann, den Nichterlass einer gegen einen anderen gerichteten Abstellungs- oder Abhilfeentscheidung mit der Untätigkeitsklage rügen. Dies gilt – praktisch wohl unbedeutend – ebenso für den Erlass einstweiliger Maßnahmen. Hinsichtlich der Anfechtung von Zusageentscheidungen zu Verpflichtungszusagen kann sich eine Klagebefugnis zusätzlich aus Art. 27

[1355] *Klees*, Europäisches Kartellverfahrensrecht, § 3, Rn. 35, 44.
[1356] EuGH, Rs. C-313/90, Slg. 1993, I-1125, 1185, Rn. 29 f. – CIRFS.
[1357] Ebenso *Gundel*, EuR 1998, 90, 95, Fn. 34. Im Ergebnis ablehnend auch *Pampel*, S. 130.

Abs. 4 VO Nr. 1/2003 ergeben, wenn die Entscheidung die Marktstellung des Klägers spürbar beeinträchtigt. Gleiches gilt für die Nichtanwendbarkeitserklärung nach Art. 10 VO Nr. 1/2003. In Bezug auf Sanktionsentscheidungen nach Art. 23 oder 24 Abs. 2 VO Nr. 1/2003 sind Personen, die ein ausreichendes bzw. berechtigtes Interesse geltend machen können, zur Klageerhebung befugt.

Ein Unternehmer, der zum Adressaten der Maßnahme in einem wirtschaftlichen Konkurrenzverhältnis steht, ist in der Regel an seinen Konkurrenten betreffenden Maßnahmen, die den wirtschaftlichen Bereich des Konkurrenzverhältnisses betreffen, in ausreichender bzw. berechtigter Weise interessiert und in seiner Marktposition spürbar beeinträchtigt.

Keine aus Verfahrensrechten ableitbare Klagebefugnis ergibt sich in Bezug auf die Ermittlungsbefugnisse der Kommission, auf Gruppenfreistellungsverordnungen sowie auf Bekanntmachungen.

Teil 4: Begründetheit der Konkurrentenklage

Im Rahmen der Begründetheit der Direktklagen vor der europäischen Gerichtsbarkeit findet eine rein objektive Rechtmäßigkeitsprüfung des gerügten Handelns oder Unterlassens statt[1358]. Die Verletzung des Klägers in seinen Rechten oder das Innehaben einer Anspruchsposition sind keine Voraussetzungen für den Erfolg der Klage. Die Prüfung erfolgt damit einheitlich, unabhängig davon, ob die Klage durch voll-, teil- oder nicht privilegierte Kläger initiiert wird.

Während die Nichtigkeitsklage gem. Art. 230 Abs. 2 EG bei Unzuständigkeit des erlassenden Organs, Verletzung wesentlicher Formvorschriften, Verletzung des Vertrages oder einer seiner Durchführungsvorschriften oder Ermessensmissbrauch begründet ist (Abschnitt 1.), hat die Untätigkeitsklage gem. Art. 232 Abs. 1 EG Erfolg, wenn Rat, Parlament oder Kommission es unter Verletzung des Vertrages unterlassen, einen Beschluss zu fassen (Abschnitt 2.).

1. Abschnitt: Begründetheit der Nichtigkeitsklage

Der Nichtigkeitsgrund der Unzuständigkeit umfasst die (horizontale) Organzuständigkeit wie auch die (vertikale) Zuständigkeit der Gemeinschaft im Verhältnis zu Mitglied- und Drittstaaten[1359]. Die Verletzung wesentlicher Formvorschriften spielt insbesondere bei der Gewähr rechtlichen Gehörs und der Begründungspflicht nach Art. 253 EG eine große Rolle[1360] und umfasst ansonsten alle Verfahrensregelungen, die bei Erlass der betreffenden Vorschrift zu beachten sind[1361].

Der Nichtigkeitsgrund der Vertragsverletzung oder der Verletzung einer bei seiner Durchführung anzuwendenden Rechtsnorm bildet einen Auffangtatbestand[1362]. Er umfasst neben Verstößen gegen die Vorschriften des Vertrages auch solche gegen die verbindlichen Rechtsakte der Gemeinschaftsorgane[1363]. Während sich die Verletzung einer Zuständigkeits- oder Verfahrensregel relativ einfach feststellen lässt, ergibt sich gerade bei der Verletzung von Wettbewerbsvorschriften die Schwierigkeit, dass der Kommission bei der Anwendung dieser Regeln vielfach ein weiter Ermessens- bzw. Beurteilungsspielraum zugestanden wird[1364].

Der vierte zur Aufhebung des Gegenstandes durch den Gerichtshof führende Mangel ist der Ermessensmissbrauch. Der Gerichtshof legt den Begriff des Ermessensmissbrauchs in Anlehnung an das französische Recht[1365] aus[1366], versteht ihn jedoch

---

1358 *Ehricke*, in: Streinz, Art. 232, Rn. 25; *Frenz*, Der Staat 34 (1995), 586, 595 f.

1359 *Schwarze*, in: Schwarze, Art. 230 EGV, Rn. 58; *Burgi*, in: in: Rengeling/Middeke/Gellermann, 2. Auflage, § 7, Rn. 94; *Meessen*, in: Loewenheim/Meessen/Riesenkampff, Einführung, Rn. 90.

1360 *Meessen*, in: Loewenheim/Meessen/Riesenkampff, Einführung, Rn. 90.

1361 *Burgi*, in: Rengeling/Middeke/Gellermann, 2. Auflage, § 7, Rn. 96; *Daig*, Nichtigkeits- und Untätigkeitsklagen, Rn. 159; *Bleckmann*, Europarecht, Rn. 857; *Rengeling*, Verwaltungsvollzug, S. 299.

1362 *Burgi*, in: Rengeling/Middeke/Gellermann, 2. Auflage, § 7, Rn. 99; *Meessen*, in: Loewenheim/Meessen/Riesenkampff, Einführung, Rn. 90.

1363 *Borchardt*, in: Lenz/Borchardt, Art. 230, Rn. 82 f.

1364 Siehe unten, A.II.3.

1365 Nach französischem Recht liegt ein Ermessensmissbrauch vor, wenn Befugnisse zu einem anderen Zweck gebraucht werden, als zu demjenigen, zu dem sie verliehen wurden, *Bleckmann*, Europarecht, Rn. 870; *Constantinesco*, Recht der EG, S. 868; *Daig*, Nichtigkeits- und Untätigkeitsklagen,

etwas weiter[1367]. Eine Entscheidung ist nach Auffassung des Gerichtshofs dann ermessensmissbräuchlich, „*wenn aufgrund objektiver, schlüssiger und übereinstimmender Indizien anzunehmen ist, daß sie zu anderen als den angegebenen Zwecken getroffen wurde*“[1368]. Er weist dem Ermessenstatbestand neben den anderen Klagegründen subsidiäre Bedeutung zu[1369]. Ermessensüberschreitungen sind als Verletzung der im primären oder sekundären Gemeinschaftsrecht enthaltenen Ermächtigungsnorm rügefähig[1370].

A. Klage gegen Abweisung einer Beschwerde

I. Verfahrensfehler und Ermessensmissbrauch

Eine gegen die Abweisung einer Beschwerde nach Art. 7 Abs. 2 VO Nr. 1/2003 gerichtete Klage kann also beispielsweise wegen formeller Mängel[1371] begründet sein, wenn die Kommission vor der Abweisung nach Art. 7 Abs. 2 VO Nr. 773/2004 dem Beschwerdeführer keine Gelegenheit zur Stellungnahme gegeben hat[1372]. Denkbar ist auch eine Begründetheit wegen Ermessensmissbrauchs[1373], wenn die Kommission die Beschwerde aus einem anderen als den gemeinschaftsrechtlich vorgesehenen Gründen – nämlich fehlenden Gemeinschaftsinteresses oder Befassung einer anderen Stelle mit dem gleichen Fall – zurückweist.

II. Sonstiger Verstoß gegen Gemeinschaftsrecht

Fraglich ist, ob eine Klage gegen eine Beschwerdeabweisung auch mit der Begründung Erfolg haben kann, die Kommission habe den Sachverhalt nicht ausreichend geprüft (1.), keine Ermittlungen unternommen (2.), die Beschwerde in unrechtmäßiger Weise wegen fehlenden Gemeinschaftsinteresses zurückgewiesen (3.) oder eine rechtlich unzutreffende Bewertung des Sachverhalts im Hinblick auf die Art. 81, 82 EG vorgenommen (4.).

Rn. 222; *Epiney*, VVDStRL 61 (2002), 362, 374.

1366 EuGH, Rs. 2/57, Slg. 1958, 131, 152 – Compagnie des Hauts Fourneaux de Chasse; Rs. 17 u. 20/61, Slg. 1962, 653, 694 f. – Klöckner-Werke; *Schwarze*, in: Schwarze, Art. 230 EGV, Rn. 65; *Burgi*, in: Rengeling/Middeke/Gellermann, 2. Auflage, § 7, Rn. 104; *Bleckmann*, Europarecht, Rn. 870; *Nolte*, S. 86.

1367 *Constantinesco*, Recht der EG, S. 868. In Einzelfällen prüft der Gerichtshof auch das Vorliegen im deutschen Recht anerkannter Ermessensfehler, *Burgi*, in: Rengeling/Middeke/Gellermann, 2. Auflage, § 7, Rn. 104. Nach Ansicht von *Bleckmann*, Europarecht, Rn. 874, hat aber auch der französische Begriff eine Erweiterung erfahren und sich der vollen Überprüfung unbestimmter Rechtsbegriffe angenähert.

1368 EuGH, Rs. 69/83, Slg. 1984, 2447, 2465, Rn. 30 - Lux; EuG, Rs. T-5/93, Slg. 1995, II-185, Rn. 87 – Roger Tremblay. Sinngemäß auch EuG, Rs. T-24/90, Slg. 1992, II-2223, Rn. 106 – Automec II; EuGH, Rs. C-306/93, Slg. 1994, I-5555, 5581, Rn. 21 – SW Winzersekt.

1369 *Constantinesco*, Recht der EG, S. 869.

1370 *Meessen*, in: Loewenheim/Meessen/Riesenkampff, Einführung, Rn. 90.

1371 EuGH, Rs. 137/92 P, Slg. 1994, I-2555, 2653, Rn. 78 – BASF; EuG, Rs. T-79/89 u.a., Slg. 1992, II-315, 351, Rn. 65 – BASF; Rs. T-37/91, Slg. 1995, II-1901, 1939, Rn. 93 – ICI.

1372 In der Sache EuG, Rs. T-5/93, Slg. 1995, II-185, Rn. 40, 49 – Roger Tremblay, ist die Beschwerdeablehnung schon wegen eines Begründungsfehlers für teilweise nichtig zu erklären.

1373 EuGH, Rs. 3 u. 4/64, Slg. 1965, 596, 615 – Chambre Syndicale; Rs. 52 u. 55/65, Slg. 1966, 220, 237 – Deutschland / Kommission.

Erfolgt die Abweisung nach Art. 13 Abs. 1 S. 2 VO Nr. 1/2003 wegen der Befassung einer nationalen Behörde mit der Sache, prüft das Gericht neben Zuständigkeits-, Verfahrens- und Ermessensfehlern ausschließlich, ob der vorliegende Fall mit dem bereits einer nationalen Behörde vorliegenden oder von dieser bereits behandelten identisch ist[1374]. Sie ist dann gerade nicht verpflichtet, in eine Sachprüfung einzusteigen, da diese bereits von der nationalen Behörde vorgenommen wird. Art. 7 Abs. 2 i. V. m. Art. 2 Abs. 4 der Durchführungsverordnung erlaubt es der Kommission aber auch, eine Beschwerde durch Entscheidung zurückzuweisen, wenn sie der Auffassung ist, die ihr vorliegenden Angaben rechtfertigten es nicht, der Beschwerde nachzugehen.

1. Unzureichende Prüfung des Sachverhalts

Die Kommission ist dabei verpflichtet, eine sorgfältige Prüfung der ihr mit der Beschwerde vorgetragenen sachlichen und rechtlichen Informationen durchzuführen[1375], um entscheiden zu können, ob es gerechtfertigt ist, der Beschwerde nachzugehen oder nicht[1376]. Die Klage ist also begründet, wenn die Kommission die Beschwerde zurückweist, ohne eine vorläufige Einschätzung der Sache auf Grundlage der vorgetragenen Informationen vorgenommen zu haben.

2. Nichtdurchführung von zusätzlichen Ermittlungen

Die Kommission könnte darüber hinaus verpflichtet sein, zusätzliche, eigene Ermittlungen anzustellen, falls der Vortrag des Beschwerdeführers ein nur unvollständiges Bild liefert. Dies ließe sich mit dem im europäischen Recht anerkannten Amtsermittlungsgrundsatz[1377], der in den Ermittlungsinstrumenten der Kommission seine Konkretisierung für den Bereich des Wettbewerbsrechts findet, begründen[1378]. Nach ständiger Rechtsprechung ist die Kommission jedoch weder zur Einleitung eines Verfahrens noch zur Vornahme eigener Ermittlungen verpflichtet[1379]. Für ein solches Verständnis spricht Art. 2 Abs. 4 VO Nr. 773/2004, demzufolge die Kommission eine Beschwerde auch abweisen kann, ohne ein Verfahren einzuleiten, und außerdem der

---

[1374] *Klees*, Europäisches Kartellverfahrensrecht, § 6, Rn. 64.

[1375] EuGH, Rs. 142 u. 156/84, Slg. 1987, 4487, Rn. 20 – BAT Reynolds; EuG, Rs. T-74/92, Slg. 1995, II-115, 132, Rn. 40, 59 – Ladbroke; Rs. T-54/99, Slg. 2002, II-313, Rn. 49 – max.mobil; Rs. T-319/99, Slg. 2003, II-357, 374, Rn. 42 – FENIN; *de Bronett*, VO 1/2003, Art. 7, Rn. 17; *Schwarze/Weitbrecht*, § 5, Rn. 47; *Heidenreich*, Anhörungsrechte, S. 103.

[1376] EuGH, Rs. 210/81, Slg. 1983, 3045, 3065, Rn. 19 – Demo-Studio Schmidt; Rs. C-119/97 P, Slg. 1999, I-1341, 1396, Rn. 86 – Ufex; Rn. 42, 53 der Bekanntmachung über die Behandlung von Beschwerden, aaO, Fn. 14.

[1377] EuGH, Rs. 56 u. 58/64, Slg. 1966, 321, 395 f. – Consten und Grundig; Rs. 27/76, Slg. 1978, 207, 306, Rn. 261/266 – United Brands („Chiquita"); *Sedemund*, in: Verwaltungsrecht im Werden, 45, 55; *Gornig/Trüe*, JZ 1993, 884, 887.

[1378] So *Steindorff*, ZHR 150 (1986), 222, 250.

[1379] EuGH, Rs. C-91/95 P, Slg. 1996, I-5547, Rn. 30 – Roger Tremblay; EuG, Rs. T-24/90, Slg. 1992, II-2223, Rn. 76 – Automec II; Rs. T-198/98, Slg. 1999, II-3989, 4000, Rn. 27 – Micro Leader; Rs. T-319/99, Slg. 2003, II-357, 375, Rn. 43 – FENIN; Rn. 41, 47 der Bekanntmachung über die Behandlung von Beschwerden, aaO, Fn. 14; *de Bronett*, VO 1/2003, Art. 7, Rn. 17; *de Bronett*, in: Schröter/Jakob/Mederer, VO 17, Art. 3, Rn. 10; *Klees*, Europäisches Kartellverfahrensrecht, § 6, Rn. 26, 37, 50; *Birk*, EWS 2003, 159, 162; *Steindorff*, ZHR 150 (1986), 222, 242 f.

Wortlaut des Art. 7 Abs. 1 VO Nr. 773/2004, nach dem die Kommission nur die *„ihr vorliegenden Angaben"* berücksichtigen und noch nicht einmal verspätet eingegangenen Ausführungen des Beschwerdeführers Gehör schenken muss. Dann kann sie auch nicht zur Ermittlung von Amts wegen verpflichtet sein. Außerdem folgt aus dem Amtsermittlungsgrundsatz nicht die Geltung des Legalitätsprinzips, nach dem die Behörde bereits bei Vorliegen eines Anfangsverdachts zur weiteren Aufklärung verpflichtet ist, sondern belässt ihr das Recht, über die Einleitung eines Verfahrens zu entscheiden. Es gilt das Opportunitätsprinzip. Erst nach dem Beschluss, ein Verfahren zu eröffnen, ist sie zur möglichst vollständigen Aufklärung des Sachverhalts von Amts wegen verpflichtet.

3. Fehlendes Gemeinschaftsinteresse

Die Kommission ist nicht zu einer Prüfung in der Sache – und damit erst recht nicht zum Erlass einer Abstellungsentscheidung gegenüber dem angeblich rechtswidrig handelnden Unternehmer[1380] – verpflichtet[1381], sondern kann den Fällen unterschiedliche Priorität beimessen und die Einleitung eines Verfahrens wegen fehlenden Gemeinschaftsinteresses ablehnen[1382]. Bei der Beurteilung der Frage, ob ein Gemeinschaftsinteresse gegeben ist, darf die Kommission das ihr dabei zustehende Ermessen nicht missbrauchen. Der Gerichtshof prüft, ob die jeweils in Frage kommenden Beurteilungskriterien (Schwere des Verstoßes, Wahrscheinlichkeit des Verstoßes, Dauer der Ermittlungen etc.) offensichtlich fehlerhaft gegeneinander abgewogen wurden[1383]. Als Kriterium kommt ebenfalls die Befassung nationaler Stellen mit der Sache in Betracht[1384]. Dann muss die Kommission in ermessensfehlerfreier Weise prüfen, ob nicht die nationalen Instanzen zur Verfolgung des Wettbewerbsverstoßes besser in der Lage wären[1385].

[1380] EuG, Rs. T-575/93, Slg. 1996, II-1, 18, Rn. 39 – Koelman; *Nowak*, EuZW 2000, 453, 454.

[1381] EuG, Rs. T-114/92, Slg. 1995, II-147, 172, Rn. 62 – BEMIM; Rs. T-5/93, Slg. 1995, II-185, Rn. 78 – Roger Tremblay; Rs. T-77/95, Slg. 1997, II-1, Rn. 29 – SFEI; *Emmerich*, Kartellrecht, § 39, 3, S. 471 f. Nach Ansicht von *Klees*, Europäisches Kartellverfahrensrecht, § 6, Rn. 37, 60, ist diese Rechtsprechung auf die Abweisung von Beschwerden nach Art. 7 Abs. 2 VO Nr. 1/2003 übertragbar.

[1382] St. Rsp. seit EuGH, Rs. 125/78, Slg. 1979, 3173, 3189, Rn. 17 – GEMA; Rs. C-119/97 P, Slg. 1999, I-1341, 1395, Rn. 78 ff. – Ufex; Rs. C-449/98 P, Slg. 2001, I-3875, 3932, Rn. 36 – IECC; EuG, Rs. T-24/90, Slg. 1992, II-2223, Rn. 83 ff. – Automec II; Rs. T-5/93, Slg. 1995, II-185, Rn. 60 – Roger Tremblay; Rs. T-114/92, Slg. 1995, II-147, 178, Rn. 80 – BEMIM; Rs. T-575/93, Slg. 1996, II-1, 33, Rn. 79 – Koelman; Rs. T-77/95, Slg. 1997, II-1, Rn. 29, 55 ff. – SFEI; *Koenigs*, DB 2003, 755, 759; Rn. 41 der Bekanntmachung über die Behandlung von Beschwerden, aaO, Fn. 14; *Sura*, in: Langen/Bunte, Art. 7 VO Nr. 1/2003, Rn. 25 f.; *Klees*, Europäisches Kartellverfahrensrecht, § 6, Rn. 40.

[1383] EuGH, Rs. C-119/97 P, Slg. 1999, I-1341, 1398, Rn. 92 f. – Ufex; Rs. C-449/98 P, Slg. 2001, I-3875, 3932, Rn. 37 ff. – IECC; EuG, Rs. T-24/90, Slg. 1992, II-2223, Rn. 86 – Automec II; Rs. T-114/92, Slg. 1995, II-147, 180, Rn. 85 – BEMIM; Rs. T-5/93, Slg. 1995, II-185, Rn. 62, 65 – Roger Tremblay; Rn. 43 f. der Bekanntmachung über die Behandlung von Beschwerden, aaO, Fn. 14.

[1384] EuG, Rs. T-24/90, Slg. 1992, II-2223, Rn. 87 ff. – Automec II; Rs. T-114/92, Slg. 1995, II-147, 178, Rn. 80 – BEMIM; Rs. T-5/93, Slg. 1995, II-185, Rn. 62 – Roger Tremblay.

[1385] *De Bronett*, in: Schröter/Jakob/Mederer VO Nr. 17 Vorbemerkung, Rn. 7; *Klees*, Europäisches Kartellverfahrensrecht, § 6, Rn. 15.

Die Kommission hat also bezüglich der Verfahrenseinleitung einen Entscheidungsspielraum und ist nicht verpflichtet, jede Zuwiderhandlung gegen Art. 81, 82 EG zu verfolgen[1386]. Dieses Opportunitätsprinzip[1387] lässt sich zum einen aus dem Wortlaut des Art. 2 Abs. 4 VO Nr. 773/2004 ableiten[1388]. Zudem soll die Kommission sich auf die Verfolgung der schwerwiegendsten Kartellverstöße konzentrieren können[1389]. Dies wäre ihr ohne einen gewissen Spielraum bezüglich der Bedeutung einer Entscheidung für das Funktionieren des Gemeinsamen Marktes nicht möglich. Letztlich wohnt dieser Entscheidung also auch ein politisches Element inne, das sich der Überprüfung durch den Gerichtshof entzieht.

Ausnahmsweise kann sich eine Pflicht der Kommission, ein Verfahren einzuleiten und gegebenenfalls sogar eine Abstellungsentscheidung zu erlassen, bei einer Reduzierung des Ermessens auf Null ergeben[1390].

4. Fehlerhafte rechtliche Bewertung im Hinblick auf Art. 81, 82 EG

Hat sich die Kommission anlässlich der Beschwerdeabweisung sachlich mit dem Vorliegen eines Wettbewerbsverstoßes befasst, so stellt sich die Frage, inwieweit diese Sachentscheidung durch den Gerichtshof nachprüfbar ist und inwieweit der Kommission ein Ermessens- bzw. Beurteilungsspielraum zuzugestehen ist. Dabei ist daran zu erinnern, dass im Gemeinschaftsrecht – wiederum nach französischem Vorbild – nicht zwischen Ermessens- und Beurteilungsspielraum unterschieden wird[1391]. Kommt der Kommission ein solcher Spielraum zu, beschränkt sich die Prüfung durch den Gerichtshof auf die Frage, ob Verfahrens- und Begründungsregeln beachtet wurden, der Tatbestand richtig festgestellt wurde, kein offenkundiger Beurteilungsfehler und kein Ermessensmissbrauch vorliegen[1392].

Bislang wurde der Kommission bei der Beurteilung einer Zuwiderhandlung gegen die Art. 81, 82 EG aufgrund der schwierigen Bewertung eines wirtschaftlichen Sachverhalts ein weiter Ermessensspielraum zugestanden, der gerichtlich nur eingeschränkt

---

[1386] EuGH Rs. 125/78, Slg. 1979, 3173, 3189, Rn. 18 – GEMA; EuG, Rs. T-24/90, Slg. 1992, II-2223, Rn. 74 – Automec II; Rs. T-16/91, Slg. 1992, II-2417, Rn. 98 – Rendo; *de Bronett*, VO 1/2003, Art. 7, Rn. 2. So auch *Emmerich*, Kartellrecht, § 39, 1, S. 469, der darin allerdings eine Kollision zum Antragsrecht nach 3 II lit. b VO Nr. 17/62 erblickt.

[1387] *Sauter*, in: Dauses (Hrsg.), Hdb. EU-WirtschR, H.I § 3, Rn. 46; *Sura*, in: Langen/Bunte, Art. 7 VO Nr. 1/2003, Rn. 25; *de Bronett*, VO 1/2003, Art. 7, Rn. 2; *Emmerich*, Kartellrecht, § 39, 1, S. 469; 3, S. 471; *Klees*, Europäisches Kartellverfahrensrecht, § 6, Rn. 14; *de Bronett*, WuW 1997, 865, 869; *Börner*; EuR 1984, 181, 182.

[1388] *„Die Kommission kann eine Beschwerde... abweisen, ohne ein Verfahren einzuleiten."*, vgl. auch *Klees*, Europäisches Kartellverfahrensrecht, § 6, Rn. 14.

[1389] *Klees*, Europäisches Kartellverfahrensrecht, § 6, Rn. 14. *Börner*; EuR 1984, 181, 182, meint dazu, *„knappe Personalkapazität würde vergeudet für Privatinteressen"*.

[1390] *Schwarze/Weitbrecht*, § 5, Rn. 48. Siehe auch unten, Abschnitt 2.

[1391] *Koenig/Sander*, EG-Prozessrecht, 1997, Rn. 326; *Burgi*, in: Rengeling/Middeke/Gellermann, 2. Auflage, § 7, Rn. 103; *Bleckmann*, Europarecht, Rn. 862; *Nolte*, S. 87; *Schweda*, WuW 2004, 1133, 1136; *Weitbrecht*, EuZW 2003, 69, 70, Fn. 15. Anders *Bailey*, CMLR 2004, 1327, 1337 ff.

[1392] EuGH, Rs. 42/84, Slg. 1985, 2545, 2575, Rn. 34 – Remia; EuG, Rs. T-17/93, Slg. 1994, II-595, 631, Rn. 104 – Matra; Rs. T-7/93, Slg. 1995, II-1533, 1597, Rn. 178 – Langnese-Iglo; Rs. T-387/94, Slg. 1996, II-961, 984, Rn. 46 – Asia Motor France; *Kröninger*, S. 257 f.; *Schweda*, WuW 2004, 1133, 1137; *Everling*, WuW 1989, 877, 888.

überprüfbar war[1393]. Soweit sich die diesbezüglichen Gerichtsentscheidungen aber auf die Anwendung von Art. 81 Abs. 3 EG beziehen, ist zu bedenken, dass die Kommission gem. Art. 9 Abs. 1 VO Nr. 17/62 hier ein Entscheidungsmonopol besaß. Der Gerichtshof musste bei der Anwendung des Freistellungstatbestands also schon aus dem Grunde Zurückhaltung üben, dass eine gerichtliche Entscheidung über das Vorliegen von dessen Voraussetzungen einen schwerwiegenden Eingriff in die Kompetenzen eines anderen Gemeinschaftsorgans bedeutet hätte[1394]. Insoweit könnte sich mit der Einführung des Systems der Legalausnahme, mit der auch nationale Behörden und Gerichte eine Erstanwendung des kartellrechtlichen Ausnahmetatbestandes vornehmen, der Umfang der gerichtlichen Überprüfung erweitern[1395]. Da Art. 81 Abs. 3 EG nun direkt wirkt, bedeutet die Subsumtion darunter keinen Eingriff in das Entscheidungsmonopol der Kommission mehr[1396].

Trotzdem wollen einige Autoren[1397] weiter einen Beurteilungsspielraum der Kommission in Bezug auf die Art. 81 und 82 EG insgesamt anerkennen, was sie mit dem Vorliegen schwieriger wirtschaftlicher Bewertungsfragen, die durch den Gerichtshof kaum nachvollziehbar sind, rechtfertigen[1398]. Die Vertreter dieser Sichtweise gehen davon aus, dass diese Spielräume im System der Legalausnahme dieselben bleiben und mithin der Gerichtshof seine Kontrolle in Zukunft nicht verstärken wird, da die unmittelbare Anwendbarkeit nichts an den Spielräumen der Behörden verändert[1399].

Die Gegenansicht[1400] will schon in der jüngeren Rechtsprechung[1401] eine Tendenz zur Einschränkung der Entscheidungsfreiheit der Kommission zugunsten einem vergleichsweise strengen Nachvollziehen auch wirtschaftlich komplexer Sachverhalte durch den Gerichtshof erblicken[1402]. Allein die schwierige Würdigung eines komplizierten, wirtschaftlichen Sachverhaltes rechtfertige noch nicht den Verzicht auf ge-

---

[1393] *„Manifest error of appraisal"*, EuGH, Rs. 56 u. 58/64, Slg. 1966, 321, 396 – Consten und Grundig; Rs. T-198/98, Slg. 1999, II-3989, 4000, Rn. 27 – Micro Leader; *Schwarze/Weitbrecht*, § 2, Rn. 21; *Lenaerts/Gerard*, World Competition – Law and Economics Revue 2004, 313, 340; *Jaeger*, WuW 2000, 1062, 1071; *Mestmäcker*, EuZW 1999, 523, 526.

[1394] *Kröninger*, S. 262 ff.; *Fuchs*, ZWeR 2005, 1, 18 f.; *Bartosch*, EuZW 2001, 101, 106 f.; *Everling*, WuW 1989, 877, 887 f. Ausführlich dazu *Nolte*, S. 76 ff.

[1395] *Weitbrecht*, EuZW 2003, 69, 70; *Bartosch*, EuZW 2001, 101, 107; *Deringer*, EuZW 2000, 5, 8.

[1396] *Fuchs*, ZWeR 2005, 1, 19.

[1397] *Schwarze*, in: Schwarze, Art. 230 EGV, Rn. 56; *Schwarze*, FS Rodriguez Iglesias, 147, 162; *Schwarze/Weitbrecht*, § 2, Rn. 22; *Everling*, FS Deringer, S. 40, 41; *Schweda*, WuW 2004, 1133, 1136 f. Dagegen *Fuchs*, ZWeR 2005, 1, 20.

[1398] So EuGH, Rs. 56 u. 58/64, Slg. 1966, 321, 396 – Consten und Grundig; Rs. 42/84, Slg. 1985, 2545, 2575, Rn. 34, 48 – Remia; Rs. C-269/90, Slg. 1991, I-5495, 5499, Rn. 13 – HZA München-Mitte / TU München; EuG, Rs. T-155/94, Slg. 1996, II-873, 916, Rn. 134 – Climax Paper.

[1399] *Schweda*, WuW 2004, 1133, 1137.

[1400] *Lenaerts/Gerard*, World Competition – Law and Economics Revue 2004, 313, 340; *Bailey*, CMLR 2004, 1327, 1360. In Bezug auf Art. 81 Abs. 1 EG meint *Nolte*, S. 56 f., schon zuvor eine grundsätzlich vollständige Nachprüfung der Kommissionsentscheidungen durch den Gerichtshof zu entdecken.

[1401] EuG, Rs. T-51/89, Slg. 1990, II-309, 358 ff. – Tetra Pak I (Das Gericht prüft ausführlich die Voraussetzungen von Art. 81 EG.); Rs. T-4/89, Slg. 1991, II-1523, 1604, Rn. 236 ff. – BASF; Rs. T-25/95 u.a., Slg. 2000, II-491, 701, Rn. 719 – Cimenteries CBR.

[1402] *Crones*, Selbstbindungen, S. 87; *Lenaerts/Gerard*, World Competition – Law and Economics Revue 2004, 313, 340.

richtliche Überprüfung[1403]. Schwierige Fragestellungen seien unter Heranziehung von Sachverständigengutachten zu beantworten[1404]. Diese Tendenz wird nun durch die Dezentralisierung der Anwendung des Wettbewerbsrechts verstärkt. Schon im Interesse einer kohärenten Rechtsanwendung sind bei Vorliegen von dezentralen, konkurrierenden Entscheidungsbefugnissen verschiedener Behörden stärkere Überprüfungsbefugnisse seitens der europäischen Gerichte erforderlich[1405]. Es ist folglich eine zukünftig angehobene Kontrolldichte bezüglich der Kommissionsentscheidungen im Kartellbereich zu erwarten[1406].

5. Ergebnis zu II.

Die Klage gegen eine Beschwerdeabweisung kann auch mit der Begründung der nicht ausreichenden Sachverhaltsprüfung Erfolg haben, wenn die Kommission die Beschwerde aufgrund unrichtig festgestellter Tatsachen[1407] oder, ohne eine vorläufige Einschätzung der Sache auf Grundlage der vorgetragenen Informationen vorzunehmen, zurückgewiesen hat. Im Hinblick auf Sachverhaltsinformationen, die über die vorgebrachten Tatsachen hinausgehen, ist sie hingegen weder zur Einleitung eines Verfahrens noch zur Vornahme eigener Ermittlungen verpflichtet. Lehnt die Kommission die Aufnahme des Verfahrens wegen fehlenden Gemeinschaftsinteresses ab, so ist die Klage bei Vorliegen einer offensichtlich fehlerhaften Abwägung der verschiedenen Beurteilungskriterien begründet. Eine rechtlich fehlerhafte Bewertung des Sachverhalts im Hinblick auf die kartellrechtlichen Vorschriften führt ebenfalls zur Begründetheit der Klage, wobei sich der Gerichtshof unter Annahme eines Entscheidungsspielraums der Kommission teilweise auf die Prüfung offensichtlicher Ermessensfehler und -überschreitungen beschränkt[1408].

III. Erfolg der Klage

Ist die Klage gegen die Beschwerdeabweisung begründet, erklärt der Gerichtshof die Abweisung der Beschwerde für nichtig. Daraufhin hat die Kommission zwar gem. Art. 233 Abs. 1 EG die sich aus der Entscheidung des Gerichtshofs ergebenden Maßnamen zu ergreifen. Dies bedeutet jedoch in der Regel nicht, dass sie der Beschwerde stattgeben muss, sondern lediglich, dass sie den Beschwerdeführer in ordnungsgemäßer Weise zu bescheiden hat[1409].

1403 *Fuchs*, ZWeR 2005, 1, 20. Den Eingriff in das Freistellungsmonopol sehen sie nicht, da der Gerichtshof eine bloße Rechtmäßigkeitsprüfung vornehme und daher nicht die Entscheidung der Kommission ersetze, *Lenaerts/Gerard*, World Competition – Law and Economics Revue 2004, 313, 340.

1404 *Fuchs*, ZWeR 2005, 1, 20; *Hirsch*, ZWeR 2003, 233, 240; *Jaeger*, WuW 2000, 1062, 1073. Z.B. in EuGH, Rs. C-89/85 u.a., Slg. 1993, I-1307, 1592, Rn. 31 f. – Ahlström Osakeyhtiö.

1405 *Fuchs*, ZWeR 2005, 1, 21; *Bartosch*, EuZW 2001, 101, 107.

1406 *Jaeger*, WuW 2000, 1062, 1071.

1407 Siehe zu einem Fall unrichtig festgestellter Tatsachen, die einer Bußgeldentscheidung zugrunde lagen EuG, Slg. 1991, II-1523, 1552, Rn. 64 ff., Rn. 72 – BASF.

1408 *Klees*, Europäisches Kartellverfahrensrecht, § 6, Rn. 55.

1409 *Klees*, Europäisches Kartellverfahrensrecht, § 6, Rn. 56.

B. Klage gegen Abstellungs- oder Abhilfeentscheidung

Hat der Konkurrent Klage gegen eine bereits ergangene Abstellungs- oder Abhilfeentscheidung erhoben, so überprüft der Gerichtshof ebenfalls die vier Klagegründe des Art. 230 Abs. 2 EG und erklärt die Entscheidung im Falle deren Vorliegens für nichtig. Denkbar ist auch, dass der Gerichtshof nur einen Teil der Entscheidung für nichtig erklärt, wenn nur dieser Teil an einem Mangel leidet und außerdem von der übrigen Entscheidung abtrennbar ist[1410]. So kann beispielsweise das Auferlegen verhaltensorientierter Abhilfemaßnahmen wegen der Nichttauglichkeit zum Erreichen der Abstellung des Wettbewerbsverstoßes aufzuheben sein, während die Abstellungsentscheidung an sich rechtmäßig ergangen ist und daher sinnvollerweise fortbestehen kann.

Da eine solche Klage aber für den klagenden Konkurrenten immer das Risiko der vollständigen Aufhebung der ja für ihn im Regelfall schon günstigen Untersagungsentscheidung beinhaltet, ist von deren Erheben abzuraten.

C. Klage gegen die Verbindlicherklärung einer Verpflichtungszusage

Ähnliches gilt für die Klage gegen die Verbindlicherklärung von Verpflichtungszusagen. Leidet sie unter einem der aufgezählten Mängel, so bietet sich bei Aufhebung der Entscheidung durch den Gerichtshof für die Kommission die Möglichkeit, das ursprüngliche Verfahren gegen den Unternehmer fortzuführen und gegebenenfalls mit Untersagungs- und Sanktionsentscheidungen abzuschließen. Auf eine solche Reaktion der Kommission kann sich der Kläger aber nicht verlassen, weshalb er bei der Anfechtung der Verbindlicherklärung von Verpflichtungszusagen das Risiko der Verschlechterung seiner Lage eingeht.

D. Klage gegen eine Nichtanwendbarkeitserklärung

Da die seltene, nur in Ausnahmefällen ergehende Nichtanwendbarkeitserklärung für den Konkurrenten ihres Adressaten insoweit ausschließlich einen Nachteil darstellt, als sie Schutz vor einer Verfolgung des wettbewerbswidrigen Verhaltens bietet, kann deren Aufhebung die Stellung des Konkurrenten nicht verschlechtern.

Hebt der Gerichtshof die Entscheidung aus dem Grunde auf, dass etwa die Voraussetzungen des Freistellungstatbestandes seiner Ansicht nach nicht vorliegen, so könnte sich sogar eine Reduzierung des Kommissionsermessens auf Null ergeben. Da die Kommission mit Erlass der Nichtanwendbarkeitserklärung implizit bereits ein gesteigertes Gemeinschaftsinteresse an dem Fall anerkannt hat, kann sie diesen nun nicht mehr mit der Begründung der fehlenden Bedeutung abweisen. Bei Annahme der Freistellungswürdigkeit wird sie zusätzlich auch von einer grundsätzlichen Zuwiderhandlung gegen Art. 81 Abs. 1 EG ausgegangen sein, weshalb ihr auch diesbezüglich ein Entscheidungsspielraum verwehrt bleibt. Lediglich hinsichtlich der konkreten Wahl der Mittel zur Abstellung des fraglichen Verhaltens kommt der Kommission noch ein Auswahlermessen zu. Die Verpflichtung zum Tätigwerden ergibt sich dann aus Art. 233 Abs. 1 EG in Verbindung mit der Gerichtsentscheidung, so dass der Kläger

[1410] Vgl. z.B. EuGH, Rs. 17/74, Slg. 1974, 1063, Rn. 21 – Transocean Marine Paint; Rs. C-68/94 u. C-30/95, Slg. 1998, I-1375, 1527, Rn. 256, 258 – Kali und Salz; EuG, Rs. T-125 u. 127/97, Slg. 2000, II-1733, 1762, Rn. 77 ff. – Coca-Cola; *Ehricke*, in: Streinz, Art. 231, Rn. 1.

nicht etwa erneut Klage – diesmal gerichtet auf Feststellung des rechtswidrigen Untätigbleibens – erheben muss.

E. Klage gegen eine Sanktionsentscheidung

Geht der Kläger gegen bereits erlassene Sanktionsentscheidungen der Kommission in der Hoffnung deren Erhöhung vor[1411], so ergibt sich gegenüber den sonstigen Entscheidungen eine Besonderheit: Art. 31 VO Nr. 1/2003 sieht auf Grundlage von Art. 229 EG eine unbeschränkte Nachprüfung von Sanktionsentscheidungen durch den Gerichtshof vor und ermöglicht diesem, die mit der angefochtenen Entscheidung verhängte Geldbuße bzw. das Zwangsgeld selbst aufzuheben, herabzusetzen oder zu erhöhen. Der Gerichtshof ist damit nicht nur zur Überprüfung der Rechtmäßigkeit einer solchen Maßnahme, sondern darüber hinaus zu einer umfassenden Überprüfung der Zweckmäßigkeit und Billigkeit verpflichtet[1412]. Der Gerichtshof kann seine Zweckmäßigkeitserwägungen an die Stelle derer der Kommission[1413] setzen und die Sanktionsentscheidung abändern, ohne dass es der Feststellung deren Rechtswidrigkeit bedarf[1414].

F. Ergebnis zu Abschnitt 1

Die Zurückweisung der Beschwerde kann der Beschwerdeführer in Bezug auf Verfahrens- sowie Ermessensfehler und gegebenenfalls auch sachlich überprüfen lassen. Daraus kann sich bei einer in einem Extremfall anzunehmenden Ermessensreduzierung auf Null sogar eine Verpflichtung der Kommission ergeben, gegen den Konkurrenten einzuschreiten.

Vor Klagen gegen eine bereits ergangene Abhilfeentscheidung oder die Verbindlicherklärung von Verpflichtungszusagen ist dagegen abzuraten, da sie für den Kläger das Risiko der Verschlechterung seiner Position bergen. Hat dagegen eine gegen eine Nichtanwendbarkeitserklärung gerichtete Klage Erfolg, ist die Kommission in der Regel zum Einschreiten gegen den wettbewerbswidrig handelnden Konkurrenten verpflichtet. Ficht der Konkurrent eine bereits erlassene Sanktionsentscheidung an, geht er das Risiko der völligen Aufhebung der Entscheidung ein, kann aber auch erreichen, dass der Gerichtshof eine Erhöhung der Geldbuße oder des Zwangsgeldes nach seinen Vorstellungen vornimmt.

2. Abschnitt: Begründetheit der Untätigkeitsklage

Das Unterlassen der begehrten Handlung verstößt dann gegen Gemeinschaftsrecht, wenn dieses eine Verpflichtung des jeweiligen Gemeinschaftsorgans – vorliegend der

[1411] Beispielsweise in EuGH, Rs. 86/82, Slg. 1984, 883, 911, Rn. 57 – Hasselbad; EuG, Rs. T-31/99, Slg. 2002, II-1881, 1913, Rn. 261 – ABB Asea Brown Boveri (jeweils Herabsetzen der Geldbuße durch den EuGH); Rs. T-229/94, Slg. 1997, II-1689 ff. – Deutsche Bahn AG.

[1412] *Booß*, in: Grabitz/Hilf, Art. 229, Rn. 1; *Borchardt*, in: Lenz/Borchardt, Art. 229, Rn. 1, 3; *Bailey*, CMLR 2004, 1327, 1331 f. Zuvor Art. 17 VO Nr. 17/62, vgl. dazu *Nolte*, S. 23 f.; *Everling*, WuW 1989, 877, 886. Z.B. in EuG, Rs. T-4/89, Slg. 1991, II-1523, 1611, Rn. 262, 1620, Tenor 2) – BASF.

[1413] Auch dieser steht bezüglich der Bußgeldentscheidung ein Ermessensspielraum zu, *de Bronett*, VO 1/2003, Art. 23, Rn. 3; *Lampert/Niejahr*, Art. 31, Rn. 590.

[1414] *Borchardt*, in: Lenz/Borchardt, Art. 229, Rn. 5.

Kommission – enthält, in der begehrten Weise zu handeln[1415]. Grundsätzlich kann dort keine solche Verpflichtung zum Tätigwerden bestehen, wo das Opportunitätsprinzip gilt[1416]. Jedoch ist denkbar, dass sich jedenfalls das Entschließungsermessen auf Null reduziert, damit einzig das Tätigwerden der Kommission als rechtmäßige Handlungsalternative bleibt und die Kommission ausnahmsweise eine Pflicht zum Handeln trifft[1417].

A. Verpflichtung, den Beschwerdeführer zu bescheiden

Die Untätigkeitsklage des Konkurrenten kann auf Feststellung des rechtswidrigen Unterlassens der Bescheidung einer von ihm nach Art. 7 Abs. 2 VO Nr. 1/2003 eingereichten Beschwerde gerichtet sein[1418]. Nach herrschender Meinung kann aber nur ein Bescheid als solcher, hingegen keiner eines bestimmten Inhalts verlangt werden[1419]. Die Kommission ist zur ordnungsgemäß begründeten[1420] und ermessensfehlerfreien Bescheidung[1421], nicht aber zur Entscheidung in der Sache verpflichtet[1422]. Wie bereits gesehen, kann sie eine Beschwerde ja auch aufgrund fehlenden Gemeinschaftsinteresses oder der Befassung einer anderen Behörde mit dem Fall abweisen.

Der Bescheid muss zudem anfechtbar sein[1423], da sich der vom Gerichtshof intendierte Rechtsschutz nur auf diese Weise realisieren lässt[1424]. Wie gesehen, ist dies ohnehin sowohl bei der Abweisung nach Art. 7 Abs. 2 VO Nr. 773/2004 als auch bei der

---

1415 *Burgi*, in: Rengeling/Middeke/Gellermann, 2. Auflage, § 8, Rn. 48; *Stotz*, in Dauses, Hdb. EU-WirtschaftsR, P.I, Rn. 252; *Daig*, Nichtigkeits- und Untätigkeitsklagen, Rn. 364.

1416 *Rittner/Stephan*, GewArch 1985, 177, 186.

1417 *Burgi*, in: Rengeling/Middeke/Gellermann, 2. Auflage, § 8, Rn. 49; *Bleckmann*, Europarecht, Rn. 900; *Koenig/Pechstein/Sander*, EG-Prozessrecht, Rn. 667; *Schwarze*, in: Schwarze, Art. 232 EGV, Rn. 30. Unter Geltung des Anmeldesystems wurde ein Anspruch auf Erlass einer Freistellungsentscheidung aus Art. 81 Abs. 3 EG anerkannt, da „können" keineswegs bedeute, dass Ermessen bestehe, auch wenn der EuGH der Entscheidungen der Kommission nicht voll überprüfe. Vgl. Rs. 56 u. 58/64, Slg. 1966, 321, 399 – Consten und Grundig; *Walz*, Vorrang, S. 125. Die Vertreter dieser Ansicht scheinen aber von einer im Europarecht nicht üblichen Unterscheidung zwischen Ermessen und Beurteilungsspielraum auszugehen und nur das Bestehen letzteren anzunehmen.

1418 Beispiel für eine erfolgreiche Klage: EuG, Rs. T-74/92, Slg. 1995, II-115, 141, Rn. 69 – Ladbroke.

1419 *Emmerich*, Kartellrecht, § 39, 3, S. 472 f.; *Burgi*, in: Rengeling/Middeke/Gellermann, 2. Auflage, § 8, Rn. 49; *Steindorff*, ZHR 150 (1986), 222, 242 f., 249; *Birk*, EWS 2003, 159, 162; *Börner*; EuR 1984, 181.

1420 Schon Art. 253 EG, vgl. *Klees*, Europäisches Kartellverfahrensrecht, § 6, Rn. 53; *de Bronett*, VO 1/2003, Art. 7, Rn. 18.

1421 EuGH, Rs. C-282/95, Slg. 1997, I-1503, Rn. 36 – Guérin automobiles; EuG, Rs. T-74/92, Slg. 1995, II-115, 132, Rn. 40, 59 – Ladbroke; Bekanntmachung über die Behandlung von Beschwerden, Rn. 28, aaO, Fn. 14; *Klees*, Europäisches Kartellverfahrensrecht, § 6, Rn. 52; *Nowak*, in: Individualrechtsschutz, S. 70; *Nowak*, EuZW 2000, 453, 454 f.; *Steindorff*, ZHR 150 (1986), 222, 241. Fälle, in denen die Zulässigkeit der gegen einen beschwerdeabweisenden Bescheid gerichteten Klage noch nicht einmal problematisiert wurde: EuG, Rs. T-77/95, Slg. 1997, II-1 – SFEI.

1422 EuG, Rs. T-186/94, Slg. 1995, II-1753, Rn. 23 – Guérin automobiles. Die Bescheidung stellt daher auch keine Sachentscheidung i. S. v. Art. 16 der Verordnung Nr. 1/2003 dar, vgl. Bekanntmachung über die Behandlung von Beschwerden, Rn. 79, aaO, Fn. 14; *Klees*, Europäisches Kartellverfahrensrecht, § 6, Rn. 54.

1423 *Birk*, EWS 2003, 159, 162; *Steindorff*, ZHR 150 (1986), 222, 242 f.; *de Bronett*, WuW 1997, 865, 869 f.

1424 *Steindorff*, ZHR 150 (1986), 222, 242.

nach Art. 13 VO Nr. 1/2003 der Fall[1425]. Der Beschwerdeführer soll also im Ergebnis bei Untätigbleiben der Kommission eine Untätigkeitsklage erheben[1426] und in einem zweiten Schritt einen daraufhin erlassenen ablehnenden Bescheid mit der Nichtigkeitsklage angreifen können[1427].

Es ist jedoch zweifelhaft, ob ein solches Vorgehen dem Rechtsschutz des Klägers förderlich ist. Letztlich kann er auch mittels der Nichtigkeitsklage lediglich die Aufhebung der Ablehnungsentscheidung unter Verpflichtung der Kommission zur erneuten, begründungs- und ermessensfehlerfreien Entscheidung erreichen – ein Ergebnis, dass er bereits mit der ersten Entscheidung erlangt hat. Ein die Kommission zum Einschreiten verpflichtendes Urteil kann er nur in dem Fall mit höherer Wahrscheinlichkeit erwarten, wenn die Kommission anlässlich der Ablehnung bereits in die wettbewerbsrechtliche Sachprüfung einsteigt und deren Ergebnis vom Gerichtshof anders beurteilt wird. Hält der Gerichtshof eine Zuwiderhandlung für gegeben und hat die Kommission bereits selbst durch Einstieg in die Sachprüfung das Vorliegen eines Gemeinschaftsinteresses bejaht, so ergibt sich aus Gründen der Ermessensreduzierung eine Verpflichtung der Kommission, auf eine von ihr auszuwählende Weise dem wettbewerbswidrigen Verhalten ein Ende zu bereiten.

In allen anderen Fällen kann der Konkurrent durch Erheben der zweiten Klage jedoch nicht mehr erreichen als mittels der ersten. Es hat daher auch wenig Sinn, dem Konkurrenten aus Gründen der Prozessökonomie diese doppelte Klageeinlegung auf irgendeine Weise zu ersparen. Die zweite Klage kann nur dann im Ergebnis über das Resultat der ersten hinausgehen, wenn sie an ein bereits erfolgtes Handeln der Kommission anknüpfen kann.

B. Verpflichtung, eine Abstellungs- oder Abhilfeentscheidung zu erlassen

Richtet der Konkurrent seine Klage auf Erlass einer Abstellungs- oder Abhilfeentscheidung der Kommission, so kann der Gerichtshof aufgrund des kommissarischen Ermessensspielraums grundsätzlich keine Verpflichtung der Kommission zu deren Erlass feststellen[1428]. Es ist aber stets denkbar, dass sich das Entschließungsermessen der Kommission derart reduziert, dass ausschließlich ein Einschreiten gegen den angeblich wettbewerbswidrig handelnden Unternehmer rechtmäßig ist. Dies ist etwa der Fall, wenn die Kommission die einzig zuständige Behörde ist[1429] bzw. keine andere

---

[1425] Siehe oben, Teil 2, Abschnitt 2, A, I. *Steindorff*, ZHR 150 (1986), 222, 239, hielt die Mitteilung über die Ablehnung der Beschwerde nach Art. 3 Abs. 2 VO Nr. 17/62 aus dem Grund für eine angreifbare Maßnahme, dass sie endgültig sei.

[1426] EuGH, Rs. C-282/95, Slg. 1997, I-1503, Rn. 38 – Guérin automobiles.

[1427] EuGH, Rs. C-39/93 P, Slg. 1994, I-2681, 2710, Rn. 27 f. – SFEI; EuG, Rs. T-186/94, Slg. 1995, II-1753, Rn. 23 – Guérin automobiles; *Klees*, Europäisches Kartellverfahrensrecht, § 6, Rn. 52; *Emmerich*, Kartellrecht, § 39, 3, S. 472 f.; *Nowak*, Konkurrentenschutz, S. 307; *Nowak*, in: Individualrechtsschutz, S. 70; *Nowak*, EuZW 2000, 453, 454 f.; *Steindorff*, ZHR 150 (1986), 222, 236, 243; *Due*, EuR 1988, 33, 40 f. Anders noch EuGH Rs. 125/78, Slg. 1979, 3173 ff. – GEMA.

[1428] *Börner*; EuR 1984, 181, 182. In Bezug auf das Fusionskontrollrecht gesteht Karl, in: Fusionskontrolle, 37, 74 f., im vergleichbar gelagerten Fall ebenso nur einen Anspruch auf Durchsetzung von Antrags- und Verfahrensrechten sowie der Berücksichtigung der vorgebrachten Informationen zu, nicht dagegen auf Erlass einer bestimmten Entscheidung.

[1429] Diesen Fall erkennt die Kommission selbst an, sieht ihn aber nur im Bereich des Entzugs des Rechtsvorteils einer Gruppenfreistellungsverordnung für gegeben, vgl. die Bekanntmachung über

Behörde mit dem Fall befasst ist und die Kommission ein Gemeinschaftsinteresse an der Verfolgung der Sache bereits anerkannt hat und zusätzlich eine offensichtliche sowie schwerwiegende oder in vergleichbaren Fällen stets verfolgte Zuwiderhandlung gegen die Wettbewerbsregeln vorliegt. In letztgenanntem Fall ergibt sich der Anspruch aus der Rechtsfigur der verwaltungsrechtlichen Selbstbindung.

Eine sich aus dem Urteil des Gerichtshof ergebende Verpflichtung zum Einschreiten ergibt sich folglich zwar selten, ist aber durchaus vorstellbar.

C. Verpflichtung, eine einstweilige Verfügung zu erlassen

Die Klage auf Erlass einer einstweiligen Verfügung mit dem Inhalt der Auferlegung von Abhilfemaßnahmen ist zwar theoretisch in Bezug auf Klagegegenstand sowie Klagebefugnis denkbar, ist jedoch schon aus dem Grunde nicht erfolgversprechend, weil ein Gerichtsverfahren im Zweifel viel zu langwierig ist, um der vorausgesetzten Eilbedürftigkeit gerecht zu werden. Eine solche Klage wird aller Voraussicht nach am Erfordernis eines Rechtsschutzbedürfnisses[1430] scheitern.

D. Verpflichtung, eine Sanktionsentscheidung zu erlassen

Gem. Art. 31 VO Nr. 1/2003 kann der Gerichtshof zwar eine von der Kommission auferlegte Sanktion aufgrund eigener Zweckmäßigkeitserwägungen aufheben, herabsetzen oder erhöhen, dafür ist jedoch eine bereits erlassene Kommissionsentscheidung Voraussetzung, die lediglich verändert, nicht aber durch eine andere Sanktionsentscheidung ersetzt werden kann[1431]. Die Entscheidung über die Verhängung von Sanktionen liegt allein im Ermessen der Kommission („kann"). Eine Reduzierung dieses Ermessens ist nur aus dem Gedanken der Selbstbindung heraus möglich, etwa wenn die Kommission in einer Bekanntmachung zum Ausdruck bringt, dass sie in einer bestimmten Konstellation das Auferlegen einer Geldbuße für sinnvoll hält oder wenn dies ihrer ständigen Verwaltungspraxis entspricht.

E. Verpflichtung, den Rechtsvorteil einer Gruppenfreistellungsverordnung zu entziehen

Fällt die in Frage stehende Vereinbarung in den Anwendungsbereich einer Gruppenfreistellungsverordnung, so wird trotz des Wortlauts von Art. 29 Abs. 1 VO Nr. 1/2003 („kann") vielfach eine Verpflichtung der Kommission zum Entzug des Rechtsvorteils der Gruppenfreistellungsverordnung angenommen, wenn ein Verstoß gegen Art. 81 EG festgestellt wurde[1432] bzw. wenn der Wettbewerb gravierend beeinträchtigt oder der Freistellungstatbestand klar überschritten ist[1433]. Der Kommission steht zwar auch

---

die Behandlung von Beschwerden, Rn. 41, Fn. 37, aaO, Fn. 14.

[1430] Siehe dazu etwa EuGH, Rs. 138/89, Slg. 1992, II-2181, 2192, Rn. 33 – NBV und NVB; *Booß*, in: Grabitz/Hilf, Art. 230, Rn. 76 ff.; *Borchardt* in: Lenz/Borchardt, Art. 230, Rn. 53 f.; *Stotz/Tonne*, in Dauses, Hdb. EU-WirtschaftsR, P.I, Rn. 131 f.; *Allkemper*, S. 61.

[1431] EuG, Rs. T-275/94, Slg. 1995, II-2169, 2191, Rn. 58, 60 – CB; *Borchardt* in: Lenz/Borchardt, Art. 229, Rn. 5.

[1432] *Brunn*, EG-Kartellverfahrensverordnung, S. 88 (geht von einer regelmäßigen Ermessensreduzierung auf Null aus); *Schütz*, Gemeinschaftskommentar Kartellrecht, Art. 29, Rn. 25; *Klees*, Europäisches Kartellverfahrensrecht, § 3, Rn. 38.

[1433] *Fuchs*, ZWeR 2005, 1, 27.

hier grundsätzlich ein Ermessensspielraum zu[1434], dieser soll sich aber nur auf die Feststellung des Kartellverstoßes beziehen und wäre nach deutschem Verständnis damit als Beurteilungsspielraum anzusehen.

Dieser Wegfall des Entschließungsermessens könnte sich damit begründen lassen, dass der Kommission die ausschließliche Zuständigkeit zum Entzug des Rechtsvorteils einer Gruppenfreistellungsverordnung zukommt, soweit die wettbewerbsschädigenden Wirkungen einer Vereinbarung nicht ausschließlich in einem Gebiet oder Teilgebiet eines einzigen Mitgliedstaates auftreten, das alle Merkmale eines gesonderten Marktes aufweist. Unter Geltung der Verordnung Nr. 17/62 wurde ein Anspruch auf Freistellung nach Art. 81 Abs. 3 EG ebenfalls mit der Begründung angenommen, die Kommission sei zu deren Erlass allein zuständig[1435]. Im jetzigen System der parallelen Zuständigkeiten wird Art. 29 Abs. 1 VO Nr. 1/2003 als einziger Fall einer ausnahmsweise alleinigen Zuständigkeit der Kommission angesehen[1436]. An dieser Argumentation wird deutlich, dass Wechselwirkungen zu verwaltungsrechtlichen Lösungen auf einzelstaatlicher Ebene durchaus auch im Rahmen der Begründetheit anerkannt werden. Kann auch eine mitgliedstaatliche Behörde die fragliche Zuwiderhandlung beseitigen, kommt der Kommission folgerichtig in diesem Fall ein Entscheidungsspielraum zu.

F. Ergebnis zu Abschnitt 2

Die Kommission ist zur ordnungsgemäß begründeten, ermessensfehlerfreien und anfechtbaren Bescheidung eines Beschwerdeführers verpflichtet. Zum Erlass einer Abstellungsentscheidung, bezüglich deren konkreter Ausgestaltung die Kommission wiederum frei ist, kann sie im Falle einer Ermessensreduzierung auf Null aufgrund eines offensichtlichen und besonders schweren Wettbewerbsverstoßes oder aufgrund Selbstbindung verpflichtet sein. Letzteres kommt außerdem für den Erlass von Sanktionsentscheidungen in Betracht, wobei die Kommission wiederum in der Bestimmung deren Ausgestaltung – nämlich der konkreten Höhe des Buß- oder Zwangsgeldes – frei ist. Zum Entzug des Rechtsvorteils einer Gruppenfreistellungsverordnung ist die Kommission dann verpflichtet, wenn der Verstoß der Vereinbarung gegen Art. 81 EG bereits feststeht und die Kommission die einzig zuständige Behörde ist, da die Wirkungen der jeweiligen Vereinbarung über das Gebiet eines Mitgliedstaates hinausgehen.

[1434] EuG, Rs. T-7/93, Slg. 1995, II-1533, 1597, Rn. 178 – Langnese-Iglo; *Klees*, Europäisches Kartellverfahrensrecht, § 3, Rn. 37; *Fuchs*, ZWeR 2005, 1, 27; *Wagner*, WRP 2003, 1369, 1380.

[1435] EuGH, Rs. 56 u. 58/64, Slg. 1966, 321, 399 – Consten und Grundig (ohne Begründung); EuG, Rs. T-24/90, Slg. 1992, II-2223, Rn. 75 – Automec II; Rs. T-16/91, Slg. 1992, II-2417, Rn. 99 – Rendo; EuG, Rs. T-114/92, Slg. 1995, II-147, 172, Rn. 62 – BEMIM; Rs. T-5/93, Slg. 1995, II-185, Rn. 59 – Roger Tremblay; *Koch*, in: Grabitz/Hilf, 1. Grdlfg. (1983), Art. 85, Rn. 157; *Walz*, Vorrang, S. 125. Allgemein EuG, Rs. T-186/94, Slg. 1995, II-1753, Rn. 23 – Guérin automobiles.

[1436] Bekanntmachung über die Behandlung von Beschwerden, Rn. 41, Fn. 37, aaO, Fn. 14; *Klees*, Europäisches Kartellverfahrensrecht, § 6, Rn. 38.

Im Hinblick auf die nun umfassende Anwendung der gemeinschaftlichen Wettbewerbsregeln auch durch mitgliedstaatliche Behörden und Gerichte stellt sich die Frage, ob eine Klage vor dem Gericht erster Instanz subsidiär zur Inanspruchnahme einzelstaatlichen Rechtsschutzes ist oder ob dem potentiellen Kläger ein Wahlrecht im Hinblick auf den einzuschlagenden Rechtsweg zukommt. Die bereits oben[1437] angesprochene Wechselbeziehung zwischen beiden Rechtsschutzsystemen, die in einigen Fällen vom Gerichtshof zur Versagung einer Direktklage mangels Rechtsschutzbedürfnisses[1438] herangezogen wird[1439] und die unausgesprochen im Rahmen der Begründetheitsprüfung zur Reduzierung des kommissarischen Ermessens dient[1440], könnte daneben auch anlässlich der Frage des Verhältnisses von gemeinschaftlichem und nationalem Rechtsschutz fruchtbar gemacht werden. Während bezüglich bereits ergangener verfahrensabschließender Einzelentscheidungen der Kommission eine zwangsläufige Zentralisierung des Rechtsschutzes erfolgt, da dezentrale Rechtsschutzmöglichkeiten ausgeschlossen sind[1441], erachtet der Gerichtshof bei Vorliegen von Normativakten, gegen die auf einzelstaatlicher Ebene Rechtsschutz zu erreichen wäre, diese Möglichkeit dezentralen Rechtsschutzes als Grund, die Zulässigkeit einer gemeinschaftlichen Direktklage auszuschließen[1442].

Bei der mit Inkrafttreten der neuen Kartellverfahrensverordnung häufiger auftretenden Untätigkeitssituation stellt sich die Frage nach eventuellen Wechselwirkungen zwischen den Rechtsschutzsystemen in erhöhter Weise, da für einen Marktteilnehmer noch kein positiver Akt als Anknüpfungspunkt gegeben ist, dessen Wirkungen es zu beseitigen gilt[1443]. Aufgrund der konkurrierenden Anwendung des europäischen Wettbewerbsrechts – einschließlich des Art. 81 Abs. 3 EG[1444] – durch gemeinschaftliche und nationale Wettbewerbsbehörden steht er vielmehr verstärkt vor der Frage, ob er

[1437] Siehe oben, Teil 2, Abschnitt 1, E,II.

[1438] Hierin möchten *Booß*, in: Grabitz/Hilf, Art. 230, Rn. 79 und *Calliess*, NJW 2002, 3577, 3582, das Problem verorten. Wenn effektiver Rechtsschutz vor den nationalen Gerichten erlangt werden könne, fehle das Rechtsschutzbedürfnis für eine Klage vor den Gemeinschaftsgerichten.

[1439] *Nowak*, Konkurrentenschutz, S. 265 f., 386 f., untersucht die Wechselwirkungen zwischen zentralem und dezentralem Rechtsschutz und kommt zu dem Ergebnis, dass das EuG unabhängig von der Frage, ob dezentral Rechtsschutz zu erlangen ist, Rechtsschutz gewährt.

[1440] Siehe oben, Teil 4, Abschnitt 2, E.

[1441] *Nowak*, Konkurrentenschutz, S. 256, 265.

[1442] EuGH, Rs. 123/77, Slg. 1978, 845, 851, Rn. 8/13 – UNICME; Rs. 239 u. 275/82, Slg. 1984, 1005, Rn. 15 – Allied Corporation; Rs. 97/85, Slg. 1987, 2265, Rn. 12 – Union Deutsche Lebensmittelwerke („Berlin-Butter"); Rs. C-209/94 P, Slg. 1996, I-615, Rn. 35 f. – Buralux; - EuGH, Rs. C-447/98 P, Slg. 2000, I-9097, Rn. 77 – Molkerei Großbraunshain; Rs. C-151/01 P, Slg. 2002, I-1179, Rn. 49 – La Conqueste. Hinweis auf laufendes Verfahren und mögliche Vorlage innerhalb desselben in EuG, Rs. T-298/94, Slg. 1996, II-1531, Rn. 45 – Roquette Frères II. Siehe auch oben, Teil 2, Abschnitt 1.

[1443] *Nowak*, Konkurrentenschutz, S. 267 ff, 385 f., kommt zu dem Schluss, bei gegen ein Unterlassen der Gemeinschaftsorgane gerichteten Klagen gebe es keine einheitliche Bedeutung dezentraler Rechtsschutzmöglichkeiten.

[1444] Art. 1 Abs. 2, 6 VO Nr. 1/2003; *Jakob*, in: GS, Vorbem. zu den Art. 81 bis 89 EG, Rn. 69.

sich an die Kommission, eine nationale Behörde oder ein Gericht wenden oder beide Wege parallel einschlagen soll[1445].

Das in Art. 5 Abs. 2 EG verankerte Subsidiaritätsprinzip könnte hier eine Antwort geben. Es beinhaltet den Grundsatz, dass der kleineren Einheit nach Maßgabe ihrer Leistungsfähigkeit der Vorrang gegenüber der größeren Einheit zukommen soll[1446], und dient der Kompetenzabgrenzung zwischen EG und Mitgliedstaaten[1447], indem es eine Kompetenzausübungsregel zugunsten der Mitgliedstaaten enthält[1448].

A. Geltung des Subsidiaritätsprinzips für die Judikative

Teilweise wird bezweifelt, dass sich das Subsidiaritätsprinzip des Art. 5 Abs. 2 EG auch auf das Handeln des Gerichtshofes erstreckt[1449]. Vertreten wird dabei zum einen, dass es sich nur auf Gesetzgebungs- und Verwaltungsmaßnahmen beziehe[1450], und zum anderen, dass es ausschließlich für Legislativkompetenzen der Gemeinschaft gelte, weshalb auch das Wettbewerbsrecht als originäre Kontrollkompetenz der Gemeinschaft aus dem Anwendungsbereich des Art. 5 EG falle[1451].

Nach anderer Ansicht bezieht sich das Subsidiaritätsprinzip auf die gesamte Tätigkeit der Gemeinschaft, einschließlich Normvollzuges und Rechtsschutzes[1452]. Das Prinzip sei zwar vorrangig auf die legislativen Kompetenzen zugeschnitten, was jedoch eine Anwendung auf die Regelungen des Rechtsschutzes nicht ausschließe[1453].

Art. 5 EG selbst differenziert nicht zwischen Rechtssetzung, Rechtsanwendung und Rechtskontrolle[1454]. Dies wird durch Ziffer 1 des Protokolls über die Anwendung der Grundsätze der Subsidiarität und der Verhältnismäßigkeit[1455] bestätigt, die ebenfalls „jedes Organ" zur Einhaltung des Subsidiaritätsprinzips verpflichtet. Nach dem Wort-

---

[1445] *Klees*, Europäisches Kartellverfahrensrecht, § 6, Rn. 18.

[1446] *Calliess*, in: Calliess/Ruffert, Art. 5 EG; Rn. 1; *Hirsch*, in: Subsidiaritätsprinzip, 93, 100 f.; *Schima*, S. 14; *von Borries*, EuR 1994, 263, 271; *Pieper*, DVBl. 1993, 705, 706; *Lambers*, EuR 1993, 229, 230; *Pipkorn*, EuZW 1992, 697, 698; *Constantinesco*, EuZW 1991, 561, 563. Zu Begriff und Herkunft siehe *Calliess*, S. 21 ff.

[1447] *Zuleeg*, in: GS, Art. 5 EGV, Rn. 1; *Langguth*, in: Lenz/Borchardt, Art. 5, Rn. 8.

[1448] Ziff. 3 des Protokolls über die Anwendung der Grundsätze der Subsidiarität und der Verhältnismäßigkeit, ABl. Nr. C 340 vom 10. 11. 1997, S. 1; *Zuleeg*, in: GS, Art. 5 EGV, Rn. 26; *Dittert*, Die ausschließlichen Kompetenzen, S. 21; *Pieper*, Subsidiarität, S. 235; *Hirsch*, in: Subsidiaritätsprinzip, 93, 101; *Koenig/Lorz*, JZ 2003, 167; *Möschel*, NJW 1995, 281; *von Borries*, EuR 1994, 263, 279; *Pieper*, DVBl. 1993, 705, 707; *Konow*, DÖV 1993, 405, 407; *Constantinesco*, EuZW 1991, 561, 563.

[1449] *Zuleeg*, in: GS, Art. 5 EGV, Rn. 34; *Calliess*, in: Calliess/Ruffert, 2. Auflage, Art. 5 EG; Rn. 34. Auch *Koenig/Lorz*, JZ 2003, 167, 168, 170, 171, gehen ausschließlich auf das Subsidiaritätsprinzip im Verhältnis zum Rechtssetzungsverfahren ein.

[1450] *Schima*, S. 14; *von Borries*, EuR 1994, 263, 280; *Konow*, DÖV 1993, 405, 410; *Pipkorn*, EuZW 1992, 697, 700. Implizit auch *Schmidhuber*, DVBl. 1993, 417, 420.

[1451] *Calliess*, in: Calliess/Ruffert, Art. 5 EG; Rn. 26.

[1452] *Langguth*, in: Lenz/Borchardt, Art. 5, Rn. 22; *Tonne*, Effektiver Rechtsschutz, S. 317 f.; *Pieper*, Subsidiarität, S. 192 f.; *Hirsch*, in: Subsidiaritätsprinzip, 93, 96. Unklar die Auffassung von *Lambers*, EuR 1993, 229, 238 f., Fn. 26, demzufolge es sich auf Rechtssetzungsverfahren und „andere Verfahren" bezieht.

[1453] *Tonne*, Effektiver Rechtsschutz, S. 318; *Triantafyllou*, DÖV 1997, 192, 198.

[1454] *Tonne*, Effektiver Rechtsschutz, S. 317.

[1455] ABl. Nr. C 340 vom 10. 11. 1997, S. 1 (Sartorius II, 151, Nr. 30).

laut geht es schlichtweg um die Tätigkeit der „Gemeinschaft“, was zunächst für eine Einbeziehung auch der rechtsprechenden Tätigkeit spricht[1456].

Die systematische Stellung der Vorschrift im ersten Teil des Vertrages bietet ebenfalls die Grundlage für eine solche Auslegung, da er sich nicht nur auf Gesetzgebungsbefugnisse bezieht[1457]. Auch das in Art. 5 Abs. 3 EG verankerte Verhältnismäßigkeitsprinzip gilt für alle Gemeinschaftsakte und nicht nur solche der Gesetzgebung. Schließlich bezieht sich Art. 5 Abs. 1 EG auf jegliches Handeln der Gemeinschaft, unabhängig davon, durch welche Organe oder Einrichtungen es erfolgt[1458].

Wortlaut und systematische Stellung sprechen somit für eine weite Auslegung des Subsidiaritätsprinzips und folglich für eine Einbeziehung der Rechtsprechung.

Grundvoraussetzung der Anwendung des Subsidiaritätsgrundsatzes ist aber eine nicht ausschließliche[1459], sondern vielmehr konkurrierende oder parallele Kompetenz der Gemeinschaft[1460]. Im Bereich des Gerichtswesens ist die Kompetenz der Gerichte hingegen eine ausschließliche[1461]. Allein die Gemeinschaftsgerichte sind zu einer Kontrolle der Rechtmäßigkeit von Handeln und Unterlassen der Gemeinschaftsorgane berufen. Die mitgliedstaatlichen Gerichte wenden zwar ebenfalls Gemeinschaftsrecht an, befinden aber über das Tun und Unterlassen von mitgliedstaatlichen Stellen oder Privaten im Rahmen von Zivilklagen.

Da mitgliedstaatliche und europäische Gerichte also über unterschiedliche Fragen zu befinden haben, ist deren parallele Inanspruchnahme grundsätzlich nicht ausgeschlossen. Die Möglichkeit, sich in einer Sache an den Europäischen Gerichtshof zu wenden, hindert nicht das Erheben der Klage vor einem nationalen Gericht[1462]. Nationaler und gemeinschaftlicher Rechtsschutz wirken arbeitsteilig zusammen und sind komplementär[1463]. Die Nichtigkeitsklage etwa ist ein selbständiger Rechtsbehelf, des-

[1456] Interinstitutionelle Vereinbarung zwischen dem Rat, der Kommission und dem Parlament über die Verfahren zur Anwendung des Subsidiaritätsprinzips, ABl. Nr. C 329 vom 6. 12. 1993, S. 135.

[1457] *Langguth*, in: Lenz/Borchardt, Art. 5, Rn. 22.

[1458] *Von Bogdandy/Bast*, in: Grabitz/Hilf, Art. 5 EG, Rn. 1, 16; *Langguth*, in: Lenz/Borchardt, Art. 5, Rn. 9.

[1459] Dazu ausführlich *Dittert*, Die ausschließlichen Kompetenzen.

[1460] *Zuleeg*, in: GS, Art. 5 EGV, Rn. 25; *Langguth*, in: Lenz/Borchardt, Art. 5, Rn. 1; *Calliess*, S. 70; *Schweitzer*, FS Klein, S. 85, 90; *Hirsch*, in: Subsidiaritätsprinzip, 93, 96; *Schima*, S. 91; *von Borries*, EuR 1994, 263, 273; *Pieper*, DVBl. 1993, 705, 708; *Konow*, DÖV 1993, 405, 407; *Lambers*, EuR 1993, 229, 234; *Pipkorn*, EuZW 1992, 697, 699.

[1461] *Zuleeg*, in: GS, Art. 5 EGV, Rn. 34. Insbesondere gibt es keinen Instanzenweg zwischen staatlichen Gerichten und dem Gerichtshof, *Grabitz*, NJW 1989, 1776, 1777.

[1462] EuGH, Rs. 133-136/85, Slg. 1987, 2289, 2338, Rn. 12 – Rau (in Bezug auf eine bereits ergangene Entscheidung; d.h. die vor dem mitgliedstaatlichen Gericht erhobene Klage zielte auf Aufhebung des mitgliedstaatlichen Umsetzungsaktes); *Borchardt*, in: Lenz/Borchardt, Art. 230, Rn. 54; *Ehlers*, DVBl. 1991, 605, 613. Im Fall EuGH, Rs. C-344/98, Slg. 2000, I-11369 ff. – Masterfoods, liegt beispielsweise eine untersagende Kommissionsentscheidung vor, die von deren Adressaten vor dem EuG angefochten wird, und gleichzeitig ein nationales Verfahren, in dem der britische Supreme Court eine Vorlagefrage an den EuGH richtet.

[1463] EuGH, Rs. 314/85, Slg. 1987, 4199, 4231, Rn. 16 – Foto Frost; Rs. C-143/88 u. C-92/89, Slg. 1991, I-415, 541, Rn. 18, 27 – Zuckerfabrik Süderdithmarschen; *Nettesheim*, JZ 2002, 928, 932; *Calliess*, NJW 2002, 3577, 3578, 3582.

sen Erheben ein Ausschöpfen des innerstaatlichen Rechtsweges nicht erforderlich macht[1464].

Das Subsidiaritätsprinzip gilt damit für die rechtsprechende Tätigkeit der Gemeinschaft nur insoweit, als die Gerichte es auf die Handlungen der übrigen Gemeinschaftsorgane anwenden[1465]. Dabei wird vielfach eine unzureichende Überprüfung und paradoxe institutionelle Einbettung der Kompetenzausübungsschranke des Art. 5 Abs. 2 EG vor dem Hintergrund bemängelt, dass die Gemeinschaft deren Grenzen selbst kontrolliert[1466].

B. Wunsch nach Dezentralisierung versus Wahlrecht des Klägers

Das Nichtgelten eines Subsidiaritätsprinzips für die Gerichtsbarkeit führt dazu, dass im Bereich der Untätigkeitsklage dem Kläger ein Wahlrecht zukommt, ob er sich mit seinem Anliegen an nationale Kartellbehörde oder Kommission, und bei deren Untätigbleiben folglich an die einzelstaatlichen Gerichte oder das Europäische Gericht erster Instanz wendet. Dieses Ergebnis verwundert angesichts des allgemeinen Wunsches nach einer Dezentralisierung bei der Anwendung des gemeinschaftlichen Wettbewerbsrechts sowie einer Förderung der Inanspruchnahme dezentralen Rechtsschutzes[1467] durch den Einzelnen. Die neue Kartellverfahrensverordnung will diese Dezentralisierung erreichen[1468], indem sie die Hauptlast bei der Durchsetzung des europäischen Kartellverbots auf die einzelstaatlichen Behörden überträgt[1469]. Dies ist auch erklärter Wille der Kommission, die sich davon eine Entlastung ihrerseits verspricht, die sie zur Bekämpfung der besonders schwerwiegenden Kartelle nutzen möchte[1470].

Es ergibt sich daher die Befürchtung, dass sich Unternehmen in Zukunft verstärkt an die Kommission und die Gemeinschaftsgerichte wenden könnten, um die Überprü-

---

1464 EuGH, Rs. 92/78, Slg. 1979, 777, 797, Rn. 21 – Simmenthal; *Borchardt* in: Lenz/Borchardt, Art. 230, Rn. 3. Insbesondere gibt es keinen Instanzenzug zwischen nationalen Gerichten und Gerichtshof, *Fikentscher*, Wirtschaftsrecht I, S. 468.

1465 Ziff. 13 des Protokolls über die Anwendung der Grundsätze der Subsidiarität und der Verhältnismäßigkeit; *Zuleeg*, in: GS, Art. 5 EGV, Rn. 34, 36; *Dittert*, Die ausschließlichen Kompetenzen, S. 23; *Schima*, S. 156; *Koenig/Lorz*, JZ 2003, 167, 168 ; *Schmidhuber*, DVBl. 1993, 417, 420; *Pieper*, DVBl. 1993, 705, 711; *Lambers*, EuR 1993, 229, 239 f.; *Constantinesco*, EuZW 1991, 561, 563. Gegen eine Justiziabilität der Vorschrift *Tonne*, Effektiver Rechtsschutz, S. 318; *Petersmann*, EuZW 1993, 593, 595; *Blanke*, DÖV 1993, 412, 421 („*wegen seines soft law-Charakters kaum justitiabel*"). Für einen gerichtlich nur beschränkt überprüfbaren Beurteilungsspielraum *Calliess*, S. 300 ff.; *Hirsch*, in: Subsidiaritätsprinzip, 93, 102 f.; *von Borries*, EuR 1994, 263, 283 f.; *Pipkorn*, EuZW 1992, 697, 700. Zum Streitstand ausführlich *Calliess*, S. 265 ff.

1466 *Koenig/Lorz*, JZ 2003, 167, 168, die aus diesem Grunde über die Schaffung einer Kontrollinstanz für die Einhaltung des Subsidiaritätsprinzips nachdenken, S. 170.

1467 *Nowak*, Konkurrentenschutz, S. 266, 387. *Tonne*, Effektiver Rechtsschutz, S. 319, und *Möschel*, NJW 1995, 281, 283, sehen darin allerdings die Gefahr einer uneinheitlichen Anwendung des Rechts.

1468 Die dezentrale Anwendung des Gemeinschaftskartellrechts entspricht dem Grundsatz des Art. 1 Abs. 2 EU, wonach Entscheidungen möglichst bürgernah getroffen werden sollen, verwirklicht aber nicht das in Art. 5 Abs. 2 EG niedergelegte Subsidiaritätsprinzip; *Jakob*, in: GS, Vorbem. zu den Art. 81 bis 89 EG, Rn. 82. AA *Jung*, in: Calliess/Ruffert, 2. Auflage, Art. 83, Rn. 9.

1469 *Schweda*, WuW 2004, 1133, 1134.

1470 *Jakob*, in: GS, Vorbem. zu den Art. 81 bis 89 EG, Rn. 76.

fung eines aus ihrer Sicht wettbewerbswidrigen Verhaltens ihres Konkurrenten zu erreichen[1471]. Diese Befürchtung spiegelt sich in der Kommissionsbekanntmachung zur Behandlung von Beschwerden wieder, in der die Kommission zwar zahlreiche Gründe aufzählt, warum eine Befassung nationaler Stellen für den Einzelnen günstiger sei, dadurch jedoch gleichzeitig verdeutlicht, dass dem potentiellen Beschwerdeführer gerade ein Wahlrecht zukommt, sie aber um eine Entlastung ihrerseits bemüht ist[1472].

C. Anwendung des Subsidiaritätsprinzips im Kartellverfahrensrecht

Wenn eine Beschränkung dieses dem Marktbürger zustehenden Wahlrechts durch das Subsidiaritätsprinzip nicht auf der Ebene der Gerichtsbarkeiten erfolgt, so könnte dies jedenfalls auf Ebene des Verwaltungsverfahrens der Fall sein.

Zunächst ist festzustellen, dass sich Art. 5 Abs. 2 EG auch auf die verwaltende Tätigkeit erstreckt. Dies folgt sowohl aus dem oben dargestellten weiten Wortlaut, der systematischen Stellung der Vorschrift sowie der Schwierigkeit einer klaren Trennung legislativer und administrativer Tätigkeit auf europäischer Ebene. Jedoch muss das Prinzip in den sekundärrechtlichen Verwaltungsvorschriften konkretisierend ausgestaltet sein[1473]. Da im Kartellverwaltungsrecht parallele Kompetenzen von Gemeinschaft und Mitgliedstaaten bestehen[1474], ist das Nichtvorliegen ausschließlicher Kompetenzen als Grundvoraussetzung für die Anwendung eines Subsidiaritätsprinzips erfüllt. Fraglich ist nun, an welchen Stellen das Subsidiaritätsprinzip im Kartellverwaltungsrecht seinen Ausdruck gefunden hat.

In Betracht kommen die Zwischenstaatlichkeitsklausel (I.), die Regeln über die Fallallokation zwischen den Wettbewerbsbehörden (II.) sowie das Kriterium des Gemeinschaftsinteresses (III.).

[1471] *Klees*, Europäisches Kartellverfahrensrecht, § 6, Rn. 21, beispielsweise rät den Unternehmen zu einem parallelen Vorgehen vor nationalen und europäischen Behörden. *Ehlermann/Atanasiu*, ECLR 2002, 72, 79, befürchten ebenfalls einen mit der Kartellreform einhergehenden Anstieg der Arbeitsbelastung des Gerichtshofes, sehen diesen aber in einer Häufung von gegen Kommissionsentscheidungen gerichteten Nichtigkeitsklagen sowie Vorlagefragen. *Nowak*, in: Individualrechtsschutz, S. 70, beobachtet bereits vor der Reform eine vermehrte Inanspruchnahme des Beschwerderechts nach Art. 3 VO Nr. 17/62.

[1472] Rn. 7 der Bekanntmachung über die Behandlung von Beschwerden, aaO, Fn. 14: „*Dieser Teil der Bekanntmachung soll potentielle Beschwerdeführer dabei unterstützen zu entscheiden, ob sie eine Beschwerde an die Kommission oder an eine Wettbewerbsbehörde der Mitgliedstaaten richten oder vor einem einzelstaatlichen Gericht Klage erheben wollen.*“ Vor der Reform des Kartellverfahrensrechts wies bereits *Nowak*, Konkurrentenschutz, S. 265 f., darauf hin, dass die Bereitschaft des Gerichtshofs, auch bei Möglichkeit der Inanspruchnahme dezentralen Rechtsschutzes weiter zentral Rechtsschutz zu gewähren, einen Anreiz zur Inanspruchnahme letzteren biete.

[1473] *Calliess*, S. 138. Im Fusionskontrollverfahren bildet etwa Art. 9 FKVO eine sekundärrechtliche Ausprägung des Subsidiaritätsprinzips, *Wagemann*, in: Wiedemann, Hdb. Kartellrecht, § 17, Verfahren, Rn. 138; *Calliess*, S. 211; *Baron*, WuW 1997, 579, 589, und ist anhand dessen auszulegen, *Immenga*, in: Immenga/Mestmäcker, Art. 9 FKVO, Rn. 13 f.

[1474] *Dittert*, Die ausschließlichen Kompetenzen, S. 156 ff.; *Schweitzer/Hummer*, Europarecht, S. 78.

I. Zwischenstaatlichkeitsklausel

Es wird vertreten, dass die dem gemeinschaftlichen Wettbewerbsrecht zugrunde liegende Idee der Subsidiarität in der Zwischenstaatlichkeitsklausel Gestalt annimmt[1475]. Jedoch beantwortet die Zwischenstaatlichkeitsklausel nicht die Frage danach, ob sich der Betroffene mit seinem Anliegen an die zentrale oder die dezentrale Stelle wenden muss. Sie eröffnet lediglich den sachlichen Anwendungsbereich des Gemeinschaftsrechts, enthält aber keine dahingehende Aussage, dass – im Rahmen ihrer Möglichkeiten – die jeweils kleinere Einheit zuständig sein soll[1476]. Auch soweit der Gerichtshof aufgrund der Konzentration von Auswirkungen einer Kartellvereinbarung auf einen einzelnen nationalen Markt eine möglicherweise effektivere Befassung der nationalen Gerichte mit der jeweiligen Sache anerkennt, betont er, dass eine solche Feststellung noch nicht die Beeinträchtigung des zwischenstaatlichen Handels und damit das Erfüllen der Voraussetzungen der Zwischenstaatlichkeitsklausel ausschließt[1477].

II. Zuständigkeitsverteilung zwischen den Kartellbehörden

Weiter könnten Zuständigkeitsvorschriften das Subsidiaritätsprinzip konkretisieren. Die Fallallokation zwischen Kommission und einzelstaatlichen Wettbewerbsbehörden wird neben wenigen sich aus der VO Nr. 1/2003 ergebenden Regeln (1.) durch die Bekanntmachung der Kommission über die Zusammenarbeit innerhalb des Netzes der Wettbewerbsbehörden (2.) vorgenommen.

1. Vorschriften der VO Nr. 1/2003

Während der Kommission gem. Art. 4 VO Nr. 1/2003 eine generelle Zuständigkeit zur Anwendung der Art. 81, 82 EG zugestanden wird, erstreckt sich die Zuständigkeit der nationalen Behörden gem. Art. 5 der Verordnung auf deren Anwendung *„in Einzelfällen"*. Dies bedeutet gegenüber dem Handlungsbereich der Kommission jedoch keinen Unterschied, da die VO Nr. 1/2003 auch für die Kommission nur auf den Einzelfall bezogenes Handeln vorsieht[1478]. Auch die nicht im sich anschließenden mitgliedstaatlichen Handlungskatalog enthaltene Befugnis, eine Nichtanwendbarkeitserklärung zu erlassen bzw. den Rechtsvorteil einer Gruppenfreistellungsverordnung zu entziehen, bezieht sich wie bereits gezeigt immer auf einen *„bestimmten Fall"*[1479]. Dass die Erklärung der Nichtanwendbarkeit nicht durch eine nationale Stelle möglich sein soll, hat seinen Grund in der Überlegung, diese solle insbesondere zur Klärung umstrittener Rechtsfragen und damit einhergehenden Rechtsvereinheitlichung dienen[1480]. Die Befugnis der einzelstaatlichen Behörde, den Rechtsvorteil einer Gruppenfreistellungsverordnung zu entziehen, ergibt sich aus Art. 29 Abs. 2 der Verordnung, und erstreckt

---

1475 *Grill*, in: Lenz/Borchardt, Vorbem. Art. 81-86, Rn. 8.

1476 Vielmehr gibt es Ansätze in der Literatur, die die weite Auslegung der Zwischenstaatlichkeitsklausel durch das Subsidiaritätsprinzip einzugrenzen suchen; siehe dazu *Weiß*, in: Calliess/Ruffert, Art. 81, Rn. 125.

1477 EuG, Rs. T-114/92, Slg. 1995, II-147, 179, Rn. 83 – BEMIM.

1478 *Schwarze/Weitbrecht*, § 6, Rn. 12.

1479 Art. 29 Abs. 1 VO Nr. 1/2003. Für die Nichtanwendbarkeitserklärung siehe oben, Teil 2, Abschnitt 2, B.IV.

1480 Erwägungsgrund 14 der VO Nr. 1/2003.

sich ausschließlich auf Verhaltensweisen, die nicht über einen eigenen, nicht über das Hoheitsgebiet des jeweiligen Mitgliedstaats hinausgehenden Marktes wirken[1481]. Ein Mitgliedstaat soll nicht die Aussetzung einer Gemeinschaftsverordnung mit Wirkung für einen anderen Mitgliedstaat bestimmen können.

Zudem enthält Art. 11 der Verordnung neben einigen Vorschriften über die Zusammenarbeit zwischen den Behörden in Abs. 6 die Bestimmung, dass die Zuständigkeit der mitgliedstaatlichen Wettbewerbsbehörden entfällt, sobald die Kommission die Verfahrenseinleitung beschließt[1482]. In diesen Vorschriften – und insbesondere in letzterer – wird die zentrale Stellung der Kommission unter den europäischen Wettbewerbsbehörden deutlich, eine Anordnung bezüglich der primären Befassung einer dezentralen Stelle enthält sie aber gerade nicht. Vielmehr wird die Vorrangstellung der Kommission, die auch in Art. 16 VO Nr. 1/2003 ihren Ausdruck findet, als Argument dafür herangezogen, dass das Subsidiaritätsprinzip gar keine Beachtung im Kartellverfahrensrecht erfährt[1483]. Es ergebe sich eine zentralisierende Wirkung unter dem „Decknamen" der Dezentralisierung und Subsidiarität[1484].

Deutlich wird das Nichtvorhandensein einer zwingenden, dezentralisierenden Regel auch in Art. 13 der Verordnung, der im Fall der gleichzeitigen oder zeitlich nachfolgenden Befassung verschiedener Stellen mit derselben Vereinbarung bestimmt, dass diese für die einzelne Behörde bzw. die Kommission einen ausreichenden Grund darstellt, die Beschwerde abzuweisen. Ausdrücklich „kann" die Kommission die Beschwerde mit dieser Begründung zurückweisen, sie muss es aber gerade nicht.

2. Bekanntmachung über die Zusammenarbeit

Die Bekanntmachung über die Zusammenarbeit stellt einen Leitfaden für eine effiziente Fallallokation dar, die Parallelverfahren nach Möglichkeit vermeiden soll[1485], enthält aber hauptsächlich Sollvorschriften und Leitlinien, von denen im Einzelfall stets abgewichen werden kann. So bleibt etwa *„in den meisten Fällen"* die Behörde, die ein Verfahren eingeleitet hat, auch weiter mit diesem befasst[1486]. Um die jeweils *„gut geeignete"* Behörde auszumachen, enthält die Bekanntmachung verschiedene Kriterien, die generell für eine solche Eignung sprechen[1487]. Ausdrücklich liegt es jedoch im *„vollen Ermessen jedes Netzmitglieds zu entscheiden, ob in einem bestimmten Fall Ermittlungen eingeleitet werden sollen"*[1488].

Da die Bekanntmachung also auf dem Grundgedanken der Freiwilligkeit und des – nahezu – gleichberechtigten Zusammenarbeitens der europäischen Behörden beruht,

---

1481 *Lampert/Niejahr*, Art. 29, Rn. 578; *de Bronett*, VO 1/2003, Art. 29, Rn. 3; *Wagner*, WRP 2003, 1369, 1380; *Gröning*, WRP 2001, 83, 86.
1482 *Jakob*, in: GS, Vorbem. zu den Art. 81 bis 89 EG, Rn. 67.
1483 *Möschel*, JZ 2000, 61, 65 f. Nach dessen Ansicht lassen sich aus Art. 3 lit. b EGV (Art. 5 Abs. 2 EG) ohnehin keine sinnvollen Lösungen für das Kartellverfahrensrecht ableiten, *Möschel*, NJW 1995, 281, 284.
1484 *Möschel*, JZ 2000, 61, 66; *Möschel*, NJW 1995, 281, 282.
1485 Begründungserwägung 15 ff. der VO Nr. 1/2003; *Jakob*, in: GS, Vorbem. zu den Art. 81 bis 89 EG, Rn. 67.
1486 Rn. 6 der Bekanntmachung über die Zusammenarbeit, aaO, Fn. 183.
1487 Rn. 8 ff. der Bekanntmachung über die Zusammenarbeit, aaO, Fn. 183.
1488 Rn. 5 der Bekanntmachung über die Zusammenarbeit, aaO, Fn. 183.

ist sie nicht als rechtlich verbindlicher Akt der Kommission einzuordnen. Diese Auffassung wird durch die in Rn. 72 enthaltene Aufforderung an die nationalen Wettbewerbsbehörden bestärkt, eine Erklärung über die Anerkennung der darin zusammengefassten Grundsätze abzugeben.

Auch aus der Bekanntmachung ergibt sich demnach keine Regel, in der sich das Subsidiaritätsprinzip verwirklicht, indem die grundsätzliche Befassung der kleineren Einheit mit der Sache vorgesehen ist.

III. Das Kriterium des Gemeinschaftsinteresses

Einen weiteren Ansatzpunkt für eine dem Subsidiaritätsprinzip entsprechende Auslegung bietet das Gemeinschaftsinteresse an der Bearbeitung eines Falles durch die Kommission, das zwar im Sekundärrecht nicht direkt genannt ist, das aber aus der Befugnis der Kommission zur Abweisung von Beschwerden aus Art. 2 Abs. 4 i. V. m. Art. 7 Abs. 1, 2 VO Nr. 773/2004, wenn sie der Auffassung ist, *„dass die ihr vorliegenden Angaben es nicht rechtfertigen, einer Beschwerde nachzugehen"*, abgeleitet wird.

Wie bereits oben gesehen[1489], kann die Kommission eine Beschwerde wegen fehlenden Gemeinschaftsinteresses abweisen, wenn die Auswirkungen einer Zuwiderhandlung im wesentlichen nur in einem Mitgliedstaat spürbar werden und mitgliedstaatliche Behörden oder Gerichte bereits mit der Sache befasst worden sind und sofern die Rechte des Beschwerdeführers in ausreichender Weise insbesondere von den nationalen Gerichten geschützt werden können[1490]. Dabei weist sie teilweise ausdrücklich auf das Subsidiaritätsprinzip hin[1491]. Dies betrifft zunächst nur das Zurückweisen wegen der vergangenen oder aktuellen Befassung einer nationalen Stelle mit der Sache, nicht aber aufgrund der potentiellen Möglichkeit deren Befassung.

Darüber hinaus hat der Gerichtshof schon unter Geltung der Verordnung Nr. 17/62 entschieden, dass angesichts der parallelen Zuständigkeiten und der sich daraus ergebenden dezentralen Rechtsschutzmöglichkeit ein Anspruch auf eine Entscheidung der Kommission nur dann denkbar ist, wenn der Kommission die ausschließliche Zuständigkeit zukommt[1492]. Diese Rechtsprechung ist auf die neue Kartellverordnung übertragbar, da sich der Anwendungsbereich der parallelen Zuständigkeit sogar noch erweitert hat. So weist die Kommission in der Bekanntmachung über die Behandlung von Beschwerden darauf hin, dass sie bei Ausübung des ihr unter dem Opportunitätsprinzip zustehenden Ermessens berücksichtigen wird, ob der Beschwerdeführer seine Rechte vor einem nationalen Gericht verfolgen könnte[1493].

[1489] Siehe oben, Teil 4, Abschnitt 1, A.II.3.

[1490] EuG, Rs. T-24/90, Slg. 1992, II-2223, Rn. 87 ff. – Automec II (Die Kommission lehnt ein Gemeinschaftsinteresse unter anderem mit der Begründung ab, vor nationalen Gerichten seien bereits verwandte Verfahren anhängig, so dass diese Gerichte bereits mit den in Frage stehenden Sach- und Rechtsfragen vertraut wären.); Rs. T-114/92, Slg. 1995, II-147, 180, Rn. 86 – BEMIM; *de Bronett*, in: Schröter/Jakob/Mederer VO Nr. 17 Vorbemerkung, Rn. 7.

[1491] EuGH, Rs. C-91/95 P, Slg. 1996, I-5547, Rn. 2 – Roger Tremblay.

[1492] EuG, Rs. T-16/91, Slg. 1992, II-2417, Rn. 98 f. – Rendo; EuG, Rs. T-24/90, Slg. 1992, II-2223, Rn. 75 – Automec II; Rs. T-114/92, Slg. 1995, II-147, 172, Rn. 62 – BEMIM; Rs. T-5/93, Slg. 1995, II-185, Rn. 59 – Roger Tremblay; Rs. T-387/94, Slg. 1996, II-961, 984, Rn. 46 – Asia Motor France.

[1493] Bekanntmachung über die Behandlung von Beschwerden, Rn. 17, 44, aaO, Fn. 14; *Klees*, Europäi-

Im Rahmen der Prüfung der Subsidiaritätsvoraussetzungen wird gefragt, ob die Ziele auf der Ebene der Mitgliedstaaten in ausreichender Weise erreicht werden können. Dazu sind Kriterien wie Ausmaß und Wirkungen der nationalen Maßnahme heranzuziehen[1494]. Bei der Prüfung des Gemeinschaftsinteresses berücksichtigt die Kommission ebensolche Kriterien. So kann es sein, dass nationale Stellen einen bestimmten Sachverhalt vor Ort besser aufklären können als die Europäische Kommission von Brüssel aus[1495]. Gegen die Befassung einer mitgliedstaatlichen Stelle mit der Sache kann insbesondere die Tatsache sprechen, dass nationale Behörden außerhalb ihrer territorialen Zuständigkeit keine Zwangsmaßnahmen vornehmen können und ihre Entscheidungen nur innerhalb des betreffenden Mitgliedstaates Wirkung entfalten[1496]. Entscheidend ist letztlich, ob die nationalen Behörden überhaupt Rechtsschutz gewähren können[1497].

Jedoch müsste Rechtsfolge bei möglicher und ausreichender Verfolgung des Ziels auf nationaler Ebene sein, dass die Gemeinschaft ihre Kompetenz nicht mehr ausüben darf. Im Kartellverfahren wird das Subsidiaritätsprinzip hingegen nur zugunsten der Kommission angewandt: sie muss nicht tätig werden, kann es aber. Damit verkehrt sich der Zweck des Prinzips, eine Schranke für die Ausübung der Gemeinschaftskompetenzen zugunsten der Mitgliedstaaten aufzustellen, in sein Gegenteil. Es ergibt sich eine Befugnis der Kommission, die Bearbeitung eines Falles abzulehnen. Es ist daher festzustellen, dass Art. 5 Abs. 2 EG im Kartellverfahrensrecht keinen Ausdruck gefunden hat.

D. Ergebnis zu Teil 5

Wenn auch das Subsidiaritätsprinzip des Art. 5 Abs. 2 EG im Kartellverfahrensrecht keinen Ausdruck gefunden hat, ist dennoch eine zukünftige Mehrbelastung von Kommission und europäischer Gerichtsbarkeit bei der Konstellation der Untätigkeitsklage nicht zu befürchten. Zwar verneint der Gerichtshof nicht etwa bereits die Zulässigkeit wegen fehlenden Rechtsschutzinteresses, wenn die Kommission nicht ausschließlich zuständig ist und somit Rechtsschutz auf nationaler Ebene zu erreichen wäre, wie er es teilweise im Bereich der Nichtigkeitsklage tut, er lehnt jedoch eine Verpflichtung der europäischen Wettbewerbsbehörde in der Begründetheitsprüfung ab. Auf diese Weise berücksichtigt der Gerichtshof die dezentralen Möglichkeiten des Marktbürgers, seine Rechte und Interessen zu schützen, nicht erwartungsgemäß bereits bei der Frage der Zulässigkeit einer Klage, sondern verlagert sie auf die Ebene des materiellen Rechts.

---

sches Kartellverfahrensrecht, § 6, Rn. 19.

1494 *Lambers*, EuR 1993, 229, 236.

1495 *Calliess*, NJW 2002, 3577, 3582.

1496 *Sauter*, in: Dauses (Hrsg.), Hdb. EU-WirtschR, H.I § 3, Rn. 23; *de Bronett*, in: Schröter/Jakob/Mederer VO Nr. 17 Vorbemerkung, Rn. 5.

1497 *Calliess*, NJW 2002, 3577, 3582.

Gesamtergebnis

Als Klageart der Konkurrentenklage in Form der (Begünstigungs-) Abwehrklage können sowohl Nichtigkeits- als auch Untätigkeitsklage statthaft sein. Ausgehend von der Annahme, dass eine Maßnahme verbindliche Außenrechtswirkungen erzeugen muss, um als Gegenstand der Klage in Frage zu kommen, lassen sich als taugliche Klagegegenstände folgende Maßnahmen festhalten:

- die Abweisung einer Beschwerde nach Art. 7 Abs. 2 VO Nr. 773/2004 oder nach Art. 13 VO Nr. 1/2003,
- Abstellungsentscheidungen nach Art. 7 Abs. 1 VO Nr. 1/2003,
- einstweilige Maßnahmen nach Art. 8 VO Nr. 1/2003,
- die Verbindlicherklärung von Verpflichtungszusagen nach Art. 9 Abs. 1 VO Nr. 1/2003,
- Nichtanwendbarkeitsentscheidungen nach Art. 10 VO Nr. 1/2003,
- Ermittlungen der Kommission nach Art. 18 ff. VO Nr. 1/2003, sofern sie in Form der Entscheidung ergehen,
- Buß- oder Zwangsgeldentscheidungen nach Art. 23 f. VO Nr. 1/2003,
- Gruppenfreistellungsverordnungen,
- der Entzug des Rechtsvorteils einer Gruppenfreistellungsverordnung nach Art. 29 Abs. 1 VO Nr. 1/2003 und
- Bekanntmachungen der Kommission, wenn sie über das Gemeinschaftsrecht hinausgehende Verpflichtungen beinhalten.

Bei der gegen eine ablehnende Entscheidung gerichteten Nichtigkeitsklage ergibt sich als zusätzliche Anforderung, dass die begehrte Handlung den Kläger unmittelbar und individuell betreffen muss.

Hinsichtlich der Klagebefugnis ergibt sich für die im Schwerpunkt interessierende individuelle Betroffenheit des Klägers, dass diese bereits zu bejahen ist, sobald dem Kläger Beschwerderechte bzw. ein Recht auf Beteiligung am Verwaltungsverfahren zusteht oder er tatsächlich und in effektiver Weise Einfluss auf das Verfahren genommen hat. Steht das Beteiligungsrecht jedermann zu, so ist zusätzlich die spürbare Beeinträchtigung des Klägers in seiner Marktposition zu prüfen.

Davon ausgehend, dass ein Unternehmer, der zum Adressaten der jeweiligen Maßnahme in einem wirtschaftlichen Konkurrenzverhältnis steht, in der Regel an den an seinen Konkurrenten gerichteten Maßnahmen, die den wirtschaftlichen Bereich des Konkurrenzverhältnisses betreffen, in ausreichender bzw. berechtigter Weise im Sinne von Art. 7 Abs. 2, Art. 27 Abs. 3 VO Nr. 1/2003 interessiert ist, ergibt sich eine individuelle Betroffenheit des Konkurrenten bezüglich der Beschwerdeabweisung, bezüglich einer bereits erlassenen oder begehrten Abstellungs- und Abhilfeentscheidung, auch in Form einer einstweiligen Maßnahme, bezüglich der Zusage eines Verpflichtungsangebots, der Nichtanwendbarkeitserklärung sowie von Sanktionsentscheidungen. Es besteht hingegen keine aus Verfahrensrechten ableitbare Klagebefugnis bezüglich der Ermittlungsbefugnisse der Kommission, der Gruppenfreistellungsverordnungen sowie der Bekanntmachungen.

Während sich die an die Klagebefugnis zu stellenden Anforderungen mit der Kartellrechtsreform nicht erhöht haben, ergibt sich für die Begründetheit ein anderes Bild: Die im Regelfall vorliegende Untätigkeitssituation führt dazu, dass die Klage auf Feststellung des rechtswidrigen Nichteinschreitens gegen einen Wettbewerber oder des Nichtauferlegens einer Sanktion nur in extremen Ausnahmesituationen Erfolg haben kann, nämlich wenn eine Ermessensreduzierung auf Null aufgrund eines besonders offensichtlichen und schweren Wettbewerbsverstoßes gegeben ist oder ein Fall der Selbstbindung vorliegt. Bezüglich der konkreten Ausgestaltung der jeweiligen Abstellungs- oder Sanktionsentscheidung bleibt die Kommission dann hingegen frei.

Besser sind die Erfolgsaussichten des Klägers immer dann, wenn die Kommission sich bereits in irgendeiner Weise zu dem jeweiligen Sachverhalt geäußert hat und insbesondere bereits zum Vorliegen eines Verstoßes gegen Art. 81 Abs. 1 EG Stellung genommen hat. Hat sie beispielsweise eine Nichtanwendbarkeitserklärung erlassen, die der Kläger erfolgreich angreift, so ist die Kommission in der Regel zum Einschreiten gegen den wettbewerbswidrig handelnden Konkurrenten verpflichtet, wenn die Nichtanwendbarkeitserklärung einen Verstoß gegen das Kartellverbot bejaht und vom Vorliegen der Freistellungsvoraussetzungen ausgeht.

Die Stellung des Konkurrenten hat sich mit dem Wechsel zum System der Legalausnahme somit verschlechtert, obwohl er durch eine Unterlassung ebenso in seiner Marktposition beeinträchtigt sein kann wie durch positives Tun[1498].

Mit der Reform ändert sich die Struktur der Kommissionstätigkeit insgesamt, wie schon im Jahr ihres Inkrafttretens deutlich wurde. Während 2003 von 262 neu eingeleiteten Verfahren 97 auf die Initiative der Kommission, 94 auf Beschwerden und 71 auf eine Anmeldung zurückgingen[1499], gab es schon im Jahre 2004 nur noch drei Anmeldungen sowie 52 auf Initiative der Kommission und 85 auf eine Beschwerde hin eingeleitete Verfahren[1500]. Während sich die Zahl der neuen Verfahren damit gegenüber 2002 insgesamt halbiert hat[1501], ist davon auszugehen, dass die Bedeutung von Beschwerden weiter zunehmen wird[1502]. Die Kommission profitiert dadurch von der Reform, dass sie diese Beschwerden als Informationsquelle ausschöpfen kann. Zugleich kommt ihr bei der Entscheidung darüber, welche ihr angetragenen Fälle sie für verfolgungswürdig erachtet, ein relativ großer Spielraum zu. Der Konkurrent wird auf diese Weise zu einem Instrument der Informationsgewinnung der Kommissionsdienststellen, das ein Verfahren aus eigenem Interesse anstößt und aus eigener Motiva-

---

[1498] *Koenig/Pechstein/Sander*, EG-Prozessrecht, Rn. 604; *Burgi* in: Rengeling/Middeke/Gellermann, 2. Auflage, § 8, Rn. 30; *Allkemper*, S. 116.

[1499] XXXIII. Wettbewerbsbericht der Kommission, 2003, SEK(2004)658 endg., S. 333. In den vier vorangehenden Jahren gab es eine ähnliche Verteilung der neuen Fälle, S. 334.

[1500] XXXIV. Wettbewerbsbericht der Kommission, 2004, SEK(2005)805 endg., S. 71.

[1501] XXXIV. Wettbewerbsbericht der Kommission, 2004, SEK(2005)805 endg., S. 71.

[1502] *Klees*, Europäisches Kartellverfahrensrecht, § 6, Rn. 16.

tion wettbewerbsrelevante Informationen übermittelt[1503]. Auf die Durchsetzung des Kartellrechts zu seinen Gunsten kann der Konkurrent hingegen keinen wirksamen Einfluss nehmen. Da die Kommission hauptsächlich den Schutz des Wettbewerbs als Institution und weniger den Schutz des einzelnen verfolgt[1504], wird sie an dem Verfahrensausgang für das einzelne Konkurrenzunternehmen kaum Interesse zeigen.

Obwohl das Subsidiaritätsprinzip des Art. 5 Abs. 2 EG im Kartellverfahrensrecht keinen Ausdruck gefunden hat, lassen sich die Bedenken hinsichtlich einer zukünftigen Mehrbelastung von Kommission und europäischer Gerichtsbarkeit entkräften. Der Gerichtshof verneint zwar nicht bereits die Zulässigkeit einer auf Einschreiten der Kommission gerichteten Klage mangels Rechtsschutzinteresses, aber lehnt eine Verpflichtung der europäischen Wettbewerbsbehörde zum Einschreiten auf Begründetheitsebene ab, wenn diese nicht ausschließlich zuständig ist und somit Rechtsschutz auf nationaler Ebene zu erreichen wäre. Auf diese Weise berücksichtigt der Gerichtshof die dezentralen Rechtsschutzmöglichkeiten des Marktbürgers auf der Ebene des materiellen Rechts und nicht auf der Ebene der Zulässigkeit.

[1503] Vgl. auch *Schwarze/Weitbrecht*, § 6, Rn. 90, die den Konkurrenten im Zusammenhang der Wiederaufnahme bei Verstoß gegen Verpflichtungszusagen als „Hilfspolizisten" bezeichnen.
[1504] *Klees*, Europäisches Kartellverfahrensrecht, § 6, Rn. 15.

Literaturverzeichnis

Adam, Heike: Die Mitteilungen der Kommission: Verwaltungsvorschriften des Europäischen Gemeinschaftsrechts?, Baden-Baden 1999, (zitiert: Adam, Mitteilungen)

Ahlt, Michael: Europarecht – Examenskurs für Rechtsreferendare, München 1993

Allkemper, Ludwig: Der Rechtsschutz des einzelnen nach dem EG-Vertrag – Möglichkeiten seiner Verbesserung, Baden-Baden 1995

Arnull, Anthony: Private Applicants and the Action for Annulment under Article 173 of the EC Treaty; CMLR 32 (1995), S. 7 ff.

Arzoz, Xabier: Rechtsfolgen der Rechtswidrigkeit von Verordnungen der Europäischen Gemeinschaften; JöR 49 (2001), S. 299 ff.

Bachof, Otto: Reflexwirkungen und subjektive Rechte im öffentlichen Recht; in: Otto Bachof / Martin Drath / Otto Gönnenwein / Ernst Walz (Hrsg.), Forschungen und Berichte aus dem öffentlichen Recht – Gedächtnisschrift für Walter Jellinek, München 1955, S. 287 ff., (zitiert: Bachof, GS Jellinek)

Bahr, Christian / Loest, Thomas: Die Beurteilung von Vereinbarungen über Forschung und Entwicklung nach europäischem Kartellrecht; EWS 2002, S. 263 ff.

Bailey, David: Scope of Judicial Review under Article 81 EC; CMLR 2004 (41), S. 1327 ff.

Baron, Michael: Die neuen Bestimmungen der Europäischen Fusionskontrolle; WuW 1997, S. 579 ff.

Bartosch, Andreas: Von der Freistellung zur Legalausnahme: Der Vorschlag der EG-Kommission für eine „neue Verordnung Nr. 17"; EuZW 2001, S. 101 ff.

Baruch, Wolfgang: Das Verhältnis zwischen der Kartellregelung des EWG-Vertrages und des GWB; WuW 1963, S. 14 ff.

Bauer, Michael / de Bronett, Georg-Klaus: Die EU-Gruppenfreistellungsverordnung für vertikale Wettbewerbsbeschränkungen, Köln 2001, (zitiert: Bauer/de Bronett)

Bebr, Gerhard: Judicial Control of the European Communities, London 1962, (zitiert: Bebr, Judicial Control)

Bechtold, Rainer: EG-Gruppenfreistellungsverordnungen – eine Zwischenbilanz; EWS 2001, S. 49 ff.

Becker, Peter: Der Einfluss des französischen Verwaltungsrechts auf den Rechtsschutz in den Europäischen Gemeinschaften, Hamburg 1963

Bellamy, Christopher / Child, Graham: Common Market Law of Competition, 4. Auflage, London 1993, (zitiert: Bellamy/Child, 4. Auflage)

Beutler, Bengt / Bieber, Roland / Pipkorn, Jörn / Streil, Jochen: Die Europäische Union – Rechtsordnung und Politik, 5. Auflage, Baden-Baden 2001, (zitiert: Beutler/Bieber/Pipkorn/Streil, 5. Auflage)

dieselben: Die Europäische Union – Rechtsordnung und Politik, 4. Auflage, Baden-Baden 1993, (zitiert: Beutler/Bieber/Pipkorn/Streil, 4. Auflage)

Bien, Florian: Systemwechsel im Europäischen Kartellrecht; DB 2000, S. 2309 ff.

Biervert, Bernd: Der Mißbrauch von Handlungsformen im Gemeinschaftsrecht, Baden-Baden 1999, 87, zugl. Diss. Freiburg 1998/1999, (zitiert: Biervert, Missbrauch)

Birk, Axel: Die Konkurrentenklage im EG-Wettbewerbsrecht; EWS 2003, S. 159 ff.

Bleckmann, Albert: Europarecht – Das Recht der Europäischen Union und der Europäischen Gemeinschaften, 6. Auflage, Köln – Berlin – Bonn – München 1997, (zitiert: Bleckmann, Europarecht)

derselbe: Zur Klagebefugnis für die Individualklage vor dem Europäischen Gerichtshof; in: Erichsen, Hans-Uwe / Hoppe, Werner / von Mutius, Albert (Hrsg.), System des verwaltungsgerichtlichen Rechtsschutzes – Festschrift für Christian-Friedrich Menger, Köln – Berlin – Bonn – München 1985, S. 871 ff, (zitiert: Bleckmann, FS Menger)

derselbe: Das Ziel des gerichtlichen Rechtsschutzes: Schutz des Einzelnen oder objektive Kontrolle der vollziehenden Gewalt? Die Rolle der Klagebefugni; in: Mosler, Hermann (Hrsg.), Gerichtsschutz gegen die Exekutive, Band III: Rechtsvergleichung – Völkerrecht, Köln – Berlin – Bonn – München 1971, S. 21 ff., (zitiert: Bleckmann, Gerichtsschutz gegen die Exekutive, Bd. III, S. 21)

derselbe: Zusammenfassender Bericht über die Kolloquiumsdiskussion; in: Mosler, Hermann (Hrsg.), Gerichtsschutz gegen die Exekutive, Band III: Rechtsvergleichung – Völkerrecht, Köln – Berlin – Bonn – München 1971, S. 173 ff., (zitiert: Bleckmann, Gerichtsschutz gegen die Exekutive, Bd. III, S. 173)

derselbe: Das schutzwürdige Interesse als Bedingung der Klagebefugnis am Beispiel des französischen Verwaltungsrechts; VerwArch 49 (1958), S. 213 ff.

Böcker, Nicolai: Wirksame Rechtsbehelfe zum Schutz der Grundrechte der Europäischen Union, Baden-Baden 2005, zugl. Diss. Freiburg 2004/2005, (zitiert: Böcker, Wirksame Rechtsbehelfe)

Bockey, Andrea: Die Entscheidung der Europäischen Gemeinschaft, Frankfurt am Main 1998

von Bogdandy, Armin / Bast, Jürgen / Arndt, Felix: Handlungsformen im Unionsrecht – Empirische Analysen und dogmatische Strukturen in einem vermeintlichen Dschungel; ZaöRV 62 (2002), S. 77 ff.

Börner, Bodo: Kann ein Dritter die Kommission zwingen, einen Verstoß gegen Art. 85 oder 86 EGV zu verfolgen?; EuR 1984, S. 181 ff.

Bornkamm, Joachim: Anwendung europäischen Kartellrechts durch die Gerichte und die Behörden der Mitgliedstaaten; in: Schwarze, Jürgen (Hrsg.), Neuere Entwicklungen auf dem Gebiet des europäischen Wettbewerbsrechts, Baden-Baden 1999, S. 47 ff., (zitiert: Bornkamm, Neuere Entwicklungen)

Borowski, Martin: Die Nichtigkeitsklage gem. Art. 230 Abs. 4 EGV; EuR 2004, S. 879 ff.

Von Borries, Reimer: Das Subsidiaritätsprinzip im Recht der Europäischen Union; EuR 1994, S. 263 ff.

Bothe, Michael: „Soft Law“ in den Europäischen Gemeinschaften?; in: von Münch, Ingo (Hrsg.), Staatsrecht – Völkerrecht – Europarecht, Festschrift für Hans-Jürgen Schlochauer zum 75. Geburtstag am 28. März 1981, Berlin – New York 1981, S. 761 ff. (zitiert: Bothe, FS Schlochauer)

derselbe: Die Entscheidungen zwischen öffentlich-rechtlich geschützten Positionen Privater durch Verwaltung und Gerichte; JZ 1975, S. 399 ff.

Braun, Jens-Daniel / Kettner, Moira: Die Absage des EuGH an eine richterrechtiche Reform des EG-Rechtsschutzsystems; DÖV 2003, S. 58 ff.

Brei, Gerald Die Entscheidung des EuGH in Sachen Roquette Frères, ZWeR 2004, S. 107 ff.

Brohm, Winfried: Die Konkurrentenklage; in: Erichsen, Hans-Uwe / Hoppe, Werner / von Mutius, Albert (Hrsg.), System des verwaltungsgerichtlichen Rechtsschutzes – Festschrift für Christian-Friedrich Menger, Köln – Berlin – Bonn – München 1985, S. 235 ff. (zitiert: Brohm, FS Menger)

De Bronett, Georg-Klaus: Kommentar zum europäischen Kartellverfahrensrecht – VO 1/2003; München – Unterschleißheim 2005, (zitiert: de Bronett, VO 1/2003)

derselbe: Akteneinsicht in Wettbewerbsverfahren der Europäischen Kommission; WuW 1997, S. 383 ff.

derselbe: Das Beschwerderecht von Personen und Personenvereinigungen bezüglich der Anwendung der Art. 85 und 86 EG-Vertrag durch die Europäische Kommission; WuW 1997, S. 865 ff.

derselbe: Der Entzug des Vorteils der Anwendung einer Gruppenfreistellung durch nationale Behörden; WuW 1999, S. 825 ff.

Brunn, Thomas: Die EG-Kartellverfahrensverordnung 1/2003 und ihre Auswirkungen auf die Gruppenfreistellungsverordnungen und die Entzugsverfahren der Vertikal-GVO, Frankfurt a. M. 2004, zugl. Diss. Köln 2004, (zitiert: Brunn, EG-Kartellverfahrensordnung)

Bühler, Ottmar: Die subjektiven öffentlichen Rechte und ihr Schutz in der deutschen Verwaltungsrechtsprechung, Berlin – Stuttgart – Leipzig 1914, (zitiert: Bühler, Die subjektiven öffentlichen Rechte)

Burgi, Martin: Verwaltungsprozeß und Europarecht, München 1996, (zitiert: Burgi, Verwaltungsprozess)

Busse, Christian: Das Schicksal rechtswidriger Verordnungen im EG-Recht; JöR 49 (2001), S. 541 ff.

Busse, Monika / Leopold, Anders: Entscheidungen über Verpflichtungszusagen nach Art. 9 VO (EG) Nr. 1/2003; WuW 2005, S. 146 ff.

Calliess, Christian / Ruffert, Matthias: Kommentar zum EU-Vertrag und EG-Vertrag, 2. Auflage, Neuwied – Kriftel 2002, (zitiert: Bearbeiter, in: Calliess/Ruffert, 2. Auflage)

dieselben: Kommentar zum EU-Vertrag und EG-Vertrag, 3. Auflage, Neuwied – Kriftel 2007, (zitiert: Bearbeiter, in: Calliess/Ruffert)

Calliess, Christian: Subsidiaritäts- und Solidaritätsprinzip in der Europäischen Union, Baden-Baden 1996 zugl. Diss. Saarbrücken 1995

derselbe: Kohärenz und Konvergenz beim europäischen Individualrechtsschutz – Der Zugang zum Gericht im Lichte des Grundrechts auf effektiven Rechtsschutz; NJW 2002, S. 3577 ff.
della Cananea, Giacinto: Administration by Guidelines: The Policy Guidelines of the Commission in the Field of State Aids; in: Harden, Ian (Hrsg.), State aid: Community Law and Policy, Köln 1993, S. 61 ff. (zitiert: della Cananea, Guidelines)
Classen, Claus Dieter: Strukturunterschiede zwischen deutschem und europäischem Verwaltungsrecht; NJW 1995, S. 2457 ff.
Constantinesco, Léontin-Jean: Die unmittelbare Anwendbarkeit von Gemeinschaftsnormen und der Rechtsschutz von Einzelpersonen im Recht der EWG, Baden-Baden 1969, (zitiert: Constantinesco, Rechtsschutz)
derselbe: Das Recht der Europäischen Gemeinschaften, Band I: Das institutionelle Recht, Baden-Baden 1977, (zitiert: Constantinesco, Recht der EG)
Constantinesco, Vlad: „Subsidiarität“: Magisches Wort oder Handlungsprinzip der Europäischen Union?; EuZW 1991, S. 561 ff.
Cremer, Wolfram: Forschungssubventionen im Lichte des EGV, Baden-Baden 1995, (zitiert: Cremer, Forschungssubventionen)
derselbe: Individualrechtsschutz gegen Rechtsakte der Gemeinschaft: Grundlagen und neuere Entwicklungen, in: Nowak, Carsten / Cremer, Wolfgang (Hrsg.), Individualrechtsschutz in der EG und der WTO, Baden-Baden 2002, S. 27 ff., (Cremer, in: Individualrechtsschutz)
derselbe: Individualrechtsschutz gegen Richtlinien; EuZW 2001, S. 453 ff.
Crones, Christian: Selbstbindungen der Verwaltung im Gemeinschaftsrecht, Baden-Baden 1998, zugl. Diss. Freiburg i. Breisgau 1996, (zitiert: Crones, Selbstbindungen)
Czasche, Hedda: Die Untätigkeitsklage vor dem Europäischen Gerichtshof, Göttingen 1969, zugl. Diss. Göttingen 1969
Daig, Hans-Wolfram: Nichtigkeits- und Untätigkeitsklagen im Recht der Europäischen Gemeinschaften, Baden-Baden 1985, (zitiert: Daig, Nichtigkeits- und Untätigkeitsklagen)
derselbe: Zum Klagerecht von Privatpersonen nach Art. 173 Abs. 2 EWG-, 146 Abs. 2 EAG-Vertrag; in: Aubin, Bernhard / von Caemmerer, Ernst / Meylan, Philippe / Neumayer, Karl / Rinck, Gerd / Strauß, Walter (Hrsg.), Festschrift für Otto Riese aus Anlaß seines siebzigsten Geburtstages, Karlsruhe 1964, S. 187 ff. (zitiert: Daig, FS Riese)
Von Danwitz, Thomas: Verwaltungsrechtliches System und Europäische Integration, Tübingen 1996, zugl. Habil. Bonn 1995/96, (zitiert: von Danwitz, Verwaltungsrechtliches System)
derselbe: Verwaltungsrechtsschutz zwischen subjektiver und objektiver Rechtsgewährleistung, in: Magiera, Siegfried / Sommermann, Karl-Peter (Hrsg.), Verwaltung in der Europäischen Union, Berlin 2001, S. 121 ff. (zitiert: von Danwitz, in: Verwaltung in der EU, S. 121)
derselbe: Die Garantie effektiven Rechtsschutzes im Recht der Europäischen Gemeinschaft; NJW 1993, S. 1108 ff.

derselbe: Zur Grundlegung einer Theorie der subjektiv-öffentlichen Gemeinschaftsrechte; DÖV 1996, S. 481 ff.
Dauses, Manfred: Handbuch des EU-Wirtschaftsrechts, Band 2, München 2005, (zitiert: Bearbeiter, in: Dauses, Hdb. EU-WirtschaftsR), Stand: August 2005
derselbe: Empfiehlt es sich, das System des Rechtsschutzes und der Gerichtsbarkeit in der Europäischen Gemeinschaft, insbesondere die Aufgaben der Gemeinschaftsgerichte und der nationalen Gerichte, weiterzuentwickeln?; Gutachten D zum 60. Deutschen Juristentag – Münster 1994, München 1994, (zitiert: Dauses, Gutachten 60. DJT)
Deringer, Arved: Das Wettbewerbsrecht der Europäischen Wirtschaftsgemeinschaft, WuW/EWG-Kommentar, ab Heft 11, 1962
derselbe: Stellungnahme zum Weißbuch der Europäischen Kommission über die Modernisierung der Vorschriften zur Anwendung der Art. 85 und 86 EG-Vertrag (Art. 81 und 82 EG); EuZW 2000, S. 5 ff.
derselbe: Reform der Durchführungsverordnung zu den Art. 81 und 82 des EG-Vertrages; EuR 2001, S. 306 ff.
Diefenbach, Wilhelm: Zur Konkurrentenklage gegen unzulässige kommunale Wirtschaftstätigkeit; Wirtschaft und Verwaltung 2003, S. 115 ff.
von Dietze, Philipp: Verfahrensbeteiligung und Klagebefugnis im EG-Recht, Frankfurt/Main u. a. 1995, zugl. Diss. München 1994
Dittert, Daniel: Die ausschließlichen Kompetenzen der Europäischen Gemeinschaft im System des EG-Vertrags, Frankfurt a. M. 2001, zugl. Diss. München 2001, (zitiert: Dittert, Die ausschließlichen Kompetenzen)
Doherty, Barry: Community Exemptions in National Law; ECLR 1994, S. 315 ff.
Dörffler, Wolfgang: Verwaltungsakte mit Drittwirkung; NJW 1963, S. 14 ff.
Dormann, Ulrike: Drittklagen im Recht der Zusammenschlußkontrolle, Köln – Berlin – Bonn – München 2000, zugl. Diss. Mainz 2000, (zitiert: Dormann, Drittklagen)
Dreher, Meinrad / Thomas, Stefan: Rechts- und Tatsachenirrtümer unter der neuen VO 1/2003; WuW 2004, S. 8 ff.
Drewes, Eva: Entstehen und Entwicklung des Rechtsschutzes vor den Gerichten der Europäischen Gemeinschaften – am Beispiel der Nichtigkeitsklage, Berlin 2000
Due, Ole: Verfahrensrechte der Unternehmen im Wettbewerbsverfahren vor der EG-Kommission; EuR 1988, S. 33 ff.
Ehlermann, Claus-Dieter: Die Verfolgung von Vertragsverletzungen der Mitgliedstaaten durch die Kommission; in: Grewe, Wilhelm / Rupp, Hans / Schneider, Hans (Hrsg.), Europäische Gerichtsbarkeit und nationale Verfassungsgerichtsbarkeit – Festschrift zum 70. Geburtstag von Hans Kutscher, Baden-Baden 1981, S. 135 ff. (zitiert: Ehlermann, FS Kutscher)
derselbe: The Modernisation of EC Antitrust Policy: A Legal and Cultural Revolution; CMLR 2000, S. 537 ff.
derselbe / Atanasiu, Isabella: The Modernisation of E.C. Antitrust Law: Consequences for the Future Role and Function of the E.C. Courts; ECLR 2002, S. 72 ff.

Ehlers, Dirk: Verwaltung in Privatrechtsform, Berlin 1984, zugl. Habil. Erlangen-Nürnberg 1981, (zitiert: Ehlers, Verwaltung in Privatrechtsform)
derselbe: Die Einwirkungen des Rechts der Europäischen Gemeinschaften auf das Verwaltungsrecht; DVBl. 1991, S. 605 ff.
derselbe: Die Kontrolle von Subventionen; DVBl. 1993, S. 861 ff.
derselbe: Die Klagebefugnis nach deutschem, europäischem Gemeinschafts- und U.S.-amerikanischem Recht; VerwArch 84 (1993), S. 139 ff.
derselbe: Die Zulässigkeit einer erwerbswirtschaftlichen Betätigung der öffentlichen Hand; Jura 1999, S. 212 ff.
derselbe: Die Grundrechte des europäischen Gemeinschaftsrechts; Jura 2002, S. 68 ff.
Ehricke, Ulrich: The Binding Nature of Negative Clearances and of Comfort Letters in European Law; JIBL (Journal of International Banking Law) 1994 (9), S. 339 ff.
Eilmansberger, Thomas: Zum Vorschlag der Kommission für eine Reform des Kartellvollzugs; JZ 2001, S. 365 ff.
Emmerich, Volker: Kartellrecht, 8. Auflage, München 1999, (zitiert: Emmerich, Kartellrecht)
Epiney, Astrid: Primär- und Sekundärrechtsschutz im Öffentlichen Recht; VVDStRL 61 (2002), S. 362 ff.
Erichsen, Hans-Uwe: Konkurrentenklagen im Öffentlichen Recht; Jura 1994, S. 385 ff.
derselbe / Ehlers, Dirk: Allgemeines Verwaltungsrecht, 13. Auflage, Berlin 2006, (zitiert: Bearbeiter in: Erichsen/Ehlers)
derselbe / Weiß, Richard: System des europäischen Rechtsschutzes; Jura 1990, S. 528 ff.
Everling, Ulrich: Stand und Zukunftsperspektiven der Europäischen Gerichtsbarkeit; in: Everling, Ulrich / Narjes, Karl-Heinz / Sedemund, Jochim (Hrsg.), Europarecht, Kartellrecht, Wirtschaftsrecht – Festschrift für Arved Deringer, Baden-Baden 1993, S. 40 ff., (zitiert: Everling, FS Deringer)
derselbe: Zur richterlichen Kontrolle der Tatsachenfeststellungen und der Beweiswürdigung durch die Kommission in Wettbewerbssachen; WuW 1989, S. 877 ff.
derselbe: Durchführung und Umsetzung des Europäischen Gemeinschaftsrechts im Bereich des Umweltschutzes unter Berücksichtigung der Rechtsprechung des EuGH; NVwZ 1993, S. 209 ff.
derselbe: Justiz im Europa von morgen; DRiZ 1993, S. 5 ff.
Feddersen, Christoph: Anmerkung zu EuGH, Rs. C-50/00 P - Unión de Pequeños Agricultores; EuZW 2002, S. 532 ff.
Fehling, Michael: Die Konkurrentenklage bei der Zulassung privater Rundfunkveranstalter, Berlin 1994, zugl. Diss. Freiburg i.B. 1993/94 (zitiert: Fehling, Konkurrentenklage)
Fikentscher, Wolfgang: Wirtschaftsrecht, Band I: Weltwirtschaftsrecht – Europäisches Wirtschaftsrecht, München 1983, (zitiert: Fikentscher, Wirtschaftsrecht I)
derselbe: Das Unrecht einer Wettbewerbsbeschränkung: Kritik an Weißbuch und VO-Entwurf zu Art. 81, 82 EG-Vertrag; WuW 2001, S. 446 ff.

Frenz, Walter: Grundgesetzliche Rechtsschutzgarantie gegen europäische Rechtsakte?; Der Staat 34 (1995), S. 586 ff.

Friauf, Karl Heinrich: Anmerkung zu BVerwG v. 30. 8. 68 und v. 25. 10. 1968; DVBl. 1969, S. 368 ff.

Friehe, Heinz-Josef: Das Abwehrrecht des Wettbewerbers gegen die Subventionierung eines Konkurrenten; JuS 1981, S. 867 ff.

Fromont, Michel: La protection juridictionnelle du particulier contre le pouvoir exécutif en France; in: Hermann Mosler (Hrsg.), Gerichtsschutz gegen die Exekutive, Bd. 1, Köln – Berlin – Bonn – München 1969, S. 221 ff., (zitiert: Fromont, Gerichtsschutz)

derselbe: Die Annäherung der Verwaltungsgerichtsbarkeiten in Europa, in: Eberhard Schmidt-Aßmann, Dieter Sellner, Günter Hirsch, Gerd-Heinrich Kemper, Hinrich Lehmann-Grube (Hrsg.), Festgabe 50 Jahre Bundesverwaltungsgericht, Köln – Berlin – Bonn – München 2003, S. 93 ff., (zitiert: Fromont, in: 50 Jahre Bundesverwaltungsgericht)

derselbe: L'influence du droit français et due droit allemand sur les conditions de recevabilité du recours en annulation devant la Cour de Justice des Communautés européennes, RTDE 1966, S. 47 ff.

Fuchs, Andreas: Die Gruppenfreistellungsverordnung als Instrument der europäischen Wettbewerbspolitik im System der Legalausnahme; ZWeR 2005, S. 1 ff.

Fuß, Ernst-Werner: Die Verantwortung der nationalen Gerichte für die Wahrung des europäischen Gemeinschaftsrechts, in: Bieber, Roland / Bleckmann, Albert / Capotorti, Francesco u. a. (Hrsg.), Gedächtnisschrift für Christoph Sasse, Baden-Baden 1981, Bd. I, S. 171 ff. (zitiert: Fuß, GS Sasse)

derselbe: Rechtssatz und Einzelakt im Europäischen Gemeinschaftsrecht; NJW 1964, S. 327 ff. und S. 945 ff.

derselbe: Die „Richtlinie" des Europäischen Gemeinschaftsrechts; DVBl. 1965, S. 378 ff.

Gassner, Ulrich: Rechtsgrundlagen und Verfahrensgrundsätze des Europäischen Verwaltungsverfahrensrechts; DVBl. 1995, S. 16 ff.

Geers, Ulrich: Die Gruppenfreistellung im Kartellrecht, Münster – Hamburg – London 2000, zugl. Diss. Münster 2000

Geiger, Andreas: Das Weißbuch der EG-Kommission zu Art. 81, 82 EG – eine Reform, besser als ihr Ruf; EuZW 2000, S. 165 ff.

derselbe: Die neuen Leitlinien der EG-Kommission zur Anwendbarkeit von Art. 81 EG auf Vereinbarungen über horizontale Zusammenarbeit; EuZW 2000, S. 325 ff.

Gesser, Ulrich: Die Nichtigkeitsklage nach Artikel 173 EGV, München 1995, zugl. Diss. Passau 1994, (zitiert: Gesser, Die Nichtigkeitsklage)

Gloy, Wolfgang / Loschelder, Michael: Handbuch des Wettbewerbsrechts, 3. Auflage, München 2005 (zitiert: Bearbeiter, in: Gloy/Loschelder)

Gornig, Gilbert / Trüe, Christiane: Die Rechtsprechung des EuGH zum europäischen allgemeinen Verwaltungsrecht – Teil 1; JZ 1993, S. 884 ff., Teil 2; JZ 1993, S. 934 ff.

Götz, Volkmar: Anmerkung zu EuGH, Rs. C-50/00 P, Slg. 2002, I-6681 – Unión de Pequeños Agricultores; DVBl. 2002, S. 1350 f.

Grabitz, Eberhard: Gemeinschaftsrecht bricht nationales Recht, Hamburg 1966, zugl. Diss. Hamburg 1966, (zitiert: Grabitz, Gemeinschaftsrecht bricht nationales Recht)

derselbe: Europäisches Verwaltungsrecht – Gemeinschaftsrechtliche Grundsätze des Verwaltungsverfahrens; NJW 1989, S. 1776 ff.

Grabitz, Eberhard / Hilf, Meinhard: Das Recht der Europäischen Union – Band I und II: EUV/EGV, Loseblatt München, Stand: Oktober 2005

Von der Groeben, Hans / Schwarze, Jürgen: Kommentar zum Vertrag über die Europäische Union und zur Gründung der Europäischen Gemeinschaft, Band 1: Art. 1-53 EUV, Art. 1-80 EGV, 6. Auflage, Baden-Baden 2003 (zitiert: Bearbeiter, in: GS)

dieselben: Kommentar zum Vertrag über die Europäische Union und zur Gründung der Europäischen Gemeinschaft, Band 2: Art. 81-97 EGV, 6. Auflage, Baden-Baden 2003, (zitiert: Bearbeiter, in GS)

dieselben: Kommentar zum Vertrag über die Europäische Union und zur Gründung der Europäischen Gemeinschaft, Band 4: Art. 189-314 EGV, 6. Auflage, Baden-Baden 2004, (zitiert: Bearbeiter, in: GS)

Von der Groeben, Hans / Thiesing, Jochen / Ehlermann, Claus-Dieter: Kommentar zum EU/EG-Vertrag, Band 1: Artikel A-F EUV, Artikel 1-84 EGV, 5. Auflage, Baden-Baden 1997, (zitiert: Bearbeiter, in: GTE)

dieselben: Kommentar zum EWG-Vertrag, Band 2: Artikel 85-109, 4. Auflage, Baden-Baden 1991, (zitiert: Bearbeiter, in: GTE)

dieselben: Kommentar zum EU/EG-Vertrag, Band 4: Artikel 137-209a, 5. Auflage, Baden-Baden 1997, (zitiert: Bearbeiter, in: GTE)

Groeschke, Peer: Der wettbewerbsrechtliche Unterlassungs- und Schadensersatzanspruch aufgrund der unrechtmäßigen Subventionierung von Konkurrenten; BB 1995, S. 2329 ff.

Gröning, Jochem: Die dezentrale Anwendung des EG-Kartellrechts gemäß dem Vorschlag der Kommission zur Ersetzung der VO 17/62; WRP 2001, S. 83 ff.

Groß, Thomas *Exekutive*: Vollzugsprogrammierung durch tertiäres Gemeinschaftsrecht?; DÖV 2004, S. 20 ff.

Gruber, Joachim: Zum Verhältnis zwischen EWG-Kartellrecht und nationalem Recht; WRP 1991, S. 485 ff.

Gundel, Jörg: Justiz- und Verfahrensgrundrechte, in: Dirk Ehlers (Hrsg.), Europäische Grundrechte und Grundfreiheiten, 2. Auflage, Berlin 2005, S. 502 ff. (zitiert: Gundel, in: Ehlers, EuGR, § 19, Rn.)

derselbe: Anmerkung: Rechtsschutz gegen Kommissions-Mitteilungen zur Auslegung des Gemeinschaftsrechts – zugleich Besprechung von EuGH 20. 3. 1997 Rs. C-57/95 – Frankreich/Kommission; EuR 1998, S. 90 ff.

von Hahn, Helmuth/ Jaeger, Wolfgang / Pohlmann, Petra / Rieger, Harald / Schroeder, Dirk: Frankfurter Kommentar zum Kartellrecht, Band II: EG-Kartellrecht (Teil 1-2), Loseblatt Köln (Stand: Oktober 2005), (zitiert: Bearbeiter, in: Frankfurter Kommentar)

Happe, Claus-Michael: Lauf und Berechnung der Fristen bei Anfechtungen vor dem EuGH; EuZW 1992, S. 297 ff.

Harte-Bavendamm, Henning / Kreutzmann, Alix: Neue Entwicklungen in der Beurteilung selektiver Vertriebssysteme; WRP 2003, S. 682 ff.

Hartley, T.C.: The Foundations of European Community Law, 5. Auflage, Oxford 2003

Hegels, Susanne: EG-Eigenverwaltungsrecht und Gemeinschaftsverwaltungsrecht, Baden-Baden 2001

Heidenhain, Martin: Handbuch des Europäischen Beihilferechts, München 2003, (zitiert: Bearbeiter, in: Heidenhain, Hdb.)

derselbe: Zur Klagebefugnis Dritter in der europäischen Fusionskontrolle; EuZW 1991, S. 590 ff.

Heidenreich, Jan-Peter: Anhörungsrechte im EG-Kartell- und Fusionskontrollverfahren: zugleich ein Beitrag zu Aufgaben und Kompetenzen des Anhörungsbeauftragten der Europäischen Kommission, Baden-Baden 2004, zugl. Diss. Freiburg i.B. 2004, (zitiert: Heidenreich, Anhörungsrechte)

Hellmann, Hans-Joachim: Vereinbarkeit der Leitlinien der Kommission zur Berechnung von Bußgeldern mit höherrangigem Gemeinschaftsrecht; WuW 2002, S. 944 ff., 951

Heutz, Stefan: Legalausnahme und Gruppenfreistellungsverordnungen im System der VO (EG) Nr. 1/2003; WuW 2004, S. 1255 ff.

Hirsbrunner, Simon / Rhomberg, Lukas: Verpflichtungszusagen im EG-Kartellrechtsverfahren – Erste praktische Erfahrungen mit der Neuregelung der Kartellverfahrensverordnung 1/2003; EWS 2005, S. 61 ff.

Hirsch, Günter: Der Europäische Gerichtshof – Auswirkungen des Subsidiaritätsprinzips auf die Rechtssetzung der Europäischen Gemeinschaften, in: Hrbek, Rudolf (Hrsg.), Die Anwendung des Subsidiaritätsprinzips in der Europäischen Union – Erfahrungen und Perspektiven, Baden-Baden 1995, S. 93 ff., (zitiert: Hirsch, in: Subsidiaritätsprinzip)

derselbe: Anwendung der Kartellverfahrensordnung (EG) Nr. 1/2003 durch nationale Gerichte; ZWeR 2003, S. 233 ff.

Horn, Thomas: Die Genehmigung für den allgemeinen Güterfernverkehr und ihre prozessuale Behandlung; GewArch 1985, S. 73 ff.

Hösch, Ulrich: Probleme der wirtschaftsrechtlichen Konkurrentenklage; Die Verwaltung 30 (1997), S. 211 ff.

Hossenfelder, Silke / Lutz, Martin: Die neue Durchführungsverordnung zu den Artikeln 81 und 82 EG-Vertrag; WuW 2003, S. 118 ff.

Huber, Peter-Michael: Konkurrentenschutz im Verwaltungsrecht, Tübingen 1991, zugl. Habilitation München 1990/91, (zitiert: Huber, Konkurrentenschutz) *derselbe*: Gemeinschaftsrechtlicher Schutz vor einer Verteilungslenkung durch deutsche Behörden – Europarechtliche Grundlagen des Konkurrentenschutzes; EuR 1991, S. 31 ff.

Hummer, Waldemar: Die „Komitologie" – das „unbekannte Wesen" – Reform und zukünftige Entwicklung der „delegierten Rechtssetzung" durch die Europäische Kommission; in: Köck, Heribert / Lengauer, Alina / Ress, Georg (Hrsg.), Europarecht im Zeitalter der Globalisierung, Festschrift für Peter Fischer, Wien 2004, S. 121 ff. (zitiert: Hummer, FS Fischer)

Immenga, Ulrich: Eine Wende in der gemeinschaftsrechtlichen Kartellpolitik?; EuZW 1999, S. 605

Immenga, Ulrich / Mestmäcker, Ernst-Joachim: EG-Wettbewerbsrecht – Kommentar; Band I und II; München 1997-2001, (zitiert: Bearbeiter, in: Immenga/Mestmäcker, EG-WbR, Bd.)

Jaeger, Wolfgang: Die möglichen Auswirkungen einer Reform des EG-Wettbewerbsrechts für die nationalen Gerichte; WuW 2000, S. 1062 ff.

Kamann, Hans-Georg / Horstkotte, Christian: Kommission versus nationale Gerichte – Kooperation oder Konfrontation im Kartellverfahren; WuW 2001, S. 458 ff

Karl, Anna-Maria: Auf dem Weg zu einer globalen Kartellrechtsordnung; RIW 1996, S. 633 ff.

Karl, Joachim: Zur Rechtswirkung von Protokollerklärungen in der Europäischen Gemeinschaft; JZ 1991, S. 593 ff.

Karl, Matthias: Die Rechtsstellung privater Dritter in der europäischen Fusionskontrolle; in: Veelken, Winfried / Karl, Matthias / Richter, Stefan (Autoren), Max-Planck-Institut für ausländisches und internationales Privatrecht (Hrsg.), Die Europäische Fusionskontrolle, Tübingen 1992, S. 37 ff., (zitiert: Karl, in: Fusionskontrolle)

Kilian, Wolfgang: Europäisches Wirtschaftsrecht: EG-Wirtschaftsrecht und Bezüge zum deutschen Recht ; München 1996

Kipp, Theodor: Über Doppelwirkungen im Recht, insbesondere die Konkurrenz von Nichtigkeit und Anfechtbarkeit; in: Berliner Juristische Fakultät (Hrsg.), Festschrift für Ferdinand von Martitz zum fünfzigjährigen Doktorjubiläum, Berlin 1911, S. 211 ff., (zitiert: Kipp, FS von Martitz)

Kirchhoff, Wolfgang: Europäische Fusionskontrolle; BB 1990, Beil. 14 zu Heft 11, S. 1 ff.

Klaue, Siegfried: Einige Bemerkungen über die Zukunft der Zweischrankentheorie, in: Baur, Jürgen / Hopt, Klaus / Mailänder, Peter (Hrsg.), Festschrift für Ernst Steindorff zum 70. Geburtstag am 13. März 1990, Berlin – New York 1990, S. 979 ff. (zitiert: Klaue, FS Steindorff)

Klees, Andreas: Europäisches Kartellverfahrensrecht mit Fusionskontrollverfahren, München 2005, (zitiert: Klees, Europäisches Kartellverfahrensrecht)

Klose, Tobias: Das Verhältnis des deutschen zum europäischen Kartellrecht in der Verfügungspraxis des Bundeskartellamtes, Berlin – Baden-Baden 1998, zugl. Diss. Berlin 1998

Klösters, Anton: Kompetenzen der EG-Kommission im innerstaatlichen Vollzug von Gemeinschaftsrecht, Köln – Berlin – Bonn – München 1993, zugl. Diss. Münster 1993

Koch, Klaus: Die Klagebefugnis Privater gegenüber Europäischen Entscheidungen gemäß Art. 173 Abs. 2 EWG-Vertrag, Frankfurt am Main 1981 (zitiert: Koch, Klagebefugnis)

Koch, Norbert: Das Verhältnis der Kartellvorschriften des EWG-Vertrages zum Gesetz gegen Wettbewerbsbeschränkungen; BB 1959, S. 241 ff.

Koenig, Christian / Lorz, Ralph Alexander: Stärkung des Subsidiaritätsprinzips; JZ 2003, S. 167 ff.

Koenig, Christian / Pechstein, Matthias / Sander, Claude: EU- / EG-Prozessrecht, 2. Auflage, Tübingen 2002, (zitiert: Koenig/Pechstein/Sander, EG-Prozessrecht)

Koenig, Christian / Sander, Claude: Einführung in das EG-Prozeßrecht, 1. Auflage, Tübingen 1997, (zitiert: Koenig/Sander, EG-Prozessrecht, 1997)

Koenigs, Folkmar: Die VO Nr. 1/2003: Wende im EG-Kartellrecht; DB 2003, S. 755 ff.

Köngeter, Matthias: Erweiterte Klageberechtigung bei Individualnichtigkeitsklagen gegen EG-Verordnungen?; NJW 2002, S. 2216 ff.

König, Doris: Die Individualklage nach Art. 230 IV EG; JuS 2003, S. 257 ff.

Konow, Gerhard: Zum Subsidiaritätsprinzip des Vertrags von Maastricht; DÖV 1993, S. 405 ff.

Köppen, Martina: Gruppenfreistellungsverordnungen – Wirksamkeit und Rechtsschutz, Frankfurt am Main 2000, (zitiert: Köppen, Gruppenfreistellungsverordnungen)

Körber, Thomas: Die erstmalige Anwendung der Verpflichtungszusage gemäß Art. 9 VO 1/2003 und die Zukunft der Zentralvermarktung von Medienrechten an der Fußballbundesliga; WRP 2005, S. 463 ff.

Körber, Torsten: Die Konkurrentenklage im Fusionskontrollrecht der USA, Deutschlands und der Europäischen Union, Baden-Baden 1996, zugl. Diss. Göttingen 1996, (zitiert: Körber, Konkurrentenklage)

derselbe: Konkurrentenklagen in der europäischen Fusionskontrolle; EuZW 1996, S. 267 ff.

derselbe: Gerichtlicher Rechtsschutz in der europäischen Fusionskontrolle; RIW 1998, S. 910 ff.

Krause, Peter: Rechtsformen des Verwaltungshandelns, Berlin 1974, zugl. Habilitation Saarbrücken

Kraußer, Hans-Peter: Das Prinzip begrenzter Ermächtigung im Gemeinschaftsrecht als Strukturprinzip des EWG-Vertrages, Berlin 1991, (zitiert: Kraußer, Das Prinzip begrenzter Ermächtigung)

Kröninger, Holger: Gerichtlicher Rechtsschutz und Kontrolldichte in der EG-Fusionskontrolle, Frankfurt am Main – Berlin – Bern – Bruxelles – New York – Oxford – Wien 2001

Kunig, Philip: „Dritte" und Nachbarn im Immissionsschutzrecht; in: Selmer, Peter / von Münch, Ingo (Hrsg.), Gedächtnisschrift für Wolfgang Martens, Berlin – New York 1987, S. 819 ff., (zitiert: Kunig, GS Martens)

Kuntze, Stefan: Allgemeines Verwaltungsrecht, in: Bergmann, Jan / Kenntner, Markus (Hrsg.), Deutsches Verwaltungsrecht unter europäischem Einfluss, Stuttgart – München u. a. 2002, S. 133 ff., (zitiert: Kuntze, in: Deutsches Verwaltungsrecht unter europäischem Einfluss, S. 133, Rn.)

Lambers, Hans-Jürgen: Subsidiarität in Europa – Allheilmittel oder juristische Leerformel?; EuR 1993, S. 229 ff.

Lampert, Thomas / Niejahr, Nina /Kübler, Johanna /Weidenbach, Georg: EG-KartellVO – Praxiskommentar zur VO (EG) Nr. 1/2003, Heidelberg 2004, (zitiert: Lampert/Niejahr)

Langen, Eugen / Bunte, Hermann-Josef: Kommentar zum deutschen und europäischen Kartellrecht, 9. Auflage, Neuwied – Kriftel – Berlin 2001, (zitiert: Langen/Bunte (2001))

dieselben: Kommentar zum deutschen und europäischen Kartellrecht, Band II: Europäisches Kartellrecht 10. Auflage, Neuwied – Kriftel – Berlin 2006, (zitiert: Bearbeiter, in: Langen/Bunte)

Lenaerts, Koen / Gerard, Damien: Decentralisation of EC Competition Law Enforcement: Judges in the Frontline; World Competition – Law and Economics Review 27 (2004), S. 313 ff.

Lenz, Carl Otto: Rechtsschutz im Binnenmarkt; NJW 1994, S. 2063 ff.

Lenz, Carl Otto / Borchardt, Klaus-Dieter: EU- und EG-Vertrag – Kommentar, 4. Auflage, Köln 2006 (zitiert: Bearbeiter, in: Lenz/Borchardt)

dieselben: EU- und EG-Vertrag – Kommentar, 3. Auflage, Köln 2002 (zitiert: Bearbeiter, in: Lenz/Borchardt, 3. Auflage)

Lindner, Josef Franz: Die EG-Verfahrensverordnung zur gemeinschaftsrechtlichen Beihilfenkontrolle – auf dem Weg zu einem allgemeinen Europäischen Verwaltungsrecht?; BayVBl. 2002, S. 193 ff.

Loewenheim, Ulrich / Meessen, Karl / Riesenkampff, Alexander: Kartellrecht, Band 1: Europäisches Recht – Kommentar, München 2005, (zitiert: Bearbeiter, in: Loewenheim/Meessen/Riesenkampff)

Löw, Norbert: Der Rechtsschutz des Konkurrenten gegenüber Subventionen aus gemeinschaftsrechtlicher Sicht, Baden-Baden 1992, zugl. Diss. Mainz 1992, (zitiert: Löw, Rechtsschutz)

Lübbig, Thomas: Anmerkung zu EuG v. 3. 5. 2002, Rs. T-177/01 – Jégo-Quéré; EuZW 2002, S. 415 f.

derselbe: Die Aufhebung (Rücknahme und Widerruf) von Verwaltungsakten der Gemeinschaftsorgane; EuZW 2003, S. 233 ff.

Lumma, Moritz: Die Stellung Dritter in der Beihilfekontrolle; EuZW 2004, S. 457 ff.

Mager, Ute: Die staatengerichtete Entscheidung als supranationale Handlungsform; EuR 2001, S. 661 ff.

Von Maibom, H.:Die Rechtsetzung durch die Organe der Europäischen Gemeinschaften; BB 1959, S. 127 ff.

Mäsch, Gerald: Private Ansprüche bei Verstößen gegen das europäische Kartellverbot – „Courage“ und die Folgen; EuR 2003, S. 825 ff.

Maunz, Theodor / Dürig, Günter: Grundgesetz – Kommentar, Loseblatt München (Stand Februar 2005), Band III: Art. 17-27, (zitiert: Bearbeiter, in: Maunz/Dürig, GG)

Maurer, Hartmut: Allgemeines Verwaltungsrecht, 13. Auflage, München 2000

Meier, Gert: Die „Mitteilung“ der Kommission: Ein Instrument der Normensetzung der Gemeinschaft?; in: Baur, Jürgen / Hopt, Klaus / Mailänder, Peter (Hrsg.), Festschrift für Ernst Steindorff zum 70. Geburtstag am 13. März 1990, Berlin – New York 1990, S. 979 ff. (zitiert: Meier, FS Steindorff)

Mestmäcker, Ernst-Joachim: Europäisches Wettbewerbsrecht, 1. Auflage, München 1974, (zitiert: Mestmäcker, Europäisches Wettbewerbsrecht, 1974)

derselbe: Die Vermittlung von europäischem und nationalem Recht im System unverfälschten Wettbewerbs, in: Mestmäcker, Ernst-Joachim (Hrsg.), Wirtschaftsrecht und Wirtschaftspolitik, Band 3 (zitiert: Mestmäcker, Vermittlung)

derselbe: Wirtschaft und Verfassung in der Europäischen Union, Baden-Baden 2003, (zitiert: Mestmäcker, Wirtschaft und Verfassung)

derselbe: Versuch einer kartellpolitischen Wende in der EU – Zum Weißbuch der Kommission über die Modernisierung der Vorschriften zur Anwendung der Art. 85 und 86 EGV a. F. (Art. 81 und 82 EGV n. F.); EuZW 1999, S. 523

derselbe / Schweitzer, Heike: Europäisches Wettbewerbsrecht, 2. Auflage, München 2004, (zitiert: Mestmäcker/Schweitzer)

Meyer, Peter / Kuhn, Sascha: Befugnisse und Grenzen kartellrechtlicher Durchsuchungen nach VO Nr 1/2003 und nationalem Recht; WuW 2004, S. 880 ff.

Miebach, Peter: Die negative öffentlich-rechtliche Konkurrentenklage im wirtschaftlichen Wettbewerb; JuS 1987, S. 956 ff.

Moitinho de Almeida, José Carlos: Le recours en annulation des particuliers (article 173, deuxième alinéa, du traité CE) : nouvelles réflexions sur l’expression « la concernent… individuellement »; in: Ole Due / Marcus Lutter / Jürgen Schwarze (Hrsg.), Festschrift für Ulrich Everling, Bd. I, Baden-Baden 1995, S. 849 ff. (zitiert: Moitinho de Almeida, FS Everling, Bd. I)

Montag, Frank / Rosenfeld, Andreas: A Solution to the Problems? Regulation 1/2003 and the modernization of competition procedure; ZweR 2003, S. 107 ff.

Monti, Mario, in: Europäische Kommission (Hrsg.), XXIX. Bericht über die Wettbewerbspolitik 1999 (Brüssel – Luxemburg 2000), http://europa.eu.int/comm/competition/annual_reports/1999/competition_policy/de.pdf

derselbe: La nouvelle politique de concurrence de l’Union européenne; Revue du droit de l’Union européenne (RDUE), 2004, S. 137 ff.

Morand, Charles-Albert: Les recommendations, les résolutions et les avis du droit communautaire ; CDE 6 (1970), S. 623 ff.

Möschel, Wernhard: Subsidiaritätsprinzip und europäisches Kartellrecht; NJW 1995, S. 281 ff.
derselbe: Systemwechsel im Europäischen Wettbewerbsrecht?; JZ 2000, S. 61 ff.
Müller, Felix: Neue Leitlinien zur Anwendung des Art. 81 III EG im Legalausnahmesystem der Kartellverordnung 1/2003; WRP 2004, S. 1472 ff.
Müller-Henneberg, Hans / Schwartz, Gustav/ Hootz, Christian: Gesetz gegen Wettbewerbsbeschränkungen und Europäisches Kartellrecht – Gemeinschaftskommentar, 5. Auflage, 9. Lieferung, Köln – Berlin – Bonn – München 2004, (zitiert: Schütz, in: Gemeinschaftskommentar Kartellrecht)
von Mutius, Albert: Rechtsnorm und Verwaltungsakt – Zu Möglichkeiten und Grenzen rechtsdogmatischer Differenzierungen im Bereich des Verwaltungshandelns; in: Menger, Christian-Friedrich (Hrsg.), Fortschritte des Verwaltungsrechts – Festschrift für Hans J. Wolff zum 75. Geburtstag, München 1973, S. 167 ff., (zitiert: von Mutius, FS Wolff)
Nehl, Hanns Peter: Wechselwirkungen zwischen verwaltungsverfahrensrechtlichem und gerichtlichem Individualrechtsschutz in der EG; in: Nowak, Carsten / Cremer, Wolfgang (Hrsg.), Individualrechtsschutz in der EG und der WTO, Baden-Baden 2002, S. 135 ff., (Nehl, in: Individualrechtsschutz)
Nettesheim, Martin: Article 173 of the Treaty and Regulations: Towards the Development of Uniform Standing Requirements; in: Micklitz, Hans-W. / Reich, Norbert (Hrsg.), Public Interest Litigation before European Courts, Baden-Baden 1996, S. 225 ff., (zitiert: Nettesheim, Public Interest Litigation)
derselbe: Effektive Rechtsschutzgewährleistung im arbeitsteiligen System europäischen Rechtsschutzes; JZ 2002, S. 928 ff.
Neuwahl, Nanette: Article 173 Paragraph 4: Past, Present and Possible Future; ELR 21 (1996), S. 17 ff.
Nicolaysen, Gert: Europarecht I, 2. Auflage, Baden-Baden 2002, (zitiert: Nicolaysen, Europarecht I)
derselbe: Ein neuer Weg der Konkurrentenklage – Anmerkung zum EuGH-Urteil Rs. 169/84 vom 28. 1. 1986; EuR 1986, S. 261 ff.
Nolte, Norbert: Beurteilungsspielräume im Kartellrecht der Europäischen Gemeinschaft und der Bundesrepublik Deutschland, Frankfurt a. M. u. a. 1997, zugl. Diss. Bonn 1996
Nordmann, Matthias: Die negative Konkurrentenklage im EG-Beihilferecht vor europäischen und deutschen Gerichten, Köln – Berlin – Bonn – München 2002, zugl. Diss. München 2002
Nowak, Carsten: Konkurrentenschutz in der EG – Interdependenz des gemeinschaftlichen und mitgliedstaatlichen Rechtsschutzes von Konkurrenten, Baden-Baden 1997 zugl. Diss. Hamburg 1997, (zitiert: Nowak, Konkurrentenschutz)

derselbe: Zentraler und dezentraler Individualrechtsschutz in der EG im Lichte des gemeinschaftsrechtlichen Rechtsgrundsatzes effektiven Rechtsschutzes, in: Nowak, Carsten / Cremer, Wolfgang (Hrsg.), Individualrechtsschutz in der EG und der WTO, Baden-Baden 2002, S. 47 ff., (zitiert: Nowak, in: Individualrechtsschutz)

derselbe: Der Rechtsschutz von Beschwerdeführern im EG-Wettbewerbs- und EG-Außenhandelsrecht; EuZW 2000, S. 453 ff.

derselbe: Informations- und Dokumentenzugangsfreiheit in der EU; DVBl. 2004, S. 272 ff.

Odersky, Walter: Artikel 85/86 EG-Vertrag und die nationalen Gerichte; in: Immenga, Ulrich / Möschel, Wernhard / Reuter, Dieter (Hrsg.), Festschrift für Ernst-Joachim Mestmäcker zum siebzigsten Geburtstag, Baden-Baden 1996, S. 699 ff., (zitiert: Odersky, FS Mestmäcker, S. 699)

Oppermann, Thomas: Europarecht – ein Studienbuch, 3. Auflage, München 2005

Ortlepp, Beate Christina: Das Vertragsverletzungsverfahren als Instrument zur Sicherung der Legalität im Europäischen Gemeinschaftsrecht, Baden-Baden 1987 (zitiert: Ortlepp, Vertragsverletzungsverfahren)

Pace, Lorenzo Federico: Die Dezentralisierungspolitik im EG-Kartellrecht – Sind Art. 3 II, 6 der VO 1/2003 rechtmäßig? EuZW 2004, 301-305

Pache, Eckhard: Keine Vorlage ohne Anfechtung? Zum Verhältnis des Vorabentscheidungsverfahrens nach Art. 177 I lit. B EGV zur Nichtigkeitsklage nach Art. 173 IV EGV; EuZW 1994, S. 615 ff.

Pampel, Gunnar: Rechtsnatur und Rechtswirkungen horizontaler und vertikaler Leitlinien im reformierten europäischen Wettbewerbsrecht, Baden-Baden 2005, zugl. Diss. Kiel 2004

derselbe: Europäisches Wettbewerbsrecht – Rechtsnatur und Rechtswirkungen von Mitteilungen der Kommission im europäischen Wettbewerbsrecht; EuZW 2005, S. 11 ff.

Park, Ky Byung: Konkurrentenklage im Subventionsrecht, Bielefeld 1992

Paulweber, Michael / Kögel, Rainer: Das europäische Wettbewerbsrecht am Scheideweg – Die Reformvorhaben der Kommission zur Modernisierung des europäischen Kartellverfahrensrechts in der Kritik; AG 1999, S. 500 ff.

Petersmann, Ernst-Ulrich: Thesen zur Wirtschaftsverfassung der EG; EuZW 1993, S. 593 ff.

Pieper, Stefan Ulrich: Subsidiarität, Köln – Berlin – Bonn – München 1994, zugl. Diss. Münster 1993, (zitiert: Pieper, Subsidiarität)

derselbe: Subsidiaritätsprinzip – Strukturprinzip der Europäischen Union; DVBl. 1993, S. 705 ff.

Pieroth, Bodo / Schlink, Bernhard: Grundrechte – Staatsrecht II, 21. Auflage, Heidelberg 2005 (zitiert: Pieroth/Schlink)

Pijetlovic, Katarina: Reform of EC Antitrust Enfordement: Criticism of the New System is Highly Exaggerated; ECLR 2004, S. 356 ff.

Pipkorn, Jörn: Das Subsidiaritätsprinzip im Vertrag über die Europäische Union – rechtliche Bedeutung und gerichtliche Überprüfbarkeit; EuZW 1992, S. 697 ff.

Pischel, Gerhard: Preisfestsetzung nach Art. 81 EG und Novellierung des GWB; EuZW 2005, S. 459 ff.
Pitschas, Rainer: Verwaltungsgerichtlicher Erwerbsschutz im Personenbeförderungsrecht durch Konkurrentenklage?; GewArch 1981, S. 216 ff.
Pohlmann, Petra: Keine Bindungswirkung von Bekanntmachungen und Mitteilungen der Europäischen Kommission – Entgegnung zu Schweda, WuW 2004, S. 1133 ff.; WuW 2005, S. 1005 ff.
Polley, Romina / Seeliger, Daniela: Das neue EG-Kartellrecht für Vereinbarungen über horizontale Zusammenarbeit; WRP 2001, S. 494 ff.
Priebe, Reinhard: Die Aufgaben des Rechts in einer sich ausdifferenzierenden EG-Administration; in: Schmidt-Aßmann, Eberhard / Hoffmann-Riem, Wolfgang (Hrsg), Strukturen des europäischen Verwaltungsrechts, Baden-Baden 1999, S. 71 ff.
Pukall, Kirstin: Neue EU-Gruppenfreistellungsverordnung für Vertriebsbindungen; NJW 2000, S. 1375 ff.
Quellmalz, Jens Holger: Die Justiziabilität des Art. 81 Abs. 3 EG und die nichtwettbewerblichen Ziele des EG-Vertrages; WRP 2004, S. 461 ff.
Rasmussen, Hjalte: Why is Article 173 Interpreted against Private Plaintiffs?; ELR 5 (1980), S. 112 ff.
Rehbinder, Eckard: Der Vorrang des EG-Kartellrechts vor nationalem Kartellrecht bei Freistellungen: Dogmatische Konstruktion, Sachargumente und politische Interessen; in: Immenga, Ulrich / Möschel, Wernhard / Reuter, Dieter (Hrsg.), Festschrift für Ernst-Joachim Mestmäcker zum siebzigsten Geburtstag, Baden-Baden 1996, S. 711 ff., (zitiert: Rehbinder, FS Mestmäcker, S. 711)
Remmel, Johannes: Die Konkurrentenklage im Beamtenrecht – Rechtsbehelfe gegen die Bevorzugung von Mitbewerbern, Bonn 1982
Rengeling, Hans-Werner: Rechtsgrundsätze beim Verwaltungsvollzug des Europäischen Gemeinschaftsrechts, Kölner Schriften zum Europarecht, Bd. 27, Köln – Berlin – Bonn – München 1977, zugl. Habil. Münster 1976, (zitiert: Rengeling, Verwaltungsvollzug)
derselbe: Der Rechtsschutz bei der Subventionierung von Konkurrenten im EWG-Recht; in: Dieter Wilke / Harald Weber (Hrsg.), Gedächtnisschrift für Friedrich Klein, München 1977, S. 416 ff., (zitiert: Rengeling, GS Klein)
derselbe: Das Beihilfenrecht der Europäischen Gemeinschaften, in: Bodo Börner und Konrad Neundörfer (Hrsg.), Recht und Praxis der Beihilfen im Gemeinsamen Markt, Kölner Schriften zum Europarecht Bd. 32, Köln – Berlin – Bonn – München 1984, S. 23 ff. (zitiert: Rengeling, in: Beihilfen im Gemeinsamen Markt)
derselbe: Brauchen wir die Verfassungsbeschwerde auf Gemeinschaftsebene?, in: Ole Due / Marcus Lutter / Jürgen Schwarze (Hrsg.), Festschrift für Ulrich Everling, Bd. II, Baden-Baden 1995, S. 1187 ff., (zitiert: Rengeling, FS Everling, Bd. II)

Rengeling, Hans-Werner / Middeke, Andreas /Gellermann, Martin: Handbuch des Rechtsschutzes in der Europäischen Union, 2. Auflage, München 2003, (zitiert: Bearbeiter in: Rengeling/Middeke/Gellermann, 2. Auflage)
dieselben: Rechtsschutz in der Europäischen Union, 1. Auflage, München 1994, (zitiert: Rengeling/Middeke/Gellermann, 1. Auflage)
Riese, Otto: Über den Rechtsschutz innerhalb der Europäischen Gemeinschaften; EuR 1966, S. 24 ff.
Rittner, Fritz: Zurück zum Mißbrauchsprinzip im EG-Kartellrecht?; DB 1999, S. 1485 f.
derselbe: Kartellpolitik und Gewaltenteilung in der EG; EuZW 2000, S. 129
derselbe / Stephan, Klaus-Dieter: Die Konkurrentenklage im Subventionsrecht; GewArch 1985, S. 177 ff.
Röhl, Hans Christian: Die anfechtbare Entscheidung nach Art. 230 Abs. 4 EG; ZaöRV 60 (2000), S. 331 ff.
Röhling, Andreas: Die Zukunft des Kartellverbots in Deutschland nach In-Kraft-Treten der neuen EU-Verfahrensrechtsordnung; GRUR 2003, S. 1019 ff.
Ronellenfitsch, Michael: Der vorläufige Rechtsschutz im beamtenrechtlichen Konkurrentenstreit; VerwArch 82 (1991), S. 121 ff.
Rüber, Hans-Josef: Die Konkurrentenklage deutscher Unternehmer gegen wettbewerbsverzerrende Subventionen im Gemeinsamen Markt; NJW 1971, S. 2097 ff.
Ruffert, Matthias: Dogmatik und Praxis des subjektiv-öffentlichen Rechts unter dem Einfluß des Gemeineschaftsrechts; DVBl. 1998, S. 69 ff.
Rupp, Hans Heinrich: Grundfragen der heutigen Verwaltungsrechtslehre, 2. Auflage, Tübingen 1991 (zitiert: Rupp, Grundfragen)
Sauerland, Thomas: Die Verwaltungsvorschrift im System der Rechtsquellen, Berlin 2005 (zitiert: Sauerland, Verwaltungsvorschrift)
Schaub, Alexander / Dohms, Rüdiger: Das Weißbuch der Europäischen Kommission über die Modernisierung der Vorschriften zu Anwendung der Artikel 81 und 82 EG-Vertrag; WuW 1999, S. 1055 ff.
Schenke, Wolf-Rüdiger: Rechtsprobleme des Konkurrentenrechtsschutzes im Wirtschaftsverwaltungsrecht; NVwZ 1993, S. 718 ff.
Scherer, Joachim: Öffentlich-rechtliche Konkurrentenklagen im Wirtschafts- und Beamtenrecht; Jura 1985, S. 11 ff.
Schilling, Theodor: Rang und Geltung von Normen in gestuften Rechtsordnungen, Berlin – Baden-Baden 1994, zugl. Habil. Berlin 1994
Schima, Bernhard: Das Subsidiaritätsprinzip im Europäischen Gemeinschaftsrecht, Wien 1994
Schlichter, Otto: Klageformen bei der verwaltungsgerichtlichen Durchsetzung von Subventionsansprüchen; DVBl. 1966, S. 738 ff.
Schmidhuber, Peter: Das Subsidiaritätsprinzip im Vertrag von Maastricht; DVBl. 1993, S. 417 ff.
Schmidt, Karsten: Kartellverfahrensrecht – Kartellverwaltungsrecht – Bürgerliches Recht, Köln – Berlin – Bonn – München 1977, zugl. Habilitation Bonn 1977, (zitiert: Schmidt, Kartellverfahrensrecht)

derselbe: Gerichtsschutz in Kartellverwaltungssachen – Zur Fortbildung des Verwaltungsrechtsschutzes in der Wettbewerbsaufsicht, Heidelberg 1980, (zitiert: Schmidt, Gerichtsschutz)

derselbe: Klagebefugnis und Beschwerdebefugnis verfahrensbeteiligter Dritter im europäischen und nationalen Kartellrecht; in: Baur, Jürgen / Hopt, Klaus / Mailänder, K. Peter (Hrsg.), Festschrift für Ernst Steindorff zum 70. Geburtstag, S. 1085 ff. (zitiert: Schmidt, FS Steindorff)

derselbe: Umdenken im Kartellverfahrensrecht!; BB 2003, S. 1237 ff.

Schmidt, Reiner: Anmerkung zu BVerwG v. 30. 8. 1968; BB 1969, S. 653 f.

Schmidt-Aßmann, Eberhard: Deutsches und Europäisches Verwaltungsrecht – Wechselseitige Einwirkungen; DVBl. 1993, S. 924 ff.

derselbe: Empfiehlt es sich, das System des Rechtsschutzes und der Gerichtsbarkeit in der Europäischen Gemeinschaft weiterzuentwickeln?; JZ 1994, S. 832 ff.

Schneider, Hans-Peter: Es gibt noch Richter in Luxemburg; NJW 2002, S. 2927 f.

Schoch, Friedrich: Individualrechtsschutz im deutschen Umweltrecht unter dem Einfluß des Gemeinschaftsrechts; NVwZ 1999, S. 457 ff.

Schödermeier, Martin / Wagner, Achim: Rechtsschutz gegen Verwaltungsschreiben der EG-Kommission; WuW 1994, S. 403 ff.

Schöler, Florian: Die Reform des Europäischen Kartellverfahrensrechts durch die Verordnung (EG) 1/2003, Frankfurt a. M. 2004, zugl. Diss. Köln 2004, (zitiert: Schöler, Die Reform)

Scholz, Rupert: Wirtschaftsaufsicht und subjektiver Konkurrentenschutz – insbesondere dargestellt am Beispiel der Kartellaufsicht, Berlin 1971, (zitiert: Scholz, Wirtschaftsaufsicht)

Schröter, Helmuth / Jakob, Thinam / Mederer, Wolfgang: Kommentar zum Europäischen Wettbewerbsrecht, Baden-Baden 2003, (zitiert: Schröter/Jakob/Mederer/Bearbeiter)

Schulte, Ellen : Individualrechtsschutz gegen Normen im Gemeinschaftsrecht, Berlin 2005 (zitiert: Schulte, Individualrechtsschutz gegen Normen)

Schütz, Jörg: Zur Änderung des Kartellverfahrens gemäß Artikel 81 EGV; WuW 2000, S. 686 ff.

Schwarze, Jürgen : Der funktionale Zusammenhang von Verwaltungsverfahrensrecht und verwaltungsgerichtlichem Rechtsschutz, Berlin 1974, (zitiert: Schwarze, Der funktionale Zusammenhang)

derselbe: EU-Kommentar, Baden-Baden 2000, (zitiert: Bearbeiter, in: Schwarze)

derselbe: Europäisches Verwaltungsrecht, 2. Auflage, Baden-Baden 2005 (zitiert: Schwarze, Eur. Verwaltungsrecht, 2. Auflage)

derselbe: Rechtsschutz Privater gegenüber normativen Rechtsakten im Recht der EWG, in: von Münch, Ingo (Hrsg.), Staatsrecht – Völkerrecht – Europarecht, Festschrift für Hans-Jürgen Schlochauer zum 75. Geburtstag am 28. März 1981, Berlin – New York 1981, S. 927 ff. (zitiert: Schwarze, FS Schlochauer) *derselbe*: Subventionen im Gemeinsamen Markt und der Rechtsschutz des Konkurrenten; in: Selmer, Peter / von Münch, Ingo (Hrsg.), Gedächtnisschrift für Wolfgang Martens, Berlin – New York 1987, S. 819 ff. (zitiert: Schwarze, GS Martens)

derselbe: Rechtsstaatliche Grundsätze für das Verwaltungshandeln in der Rechtsprechung des Gerichtshofs; in: Colneric, Ninon (Hrsg.), Une communauté de droit: Festschrift für Gil Carlos Rodríguez Iglesias Berlin 2003, S. 147 ff. (zitiert: Schwarze, FS Rodríguez Iglesias)

derselbe: Geschriebene und ungeschriebene Regeln des europäischen Verwaltungsrechts; in: Köck / Lengauer / Ress (Hrsg.), Europarecht im Zeitalter der Globalisierung – Festschrift für Peter Fischer, Wien 2004, S. 487 ff., (zitiert: Schwarze, FS Fischer)

derselbe: Der Rechtsschutz von Unternehmen im Europäischen Gemeinschaftsrecht – Grundlagen und neuere Entwicklungen; RIW 1996, S. 893 ff.

derselbe: Der Staat als Adressat des europäischen Wettbewerbsrechts, EuZW 2000, S. 613 ff.

derselbe: Die extraterritoriale Anwendbarkeit des EG-Wettbewerbsrechts – Vom Durchführungsprinzip zum Prinzip der qualifizierten Auswirkung; WuW 2001, S. 1190 ff.

derselbe: */ Weitbrecht, Andreas*: Grundzüge des europäischen Kartellverfahrensrechts – Die Verordnung (EG) Nr. 1/2003, Baden-Baden 2004, (zitiert: Schwarze/Weitbrecht)

Schweda, Marc: Die Bindungswirkung von Bekanntmachungen und Leitlinien der Europäischen Kommission; WuW 2004, S. 1133 ff.

Schweitzer, Michael (Hrsg.): Die Rechtshandlungen der Europäischen Gemeinschaften und ihre Wirkung in den Mitgliedstaaten; in: Kirchhof, Paul / Offerhaus, Klaus / Schöberle, Horst (Hrsg.), Steuerrecht, Verfassungsrecht, Finanzpolitik – Festschrift für Franz Klein, Köln 1994, S. 85 ff. (zitiert: Schweitzer, FS Klein)

derselbe / Hummer, Waldemar: Europarecht, 5. Auflage, Neuwied – Kriftel – Berlin – 1996, (zitiert: Schweitzer/Hummer, Europarecht, 5. Auflage)

derselbe / Hummer, Waldemar: Europarecht, 4. Auflage, Neuwied – Kriftel – Berlin – 1993, (zitiert: Schweitzer/Hummer, Europarecht)

Sedemund, Jochim: Allgemeine Prinzipien des Verwaltungsverfahrensrechts, dargestellt am Beispiel des europäischen Verwaltungsverfahrensrechts in Kartellsachen, in: Schwarze, Jürgen (Hrsg.), Europäisches Verwaltungsrecht im Werden, Baden-Baden 1982, S. 45 ff. (zitiert: Sedemund, in: Verwaltungsrecht im Werden)

derselbe / Heinemann, Klaus: Rechtsschutz im Gemeinschaftsrecht; DB 1995, S. 713 ff.

derselbe / Heinemann, Klaus: Rechtsschutzdefizite in der EG; DB 1995, S. 1161 ff.

Siegmund-Schulze: Gerhard Zur Konkurrentenklage im Beamtenrecht aus der Sicht der Verwaltungspraxis; VerwArch 73 (1982), S. 137

von Simson, Werner: Zur Kritik am Rechtsschutz in den Europäischen Gemeinschaften; DVBl. 1966, S. 653 ff.

Skouris, Wassilos: Verletztenklagen und Interessenklagen im Verwaltungsprozeß, Köln – Berlin – Bonn – München 1979 zugleich Habil. Hamburg 1978

Snyder, Francis: The Effectiveness of European Community Law: Institutions, Processes, Tools and Techniques; The Modern Law Revue 56 (1993), S. 19 ff. (zitiert: Snyder, MLRev. 1993, 19)

derselbe: Soft Law and Institutional Practice in the European Community; in: Martin, Stephen (Hrsg.), The Construction of Europe – Essays in Honour of Emile Noël, Dordrecht – Boston – London 1994, S. 197 ff. (zitiert: Snyder, FS Noël)

Spetzler, Eugen: Die Kollission des Europäischen Gemeinschaftsrechts mit nationalem Recht und deren Lösung; RIW 1990, S. 286 ff.

Ständige Deputation des Deutschen Juristentages (Hrsg.): Empfiehlt es sich, das System des Rechtsschutzes und der Gerichtsbarkeit in der Europäischen Gemeinschaft, insbesondere die Aufgaben der Gemeinschaftsgerichte und der nationalen Gerichte, weiterzuentwickeln? – Verhandlungen des sechzigsten Deutschen Juristentages in Münster 1994, Band II/1, Teil N, München 1994, (zitiert: Beschlüsse, 60. DJT)

Ständige Deputation des Deutschen Juristentages (Hrsg.): Empfiehlt es sich, die Bestimmungen des europäischen Gemeinschaftsrechts über den Rechtsschutz zu ändern und zu ergänzen? – Verhandlungen des sechsundvierzigsten Deutschen Juristentages in Essen 1966, Band II (Sitzungsberichte), Teil G, München und Berlin 1967, (zitiert: Referent, 46. DJT)

Steindorff, Ernst: Die Nichtigkeitsklage (Le recours pour excès de pouvoir) im Recht der Europäischen Gemeinschaft für Kohle und Stahl, Frankfurt am Main 1952, (zitiert: Steindorff, Die Nichtigkeitsklage)

derselbe: Ansprüche gegen die EG-Kommission auf Einschreiten gegen Kartellrechtsverstöße; ZHR 1986 (150), S. 222 ff.

Stelkens, Ulrich: Die „Europäische Entscheidung“ als Handlungsform des direkten Unionsrechtsvollzugs nach dem Vertrag über eine Verfassung für Europa; ZEuS 2005, S. 61 ff.

Stevens, Dallal: The „Comfort Letter“: Old Problems, New Developments; ECLR 1994 (15), S. 81 ff.

Stewart, Richard: The Reformation of American Administrative Law; HarvLR 1975, S. 1667 ff.

Stober, Rolf / Vogel, Hanspeter: Wirtschaftliche Betätigung der öffentlichen Hand; Köln – Berlin – Bonn – München 2000, (zitiert: Bearbeiter, in: Wirtschaftliche Betätigung der öffentlichen Hand)

Storr, Stefan: Der Staat als Unternehmer; Tübingen 2001, zugl. Habil. Jena 2001

Streinz, Rudolf: EUV / EGV – Vertrag über die Europäische Union und Vertrag zur Gründung der Europäischen Gemeinschaft, München 2003, (zitiert: Bearbeiter, in: Streinz)

Sturm, Fritz: Gemeinschaftsrecht bricht Staatenrecht; JR 1971, S. 453 ff.

Temple Lang, John: Commitment Decisions Under Regulation 1/2003: Legal Aspects of a New Kind of Competition Decision; ECLR 2003, S. 347 ff.
Thierfelder, Rainer: Die Entscheidung im EWG-Vertrag, Hamburg 1968, (zitiert: Thierfelder, Die Entscheidung)
Tonne, Michael, Effektiver Rechtsschutz durch staatliche Gerichte als Forderung des europäischen Gemeinschaftsrechts, Köln – Berlin – Bonn – München 1997, zugl. Diss. Göttingen 1996/97, (zitiert: Tonne, Effektiver Rechtsschutz)
Triantafyllou, Dimitris, Zur Europäisierung des subjektiven öffentlichen Rechts; DÖV 1997, S. 192 ff.
Ule, Carl Hermann: Empfiehlt es sich, die Bestimmungen des europäischen Gemeinschaftsrechts über den Rechtsschutz zu ändern und zu ergänzen?; in: Ständige Deputation des Deutschen Juristentages (Hrsg.), Verhandlungen des sechsundvierzigsten DJT, Essen 1966, Band I, Teil 4, Gutachten, München und Berlin 1966, (zitiert: *Ule*, Gutachten 46. DJT)
Vandersanden, G.: Pour un élargissement du droit des particuliers d'agir en annulation contre des actes autres que les décisions qui leurs sont adressées, CDE 31 (1995), S. 535 ff.
Vedder, Christoph: (Teil)Kodifikation des Verwaltungsverfahrensrechts der EG?; EuR Beiheft 1 1995, S. 75 ff.
Waelbroeck, Michel/ Frignani, Aldo: Commentaire Mégret, Le droit de la CE et de l'Union Européenne, Concurrence, 4, 2. Auflage, Editions de l'Université de Bruxelles, Brüssel 1997, (zitiert: Waelbroeck/Frignani)
Waelbroeck, D. / Verheyen, A.-M.: Les conditions de recevabilité des recours en annulation des particuliers contre les actes normatifs communautaires; CDE 31 (1995), S. 399 ff.
Wagner, Achim: Der Systemwechsel im EG-Kartellrecht – Gruppenfreistellungen und Übergangsproblematik; WRP 2003, S. 1369 ff.
Walz, Robert: Der Vorrang des europäischen vor dem nationalen Kartellrecht, Baden-Baden 1994, zugl. Diss. Bonn 1993, (zitiert: Walz, Vorrang)
Wegmann, Manfred: Die Nichtigkeitsklage Privater gegen Normativakte der Europäischen Gemeinschaften, Berlin 1976
Weitbrecht, Andreas: Das neue EG-Kartellverfahrensrecht; EuZW 2003, S. 69 ff.
derselbe: Europäisches Kartellrecht 2002; EuZW 2003, S. 357 ff.
Weyer, Hartmut: Konkurrierende Anwendung des Art. 81 EGV durch Kommission und nationale Gerichte; WuW 2000, S. 842 ff.
Whish, Richard: Competition Law, 5. Auflage, Reed Elsevier (UK) 2003
Wiedemann, Gerhard: Handbuch des Kartellrechts, 1. Auflage, München 1999, (zitiert: Bearbeiter, in: Wiedemann, Hdb. Kartellrecht)
von Winterfeld, Achim: Möglichkeiten der Verbesserung des individuellen Rechtsschutzes im Europäischen Gemeinschaftsrecht; NJW 1988, S. 1409 ff.
Wodz, Borys: Comfort Letters and Other Informal Letters in E.C. Competition Proceedings – Why is the Story not Over; ECLR 2000 (21), S. 159 ff.
Wolff, Hans J. / Bachof, Otto /Stober, Rolf: Verwaltungsrecht, Band 2, 6. Auflage, München 2000, (zitiert: Wolff/Bachof/Stober)

Wölker, Ulrich: Rechtsschutz Privater gegenüber dem europäischen Gesetzgeber; DÖV 2003, S. 570 ff.

Wurmnest, Wolfgang: Zivilrechtliche Ausgleichsansprüche von Kartellbeteiligten bei Verstößen gegen das EG-Kartellverbot; RIW 2003, S. 896 ff.

Zuleeg, Manfred: Das Recht der Europäischen Gemeinschaften im innerstaatlichen Bereich, Köln – Berlin – Bonn – München 1969, zugl. Habilitation Köln 1969, (zitiert: Zuleeg, Recht der Gemeinschaften)

derselbe: Subventionskontrolle durch Konkurrentenklage, Frankfurt am Main 1974, (zitiert: Zuleeg, Subventionskontrolle)

derselbe: Zur künftigen Entwicklung des Subventionsrechts; DÖV 1984, S. 733 ff.

derselbe: Der Rang des europäischen im Verhältnis zum nationalen Wettbewerbsrecht; EuR 1990, S. 123 ff.

Für Abkürzungen siehe *Kirchner, Hildebert*, Abkürzungsverzeichnis der Rechtssprache, 5. Auflage, Berlin 2003.

Kolibri 360 GmbH
Ferdinand-Jühlke-Straße 7
99095 Erfurt, Deutschland
produktsicherheit@kolibri360.de

Druck:
CPI Druckdienstleistungen GmbH
im Auftrag der
Kolibri 360 GmbH
Ferdinand-Jühlke-Str. 7
99095 Erfurt